Thomas Künneth

Android 5

Apps entwickeln mit Android Studio

Rheinwerk
Computing

Liebe Leserin, lieber Leser,

mit Android haben Sie sich für den Marktführer unter den Plattformen für mobile Endgeräte entschieden. Viele Hersteller, Konsumenten und Entwickler setzen auf dieses offene Betriebssystem, das mit einer leistungsfähigen Entwicklungsplattform daherkommt. Wenn Sie Android-Apps entwickeln, bedienen Sie einen großen und heterogenen Markt mit Geräten verschiedener Typen und Hersteller, auf denen nicht wenige Android-Versionen zugleich im Einsatz sind.

Dieses Buch setzt Java-Kenntnisse voraus. Es führt Sie zunächst in die Arbeit mit der Entwicklungsumgebung Android Studio ein und macht Sie mit grundlegenden Konzepten der Android-Entwicklung vertraut. Und dann nehmen Sie Fahrt auf: Projekt für Projekt zeigt Ihnen unser Autor Thomas Künneth, wie Sie die mehr als vielfältigen Möglichkeiten der App-Entwicklung beherrschen. Sie loten Hardware-Features, Software-Gimmicks und Programmierschnittstellen anhand von praktischen Beispielen aus. Danach ist Ihnen der Zugriff auf Datenbanken ebenso geläufig wie der Umgang mit dem Bewegungssensor. Alles ist in überschaubaren App-Projekten organisiert, die Sie auch unabhängig voneinander bearbeiten können – einige allgemeine Konzepte vorausgesetzt, die zu Beginn behandelt werden. Das macht es Ihnen leicht, sich auf diejenigen Techniken zu konzentrieren, die Sie gerade benötigen. Den Sourcecode zu den über 70 Beispiel-Apps finden Sie unter *http://www.rheinwerk-verlag.de/3493* bei den MATERIALIEN ZUM BUCH.

Dieses Buch wurde mit großer Sorgfalt geschrieben, geprüft und produziert. Sollte dennoch einmal etwas nicht so funktionieren, wie Sie es erwarten, freue ich mich, wenn Sie sich mit mir in Verbindung setzen. Ihre Kritik und konstruktiven Anregungen sind uns jederzeit herzlich willkommen!

Viel Spaß beim Entwickeln Ihrer Android-Apps wünscht Ihnen

Ihre Almut Poll
Lektorat Rheinwerk Computing

almut.poll@rheinwerk-verlag.de
www.rheinwerk-verlag.de
Rheinwerk Verlag · Rheinwerkallee 4 · 53227 Bonn

Auf einen Blick

Wir hoffen, dass Sie Freude an diesem Buch haben und sich Ihre Erwartungen erfüllen. Bitte teilen Sie uns doch Ihre Meinung mit. Eine E-Mail mit Ihrem Lob oder Tadel senden Sie direkt an die Lektorin des Buches: *almut.poll@rheinwerk-verlag.de*. Im Falle einer Reklamation steht Ihnen gerne unser Leserservice zur Verfügung: *service@rheinwerk-verlag.de*. Informationen über Rezensions- und Schulungsexemplare erhalten Sie von: *britta.behrens@rheinwerk-verlag.de*.

Informationen zum Verlag und weitere Kontaktmöglichkeiten finden Sie auf unserer Verlagswebsite *www.rheinwerk-verlag.de*. Dort können Sie sich auch umfassend und aus erster Hand über unser aktuelles Verlagsprogramm informieren und alle unsere Bücher versandkostenfrei bestellen.

An diesem Buch haben viele mitgewirkt, insbesondere:

Lektorat Almut Poll, Jan Hohlmann
Korrektorat Friederike Daenecke, Zülpich
Einbandgestaltung Nils Schlösser
Titelbilder iStockphoto: 27622461 © Azazello, 27622784 © Azazello, 25442806 © Azazello
Typografie und Layout Vera Brauner
Herstellung Melanie Zinsler
Satz Typographie & Computer, Krefeld
Druck und Bindung Beltz, Bad Langensalza

Dieses Buch wurde gesetzt aus der TheAntiquaB (9,35/13,25 pt) in FrameMaker.
Gedruckt wurde es auf chlorfrei gebleichtem Offsetpapier (90g/m²).

Bibliografische Information der Deutschen Nationalbibliothek
Die Deutsche Nationalbibliothek verzeichnet diese Publikation in der Deutschen Nationalbibliografie; detaillierte bibliografische Daten sind im Internet über *http://dnb.d-nb.de* abrufbar.

ISBN 978-3-8362-2665-3

3., aktualisierte und erweiterte Auflage 2015

Für Moni

Inhalt

5 Benutzeroberflächen 153

6 Multitasking 205

TEIL III Telefonfunktionen nutzen

7 Telefonieren und Surfen 243

TEIL V Organizer und Multimedia

Vorwort

Als die Deutsche Telekom Anfang 2009 das Google G1 vorstellte, war die Neugier groß. Ein Handy des Suchmaschinenprimus ließ auf eine enge Integration seiner Dienste und damit auf viele spannende, neue Möglichkeiten hoffen. Dass das erste Android-Smartphone die hochgesteckten Erwartungen nicht erfüllen konnte, darf angesichts eines scheinbar übermächtigen Konkurrenten nicht verwundern. Apple hatte seit der Einführung des iPhone akribisch und zielstrebig an seiner Plattform und den sie umgebenden Produkten gearbeitet. Das Ergebnis war ein Ökosystem, gegen das der Neuling aus Mountain View zum damaligen Zeitpunkt keine Chance hatte.

Seitdem ist viel passiert. Android ist zum Liebling von Verbrauchern, Entwicklern und Herstellern geworden. Die Flut an neuen Modellen nimmt kein Ende. Apple, Google und der wieder erstarkte Mitbewerber Microsoft liefern sich ein Wettrennen um die besten Innovationen. Den Nutzern von mobilen Geräten kann diese Situation nur recht sein, und letztlich profitieren alle Lager von diesem Wettstreit.

Die Frage, warum Android so populär ist, lässt sich schnell beantworten: Google hat von Anfang an auf Offenheit gesetzt. Jeder war und ist eingeladen, an der Entwicklung mitzuwirken. Hardwarehersteller können Produkte entwickeln, ohne hohe Summen an Lizenzkosten zahlen zu müssen. Und interessierten Programmierern steht mit dem *Android Software Development Kit* und mit *Android Studio* ein leistungsfähiges Gespann zur Entwicklung von Apps zur Verfügung.

Dank Java als Programmiersprache fällt der Einstieg im Vergleich zu manch anderer Plattform leicht. Dennoch gibt es für Einsteiger in diese faszinierende Welt vieles zu beachten. Android bietet schier unendliche Möglichkeiten. Und mit jeder Plattformversion kommen neue Funktionen hinzu. Um diese sicher nutzen zu können, müssen Sie als Entwickler mit einer Reihe von Mechanismen und Konzepten vertraut sein. Dieses Wissen möchte ich Ihnen mit dem vorliegenden Buch gerne vermitteln – aber nicht in Form einer theoretischen Abhandlung. In vielen kleinen, in sich geschlossenen praxisnahen Beispielen lernen Sie die souveräne Nutzung der Android-Programmierschnittstellen kennen. Natürlich finden Sie alle Programme als Android-Studio-Projekte in den Begleitmaterialien zum Buch.

Aufbau des Buchs

Das Buch ist in fünf Teile gegliedert. In Teil 1, »Grundlagen«, stelle ich Ihnen Android und seine Entwicklerwerkzeuge vor und begleite Sie Schritt für Schritt auf dem Weg zu Ihrer ersten App. Außerdem lernen Sie Google Play als moderne digitale Vertriebsplattform kennen. Der zweite Teil, »Elementare Anwendungsbausteine«, beschäftigt sich mit Komponenten, die in nahezu jeder App vorhanden sind. Hierzu gehört natürlich die Benutzeroberfläche. Aber auch das Multitasking und wie es in Android umgesetzt wird, beschreibe ich in diesem Teil ausführlich.

In Teil 3, »Telefonfunktionen nutzen«, erstellen Sie unter anderem eigene Widgets und Wallpaper und lernen die Sensoren eines Android-Geräts kennen. Teil 4, »Dateien und Datenbanken«, befasst sich nicht nur mit der Speicherung und Abfrage von Daten. Ich zeige Ihnen außerdem, wie Sie Drucker ansteuern, Ihre Apps fit für die Installation auf Wechselmedien machen und Googles Sicherungsdienst nutzen, um Anwendungsdaten in der Cloud zu speichern.

Im fünften Teil »Organizer und Multimedia« schließlich nutzen Sie das Mikrofon eines Android-Geräts, um Geräusche aufzunehmen. Sie nehmen mit der eingebauten Kamera Fotos und Videos auf und legen Kontakte und Termine an. Möchten Sie sich mit der Entwicklung von Apps für Android-Wear-Smartwatches vertraut machen, finden Sie im abschließenden 15. Kapitel einen kompakten Einstieg.

Jedes Kapitel ist in sich abgeschlossen und beschäftigt sich mit genau einem Themenkomplex. Wenn Sie schon etwas Erfahrung mit Android haben, müssen Sie das Buch also nicht von Deckel zu Deckel durcharbeiten, sondern können sich gezielt einen Aspekt herausgreifen, der Sie besonders interessiert. Neulingen möchte ich die beiden ersten Kapitel als Einstieg ans Herz legen. Sie lernen die Bestandteile von Googles offener Plattform für mobile Geräte kennen, installieren alle benötigten Komponenten und schreiben dann Ihre erste App.

Programmierkenntnisse

Um die Beispiele nachvollziehen zu können, müssen Sie kein Java-Profi sein, allerdings sollten Sie diese Programmiersprache und ihre Klassenbibliothek zumindest in Grundzügen beherrschen. In Anhang A finden Sie eine Literaturliste mit empfehlenswerten Büchern für den Einstieg in Java.

Unterstützte Android-Versionen

Dieses Buch beleuchtet die Anwendungsentwicklung unter Android 5.0 (API-Level 21) und 5.1 (API-Level 22). Meine Beispiele haben als Zielplattform API-Level 22, sind aber bis auf das Beispiel in Anhang D ab API-Level 21 lauffähig. Sofern nicht anders angegeben, wurden Screenshots unter Android 5.0 aufgenommen. Eine kurze Aufstellung der Änderungen in Android 5.1 finden Sie in Anhang D, »Neuigkeiten in Android 5.1«.

Mit diesem Buch möchte ich Ihnen zeigen, wie Sie Anwendungen programmieren, die auf möglichst vielen aktuellen Geräten funktionieren. Im Gegensatz zu anderen Plattformen dauert es bei Android recht lange, bis Hersteller ihre Produkte mit Updates versorgen. Nicht wenige Modelle gehen gänzlich leer aus. Neue Plattform-Versionen nehmen also nur langsam Fahrt auf.

Um einen möglichst breiten Kundenkreis zu erreichen, sollte Ihre App deshalb nicht nur auf ganz neuen Systemen funktionieren. Viele der vorgestellten Konzepte und Mechanismen waren schon auf früheren Plattformen vorhanden. Aber natürlich stelle ich Ihnen auch etliche echte Neuerungen vor, unter anderem die Camera2-API sowie den Job Scheduler und den Subscription Manager.

Danksagung

Dieses Buch wäre ohne die freundliche Unterstützung von vielen Menschen nicht möglich gewesen. Ihnen allen gebührt mein tief empfundener Dank. Dazu gehören die Mitarbeiterinnen und Mitarbeiter des Rheinwerk Verlags, insbesondere meine Lektorin Almut Poll. Der Weg von der Idee über das Manuskript bis zum fertigen Buch ist lang und manchmal steiniger als erwartet. Für stets offene Ohren, freundliche wie professionelle Unterstützung und manchmal auch Geduld bedanke ich mich herzlich.

Mit bewundernswerter Akribie haben meine Kollegen in der MATHEMA Software GmbH, Werner Eberling, Frank Goraus, Sascha Gross, Andreas Hanke, Andreas Heiduk, Frank Lauterwald, Angel Salces und Marc Spanagel, jedes Kapitel gelesen und geprüft und somit geholfen, die eine oder andere Ungereimtheit zu klären sowie manche Kante zu glätten. Hierfür und für zahlreiche wertvolle Tipps danke ich ihnen vielmals.

Meinen Eltern Rudolf und Gertraud Künneth und meinem Bruder Andreas Künneth danke ich für alles, was sie mir auf den Weg gegeben haben. Ohne sie wäre vieles nicht möglich. Der allergrößte Dank aber gebührt meiner Ehefrau Moni für das unermessliche Glück, das sie mir jeden Tag schenkt, für ihre Liebe, ihre Unterstützung und ihre Geduld. Ihr widme ich dieses Buch.

TEIL 1

Grundlagen

Kapitel 1
Android – eine offene, mobile Plattform

Was genau ist Android eigentlich? Wie ist die Plattform entstanden? Und aus welchen Bausteinen und Schichten besteht sie? Dieses Kapitel macht Sie mit wichtigen Grundlagen vertraut.

Die Anwendungsentwicklung für Android macht – Sie werden mir nach der Lektüre dieses Buches sicherlich zustimmen – großen Spaß. Zum einen, weil diese Plattform unglaublich viele Möglichkeiten bietet. Unzählige Programmierschnittstellen und Funktionen warten darauf, erkundet und genutzt zu werden. Zum anderen ist die Entwicklungsumgebung, also der Werkzeugkasten des Programmierers, äußerst komfortabel. Routinetätigkeiten gehen deshalb reibungslos und glatt von der Hand.

Allerdings müssen Sie als Entwickler die angebotenen Möglichkeiten natürlich auch zu nutzen wissen. Dies betrifft nicht nur die Bedienung der Werkzeuge, sondern auch das Wissen um die Zusammenhänge zwischen den einzelnen Bausteinen und Schichten der Plattform. In diesem Kapitel zeige ich Ihnen deshalb unter anderem, wie Android aufgebaut ist und aus welchen Funktionsgruppen und Schichten das System besteht. Zunächst möchte ich Ihnen aber kurz die Entstehung der Plattform erläutern.

1.1 Entstehung

Am 12. November 2007 kündigte Google die Verfügbarkeit einer frühen Vorschauversion des *Android Software Development Kit* (SDK) an.[1] Entwickler konnten damit zum ersten Mal Programme für eine bis dahin völlig unbekannte Plattform schreiben und in einem Emulator ausprobieren. Das erste Gerät (das durch T-Mobile vertriebene G1) stand Kunden in Deutschland allerdings erst über ein Jahr später zur Verfügung. In dieser Zeit hatte Google das System zu einer ersten, halbwegs endanwendertauglichen Version 1.1 weiterentwickelt.

1 *http://android-developers.blogspot.com/2007/11/posted-by-jason-chen-android-advocate.html*

1.1.1 Die Open Handset Alliance

Genau eine Woche vor der Veröffentlichung der Android-SDK-Vorschau war die *Open Handset Alliance(OHA)* erstmals an die Öffentlichkeit getreten. Dieses durch den Suchmaschinenprimus angeführte Konsortium bestand damals aus 34 Firmen (unter anderem Halbleiter- und Mobiltelefonhersteller, Netzbetreiber und Softwareentwickler). Die Allianz hatte ihre Absicht verkündet, mit Android die erste wirklich offene Plattform für mobile Geräte zu schaffen. Die in der Pressemitteilung vom 5. November 2007[2] formulierten Ziele waren unter anderem:

- eine deutliche Verbesserung der Benutzerfreundlichkeit und des Benutzererlebnisses von mobilen Geräten und Diensten
- die kostengünstigere Entwicklung und Verteilung innovativer Produkte
- eine schnellere Markteinführung

Nach Ansicht der OHA ließ sich dies am besten durch eine auf Offenheit und Flexibilität gründende Zusammenarbeit von Entwicklern, Herstellern und Betreibern erreichen. Deshalb wurden praktisch alle Teile des Android-Softwarestapels als Open Source veröffentlicht. Zudem hatten Gerätebauer sowie Netzanbieter von Anfang an die Möglichkeit, die Plattform anzupassen und zu erweitern. Auch Entwickler profitieren von diesem Ansatz, indem sie Alternativen zu Kernkomponenten (beispielsweise dem mitgelieferten Webbrowser) anbieten können. Dies war übrigens auf dem iPhone lange Zeit nicht möglich.

Während die Anzahl der Android-basierten Geräte 2009 noch recht überschaubar war, kündigten ein Jahr später zahlreiche Hersteller entsprechende Produkte an und lieferten diese auch aus. Die kontinuierlich wachsende Bedeutung der Plattform spiegelt sich auch in der Mitgliederzahl der OHA wider. Sie ist auf über 80 Firmen angewachsen. In den Folgejahren stieg die Anzahl der auf den Markt gebrachten Smartphones und Tablets sprunghaft an. Android dominiert dem Markt.

1.1.2 Android Inc.

Die Pressemitteilung der OHA beendete zunächst Spekulationen der Medien, Google könne die Einführung eines eigenen Mobiltelefons planen. Dass sich der Suchmaschinenriese für den Markt für mobile Kommunikation stark interessiert, war schon in der Vergangenheit häufiger thematisiert worden.

Im Juli 2005 hatte Google ein kleines Startup-Unternehmen namens *Android Inc.* mit Sitz im kalifornischen Palo Alto übernommen. Außer den Namen einiger Mitarbeiter war zu diesem Zeitpunkt sehr wenig über die Firma bekannt. Sie hatte stets im Verborgenen gearbeitet. Die Vermutung, man entwickele ein Betriebssystem für mobile

2 *www.openhandsetalliance.com/press_110507.html*

Geräte, wurde auch nach dem Kauf nicht kommentiert. Die offizielle Sprachregelung war, Android Inc. sei wegen der talentierten Ingenieure sowie wegen der von ihnen entwickelten Technologie übernommen worden.

In der Tat brachten die Silicon Valley-Veteranen Andy Rubin, Richard Miner, Nick Sears, Chris White und ihre Kollegen sehr viel Erfahrung in Google ein. Rubin beispielsweise hatte schon in den 1990ern an *Magic Cap*, einem Betriebssystem für mobile Geräte mit grafischer Benutzeroberfläche, gearbeitet. Auch seine Firma *Danger Inc.* produzierte mobile Geräte. Das erstmals 2002 erschienene *Hiptop* war ein Telefon mit Organizer-Fähigkeiten.

Nach dem Kauf von Android Inc. arbeitete man bei Google in aller Stille weiter – woran, ist seit der Pressemitteilung der OHA bekannt.

1.1.3 Evolution einer Plattform

Zwischen der Ende 2007 veröffentlichten Vorschau des Android SDK und der im G1 eingesetzten Version lagen noch einmal viele Monate Entwicklungsarbeit. Google war bewusst frühzeitig auf interessierte Programmierer zugegangen, um deren Rückmeldungen in die Plattform einarbeiten zu können und natürlich um Appetit auf Android zu machen. Zudem hatte man 2008 zum ersten Mal einen Entwickler-Wettbewerb gestartet und ein hohes Preisgeld ausgelobt. Der Suchmaschinenriese nutzte den Kontakt zu den Finalisten, um weitere Fehler zu beheben und um die Programmierschnittstellen zu verfeinern. Ein direkter Vergleich der ersten Android-Version mit dem damals verfügbaren iPhone-Betriebssystem fiel natürlich zugunsten des Apple-Produkts aus. Dies ist nicht verwunderlich, hatte der kalifornische Computerbauer sein edles Smartphone doch schon viele Monate vorher veröffentlicht und demzufolge ausreichend Zeit für die Detailpflege gehabt.

Seitdem ist viel Zeit vergangen. Einstige Branchengrößen haben die Segel gestrichen oder wurden aufgekauft (Palm und Nokia). Andere, beispielsweise Blackberry, sehen sich in immer kleiner werdende Nischen gedrängt. Microsoft ist vom Underdog zum Vorreiter in Sachen moderner UI avanciert. Selbst Apple hat Kernkonzepte von Windows Phone adaptiert.

Google arbeitet nach wie vor mit beachtlichem Tempo an der Plattform. Dabei werden nicht nur Fehler beseitigt, die mitgelieferten Anwendungen verbessert sowie unzählige neue Funktionen eingeführt. Mit *Android Wear* und *Android TV* wurden völlig neue Einsatzbereiche für das Betriebssystem erschlossen. In der Vergangenheit lagen zwischen zwei Releases, die traditionell den Namen einer Süßspeise tragen, oft nur wenige Monate Entwicklungszeit. Mittlerweile erscheint im Durchschnitt einmal pro Jahr eine neue Version.

Das erste große Update *Cupcake* (Android 1.5) führte unter anderem das sogenannte *Input Method Framework* ein und ermöglichte damit erstmals Geräte ohne Hardwaretastatur. Ferner fand schon zu diesem Zeitpunkt eine (allerdings kaum genutzte) Spracherkennungsfunktion ihren Weg in die Plattform.

Donut (Android 1.6) unterstützte Geräte mit unterschiedlichen Anzeigegrößen und Auflösungen. Ferner erweiterte Google die Plattform um eine Sprachsynthesesoftware für Deutsch, Italienisch, Englisch, Französisch und Spanisch. Außerdem hatten Entwickler erstmals Zugriff auf eine Gestenerkennung und konnten die systemweite Schnellsuche um Inhalte ihrer Anwendungen erweitern.

Unter dem Namen *Eclair* werden die Versionen 2.0, 2.0.1 und 2.1 zusammengefasst. Mit Android 2.0 hielt eine vollständig neue Programmierschnittstelle für den Zugriff auf Kontakt- und Kontendaten Einzug. Gleichzeitig wurden die bisherigen Klassen für veraltet erklärt. Für den Anwender bot dies den großen Vorteil, sein Mobiltelefon auch mit anderen Diensten, beispielsweise Facebook, synchronisieren zu können. Allerdings machen die nach wie vor unzureichend dokumentierten Klassen vielen Programmierern das Leben unnötig schwer. Kapitel 14, »Kontakte und Organizer«, zeigt Ihnen den souveränen Umgang mit Kontakten. Android 2.1 führte die bei Endanwendern sehr beliebten *Live Wallpaper* ein. Wie Sie solche animierten Hintergründe selbst erstellen, zeige ich Ihnen in Kapitel 8, »Widgets und Wallpapers«.

Mit *Froyo* (Version 2.2) bekam Android eine zentrale Schnittstelle für das Sichern und Wiederherstellen von Anwendungsdaten. Außerdem können Programme nun auch auf Wechselmedien installiert werden. Was Sie hierbei beachten müssen, beschreibe ich ausführlich in Kapitel 10, »Dateien lesen, schreiben und drucken«.

Gingerbread (Android 2.3.x) enthält einen vollständigen SIP-Stapel (Session Initiation Protocol) und bindet VoIP-gestützte Internettelefonie in die Plattform ein. Dazu kam ein Download-Manager, den alle Apps nutzen können. Außerdem. wurde die Kamera-Unterstützung erweitert und die Geschwindigkeit des Systems verbessert.

Honeycomb (Versionen 3.0, 3.1 und 3.2) wurde speziell für Tablets entwickelt. Google hat die Plattform hierzu um zahlreiche Konzepte erweitert. Beispielsweise ermöglichen *Fragmente* die Wiederverwendung von Teilfunktionen einer Activity (ein zentraler Baustein von Apps). Die *Action Bar* löste nicht nur die bislang bekannten klassischen Menüs ab, sondern führte eine einheitliche Navigation innerhalb von Anwendungen ein. Außerdem entfiel mit Honeycomb die Notwendigkeit der klassischen Hardware-Buttons. Die *System Bar* kombinierte virtuelle Knöpfe mit Benachrichtigungen.

Ice Cream Sandwich (Version 4.0.x) führte die seit Version 3.x existierenden zwei Entwicklungslinien für Smartphones und Tablets wieder zusammen. Damit profitierten alle Geräteklassen von den weiter oben angesprochenen neuen Funktionen. Die Plattform sowie die mitgelieferten Anwendungen wurden weiter poliert und noch bedienfreundlicher gestaltet. Außerdem ist endlich der Zugriff auf Kalendereinträge möglich.

Auf seiner Entwicklerkonferenz *I/O 2012* hat der Suchmaschinenprimus Android 4.1 vorgestellt. Das Hauptaugenmerk dieses *Jelly Bean* getauften Releases galt der Steigerung der Geschwindigkeit. Eine neue Sprachsuche machte Apples Siri Konkurrenz: *Google Now* sollte dem Nutzer situationsbezogene Informationen bieten. Auch die Systemversionen 4.2 und 4.3 heißen Jelly Bean. Sie bieten einen Mehrbenutzermodus für Tablets, eine Art Bildschirmschoner namens *Daydream*, einen Panorama-Modus (4.2) sowie Optimierungen »unter der Haube« und die Aktualisierung von verwendeten Technologien und Protokollen (4.3).

Android 4.4 (*KitKat*) konnte den Ressourcenverbrauch des Systems drastisch reduzieren. Googles Ziel war die Verbesserung der Lauffähigkeit auf Geräten im unteren Leistungsspektrum, vor allem mit wenig Arbeitsspeicher. Darüber hinaus hielten ein neuer Vollbildmodus, eine Schnittstelle für den Zugriff auf Cloud-Speicherdienste sowie eine systemweite Druckfunktion Einzug.

Lollipop

Android 5 (API-Level 21) ist ein äußerst ambitioniertes Release. Die neue Designsprache *Material Design* setzt auf eine Papier-und-Tinte-Metapher, kräftige Farben und schöne Typografie. Das System ist nun 64-Bit-fähig und ermöglicht so Geräte mit mehr als 4 GB Arbeitsspeicher. Die neue *Android Runtime* (ART) übersetzt Java-Anwendungen schon während der Installation in Maschinensprache. Dies führt in vielen Situationen zu besserer Performance und ermöglicht zudem die Nutzung vieler moderner Konzepte des Linux-Kerns.

Die im März 2015 veröffentlichte Version 5.1 (API-Level 22) unterstützt endlich einen zweiten Slot für SIM-Karten. Bisher mussten Gerätehersteller selbst für die Integration sorgen. Ebenfalls neu ist die Sprachübertragung in verbesserter Qualität (HD Voice), sofern das Mobiltelefon dies vorsieht. Ein verbesserter Geräteschutz, Stabilitätsverbesserungen sowie die Verwaltung von Bluetooth- und WLAN-Geräten über die Quick Settings runden dieses Service-Release ab. In Anhang D, »Neuigkeiten in Android 5.1« gehe ich auf Änderungen in der Klassenbibliothek ein.

Googles fast schon beängstigend hohes Entwicklungstempo hat aus Android in beeindruckend kurzer Zeit eine stabile und anwenderfreundliche Plattform für mobile Geräte gemacht. Ein Kernproblem konnte allerdings noch immer nicht zufriedenstellend gelöst werden. Es dauert nach wie vor mehrere Monate, bis Hersteller von Smartphones und Tablets ihren Kunden Aktualisierungen zur Verfügung stellen. Nicht wenige gehen leer aus. Ein Grund hierfür liegt in der bereits angesprochenen Freiheit, die Plattform verändern und erweitern zu können.

Zahlreiche Gerätebauer haben nicht nur eigene Apps, Widgets und Wallpaper hinzugefügt, sondern auch bestehende Programme und die Android-Benutzeroberfläche (zum Teil erheblich) verändert. Sie müssen ihre speziellen Anpassungen in jedes

Android-Release, das Google veröffentlicht, aufs Neue einarbeiten. Es liegt auf der Hand, dass dieser Prozess aufwendig und zeitraubend ist. Die Frage, wie sich der Markt entwickelt hätte, wenn Google die Hersteller von Beginn an stärker reglementiert hätte, kann natürlich niemand abschließend beantworten. Bei der neuen Gerätekategorie Smartwatch geht Mountain View diesen Weg.

Für Sie als Entwickler sind herstellerseitige Erweiterungen in der Regel transparent – zumindest solange die Gerätebauer die Programmierschnittstellen unangetastet lassen. Allerdings kommen neue Android-Versionen mit deutlicher Verzögerung beim Endanwender an. Aus diesem Grund ist es ratsam, sich regelmäßig auf der Seite *http://developer.android.com/about/dashboards/index.html* über den aktuellen Verbreitungsgrad der verschiedenen Android-Versionen zu informieren. Denn erst ab einer bestimmten Anzahl von potenziellen Nutzern lohnt der Einsatz neuer Programmierschnittstellen oder Funktionen.

1.2 Systemarchitektur

Vielleicht fragen Sie sich, was das Wort *Plattform* im Zusammenhang mit Android bedeutet. Handelt es sich nicht einfach um ein Betriebssystem für mobile Geräte, für das Sie Programme in Java schreiben?

1.2.1 Überblick

Aus der Sicht des Endanwenders bildet Android eine mittlerweile sehr große Klasse von mobilen und stationären Geräten, beispielsweise Smartphones, Tablets, Medienabspielgeräten und Armbanduhren. Zahlreiche Hersteller bieten Modelle in unterschiedlichsten Ausstattungsvarianten an. Neben preisgünstigen Einsteigerprodukten finden sich im Hochpreis-Segment Geräte mit viel Arbeitsspeicher, großen, auflösungsstarken Bildschirmen und hoher Prozessorleistung. Auf allen Produkten läuft Android.

Dennoch ist Android nicht nur ein Betriebssystem. Zu Android gehören nämlich eine Reihe von Standardanwendungen, beispielsweise ein Anwendungsstarter mit Unterstützung für Widgets, eine Kontaktdatenbank, eine Uhr mit Weckfunktion, ein Browser und ein E-Mail-Client. Sehr oft ist auch *Play Store* enthalten, eine Anwendung zum Kaufen und Herunterladen von Apps und Medien, beispielsweise Musik, Filmen, Büchern, Zeitungen und Magazinen.

Ebenfalls Bestandteil von Android, allerdings für den Endanwender nicht sichtbar, ist die Laufzeitumgebung ART (*Android Runtime*). Sie bildet den Rahmen für die Ausführung aller Programme, die der Benutzer auf einem Android-System startet. Dies betrifft die weiter oben genannten Standardanwendungen, aber auch selbst geschriebene Programme. Die meisten werden in Java entwickelt. Wenn Sie mit dieser

Technologie bereits Erfahrung haben, fragen Sie sich vielleicht, ob Android für ihre Ausführung dann nicht eine virtuelle Maschine enthalten müsste. Schließlich wird Java-Code üblicherweise in Bytecode umgewandelt. Tatsächlich wurde die Android-eigene virtuelle Maschine *Dalvik* erst mit Android 5 abgelöst. Seit Lollipop werden Apps während der Installation in Maschinensprache übersetzt.

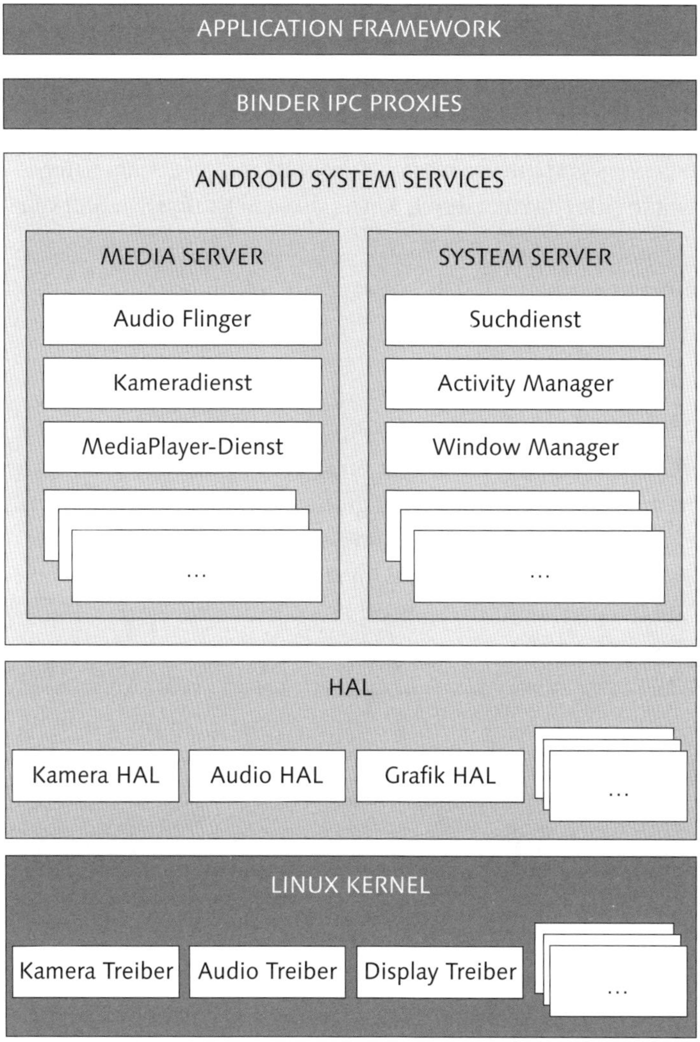

Abbildung 1.1 Schematische Darstellung der Systemarchitektur

Das Fundament der in Abbildung 1.1 dargestellten Low-Level-Systemarchitektur von Android bildet ein Linux-Kern, aktuell in Version 3.14. Er kümmert sich um die Prozesssteuerung, die Speicherverwaltung, die Netzwerkkommunikation sowie um das Thema Sicherheit. Die Peripherie (Audio, Kamera, Kommunikation, ...) ist über entsprechende Kerneltreiber angebunden. Darüber liegt eine Hardwareabstraktionsschicht (engl. *Hardware Abstraction Layer*, HAL). Sie wird von Android-Systemdiensten beim Zugriff auf die Gerätetreiberschicht aufgerufen und kapselt gerätespezifische Implementierungen.

Systemdienste fungieren als Bindeglieder zwischen der Anwendungs- und Frameworkschicht sowie der Hardware. Android kennt zwei Gruppen von Systemdiensten, »System« und »Media«. Beispielsweise kümmert sich der *Activity Manager* um die Verwaltung von Activities, einen der zentralen Anwendungsbausteine. Der *Camera Service* koordiniert Zugriffe auf die Kamerahardware.

Binder IPC schließlich ist ein leichtgewichtiges Kommunikationsmittel über Prozessgrenzen hinweg. Die Frameworkschicht verwendet es, um mit Systemdiensten zu kommunizieren. Aber auch die Nutzung durch Anwendungen ist möglich und sinnvoll.

Anwendungen kommunizieren ausschließlich über die im folgenden Abschnitt vorgestellte Frameworkschicht mit dem System.

1.2.2 Application Framework

Mithilfe des *Application Frameworks* lassen sich äußerst komfortable, ästhetische und leicht bedienbare mobile Anwendungen mit großem Funktionsumfang erstellen. Sie haben Zugriff auf die Gerätehardware, zum Beispiel Kamera, Netzwerk und Sensoren. Auch das Lesen und Schreiben von Kontaktdaten oder Terminen ist bequem möglich. Ein ausgefeiltes, einfach zu handhabendes Rechtesystem steuert hierbei, was ein Programm tun darf.

[+]

Tipp

Viele Apps fordern zu viele Berechtigungen an. Dies erzeugt Unmut bei den Benutzern, weil sie sich ausspioniert und beobachtet fühlen. Versuchen Sie, Ihre Apps zu fokussieren. Es ist nachvollziehbar, dass eine Kamera-Anwendung Zugriff auf diese Hardware haben muss. Aber braucht ein Taschenrechner eine Standortbestimmung oder Zugriff auf das Telefonbuch?

Eines der Kernkonzepte des Application Frameworks ist, dass Anwendungen ihre Funktionen veröffentlichen, also anderen Programmen verfügbar machen können. Da Anwendungen von Drittanbietern den Android-Standardanwendungen gleichgestellt sind, kann der Benutzer sehr leicht den Webbrowser, den E-Mail-Client oder den Mediaplayer austauschen.

Aber auch das Ersetzen von einzelnen Programmfunktionen (beispielsweise das Verfassen einer SMS) ist möglich. Selbstverständlich können Programme umgekehrt auch Funktionen anderer Anwendungen anfordern. Auch dies wird über das bereits erwähnte Rechtesystem gesteuert.

Kernbestandteile des Application Frameworks sind unter anderem:

- *Views* bilden die Basis für alle Benutzeroberflächen. Android bietet zahlreiche Standardbedienelemente, wie etwa Textfelder, Schaltflächen, Ankreuzfelder und Listen. Bestehende Views können durch sogenannte Themes und Styles nahezu beliebig angepasst werden. Natürlich sind vollständig eigenentwickelte Views realisierbar.
- *Content Provider* gestatten Anwendungen den Zugriff auf Daten anderer Programme. Auch das Bereitstellen der eigenen Anwendungsdaten ist auf diese Weise leicht möglich.
- Der *Resource Manager* gewährt Zugriff auf lokalisierte Zeichenketten, auf Grafiken und Layoutdateien.
- Der *Notification Manager* bietet Anwendungen den Zugriff auf die Android-Statuszeile. Mit ihm können auch kleine Popup-Nachrichten erzeugt werden.
- Der *Activity Manager* steuert den Lebenszyklus einer Anwendung.

Alle hier aufgeführten Bestandteile werden in den folgenden Kapiteln ausführlich vorgestellt. Zunächst möchte ich Sie aber mit den Entwicklungswerkzeugen bekannt machen. Wie Sie bald sehen werden, sorgen diese für eine komfortable und effiziente Programmierarbeit.

1.3 Entwicklungswerkzeuge

Das *Android Software Development Kit (Android SDK)* bildet die Grundlage für die Anwendungsentwicklung. Es ist in Versionen für Windows, Linux und Mac OS X erhältlich. Um die Software nutzen zu können, muss auf Ihrem Rechner eine Ausgabe des *Java Development Kits (JDK)* 7 oder neuer installiert sein. Ich empfehle JDK 8, zumal Oracle angekündigt hat, von Java SE 7 nach April 2015 keine öffentlichen Updates mehr zur Verfügung zu stellen. Eine Java-Laufzeitumgebung (JRE) reicht nicht aus, da ihr mehrere notwendige Tools (unter anderem der Java-Compiler) fehlen. Sie können das SDK von *www.oracle.com* herunterladen.

Ferner benötigen Sie eine Entwicklungsumgebung, die Sie bei der Programmierung sowie der Gestaltung der Benutzeroberfläche unterstützt. Theoretisch könnten Sie Ihre Quelltexte mit einem beliebigen Editor schreiben und »nur« das Android SDK verwenden. Allerdings bietet dies wenig Komfort. Google bot mit den *Android Development Tools (ADT)* ein äußerst mächtiges Plug-in für Eclipse an, sodass diese IDE lange Zeit der De-facto-Standard für die App-Entwicklung unter Android war. Allerdings hat sich der Suchmaschinenprimus mittlerweile von Eclipse abgewandt und mit *Android Studio* eine eigene Android-Entwicklungsumgebung veröffentlicht. Diese basiert auf der *IntelliJ IDEA Community Edition* der Firma JetBrains. Ich beziehe mich im weiteren Verlauf des Buches ausschließlich auf Android Studio, da Google diese IDE als offizielle Android-Entwicklungsumgebung ansieht und Eclipse-Nutzern zur Migration ihrer Projekte rät.

Installieren Sie als Erstes bitte das Java Development Kit (JDK), sofern es nicht schon in einer geeigneten Version auf Ihrem Entwicklungsrechner vorhanden ist. Achten Sie darauf, dass der Unterordner *bin* des JDK-Installationsverzeichnisses im Standardsuchpfad enthalten ist. Gegebenenfalls erweitern Sie die Umgebungsvariable `PATH` um einen entsprechenden Verweis. Sie können dies prüfen, indem Sie in der Eingabeaufforderung bzw. einer Shell `javac -version` eingeben. Sofern Sie alles richtig gemacht haben, wird die Versionsnummer des Java-Compilers ausgegeben. Andernfalls erscheint eine Fehlermeldung.

1.3.1 Android Studio und Android SDK installieren

In diesem Abschnitt zeige ich Ihnen, wie Sie Android Studio sowie das Android SDK auf Ihrem Rechner installieren. Die Software kann unter *developer.android.com* in Versionen für Windows, Linux und Mac OS X heruntergeladen werden. Die Website erkennt das Betriebssystem Ihres Entwicklungsrechners und schlägt die passende Datei zum Download vor. Wie es nach der Installation weitergeht, erfahren Sie in Abschnitt 1.3.2, »Die ersten Schritte mit Android Studio«.

Installation unter Windows

Die Version für Windows enthält die IDE, das Android SDK sowie eine Android 5-Plattform mit einem für den mitgelieferten Emulator optimierten Systemabbild. Der Name des Archivs beginnt mit *android-studio-bundle*. Starten Sie das Setup mit einen Doppelklick auf die *.exe*-Datei, und folgen Sie den Anweisungen am Bildschirm. Das Android SDK wird standardmäßig im Verzeichnis *AppData\Local\Android\sdk* im Heimatverzeichnis des angemeldeten Benutzers installiert.

[»] **Hinweis**

Google stellt auf den Download-Seiten eine zweite Variante zur Verfügung. Diese enthält nur Android Studio. Ihr Dateiname beginnt mit *android-studio-ide*. Sollten Sie sich für diesen Download entscheiden, müssen Sie, wie unter Linux und Mac OS X, die *SDK Tools* nachträglich herunterladen und installieren. Ich rate Ihnen deshalb zu dem (allerdings sehr großen) Bundle.

Möglicherweise werden Sie während der Installation darüber informiert, dass Systemabbilder im Android Emulator mit dem *Intel Hardware Accelerated Execution Manager* (HAXM) hardwarebeschleunigt ausgeführt werden können. Mehr dazu finden Sie in Abschnitt 1.3.2, »Die ersten Schritte mit Android Studio«.

Installation unter Mac OS X

Öffnen Sie die heruntergeladene *.dmg*-Datei mit einem Doppelklick, und ziehen Sie innerhalb dieses Fensters Android Studio auf das *Applications*-Symbol. Schließen Sie nach dem Kopiervorgang das Finder-Fenster, werfen Sie die *.dmg*-Datei aus, und starten Sie danach die Anwendung aus dem *Programme*-Ordner. Bitte folgen Sie den Anweisungen des Setup-Assistenten. Dabei werden die noch fehlenden SDK-Tools nachgeladen. Je nach Geschwindigkeit Ihrer Internetverbindung kann dies leider eine geraume Zeit dauern. Das Android SDK wird standardmäßig im Verzeichnis *Library/Android/sdk* im Heimatverzeichnis des angemeldeten Benutzers abgelegt. Findet die Setup-Routine in einem anderen Verzeichnis SDK-Tools aus einer früheren Installation, werden diese aktualisiert.

[«]

Hinweis

Falls die Sicherheitseinstellungen den Start von Android Studio blockieren, müssen Sie diese in den *Systemeinstellungen* entsprechend anpassen.

Findet Android Studio hingegen keine passende Java-Version, obwohl Sie das JDK in Version 7 oder neuer installiert und die Umgebungsvariable `PATH` richtig gesetzt haben, hilft das **zusätzliche** Setzen der Umgebungsvariable `STUDIO_JDK`. Geben Sie die folgenden beiden Anweisungen in einer Shell ein. Der Pfad muss entsprechend Ihrer Java-Version angepasst werden.

```
export STUDIO_JDK=/Library/Java/JavaVirtualMachines/jdk1.7.0_67.jdk
open /Applications/Android\ Studio.app
```

Möglicherweise werden Sie während der Installation darüber informiert, dass Systemabbilder im Android Emulator mit dem *Intel Hardware Accelerated Execution Manager* (HAXM) hardwarebeschleunigt ausgeführt werden können. Weitere Informationen hierzu finden Sie in Abschnitt 1.3.2, »Die ersten Schritte mit Android Studio«.

Installation unter Linux

Entpacken Sie die heruntergeladene *.zip*-Datei mit `unzip`. Es bietet es sich an, das entstandene Verzeichnis *android-studio* nach */opt* zu verschieben. Hierfür sind Admin-Rechte nötig (`sudo mv ./android-studio /opt`). Starten Sie nun die Anwendung mit dem Script `android-studio/bin/studio.sh`, und folgen Sie den Anweisungen des Setup-Assistenten. Dabei werden die noch fehlenden SDK-Tools nachgeladen. Je nach Geschwindigkeit Ihrer Internetverbindung kann dies leider eine geraume Zeit dauern. Das Android SDK wird standardmäßig im Verzeichnis *Android/Sdk* im Heimatverzeichnis des angemeldeten Benutzers abgelegt. Findet die Setup-Routine in einem anderen Verzeichnis SDK-Tools aus einer früheren Installation, werden diese aktualisiert.

[+] **Tipp**

Um Android Studio aus jedem Verzeichnis heraus starten zu können, bietet es sich an, die Umgebungsvariable `PATH` um */opt/android-studio/bin* (bzw. den absoluten Zugriffspfad auf das Verzeichnis *android-studio*) zu erweitern. Sofern Sie eine Desktopumgebung wie *Gnome* oder *KDE* verwenden, können Sie stattdessen ein Icon auf dem Desktop ablegen.

Möglicherweise werden Sie während der Installation darüber informiert, dass Systemabbilder im Android Emulator mit der Virtualisierungssoftware *Kernel Based Virtual Machine* (KVM) hardwarebeschleunigt ausgeführt werden können. Weitere Informationen hierzu finden Sie im folgenden Abschnitt.

1.3.2 Die ersten Schritte mit Android Studio

Nach Abschluss der Installation sehen Sie den Willkommensbildschirm aus Abbildung 1.2. Er erscheint stets, wenn in der IDE kein Projekt geöffnet ist. Mit ihm können Sie ein neues Projekt anlegen, ein vorhandenes öffnen, Code aus einem Versionsverwaltungssystem auschecken, Projekte aus anderen IDEs importieren sowie zahlreiche Einstellungen vornehmen. Der linke Bereich enthält eine Liste der kürzlich geöffneten Projekte. Sie ist noch leer. Der größere rechte Bereich ist hierarchisch aufgebaut. Sie befinden sich auf der obersten Ebene, QUICK START.

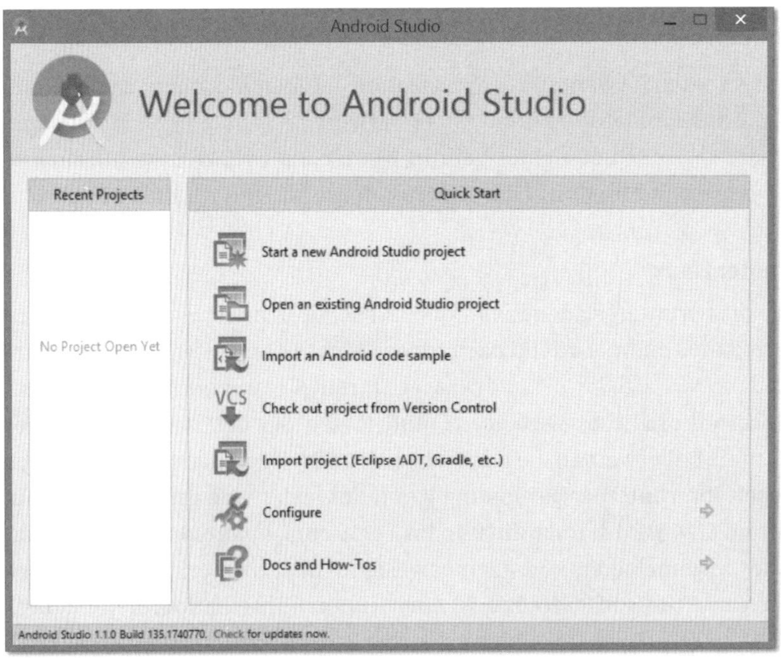

Abbildung 1.2 Der Android-Studio-Willkommensbildschirm

Klicken Sie bitte auf CONFIGURE, dann auf PROJECT DEFAULTS und anschließend auf PROJECT STRUCTURE. Es öffnet sich der Dialog PROJECT STRUCTURE. Er ist in Abbildung 1.3 zu sehen. Mit ihm legen Sie fest, welche JDK- und Android SDK-Versionen für ein Projekt verwendet werden. Zum jetzigen Zeitpunkt möchten Sie keine Änderungen vornehmen. Schließen Sie den Dialog deshalb mit CANCEL. Bitte merken Sie sich aber die ANDROID SDK LOCATION. Wir werden sie gleich noch brauchen.

Abbildung 1.3 Der Dialog »Project Structure«

Klicken Sie im Willkommensbildshirm auf den nach links weisenden Pfeil (BACK) links neben PROJECT DEFAULTS. Er navigiert stets eine Hierarchieebene nach oben, bringt Sie deshalb zurück zu CONFIGURE. Ein weiterer Klick würde zurück zu QUICK START führen. Wählen Sie stattdessen SDK MANAGER.

Android SDK Manager

Der *Android SDK Manager* verwaltet alle Komponenten, die Sie für die Entwicklung von Apps benötigen. Er ist in Abbildung 1.4 zu sehen. Mit ihm laden Sie Plattform-Versionen, Systemabbilder für den Emulator, Dokumentation, Beispielprogramme und Treiber herunter. Über die Menüleiste können Sie einige Einstellungen vornehmen. Beispielsweise legen Sie fest, welche Pakete angezeigt werden sollen. Zur Auswahl stehen neue bzw. aktualisierte, installierte sowie veraltete (SHOW OBSOLETE PACKAGES). Damit Sie stets neue Versionen erhalten, rate ich Ihnen, SHOW UPDATES/NEW PACKAGES aktiviert zu lassen und den SDK Manager regelmäßig zu starten. Unter OPTIONS können Sie gegebenenfalls einen Proxy-Server konfigurieren und die Größe des Download-Caches verändern. Unterhalb der Menüleiste wird der Pfad des Android SDKs angezeigt.

Den größten Raum nimmt der Bereich PACKAGES ein. Hier legen Sie fest, welche Pakete installiert, aktualisiert oder entfernt werden sollen. Um ein Paket herunterzuladen oder zu aktualisieren, setzen Sie ein Häkchen vor dem entsprechenden Eintrag. Mit DESELECT ALL können Sie alle Pakete auf einmal deselektieren. Das ist praktisch, wenn Sie nur ein bestimmtes Paket installieren möchten. Mit NEW kennzeichnen Sie alle neuen Pakete für den Download. UPDATES wählt alle aktualisierten Pakete aus. INSTALL PACKAGES startet den Download-Vorgang. DELETE PACKAGES löscht die selektierten Pakete von Ihrem System.

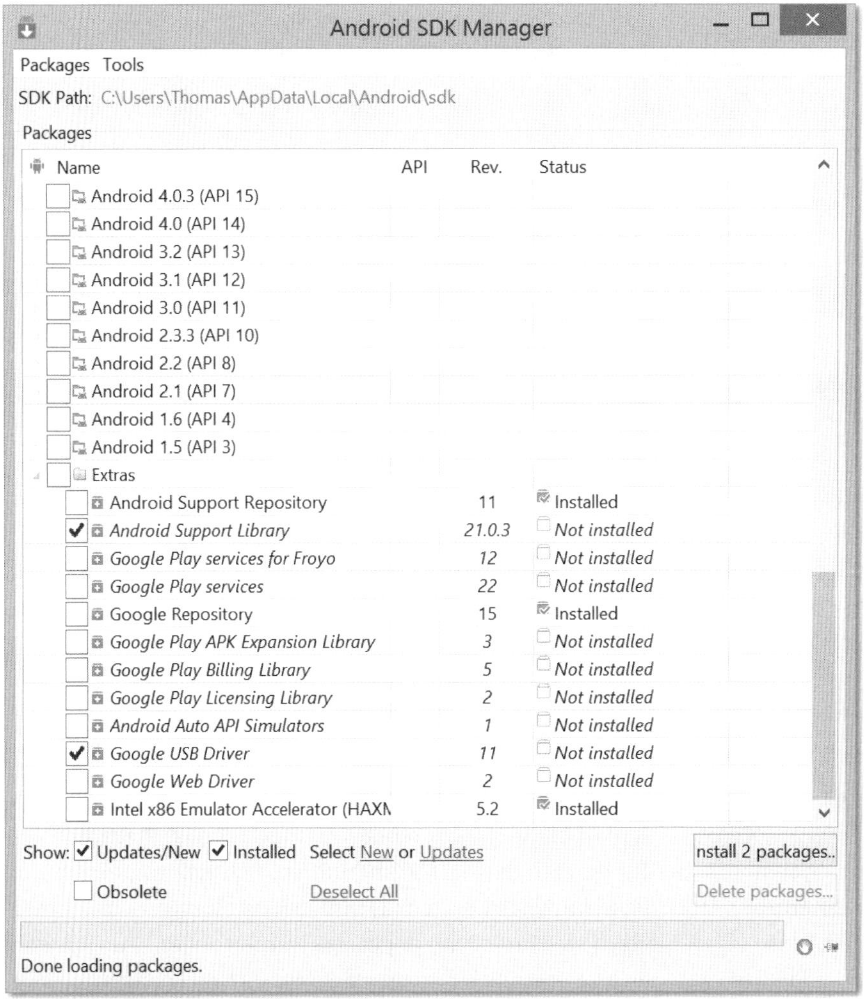

Abbildung 1.4 Der Android SDK Manager

Vielleicht fragen Sie sich, welche der vielen Pakete Sie überhaupt benötigen. Zunächst müssen Sie sich entscheiden, gegen welche Android-Version Sie entwickeln möchten. Soll Ihre App Funktionen nutzen, die erst mit *Lollipop* Einzug gehalten haben, ist Ihre Zielplattform zwingend Android 5 mit API-Level 21 oder höher. Was es damit auf sich hat, erkläre ich Ihnen etwas später im Detail.

Zu jeder Plattform-Version gehört eine ganze Reihe von Paketen. Welche dies sein können, ist beispielhaft in Abbildung 1.5 dargestellt. Auf jeden Fall installieren sollten Sie die Dokumentation, die SDK-Plattform sowie ein oder mehrere Systemabbilder für den Android Emulator. Hierzu sage ich gleich mehr. Praktischerweise können fehlende Images übrigens auch innerhalb von Android Studio nachgeladen werden. Äußerst nützlich für das Debuggen kann der Download der SDK-Sourcen sein. Während der Fehlersuche sehen Sie dann auf Quelltextebene, was in den Tiefen von Android vor sich geht.

Android 5.0.1 (API 21)			
Documentation for Android SDK	21	1	Installed
SDK Platform	21	2	Installed
Samples for SDK	*21*	*4*	*Not installed*
Android TV ARM EABI v7a System Im	*21*	*1*	*Not installed*
Android TV Intel x86 Atom System Im	*21*	*1*	*Not installed*
Android Wear ARM EABI v7a System	21	1	Installed
Android Wear Intel x86 Atom Systen	21	1	Installed
ARM EABI v7a System Image	*21*	*1*	*Not installed*
Intel x86 Atom_64 System Image	*21*	*1*	*Not installed*
Intel x86 Atom System Image	*21*	*1*	*Not installed*
Google APIs	21	1	Installed
Google APIs ARM EABI v7a System Ir	*21*	*3*	*Not installed*
Google APIs Intel x86 Atom_64 Syster	*21*	*3*	*Not installed*
Google APIs Intel x86 Atom System I	21	3	Installed
Sources for Android SDK	21	1	Installed

Abbildung 1.5 Bestandteile einer Plattform-Version

Neben mindestens einer Android-Plattform benötigen Sie auf jeden Fall die *Android SDK Tools*, *Android SDK Platform-tools* sowie die *Android SDK Build-tools*. Diese wurden automatisch heruntergeladen und sollten stets einen aktuellen Stand haben. Damit Sie auch auf der Kommandozeile (also in der Eingabeaufforderung, einer Shell und im Android-Studio-Werkzeugfenster TERMINAL) auf die Tools zugreifen können, fügen Sie die Unterordner *tools* und *platform-tools* des Android-SDK-Verzeichnisses dem Standardsuchpfad hinzu. Hierzu erweitern Sie die Umgebungsvariable `PATH` entsprechend. Auf meinem System sind dies *C:\Users\thomas\AppData\Local\Android\sdk\tools* und *C:\Users\thomas\AppData\Local\Android\sdk\platform-tools*.

Der Zweig EXTRAS enthält einige betriebssystemspezifische Pakete. Beispielsweise gibt es für Windows einen USB-Treiber, der bei der Nutzung von Nexus-Smartphones und -Tablets installiert werden muss. Ferner steht eine ganze Reihe von Zusatzbibliotheken zur Verfügung. Hier müssen Sie zunächst nichts nachinstallieren. Einige davon werde ich allerdings in späteren Kapiteln nutzen. Welche Pakete Sie dann herunterladen müssen, ist an entsprechender Stelle angegeben.

Systemabbilder

Um Ihre selbst geschriebenen Apps testen zu können, steht Ihnen ein Emulator zur Verfügung. Er kann unterschiedliche Gerätetypen nachbilden. Beim Start wird ihm ein Systemabbild übergeben. Es enthält eine Android-Plattform mit Betriebssystem und vorinstallierten Programmen wie Browser, Kalender und Uhr. Solche Abbilder stehen in Versionen für zwei Hardwarearchitekturen zur Verfügung, Intel und ARM. Sie erkennen den Systemtyp leicht am Namen des Images, beispielsweise *Intel x86 Atom System Image* oder *ARM EABI v7a System Image*. Lange Zeit basierte echte Android-Hardware ausschließlich auf ARM-Architekturen. Erst nach und nach kamen Intel-basierte Geräte auf den Markt.

Der Vorteil von Intel-Systemabbildern während der App-Entwicklung ist, dass der Emulator auf Virtualisierungstechnologie zurückgreifen kann, um Code direkt vom Mikroprozessor des Entwicklungsrechners ausführen zu lassen. Der ARM-Befehlssatz hingegen muss vollständig durch Software nachgebildet werden. Dies macht die Emulation langsam. Unter Windows und Mac OS X setzt Google auf den *Hardware Accelerated Execution Manager* (HAXM) von Intel. Sofern dieser nicht automatisch während der Installation heruntergeladen wurde, sollten Sie dies nun nachholen. Nach dem Download finden Sie die Setup-Dateien unter *extras\intel\Hardware_Accelerated_Execution_Manager* im Android SDK-Verzeichnis. Ob der Hypervisor installiert und einsatzbereit ist, können Sie überprüfen, indem Sie in der Eingabeaufforderung bzw. einer Shell das Script `silent_install` mit der Option `-v` aufrufen. Unter Linux kommt die *Kernel Based Virtual Machine* (KVM) zum Einsatz. Google bietet kein Paket zum Download an. Welche Komponenten Sie mit dem Paketmanager Ihres Systems herunterladen und installieren müssen, hängt von der von Ihnen eingesetzten Linux-Distribution ab. Dies kann an dieser Stelle nicht weiter vertieft werden.

Beim Einsatz eines Hypervisors müssen Sie einige Punkte beachten. Die Hardware Ihres Entwicklungsrechners muss Virtualisierung grundsätzlich unterstützen. Unter Windows und Mac OS X ist dies Intels Virtualisierungstechnologie VT-x. Unter Linux steht auch AMD-v zur Verfügung. Ferner muss die Technologie im BIOS aktiviert sein. Der gleichzeitige Betrieb von HAXM und anderen Produkten (wie VirtualBox) ist nicht möglich.

Nachdem Sie alle gewünschten Pakete heruntergeladen und installiert haben, beenden Sie den SDK Manager.

1.3.3 Das erste Projekt

Klicken Sie im Willkommensbildschirm von Android Studio den nach links weisenden Pfeil (BACK) an, bis Sie die oberste Ebene QUICK START erreichen. Sollten Sie Android Studio beendet haben, starten Sie die Anwendung erneut. Wählen Sie nun IMPORT AN ANDROID CODE SAMPLE. Es öffnet sich der Dialog IMPORT SAMPLE. Wählen Sie, wie in Abbildung 1.6 zu sehen, im Zweig GETTING STARTED den Eintrag ACTION BAR COMPAT – BASIC aus, und klicken Sie anschließend auf NEXT. Auf der Seite SAMPLE SETUP kann der Name der Anwendung sowie der Ablageort des Projekts eingegeben werden. Bitte lassen Sie die Vorgaben unverändert, und schließen Sie den Dialog mit FINISH. Android Studio wird nun eine Reihe von Vorarbeiten durchführen und danach sein Hauptfenster öffnen. Es ist in Abbildung 1.7 dargestellt.

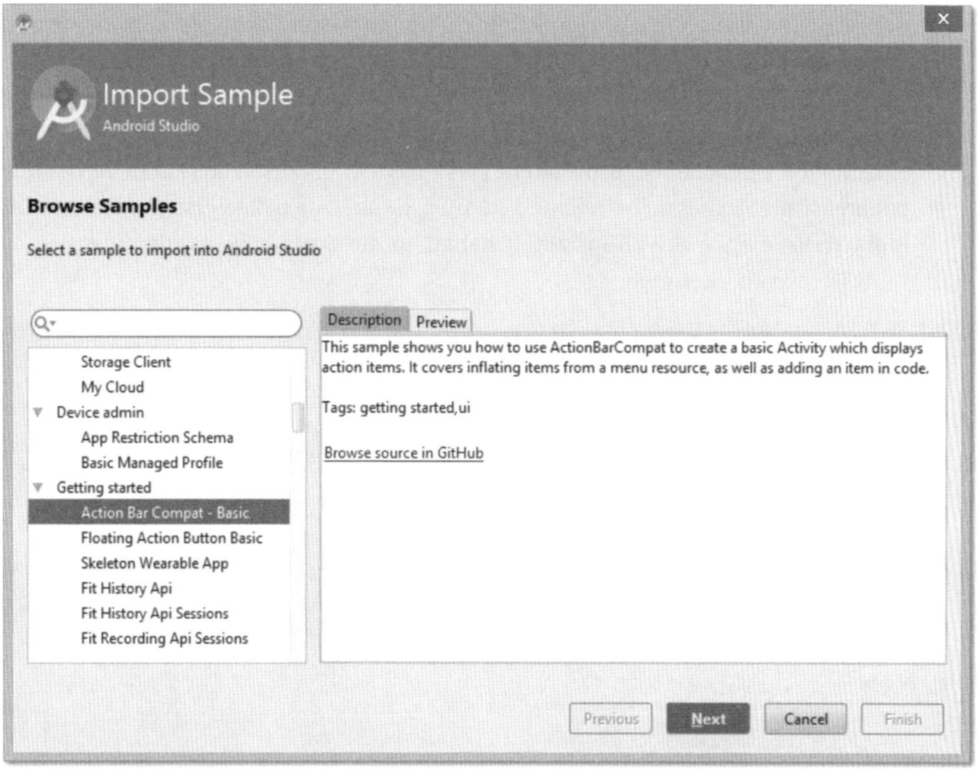

Abbildung 1.6 Der Dialog »Import Sample«

Android Studio nutzt für den Bau von Projekten, also für das Übersetzen und Paketieren von Apps, das Automatisierungssystem *Gradle*. Damit dieses Tool weiß, welche Aktionen auszuführen sind, wird an zentraler Stelle (in Dateien mit dem Namen *build.gradle*) eine ganze Reihe von Abhängigkeiten definiert (siehe Abbildung 1.7). Beispielsweise ist hier hinterlegt, ob zusätzliche Bibliotheken einzubinden sind und – falls dies der Fall ist – welche Versionen benötigt werden. Auch die Version der *Android SDK Build-tools* ist hier eingetragen. Findet Gradle die gewünschte Version der Build-tools nicht, wird eine entsprechende Fehlermeldung ausgegeben. Ist dies bei Ihnen der Fall, könnten Sie das fehlende Paket von Hand im *SDK Manager* herunterladen. Es geht aber viel bequemer. Klicken Sie im Fehlerfall einfach den Link INSTALL BUILD TOOLS ... AND SYNC PROJECT an.

> **[»] Hinweis**
>
> Projekte bestehen aus einem oder mehreren Modulen. Die Datei *build.gradle* ist in jedem Modulverzeichnis sowie einmal auf Projektebene vorhanden. Die angesprochenen Versionsinformationen werden pro Modul abgelegt. Im Falle des Beispielprojekts befindet sie sich im Verzeichnis *Application*.

Vielleicht fragen Sie sich, warum es überhaupt zu diesem Problem kommen kann. Google entwickelt das Android SDK und seine Komponenten kontinuierlich weiter. Wahrscheinlich wäre der Aufwand zu groß, jedes Mal auch die Beispielprogramme anzupassen, also die neue Versionsnummer der Build Tools in der Datei *build.gradle* einzutragen. Einfacher ist es, die ältere Version der Tools zusätzlich zur neuen zu installieren. Falls Sie dies nicht möchten, können Sie aber auch die Versionsnummer der Build Tools, die Sie aktuell installiert haben, in die Datei *build.gradle* unter `buildToolsVersion` übernehmen.

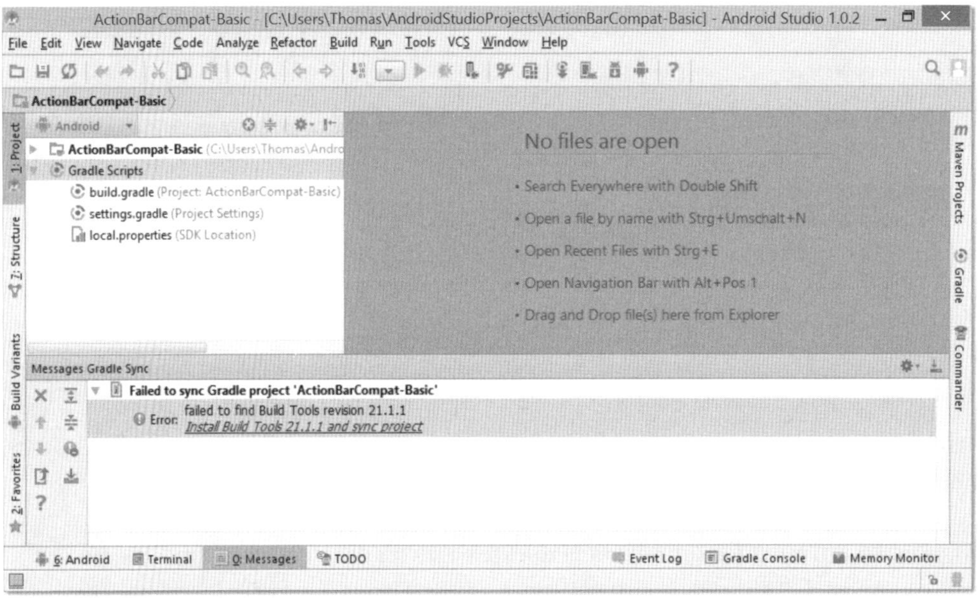

Abbildung 1.7 Das Hauptfenster von Android Studio

Um die Anwendung zu starten, klicken Sie in der Menüleiste bitte auf Run • Run Application. Sie sehen daraufhin den in Abbildung 1.8 dargestellten Dialog Choose Device. In ihm wählen Sie aus, ob eine App im Emulator oder auf echter Hardware ausgeführt werden soll. Sie können hierzu einen Emulator starten (Launch emulator) oder ein betriebsbereites Gerät festlegen (Choose a running device). In dieser Liste erscheinen Geräte, die Sie über USB an Ihren Rechner angeschlossen haben, sowie gegebenenfalls laufende Emulator-Instanzen. Da beides nicht der Fall ist, bleibt die Liste zunächst leer. Um das Anschließen eines Smartphones oder Tablets kümmern wir uns später.

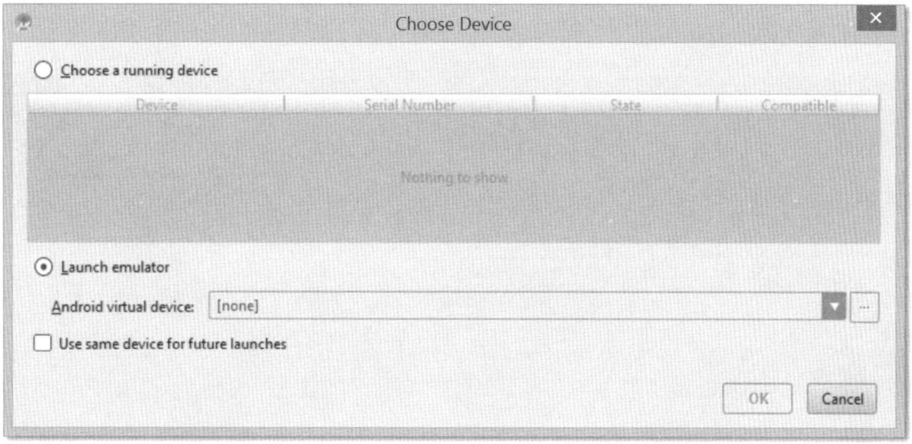

Abbildung 1.8 Der Dialog »Choose Device«

Bevor Sie den Emulator starten können, müssen Sie ein virtuelles Android-Gerät anlegen. Klicken Sie hierzu auf die Schaltfläche ... am rechten Rand des Dialogs. Es öffnet sich der Dialog AVD MANAGER. Er ist in Abbildung 1.9 zu sehen.

Abbildung 1.9 Der Dialog »AVD Manager«

Klicken Sie auf CREATE A VIRTUAL DEVICE. Im nun erscheinenden Dialog VIRTUAL DEVICE CONFIGURATION klicken Sie in der Spalte CATEGORY auf PHONE und wählen dann ein beliebiges Modell aus. NEXT bringt Sie auf die Seite SYSTEM IMAGE. Sie ist in Abbildung 1.10 dargestellt.

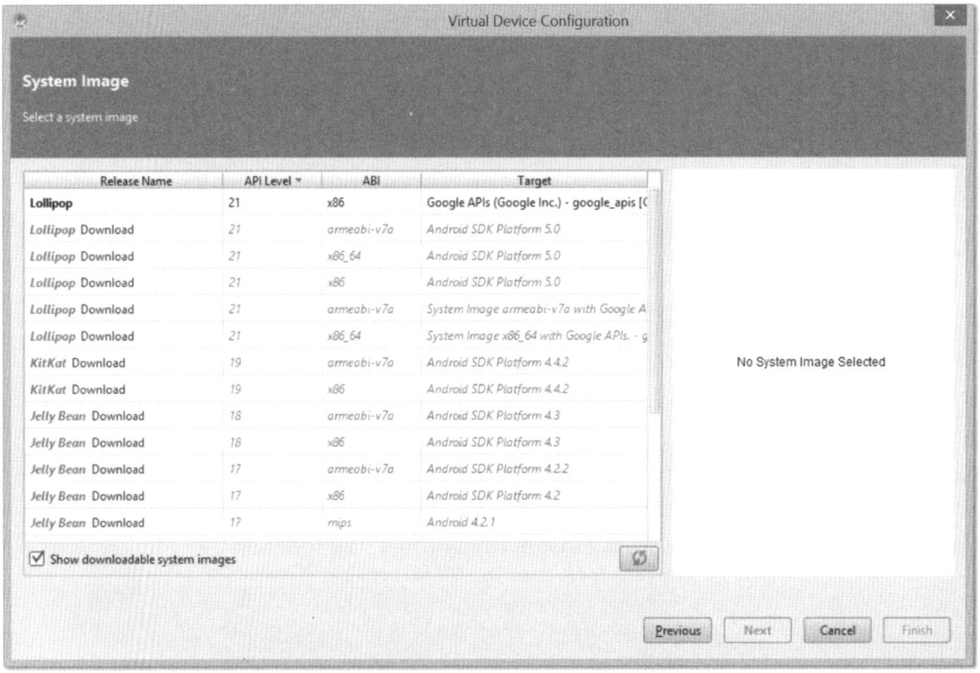

Abbildung 1.10 Auswahl eines Systemabbilds

Auf der Seite SYSTEM IMAGE wählen Sie das Systemabbild aus, das vom Emulator ausgeführt werden soll. Entscheiden Sie sich für ein Release (zum Beispiel Lollipop) und eine Architektur (Intel oder ARM). Denken Sie bitte daran, dass Intel-Systemabbilder eine installierte Virtualisierungskomponente (*Intel Hardware Accelerated Execution Manager* oder *Kernel Based Virtual Machine*) benötigen. Klicken Sie zuerst auf den gewünschten Link DOWNLOAD, um ein oder mehrere Images herunterzuladen. Nachdem der Vorgang abgeschlossen wurde, markieren Sie das zu verwendende Abbild und klicken auf NEXT. Sie befinden sich nun auf der Seite ANDROID VIRTUAL DEVICE (AVD). Sie ist in Abbildung 1.11 zu sehen. Auf ihr können Sie das virtuelle Android-Gerät konfigurieren. Beispielsweise legen Sie mit SCALE die Größe des Emulator-Fensters fest. USE HOST GPU beschleunigt die Grafikausgabe.

FINISH schließt den Konfigurationsdialog. Das neu angelegte virtuelle Android-Gerät ist nun im Dialog AVD MANAGER zu sehen. Schließen Sie diesen mit OK. Auch in der Aufklappliste ANDROID VIRTUAL DEVICE des Dialogs CHOOSE DEVICE befindet sich ein entsprechender Eintrag. Wählen Sie ihn aus, und klicken Sie dann auf OK.

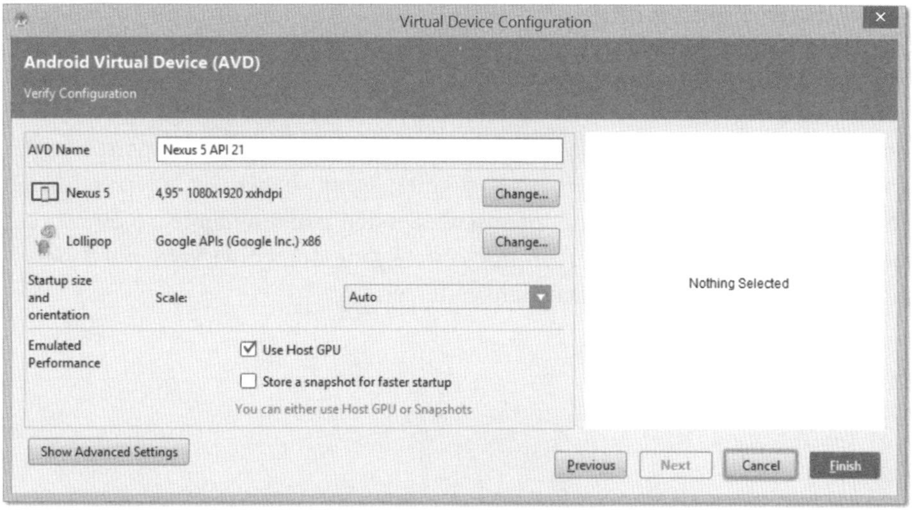

Abbildung 1.11 Ein Android Virtual Device konfigurieren

Der Android-Emulator wird gestartet und führt Ihr erstes importiertes Projekt aus. Es ist in Abbildung 1.12 zu sehen.

Abbildung 1.12 Der Android-Emulator

1.4 Zusammenfassung

Sie haben in diesem Kapitel sehr viel über die Entstehung von Android und den Weg hin zu einer der bedeutendsten mobilen Plattformen erfahren. Ihr neues Handwerkszeug, die Entwicklungsumgebung *Android Studio* sowie die Komponenten des *Android SDK*, steht einsatzbereit zur Verfügung. Damit haben Sie einen ersten bedeutsamen Meilenstein erreicht. Im anschließenden zweiten Kapitel setzen wir auf diesem Fundament auf. Sie werden Ihre erste eigene App entwickeln und dabei einige der wichtigsten Werkzeuge näher kennenlernen.

Kapitel 2
Hallo Android!

Die erste eigene App ist schneller fertig, als Sie vielleicht glauben. Dieses Kapitel führt Sie in leicht nachvollziehbaren Schritten zum Ziel.

Seit vielen Jahrzenten ist es schöne Tradition, anhand des Beispiels »Hello World!« in eine neue Programmiersprache oder Technologie einzuführen. Dahinter steht die Idee, erste Konzepte und Vorgehensweisen in einem kleinen, überschaubaren Rahmen zu demonstrieren. Google bleibt dieser Tradition treu. Wenn Sie in Android Studio ein neues Projekt anlegen, entsteht eine minimale, aber lauffähige Anwendung. Sie gibt den Text »Hello World« aus. Im Verlauf dieses Kapitels erweitern Sie diese Anwendung um die Möglichkeit, einen Nutzer namentlich zu begrüßen. Ein Klick auf FERTIG schließt die App.

Hinweis

Sie finden die vollständige Version des Projekts *Hallo Android* in den Begleitmaterialien zum Buch, die Sie unter *www.rheinwerk-verlag.de/3493* herunterladen können. (Scrollen Sie etwas nach unten und klicken Sie MATERIALÜBERSICHT bei den *Materialien zum Buch*.) Um mit den Entwicklungswerkzeugen vertraut zu werden, rate ich Ihnen aber, sich diese Fassung erst nach der Lektüre dieses Kapitels und nur bei Bedarf zu kopieren.

2.1 Android-Projekte

Projekte fassen alle Artefakte einer Android-Anwendung zusammen. Dazu gehören unter anderem Quelltexte, Konfigurationsdateien, Testfälle, aber auch Grafiken, Sounds und Animationen. Natürlich sind Projekte keine Erfindung von Android Studio, sondern bilden eines der Kernkonzepte praktisch aller Entwicklungsumgebungen. Grundsätzlich können Sie mit beliebig vielen Projekten gleichzeitig arbeiten. Projekte werden über die Menüleiste angelegt, (erneut) geöffnet und geschlossen. Anders als beispielsweise in Eclipse bezieht sich ein Android-Studio-Hauptfenster stets auf ein Projekt. Wenn Sie ein vorhandenes Projekt öffnen, fragt die IDE normalerweise nach, ob Sie es in einem neuen oder dem aktuellen Fenster bearbeiten möchten. In diesem Fall wird das aktuelle Projekt geschlossen. Sie können dieses Verhalten übrigens im SETTINGS-Dialog auf der Seite GENERAL ändern.

Projekte können aus einem oder mehreren *Modulen* bestehen. Wie Sie in Kapitel 15, »Android Wear« sehen werden, nutzt Google dieses Konzept beispielsweise, um Projekte für *Android Wear* zu strukturieren. Diese bestehen aus einem Teil für das Smartphone bzw. Tablet sowie einem Teil für die Smartwatch. »Klassische« Android-Apps kommen üblicherweise mit einem Modul aus. In diesem Fall nennt der Assistent das Modul *app*. Beispiel-Apps von Google verwenden als Modulnamen oft *Application*.

2.1.1 Projekte anlegen

Um ein neues Projekt anzulegen, wählen Sie in der Menüleiste FILE • NEW PROJECT. Daraufhin öffnet sich der Dialog CREATE NEW PROJECT. Dieser Assistent führt Sie in wenigen Schritten zu einem neuen Android-Projekt. Auf der ersten Seite, CONFIGURE YOUR NEW PROJECT, legen Sie einige grundlegende Eigenschaften Ihres Projekts fest. Der APPLICATION NAME wird später auf dem Gerät bzw. im Emulator angezeigt. Mit ihm identifiziert der Benutzer Ihre App. Bitte geben Sie, wie in Abbildung 2.1 zu sehen ist, »Hallo Android« ein. Das Feld COMPANY DOMAIN sollte leer bleiben.

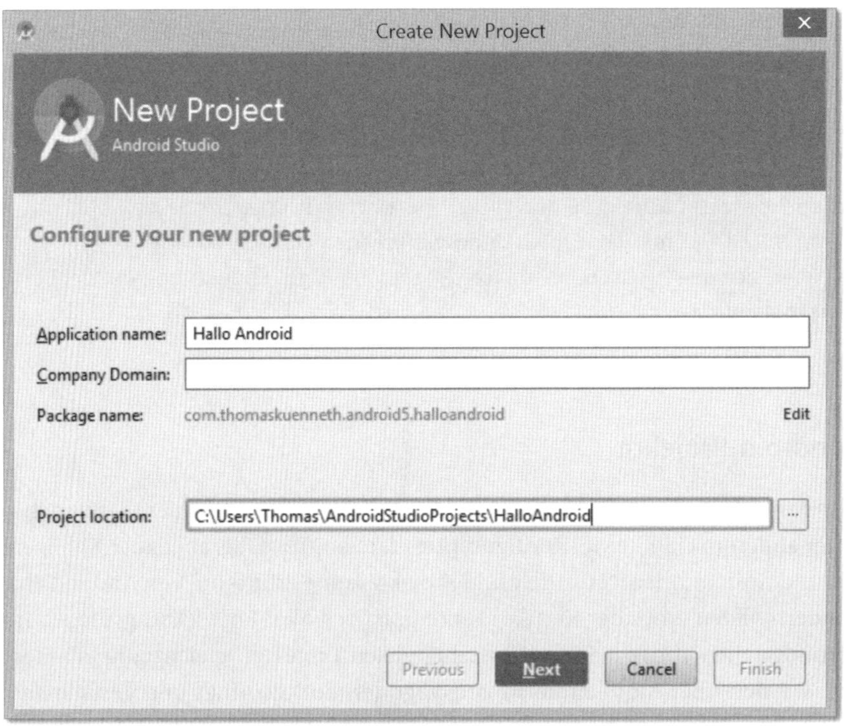

Abbildung 2.1 Der Dialog »Create New Project«

In Java – und damit auch unter Android – werden Klassen und Dateien in Paketen abgelegt. Bei der Vergabe des PACKAGE NAME müssen Sie besonders sorgfältig vorgehen, vor allem wenn Sie eine Anwendung in Google Play veröffentlichen möchten. Denn der Paketname, den Sie hier eintragen, referenziert genau eine App. Er muss also eindeutig sein.

Idealerweise folgen Sie den Namenskonventionen für Java-Pakete und tragen (in umgekehrter Reihenfolge) den Namen einer Ihnen gehörenden Internet-Domain ein, gefolgt von einem Punkt und dem Namen der App. Verwenden Sie nur Kleinbuchstaben, und vermeiden Sie Sonderzeichen, insbesondere das Leerzeichen. Um den Vorschlag zu überschreiben, den Android Studio macht, klicken Sie auf EDIT. Damit ist PACKAGE NAME nun editierbar, und anstelle von EDIT ist DONE zu sehen. Geben Sie für dieses Beispiel »com.thomaskuenneth.android5.halloandroid« ein, und beenden Sie Ihre Eingabe mit DONE.

Unter PROJECT LOCATION legen Sie den Speicherort Ihres Projekts fest. Es bietet sich an, Projekte an zentraler Stelle zu sammeln. Auf meinem Rechner ist dies *C:\Users\Thomas\AndroidStudioProjects*. Jedes Projekt entspricht dann einem Unterordner dieses Verzeichnisses, beispielsweise *HalloAndroid*. NEXT bringt Sie auf die zweite Seite des Projekt-Assistenten. Sie ist in Abbildung 2.2 zu sehen.

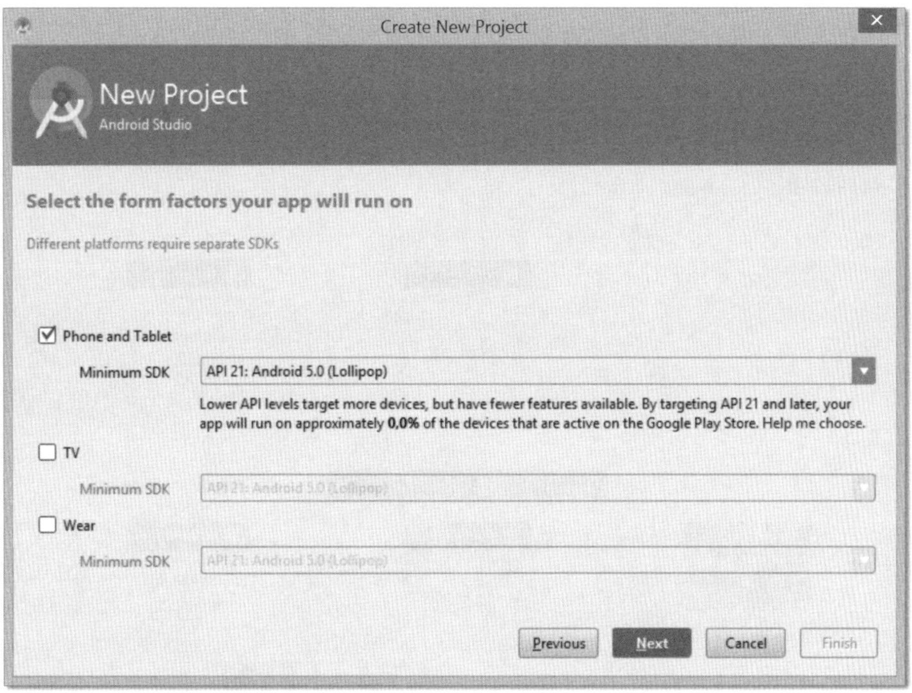

Abbildung 2.2 Geräteklassen auswählen

Auf der Seite SELECT THE FORM FACTORS YOUR APP WILL RUN ON legen Sie die Gerätekategorien fest, für die Ihre App zur Verfügung stehen soll. Möchten Sie beispielsweise ein eigenes Zifferblatt für *Android-Wear*-Smartwatches programmieren, setzen Sie ein Häkchen vor WEAR. Wie Sie ein animiertes Zifferblatt verwirklichen, zeige ich Ihnen in Kapitel 15. *Hallo Android* soll ausschließlich auf Telefonen und Tablets laufen. Deshalb sollte nur PHONE AND TABLET angekreuzt sein. Wählen Sie zudem als MINIMUM SDK Android 5.0.

[»]

Hinweis

Mit dem Wert MINIMUM SDK legen Sie unter anderem fest, welche Android-Version mindestens auf einem Gerät verfügbar sein muss, um Ihr Programm ausführen zu können. Beispielsweise ist erst ab Android 4 ein Zugriff auf Kalenderdaten über offizielle Schnittstellen möglich. Eine App, die diese nutzt, ist auf »älteren« Geräten mit *Gingerbread* oder gar *Cupcake* nicht lauffähig. Plattformen können mit dem *Android SDK Manager* installiert und gelöscht werden.

Ein Klick auf NEXT zeigt die Seite ADD AN ACTIVITY TO MOBILE an. Sie ist in Abbildung 2.3 dargestellt.

Wie Sie gleich sehen werden, gehören *Activities* zu den Grundbausteinen einer Android-Anwendung. Deshalb möchten wir gleich zu Beginn eine anlegen. Markieren Sie BLANK ACTIVITY, und klicken Sie danach auf NEXT.

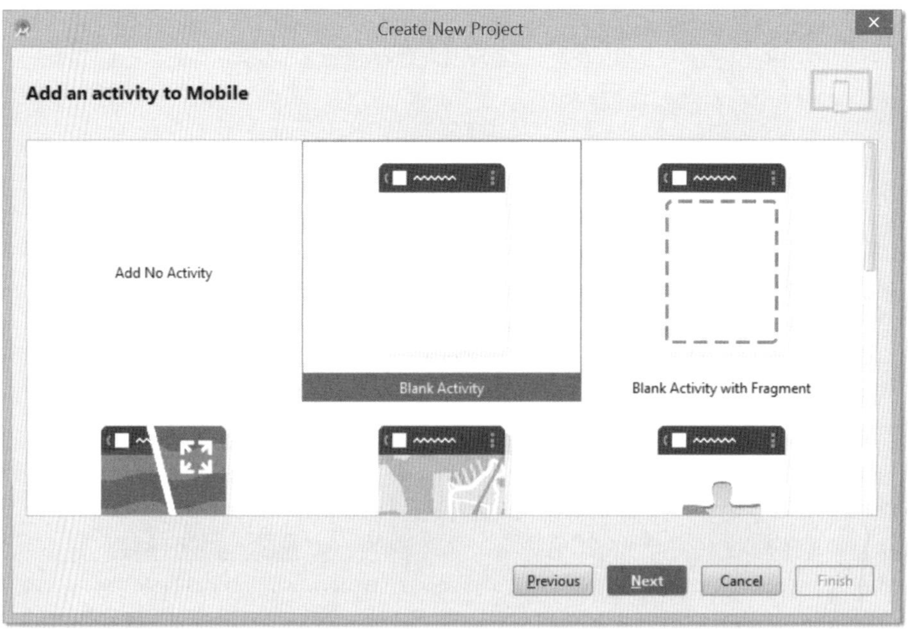

Abbildung 2.3 Die Seite »Add an activity to Mobile«

Sie haben es fast geschafft. Um den Assistenten abschließen zu können, müssen Sie nur noch auf der Seite CHOOSE OPTIONS FOR YOUR NEW FILE die soeben ausgewählte leere Activity konfigurieren. Hierbei vergeben Sie einen Klassennamen, den Namen einer Layoutdatei, einen Titel sowie den Namen einer XML-Datei mit Menüeinträgen. Was es mit diesen Werten auf sich hat, zeige ich Ihnen im weiteren Verlauf dieses Kapitels. Fürs Erste sollten Sie nur sicherstellen, dass die vorgeschlagenen Werte mit denen in Abbildung 2.4 übereinstimmen. Bitte überprüfen Sie dies, und übernehmen Sie bei Abweichungen die Daten aus dem Screenshot.

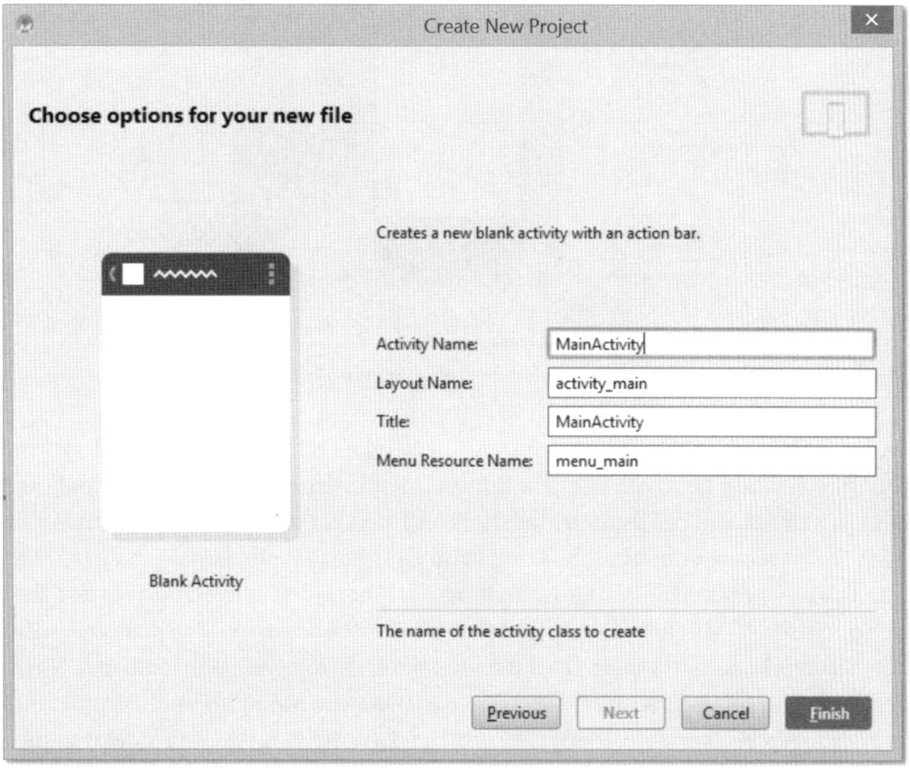

Abbildung 2.4 Eine leere Activity konfigurieren

Mit FINISH schließen Sie den Assistenten. Android Studio wird nun eine Reihe von Dateien anlegen und das neue Projekt einrichten.

Ein kurzer Rundgang durch Android Studio

Danach sollte das Hauptfenster der IDE in etwa Abbildung 2.5 entsprechen. Es enthält unter anderem eine Menüleiste, eine Toolbar, mehrere Editorfenster für die Eingabe von Java-Quelltexten und anderen Dateiformaten, einen Designer für die Gestaltung der Benutzeroberfläche, eine Statuszeile sowie mehrere Werkzeugfenster. Beginnt der Name eines solchen Fensters mit einer Ziffer, können Sie es über die Tastatur anzeigen und verbergen. Drücken Sie hierzu die angegebene Zahl zusammen mit der [Alt]-Taste. Auf dem Mac verwenden Sie [Cmd].

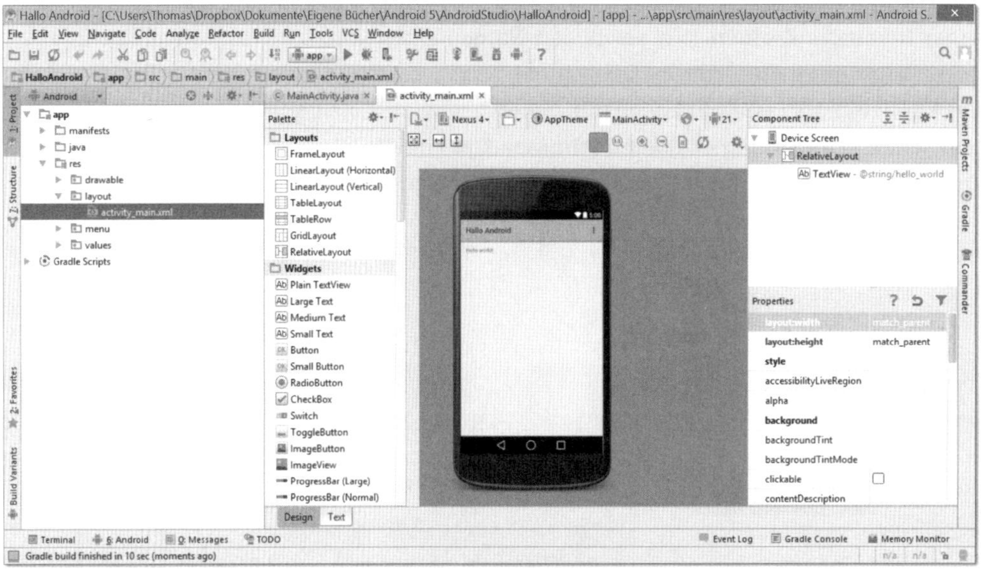

Abbildung 2.5 Das Hauptfenster nach dem Anlegen eines Projekts

Werkzeugfenster erscheinen im unteren, linken oder rechten Bereich des Hauptfensters. Ihre Position lässt sich über ein Kontextmenü steuern, das Sie durch Anklicken des Fenstertitels mit der rechten Maustaste aufrufen können. Ein Beispiel ist in Abbildung 2.6 zu sehen. Situationsabhängig kann eine ganze Reihe von zusätzlichen Menüpunkten enthalten sein. Die Aufteilung des Android-Studio-Hauptfensters lässt sich praktisch nach Belieben den eigenen Bedürfnissen anpassen. Beispielsweise können Sie Werkzeugfenster als schwebende Panels anzeigen lassen oder bei Nichtgebrauch automatisch ausblenden. Über das WINDOW-Menü übernehmen Sie Ihre Anpassungen als Standard. RESTORE DEFAULT LAYOUT kehrt zu den zuletzt gespeicherten Standardeinstellungen zurück.

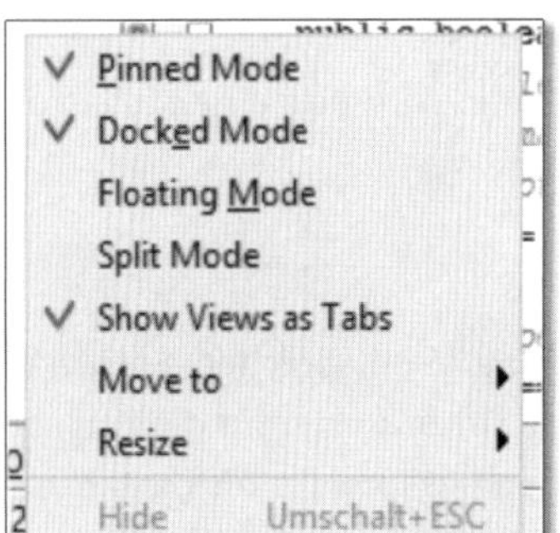

Abbildung 2.6 Kontextmenü eines Werkzeugfensters

Eine Statuszeile am unteren Rand des IDE-Hauptfensters zeigt situationsabhängige Informationen an, beispielsweise die aktuelle Cursorposition oder den Fortschritt eines Buildvorgangs. Sie ist in Abbildung 2.7 zu sehen. Ganz links befindet sich ein Symbol, mit dem Sie drei *Werkzeugfenster-Bereiche* ein- und ausblenden können. Klicken Sie es mehrere Male an, und achten Sie darauf, wie sich das Android-Studio-Fenster verändert. Lassen Sie sich dabei nicht irritieren. Sobald Sie mit der Maus über das Symbol fahren, erscheint ein Popup-Menü. Es zeigt alle verfügbaren Werkzeugfenster. Dies ist praktisch, wenn die Werkzeugfenster-Bereiche nicht sichtbar sind. Innerhalb eines Bereichs können Sie die Reihenfolge der Fenster übrigens durch Drag & Drop nach Belieben ändern. Auch das Verschieben in einen anderen Werkzeugfenster-Bereich ist möglich.

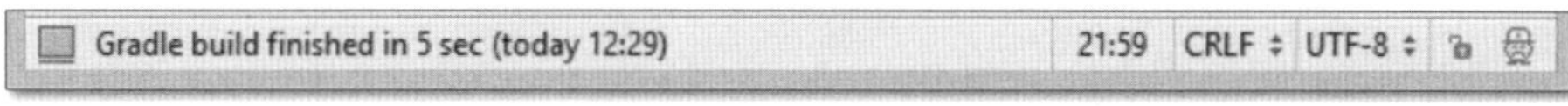

Abbildung 2.7 Die Statuszeile von Android Studio

Der Dialog SETTINGS enthält zahlreiche Optionen, um das Aussehen der IDE an Ihre Vorstellungen anzupassen. Sie erreichen ihn mit FILE • SETTINGS. Der Navigationsbereich auf der linken Seite enthält zwei Abschnitte: projektspezifische Einstellungen (PROJECT SETTINGS) und Einstellungen, die die IDE betreffen (IDE SETTINGS). Klicken Sie auf APPEARANCE. Unter den in Abbildung 2.8 gezeigten UI OPTIONS können Sie ein THEME einstellen. DRACULA beispielsweise färbt Android Studio dunkel ein. Nach einer solchen Änderung ist ein Neustart der IDE erforderlich. Falls Sie möchten, können Sie die Standardschriften gegen einen von Ihnen gewählten Font austauschen. Setzen Sie hierzu ein Häkchen vor OVERWRITE DEFAULT FONTS BY, und wählen Sie in der Klappliste darunter die gewünschte Schrift und Größe aus.

Klicken Sie im Abschnitt IDE SETTINGS bitte auf GENERAL. Unter STARTUP/SHUTDOWN können Sie einstellen, ob beim Start das zuletzt bearbeitete Projekt automatisch geöffnet werden soll. Ist das Häkchen nicht gesetzt, erscheint der Ihnen aus Kapitel 1 bekannte *Willkommensbildschirm*. Er enthält eine Liste der kürzlich verwendeten Projekte. Wenn Sie mit mehreren Projekten im Wechsel arbeiten, bietet es sich an, das gewünschte Projekt im Willkommensbildschirm zu wählen.

CONFIRM APPLICATION EXIT legt fest, ob eine Rückfrage erscheint, wenn Sie Android Studio durch Anklicken des Fenster-Schließsymbols oder über die Menüleiste verlassen.

Unter PROJECT OPENING können Sie konfigurieren, ob Projekte in einem neuen Android-Studio-Hauptfenster geöffnet werden. Wenn Sie OPEN PROJECT IN THE SAME WINDOW selektieren, schließt die IDE das aktuelle Projekt und öffnet danach das neue. CONFIRM WINDOW TO OPEN PROJECT IN lässt Ihnen in einem entsprechenden Dialog die Wahl.

Da Android Studio kontinuierlich weiterentwickelt und von Fehlern befreit wird, ist es ratsam, gelegentlich nach Aktualisierungen zu suchen. Sie können dies mit HELP • CHECK FOR UPDATE selbst auslösen. Allerdings ist es bequemer, dies der IDE zu überlassen. Klicken Sie unter IDE SETTINGS auf UPDATES, und aktivieren Sie die Option CHECK FOR UPDATES IN CHANNEL. In der Klappliste rechts daneben sollten Sie STABLE CHANNEL auswählen. Kanäle legen fest, welche Aktualisierungen eingespielt werden. Der *stable channel* enthält nur ausreichend erprobte Änderungen. Die anderen Kanäle liefern Updates schneller aus, allerdings sind diese oftmals noch fehlerbehaftet oder experimentell.

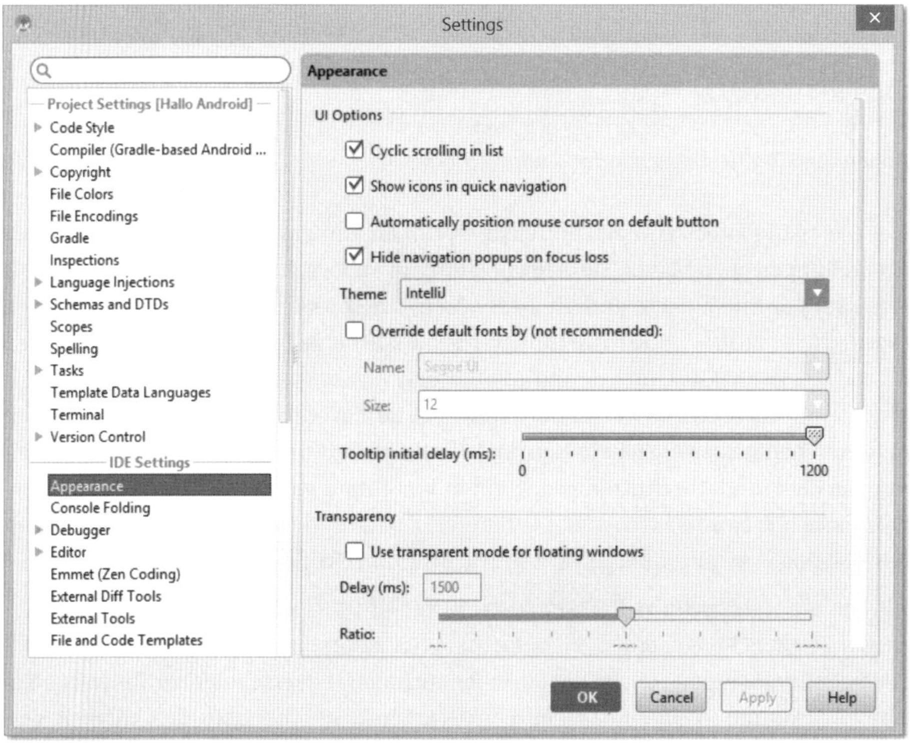

Abbildung 2.8 Der Dialog »Settings«

Damit möchte ich unseren kleinen Rundgang durch Android Studio beenden. Im folgenden Abschnitt stelle ich Ihnen die Struktur von Android-Projekten vor.

2.1.2 Projektstruktur

Android-Apps bestehen aus einer ganzen Reihe von Artefakten, die als baumartige Struktur dargestellt werden können. Das Android-Studio-Werkzeugfenster PROJECT bietet hierfür mehrere Sichten an: PROJECT, PACKAGES und ANDROID. Sichten wirken als Filter. Nicht jedes Artefakt (eine Datei oder ein Verzeichnis) ist in allen Sichten zu sehen. Die Sicht PROJECT entspricht weitestgehend der Repräsentation auf Ebene des Dateisystems. Sie visualisiert die hierarchische Struktur eines Projekts. PACKAGES gruppiert Dateien analog zu Java-Paketen, soweit dies sinnvoll ist. Diese Sicht werden Sie möglicherweise eher selten verwenden. Am praktischsten für die Entwicklung ist wahrscheinlich die Sicht ANDROID. Sie ist in Abbildung 2.9 zu sehen.

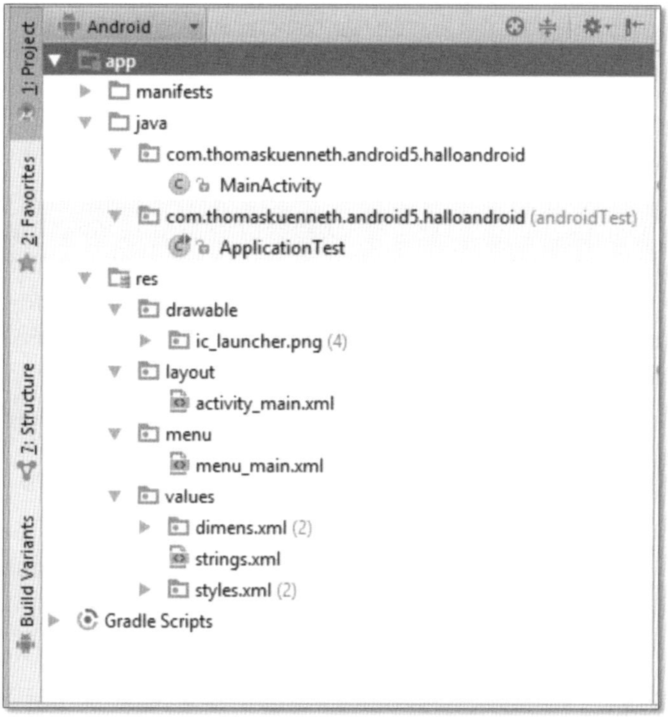

Abbildung 2.9 Die Struktur einer Android-App

Die Sicht ANDROID zeigt eine vereinfachte, in Teilen flachgeklopfte Struktur eines Projekts. Sie gestattet den schnellen Zugriff auf wichtige Dateien und Verzeichnisse. Thematisch zusammengehörende Artefakte werden auch dann gemeinsam dargestellt, wenn sie physikalisch in unterschiedlichen Verzeichnissen liegen. Das Werkzeugfenster PROJECT stellt Sichten entweder als Registerkarten oder als Klappliste dar. Sie können dies mit dem Kommando SHOW VIEWS AS TABS im Kontextmenü des Fensters einstellen. Um es zu öffnen, klicken Sie den Fenstertitel mit der rechten Maustaste an.

Lassen Sie uns einen ersten Blick auf wichtige Dateien und Verzeichnisse werfen. Aktivieren Sie hierzu die Sicht ANDROID. Sie sehen zwei Knoten, APP und GRADLE SCRIPTS. Klappen Sie Letzteren auf. Die Datei *build.gradle* kommt zweimal vor, die Dateien *gradle.properties*, *settings.gradle* und *local.properties* jeweils einmal.

local.properties wird automatisch von Android Studio generiert und sollte nicht von Hand bearbeitet werden. Sie enthält einen Eintrag, der auf das für das Projekt verwendete *Android SDK* verweist. *settings.gradle* listet alle *Module* eines Projekts auf. Unser *Hallo Android*-Projekt besteht aus einem Modul: *app*. Die Datei wird aktualisiert, sobald ein Modul hinzugefügt oder gelöscht wird. In welchem Zusammenhang Module verwendet werden, zeige ich Ihnen später. Viele Apps benötigen nur ein Modul. Mit *gradle.properties* können Sie Einfluss auf den Buildvorgang nehmen. Dies ist eine fortgeschrittene Tätigkeit. Üblicherweise müssen Sie diese Datei nicht editieren.

Die Datei *build.gradle* ist mehrfach vorhanden. Eine Version bezieht sich auf das Projekt. Zu jedem Modul gehört eine weitere Ausprägung. Da *Hallo Android* aus einem Modul (*app*) besteht, gibt es *build.gradle* also zweimal. Lassen Sie uns einen Blick auf die Version für das Modul *app* werfen. Ein Doppelklick auf BUILD.GRADLE (MODULE: APP) öffnet die Datei in einem Texteditor. Wie das aussehen kann, sehen Sie in Abbildung 2.10. Bitte nehmen Sie zunächst keine Änderungen vor. Sie können das Editorfenster jederzeit durch Anklicken des Kreuzes auf der Registerkarte oder durch Drücken der Tastenkombination `Strg`+`F4` schließen.

Der Block `android` { ... } enthält Informationen, die Sie beim Anlegen des Projekts eingegeben haben. So entspricht `applicationId` dem PACKAGE NAME. `minSdkVersion` spiegelt Ihre Auswahl in der Klappliste MINIMUM SDK wider. Dieses Attribut gibt an, welche Android-Version auf einem Gerät mindestens vorhanden sein muss, um die App nutzen zu können. Ist diese Voraussetzung nicht erfüllt, wird die Installation abgebrochen. *Google Play* zeigt das Programm in so einem Fall allerdings gar nicht an.

`versionCode` und `versionName` repräsentieren die Versionsnummer Ihrer App. Wie Sie diese beiden Variablen verwenden, zeige ich Ihnen etwas später. `compileSdkVersion` und `buildToolsVersion` entsprechen dem Versionsstand Ihres Android SDKs.

Lassen Sie uns nun einen Blick auf das Modul *app* werfen. Es enthält die Zweige *manifests*, *java* und *res*. Quelltexte werden unter *java* abgelegt. Sie sehen zweimal das Paket `com.thomaskuenneth.android5.halloandroid`. Dies mag irritieren, wenn Sie schon mit anderen Entwicklungsumgebungen gearbeitet haben. Bitte denken Sie daran, dass die Sicht ANDROID eine optimierte (wenn Sie so möchten, künstliche) Sicht auf ein Projekt darstellt. Ein Paket enthält die Klasse `ApplicationTest`, das andere `MainActivity`. Sie haben diesen Namen im Projektassistenten eingetragen. Um die Testklasse müssen Sie sich zunächst nicht kümmern. Übrigens können Sie bequem neue Klassen anlegen, indem Sie ein Paket mit der rechten Maustaste anklicken und NEW • JAVA CLASS wählen.

Der Zweig *res* besteht aus mehreren Unterknoten. *values* enthält beispielsweise die Datei *strings.xml*. Sie nimmt Texte auf, die später im Quelltext oder in Beschreibungsdateien für die Benutzeroberfläche referenziert werden. Hierzu wird von den Werkzeugen des Android SDK eine Klasse mit Namen `R` generiert. Diese dürfen Sie allerdings nicht von Hand bearbeiten. Deshalb ist sie in der Sicht ANDROID nicht vorhanden.

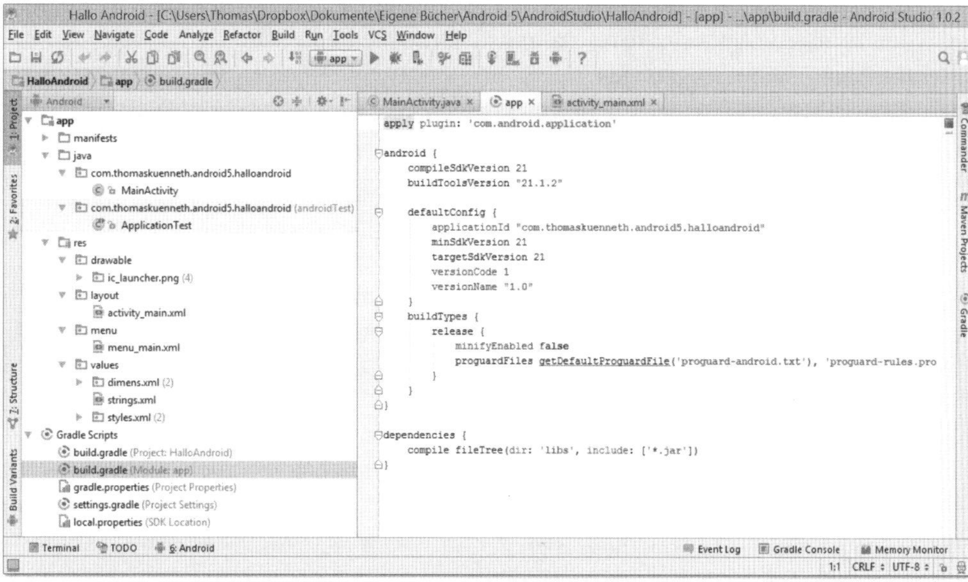

Abbildung 2.10 Die Datei »build.gradle« in einem Texteditor

menu enthält XML-Dateien für Menüs. Wie Sie diese verwenden, zeige ich Ihnen etwas später. In *layout* wird die Benutzeroberfläche einer App definiert. Haben Sie noch ein kleines bisschen Geduld, wir kommen in diesem Kapitel noch dazu.

In *drawable* befinden sich Grafiken. Bitmaps können in unterschiedlichen Auflösungen abgelegt werden. Ein Beispiel für ein `Drawable` ist das Icon für den App-Starter, das seit der ersten Android-Version hier abgelegt wird. Mittlerweile empfiehlt Google aber, es von den übrigen Grafiken der Anwendung zu trennen. Der Projektassistent legt deshalb seit einiger Zeit mehrere Verzeichnisse *mipmap-...* an. Neu in Android 5 ist ein Vektorformat, das Sie als Entwickler von der undankbaren Aufgabe befreit, für viele Anzeigevarianten Grafiken zu erstellen.

Der Unterknoten *manifests* enthält die Datei *AndroidManifest.xml*. Dies ist die zentrale Beschreibungsdatei einer Anwendung. In ihr werden unter anderem die Bestandteile des Programms aufgeführt. Wie Sie später noch sehen werden, sind dies sogenannte Activities, Services, Broadcast Receiver und Content Provider. Die Datei enthält aber auch Informationen darüber, welche Rechte eine App benötigt und welche Hardware sie erwartet.

Bitte öffnen Sie mit einem Doppelklick die Datei *AndroidManifest.xml*, um sich einen ersten Eindruck von ihrer Struktur zu verschaffen. Es gibt ein Wurzelelement `<manifest>` mit einem Kind `<application>`. Android-Apps bestehen (neben den weiter oben bereits kurz genannten anderen Bausteinen) aus mindestens einer *Activity*. Hierbei handelt es sich, stark vereinfacht ausgedrückt, um Bildschirmseiten. Verschiedene Aspekte einer Anwendung, wie Listen, Übersichten, Such- und Eingabemasken, werden als eigene Activities realisiert und als Unterelemente von `<application>` in *AndroidManifest.xml* eingetragen.

[»]

Hinweis

Wenn Sie einen Blick auf Googles Entwicklerdokumentation zur Manifestdatei werfen, stellen Sie fest, dass es neben `<application>` eine ganze Reihe Kinder von `<manifest>` gibt. Das Tag `<uses-sdk>` gibt beispielsweise die Zielplattform an. Mit dem Umstieg von *Eclipse* und den *Android Development Tools* auf Android Studio werden diese Angaben aber nicht mehr direkt in das Manifest eingetragen, sondern in *build.gradle* gepflegt. Beim Bauen der Anwendung werden sie automatisch in das Manifest übernommen.

Im nächsten Abschnitt werden Sie erste Erweiterungen an *Hallo Android* vornehmen. Zunächst werde ich Ihnen zeigen, wie in Android Texte gespeichert werden und wie man in einer App auf diese zugreift.

2.2 Die Benutzeroberfläche

Die Benutzeroberfläche ist das Aushängeschild einer Anwendung. Gerade auf mobilen Geräten mit vergleichsweise kleinen Bildschirmen sollte jede Funktion leicht zugänglich und intuitiv erfassbar sein. Android unterstützt Sie bei der Gestaltung durch eine große Auswahl an Bedienelementen.

2.2.1 Texte

Bilder und Symbole sind ein wichtiges Gestaltungsmittel. Sinnvoll eingesetzt, helfen sie dem Anwender nicht nur beim Bedienen des Programms, sondern sorgen zudem für ein angenehmes, schönes Äußeres. Dennoch spielen auch Texte eine sehr wichtige Rolle. Sie werden in den unterschiedlichsten Bereichen einer Anwendung eingesetzt:

- als Beschriftungen von Bedienelementen
- für erläuternde Texte, die durch einen Screenreader vorgelesen werden
- für Hinweis- und Statusmeldungen

Die fertige Version von *Hallo Android* soll den Benutzer zunächst begrüßen und ihn nach seinem Namen fragen. Im Anschluss wird ein persönlicher Gruß angezeigt. Nach dem Anklicken einer Schaltfläche beendet sich die App.

Aus dieser Beschreibung ergeben sich die folgenden Texte. Die Bezeichner vor dem jeweiligen Text werden Sie später im Programm wiederfinden:

- `willkommen` – *Guten Tag. Schön, dass Sie mich gestartet haben. Bitte verraten Sie mir Ihren Namen.*
- `weiter` – *Weiter*
- `hallo` – *Hallo <Platzhalter>. Ich freue mich, Sie kennenzulernen.*
- `fertig` – *Fertig*

Ein Großteil der Texte wird zur Laufzeit so ausgegeben, wie sie schon während der Programmierung erfasst wurden. Eine kleine Ausnahme bildet die Grußformel. Sie besteht aus einem konstanten und einem variablen Teil. Letzterer ergibt sich erst, nachdem der Anwender seinen Namen eingetippt hat. Wie Sie gleich sehen werden, ist es in Android sehr einfach, dies zu realisieren.

Da Sie Apps in der Programmiersprache Java schreiben, könnten Sie die auszugebenden Meldungen einfach im Quelltext ablegen. Das sähe folgendermaßen aus (ich habe die `String`-Konstante aus Gründen der besseren Lesbarkeit in drei Teile zerlegt):

```
nachricht.setText("Guten Tag. Schön, dass" +
        " Sie mich gestartet haben." +
        " Bitte verraten Sie mir Ihren Namen.");
```

Das hätte allerdings eine ganze Reihe von Nachteilen. Da jede Klasse in einer eigenen Datei abgelegt wird, merkt man oft nicht, wenn man gleiche Texte mehrfach definiert. Dies vergrößert die Installationsdatei der App und kostet unnötig Speicher. Außerdem wird es auf diese Weise sehr schwer, mehrsprachige Anwendungen zu bauen. Wenn Sie eine App über Google Play vertreiben möchten, sollten Sie neben den deutschsprachigen Texten aber mindestens eine englische Lokalisierung ausliefern.

Unter Android werden Texte daher zentral in der Datei *strings.xml* abgelegt. Sie befindet sich im Verzeichnis *values*. Ändern Sie die durch den Projektassistenten angelegte Fassung folgendermaßen ab:

```
<?xml version="1.0" encoding="utf-8"?>

<resources>

    <!-- Name der App -->
    <string name="app_name">Hallo Android!</string>

    <!-- Willkommensmeldung -->
    <string name="willkommen">
Guten Tag. Schön, dass Sie mich gestartet haben.
Bitte verraten Sie mir Ihren Namen.
    </string>
```

```
    <!-- persönlicher Gruß -->
    <string name="hallo">
Hallo %1$s. Ich freue mich, Sie kennenzulernen.
    </string>

    <!-- Beschriftungen für Schaltflächen -->
    <string name="weiter">Weiter</string>
    <string name="fertig">Fertig</string>

    <!-- aus der generierten Datei -->
    <string name="hello_world">Hello world!</string>
    <string name="action_settings">Settings</string>

</resources>
```

Listing 2.1 »strings.xml«

Das Attribut `name` des Elements `<string>` wird später im Quelltext als Bezeichner verwendet. Der Name muss also projektweit eindeutig sein. Ist Ihnen im Listing die fett gesetzte Zeichenfolge `%1$s` aufgefallen? Android wird an dieser Stelle den vom Benutzer eingegebenen Namen einfügen. Wie dies funktioniert, zeige ich Ihnen später.

[»] **Hinweis**

Die Zeilen `Hallo %1$s`... und `Guten Tag.` sind nicht eingerückt, weil die führenden Leerzeichen sonst in die App übernommen werden, was in der Regel nicht gewünscht ist.

Vielleicht fragen Sie sich, wie Sie Ihr Programm mehrsprachig ausliefern können, wenn es genau eine zentrale Datei *strings.xml* gibt. Neben dem Verzeichnis *values* kann es lokalisierte Ausprägungen geben, die auf das Minuszeichen und auf ein Sprachkürzel enden, das aus zwei Buchstaben besteht (zum Beispiel *values-en* oder *values-fr*). Die Datei *strings.xml* in diesen Ordnern enthält Texte in den korrespondierenden Sprachen, also Englisch oder Französisch. Muss Android auf eine Zeichenkette zugreifen, geht das System vom Speziellen zum Allgemeinen. Ist die Standardsprache also beispielsweise Englisch, wird zuerst versucht, den Text in *values-en/strings.xml* zu finden. Gelingt dies nicht, wird *values/strings.xml* verwendet. In dieser Datei müssen also alle Strings definiert werden. Lokalisierungen hingegen können unvollständig sein.

Im folgenden Abschnitt stelle ich Ihnen sogenannte Views vor. Hierbei handelt es sich um die Grundbausteine, aus denen die Benutzeroberfläche einer App zusammengesetzt wird.

2.2.2 Views

Hallo Welt besteht auch nach vollständiger Realisierung aus sehr wenigen Bedienelementen, und zwar aus

- einem nicht editierbaren Textfeld, das den Gruß unmittelbar nach dem Programmstart sowie nach Eingabe des Namens darstellt,
- einer Schaltfläche, die je nach Situation mit WEITER oder FERTIG beschriftet ist, und aus
- einem Eingabefeld, das nach dem Anklicken der Schaltfläche WEITER ausgeblendet wird.

Wie die Komponenten auf dem Bildschirm platziert werden sollen, zeigt ein sogenannter *Wireframe*, den Sie in Abbildung 2.11 sehen. Man verwendet solche abstrakten Darstellungen gern, um die logische Struktur einer Bedienoberfläche in das Zentrum des Interesses zu rücken.

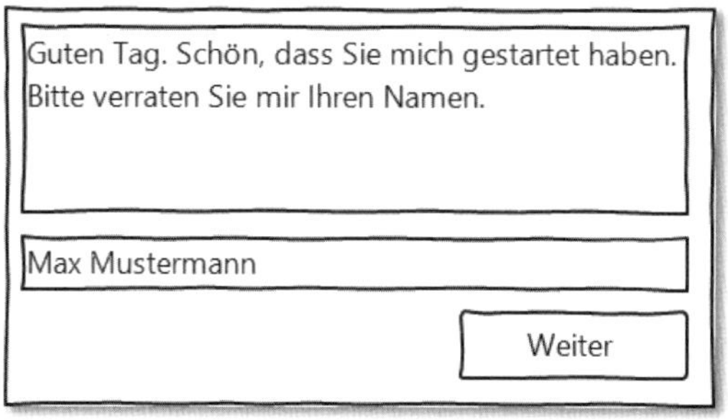

Abbildung 2.11 Prototyp der Benutzeroberfläche von »Hallo Android«

Unter Android sind alle Bedienelemente direkte oder indirekte Unterklassen der Klasse `android.view.View`. Jede View belegt einen rechteckigen Bereich des Bildschirms. Ihre Position und Größe wird durch Layouts bestimmt. Diese wiederum erben von `android.view.ViewGroup`, die ebenfalls ein Kind von `View` ist. Sie haben keine eigene grafische Repräsentation, sondern sind Container für weitere Views und ViewGroups.

Die Text- und Eingabefelder sowie die Schaltflächen, die in *Hallo Android* verwendet werden, sind also Views. Konkret verwenden wir die Klassen `Button`, `TextView` und `EditText`. Wo sie auf dem Bildschirm positioniert werden und wie groß sie sind, wird hingegen durch die ViewGroup `LinearLayout` festgelegt.

Zur Laufzeit einer Anwendung manifestiert sich ihre Benutzeroberfläche demnach als Objektbaum. Aber nach welcher Regel wird er erzeugt? Wie definieren Sie als Entwickler den Zusammenhang zwischen einem Layout, einem Textfeld und einer Schaltfläche? Java-Programmierer sind gewohnt, die Oberfläche programmatisch zusammenzusetzen. Nicht nur im Swing-Umfeld finden sich unzählige Ausdrücke im Stil von:

```
JPanel p = new JPanel();
JButton b = new JButton();
p.add(b);.
```

Auch unter Android könnten Sie die Bedienelemente auf diese Weise zusammenfügen:

```
ScrollView v = new ScrollView(context);
LinearLayout layout = new LinearLayout(context);
layout.setOrientation(LinearLayout.VERTICAL);
v.addView(layout);
layout.addView(getCheckbox(context, Locale.GERMANY));
layout.addView(getCheckbox(context, Locale.US));
layout.addView(getCheckbox(context, Locale.FRANCE));
```

Listing 2.2 Beispiel für den programmgesteuerten Bau einer Oberfläche

Allerdings ist dies nicht die typische Vorgehensweise – diese lernen Sie im folgenden Abschnitt kennen.

2.2.3 Oberflächenbeschreibungen

Eine Android-Anwendung beschreibt ihre Benutzeroberflächen normalerweise mittels XML-basierter Layoutdateien. Diese werden zur Laufzeit der App zu Objektbäumen »aufgeblasen«. Alle Bedienelemente von *Hallo Android* werden in einen Container des Typs `LinearLayout` gepackt. Seine Kinder erscheinen entweder neben- oder untereinander auf dem Bildschirm. Wie Sie gleich sehen werden, steuert das Attribut `android:orientation` die Laufrichtung. Für die Größe der Views und ViewGroups gibt es `android:layout_width` und `android:layout_height`.

Oberflächenbeschreibungen werden in *layout*, einem Unterverzeichnis von *res*, gespeichert. Beim Anlegen des Projekts hat der Android-Studio-Projektassistent dort die Datei *activity_main.xml* abgelegt. Öffnen Sie diese mittels Doppelklick, und ändern Sie sie entsprechend Listing 2.3 ab. Damit Sie den Quelltext eingeben können, klicken Sie auf die Registerkarte TEXT am unteren Rand des Editors.

```
<?xml version="1.0" encoding="utf-8"?>

<LinearLayout
    xmlns:android="http://schemas.android.com/apk/res/android"
    android:orientation="vertical"
    android:layout_width="match_parent"
    android:layout_height="match_parent"
>
```

```
  <TextView
    android:id="@+id/nachricht"
    android:layout_width="match_parent"
    android:layout_height="wrap_content"
  />

  <EditText
    android:id="@+id/eingabe"
    android:layout_width="match_parent"
    android:layout_height="wrap_content"
  />

  <Button
    android:id="@+id/weiter_fertig"
    android:layout_width="wrap_content"
    android:layout_height="wrap_content"
    android:layout_gravity="end"
  />

</LinearLayout>
```

Listing 2.3 »activity_main.xml«

Die XML-Datei bildet die Hierarchie der Benutzeroberfläche ab. Demzufolge ist `<LinearLayout>` das Wurzelelement. Mein Beispiel enthält die drei Kinder `<TextView>`, `<EditText>` und `<Button>`. Jedes Element hat die bereits kurz angesprochenen Attribute `android:layout_width` und `android:layout_height`. Deren Wert `match_parent` besagt, dass die Komponente die Breite oder Höhe des Elternobjekts erben soll. Der Wert `wrap_content` hingegen bedeutet, dass sich die Größe aus dem Inhalt der View ergibt, beispielsweise der Beschriftung einer Schaltfläche. Die Zeile `android:layout_gravity="end"` sorgt dafür, dass die Schaltfläche rechtsbündig angeordnet wird.

[+]

Tipp

Anstelle von `match_parent` finden Sie oft noch die ältere Notation `fill_parent`. Diese wurde in Android 2.2 (API-Level 8) durch `match_parent` abgelöst. Für welche Variante Sie sich entscheiden, ist nur von Belang, wenn Sie für sehr alte Plattform-Versionen entwickeln. Denn abgesehen vom Namen sind beide identisch. Ich rate Ihnen, möglichst `match_parent` zu verwenden.

Ist Ihnen aufgefallen, dass keinem Bedienelement ein Text oder eine Beschriftung zugewiesen wird? Und was bedeuten Zeilen, die mit `android:id="@+id/` beginnen? Wie Sie bereits wissen, erzeugt Android zur Laufzeit einer Anwendung aus den Oberflächenbeschreibungen entsprechende Objektbäume. Zu der in der XML-Datei spezifizierten Schaltfläche gibt es also eine Instanz der Klasse `Button`.

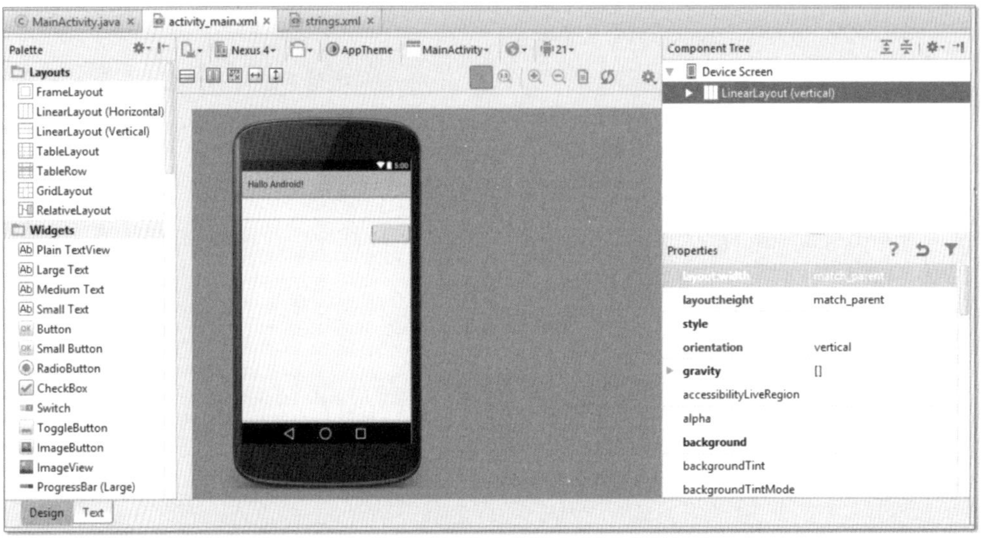

Abbildung 2.12 Vorschau der Benutzeroberfläche im grafischen Editor

Um eine Referenz auf diese ermitteln zu können, wird ein Name definiert, beispielsweise `weiter_fertig`. Wie auch bei *strings.xml* sorgen die Android-Entwicklungswerkzeuge dafür, dass nach Änderungen an Layoutdateien korrespondierende Einträge in der generierten Klasse `R` vorgenommen werden. Ich hatte diese bereits kurz angesprochen. Wie Sie diese nutzen, sehen Sie gleich. Speichern Sie nun Ihre Eingaben, und wechseln Sie zurück zum grafischen Editor, indem Sie auf die Registerkarte DESIGN klicken. Er sollte in etwa so wie in Abbildung 2.12 aussehen.

[»]

Hinweis

In XML-Dateien nutzt Google gern den Unterscore als verbindendes Element, zum Beispiel in `layout_width`, `layout_height` oder `match_parent`. Sie sollten diesem Stil folgen. Aus diesem Grund habe ich die ID der Schaltfläche zum Weiterklicken und Beenden der App `weiter_fertig` genannt. In Java-Quelltexten ist aber die sogenannte CamelCase-Schreibweise gebräuchlich. Deshalb heißt die Variable der Schaltfläche `weiterFertig`.

2.3 Programmlogik und Ablauf

Viele Desktop-Anwendungen sind datei- oder dokumentenzentriert. Egal ob Textverarbeitung, Tabellenkalkulation oder Layoutprogramm – ihr Aufbau ist stets gleich. Den überwiegenden Teil des Bildschirms oder Fensters belegt ein Arbeitsbereich, der ein Dokument (oder einen Teil davon) darstellt. Um ihn gruppieren sich Symbolleisten und Paletten, mit denen Elemente des Dokuments bearbeitet bzw. verändert werden.

Das gleichzeitige Darstellen von Werkzeugen und Inhalt ist auf den vergleichsweise kleinen Bildschirmen mobiler Geräte nur bedingt sinnvoll. Der Benutzer würde kaum etwas erkennen. Als Entwickler müssen Sie Ihre Anwendung deshalb in Funktionsblöcke oder Bereiche unterteilen, die genau einen Aspekt Ihres Programms abbilden.

Ein anderes Beispiel: E-Mail-Clients zeigen die wichtigsten Informationen zu eingegangenen Nachrichten häufig in einer Liste an. Neben oder unter der Liste befindet sich ein Lesebereich, der das aktuell ausgewählte Element vollständig anzeigt. Auch dies lässt sich aufgrund des geringen Platzes auf Smartphones nicht sinnvoll realisieren. Stattdessen zeigen entsprechende Anwendungen dem Nutzer zunächst eine Übersicht (die Liste der eingegangenen Nachrichten) und verzweigen in eine Detailansicht, sobald eine Zeile der Liste angeklickt wird.

Hinweis

Tablets bieten zum Teil riesige Bildschirme. Auf diesen können deutlich mehr Informationen dargestellt werden als auf Smartphones. Um Benutzeroberflächen für beide Welten entwickeln zu können, hat Google mit Android 3 die sogenannten *Fragmente* eingeführt. Im nächsten Kapitel zeige ich Ihnen, wie Sie Benutzeroberflächen mithilfe von Fragmenten für unterschiedliche Bildschirmgrößen anbieten.

2.3.1 Activities

Unter Android ist das Zerlegen einer App in aufgabenorientierte Teile bzw. Funktionsblöcke ein grundlegendes Architekturmuster. Die gerade eben skizzierten Aufgaben bzw. »Aktivitäten« – *E-Mail auswählen* und *E-Mail anzeigen* – werden zu Bausteinen, die die Plattform *Activities* nennt. Eine Anwendung besteht aus mindestens einer solchen Activity. Je nach Funktionsumfang können es aber auch viel mehr sein. Normalerweise ist jeder Activity eine Benutzeroberfläche, also ein Baum zugeordnet, der aus Views und ViewGroups besteht. Activities bilden demnach die vom Anwender wahrgenommenen Bausteine einer App. Sie können sich gegenseitig aufrufen.

Die Vorwärtsnavigation innerhalb einer Anwendung wird auf diese Weise realisiert. Da das System Activities auf einem Stapel ablegt, müssen Sie sich als Entwickler nicht darum kümmern, von wem Ihre Activity aufgerufen wird. Drückt der Benutzer den realen oder virtuellen ZURÜCK-Knopf, wird automatisch die zuvor angezeigte Activity reaktiviert. Vielleicht fragen Sie sich, aus wie vielen Activities *Hallo Android* besteht.

Theoretisch könnten Sie die App in drei Activities unterteilen, die Sie unabhängig voneinander anlegen müssten:

1. Begrüßung anzeigen
2. Namen eingeben
3. Personalisierten Gruß anzeigen

Das wäre sinnvoll, wenn die entsprechenden Aufgaben umfangreiche Benutzereingaben oder aufwendige Netzwerkkommunikation erforderten. Dies ist nicht der Fall. Da die gesamte Anwendung aus sehr wenigen Bedienelementen besteht, ist es in diesem Fall zielführender, alle Funktionen in einer Activity abzubilden.

Bitte übernehmen Sie die Klasse `MainActivity` in der im Folgenden dargestellten ersten Version.

```
package com.thomaskuenneth.android5.halloandroid;

import android.app.Activity;
import android.os.Bundle;
import android.view.Menu;
import android.view.MenuItem;
import android.widget.Button;
import android.widget.TextView;

public class MainActivity extends Activity {

  private TextView nachricht;
  private Button weiterFertig;

  @Override
  protected void onCreate(Bundle savedInstanceState) {
      super.onCreate(savedInstanceState);
      setContentView(R.layout.activity_main);

      nachricht = (TextView) findViewById(R.id.nachricht);
      weiterFertig = (Button) findViewById(R.id.weiter_fertig);

      nachricht.setText(R.string.willkommen);
      weiterFertig.setText(R.string.weiter);
  }

  @Override // aus generierter Klasse übernommen
  public boolean onCreateOptionsMenu(Menu menu) {
      // Inflate the menu; this adds items to the
```

```
        // action bar if it is present.
        getMenuInflater().inflate(R.menu.menu_main, menu);
        return true;
    }

    @Override // aus generierter Klasse übernommen
    public boolean onOptionsItemSelected(MenuItem item) {
        // Handle action bar item clicks here. The action bar will
        // automatically handle clicks on the Home/Up button, so long
        // as you specify a parent activity in AndroidManifest.xml.
        int id = item.getItemId();

        //noinspection SimplifiableIfStatement
        if (id == R.id.action_settings) {
            return true;
        }

        return super.onOptionsItemSelected(item);
    }
}
```

Listing 2.4 Erste Version der Klasse »MainActivity«

Um die Anwendung zu starten, wählen Sie RUN • RUN APP. Android Studio möchte von Ihnen nun wissen, mit welchem Gerät Sie die Anwendung verwenden wollen. Klicken Sie im Dialog CHOOSE DEVICE auf LAUNCH EMULATOR. In der Aufklappliste ANDROID VIRTUAL DEVICE ist das Gerät vorausgewählt, das Sie im ersten Kapitel angelegt haben. Schließen Sie den Dialog aus Abbildung 2.13 mit OK.

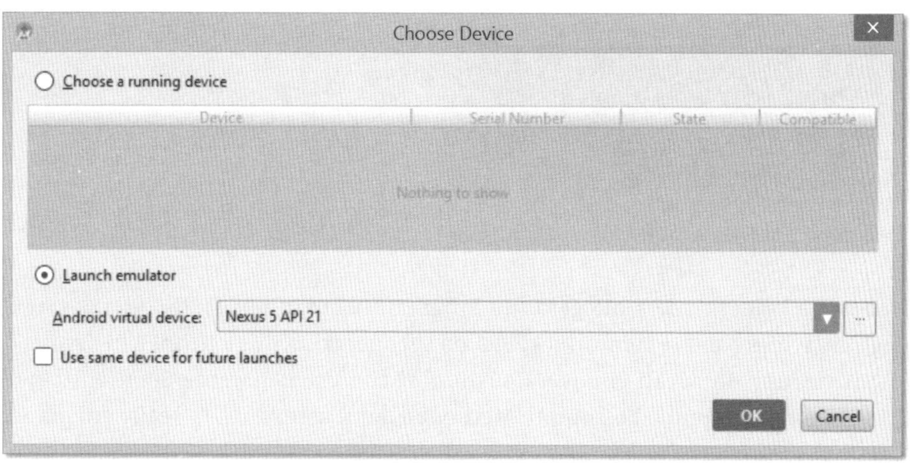

Abbildung 2.13 Der Dialog »Choose Device«

Nach der Installation sollte das Emulatorfenster in etwa Abbildung 2.14 entsprechen. Das Textfeld nimmt Eingaben entgegen. Das Anklicken der Schaltfläche WEITER löst aber selbstverständlich noch keine Aktion aus. Diese Aktion werden wir im nächsten Abschnitt implementieren. Zuvor möchte ich Sie aber mit einigen Schlüsselstellen des Quelltexts vertraut machen. Ganz wichtig: Jede Activity erbt von der Klasse `android.app.Activity` oder von spezialisierten Kindklassen. Beispielsweise kennt die Plattform `ListActivity`[1], die das Erstellen von Auswahl- und Übersichtslisten vereinfacht.

Abbildung 2.14 »Hallo Android!« im Emulator

Haben Sie bemerkt, dass die gesamte Programmlogik in der Methode `onCreate()` liegt? Activities haben einen ausgeklügelten Lebenszyklus, den ich Ihnen in Kapitel 4, »Activities und Broadcast Receiver«, ausführlicher vorstellen werde. Seine einzelnen Stationen werden durch bestimmte Methoden der Klasse `Activity` realisiert, die Sie

1 *http://developer.android.com/reference/android/app/ListActivity.html*

bei Bedarf überschreiben können. Beispielsweise informiert die Plattform eine Activity, kurz bevor sie beendet, unterbrochen oder zerstört wird. Die Methode `onCreate()` wird immer überschrieben. Sie ist der ideale Ort, um die Benutzeroberfläche aufzubauen und um Variablen zu initialisieren. Ganz wichtig ist, mit `super.onCreate()` die Implementierung der Elternklasse aufzurufen. Sonst wird zur Laufzeit die Ausnahme `SuperNotCalledException` ausgelöst.

Das Laden und Anzeigen der Bedienelemente reduziert sich auf eine Zeile Quelltext: `setContentView(R.layout.activity_main);`. Sie sorgt dafür, dass alle Views und ViewGroups, die in der Datei *activity_main.xml* definiert wurden, zu einem Objektbaum entfaltet werden und dieser als Inhaltsbereich der Activity gesetzt wird. Warum ich den Begriff »entfalten« verwende, erkläre ich Ihnen in Kapitel 5, »Benutzeroberflächen«. Möglicherweise fragen Sie sich, woher die Klasse `R` stammt. Sie wird von den Buildtools automatisch generiert und auf einem aktuellen Stand gehalten. Ihr Zweck ist es, Elemente aus Layout- und anderen XML-Dateien im Java-Quelltext verfügbar zu machen. `R.layout.activity_main` referenziert also die XML-Datei mit Namen *activity_main*.

Der Inhalt des Textfeldes `nachricht` und die Beschriftung der Schaltfläche `weiterFertig` wird auf sehr ähnliche Weise festgelegt. Zunächst ermitteln wir durch Aufruf der Methode `findViewById()` eine Referenz auf das gewünschte Objekt. `R.id.nachricht` und `R.id.weiter_fertig` verweisen hierbei auf Elemente, die wir ebenfalls in *activity_main.xml* definiert haben. Sehen Sie sich zur Verdeutlichung folgendes Dateifragment an:

```
<TextView
  android:id="@+id/nachricht"
  android:layout_width="match_parent"
  android:layout_height="wrap_content"
/>
...
<Button
  android:id="@+id/weiter_fertig"
  android:layout_width="wrap_content"
  android:layout_height="wrap_content"
  android:layout_gravity="end"
/>
```

Listing 2.5 Auszug aus der Datei »activity_main.xml«

Durch den Ausdruck `android:id="@+id/xyz"` entsteht ein Bezeichner, auf den Sie mit `R.id.xyz` zugreifen können. Dies funktioniert nicht nur in Layoutdateien, sondern auch für die Definition von Texten. Sie werden in der Datei *strings.xml* abgelegt. Auch hierzu ein kurzer Ausschnitt:

```
<!-- Beschriftungen für Schaltflächen -->
<string name="weiter">Weiter</string>
<string name="fertig">Fertig</string>
```

Listing 2.6 Auszug aus der Datei »strings.xml«

Die Anweisung `weiterFertig.setText(R.string.weiter);` legt den Text der einzigen Schaltfläche unserer App fest.

2.3.2 Benutzereingaben

Um *Hallo Android* zu komplettieren, müssen wir auf das Anklicken der Schaltfläche `weiterFertig` reagieren. Beim ersten Mal wird das Textfeld `eingabe` ausgelesen und als persönlicher Gruß in `nachricht` eingetragen. Anschließend wird das Textfeld ausgeblendet und die Beschriftung der Schaltfläche geändert. Wird diese ein zweites Mal angeklickt, beendet sich die App. Im Folgenden sehen Sie die entsprechend erweiterte Fassung der Klasse `MainActivity`:

```
package com.thomaskuenneth.android5.halloandroid;

import android.app.Activity;
import android.os.Bundle;
import android.view.Menu;
import android.view.MenuItem;
import android.view.View;
import android.widget.Button;
import android.widget.EditText;
import android.widget.TextView;

public class MainActivity extends Activity {

  private TextView nachricht;
  private Button weiterFertig;
  private EditText eingabe;
  private boolean ersterKlick;

  @Override
  protected void onCreate(Bundle savedInstanceState) {
      super.onCreate(savedInstanceState);
      setContentView(R.layout.activity_main);

      nachricht = (TextView) findViewById(R.id.nachricht);
      weiterFertig = (Button) findViewById(R.id.weiter_fertig);
```

```
    eingabe = (EditText) findViewById(R.id.eingabe);

    ersterKlick = true;
    nachricht.setText(R.string.willkommen);
    weiterFertig.setText(R.string.weiter);

    weiterFertig.setOnClickListener(new View.OnClickListener() {

        @Override
        public void onClick(View v) {
            if (ersterKlick) {
                nachricht.setText(getString(R.string.hallo,
                        eingabe.getText()));
                eingabe.setVisibility(View.INVISIBLE);
                weiterFertig.setText(R.string.fertig);
                ersterKlick = false;
            } else {
                finish();
            }
        }
    });
}

@Override // aus generierter Klasse übernommen
public boolean onCreateOptionsMenu(Menu menu) {
    // Inflate the menu; this adds items to the
    // action bar if it is present.
    getMenuInflater().inflate(R.menu.menu_main, menu);
    return true;
}

@Override // aus generierter Klasse übernommen
public boolean onOptionsItemSelected(MenuItem item) {
    // Handle action bar item clicks here. The action bar will
    // automatically handle clicks on the Home/Up button, so long
    // as you specify a parent activity in AndroidManifest.xml.
    int id = item.getItemId();

    //noinspection SimplifiableIfStatement
    if (id == R.id.action_settings) {
        return true;
    }
```

```
        return super.onOptionsItemSelected(item);
    }
}
```

Listing 2.7 Zweite Fassung der Klasse »MainActivity«

Um auf das Anklicken der Schaltfläche reagieren zu können, wird ein sogenannter *OnClickListener* registriert. Dieses Interface besteht aus der Methode `onClick()`. Die hier vorgestellte Implementierung nutzt die `boolean`-Variable `ersterKlick`, um die durchzuführenden Aktionen zu bestimmen. `eingabe.setVisibility(View.INVISIBLE);` blendet das Eingabefeld aus. `getString(R.string.hallo, eingabe.getText())` liefert den in *strings.xml* definierten persönlichen Gruß und fügt an der Stelle `%1$s` den durch den Benutzer eingetippten Namen ein. Um die App zu beenden, wird die Methode `finish()` der Klasse `Activity` aufgerufen.

2.3.3 Der letzte Schliff

In diesem Abschnitt möchte ich Ihnen zeigen, wie Sie *Hallo Android* den letzten Schliff geben. Beispielsweise kann das System in leeren Eingabefeldern einen Hinweis anzeigen, was der Benutzer eingeben soll. Hierzu fügen Sie in der Datei *strings.xml* die folgende Zeile ein:

```
<string name="vorname_nachname">Vorname Nachname</string>
```

Anschließend erweitern Sie in *activity_main.xml* das Element `<EditText>` um das Attribut `android:hint="@string/vorname_nachname"`.

Starten Sie die App, um sich das Ergebnis anzusehen. Abbildung 2.15 zeigt das entsprechend abgeänderte Programm. Drücken Sie während der Eingabe eines Namens auf [↵], wandert der Cursor in die nächste Zeile. Auch die Höhe des Eingabefeldes nimmt zu. Dieses Verhalten lässt sich sehr leicht unterbinden. Erweitern Sie hierzu `<EditText>` einfach um `android:singleLine="true"`. Und noch ein Tipp: Der Ausdruck `android:inputType="textCapWords"` wandelt den ersten Buchstaben eines Worts automatisch in einen Großbuchstaben um.

Schließlich wollen wir noch dafür sorgen, dass die Bedienelemente nicht mehr an den Rändern der Anzeige kleben. Eine kurze Anweisung schiebt zwischen ihnen und dem Rand einen kleinen leeren Bereich ein. Fügen Sie dem XML-Tag `<LinearLayout>` einfach das Attribut `android:padding="10dp"` hinzu. *Padding* wirkt nach innen. Das `LinearLayout` ist eine Komponente, die weitere Elemente enthält. Diese werden in horizontaler oder vertikaler Richtung angeordnet. Mit `android:padding` legen Sie fest, wie nahe die Schaltfläche, das Textfeld und die Eingabezeile der oberen, unteren, linken und rechten Begrenzung kommen können. Im Gegensatz dazu wirkt der *Margin* nach außen. Mit ihm könnten Sie einen Bereich um die Begrenzung einer Komponente herum definieren. Auch hierzu ein Beispiel. Fügen Sie dem XML-Tag `<Button>` das Attribut `android:layout_marginTop="16dp"` hinzu, wird die Schaltfläche deutlich nach unten abgesetzt. Sie haben einen oberen Rand definiert, der gegen die untere Begrenzung der Eingabezeile wirkt. Werte, die auf `dp` enden, geben übrigens geräteunabhängige Pixelgrößen an. Sie beziehen die Auflösung der Anzeige eines Gerätes mit ein.

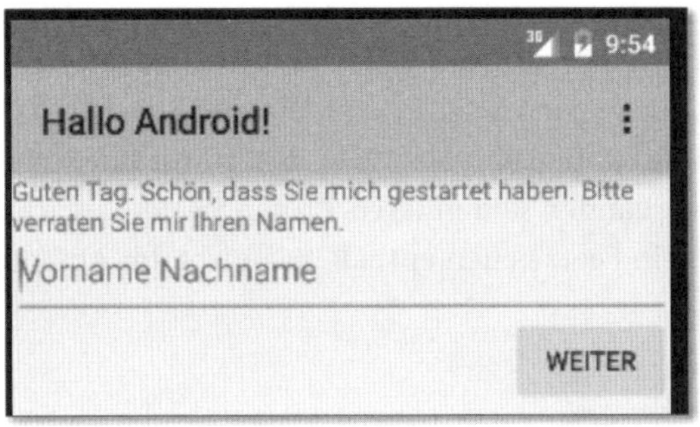

Abbildung 2.15 Leeres Eingabefeld mit Hinweis

Fällt Ihnen noch ein Defizit der gegenwärtigen Version auf? Solange der Benutzer keinen Namen eingetippt hat, sollte die Schaltfläche WEITER nicht anwählbar sein. Das lässt sich mithilfe eines sogenannten *TextWatchers* leicht realisieren. Fügen Sie in der Methode `onCreate()` vor dem Ende des Methodenrumpfes, also vor ihrer schließenden geschweiften Klammer, das folgende Quelltextfragment ein. Nach der Eingabe müssen Sie noch die fehlende `import`-Anweisung für die Klassen `TextWatcher` und `Editable` ergänzen. Android Studio kennzeichnet die betroffenen Stellen im Quelltext in roter Schrift. Um die Probleme zu beheben, positionieren Sie den Textcursor innerhalb des Wortes `TextWatcher` und drücken [Alt]+[↵].

```
eingabe.addTextChangedListener(new TextWatcher() {

   @Override
   public void onTextChanged(CharSequence s, int start,
          int before, int count) {
   }

   @Override
   public void beforeTextChanged(CharSequence s, int start,
          int count, int after) {
   }

   @Override
   public void afterTextChanged(Editable s) {
```

```
        weiterFertig.setEnabled(s.length() > 0);
    }
});
weiterFertig.setEnabled(false);
```

Listing 2.8 Ausschnitt aus »HalloAndroidActivity.java«

Jedes Mal, wenn ein Zeichen eingegeben oder gelöscht wird, ruft Android unsere Implementierung der Methode `afterTextChanged()` auf. Diese ist sehr einfach gehalten: Nur wenn der Name mindestens ein Zeichen lang ist, kann die Schaltfläche WEITER angeklickt werden. Als kleine Übung können Sie versuchen, die Prüfroutine so zu erweitern, dass Vor- und Nachname vorhanden sein müssen. Prüfen Sie der Einfachheit halber, ob der eingegebene Text ein Leerzeichen enthält, das nicht am Anfang und nicht am Ende steht.

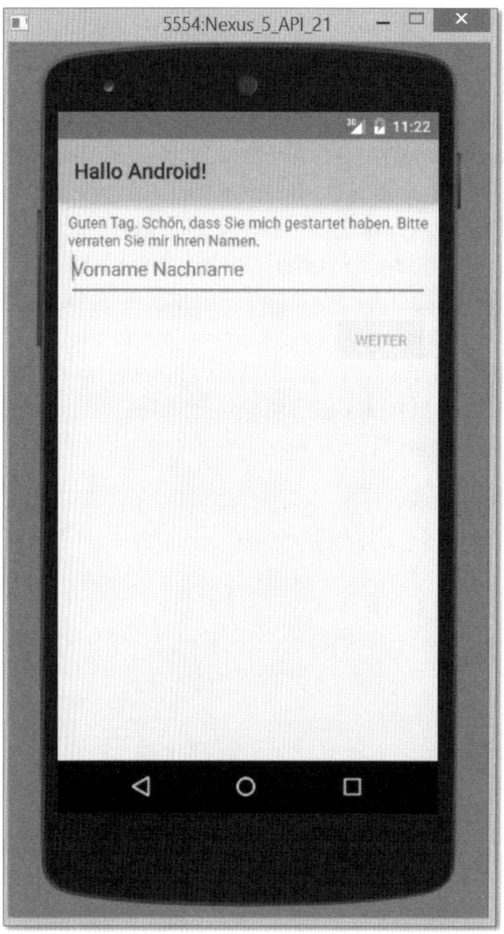

Abbildung 2.16 Die fertige App »Hallo Android!«

Damit haben Sie Ihre erste eigene Anwendung fast fertig. Es gibt nur noch eine kleine Unschönheit: Der Projektassistent hat dafür gesorgt, dass die Activity in der *Action Bar* ein Menü anzeigt. Um es zu deaktivieren, reicht es aus, die Methode `onCreateOptionsMenu()` zu löschen oder auszukommentieren. Natürlich sind Menüs eine äußerst praktische Sache. In Kapitel 5, »Benutzeroberflächen«, werden wir uns ausführlich mit ihnen beschäftigen. Abbildung 2.16 zeigt die fertige App *Hallo Android!*.

2.4 Zusammenfassung

Sie haben in diesem Kapitel mithilfe des Projektassistenten ein neues Projekt angelegt und zu einer vollständigen App mit Benutzerinteraktion erweitert. Dabei haben Sie Layoutdateien kennengelernt und erste Erfahrungen mit dem Quelltext-unabhängigen Speichern von Texten gemacht. Die folgenden Kapitel vertiefen dieses Wissen.

Kapitel 3
Von der Idee zur Veröffentlichung

Sie haben eine tolle Idee für eine App und würden am liebsten gleich loslegen? Ein bisschen Planung erleichtert nicht nur die Implementierung, sondern sorgt auch für zufriedene Nutzer. Warum das so ist, zeige ich Ihnen in diesem Kapitel.

Sie kennen das sicher: Sie haben eine Idee und möchten diese am liebsten sofort in die Tat umsetzen. Die Entwicklungsumgebung ist schnell gestartet. Erste Ergebnisse lassen sich unter Android in kurzer Zeit erzielen, wie das Beispiel im vorherigen Kapitel zeigt. Zunächst klappt das Erweitern eines so begonnenen Projekts noch recht gut. Irgendwann werden Sie aber feststellen, dass die Struktur der Anwendung nicht mehr so recht nachvollziehbar ist. Dann wird es auch zunehmend schwer, Änderungen durchzuführen und neue Funktionen einzubauen. In ein so aus dem Ruder gelaufenes Programm schleichen sich auch mehr und mehr Fehler ein. Und mancher Bug lässt sich nicht mehr entfernen, ohne die gesamte Konstruktion ins Wanken zu bringen.

Natürlich möchte ich Ihnen mit diesem Schreckensszenario nicht die Lust am Programmieren nehmen, im Gegenteil. Ganz gleich, ob Sie eine App nur für sich entwickeln oder in Google Play anbieten wollen – die Beschäftigung mit Googles mobiler Plattform soll Spaß machen. Deshalb ist es wichtig, die Stationen im Entstehungsprozess einer Anwendung zu kennen. Wenn Sie alle Schritte abgearbeitet (und gedanklich mit einem Häkchen versehen) haben, können Sie sicher sein, nichts Wesentliches vergessen zu haben. Vor allem aber lässt sich Ihr Programm auch in Zukunft problemlos erweitern.

3.1 Konzept und Realisierung

Bevor Sie mit der Implementierung einer App beginnen, sollten Sie sich im Klaren darüber sein, was das Programm leisten soll und aus welchen Bausteinen oder Funktionsbereichen es bestehen wird. Widerstehen Sie der Versuchung, sich mit einer vagen Idee zufriedenzugeben. Sonst kann es leicht passieren, dass Sie Dinge implementieren, die schon im System vorhanden sind.

Wie Sie bereits wissen, bestehen Android-Anwendungen (zumindest aus der Sicht des Benutzers) aus Abfolgen von Aktivitäten, zum Beispiel *SMS eingeben*, *Kontakt auswählen*, *Foto aufnehmen* oder *Wähltastatur zeigen*. In der Konzeptionsphase legen Sie unter anderem fest, welche Aktivitäten Sie programmieren müssen und welche der bereits vorhandenen Sie gegebenenfalls einbinden können.

3.1.1 Konzeption

Für eine App ein Konzept zu schreiben bedeutet keineswegs zwangsläufig, umfangreiche Dokumente zu erstellen. Beginnen Sie damit, den Zweck des Programms in wenigen Sätzen zu beschreiben. Wählen Sie die Formulierung so, dass jemand, der in Google Play zufällig über die Anwendung stolpert, Lust bekommt, sie herunterzuladen und auszuprobieren. Das könnte folgendermaßen aussehen:

> *Zeigt eine nach Kalendermonaten sortierte Liste der zwölf Sternzeichen an. Das Antippen eines Tierkreiszeichens verzweigt zu dem entsprechenden Eintrag in der Wikipedia.*

Diese beiden Sätze, ergänzt durch zwei Screenshots, genügen dem Google-Play-Besucher, um zu entscheiden, ob er die App herunterladen möchte oder nicht. Wer kein Interesse an Astrologie hat, wird dies wahrscheinlich nicht tun. Auch für Sie als Entwickler sind die zwei Sätze ausreichend. Denn sie beschreiben den vollständigen Funktionsumfang des Programms. Als Nächstes leiten Sie aus dieser Beschreibung die groben Funktionsblöcke des Programms ab. Diese sind:

1. leere Liste bereitstellen
2. Liste mit Inhalt füllen
3. Webbrowser aufrufen

Da Listenansichten eine Kernfunktionalität der Android-Plattform sind, müssen Sie sich während der Konzeptphase nicht weiter um den ersten Punkt kümmern. Er wird erst im Verlauf der Implementierung interessant. Das Gleiche gilt für das Öffnen des Browsers. Der Inhalt der Liste hingegen repräsentiert die Fachlichkeit der App. Sie müssen deshalb die folgenden zwei Fragen beantworten:

1. Was soll dargestellt werden?
2. Wie kommt es zustande?

An dieser Stelle ist es verführerisch, in Benutzeroberflächen zu denken. Diese sind aber erst später an der Reihe. Dass ein Listenelement also vielleicht das Symbol eines Sternzeichens enthält und dessen Namen ausgibt, spielt zunächst noch keine Rolle. Die Liste enthält alle existierenden Tierkreiszeichen, also genau zwölf. Diese sind nach Kalendermonaten in aufsteigender Reihenfolge sortiert. Tierkreiszeichen decken einen Datumsbereich ab. Sie haben demnach ein Start- und ein Enddatum. Das aktuelle Sternzeichen lässt sich ermitteln, indem man prüft, in welchem Bereich das aktuelle Datum liegt.

3.1.2 Fachlogik

Sie finden das Projekt *Tierkreiszeichen* in den Begleitmaterialien zum Buch, die Sie unter *www.rheinwerk-verlag.de/3493* herunterladen können. Öffnen Sie das Projekt in Android Studio, und klicken Sie in der Menüleiste auf BUILD • MAKE PROJECT. Wie Sie bereits wissen, können Sie mit `R.string` auf die Einträge der Datei *strings.xml* zugreifen. Auf ganz ähnliche Weise referenzieren Sie Grafiken. Beispielsweise entspricht `R.drawable.leo` der Datei *res\drawable\leo.png*. Wir werden uns beides zunutze machen, um den Tierkreis zusammenzusetzen. Bitte sehen Sie sich hierzu die folgende Klasse an:

```
/*
 * Tierkreiszeichen.java
 *
 * (c) Thomas Künneth 2010 - 2015
 * Alle Rechte beim Autor.
 */
package com.thomaskuenneth.tierkreiszeichen;

import android.content.Context;

/**
 * Diese Klasse speichert Informationen über ein Tierkreiszeichen:
 * <ul>
 * <li>erster Tag des Datumsbereichs, den es abdeckt</li>
 * <li>Monat, in dem dieser Bereich beginnt</li>
 * <li>eine Zahl, die das Sternzeichnen kennzeichnet</li>
 * </ul>
 * <p>
 * Die Methode {@link #getIdForDrawable()} liefert einen Wert,
 * der für das Zeichnen des Tierkreiszeichens verwendet
 * werden kann. Damit das funktioniert,
 * muss das Sternzeichen aus {@code R.string} belegt werden,
 *
 * @author Thomas Künneth
 * @see Zodiak
*/
public final class Tierkreiszeichen {

  // Wann ein Sternzeichen beginnt
```

```
private final int tag, monat, tierkreiszeichen;

public Tierkreiszeichen(int tag, int monat, int tierkreiszeichen) {
  this.tag = tag;
  this.monat = monat;
  this.tierkreiszeichen = tierkreiszeichen;
}

// Java-typische Getter und Setter

public int getTag() {
  return tag;
}

public int getMonat() {
  return monat;
}

public int getTierkreiszeichen() {
  return tierkreiszeichen;
}

public String getName(Context context) {
  return context.getString(getTierkreiszeichen());
}

/**
 * Liefert einen Wert aus {@code R.drawable}, der für
 * das Zeichnen des Sternzeichens verwendet werden kann.
 *
 * @return Wert aus {@code R.drawable}
 */
public int getIdForDrawable() {
  switch (getTierkreiszeichen()) {
  case R.string.aquarius:
    return R.drawable.aquarius;
  case R.string.aries:
    return R.drawable.aries;
  case R.string.cancer:
    return R.drawable.cancer;
  case R.string.capricornus:
    return R.drawable.capricornus;
  case R.string.gemini:
```

```
      return R.drawable.gemini;
    case R.string.leo:
      return R.drawable.leo;
    case R.string.libra:
      return R.drawable.libra;
    case R.string.pisces:
      return R.drawable.pisces;
    case R.string.sagittarius:
      return R.drawable.sagittarius;
    case R.string.scorpius:
      return R.drawable.scorpius;
    case R.string.taurus:
      return R.drawable.taurus;
    case R.string.virgo:
      return R.drawable.virgo;
    }
    // gegebenenfalls ein Standardbild liefern
    return R.drawable.icon;
  }
}
```

Listing 3.1 »Tierkreiszeichen.java«

Zur Laufzeit der App existiert für jedes Tierkreiszeichen eine Instanz dieser Klasse. Sie speichert den Tag, an dem es beginnt, sowie eine eindeutige Zahl, die das Sternzeichen repräsentiert. Hierfür verwende ich Konstanten aus `R.string`. Bitte sehen Sie sich die Datei *strings.xml* an. Sie weist jedem Tierkreiszeichen einen eindeutigen Namen zu:

```
<string name="aries">Widder</string>
<string name="taurus">Stier</string>
<string name="gemini">Zwillinge</string>
<string name="cancer">Krebs</string>
<string name="leo">Löwe</string>
<string name="virgo">Jungfrau</string>
<string name="libra">Waage</string>
<string name="scorpius">Skorpion</string>
<string name="sagittarius">Schütze</string>
<string name="capricornus">Steinbock</string>
<string name="aquarius">Wassermann</string>
<string name="pisces">Fische</string>
```

Listing 3.2 Ausschnitt aus »strings.xml«

Die Methode `getName()` der Klasse `Tierkreiszeichen` liefert den Namen eines Sternzeichens im Klartext. Aus dem eindeutigen numerischen Wert (er wird durch Aufruf von `getTierkreiszeichen()` ermittelt) lässt sich mit der Methode `getString()` der in *strings.xml* eingetragene Text auslesen. Auf sehr ähnliche Weise funktioniert die Methode `getIdForDrawable()`. Sie liefert für jedes Sternzeichen eine Referenz auf eine *.png*-Datei, indem in einem `switch-case`-Block der jeweils passende `R.drawable`-Wert ermittelt und zurückgeliefert wird. Ein Tierkreiszeichen speichert nur den Tag und den Monat, an dem es beginnt. Vorgänger- und Nachfolgerbeziehungen werden in der Klasse `Zodiak` abgebildet. Sie ist im folgenden Listing zu sehen:

```
/*
 * Zodiak.java
 *
 * (c) Thomas Künneth 2010 - 2015
 * Alle Rechte beim Autor.
 */
package com.thomaskuenneth.tierkreiszeichen;

import java.util.Calendar;
import java.util.Hashtable;

/**
 * Diese Klasse bildet die 12 Tierkreiszeichen
 * in eine {@link Hashtable} ab,
 * deren Schlüssel der Monat ist. Die Datumsangaben
 * stellen Mittelwerte dar und beziehen sich auf ein
 * Jahr mit 365 Tagen. Schaltjahre sind in den Datierungen
 * der Tierkreiszeichen also nicht berücksichtigt.
 *
 * @author Thomas Künneth
*/
public final class Zodiak
      extends Hashtable<Integer, Tierkreiszeichen> {

  private static final long serialVersionUID = -3808137176077412483L;
  private static final Zodiak INSTANCE = new Zodiak();

  private Zodiak() {
    put(Calendar.JANUARY, new Tierkreiszeichen(21, Calendar.JANUARY,
        R.string.aquarius));
    put(Calendar.FEBRUARY, new Tierkreiszeichen(20, Calendar.FEBRUARY,
        R.string.pisces));
```

```
    put(Calendar.MARCH, new Tierkreiszeichen(21, Calendar.MARCH,
        R.string.aries));
    put(Calendar.APRIL, new Tierkreiszeichen(21, Calendar.APRIL,
        R.string.taurus));
    put(Calendar.MAY, new Tierkreiszeichen(22, Calendar.MAY,
        R.string.gemini));
    put(Calendar.JUNE, new Tierkreiszeichen(22, Calendar.JUNE,
        R.string.cancer));
    put(Calendar.JULY,
        new Tierkreiszeichen(24, Calendar.JULY, R.string.leo));
    put(Calendar.AUGUST, new Tierkreiszeichen(24, Calendar.AUGUST,
        R.string.virgo));
    put(Calendar.SEPTEMBER, new Tierkreiszeichen(24,
        Calendar.SEPTEMBER, R.string.libra));
    put(Calendar.OCTOBER, new Tierkreiszeichen(24, Calendar.OCTOBER,
        R.string.scorpius));
    put(Calendar.NOVEMBER, new Tierkreiszeichen(23, Calendar.NOVEMBER,
        R.string.sagittarius));
    put(Calendar.DECEMBER, new Tierkreiszeichen(22, Calendar.DECEMBER,
        R.string.capricornus));
  }

  /**
   * Liefert eine Referenz auf ein Element der
   * Hashtable, die das Sternzeichen des übergebenen
   * Monats repräsentiert.
   *
   * @param monat
   *           Monat, zum Beispiel {@code Calendar.JUNE}
   * @return Instanz eines {@link Tierkreiszeichen}s
   */
  public static Tierkreiszeichen getTierkreiszeichenFuerMonat(int monat) {
    return INSTANCE.get(monat);
  }
}
```

Listing 3.3 »Zodiak.java«

`Zodiak` legt die zwölf Tierkreiszeichen in einer `Hashtable` ab. Deren Schlüssel ist der Monat, in dem ein Sternzeichen beginnt. Damit kann durch Aufruf der Methode `getTierkreiszeichenFuerMonat()` das gewünschte Tierkreiszeichen einfach ermittelt werden. Im nächsten Abschnitt zeige ich Ihnen, wie Sie die Klassen `Zodiak` und `Tierkreiszeichen` in eine Benutzeroberfläche integrieren.

3.1.3 Benutzeroberfläche

Bevor Sie mit der Programmierung der Benutzeroberfläche beginnen, müssen Sie das Konzeptdokument um eine entsprechende Beschreibung erweitern. Hierbei geht es nicht um eine möglichst genaue Vorwegnahme des späteren Bildschirminhalts. Überlegen Sie sich stattdessen, welche Informationen Sie anzeigen möchten, in welcher Beziehung diese zueinander stehen und wie sie logisch angeordnet werden.

Der Benutzer der App *Tierkreiszeichen* möchte sicher wissen, wann ein Sternzeichen beginnt und wann es endet. Außer dem Namen erwartet er noch ein Bild oder Symbol desselben. Mit diesen Informationen können Sie eine logische Darstellung der GUI entwerfen. Hierfür haben Sie zahlreiche Möglichkeiten.

Neben speziellen Wireframe-Editoren gibt es Bibliotheken für gängige Visualisierungsprogramme, wie etwa Microsofts *Visio* oder das auf dem Macintosh verbreitete *Omnigraffle*. Auch einfache Strichzeichnungen, sogenannte Scribbles, sind ein geeignetes Mittel. Welche Variante Sie wählen, ist letztlich eine Frage des persönlichen Geschmacks. Abbildung 3.1 zeigt einen Wireframe der Hauptansicht. Systembestandteile, beispielsweise die Statuszeile sowie der Anwendungsname, wurden bewusst weggelassen.

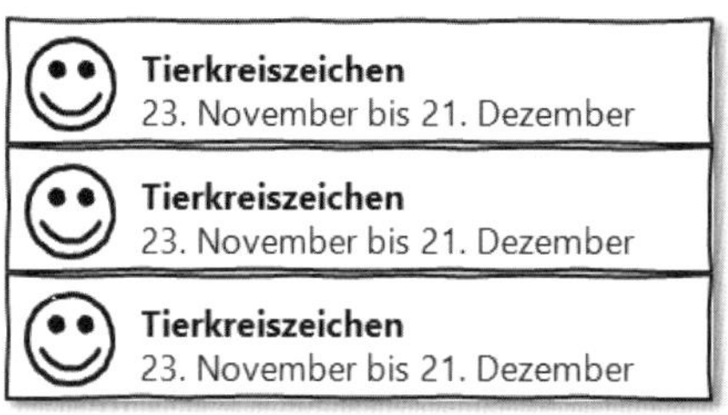

Abbildung 3.1 Wireframe der Listenansicht

Android stellt mit `ListView` eine Komponente zur Verfügung, die auch mehrzeilige Elemente und Grafiken problemlos darstellen kann. Wie sie zusammengesetzt und in *Tierkreiszeichen* eingesetzt wird, zeige ich im Folgenden. Bitte sehen Sie sich die Datei *icon_text_text.xml* an. Sie befindet sich im Verzeichnis *res\layout*.

```
<?xml version="1.0" encoding="utf-8"?>

<RelativeLayout
        xmlns:android="http://schemas.android.com/apk/res/android"
  android:layout_width="match_parent"
  android:layout_height="?android:attr/listPreferredItemHeight"
  android:padding="6dp">

  <ImageView android:id="@+id/icon"
    android:layout_alignParentLeft="true"
```

```
    android:layout_alignParentTop="true"
    android:layout_marginRight="6dp"
    android:layout_width="wrap_content"
    android:layout_height="match_parent" />

  <TextView android:id="@+id/text1"
    android:textAppearance="?android:attr/textAppearanceMedium"
    android:layout_marginTop="4dp"
    android:layout_toRightOf="@id/icon"
    android:layout_width="match_parent"
    android:layout_height="wrap_content" />

  <TextView android:id="@+id/text2"
    android:textAppearance="?android:attr/textAppearanceSmall"
    android:layout_below="@id/text1"
    android:layout_alignLeft="@id/text1"
    android:layout_width="match_parent"
    android:layout_height="wrap_content" />

</RelativeLayout>
```

Listing 3.4 Die Datei »icon_text_text.xml«

In *icon_text_text.xml* wird der Aufbau eines Listenelements definiert. Jede Zeile der `ListView` unserer Tierkreiszeichen-App wird aus den Elementen dieser Layoutdatei zusammengesetzt. Layoutdateien bilden stets baumartige Strukturen. Ein Wurzelelement enthält ein oder mehrere Kinder. Diese können entweder für sich stehen (Schaltflächen, Eingabefelder etc.) oder wiederum die Wurzel von Teilbäumen darstellen. Der Dateiname *icon_text_text.xml* beschreibt in gewisser Weise den Aufbau des Layouts: ein Bild und zwei Textzeilen.

RelativeLayouts beschreiben die Lage von Views in Relation zu anderen Bedienelementen. Hierfür werden Positionsangaben wie `android:layout_below` oder auch `android:layout_toRightOf` verwendet. Entsprechende Oberflächenbeschreibungen sind nicht ganz so leicht zu lesen, wie die Ihnen bereits bekannten LinearLayouts, benötigen aber zur Laufzeit weniger Speicher und werden schneller verarbeitet. Das Wurzelelement soll die Breite vom Elternobjekt erben (`match_parent`). Die Höhe entspricht dem System-Standard für Listenelemente. Dies wird durch das Attribut `android:layout_height="?android:attr/listPreferredItemHeight"` erreicht.

Die Grafik ist am oberen und linken Rand des RelativeLayouts ausgerichtet. Sie hat auf ihrer rechten Seite einen Rand von sechs geräteunabhängigen Pixeln. Neben dem Bild erscheinen zwei Textzeilen. Ihre Schrift ist unterschiedlich groß. Dies wird durch die Attribute `android:textAppearance="?android:attr/textAppearanceMedium"` und `android:textAppearance="?android:attr/textAppearanceSmall"` erreicht.

Wie aus *icon_text_text.xml* zur Laufzeit der App ein Objektbaum wird, zeige ich Ihnen gleich. Zunächst aber möchte ich kurz demonstrieren, mit wie wenig Aufwand sich unter Android eine Listenanzeige realisieren lässt. Die Klasse `ListActivity` realisiert eine Listenansicht, die normalerweise den gesamten Bildschirm (natürlich mit Ausnahme der Statuszeile sowie der Fensterdekoration) ausfüllt.

```
/*
 * TierkreiszeichenActivity.java
 * (c) Thomas Künneth 2010 - 2015
 * Alle Rechte beim Autor.
 */
package com.thomaskuenneth.tierkreiszeichen;

import android.app.ListActivity;
import android.content.Intent;
import android.net.Uri;
import android.os.Bundle;
import android.view.View;
import android.widget.AdapterView;
import android.widget.AdapterView.OnItemClickListener;

/**
 * Dies ist die Listenansicht der App. Sie zeigt
 * alle Sternzeichen nach Kalendermonaten sortiert an.
* @author Thomas Künneth
 */
public class TierkreiszeichenActivity
       extends ListActivity implements OnItemClickListener {

  private TierkreiszeichenAdapter adapter;

  @Override
  public void onCreate(Bundle savedInstanceState) {
    super.onCreate(savedInstanceState);
    // hier werden die Tierkreiszeichen gespeichert
    adapter = new TierkreiszeichenAdapter(this);
    setListAdapter(adapter);
    // auf das Antippen von Listenelementen
    // reagieren
    getListView().setOnItemClickListener(this);
  }
```

```
  @Override
  public void onItemClick(AdapterView<?> parent,
                 View view, int position, long id) {
    Tierkreiszeichen zeichen =
                 (Tierkreiszeichen) adapter.getItem(position);
    String url = getString(R.string.wikipedia_url,
                 zeichen.getName(this));
    // eine Webseite anzeigen
    Intent viewIntent = new Intent("android.intent.action.VIEW",
                 Uri.parse(url));
    startActivity(viewIntent);
  }
}
```

Listing 3.5 »TierkreiszeichenActivity.java«

Welche Daten eine Liste anzeigt, wird durch sogenannte *Adapter* gesteuert. Android stellt eine ganze Reihe fertiger Klassen bereit, die beispielsweise String-Arrays (`android.widget.ArrayAdapter<String>`) oder Tabellenzeilen einer Datenbank (`android.widget.SimpleCursorAdapter`) so umwandeln, dass eine `ListView` sie darstellen kann. Diese greift über die Methoden des Interfaces `android.widget.ListAdapter` auf einen Adapter und die durch ihn bereitgestellten Daten zu. Die Beispiel-App erzeugt hierzu ein Objekt des Typs `TierkreiszeichenAdapter` und setzt es mit der Methode `setListAdapter()`.

Die `ListActivity`-Methode `getListView()` liefert eine Referenz auf ein zentrales Objekt des Typs `ListView`. Um auf das Antippen eines Eintrags zu reagieren, wird ein sogenannter `OnItemClickListener` registriert. Die Beispielimplementierung nutzt dies, um den eingebauten Webbrowser mit einer bestimmten URL zu starten. Ausführliche Informationen zu sogenannten *Intents* finden Sie in Kapitel 4, »Activities und Broadcast Receiver«.

Lassen Sie uns nun einen Blick auf die Adapter-Implementierung werfen:

```
/*
 * TierkreiszeichenAdapter.java
* (c) Thomas Künneth 2010 - 2015
 * Alle Rechte beim Autor.
 */
package com.thomaskuenneth.tierkreiszeichen;

import java.text.DateFormat;
import java.text.SimpleDateFormat;
import java.util.ArrayList;
```

```
import java.util.Calendar;
import java.util.List;

import android.content.Context;
import android.view.LayoutInflater;
import android.view.View;
import android.view.ViewGroup;
import android.widget.BaseAdapter;
import android.widget.ImageView;
import android.widget.TextView;

/**
 * Diese Klasse bildet das Modell für die Listenansicht der App.
* @author Thomas Künneth
 * @see BaseAdapter
 */
public class TierkreiszeichenAdapter extends BaseAdapter {

  private final List<Tierkreiszeichen> zodiak;
  private final LayoutInflater inflator;
  private final DateFormat df;
  private final Calendar cal;

  public TierkreiszeichenAdapter(Context context) {
    // wird für das Aufblasen der XML-Datei benötigt
    inflator = LayoutInflater.from(context);
    // Tierkreiszeichen für alle Monate ermitteln
    zodiak = new ArrayList<Tierkreiszeichen>();
    for (int monat = Calendar.JANUARY;
            monat <= Calendar.DECEMBER; monat++) {
      Tierkreiszeichen zeichen = Zodiak.getTierkreiszeichenFuerMonat(monat);
      zodiak.add(zeichen);
    }
    // Legt fest, in welchem Format das Datum ausgegeben wird
    df = new SimpleDateFormat(context.getString(R.string.format_string));
    cal = Calendar.getInstance();
  }

  @Override
  public int getCount() {
    return zodiak.size();
  }

  @Override
  public Object getItem(int position) {
```

```
    return zodiak.get(position);
  }

  @Override
  public long getItemId(int position) {
    return position;
  }

  @Override
  public View getView(int position,
                      View convertView, ViewGroup parent) {
    ViewHolder holder;
    // falls nötig, convertView bauen
    if (convertView == null) {
      // Layoutdatei entfalten
      convertView = inflator.inflate(R.layout.icon_text_text, parent,
              false);
      // Holder erzeugen
      holder = new ViewHolder();
      holder.name = (TextView) convertView.findViewById(R.id.text1);
      holder.datumsbereich = (TextView) convertView
              .findViewById(R.id.text2);
      holder.icon = (ImageView) convertView.findViewById(R.id.icon);
      convertView.setTag(holder);
    } else {
      // Holder bereits vorhanden
      holder = (ViewHolder) convertView.getTag();
    }

    Context context = parent.getContext();
    Tierkreiszeichen zeichen = (Tierkreiszeichen) getItem(position);
    holder.name.setText(zeichen.getName(context));
    holder.icon.setImageResource(zeichen.getIdForDrawable());
    cal.set(Calendar.DAY_OF_MONTH, zeichen.getTag());
    cal.set(Calendar.MONTH, zeichen.getMonat());
    String datum1 = df.format(cal.getTime());
    if (++position >= getCount()) {
      position = 0;
    }
    zeichen = (Tierkreiszeichen) getItem(position);
    cal.set(Calendar.DAY_OF_MONTH, zeichen.getTag() - 1);
    cal.set(Calendar.MONTH, zeichen.getMonat());
    String datum2 = df.format(cal.getTime());
    holder.datumsbereich.setText(context.getString(R.string.interval,
            datum1, datum2));
```

```
    return convertView;
  }

  static class ViewHolder {
    TextView name, datumsbereich;
    ImageView icon;
  }
}
```

Listing 3.6 »TierkreiszeichenAdapter.java«

Im Konstruktor werden die Tierkreiszeichen in einer `ArrayList` abgelegt und aufsteigend nach Monaten sortiert. Die überschriebene Methode `getCount()` liefert die Länge der Liste und damit die Zahl der insgesamt anzeigbaren Zeilen, und `getItem()` liefert das Element an einer bestimmten Position.

Die Methode `getView()` baut aus den Daten des Modells einen Eintrag zusammen und stellt ihn in Gestalt einer `View`-Instanz zur Verfügung. Aus Effizienzgründen puffert Android eine gewisse Menge solcher Objekte. Im Falle der erstmaligen Verwendung ist der Parameter `convertView` gleich `null`. Dann wird mithilfe eines `LayoutInflator` aus einer XML-Datei (*icon_text_text.xml*) ein entsprechender Komponentenbaum erzeugt und der Variable `convertView` zugewiesen. Anschließend wird deren Methode `setTag()` ein sogenannter `ViewHolder` übergeben. Er fungiert als eine Art Platzhalter, um später einfach und effizient auf die Elemente des Baums zugreifen zu können. Dies ist nötig, um die beiden Textzeilen sowie die Grafik mit den Werten für eine Listenzeile füllen zu können. Der Aufruf von `findViewById()` für jedes der drei Objekte wäre wesentlich kostspieliger, zumal dies ja für jedes angezeigte Listenelement geschieht.

Im folgenden Abschnitt zeige ich Ihnen, wie Sie Ihr Programm mit Debug-Ausgaben versehen und wie Sie es auf die Veröffentlichung in *Google Play* vorbereiten.

3.2 Vom Programm zum Produkt

Eine Idee in Quelltext umzusetzen ist für viele Entwickler der interessanteste Teil des Programmierens. Das Erstellen von Tests, das Suchen und Beheben von Fehlern hingegen wird oftmals als eher unangenehme Pflicht angesehen. Wenn Sie Ihre App anderen Personen zugänglich machen möchten, ist eine gewissenhafte Kontrolle aber unerlässlich. Andernfalls droht harsche Kritik. Ein Blick auf die Kommentare in Google Play offenbart, wie viel die Käufer bzw. Nutzer von den Programmierern erwarten.

3.2.1 Protokollierung

Allein schon aus Platzgründen kann dieses Buch leider keine Anleitung für das Schreiben von sauberem Code enthalten. Auch wie man Tests entwirft und einsetzt, lesen Sie bei Bedarf in entsprechender Spezialliteratur nach. In Anhang A finden Sie eine Lektüreliste. Aber wie Android Sie beim Aufspüren von Problemen unterstützt und wie Sie Ihre Apps auf echter Hardware und im Emulator testen, zeige ich Ihnen in diesem sowie dem folgenden Abschnitt.

Java-Entwickler verwenden zur schnellen Analyse oder Protokollierung gern das Konstrukt `System.out.println()`. Dies funktioniert auch unter Android. Um dies auszuprobieren, legen Sie das neue Projekt *DebugDemo* an. Sie können der zu erzeugenden Activity einen beliebigen Namen geben. Fügen Sie vor der schließenden Klammer des Methodenrumpfes von `onCreate()` dieses Quelltextfragment ein:

```
int fakultaet = 1;
System.out.println("0! = " + fakultaet);
for (int i = 1; i <= 5; i++) {
   fakultaet = i * fakultaet;
   System.out.println(i + "! = " + fakultaet);
}
```

Listing 3.7 Berechnung und Ausgabe der Fakultät

Sie finden das Projekt *DebugDemo* auch in den Begleitmaterialien zum Buch. Wenn Sie die App im Emulator ausführen, sehen Sie die berechneten Fakultäten zunächst nicht. Sie werden aber im Werkzeugfenster ANDROID ausgegeben. Es ist in Abbildung 3.2 dargestellt. Falls es nicht geöffnet ist, können Sie es durch Anklicken seines Namens oder über das Popup am linken Rand der Statuszeile sichtbar machen.

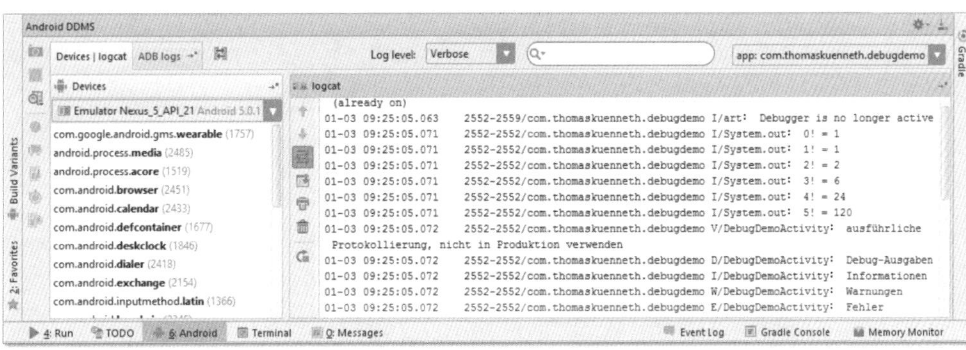

Abbildung 3.2 Das Werkzeugfenster Android

Das Fenster besteht aus mehreren Symbolen am linken und oberen Rand, sowie den beiden Registerkarten DEVICES | LOGCAT und ADB LOGS. Letztere zeigt Statusmeldungen der sogenannten *Android Debug Bridge* an. Diese Schnittstelle kümmert sich um die Kommunikation mit einem Emulator oder einem realen Gerät. Etwas später stelle ich Ihnen das korrespondierende Kommandozeilen-Tool vor.

Die Registerkarte DEVICES | LOGCAT ist in mehrere Bereiche unterteilt. Links sehen Sie den Block DEVICES. Er zeigt die auf einem Gerät installierten Anwendungen an. Die Zahl in Klammern nennt die jeweilige Prozess-ID. Von welchem Gerät diese Informationen ermittelt werden, wählen Sie mit der darüber liegenden Aufklappliste aus. Sofern nur der Emulator gestartet wurde, enthält sie genau einen Eintrag. Mit den Icons am linken Rand können Sie Statusinformationen (wie die Speichernutzung) abrufen, einen Screenshot anfertigen oder die App beenden.

Der Bereich LOGCAT sammelt Protokollausgaben des Systems und aller Anwendungen. Es liegt auf der Hand, dass eine solche Darstellung recht schnell unübersichtlich wird. Aus diesem Grund lassen sich Ausgaben beispielsweise nach Prozess-ID, Loglevel oder Paketnamen filtern. Öffnen Sie hierzu die Aufklappliste im rechten Bereich des Werkzeugfensters, und wählen Sie EDIT FILTER CONFIGURATION. Sie sehen den in Abbildung 3.3 dargestellten Dialog CREATE NEW LOGCAT FILTER. Um die Ausgabe auf Meldungen zu beschränken, die das Projekt *DebugDemo* betreffen, muss in BY PACKAGE NAME nur der Name des Pakets eingetragen werden, also beispielsweise `com.thomaskuenneth.debugdemo`.

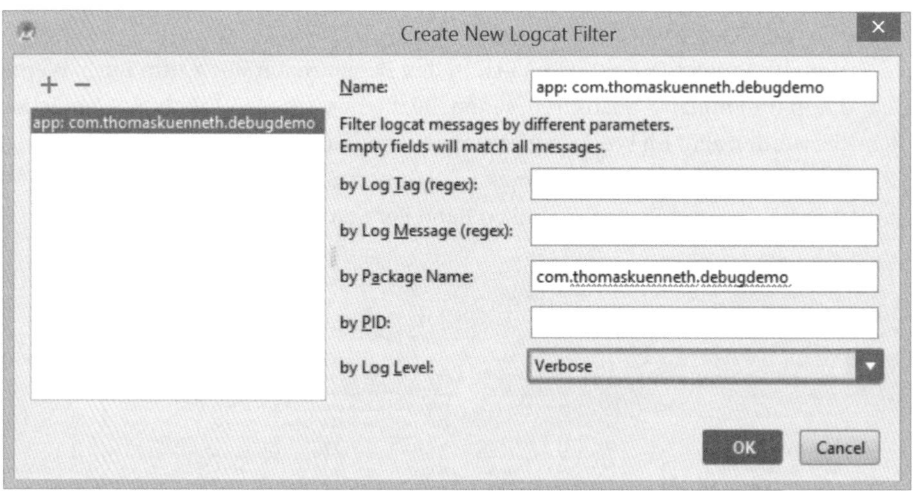

Abbildung 3.3 Dialog zum Anlegen von Filtern

Auf diese Weise landen aber auch Meldungen in der Konsole, die Sie vielleicht nicht sehen möchten. Welche dies sein können, ist Abbildung 3.4 zu entnehmen.

Das Problem ist aber sehr leicht zu beheben. Tragen Sie im Filter-Dialog einfach zusätzlich unter BY LOG TAG den Text »System.out« ein.

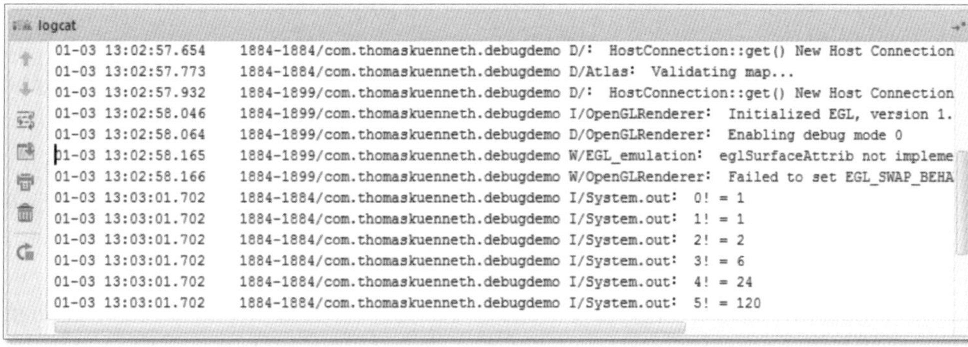

Abbildung 3.4 Logmeldungen der App »DebugDemo«

Haben Sie in Abbildung 3.2 die mit *Verbose* vorbelegte Aufklappliste bemerkt? Sie enthält die Stufen (*Loglevel*) *verbose*, *debug*, *info*, *warn*, *error* und *assert*, die in gängigen Frameworks verwendet werden, um die Wichtigkeit bzw. den Schweregrad eines Protokolleintrags zu bestimmen. Die Idee ist, für entsprechende Ausgaben nicht mit `System.out.println()` zu arbeiten, sondern mit speziellen Logging-Methoden. Android stellt mit der Klasse `android.util.Log` eine besonders einfach zu handhabende Variante zur Verfügung. Deren statische Methoden `v()`, `d()`, `i()`, `w()` und `e()` repräsentieren die oben genannten Loglevels. Neben dem auszugebenden Text erwarten sie ein sogenanntes *Tag*. Es kennzeichnet die Quelle des Protokolleintrags, also im Allgemeinen die Klasse oder Activity.

Google empfiehlt an vielen Stellen noch, das Tag folgendermaßen zu definieren:

```
private static final String TAG = "MyActivity";
```

Um Tippfehler zu vermeiden und gegebenenfalls ein Refactoring zu vereinfachen, rate ich stattdessen zu:

```
private static final String TAG = Tester.class.getSimpleName();
```

Anstelle von `Tester` verwenden Sie natürlich den Namen Ihrer Klasse. Übernehmen Sie die folgenden Anweisungen in Ihre Activity, und starten Sie danach die App:

```
Log.v(TAG, "ausführliche Protokollierung, nicht in Produktion verwenden");
Log.d(TAG, "Debug-Ausgaben");
Log.i(TAG, "Informationen");
Log.w(TAG, "Warnungen");
Log.e(TAG, "Fehler");
```

Listing 3.8 Erzeugen von Protokolleinträgen

Die fünf Ausgaben erscheinen im Bereich LOGCAT. Wählen Sie ein Element aus der Aufklappliste aus, um Einträge mit niedrigerer Priorität auszublenden. Haben Sie beispielsweise *info* aktiviert, sind Aufrufe, die durch die Methoden v() (*verbose*) und d() (*debug*) erzeugt wurden, nicht zu sehen. Ein Klick auf *verbose* zeigt alle Zeilen an. Bitte denken Sie daran, vor Ihren Experimenten im Filter-Dialog Ihre Eingabe »System.out« zu entfernen.

Auf echter Hardware werden Ausgaben des Loglevels VERBOSE ignoriert, sofern die Anwendung aus einer *.apk*-Datei installiert wurde. Alle anderen Stufen bleiben erhalten. Aus diesem Grund sollten Sie überlegen, welche Meldungen ausschließlich für die Entwicklung relevant sind. Diese können Sie der Methode v() übergeben. Für Warnungen und Fehler sind w() und e() gedacht. Debug-Ausgaben (d()) können unter bestimmten Umständen auch in produktiven Systemen sinnvoll sein. Deshalb rate ich Ihnen, entsprechende Methodenaufrufe mit einer if()-Abfrage zu kapseln.

```
if (Log.isLoggable(TAG, Log.VERBOSE)) {
    Log.v(TAG, "noch eine ausführliche Protokollierung");
}
```

Listing 3.9 Steuerung einer Log-Ausgabe

Der Standardlevel jedes Tags ist INFO. Jeder gleich- oder höherwertige Level wird also geloggt. Sie können dieses Verhalten ändern, indem Sie im Werkzeugfenster TERMINAL den Befehl adb shell setprop log.tag.<IHR_TAG> <LEVEL> ausführen, also beispielsweise adb shell setprop log.tag.DebugDemoActivity VERBOSE.

[+]

Tipp

Manchmal scheinen Logausgaben bei mehrfachen Programmstarts nicht angezeigt zu werden. Der Grund hierfür liegt im Lebenszyklus von Activities. Deren Methode onCreate() wird – ganz bewusst – nicht immer aufgerufen. Wenn Sie also in dieser Methode loggen, kann es durchaus passieren, dass der Code nicht immer durchlaufen wird. Sie können dies ganz leicht erwzingen, indem Sie im Emulator einfach auf den Startbildschirm wechseln. Die Klasse DebugDemoActivity ruft die Methode finish() auf. Dies beendet eine Activity.

Wenn Sie in Ihrem Code eine Exception gefangen haben, müssen Sie übrigens nicht mühselig einen passenden String zusammensetzen, sondern können sie als zusätzlichen Parameter an die Ihnen bereits bekannten fünf Methoden übergeben. Auch hierzu ein Beispiel:

```
String s = null;
try {
   Log.i(TAG, "s ist " + s.length() + " Zeichen lang");
} catch (Throwable tr) {
   Log.e(TAG, "Es ist ein Fehler aufgetreten.", tr);
```

```
} finally {
   Log.i(TAG, "s ist " + s);
}
```

Listing 3.10 Ausgeben eines Stacktrace im Fehlerfall

Da der String `s` mit `null` initialisiert wurde, ist eine `NullPointerException` unausweichlich. Sie wird aufgrund des `catch (Throwable tr)` gefangen und mittels `e()` als Fehler protokolliert. Klicken Sie einen Link im Stacktrace an, um zur korrespondierenden Zeile im Quelltext zu navigieren.

3.2.2 Fehler suchen und finden

Protokolldateien sind ein wichtiges Hilfsmittel bei der Analyse von Anwendungsproblemen. Allerdings können und sollen sie die klassische Fehlersuche mit dem Debugger nicht ersetzen. Wie Sie Bugs auf Quelltextebene zu Leibe rücken, zeige ich Ihnen nun am Beispiel des Projekts *FibonacciDemo*. Sie finden es in den Begleitmaterialien zum Buch. Die *Fibonacci-Folge* ist eine unendliche Folge von Zahlen, bei der sich die jeweils folgende Zahl durch Addition ihrer beiden Vorgänger ergibt. Für `n` größer oder gleich 2 gilt demnach: `fib(n) = fib(n - 1) + fib(n - 2)`. Für die beiden Spezialfälle 0 und 1 wurde `fib(0) = 0` und `fib(1) = 1` festgelegt. Der Aufruf `fib(5)` ergibt also 5. Im Folgenden finden Sie eine Implementierung des Algorithmus. Es handelt sich um eine – Sie ahnen es sicher – fehlerhafte Version:

```
package com.thomaskuenneth.fibonaccidemo;

import android.app.Activity;
import android.os.Bundle;
import android.util.Log;

public class FibonacciDemoActivity extends Activity {

  private static final String TAG = FibonacciDemoActivity.class
          .getSimpleName();

  @Override
  public void onCreate(Bundle savedInstanceState) {
    super.onCreate(savedInstanceState);
    setContentView(R.layout.main);
    Log.i(TAG, "fib(5) = " + fib(5));
  }

  private int fib(int n) {
```

```
      Log.i(TAG, "n=" + n);
      int fib;
      switch (n) {
      case 0:
        fib = 0;
      case 1:
        fib = 1;
        break;
      default:
        fib = fib(n - 1) + fib(n - 2);
      }
      return fib;
    }
}
```

Listing 3.11 »FibonacciDemoActivity.java«

Starten Sie die App, um zu sehen, zu welchem Ergebnis sie kommt. Denken Sie daran, dass der berechnete Wert nicht direkt im Emulator angezeigt wird, sondern im Bereich LOGCAT des Werkzeugfensters ANDROID. Leider ist dort 8 zu lesen. Lassen Sie uns deshalb mithilfe der Einzelschrittabarbeitung herausfinden, was passiert.

Setzen Sie als Erstes einen *Line Breakpoint* in der Zeile `switch (n) {` der Methode `fib()`, indem Sie im Randbereich des Editorfensters in dieser Zeile mit der linken Maustaste klicken. Wenn der Haltepunkt angelegt wurde, erscheint an der entsprechenden Position ein ausgefüllter roter Kreis. Berühren Sie ihn mit der Maus, um den in Abbildung 3.5 dargestellten Tooltip einzublenden.

Die angezeigte Zeilennummer kann bei Ihnen geringfügig variieren. Jetzt können Sie die App debuggen. Klicken Sie hierzu in der Menüleiste auf RUN • DEBUG APP.

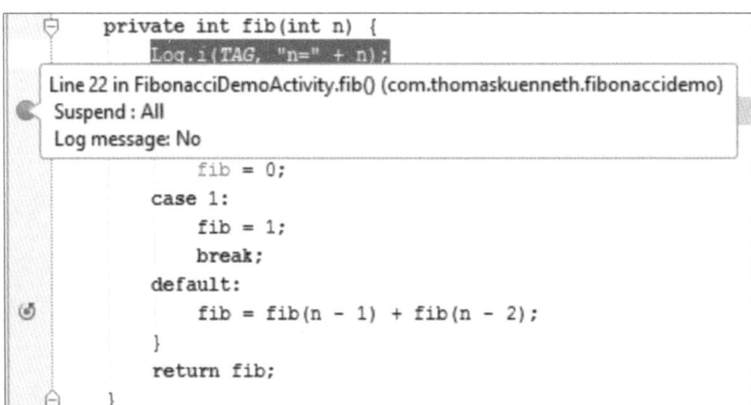

Abbildung 3.5 Ein Haltepunkt in der Methode »fib()«

Nach kurzer Zeit öffnet Android Studio das Werkzeugfenster DEBUG und hält die Programmausführung in der Zeile mit dem Haltepunkt an. Die Möglichkeiten, die der Debugger bietet, sind viel zu umfassend, um sie in diesem Buch mehr als nur andeuten zu können. Ein paar wichtige Handgriffe möchte ich Ihnen aber auf jeden Fall nahebringen. Sie können sich zum Beispiel sehr einfach den aktuellen Wert einer Variablen anzeigen lassen, indem Sie die Maus im Editorfenster auf ihren Namen bewegen. Nach dem ersten Halt ist `n` gleich 5. Dies ist in Abbildung 3.6 zu sehen.

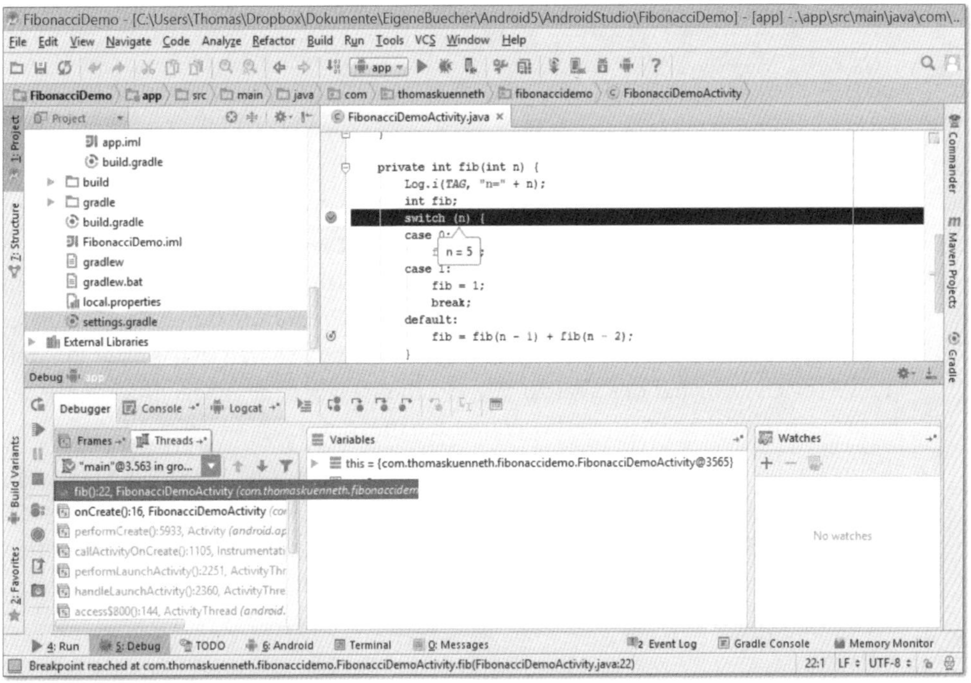

Abbildung 3.6 Android Studio nach dem Start des Debug-Vorgangs

Das Fenster DEBUG enthält die Registerkarten DEBUGGER, CONSOLE und LOGCAT. Auf der Konsole werden Statusmeldungen der SDK Tools ausgegeben. Beispielsweise sehen Sie hier, was geschieht, während eine App installiert wird. LOGCAT ist, wie Sie bereits wissen, ein Systemprotokoll. Hier finden Sie alle Meldungen des Betriebssystems und der installierten Apps. Das Filtern von Ausgaben haben Sie im vorherigen Abschnitt kennengelernt.

Die Steuerung des Debuggers erfolgt mithilfe von Symbolen am linken (Programmablauf) und oberen (Einzelschrittverarbeitung) Rand des Fensters. Die wichtigsten sind in Tabelle 3.1 zu sehen. Klicken Sie auf STEP OVER oder drücken Sie die Taste [F8], um die nächste Anweisung auszuführen. Dies ist `fib = fib(n - 1) + fib(n - 2);`. Mit RESUME PROGRAM ([F9]) lassen Sie das Programm bis zum Erreichen des nächsten Haltepunkts ohne Unterbrechung weiterlaufen.

Symbol	Funktion
	Rerun
	Resume Program
	Pause Program
	Stop
	Step Over

Tabelle 3.1 Wichtige Symbole des Debuggers

Wiederholen Sie die Schritte mit STEP OVER und RESUME so lange, bis `n` den Wert 1 hat. Nun führt Sie ein STEP OVER in die Zeile `fib = 1;`. Dies ist erwartetes Verhalten. Sie können die App deshalb mit RESUME fortsetzen. Da 0 die letzte zu verarbeitende Zahl ist, müsste der Fehler jetzt auftreten. Nachdem das Programm durch den Debugger angehalten wurde, führt ein STEP OVER zur Zeile `fib = 0;`. So weit ist das okay. Ein weiteres STEP OVER bringt uns aber zu `fib = 1;`. Das ist falsch, denn eigentlich hätte der Block nach der Zeile `fib = 0;` verlassen werden müssen.

Wenn Sie die beiden `case`-Bereiche vergleichen, fällt natürlich sehr schnell das fehlende `break` auf. Dies erklärt das unerwartete Verhalten. Beenden Sie den Debug-Vorgang, indem Sie das Symbol STOP anklicken. Fügen Sie ein `break;` in den Quelltext ein, und starten Sie die App erneut. In LOGCAT wird nun der richtige Wert 5 angezeigt.

Hinweis

Ist Ihnen aufgefallen, dass im Java-Editor die Variable `fib` in der Zeile `fib = 0;` in einem helleren Grau dargestellt wurde, bevor Sie `break;` eingefügt haben? Android Studio macht auf diese Weise darauf aufmerksam, dass die Zuweisung nicht lange Bestand hat. Da `break` fehlt, geht die Programmausführung mit dem nächsten `case` weiter.

Wenn Sie die Situation, in der ein Fehler auftritt, eingrenzen können, reduzieren *bedingte Haltepunkte* den Aufwand beim Debuggen erheblich. Nehmen wir an, Sie wussten, dass Sie das Problem am besten untersuchen können, wenn `n` den Wert 0 hat. Dann ist es unnötig, bis zum Eintreten dieser Konstellation dem Programmablauf schrittweise zu folgen. Bewegen Sie den Mauszeiger im Java-Editor über das Breakpoint-Symbol, und drücken Sie die rechte Maustaste. Geben Sie im daraufhin erscheinenden Popup bei CONDITION den Ausdruck `n == 0` ein, und schließen Sie es mit DONE. Starten Sie den Debug-Vorgang nun erneut. Die Programmausführung wird erst angehalten, wenn die formulierte Bedingung erfüllt ist.

3.2.3 Debuggen auf echter Hardware

Wenn Sie ein Android-Smartphone oder -Tablet besitzen, können Sie die eben vorgestellte App direkt auf diesem debuggen. Gerade Programme, die Sie an andere weitergeben möchten, sollten Sie solchen Tests unterziehen.

Unter Windows müssen Sie vor der erstmaligen Nutzung des Geräts am USB-Port Ihres Rechners möglicherweise einen aktualisierten Treiber installieren. Dies betrifft insbesondere Modelle der Nexus-Serie.

Welche Treiber Sie für Produkte anderer Hersteller benötigen, verraten hoffentlich die jeweiligen Produktinformationen. Linux und Mac OS X benötigen keine speziellen USB-Treiber.

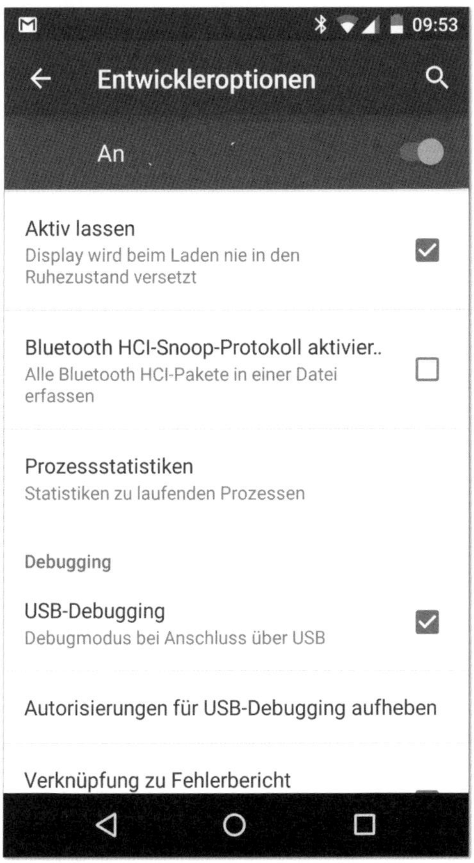

Abbildung 3.7 Die Seite »Entwickleroptionen« der Android-Einstellungen

Windows-Nutzer finden den Google-USB-Treiber im Unterordner *extras\google\usb_driver* des Android-SDK-Installationsverzeichnisses. Falls Sie die Komponente noch nicht heruntergeladen haben, können Sie dies mit dem *Android SDK Manager* jederzeit nachholen. Informationen hierzu finden Sie in Abschnitt 1.3, »Entwicklungswerkzeuge«. Die Installation des Treibers erfolgt üblicherweise im Windows-*Geräte-Manager*. Schließen Sie Ihre Hardware an einem USB-Port Ihres Entwicklungsrechners an, und starten Sie den Geräte-Manager. Suchen Sie Ihr Modell, und öffnen Sie dann mit Rechtsklick ein Kontextmenü. Dort können Sie Treiber installieren bzw. aktualisieren.

Auf den meisten Geräten müssen Sie noch das *USB-Debugging* aktivieren. Öffnen Sie die EINSTELLUNGEN, und tippen Sie anschließend auf ENTWICKLEROPTIONEN. Setzen Sie, wie in Abbildung 3.7 dargestellt, jeweils ein Häkchen bei USB-DEBUGGING und AKTIV LASSEN. Mit Letzterem erreichen Sie, dass die Anzeige des Geräts nicht in den Ruhezustand versetzt wird. Kehren Sie danach zum Startbildschirm zurück.

[»] **Hinweis**

Sollten die ENTWICKLEROPTIONEN nicht angezeigt werden, müssen Sie diese Einstellungsseite erst freischalten. Navigieren Sie in den EINSTELLUNGEN auf ÜBER DAS TELEFON, und tippen Sie BUILD-NUMMER siebenmal an. Bitte beachten Sie, dass die Texte je nach Modell leicht abweichen können.

Starten Sie nun den Debug-Vorgang mit RUN • DEBUG APP. Sie sehen den in Abbildung 3.8 dargestellten Dialog CHOOSE DEVICE. Die Option CHOOSE A RUNNING DEVICE ist vorausgewählt. Die Liste darunter zeigt den Emulator sowie Ihr an den USB-Port angeschlossenes Gerät. Markieren Sie es, und klicken Sie dann auf OK. Nun können Sie die App wie im Emulator debuggen.

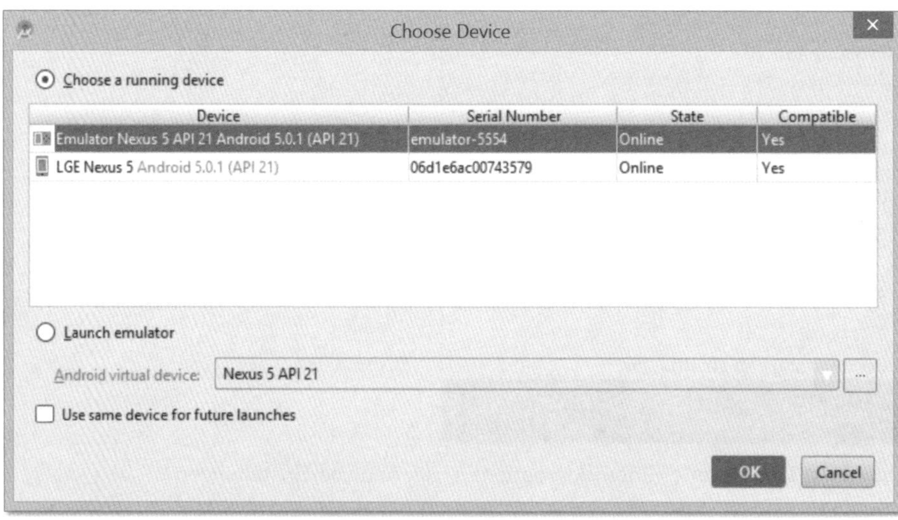

Abbildung 3.8 Wählen Sie hier das Gerät aus, das Sie verwenden wollen.

Zum Schluss noch ein Tipp: Die Höhe des Werkzeugfensters DEBUG hat Einfluss auf die Anzahl der Symbole, die am linken Rand angezeigt werden. Falls nicht alle sichtbar sind, erscheinen zwei nach rechts weisende spitze Pfeile (»). Bewegen Sie den Mauszeiger auf dieses Symbol, öffnet sich ein Popup mit den verdeckten Funktionen. Wie dies aussehen kann, ist in Abbildung 3.9 dargestellt. Beispielsweise öffnet das Fragezeichen eine ausführliche Hilfeseite zum Debugger in englischer Sprache.

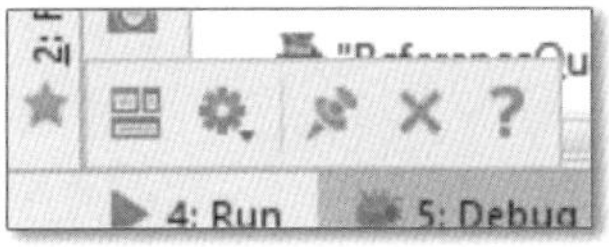

Abbildung 3.9 Popup mit verdeckten Symbolen

Damit verlassen wir den Bereich Fehlersuche. Im folgenden Abschnitt zeige ich Ihnen, wie Sie Ihre fertige App verteilen und in *Google Play* einem riesigen Publikum vorstellen.

3.3 Anwendungen verteilen

Wenn Sie die eigentliche Entwicklung Ihres Programms abgeschlossen haben und die App alle Tests erfolgreich durchlaufen hat, können Sie die Veröffentlichung bzw. Verteilung vorbereiten.

3.3.1 Die App vorbereiten

Jede App hat ein Icon, das in *Google Play* neben dem Programm- und Herstellernamen angezeigt wird. Nach dem Herunterladen und Installieren tippt der Nutzer auf dieses Symbol, um die Anwendung zu starten. Das Icon ist also seine Visitenkarte. Entsprechend viel Aufwand sollten Sie in dessen Gestaltung investieren. Dies mag zunächst übertrieben wirken. Aber die Kommentare in Google Play enthalten unzählige Beschwerden über unästhetische Grafik.

Als Erstes zeichnen Sie Ihr Logo mit einem Vektorgrafikprogramm. Bis einschließlich Android 4.4 müssen Programmstarter-Icons aber als Bitmaps vorliegen. Soll Ihre App nicht nur unter Lollipop, sondern auch unter älteren Systemversionen zur Verfügung stehen, wandeln Sie Ihre Grafik deshalb um. Android erwartet das Icon in unterschiedlichen, genau festgelegten Größen. Alle aus Ihrem Logo generierten Bitmaps haben dabei den gleichen Dateinamen. Sie werden in Unterordnern des Verzeichnisses *res* abgelegt. Die Zuordnung ihrer Größe zum Ablageort entnehmen Sie Tabelle 3.2.

Der Name des Programmstarter-Icons ohne Dateiendung wird als Wert des Attributs `android:icon` in die Manifestdatei (*AndroidManifest.xml*) eingetragen. Beispielsweise repräsentiert `android:icon="@drawable/icon"` die Datei *icon.png*.

Größe in Pixel	Unterverzeichnis in res
36 × 36	*drawable-ldpi*
48 × 48	*drawable-mdpi*
72 × 72	*drawable-hdpi*
96 × 96	*drawable-xhdpi*
144 × 144	*drawable-xxhdpi*
192 × 192	*drawable-xxxhdpi*

Tabelle 3.2 Größe und Ablageort für Programmstarter-Grafiken

Das Verzeichnis *res\drawable* ist seit der allerersten Android-Version vorhanden. In ihm abgelegte Dateien beziehen sich auf Geräte mit einer Auflösung von 160 dpi und einer Bildschirmdiagonale von 3,2 Zoll. Das erste kommerziell verfügbare Android-Smartphone *Google G1* zeigte 320 × 480 Bildpunkte an. Programmstarter-Icons sind dann 48 × 48 Pixel groß.

Richtlinien für die Gestaltung von Symbolen finden Sie im Dokument *Iconography*.[1] Es informiert Sie unter anderem darüber, aus welchen Farben Ihre Icons bestehen sollten und was Sie bei der Perspektive beachten müssen.

Damit sich Kunden über Ihr Programm informieren können, sollten Sie den Aufbau einer kleinen Seite im Internet in Erwägung ziehen. Entsprechende Hosting-Angebote kosten mittlerweile nur noch sehr wenig Geld. Neben der Möglichkeit, Werbung für Ihr Produkt zu machen, ist dies der ideale Ort für *Frequently Asked Questions* sowie *Tipps und Tricks*. Die *Developer Console* von Google Play, die ich Ihnen später vorstelle, sieht die Eingabe von Kontaktdaten wie Website und E-Mail-Adresse ohnehin vor.

Jetzt haben Sie fast alle Stationen auf dem Weg zum fertigen Produkt absolviert. Sie müssen Ihr Programm nur noch digital signieren und als sogenanntes *Application Package* exportieren. Hierbei handelt es sich um eine komprimierte Installationsdatei mit der Endung *.apk*, die alle Bestandteile einer App (also Klassen, Ressourcen sowie sonstige Artefakte) bündelt. Sobald Sie eine Anwendung aus der IDE heraus starten, generiert Android Studio automatisch ein solches Archiv und signiert es mit einem speziellen Entwicklerzertifikat. Hierfür werden Tools des Android SDK sowie des JDK benötigt. Dies ist für Sie als Programmierer völlig transparent und läuft, wie Sie bereits gesehen haben, ohne weiteres Zutun ab.

1 *http://developer.android.com/design/style/iconography.html*

Abbildung 3.10 Der Dialog »Generate Signed APK Wizard«

Um ein verteilbares Archiv zu erzeugen, klicken Sie in der Menüleiste auf BUILD • GENERATE SIGNED APK. Sie sehen daraufhin den in Abbildung 3.10 dargestellten Dialog GENERATE SIGNED APK WIZARD. Geben Sie bei KEY STORE PATH den Pfad zu einem bereits vorhandenen Schlüsselbund an, oder klicken Sie auf CREATE NEW, um einen solchen zu erzeugen.

Im dann erscheinenden Dialog NEW KEY STORE tragen Sie bei KEY STORE PATH einen Namen und Pfad ein, zum Beispiel *C:\Users\Thomas\Android-Keyring*. Vergeben Sie anschließend ein Passwort, um den Zugriff auf den Keystore abzusichern. Des Weiteren müssen Sie einige Daten zu dem Schlüssel eintragen, mit dem Ihre App später signiert werden soll. Hierzu gehören (ein weiteres) Passwort, die Gültigkeitsdauer in Jahren sowie einige Angaben zu Ihnen oder Ihrer Firma. Wie Ihre Eingaben aussehen können, ist in Abbildung 3.11 dargestellt. Nachdem Sie auf OK geklickt haben, werden der Pfad zu dem Schlüsselbund, der KEY ALIAS sowie die beiden Passwörter in den Dialog GENERATE SIGNED APK WIZARD übernommen. Mit NEXT gelangen Sie auf die zweite Seite des Assistenten zum Generieren von signierten APKs. Sie ist in Abbildung 3.12 zu sehen. Sie können das Verzeichnis auswählen, in dem die *.apk*-Datei abgelegt werden soll. Als BUILD TYPE lassen Sie RELEASE eingestellt. FINISH schließt den Vorgang ab.

Hinweis [«]

Es ist sehr wichtig, Keystore und Schlüssel sicher zu verwahren und die darin enthaltenen Passwörter nicht preiszugeben. Andernfalls könnten Dritte Apps »in Ihrem Namen« verbreiten. Weitere Informationen finden Sie im Dokument *Signing Your Applications*.[2] Dort ist auch beschrieben, wie Sie das Signieren automatisieren können.

2 *http://developer.android.com/guide/publishing/app-signing.html*

Abbildung 3.11 Einen neuen Schlüsselbund anlegen

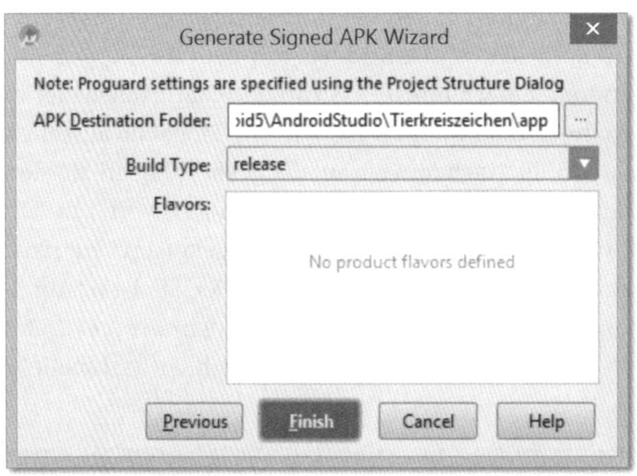

Abbildung 3.12 Generierung und Signierung des APKs abschließen

3.3.2 Apps in Google Play einstellen

Die von Google favorisierte Distributionsform von Apps ist die Verteilung über *Google Play*. Auf den meisten Android-Smartphones ist eine entsprechende Anwendung (*Play Store*) vorinstalliert. Sie erlaubt das Auswählen, Herunterladen und gegebenenfalls Bezahlen von Programmen. Unmittelbar nach der Anmeldung als Entwickler[3] (hierbei ist eine einmalige Gebühr von derzeit 25 USD zu entrichten) können Sie in der *Developer Console* Apps einstellen. Sie ist in Abbildung 3.13 zu sehen. Dort geben Sie die Beschreibung ein, die der Besucher beim Stöbern im Anwendungskatalog sieht. Sie können Bildschirmfotos und Videoclips hinterlegen, gegebenenfalls den Preis Ihres Programms ändern und Neuerungen gegenüber der letzten Version erfassen.

Der Verkauf von Programmen kann im Idealfall zu signifikanten Einnahmen führen. Leider bleiben aber auch unzählige exzellente Apps weitgehend unbeachtet. Im Hinblick auf immer wieder auftauchende Geschichten à la »Vom Tellerwäscher zum Millionär« möchte ich Ihnen deshalb ans Herz legen, mit nicht zu hohen Erwartungen ins Rennen zu gehen. Ob und wie gut sich eine Anwendung verkauft, ist von vielen Faktoren abhängig, die sich nur schwer kalkulieren lassen. Bitte prüfen Sie aber dennoch, wie Sie in steuerlicher oder abgabetechnischer Hinsicht mit solchen Einnahmen umzugehen haben.

Google unterzieht die Anwendungen seit Februar 2012 einer automatisierten Vorabprüfung und übernimmt sie anschließend in den Katalog. Mountain View war vorher der Meinung, dass dies unnötig ist. Jeder Entwickler, der Apps einreicht, ist als Marktteilnehmer bekannt. Beim Hochladen verpflichtet er sich, bestimmte Regeln einzuhalten. Verstößt er gegen diese, kann Google als Marktbetreiber reagieren. Zudem deckt ein Bewertungs- und Kommentarsystem schwarze Schafe auf. Dennoch hat es immer wieder Malware gegeben, die sich die fehlende Vorabkontrolle zunutze gemacht hat. Googles internes Werkzeug *Bouncer*[4] soll diese zuverlässig enttarnen.

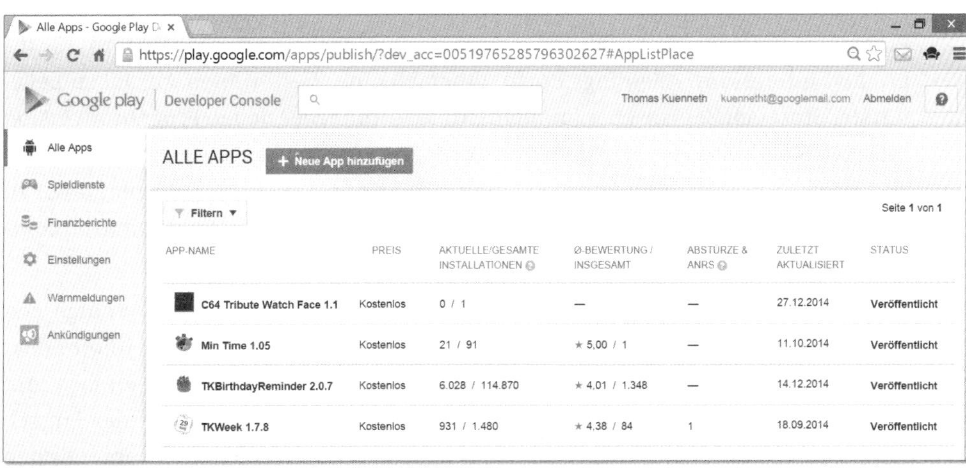

Abbildung 3.13 Die Developer Console

3 *https://play.google.com/apps/publish*

4 *http://googlemobile.blogspot.de/2012/02/android-and-security.html*

Ein letzter, wichtiger Punkt: Sehr viele Funktionen (beispielsweise SMS senden, auf das Netzwerk zugreifen oder eine Nummer wählen) müssen in Form von Berechtigungen explizit angefordert werden. Diese werden während der Installation eines Programms angezeigt, sodass der Nutzer im Vorfeld schon sieht, was eine App tun möchte. Prüfen Sie sorgfältig, welche Berechtigungen Ihre App benötigt. Die Anwender reagieren mit harscher Kritik, wenn sich ein Programm ihrer Meinung nach zu viele oder nicht gerechtfertigte Zugriffsmöglichkeiten einräumen möchte.

Warum Google Play nicht die einzige Vertriebsplattform für Ihre Software ist und wie Sie sich zusätzliche Einnahmequellen erschließen können, beschreibe ich im folgenden Abschnitt.

3.3.3 Alternative Märkte und Ad-hoc-Verteilung

Android steht als offene Plattform jedem Gerätehersteller zur Verfügung. Allerdings sind nicht alle Komponenten Bestandteil des Open-Source-Pakets. Sicher ist Ihnen aufgefallen, dass der Emulator die Anwendung *Play Store* nicht enthält. Auch Google Mail und Google Maps sind nicht auf jedem Gerät vorhanden. Die Bereitstellung macht der Suchmaschinenprimus von bestimmten Eigenschaften abhängig, die beispielsweise einige kleinere Hersteller nicht erfüllen.

Deren Anbieter hatten aus der Not eine Tugend gemacht und alternative Softwareportale inklusive App für das mobile Gerät geschaffen. Auch Netzwerkbetreiber erhofften sich in solchen »Läden« eine lukrative Einnahmequelle. In diesem Zusammenhang hat sich der Begriff *Secondary Market* etabliert. Er fasst alle Angebote jenseits des Google-Pendants zusammen. Grundsätzlich wären solche alternativen Programm-Kataloge für Sie als Entwickler als zusätzliche Vertriebsplattform für Ihr Produkt interessant. Allerdings dürfte Ihnen ab einer bestimmten Anzahl zu beliefernder Stores ein logistisches Problem drohen – mit jeder neuen Programmversion müssten Sie Ihr Angebot in jedem Appstore aktualisieren. Langfristig als Alternative zu Google Play etablieren konnte sich nur Amazons App Store. Informationen zu Amazons Angeboten für Entwickler finden Sie unter *https://developer.amazon.com/appsandservices*.

Wenn Sie, wie weiter oben beschrieben, eine Internet-Präsenz für Ihre App aufgesetzt haben, kann die signierte Installationsdatei auch dort bereitgestellt und unmittelbar im Browser des Smartphones heruntergeladen werden. Das geht ganz einfach mithilfe des üblichen `<a href="">...</a>`. Allerdings müssen Nutzer auf der Einstellungsseite ANWENDUNGEN die Option UNBEKANNTE HERKUNFT mit einem Häkchen versehen.

Auch unter Android Studio ist die Installation fremder Anwendungen möglich. Schließen Sie hierzu das Gerät mit dem USB-Kabel an Ihren Rechner an, und öffnen Sie das Werkzeugfenster TERMINAL. Geben Sie einfach folgendes Kommando ein:

```
adb install <Installationsdatei>
```


3.4 Zusammenfassung

In diesem Kapitel habe ich Ihnen gezeigt, wie Sie Ihre eigene App von der Idee zum fertigen Produkt entwickeln. Dabei ist die Konzeptionsphase genauso wichtig wie das Programmieren. Ein strukturiertes Vorgehen hilft Ihnen nicht nur, Fehler zu vermeiden, sondern zahlt sich auch aus, wenn es um das Veröffentlichen in Google Play geht.

TEIL 2

Elementare Anwendungsbausteine

Kapitel 4
Activities und Broadcast Receiver

In diesem Kapitel lernen Sie zwei wichtige Bausteine von Android-Apps genauer kennen: Activities und Broadcast Receiver. Außerdem zeige ich Ihnen, wie Sie Ihre Anwendungen mit Fragmenten strukturieren.

Die Bildschirme von Smartphones sind im Vergleich zu den Anzeigen von Notebooks oder Desktop-Systemen klein. Beim Bau von Apps müssen Sie sich deshalb überlegen, welche Informationen Sie dem Benutzer zu einem bestimmten Zeitpunkt präsentieren. Tablets wiederum bieten genügend Platz für die gleichzeitige Darstellung von Dokumentbereichen, Symbol- und Werkzeugleisten sowie Menüs. Die Herausforderung für Sie als Entwickler besteht darin, jeden Formfaktor so gut wie möglich zu unterstützen. Das Bewegen innerhalb des Programms, die Navigation, sollte für Ihre Anwender dabei logisch und in sich schlüssig sein, damit diese Ihr Werk nicht frustriert zur Seite legen. Android fördert die saubere Strukturierung einer App durch Activities und Fragmente.

4.1 Was sind Activities?

In den ersten drei Kapiteln haben Sie schon kurz Bekanntschaft mit Activities gemacht. Diese in sich geschlossenen Komponenten beinhalten in der Regel eine Benutzeroberfläche. Sie repräsentieren Aktionen wie *Anruf tätigen, eine SMS senden, Termindetails bearbeiten* oder *einen Monatskalender anzeigen*. Jeder Activity steht ein Fenster für ihre Bedienelemente zur Verfügung. Normalerweise füllt dieses Fenster den Bildschirm aus. Es kann aber auch kleiner sein und über anderen Fenstern schweben.

4.1.1 Struktur von Apps

Eine App besteht meist aus mehreren Activities. In welcher Reihenfolge diese aufgerufen werden, kann von Aktionen des Benutzers abhängen (beispielsweise, indem er einen Befehl in der Action Bar antippt) oder durch die Programmlogik vorgegeben sein. Wird in einer Activity eine Liste von Kontakten angezeigt, führt das Antippen eines Listenelements zur Detailansicht. Hier navigiert der Anwender nicht bewusst zu einer anderen »Seite« – das Programm tut dies für ihn.

Jede App sollte eine Hauptaktivität haben, die beim ersten Programmstart aufgerufen wird. Oftmals handelt es sich hierbei um eine Art Auswahl- oder Menüseite, die zu den eigentlichen »Modulen« verzweigt. Wie diese definiert wird, ist im folgenden Abschnitt beschrieben.

[»]

Hinweis

Tablets haben im Vergleich zu Smartphones große Bildschirme. Auf ihnen können Auswahllisten und Detailansichten problemlos gleichzeitig dargestellt werden. Wie Sie später noch sehen werden, kennt Android sogenannte größen- oder auflösungsabhängige Ressourcen, mit denen sich für jede Bildschirmauflösung und -größe die optimale Benutzeroberfläche vorhalten lässt.

Der Fluss innerhalb einer App und über Anwendungsgrenzen hinweg entsteht also (unter anderem) durch das Starten von Folgeaktivitäten. Die zu diesem Zeitpunkt ausgeführte Activity wird vom System angehalten und auf einen Stapel, den sogenannten *Back Stack*, gelegt. Drückt der Benutzer die ZURÜCK-Taste (mit der Einführung von Android 3 wurde diese »virtualisiert« und erscheint als Element der *System Bar*) oder wird die nun aktive Activity auf eine andere Weise beendet, entfernt das System sie von diesem Stapel und reaktiviert die »darunterliegende«. Ausführliche Informationen zum Lebenszyklus von Activities finden Sie in Abschnitt 4.1.2, »Lebenszyklus von Activities«.

Die Manifestdatei

Zu jeder Android-App gehört mindestens eine Beschreibungsdatei mit dem Namen *AndroidManifest.xml*. Sie enthält eine Liste der Komponenten, aus denen das Programm besteht. Außerdem werden in ihr die benötigten Berechtigungen, etwaige Anforderungen an die Hardware sowie bestimmte zusätzlich verwendete Bibliotheken vermerkt. Früher mussten Sie in dieser Datei auch Angaben zur mindestens nötigen oder gewünschten Android-Version machen. Seit dem Wechsel auf Android Studio und Gradle werden diese Informationen stattdessen in der Datei *build.gradle* eingetragen. Während des Build-Vorgangs entsteht automatisch das »fertige« Manifest.

Wie Sie bereits wissen, können Android-Studio-Projekte aus einem oder mehreren Modulen bestehen. Zu jedem Modul gehört eine *build.gradle*-Datei. Auch das Manifest ist in jedem Modul vorhanden. Hierzu ein Beispiel. Beim Anlegen des Projekts *Hallo Android* wurde vom Projektassistenten im Projektverzeichnis *HalloAndroid* das Modul *app* erzeugt. Die modulspezifische *build.gradle*-Datei befindet sich somit unter ...*\HalloAndroid\app*. Die Manifestdatei *AndroidManifest.xml* finden Sie im Verzeichnis ... *\HalloAndroid\app\src\main*. Sie ist in Listing 4.1 zu sehen.

```
<?xml version="1.0" encoding="utf-8"?>
<manifest xmlns:android="http://schemas.android.com/apk/res/android"
    package="com.thomaskuenneth.android5.halloandroid" >
    <application
        android:allowBackup="true"
        android:icon="@drawable/ic_launcher"
        android:label="@string/app_name"
        android:theme="@style/AppTheme" >
        <activity
            android:name=".MainActivity"
            android:label="@string/app_name" >
            <intent-filter>
                <action android:name="android.intent.action.MAIN" />
                <category
                    android:name="android.intent.category.LAUNCHER" />
            </intent-filter>
        </activity>
    </application>
</manifest>
```

Listing 4.1 Die Datei »AndroidManifest.xml«

Das Attribut package enthält seinen Wert aus dem Feld PACKAGE NAME des Assistenten zum Anlegen von Projekten. Wenn Sie diesen eine Activity anlegen lassen, wird sie automatisch unterhalb von <application /> eingetragen. android:icon und android:label legen das Anwendungssymbol sowie den Titel fest.

Für jede Activity enthält das Manifest ein Element <activity />. Dessen Attribut android:name beinhaltet den im Assistenten eingegebenen Klassennamen. Haben Sie den führenden Punkt vor MainActivity bemerkt? Er ist ein Hinweis auf einen »fehlenden« Paketteil. In so einem Fall wird der Inhalt des Attributs package eingefügt. Auch Activities können einen Titel haben. Er erscheint üblicherweise in der *Action Bar* im oberen Bereich des Bildschirms. Sie setzen ihn mit android:label. Die Bedeutung von android:allowBackup erfahren Sie in Kapitel *Dateien lesen, schreiben und drucken*. Die genaue Bedeutung des Elements <intent-filter /> erkläre ich Ihnen etwas später. Fürs Erste soll der Hinweis genügen, dass Sie auf diese Weise eine Activity zur Hauptaktivität machen. Sie lässt sich über den Programmstarter oder eine Verknüpfung auf dem Home Screen aufrufen.

Welche Android-Version eine App mindestens benötigt oder gegen welche sie entwickelt wurde, tragen Sie in der modulspezifischen *build.gradle*-Datei ein. Sie wird beim Anlegen eines Projekts automatisch erstellt. Listing 4.2 zeigt, wie sie aussehen kann:

```
apply plugin: 'com.android.application'
android {
  compileSdkVersion 21
  buildToolsVersion "21.1.2"
  defaultConfig {
    applicationId "com.thomaskuenneth.android5.halloandroid"
    minSdkVersion 21
    targetSdkVersion 22
    versionCode 1
    versionName "1.0"
  }
  buildTypes {
    release {
      minifyEnabled false
      proguardFiles getDefaultProguardFile('proguard-android.txt'),
              'proguard-rules.pro'
    }
  }
}
dependencies {
  compile fileTree(dir: 'libs', include: ['*.jar'])
}
```

Listing 4.2 Die Datei »...\HalloAndroid\app\build.gradle«

`minSdkVersion` gibt an, welche Android-Version ein Smartphone oder Tablet mindestens haben muss, um die App installieren zu können. Sonst wird sie in Google Play nicht angezeigt. Falls Sie diesen Wert nicht setzen, geht Android davon aus, dass die App ab der ersten Android-Version lauffähig ist. Um potenzielle Probleme zu vermeiden, sollten Sie das Attribut deshalb auf jeden Fall angeben.

`targetSdkVersion` gibt die gewünschte Zielplattform an. Sie signalisieren damit, für welche Android-Version Ihr Programm optimiert und getestet wurde. Im Laufe der Zeit hat Google immer wieder das Aussehen oder Verhalten von Systembausteinen in einer Weise geändert, die Auswirkungen auf Apps hat. Um Inkompatibilitäten vorzubeugen, werden »ältere« Apps in einem Kompatibilitätsmodus gefahren. Das Attribut `targetSdkVersion` gibt also an, bis zu welcher Plattformversion dies aus Sicht der App nicht nötig ist.

Beide Attribute erwarten den sogenannten *API-Level*. Für Android 1.5 (Cupcake) war dies beispielsweise 3. Android 2.x (Froyo) hatte 8. Lollipop entspricht 21. Die Beschreibung des Manifest-Elements `<uses-sdk />` unter *http://developer.android.com/guide/topics/manifest/uses-sdk-element.html* enthält eine vollständige Aufstellung. In der Klasse `android.os.Build.VERSION_CODES` sind entsprechende Konstanten definiert.

versionCode und versionName geben die Versionsnummer der Anwendung an. Während versionCode eine Zahl ist, die zur Auswertung durch Code dient, enthält das Attribut versionName die Versionsnummer in einer für den Anwender verständlichen Form, zum Beispiel 1.2 oder 1.2.3. Google schlägt vor, für die erste veröffentlichte Version einer App versionCode auf 1 zu setzen und mit jedem Update beispielsweise um 1 zu erhöhen. Sie sollten stets beide Werte angeben.

Trennung von Programmlogik und Ressourcen

Die Elemente <application /> und <activity /> meiner Beispiel-Manifestdatei enthalten das Attribut android:label. Dessen Wert ist in beiden Fällen der gleiche, nämlich die Zeichenkette @string/app_name. Wie Sie bereits aus Abschnitt 2.2, »Die Benutzeroberfläche«, wissen, enthält die Datei *strings.xml* im Verzeichnis *res/values* Schlüssel-Wert-Paare, die einem Bezeichner eine Zeichenkette zuordnen. Der Wert des Attributs android:label ergibt sich also aus dem Schlüssel app_name, der in *strings.xml* eingetragen wurde. Beim Anlegen eines Projekts wird der Name der App übernommen.

Die Speicherung von Texten an einem zentralen Ort hat mehrere Vorteile. Beispielsweise werden identische Textteile leichter entdeckt, als wenn diese in den Quelltexten der Klassen verborgen sind. Damit lässt sich – wenn auch in eher bescheidenem Umfang – Speicherplatz sparen. Außerdem macht die Trennung von Daten und Programmlogik die Internationalisierung, also die Übersetzung einer App in verschiedene Sprachen, viel einfacher.

Hierzu wird für jede zu unterstützende Sprache im Ordner *res* ein Verzeichnis angelegt. Dessen Name beginnt mit *values-* und endet mit dem ISO-Sprachschlüssel. Für Deutsch ist dies *de*. Das Verzeichnis muss also *values-de* heißen. Jeder dieser Ordner erhält eine eigene Version von *strings.xml*. Deren Bezeichner sind stets gleich, die Texte liegen hingegen in den jeweiligen Sprachen vor. Texte in der Standardsprache verbleiben in *values*. Für *Hallo Android* wurde Deutsch als Standardsprache verwendet. Zur Erinnerung zeigt Listing 4.3 nochmals einen kurzen Auszug:

```
<?xml version="1.0" encoding="utf-8"?>
<resources>
   ...
   <!-- Willkommensmeldung -->
   <string name="willkommen">
Guten Tag. Schön, dass Sie mich gestartet haben.
Bitte verraten Sie mir Ihren Namen.
   </string>
   ...
```

Listing 4.3 Auszug aus der »res/values/strings.xml« des Projekts »HalloAndroid«

Um eine App ins Englische zu übersetzen, müssen Sie im Verzeichnis *res* den Ordner *values-en* anlegen. Anschließend erzeugen Sie in diesem eine lokalisierte Version der Datei *strings.xml*. Hierbei unterstützt Android Studio Sie. Klicken Sie im Werkzeugfenster PROJECT die Datei *strings.xml* mit der rechten Maustaste an, und wählen Sie dann OPEN TRANSLATION EDITOR. Der *Translations Editor* ist in Abbildung 4.1 zu sehen. Sein Globus-Symbol öffnet ein Popup, in dem Sie die gewünschte Sprache auswählen können. Bitte klicken Sie auf ENGLISH (EN). Einträge, für die Sie noch keine Übersetzung hinterlegt haben, erscheinen in roter Schrift. Falls eine Zeichenkette nicht übersetzt werden kann, setzen Sie in der korrespondierenden Zeile ein Häkchen bei UNTRANSLATABLE.

[»]

Hinweis

Die Version des Projekts *HalloAndroid* in den Begleitmaterialien enthält bereits eine ins Englische übersetzte Version der Datei *strings.xml*. Falls Sie die Bedienung des Translations Editors am Bildschirm nachvollziehen möchten, müssen Sie die Datei im Verzeichnis *values-en* vorher löschen.

Bei Projekten, die Sie nicht weitergeben müssen, lohnt der Aufwand, Texte zu übersetzen, sehr wahrscheinlich nicht. In diesem Fall können Sie mit genau einer Version von *strings.xml* arbeiten und diese im Verzeichnis *values* belassen. Planen Sie hingegen eine Veröffentlichung in Google Play, rate ich Ihnen, als Standardsprache auf Englisch zu setzen. Auf diese Weise maximieren Sie die Zahl potenzieller Nutzer. Tragen Sie hierzu in die Datei *values/strings.xml* stets englische Texte ein, und fügen Sie in *values-de/strings.xml* entsprechende deutsche Übersetzungen hinzu.

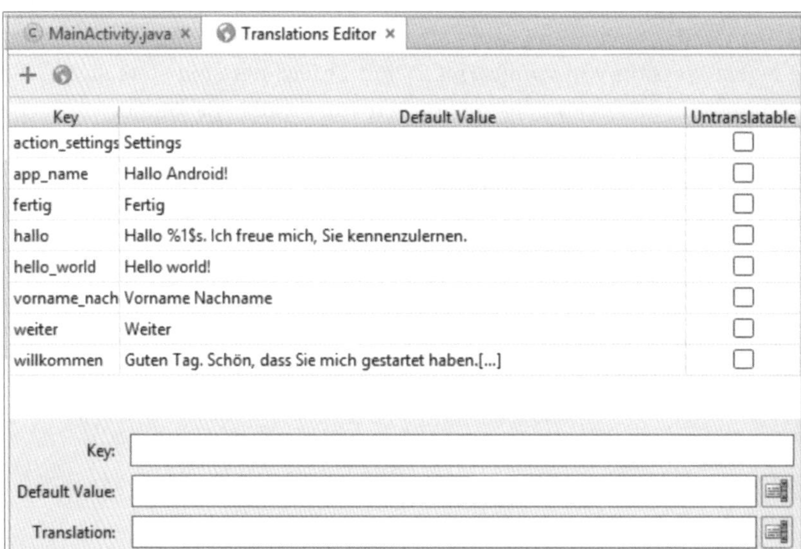

Abbildung 4.1 Der Translations Editor

Grundsätzlich gilt: Wenn für die aktuell eingestellte Systemsprache eine Datei *strings.xml* existiert und diese den benötigten Bezeichner enthält, wird der ihm zugeordnete Text verwendet. Andernfalls greift Android auf *strings.xml* in *values* zu. Das bedeutet: Alle referenzierten Bezeichner müssen sich für die Standardsprache auflösen lassen. Gelingt dies nicht, wirft die App zur Laufzeit einen Fehler. Lokalisierungen, also Übersetzungen in andere Sprachen, müssen hingegen nicht vollständig vorliegen.

Übrigens können Sie mit der App *Custom Locale* bequem testen, ob Ihr Programm stets die erwarteten Texte ausgibt. Das in Abbildung 4.2 gezeigte Programm steht in jedem Emulator-Systemabbild zur Verfügung.

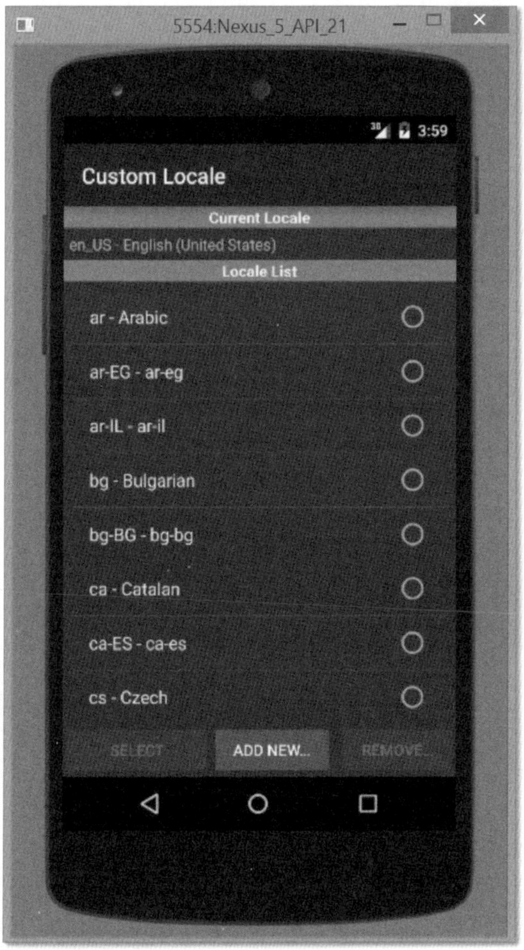

Abbildung 4.2 Die App »Custom Locale«

Wie Sie bereits wissen, wird der Wert des Manifest-Attributs `android:icon` auf ganz ähnliche Weise aufgelöst. Der Ordner *res* enthält mehrere Unterverzeichnisse, die mit *drawable* beginnen. *.png-*, *.jpg-* und *.gif*-Bitmaps sowie Vektorgrafiken, die dort hineinkopiert werden, können über die Zeichenkette `@drawable/<Dateiname ohne Erweiterung>` referenziert werden. Die Datei *icon.png* ist also mithilfe des Ausdrucks `@drawable/icon` erreichbar. Dateien in *drawable-hdpi* und *drawable-ldpi* unterscheiden sich in Größe und Auflösung. Bilder in unterschiedlichen Verzeichnissen müssen über einen gemeinsamen Bezeichner angesprochen werden können, weil Android-Geräte sich in vielerlei Hinsicht unterscheiden.

Neben Smartphones, deren Displays üblicherweise zwischen 3,2 und 6 Zoll groß sind, gibt es Tablets, deren Bildschirmdiagonalen zwischen 7 und 12 Zoll betragen. Auch die Zahl der horizontal und vertikal darstellbaren Pixel variiert. Um den durch diese Vielfalt entstehenden Aufwand für Entwickler in Grenzen zu halten, definiert Android einige Klassen für Bildschirmgrößen und Pixeldichten. Fordert eine App zur Laufzeit eine Grafik an, sucht das System die am besten zur Hardware passende aus.

Auf Ressourcen zugreifen

Android stellt zahlreiche Methoden zur Verfügung, um auf Ressourcen zuzugreifen. Die folgende Activity zeigt einige Beispiele. Um sie auszuprobieren, legen Sie ein Projekt *ZugriffAufRessourcen* mit einer leeren Activity an und übernehmen den Quelltext. Sie finden das Projekt auch in den Begleitmaterialien zum Buch.

```
package com.thomaskuenneth.android5.zugriffaufressourcen;

import android.app.Activity;
import android.os.Bundle;
import android.widget.TextView;
import java.util.Calendar;

public class ZugriffAufRessourcenActivity extends Activity {

    @Override
    protected void onCreate(Bundle savedInstanceState) {
        super.onCreate(savedInstanceState);
        setContentView(R.layout.activity_zugriff_auf_ressourcen);
        final TextView textview =
                    (TextView) findViewById(R.id.textview);
        textview.append("getString(R.string.app_name): "
                + getString(R.string.app_name));
        Calendar cal = Calendar.getInstance();
        textview.append("\n\n" + getString(R.string.datum,
                "Heute ist der",
                cal.get(Calendar.DAY_OF_YEAR),
                cal.get(Calendar.YEAR)));
```

```
        boolean b1 = getResources().getBoolean(R.bool.bool1);
        boolean b2 = getResources().getBoolean(R.bool.bool2);
        textview.append("\n\nb1=" + b1 + ", b2=" + b2);
    }
}
```


Listing 4.4 »ZugriffAufRessourcenActivity.java«

Die Activity gibt drei Zeilen aus: den Namen der App, den aktuellen Tag des Jahres und das Jahr sowie zwei boolean-Werte. Damit Ihre App funktioniert, müssen Sie die Ressourcen Ihres Programms erweitern. Fügen Sie in *strings.xml* diese Zeile ein:

```
<string name="datum">%1$s %2$d. Tag des Jahres %3$d</string>
```

Zur Laufzeit der App wird daraus zum Beispiel der Text »Heute ist der 42. Tag des Jahres 2015«. Ich habe einen Teil des auszugebenden Strings im Quelltext belassen, um Ihnen die Nachvollziehbarkeit zu erleichtern. In Ihrer App würden Sie auch den Text »Heute ist der« auslagern.

Dem Bezeichner datum wird ein Text mit drei Platzhaltern zugewiesen. Die Ziffern 1, 2 und 3 jeweils hinter einem Prozentzeichen geben die Reihenfolge an, in der sie beim Aufruf der Methode getString(R.string.datum, ...) mit Inhalten gefüllt werden. Die Buchstaben s und d jeweils hinter einem Dollarzeichen kennzeichnen den Typ; s steht für String und d für Dezimalzahl.

Auf diese Weise können Sie Texte mit Werten anreichern, die erst zur Laufzeit bekannt sind. Übrigens müssen Sie bei der Übersetzung in andere Sprachen nicht auf die Reihenfolge der Platzhalter achten, weil Sie durch die Angabe der Ziffer ja festlegen, auf welchen Parameter in getString() Sie sich beziehen. Das ist nicht nur bei Monats- und Jahresangaben sehr praktisch.

Der dritte textview.append()-Aufruf fügt dem Textfeld zwei boolean-Werte hinzu. Diese werden mit dem Ausdruck getResources().getBoolean() ermittelt. Aber woher kommen die beiden Bezeichner bool1 und bool2? Erzeugen Sie im Ordner *res/values* die Datei *diverses.xml*, und fügen Sie die folgenden Zeilen ein:

```
<?xml version="1.0" encoding="utf-8"?>
<resources>
    <bool name="bool1">true</bool>
    <bool name="bool2">false</bool>
</resources>
```

Listing 4.5 »diverses.xml«

Sogenannte *einfache Ressourcen* werden über ihr name-Attribut referenziert. Neben boolean-Werten gibt es unter anderem Farben und Integerzahlen. Beide legen Sie in einer XML-Datei mit frei wählbaren Namen an. Die folgende Zeile weist dem Bezeichner adams die Zahl 42 zu:

```
<integer name="adams">42</integer>
```

Der Zugriff in Java ähnelt dem Auslesen von boolean-Werten:

```
textview.append("\n\nadams=" +
    getResources().getInteger(R.integer.adams));
```

Um eine Farbe zu definieren, verwenden Sie das XML-Tag <color />. Das folgende Beispiel weist dem Bezeichner eine_farbe den Hexadezimalwert ff123456 zu. Das erste Byte (ff) legt den Alpha-Wert, also die Deckkraft, fest. 255 bedeutet »vollständig undurchsichtig«. Die darauf folgenden 12, 34 und 56 geben den Rot-, Grün- und Blauanteil an.

```
<color name="eine_farbe">#ff123456</color>
```

Übrigens zeigt Android Studio im XML- und Java-Editor am linken Rand eine Vorschau der Farbe. Dies ist in Abbildung 4.3 zu sehen.

Abbildung 4.3 Farbdefinition mit Vorschau

So setzen Sie die Schriftfarbe eines Textfeldes auf den gerade eben definierten Wert:

```
textview.setTextColor(getResources().getColor(R.color.eine_farbe));
```

Wie Sie bereits aus früheren Kapiteln wissen, spiegeln Activities für den Anwender die Funktionen Ihrer App wider. Ob ein Programm einfach zu bedienen ist, hängt gerade auf Smartphones nicht nur von der Ausgestaltung der Bedienoberfläche ab, sondern auch von seiner Navigierbarkeit: Wie schnell und intuitiv gelingt dem Benutzer, was er mit der App erledigen wollte? Activity und die von ihr abgeleiteten Klassen versuchen, Sie als Entwickler beim Bau von einfach zu bedienenden Apps zu unterstützen. Im folgenden Abschnitt stelle ich Ihnen deshalb die Struktur und den Lebenszyklus von Activities ausführlicher vor.

4.1.2 Lebenszyklus von Activities

Activities werden sowohl vom System als auch von anderen Activities aufgerufen. Damit dies funktioniert, müssen Sie die Activities Ihrer App in der Manifestdatei eintragen. Jede Aktivität erhält ein eigenes <activity />-Element. Dessen Attribut android:name verweist auf den in der Regel voll qualifizierten Klassennamen. Es muss zwingend vorhanden sein. Fehlt der Paketteil des Klassennamens (beginnt der Eintrag also mit einem Punkt), wird das im Attribut package eingetragene Paket substituiert.

Jede App sollte eine Hauptaktivität definieren, die beispielsweise beim Antippen des Programm-Icons im Anwendungsstarter aufgerufen wird. In der Manifestdatei fügen Sie ihr deshalb ein <intent-filter />-Element hinzu. Dessen Kindelement <action /> kennzeichnet die Activity als Haupteinstiegspunkt in die Anwendung. <category /> sorgt dafür, dass sie im Programmstarter angezeigt wird.


```
<intent-filter>
   <action android:name="android.intent.action.MAIN" />
   <category android:name="android.intent.category.LAUNCHER" />
</intent-filter>
```

Der Assistent zum Anlegen von Projekten tut dies automatisch, wenn Sie auf seiner Seite ADD AN ACTIVITY TO... eine Activity (beispielsweise BLANK ACTIVITY oder FULLSCREEN ACTIVITY) ausgewählt haben. Die auf diese Weise generierten Klassen sind sehr einfach gehalten, zeigen aber die grundlegenden Vorgehensweisen beim Bau des ausgewählten Activity-Typs. Die Minimalvariante zeigt nur eine Oberfläche an, die in der Layoutdatei *main.xml* definiert wurde. Sie sieht folgendermaßen aus:

```
package com.thomaskuenneth;

import android.app.Activity;
import android.os.Bundle;

public class Test extends Activity {
    @Override
    public void onCreate(Bundle savedInstanceState) {
        super.onCreate(savedInstanceState);
        setContentView(R.layout.main);
    }
}
```

Listing 4.6 »Test.java«

Activities leiten von android.app.Activity oder deren Kindern ab. Vor allem die Klasse android.app.ListActivity wird nach wie vor gern verwendet. Sie stellt beliebige Elemente in Listenform dar. Beispiele für ihren Einsatz sind Posteingänge oder Nachrichtenübersichten, Kontaktlisten und Twitter-Timelines. Das Antippen einer Zeile führt oft zu einer Detailansicht, die den ausgewählten Eintrag vollständig anzeigt. Mit der ebenfalls häufig eingesetzten Klasse PreferenceActivity realisieren Sie Programmeinstellungsseiten. Im Gegensatz zur ListActivity wird sie selten als Hauptaktivität verwendet.

Die Methode `onCreate()` wird von praktisch jeder selbst geschriebenen Activity überschrieben. Android ruft sie während der Initialisierungsphase einer Aktivität auf. Sie erledigt normalerweise folgende Aufgaben:

1. Aufrufen der gleichnamigen Elternmethode
2. Initialisieren von Instanzvariablen
3. Setzen der Benutzeroberfläche
4. Wiederherstellen eines gespeicherten Zustands

Der Aufruf von `super.onCreate()` ist obligatorisch. Unterbleibt er, wird zur Laufzeit eine `SuperNotCalledException` ausgelöst. Das Setzen der Benutzeroberfläche erfolgt typischerweise durch die Anweisung `setContentView()`. Der übergebene Parameter, zum Beispiel `R.layout.main`, referenziert ein sogenanntes Layout. Es wird in einer gleichnamigen XML-Datei (beispielsweise *main.xml*) gespeichert. Ausführliche Hinweise zum Bau der Benutzeroberfläche finden Sie in Kapitel 5, »Benutzeroberflächen«. Einige Kindklassen von `Activity` setzen von sich aus ein Layout. In solchen Fällen dürfen Sie `setContentView()` natürlich nicht aufrufen. Dies ist zum Beispiel bei `ListActivity` der Fall. Wie Sie solche Activities mit Daten füllen, entnehmen Sie bitte der jeweiligen Seite in Googles Entwicklerdokumentation. Ein Beispiel finden Sie in Kapitel 3, »Von der Idee zur Veröffentlichung«.

Zustand speichern und wiederherstellen

Das Wiederherstellen eines gespeicherten Zustands ist praktisch, um »Wiederanlaufzeiten« einer Activity zu optimieren. Wie Sie im folgenden Abschnitt noch ausführlicher sehen werden, startet und stoppt Android Activities unter bestimmten Umständen automatisch. Ein Grund ist der Orientierungswechsel, also das Drehen des Geräts vom Hochkant- in das Querformat (oder umgekehrt). In so einem Fall beendet Android die laufende Activity und startet sie im Anschluss daran wieder. Was sich auf den ersten Blick vielleicht absurd anhört, ist durchweg praktisch: Denn oft möchte man die Benutzeroberfläche in Abhängigkeit von der Haltung des Geräts anordnen. Um den zweiten Start zu beschleunigen, kann man beim Beenden einer Activity Daten (den *Instance State*) in einem Zwischenspeicher ablegen. Dieser wird bei einem erneuten Start übergeben. Wie das funktioniert, demonstriert das Projekt *InstanceStateDemo*.

Der an `onCreate()` übergebene Parameter `savedInstanceState` verweist auf den weiter oben angesprochenen Zwischenspeicher. Er hat den Typ `android.os.Bundle` und sammelt Schlüssel-Wert-Paare. Als Schlüssel werden Strings verwendet. Werte können unter anderem primitive Datentypen sowie Felder von diesen sein, aber auch solche, die das Interface `android.os.Parcelable` implementieren. Wenn Sie die App starten, wird zunächst nur der Text *savedInstanceState war null* in LOGCAT ausgegeben.

Ändern Sie nun die Orientierung des Emulators, indem Sie [Strg]+[F11] bzw. [Strg]+[F12] oder die Tasten [7] oder [9] auf dem Ziffernblock Ihrer Tastatur drücken. Android beendet daraufhin die Activity und startet sie neu. Da dieses Mal die Bundle-Referenz nicht mehr null ist, ändert sich die Konsolenausgabe: Die App gibt die Zeit in Millisekunden aus, die seit dem letzten Beenden vergangen ist.

```
package com.thomaskuenneth.android5.instancestatedemo;

import android.app.Activity;
import android.os.Bundle;
import android.util.Log;

public class InstanceStateDemoActivity extends Activity {

    private static final String TAG =
        InstanceStateDemoActivity.class.getSimpleName();

    @Override
    public void onCreate(Bundle savedInstanceState) {
        super.onCreate(savedInstanceState);
        if (savedInstanceState == null) {
            Log.d(TAG, "savedInstanceState war null");
        } else {
            Log.d(TAG,
                    "wurde vor " + (System.currentTimeMillis()
                    - savedInstanceState.getLong(TAG))
                    + " Millisekunden beendet");
        }
    }

    @Override
    protected void onSaveInstanceState(Bundle outState) {
        super.onSaveInstanceState(outState);
        outState.putLong(TAG, System.currentTimeMillis());
    }
}
```

Listing 4.7 »InstanceStateDemoActivity.java«

Um beim Beenden Ihrer Activity Daten in einem Bundle abzulegen, überschreiben Sie einfach die Methode onSaveInstanceState() und nutzen die put...()-Methoden der übergebenen Bundle-Referenz. Innerhalb von onCreate() verwenden Sie korrespondierende get...()-Aufrufe, um Daten wieder auszulesen. Beachten Sie hierbei aber, dass die Referenz null sein kann. Um NullPointerExceptions zu vermeiden, müssen Sie Zugriffe auf das Bundle in jedem Fall mit einer entsprechenden if-Abfrage versehen.

Vielleicht fragen Sie sich nun, welche Daten Sie für einen erneuten Wiederanlauf sichern sollten. Inhalte oder Status von Bedienelementen, beispielsweise Eingaben in Textfelder, können automatisch durch das System wiederhergestellt werden und müssen deshalb nicht gespeichert werden. Damit das klappt, müssen Sie beim Überschreiben von onSaveInstanceState() als Erstes die Elternmethode aufrufen. Sehr praktisch ist der hier vorgestellte Mechanismus für Werte, deren Berechnung oder Ermittlung zeitaufwendig ist. Dies kann unter anderem bei Webservice-Aufrufen der Fall sein.

Allerdings – und diese Einschränkung ist sehr wichtig – dürfen Sie mit diesem Mechanismus nur transiente Daten ablegen. Android garantiert nämlich nicht, dass onSaveInstanceState() immer aufgerufen wird. Der richtige Ort für das Persistieren von **Nutzdaten** ist hingegen die Methode onPause(). Diese lernen Sie im Folgenden kennen. Als Faustregel gilt: Alles, was Sie in Dateien oder Datenbanken ablegen, sind wichtige Nutzdaten.

[+]

Tipp

Sie können das Wiederherstellen eines früheren Zustands auch aus onCreate() auslagern, indem Sie stattdessen die Methode onRestoreInstanceState() überschreiben. Diese wird nach der Abarbeitung von onStart() aufgerufen.

Wichtige Callback-Methoden

Mit onCreate() und onSaveInstanceState() haben Sie bereits zwei sehr wichtige Methoden einer Activity kennengelernt. In der Klasse ActivityLifecycleDemo habe ich einige weitere überschrieben. Um zu verstehen, wann diese Methoden aufgerufen werden (können), sollten Sie eine App erstellen und ausführen, die diese Activity beinhaltet. Sie finden das vollständige Projekt *ActivityLifecycleDemo* in den Begleitmaterialien.

```
package com.thomaskuenneth.activitylifecycledemo;

import android.app.Activity;
import android.content.Intent;
import android.os.Bundle;
import android.util.Log;
import android.view.View;
import android.view.View.OnClickListener;
import android.widget.Button;
```

```
import android.widget.TextView;

public class ActivityLifecycleDemo extends Activity {

   private static final String TAG =
         ActivityLifecycleDemo.class.getSimpleName();

   private static int zaehler = 1;

   private int lokalerZaehler = zaehler++;

   @Override
   public void onCreate(Bundle savedInstanceState) {
      super.onCreate(savedInstanceState);
      log("onCreate");
      setContentView(R.layout.main);
      TextView tv = (TextView) findViewById(R.id.textview);
      tv.setText(getString(R.string.msg, lokalerZaehler));

      Button buttonNew = (Button) findViewById(R.id.id_new);
      buttonNew.setOnClickListener(new OnClickListener() {

         @Override
         public void onClick(View v) {
            Intent i = new Intent(ActivityLifecycleDemo.this,
                  ActivityLifecycleDemo.class);
            startActivity(i);
         }
      });

      Button buttonFinish =
            (Button) findViewById(R.id.id_finish);
      buttonFinish.setOnClickListener(new OnClickListener() {

         @Override
         public void onClick(View v) {
            finish();
         }
      });
   }

   @Override
   protected void onStart() {
```

```
        super.onStart();
        log("onStart");
    }

    @Override
    protected void onRestart() {
        super.onRestart();
        log("onRestart");
    }

    @Override
    protected void onResume() {
        super.onResume();
        log("onResume");
    }

    @Override
    protected void onPause() {
        super.onPause();
        log("onPause");
    }

    @Override
    protected void onDestroy() {
        super.onDestroy();
        log("onDestroy");
    }

    private void log(String methodName) {
        Log.d(TAG, methodName + "() #" + lokalerZaehler);
    }
}
```

Listing 4.8 »ActivityLifecycleDemo.java«

Die in Abbildung 4.4 dargestellte App *ActivityLifecycleDemo* hat eine sehr einfache Benutzeroberfläche, zwei Schaltflächen und ein Textfeld. Dieses zeigt nach dem ersten Start die Meldung »Ich habe die laufende Nummer 1« an. Zu diesem Zeitpunkt wurden die Methoden `onCreate()`, `onStart()` und `onResume()` (in dieser Reihenfolge) abgearbeitet.

Klicken Sie nun auf NEUE ACTIVITY. Nach einer kurzen Animation erscheint die Activity *ActivityLifecycleDemo* erneut. Dieses Mal wird die Meldung »Ich habe die laufende Nummer 2« ausgegeben. Ein Blick in LOGCAT zeigt, dass die Methode `onPause()`

vor den drei Methoden onCreate(), onStart() und onResume() der »neuen« Aktivität durchlaufen wurde.

Drücken Sie nun die ZURÜCK-Taste des Emulators. Wie erwartet ist wieder die erste Activity zu sehen. Neben deren Methoden onRestart(), onStart() und onResume() hat Android zusätzlich onPause() und onDestroy() der beendeten Aktivität durchlaufen. Wie Sie bereits wissen, verwaltet Android Activities auf einem Stapel, dem sogenannten *Back Stack*. Die am weitesten oben liegende Aktivität ist aktiv, wird also vom Benutzer bedient. Durch Drücken der ZURÜCK-Taste bzw. durch Anklicken des virtuellen Pendants in der System Bar wird sie vom Stapel entfernt, und die Activity, die zuletzt vor ihr auf den Back Stack gelegt wurde, läuft wieder an. Der Stapel arbeitet also nach dem klassischen Prinzip »last in, first out«.

Abbildung 4.4 Die Beispielanwendung »ActivityLifecycleDemo«

Sie können eine Activity per Code beenden, indem Sie deren Methode finish() aufrufen. Die Entwicklerdokumentation rät zwar dazu, dies nach Möglichkeit nicht zu tun, da der Anwender nämlich erwartet, explizit ZURÜCK drücken oder anklicken zu müssen, um zur vorhergehenden Aktivität zurückzukehren. Allerdings gibt es gute Gründe dafür, die Methode in bestimmten Situationen zu nutzen. Denken Sie an Activities, in denen der Benutzer neue Daten eingibt oder bestehende verändert. In diesem Fall müssen Sie dem Anwender sogar die Wahl lassen, Änderungen zu übernehmen oder zu verwerfen. Dies wird üblicherweise mit den Schaltflächen FERTIG und ABBRECHEN realisiert.

Im Grunde kennen Activities drei Zustände:

- Die Activity ist im Vordergrund und wird durch den Anwender bedient. Google nennt diesen Status *resumed* oder *running*.
- Die Activity befindet sich nicht mehr im Vordergrund und hat nicht den Fokus, ist aber noch sichtbar. Dies ist der Fall, wenn die laufende Activity nicht den gesamten Bildschirm ausfüllt oder zum Teil transparent ist. Dieser Zustand wird *paused* genannt.
- Die Activity befindet sich im Hintergrund. Sie wird vollständig von einer anderen bedeckt und gilt deshalb als *stopped*.

Pausierende und gestoppte Aktivitäten verbleiben vollständig im Speicher, behalten also den Zustand ihrer Klassen- und Instanzvariablen. Eine Activity im Zustand *paused* ist weiterhin an den Fenstermanager angebunden – sie ist zum Teil sichtbar. Deshalb wird sie vom System nur in Notsituationen zerstört, beispielsweise wenn der Arbeitsspeicher sehr knapp wird. Activities mit dem Status *stopped* hingegen wurden bereits vom Fenstermanager abgekoppelt. Ihr Speicher wird deshalb freigegeben, wenn er anderweitig benötigt wird.

Der vollständige Lebenszyklus einer Activity ist in Abbildung 4.5 zu sehen. Er beginnt mit dem ersten Aufruf von `onCreate()` und endet mit einem einmaligen Aufruf von `onDestroy()`. Grundsätzlich sichtbar ist die Activity zwischen den Aufrufen von `onStart()` und `onStop()`. In dieser Zeit kann der Benutzer sie sehen. Die Activity muss sich aber nicht zwangsläufig im Vordergrund befinden. Ressourcen, die für die Interaktion mit dem Anwender nötig sind, werden hier alloziert bzw. freigegeben.

Zwischen den Aufrufen von `onResume()` und `onPause()` befindet sich die Aktivität im Vordergrund und hat die Aufmerksamkeit des Benutzers. Deshalb eignen sich beide Methoden eigentlich sehr gut dafür, Animationen oder Sounduntermalung zu starten bzw. zu beenden. Dennoch sollten Sie davon Abstand nehmen, ungefragt mit der Wiedergabe von Musik, Tönen oder Videos zu beginnen. Bereiten Sie alles vor, aber lassen Sie dem Anwender die Chance, den Zeitpunkt selbst zu wählen.

Hingegen ist die Methode `onPause()` genau der richtige Ort, um wichtige Daten Ihrer App zu sichern.

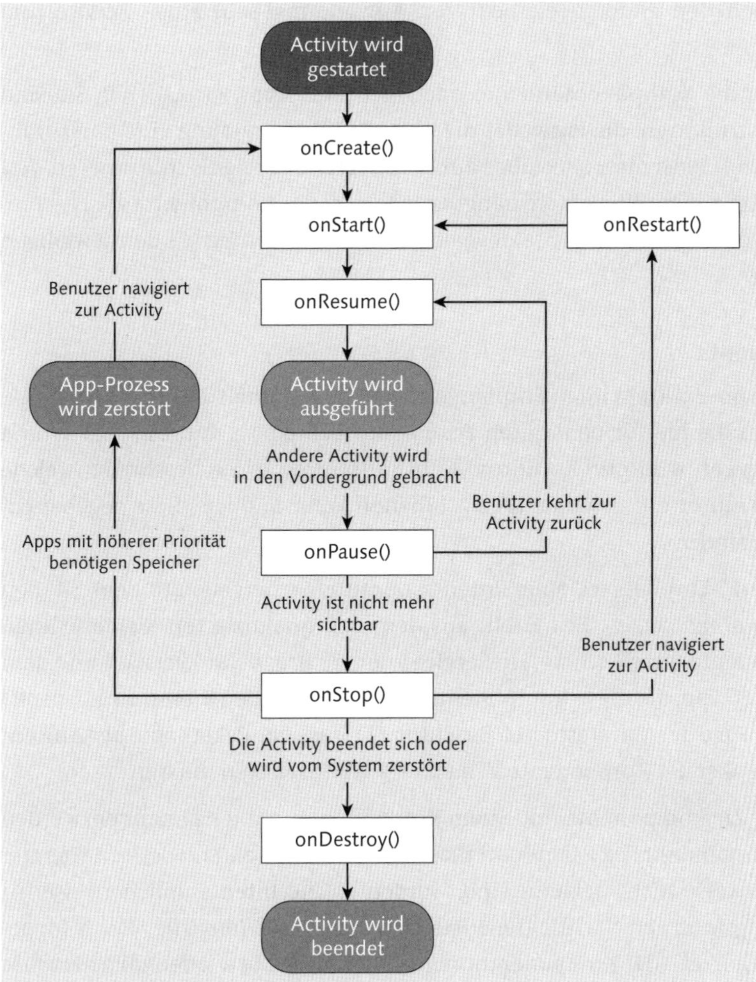

Abbildung 4.5 Lebenszyklus einer Activity

4.2 Kommunikation zwischen Anwendungsbausteinen

Aus der Sicht des Benutzers repräsentieren Activities die Funktionen einer App. Technisch gesehen, handelt es sich bei diesen Grundbausteinen um klassische Komponenten. Denn Activities haben einen Zustand und können, wie Sie in diesem Abschnitt sehen werden, Nachrichten senden und empfangen.

4.2.1 Intents

Nachrichten werden in sogenannten *Intents* gekapselt. Android nutzt diese Boten aber nicht nur für die lose Kopplung von Activities, sondern auch für den Datenaustausch zwischen den anderen elementaren Anwendungsbausteinen *Service* und *Broadcast Receiver*.

Intents binden die Komponenten einer oder mehrerer Apps zur Laufzeit. Sie sind passive Datenstrukturen, die entweder die abstrakte Beschreibung einer auszuführenden Operation enthalten oder über ein eingetretenes Ereignis informieren. Auf welche Weise sie zugestellt werden, hängt von der Art der Komponente ab. Entsprechende Beschreibungen finden Sie deshalb in den Abschnitten zu den jeweiligen Komponenten.

Aufbau von Intents

Intent-Objekte übermitteln ihren Empfängern, welche Aktionen diese ausführen sollen, und liefern die hierfür benötigten Daten zum Teil gleich mit. Die sogenannte Kategorie hingegen wird durch Android selbst ausgewertet. Sie beschreibt, welche Komponenten ein Intent behandeln bzw. erhalten kann und wie diese gegebenenfalls zu starten sind.

Sie können den »Empfänger« eines Intents unmittelbar angeben, indem Sie den *Komponentennamen* setzen. Er besteht aus dem voll qualifizierten Klassennamen der Zielkomponente (eine Activity, ein Service oder ein Broadcast Receiver) und dem Paketnamen der App, die diese Komponente enthält. Sie finden diesen zum Beispiel im Attribut `package` der Manifestdatei. Beachten Sie, dass der Paketname der Anwendung und das Paket der Komponente keineswegs identisch sein müssen.

Intents, die die Zielkomponente mit einem Komponentennamen benennen, werden *explizite Intents* genannt. Da Paket- und Klasseninformationen Entwicklern fremder Apps normalerweise nicht bekannt sind, werden solche Intents üblicherweise für den anwendungsinternen Nachrichtenaustausch verwendet. *Implizite Intents* hingegen nennen kein Ziel – der Komponentenname bleibt leer. Sie werden üblicherweise verwendet, um Komponenten anderer Apps zu aktivieren.

Vielleicht fragen Sie sich, wie der Empfänger ermittelt wird. Das System muss ermitteln, welche Komponenten am besten für die Behandlung bzw. Auswertung des Intents geeignet sind. Das können einzelne Activities oder Services sein, die die gewünschte Aktion ausführen. Die bestmöglichen Empfänger können aber auch Broadcast Receiver sein. Diese reagieren auf das Ereignis, das mit dem Intent beschrieben wurde. Hierzu wird der Inhalt eines Intents mit sogenannten *Intent-Filtern* verglichen.

Inhalt von Intents und Intent-Filtern

Intent-Filter beschreiben, auf welche impliziten Intents eine Komponente reagieren möchte bzw. welche sie empfangen kann. Sie werden in der Manifestdatei eingetragen. Hierzu wird jedes Wurzelelement einer Komponente (wie etwa `<activity />`) mit dem Kindelement `<intent-filter />` versehen. Werden keine Intent-Filter angegeben, kann die Komponente nur explizite Intents empfangen. Implizite Intents werden zugestellt, sofern ihre Eigenschaften zu den Filterkriterien passen, die von den Kindern des Elements `<intent-filter />` angegeben werden.

Das Element `<action />` muss mindestens einmal vorhanden sein. Es speichert die Aktion, die ein empfangenes Intent auslösen soll. Beispiele hierfür sind *Anruf tätigen*, *Fehlerbericht senden*, *Suche im Web durchführen* und *Verknüpfung anlegen*. Die Klasse `Intent` enthält Konstanten für diese und viele weitere Aktionen. Deren Namen beginnen mit dem Präfix `ACTION_`.

Um eine dieser Actions in der Manifestdatei anzugeben (weil Ihre Activity, Ihr Service oder Broadcast Receiver darauf reagieren soll), wird dem Attribut `android:name` des Elements `<action />` die Zeichenkette `android.intent.action.` zugewiesen, gefolgt vom Konstantennamen der Action ohne das Präfix `ACTION_`. Hierzu zwei Beispiele: Möchten Sie, dass eine Ihrer Komponenten auf die Action `ACTION_MAIN` reagiert, weisen Sie `android:name` den Wert `android.intent.action.MAIN` zu. `ACTION_WEB_SEARCH` wird zu `android.intent.action.WEB_SEARCH`. Wie Sie Intents, die solche Aktionen auslösen, an Activities oder Broadcast Receiver übermitteln, zeige ich Ihnen in den folgenden Abschnitten. Ausführliche Informationen zu Services finden Sie in Kapitel 6, »Multitasking«.

Die Kategorien eines Intents legen fest, an welche Arten von Komponenten es übermittelt werden kann. Die Klasse `Intent` enthält Konstanten, die einige vordefinierte Kategorien repräsentieren. Beispielsweise bedeutet `CATEGORY_BROWSABLE`, dass eine Aktivität vom Webbrowser aufgerufen werden kann, um bestimmte Inhalte anzuzeigen.

Wenn eine Ihrer Activities diese Fähigkeit besitzt und Sie diese anderen Apps zur Verfügung stellen möchten, erweitern Sie das Element `<intent-filter />` in der Manifestdatei um `<category />` und weisen dessen Attribut `android:name` den Wert `android.intent.category.BROWSABLE` zu. Auch hier wird einem Präfix (`android.intent.category.`) der abschließende Teil eines Konstantennamens (in diesem Fall ohne `CATEGORY_`) hinzugefügt.

4.2.2 Kommunikation zwischen Activities

Activities repräsentieren die für den Benutzer sichtbaren Teile einer App. Indem er durch die verschiedenen Bereiche der Anwendung navigiert, startet und beendet der Benutzer unbewusst (je nach Komplexität des Programms) eine ganze Reihe von Activities. Diese rufen ihren jeweiligen Nachfolger auf, indem sie an die Methode `startActivity()` ein Intent übergeben, das diesen näher beschreibt. Dies kann eine namentlich bekannte Activity sein. Solche expliziten Intents enthalten den Ihnen bereits bekannten Komponentennamen. Um beispielsweise die Activity `SimpleActivity` zu starten, fügen Sie der aufrufenden Aktivität die folgenden Zeilen hinzu:

```
Intent intent = new Intent(this, SimpleActivity.class);
startActivity(intent);
```

[»] **Hinweis**

Denken Sie daran, dass Sie jede Activity, die Sie mit `startActivity()` aufrufen möchten, in die Manifestdatei eintragen müssen.

Bei impliziten Intents ist der konkrete Klassenname nicht bekannt. Das System sucht stattdessen anhand der *Action* die am besten geeignete Activity aus. Diese kann, wie Sie bereits wissen, auch zu einer fremden App gehören.

Parameter übergeben

Mit dem folgenden Quelltextfragment können Sie im Android-Adressbuch einen neuen Kontakt anlegen. Um dies auszuprobieren, erzeugen Sie einfach ein beliebiges neues Projekt und fügen den Code der automatisch erzeugten Activity-Klasse am Ende der Methode `onCreate()` hinzu.

[+] **Tipp**

Die Begleitmaterialien zum Buch enthalten das Projekt *LeeresProjekt*. Es ist ein Rumpf-Projekt mit der Activity-Klasse `MainActivity` und einer Layoutdatei namens *activity_main.xml*. Es eignet sich hervorragend als »Umgebung« für Quelltextfragmente.

```
Intent in = new Intent(Intent.ACTION_INSERT,
        ContactsContract.Contacts.CONTENT_URI);
in.putExtra("finishActivityOnSaveCompleted", true);
in.putExtra(ContactsContract.Intents.Insert.NAME,
       "Max Mustermann");
in.putExtra(ContactsContract.Intents.Insert.PHONE,
       "+49 (123) 45 67 89");
in.putExtra(ContactsContract.Intents.Insert.PHONE_TYPE,
       ContactsContract.CommonDataKinds.Phone.TYPE_WORK);
startActivity(in);
```

Listing 4.9 Einen neuen Kontakt anlegen

Dem Intent wird die Action `ACTION_INSERT` zugewiesen. Der zweite Parameter des Konstruktoraufrufs legt fest, auf welchem Datenbestand die Aktion ausgeführt werden soll. Die im Beispiel übergebene Konstante verweist auf die zentrale Kontaktdatenbank.

Alternativ ist übrigens auch die folgende Schreibweise möglich:

```
Intent in = new Intent(Intent.ACTION_INSERT);
in.setData(ContactsContract.Contacts.CONTENT_URI);
```


Mit der Methode putExtra() können Sie einem Intent beliebig viele Nutzdaten übergeben. Was diese bewirken und wie sie ausgewertet werden, ist letztlich von der Activity abhängig, die das Intent empfängt. In der Android-Dokumentation finden Sie entsprechende Beschreibungen bei den ACTION_-Konstanten der Klasse Intent.

Das Beispiel belegt den Namen und die geschäftliche Rufnummer des anzulegenden Kontakts vor. Wie dies zur Laufzeit aussieht, ist in Abbildung 4.6 dargestellt.

Hinweis

Wenn Sie das Codefragment im Emulator ausführen, werden Sie möglicherweise darauf hingewiesen, dass der angelegte Kontakt nur lokal gespeichert und nicht synchronisiert wird. Stimmen Sie in diesem Fall der lokalen Speicherung zu.

Vielleicht fragen Sie sich, ob auf diese Weise auch mehrere Rufnummern übergeben werden können. Immerhin wurde in den Extras schon ein Wert für ContactsContract.Intents.Insert.PHONE eingetragen. Jedes weitere putExtra() wird deshalb den bereits vorhandenen Wert überschreiben. Android sieht in solchen Fällen vor, eine Liste von android.content.ContentValues-Instanzen zu übergeben:

```
ArrayList<ContentValues> data =
        new ArrayList<ContentValues>();
...
in.putParcelableArrayListExtra(
        ContactsContract.Intents.Insert.DATA, data);
```

Listing 4.10 Mehrere zusammengesetzte Werte übergeben

Die Werte eines ContentValues sind von den zu übergebenden Daten abhängig. Im Falle einer privaten sowie einer Mobilfunk-Telefonnummer sieht dies folgendermaßen aus:

```
ContentValues v1 = new ContentValues();
v1.put(ContactsContract.Contacts.Data.MIMETYPE,
        ContactsContract.CommonDataKinds.Phone.CONTENT_ITEM_TYPE);
v1.put(ContactsContract.CommonDataKinds.Phone.NUMBER, "123");
v1.put(ContactsContract.CommonDataKinds.Phone.TYPE,
        ContactsContract.CommonDataKinds.Phone.TYPE_HOME);
```

```
data.add(v1);
ContentValues v2 = new ContentValues();
v2.put(ContactsContract.Contacts.Data.MIMETYPE,
        ContactsContract.CommonDataKinds.Phone.CONTENT_ITEM_TYPE);
v2.put(ContactsContract.CommonDataKinds.Phone.NUMBER, "456");
v2.put(ContactsContract.CommonDataKinds.Phone.TYPE,
        ContactsContract.CommonDataKinds.Phone.TYPE_MOBILE);
data.add(v2);
```

Listing 4.11 ContentValues füllen

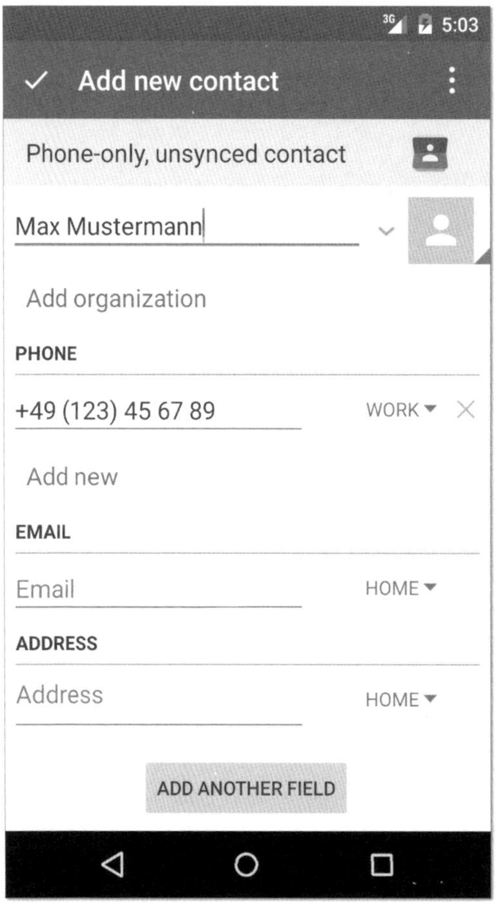

Abbildung 4.6 Einen neuen Kontakt anlegen

Wenn Sie im Quelltext Ihrer Activity unmittelbar nach dem Aufruf der Methode `startActivity()` eine Ausgabe mittels `Log.d()` hinzufügen, stellen Sie fest, dass Android nicht auf die Beendigung der nachgestarteten Activity wartet. Dies ist aber unter Umständen gewünscht, um das Ergebnis auswerten zu können. In diesem Fall verwenden Sie anstelle von `startActivity()` die Methode `startActivityForResult()`. Sie sorgt dafür, dass Ihre App zur richtigen Zeit benachrichtigt wird.

Rückgabewerte

Für Rückgabewerte ist die Methode `onActivityResult()` zuständig. Sie erhält als einen ihrer Parameter den sogenannten *Request Code*. Hierbei handelt es sich um einen Wert, den Sie beliebig vergeben können. Sie kennzeichnen mit ihm, *wer* eine Activity gestartet hat, und übergeben ihn als Parameter beim Aufruf von `startActivityForResult()`. Es bietet sich an, in der aufrufenden Klasse eine entsprechende Konstante zu definieren, zum Beispiel:

```
private static final int RQ_INSERT_CONTACT = 1234;.
```

Auf diese Weise können Sie leichter sicherstellen, dass der *Request Code* innerhalb Ihrer Anwendung eindeutig ist. Eine mögliche Implementierung der Methode `onActivityResult()` sieht folgendermaßen aus:

```
@Override
protected void onActivityResult(int requestCode,
                                int resultCode, Intent data) {
    super.onActivityResult(requestCode, resultCode, data);
    if (requestCode == RQ_INSERT_CONTACT) {
        if (resultCode == RESULT_OK) {
            if (data != null) {
                Intent i =
                        new Intent(Intent.ACTION_VIEW,
                                data.getData());
                startActivity(i);
            }
        }
    }
}
```

Listing 4.12 Implementierung der Methode »onActivityResult()«

Es ist bewährte Praxis, mit `super.onActivityResult()` die Implementierung der Elternklasse aufzurufen. Die nun beendete Activity könnte von ihr gestartet worden sein. In diesem Fall ist es wichtig, sie darüber zu informieren. Anschließend prüfen Sie, ob der *Request Code* dem von Ihnen definierten Wert entspricht. Dann war Ihre App der Aufrufer, und Sie können die Rückantwort der Activity auswerten.

Auch hierfür verwendet Android Intents. Beispielsweise liefert die Activity zum Anlegen von Kontakten einen Uniform Resource Identifier, der den neuen Eintrag kennzeichnet. Mein Beispiel verwendet diese Referenz, um den Datensatz anzuzeigen.

Denken Sie daran, vor Zugriffen das Intent auf `null` zu prüfen. Activities müssen nämlich nicht zwingend eine Nachricht zurückliefern.

Neben dem Intent signalisiert auch der *Result Code* das Ergebnis einer Activity. Üblicherweise bedeutet `RESULT_OK`, dass alles in Ordnung ist. Beispielsweise wurde ein neuer Kontakt angelegt, oder Änderungen wurden gespeichert. Activities setzen den Rückgabewert durch Aufruf der Methode `setResult()`.

[»] **Hinweis**

In den Android-Versionen ab API-Level 14 gibt es ein Problem in der Kontakte-App, das unter Umständen die automatische Rückkehr zur aufrufenden Activity verhindert. Mit Android 4.0.3 (API-Level 15) hat Google hierfür eine Umgehungsmöglichkeit eingebaut. Es handelt sich um die von mir bisher nicht weiter erklärte Zeile `in.putExtra("finishActivityOnSaveCompleted", true);`. Fügen Sie die Anweisung einfach Ihrem Code zum Befüllen der Extras beim Anlegen und Bearbeiten von Kontakten hinzu.

Im nächsten Abschnitt stelle ich Ihnen einen weiteren wichtigen Anwendungsbaustein vor.

4.2.3 Broadcast Receiver

Broadcast Receiver sind Komponenten, die auf systemweit versandte Nachrichten reagieren. Android verschickt solche Mitteilungen zum Beispiel, wenn der Batteriestand niedrig ist oder der Bildschirm ausgeschaltet wurde. Auch für normale Apps kann es interessant sein, solche *Broadcasts* zu initiieren. Denken Sie an ein Programm für Dateitransfers. Dieses möchte sicherlich darüber informieren, dass eine Übertragung (erfolgreich oder mit Fehler) abgeschlossen wurde.

Broadcast Receiver haben keine eigene Bedienoberfläche, können aber Benachrichtigungen in der Statuszeile hinterlassen. Generell sind sie jedoch eher Schnittstellen zu anderen Komponenten. Insofern sollten Ihre Broadcast Receiver so wenig Logik wie möglich enthalten und diese an Activities oder Services delegieren.

Übrigens kann Android diese Bausteine unabhängig von anderen Komponenten einer App aktivieren.

Broadcast Receiver implementieren

Die folgende Klasse implementiert einen einfachen Broadcast Receiver, der nach jedem Systemstart eine Benachrichtigung in der Statuszeile hinterlässt. Sie finden das Projekt *BroadcastReceiverDemo* in den Begleitmaterialien.

```
package com.thomaskuenneth.broadcastreceiverdemo;

import android.app.Notification;
import android.app.NotificationManager;
import android.content.BroadcastReceiver;
import android.content.Context;
import android.content.Intent;
import java.text.DateFormat;
import java.util.Date;

public class BootCompletedReceiver extends BroadcastReceiver {

    private static final int ID = 42;

    @Override
    public void onReceive(Context context, Intent intent) {
        if (Intent.ACTION_BOOT_COMPLETED.equals(intent.getAction())) {
            // Benachrichtigung zusammenbauen
            String msg =
                    DateFormat.getDateTimeInstance().format(new Date());
            Notification.Builder builder =
                    new Notification.Builder(context);
            builder.setSmallIcon(R.drawable.icon).
            setContentTitle(
                    context.getString(R.string.app_name)).
            setContentText(msg).
            setWhen(System.currentTimeMillis());
            Notification n = builder.build();
            // anzeigen
            NotificationManager m = (NotificationManager) context
                    .getSystemService(Context.NOTIFICATION_SERVICE);
            m.notify(ID, n);
        }
    }
}
```

Listing 4.13 »BootCompletedReceiver.java«

Broadcast Receiver leiten von der Klasse `android.content.BroadcastReceiver` ab und müssen die Methode `onReceive()` überschreiben. Diese wird aufgerufen, sobald der Receiver eine Nachricht in Form eines Intents empfängt. Dessen Verarbeitung darf allerdings nicht sehr viel Zeit in Anspruch nehmen. Nach zehn Sekunden kann Android den zugehörigen Prozess blockieren und beenden. Beachten Sie auch, dass das

Receiver-Objekt nach dem Verlassen von onReceive() aus dem Speicher entfernt werden kann. Asynchron gestartete Operationen sollten ihm deshalb keine Ergebnisse übermitteln.

Ausführliche Hinweise zur Kommunikation mit Services finden Sie in Kapitel 6, »Multitasking«. Übrigens weist die Entwicklerdokumentation darauf hin, dass nicht nur Intent-Filter, die in der Manifestdatei eingetragen oder im Code mittels registerReceiver() gesetzt wurden, an einen Receiver übermittelt werden können. Aus diesem Grund sollten Sie, wie in BootCompletedReceiver zu sehen ist, ausdrücklich auf alle erwarteten Aktionen prüfen.

Mein Beispiel zeigt eine Benachrichtigung in der Statuszeile an. Hierzu wird als Erstes mit new Notification.Builder() ein Objekt erzeugt, das für den Bau der eigentlichen Benachrichtigung verwendet wird. Sie können in beliebiger Reihenfolge set...()-Aufrufe aneinanderreihen. builder.build() schließlich generiert die Notification-Instanz. Die Anzeige übernimmt der NotificationManager. Sie ermitteln die Referenz auf ein Objekt dieses Typs mit context.getSystemService(Context.NOTIFICATION_SERVICE). Die Methode notify() setzt die Benachrichtigung ab.

[»] **Hinweis**

Damit Android eine Benachrichtigung anzeigt, müssen Sie mindestens ein kleines Icon, einen Titel und einen Text angeben, der den Inhalt beschreibt.

Broadcast Receiver in der Manifestdatei definieren

Damit Android den Broadcast Receiver über einen abgeschlossenen Systemstart informiert, muss die zugehörige App die Berechtigung android.permission.RECEIVE_BOOT_COMPLETED anfordern. Dies geschieht mit einem entsprechenden <uses-permission />-Element in der Manifestdatei. Der Eintrag für den Receiver selbst sieht folgendermaßen aus:

```
<receiver android:name=".BootCompletedReceiver">
   <intent-filter>
      <action android:name="android.intent.action.BOOT_COMPLETED" />
   </intent-filter>
</receiver>
```

Listing 4.14 Einen Broadcast Receiver definieren

Das Element <receiver /> kann zahlreiche Attribute erhalten. Ein paar von ihnen werden Sie praktisch immer verwenden, andere hingegen eher selten. android:name verweist auf die voll qualifizierte Klasse, die den Receiver implementiert. Ist der Paketname leer (beginnt der Eintrag also mit einem Punkt, auf den der Klassenname folgt), wird als Paket dasjenige verwendet, das im `<manifest />`-Element spezifiziert ist. Dieses Attribut müssen Sie setzen.

`android:enabled` legt fest, ob ein Receiver vom System instanziiert werden kann. Standardmäßig ist das der Fall. `android:exported` regelt, ob ein Receiver Nachrichten von Quellen erhalten kann, die außerhalb der eigenen App liegen. `false` legt fest, dass nur App-interne Komponenten Mitteilungen an ihn senden können. Der Standardwert hängt davon ab, ob ein Receiver Intent-Filter enthält.

Ist dies nicht der Fall, kann er ausschließlich von Intents aufgerufen werden, die den exakten Klassennamen angeben. Dies impliziert, dass der Receiver nur für die anwendungsinterne Kommunikation vorgesehen ist. Deshalb ist in diesem Fall der Standardwert `false`.

Das Vorhandensein von Intent-Filtern hingegen deutet darauf hin, dass ein Receiver Nachrichten des Systems oder von anderen Apps verarbeiten soll. In diesem Fall ist der Standardwert `true`. Mit `android:icon` und `android:label` schließlich können Sie einem Broadcast Receiver individuelle Symbole und Bezeichnungen zuweisen. Fehlen die Attribute, werden stattdessen die korrespondierenden Einträge der App ausgewertet.

Sie haben bereits das Attribut `android:exported` kennengelernt, mit dem Sie die Nutzbarkeit von Receivern durch App-fremde Komponenten steuern können. Berechtigungen sind eine weitere Möglichkeit, den Zugriff auf sie zu regeln. `android:permission` erhält den Namen einer Berechtigung, die Broadcaster haben müssen, um einem Receiver eine Nachricht senden zu können. Wird dieses Attribut nicht gesetzt, gelten die Berechtigungen, die innerhalb des `<application />`-Elements gesetzt wurden. Ist keines der beiden Attribute gesetzt, ist ein Broadcast Receiver nicht durch eine Berechtigung geschützt.

Das Attribut `android:process` enthält den Namen eines Prozesses, in dem ein Broadcast Receiver ausgeführt werden sollte. Normalerweise laufen alle Komponenten einer App in ihrem Standardprozess, der den Namen des App-Packages trägt.

Mit dem gleichnamigen Attribut des `<application />`-Elements kann für alle Komponenten ein alternativer Standardprozess gesetzt werden. Da alle Bausteine einer App das Attribut angeben können, lässt sich die Anwendung auf mehrere Prozesse verteilen. Wenn sich Komponenten mehrerer Apps einen Prozess teilen, spart dies Ressourcen. Die Ausführung in einem bestimmten Prozess ist natürlich nur möglich, wenn der Broadcast Receiver eine entsprechende Berechtigung hat.

Broadcast Receiver testen

Damit Apps dem Anwender keine ungewollten Aktionen unterschieben können, liefert Android Intents mit der Action `ACTION_BOOT_COMPLETED` erst aus, nachdem die Hauptaktivität mindestens einmal gestartet wurde. Sie müssen das Projekt deshalb auf dem Emulator installieren und starten. Erst dann können Sie einen Neustart des virtuellen Geräts auslösen. Das geht sehr einfach im Werkzeugfenster TERMINAL. Geben Sie einfach die beiden folgenden Befehle ein:

```
adb shell stop
adb shell start
```

4.3 Fragmente

In diesem Abschnitt stelle ich Ihnen einen weiteren Grundbaustein für Android-Apps vor. *Fragmente* haben mit Version 3.0 zunächst auf Tablets Einzug in die Plattform gehalten und stehen seit *Ice Cream Sandwich* auch auf Smartphones zur Verfügung. Für Geräte mit früheren Android-Versionen stellt Google eine Kompatibilitätsbibliothek zur Verfügung. Diese wird automatisch in Projekte eingebunden, wenn Sie im Projektassistenten eine Activity mit Fragmentunterstützung auswählen.

4.3.1 Grundlagen

Wie Sie wissen, strukturieren Activities eine Anwendung. Aufgrund der ihnen zugrunde liegenden Idee, nur genau so viel anzuzeigen oder abzufragen, wie zum Erledigen einer ganz bestimmten Aufgabe nötig ist, lassen sie sich hervorragend wiederverwenden. Ich habe Ihnen dies im vorherigen Abschnitt anhand der Eingabe und späteren Darstellung eines Kontakts bereits demonstriert. Im Gegensatz zu Smartphones bieten Tablet-Computer sehr viel Platz zum Anzeigen von Informationen. Die auf kleinen Bildschirmen notwendige Trennung zwischen Übersicht und Detaildarstellung ist hier nicht mehr nötig, aus Sicht des Benutzers sogar störend.

Hierzu ein Beispiel: Viele Android-Apps enthalten eine Hauptaktivität, die ihre Funktionen oder Module als Menü (oftmals in Gestalt einer scrollbaren Liste) anbietet. Das Antippen einer Funktion startet eine neue Activity, die die gewünschte Operation ausführt. Tippt der Anwender auf ZURÜCK, erscheint wieder die Übersichtsseite. Auf Geräten mit großem Display ist diese zeitliche Abfolge vollkommen unnötig. Es bietet sich an, stattdessen die Modulauswahl am linken Rand des Bildschirms ständig sichtbar zu lassen. Der Benutzer kann jederzeit eine neue Funktion auswählen, ohne das aktuell ausgeführte Modul explizit »verlassen« zu müssen.

Unterschiede zu Views und ViewGroups

Die Ausgestaltung von Benutzeroberflächen konnte durch *alternative Layouts* schon vor Android 3.0 an unterschiedliche Hardwaregegebenheiten angepasst werden.

Ausführliche Informationen hierzu finden Sie im folgenden Kapitel. Insofern fragen Sie sich vielleicht, ob das gerade eben beschriebene Mehrspaltenlayout auf Tablets unbedingt neuer Grundbausteine bedarf.

Wie Sie wissen, wird die eigentliche Fachlogik in den Activity-Klassen implementiert. Die Benutzeroberflächenbeschreibungen geben nur darüber Auskunft, welche Elemente an einer bestimmten Position der Anzeige erscheinen sollen. Wenn also eine Layoutdatei sowohl die Menüauswahl als auch modulbezogene Bedienelemente enthält, muss die Activity beide Bereiche mit Inhalt füllen können.

Fragmente sind Komponenten mit eigener Benutzeroberfläche und eigenem Lebenszyklus. Sie sind Bausteine innerhalb von Activities. Sie werden wie Views und ViewGroups entweder in Layoutdateien definiert oder per Code erzeugt. Fragmente werden stets im Kontext einer Activity ausgeführt. Sie können nicht losgelöst von ihr verwendet werden. Das bedeutet: Wird eine Activity gestoppt, halten auch ihre Fragmente an. Und das Zerstören einer Activity führt auch zur Zerstörung ihrer Fragmente.

Ein Beispielfragment

Die Klasse `TestFragment1` stellt Ihnen den grundsätzlichen Aufbau von Fragmenten vor. Sie finden sie im Projekt *FragmentDemo1* in den Begleitmaterialien zum Buch. Die App ist in Abbildung 4.7 zu sehen.

```
package com.thomaskuenneth.fragmentdemo1;

import android.app.Fragment;
import android.os.Bundle;
import android.view.LayoutInflater;
import android.view.View;
import android.view.ViewGroup;
import android.widget.TextView;

public class TestFragment1 extends Fragment {

  @Override
  public View onCreateView(LayoutInflater inflater,
          ViewGroup container,
          Bundle savedInstanceState) {
    return inflater.inflate(R.layout.fragment_layout,
            container,
            false);
  }

  @Override
  public void onStart() {
```

```
        super.onStart();
        TextView tv = (TextView) getView();
        tv.setText(getString(R.string.text1));
    }
}
```

Listing 4.15 »TestFragment1.java«

Fragmente leiten entweder direkt von der Basisklasse `android.app.Fragment` ab oder von einem ihrer spezialisierten Kinder, beispielsweise `ListFragment` oder `DialogFragment`. `TestFragment` überschreibt zwei Methoden. `onCreateView()` wird aufgerufen, wenn ein Fragment den Komponentenbaum seiner Benutzeroberfläche erzeugen soll. `onStart()` ruft die Implementierung der Elternklasse auf und setzt dann den Text einer `TextView`. Analog zu Activities nutzt Android die Methode, um mitzuteilen, dass ein Fragment für den Benutzer sichtbar wird.

Abbildung 4.7 Die App »FragmentDemo1«

Die Beispielimplementierung entfaltet die sehr einfach gehaltene Layoutdatei *fragment_layout.xml*. Sie definiert als einziges Bedienelement eine TextView:

```
<?xml version="1.0" encoding="utf-8"?>
<TextView xmlns:android="http://schemas.android.com/apk/res/android"
    android:layout_width="wrap_content"
    android:layout_height="wrap_content"
/>
```

Listing 4.16 »fragment_layout.xml«

Um etwaige zusätzliche Ressourcen, die beim Instanziieren des Komponentenbaums reserviert wurden, wieder freizugeben, überschreiben Sie gegebenenfalls die Methode onDestroyView(). Wenn Sie nur eine XML-Datei entfaltet haben, ist dies aber nicht nötig.

Übrigens müssen Fragmente nicht unbedingt eine Benutzeroberfläche haben. Sie können sich das beispielsweise zunutze machen, um auf diese Weise Daten nachzuladen oder um Berechnungen auszuführen. In so einem Fall liefert onCreateView() einfach den Wert null. Die Basisklasse Fragment ist so implementiert (und muss deshalb nicht überschrieben werden).

4.3.2 Ein Fragment in eine Activity einbetten

Um zu verstehen, wie ein Fragment einer Activity zugeordnet wird, sehen Sie sich bitte die Klasse FragmentDemo1 an. Sie leitet von android.app.Activity ab.

```
package com.thomaskuenneth.fragmentdemo1;

import android.app.Activity;
import android.os.Bundle;
import android.widget.TextView;

public class FragmentDemo1 extends Activity {

    @Override
    public void onCreate(Bundle savedInstanceState) {
        super.onCreate(savedInstanceState);
        setContentView(R.layout.main);
        TextView tv = (TextView) findViewById(R.id.textview);
        tv.setText(getString(R.string.text2));
    }
}
```

Listing 4.17 »FragmentDemo1.java«

Die Benutzeroberfläche der Activity wird aus der Layoutdatei *main.xml* entfaltet und angezeigt. Außerdem gibt die App in einer Textkomponente die Meldung »Ich bin eine Activity« aus. *main.xml* ist folgendermaßen aufgebaut:

```
<?xml version="1.0" encoding="utf-8"?>
<LinearLayout
    xmlns:android="http://schemas.android.com/apk/res/android"
    android:orientation="vertical"
    android:layout_width="match_parent"
    android:layout_height="match_parent"
>

   <TextView
      android:id="@+id/textview"
      android:layout_width="wrap_content"
      android:layout_height="wrap_content"
   />

   <fragment
      android:id="@+id/fragment"
      android:name=
         "com.thomaskuenneth.fragmentdemo.TestFragment1"
      android:layout_width="wrap_content"
      android:layout_height="wrap_content"
   />

</LinearLayout>
```

Listing 4.18 »main.xml«

Die Datei *main.xml* ordnet eine `TextView` oberhalb eines Fragments an. Die beiden Elemente erhalten die IDs `fragment` und `textview`. Das Attribut `android:name` des `<fragment />`-Elements legt fest, welche Klasse das hier definierte Fragment implementiert.

Lebenszyklus von Fragmenten

Im Gegensatz zu Activities, Services oder Broadcast Receivern tragen Sie Fragmente nicht in die Manifestdatei ein. Sie verbinden sie mit einer Activity, indem Sie Fragmente in deren Benutzeroberfläche integrieren. Dies geschieht, wie Sie gesehen haben, normalerweise deklarativ in Layoutdateien. Insofern verhalten sich Fragmente in diesem Punkt analog zu »normalen« Bedienelementen, die ich Ihnen im folgenden Kapitel ausführlich vorstellen werde. Im Gegensatz zu ihnen haben Fragmente allerdings ein Verhalten – sie implementieren »Fachlogik«. Dies macht sie zu Grundbausteinen von Apps.

Zahlreiche Methoden bestimmen den Lebenszyklus eines Fragments. Beispielsweise wird `onAttach()` aufgerufen, wenn ein Fragment an eine Activity angehängt wurde. Ihr folgt `onCreate()`. Prinzipiell können Sie diese Methode überschreiben, um erste Initialisierungen vorzunehmen. Allerdings muss die zugeordnete Activity zu diesem Zeitpunkt nicht vollständig initialisiert sein. Aus diesem Grund steht zusätzlich die Methode `onActivityCreated()` zur Verfügung. Sie wird erst nach der vollständigen Abarbeitung der Activity-Methode `onCreate()` aufgerufen.

Auch am Ende des Lebenszyklus eines Fragments werden zahlreiche Callbacks durchlaufen. `onPause()` signalisiert, dass ein Fragment nicht mehr mit dem Benutzer interagiert (zum Beispiel, weil die gleichnamige Activity-Methode aufgerufen wurde). Nach `onStop()` ist ein Fragment nicht mehr für den Anwender sichtbar. Abschließende Aufräumarbeiten sollten Sie in `onDestroy()` durchführen. `onDetach()` kündigt die Abkopplung eines Fragments von der ihm zugeordneten Activity an.

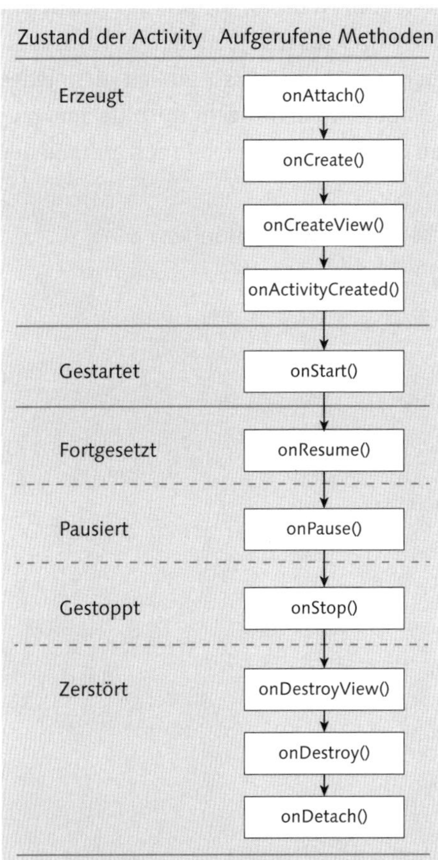

Abbildung 4.8 Zustand einer Activity und dabei aufgerufene Fragment-Methoden

Der Lebenszyklus von Fragmenten ist eng mit dem von Activities verknüpft. Abbildung 4.8 zeigt Ihnen, welche Methoden eines Fragments aufgerufen werden, wenn sich die Activity in den Zuständen *Erzeugt, Gestartet, Fortgesetzt, Pausiert, Gestoppt* und *Zerstört* befindet.

Fragment-Transaktionen

Und es gibt noch eine weitere Verzahnung zwischen diesen beiden Grundbausteinen. Fragmente können nämlich in den Zurück-Stapel von Activities integriert werden. Wenn ein Fragment nicht immer sichtbar ist, sondern nur unter bestimmten Umständen angezeigt wird, ist es für eine durchgängige Bedienung wichtig, dass der Anwender das Fragment auf eine ihm vertraue Weise wieder ausblenden kann. Hierzu hat Google das Konzept der *Fragment-Transaktionen* eingeführt. Sie können zur Laufzeit (im Prinzip beliebig viele) Fragmente zu Activities hinzufügen und von ihnen entfernen. Diese Operationen werden zu logischen Schritten zusammengefasst. Jeder dieser Schritte wiederum kann auf den Zurück-Stapel gepackt werden.

Vielleicht fragen Sie sich, wozu das nötig sein soll. Nehmen Sie an, das Anklicken einer Schaltfläche führt dazu, dass eine Activity drei zusätzliche Fragmente anzeigt. Drückt der Anwender die ZURÜCK-Taste, möchte er sehr wahrscheinlich nicht jedes Fragment einzeln schließen, sondern alle drei auf einmal. Das geht mithilfe der Fragment-Transaktionen mit ganz wenigen Zeilen Code. Wie, zeige ich Ihnen anhand des Projekts *FragmentDemo2*.

Dessen Hauptklasse `FragmentDemo2Activity` ist in Listing 4.19 zu sehen:

```
package com.thomaskuenneth.android5.fragmentdemo2;

import android.app.Activity;
import android.app.Fragment;
import android.app.FragmentManager;
import android.app.FragmentTransaction;
import android.os.Bundle;
import android.view.LayoutInflater;
import android.view.View;
import android.view.ViewGroup;
import android.widget.Button;

public class FragmentDemo2Activity extends Activity {

    @Override
    protected void onCreate(Bundle savedInstanceState) {
        super.onCreate(savedInstanceState);
        // Benutzeroberfläche anzeigen
```

```
        setContentView(R.layout.activity_main);
        final Button button = (Button) findViewById(R.id.button);
        // auf das Anklicken reagieren
        button.setOnClickListener(new View.OnClickListener() {
            @Override
            public void onClick(View v) {
                FragmentManager fragmentManager =
                        getFragmentManager();
                FragmentTransaction fragmentTransaction =
                        fragmentManager.beginTransaction();
                // Fragmente erzeugen und hinzufügen
                for (int i = 0; i < 3; i++) {
                    EinfachesFragment fragment =
                            new EinfachesFragment();
                    fragmentTransaction.add(R.id.ll, fragment);
                }
                // Transaktion auf Zurück-Stapel legen
                fragmentTransaction.addToBackStack(null);
                fragmentTransaction.commit();
            }
        });
    }

    public static class EinfachesFragment extends Fragment {
        @Override
        public View onCreateView(LayoutInflater inflater,
                                 ViewGroup container,
                                 Bundle savedInstanceState) {
            // Benutzeroberfläche aufblasen (laden)
            return inflater.inflate(R.layout.einfaches_fragment,
                                    container, false);
        }
    }
}
```

Listing 4.19 »FragmentDemo2Activity.java«

Der grundsätzliche Aufbau einer Activity ist Ihnen mittlerweile bekannt. In der Methode `onCreate()` wird die Benutzeroberfläche mit `setContentView()` erzeugt und angezeigt. Durch das Registrieren eines `View.OnClickListener`s mit `setOnClickListener()` können wir beim Anklicken der Schaltfläche HINZUFÜGEN einem `LinearLayout`, das über `R.id.ll` angesprochen wird, nach Belieben Fragmente hinzufügen.

Hierzu ermittelt die App mit `getFragmentManager()` die Referenz auf ein Objekt des Typs `android.app.FragmentManager`. Anschließend beginnen wir mit der Methode `beginTransaction()` eine Fragment-Transaktion und fügen mit `add()` drei Fragmente hinzu. `addToBackStack()` sorgt dafür, dass der Inhalt der Transaktion »in einem Rutsch« vom Zurück-Stapel entfernt wird. `commit()` schließt die Transaktion ab. Die drei Fragmente werden durch die Klasse `EinfachesFragment` realisiert. Ihre einzige (selbst implementierte) Methode `onCreateView()` entfaltet mit `inflate()` den Inhalt der Layoutdatei *einfaches_fragment.xml*.

»So ganz nebenbei« haben Sie gelernt, wie man einer Activity Fragmente per Code hinzufügen kann. Für das Entfernen und Austauschen gibt es die Methoden `remove()` und `replace()`. Dass Sie `remove()` nicht selbst aufrufen mussten, liegt daran, dass Android Ihnen beim Drücken bzw. Antippen der ZURÜCK-Taste die gesamte Arbeit abnimmt.

4.3.3 Mehrspalten-Layouts

In diesem Abschnitt zeige ich Ihnen, wie Sie mit Fragmenten Benutzeroberflächen gestalten, die den auf dem Bildschirm zur Verfügung stehenden Platz optimal nutzen. Das Projekt *FragmentDemo3* demonstriert dies anhand einer klassischen Master-Detail-Ansicht. Der Anwender wählt aus einer Liste ein Element aus und sieht anschließend dessen Details. Auf Smartphones werden beide Teile, also Liste und Detailansicht, in einer eigenen Activity dargestellt. Auf Tablets (oder Smartphones im Quermodus) passen beide zusammen auf dem Bildschirm. Dies ist in Abbildung 4.9 zu sehen.

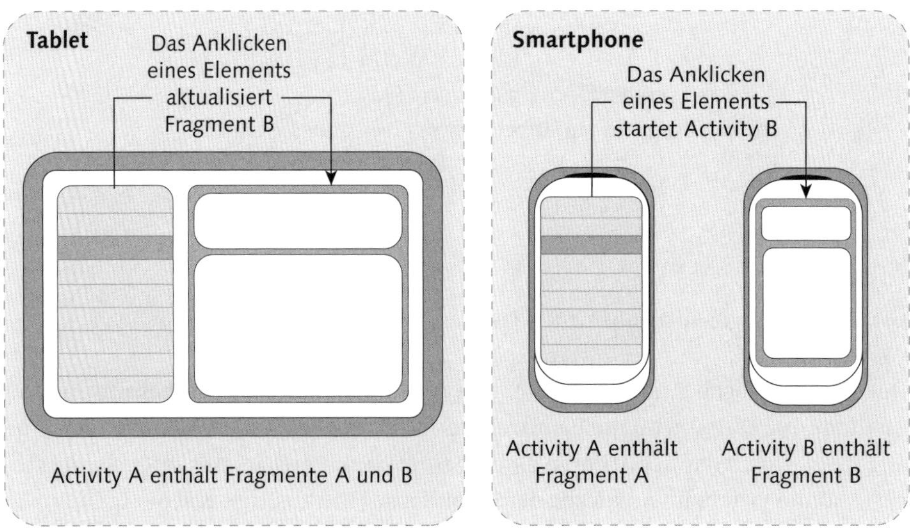

Abbildung 4.9 Verteilung von Fragmenten auf Activities

Der Quelltext der App ist in Listing 4.20 dargestellt. Die Hauptaktivität FragmentDemo3Activity zeigt nur die Benutzeroberfläche an. Die statische Klasse AuswahlFragment leitet von android.app.ListFragment ab. Sie kümmert sich um das Anzeigen einer Auswahlliste. Wird eines ihrer Elemente angetippt, erscheint eine passende Detailansicht. Hierfür ist DetailsFragment zuständig. Falls dieses Fragment nicht in der Hauptaktivität angezeigt werden kann, erfolgt dies in einer eigenen Activity. Dies ist DetailsActivity.

```
package com.thomaskuenneth.android5.fragmentdemo3;

import android.app.Activity;
import android.app.Fragment;
import android.app.FragmentTransaction;
import android.app.ListFragment;
import android.content.Intent;
import android.content.res.Configuration;
import android.os.Bundle;
import android.view.LayoutInflater;
import android.view.View;
import android.view.ViewGroup;
import android.widget.ArrayAdapter;
import android.widget.ListView;
import android.widget.ScrollView;
import android.widget.TextView;

public class FragmentDemo3Activity extends Activity {

    @Override
    protected void onCreate(Bundle savedInstanceState) {
        super.onCreate(savedInstanceState);
        // Benutzeroberfläche der Hauptaktivität anzeigen
        setContentView(R.layout.fragmentdemo3);
    }

    /**
     * Dieses Fragment zeigt eine Auswahlliste
     */
    public static class AuswahlFragment extends ListFragment {

        private static final String STR_ZULETZT_SELEKTIERT =
                "zuletztSelektiert";

        boolean zweiSpaltenModus;
        int zuletztSelektiert = 0;
```

```
@Override
public void onActivityCreated(Bundle savedInstanceState) {
    super.onActivityCreated(savedInstanceState);

    // Liste aus einem String-Array befüllen
    setListAdapter(new ArrayAdapter<>(getActivity(),
            android.R.layout.simple_list_item_activated_1,
            new String[]{"eins", "zwei", "drei"}));

    // prüfen, ob das Details-Fragment direkt
    // eingebunden werden kann (dazu muss es im Layout
    // ein Element mit der ID »details« geben)
    View detailsFrame =
            getActivity().findViewById(R.id.details);
    zweiSpaltenModus = detailsFrame != null &&
            detailsFrame.getVisibility() == View.VISIBLE;
    if (savedInstanceState != null) {
        // gegebenenfalls zuletztSelektiert wiederherstellen
        zuletztSelektiert =
        savedInstanceState.getInt(STR_ZULETZT_SELEKTIERT, 0);
    }
    if (zweiSpaltenModus) {
        // Im Zweispalten-Modus invertiert die View
        // das selektierte Element
        getListView().
                setChoiceMode(ListView.CHOICE_MODE_SINGLE);
        // Details anzeigen
        detailsAnzeigen(zuletztSelektiert);
    }
}

@Override
public void onSaveInstanceState(Bundle outState) {
    super.onSaveInstanceState(outState);
    // zuletzt selektierten Eintrag merken
    outState.putInt(STR_ZULETZT_SELEKTIERT,
            zuletztSelektiert);
}

@Override
public void onListItemClick(ListView l, View v,
        int position, long id) {
    detailsAnzeigen(position);
}
```

```
    /**
     * Diese Hilfsmethode zeigt die Details zu dem selektierten
     * Element an; entweder wird ein Fragment "in place" in der
     * aktuellen Activity angezeigt, oder es wird eine neue gestartet
     */
    void detailsAnzeigen(int index) {
        zuletztSelektiert = index;
        if (zweiSpaltenModus) {
            // "in place"-Darstellung
            getListView().setItemChecked(index, true);
            DetailsFragment details = (DetailsFragment)
                    getFragmentManager().findFragmentById(R.id.details);
            if (details == null || details.getIndex() != index) {
                // neues Fragment passend zum selektierten
                // Eintrag erzeugen und anzeigen
                details = DetailsFragment.newInstance(index);
                FragmentTransaction ft = getFragmentManager().
                                         beginTransaction();
                ft.replace(R.id.details, details);
                // einen Übergang darstellen
                ft.setTransition(
                        FragmentTransaction.TRANSIT_FRAGMENT_FADE);
                ft.commit();
            }
        } else {
            // neue Activity starten
            Intent intent = new Intent();
            intent.setClass(getActivity(), DetailsActivity.class);
            intent.putExtra(DetailsFragment.INDEX, index);
            startActivity(intent);
        }
    }
}

public static class DetailsFragment extends Fragment {

    public static final String INDEX = "index";

    public static DetailsFragment newInstance(int index) {
        DetailsFragment f = new DetailsFragment();
        Bundle args = new Bundle();
        args.putInt(INDEX, index);
        f.setArguments(args);
        return f;
    }
```

```
        public int getIndex() {
            return getArguments().getInt(INDEX, 0);
        }

        @Override
        public View onCreateView(LayoutInflater inflater,
                                 ViewGroup container,
                                 Bundle savedInstanceState) {
            ScrollView scroller = null;
            // View nur erzeugen, wenn das Fragment
            // angezeigt werden wird
            if (container != null) {
                scroller = new ScrollView(getActivity());
                TextView text = new TextView(getActivity());
                scroller.addView(text);
                text.setText("Element #" + (1 + getIndex()) +
                             " ist sichtbar");
            }
            return scroller;
        }
    }

    public static class DetailsActivity extends Activity {
        @Override
        protected void onCreate(Bundle savedInstanceState) {
            super.onCreate(savedInstanceState);
            if (getResources().getConfiguration().orientation
                    == Configuration.ORIENTATION_LANDSCAPE) {
                finish();
                return;
            }
            if (savedInstanceState == null) {
                DetailsFragment details = new DetailsFragment();
                details.setArguments(getIntent().getExtras());
                getFragmentManager().beginTransaction().
                        add(android.R.id.content, details).commit();
            }
        }
    }
}
```

Listing 4.20 »FragmentDemo3Activity.java«

Die Benutzeroberfläche der Hauptaktivität wird in der Layoutdatei *fragmentdemo3.xml* definiert. Sie sieht folgenermaßen aus:

```
<LinearLayout
        xmlns:android="http://schemas.android.com/apk/res/android"
    android:orientation="horizontal"
    android:layout_width="match_parent"
    android:layout_height="match_parent">
    <fragment
class="com.thomaskuenneth.android5.fragmentdemo3.FragmentDemo3Activity$Auswahl
Fragment"
        android:id="@+id/auswahl"
        android:layout_weight="1"
        android:layout_width="0px"
        android:layout_height="match_parent"
    />

    <FrameLayout
        android:id="@+id/details"
        android:layout_weight="1"
        android:layout_width="0px"
        android:layout_height="match_parent"
        android:background="?android:attr/detailsElementBackground" />
</LinearLayout>
```

Listing 4.21 »fragmentdemo3.xml«

Ein `LinearLayout` ordnet ein `Fragment` sowie ein `FrameLayout` horizontal an. Letzteres nimmt die Detailansicht auf. Auf diese Weise entsteht ein Zweispaltenlayout.

Aber was geschieht auf Smartphones? Müsste das Layout nicht eher so aussehen?

```
<FrameLayout
        xmlns:android="http://schemas.android.com/apk/res/android"
    android:layout_width="match_parent"
    android:layout_height="match_parent">
    <fragment
class="com.thomaskuenneth.android5.fragmentdemo3.FragmentDemo3Activity$Auswahl
Fragment"
        android:id="@+id/auswahl"
        android:layout_width="match_parent"
        android:layout_height="match_parent"
    />
</FrameLayout>
```

Listing 4.22 »fragmentdemo3.xml« (alternative Version)

Tatsächlich kommen beide Varianten in der App zum Einsatz. Android kennt nämlich einen Mechanismus, der je nach Bildschirmgröße und -format unterschiedliche Layoutdateien nutzt. Dies sehen wir uns im nächsten Kapitel ausführlicher an. Fürs Erste müssen Sie nur wissen, dass alle Varianten den gleichen Dateinamen haben, aber in unterschiedlichen Verzeichnissen abgelegt werden. Ich habe Ihnen etwas ganz Ähnliches in Bezug auf Bitmaps gezeigt. Das Zweispaltenlayout gehört in den Ordner *layout-land*. Hierhin gehören Layouts, die im Quermodus angezeigt werden sollen. Die Variante, die als Wurzelelement ein `FrameLayout` enthält, landet im »normalen« *layout*-Verzeichnis.

Fassen wir kurz zusammen. Die Hauptaktivität lädt »nur« die Oberfläche. Sie unterscheidet sich im Hochkant- und Quermodus. Im ersten Fall wird nur ein `AuswahlFragment` sichtbar. Im Zweispalten-Modus sind Auswahl und Details zu sehen. Die Klasse `AuswahlFragment` stellt eine Liste mit den drei Einträgen EINS, ZWEI und DREI dar. Im Zweispalten-Modus wird die zuletzt selektierte Zeile farbig hervorgehoben. Beim Drehen des Geräts wird dieser Wert zwischengespeichert. Sie haben den *Instance State* bereits kennengelernt. Von zentraler Bedeutung ist `detailsAnzeigen()`. Diese Methode kümmert sich um das Anzeigen der Details, entweder eingebettet in die aktuelle Activity oder in einer neu gestarteten. Hierfür wird wieder der `FragmentManager` genutzt. Sie haben ihn in Abschnitt 4.3.2, »Ein Fragment in eine Activity einbetten«, kennengelernt.

Die Klasse `DetailsFragment` ist wieder sehr einfach gehalten. In `onCreateView()` wird die Oberfläche dieses Fragments geladen, sofern es in einem Layout enthalten ist. In diesem Fall ist der Methodenparameter `container` ungleich `null`. Was das Fragment anzeigt, ergibt sich aus einem Wert, der beim Aufruf der Methode `newInstance()` übergeben wurde. Es handelt sich dabei um den Index des angeklickten Listenelements. Er bestimmt, welches »Detail« angezeigt werden soll.

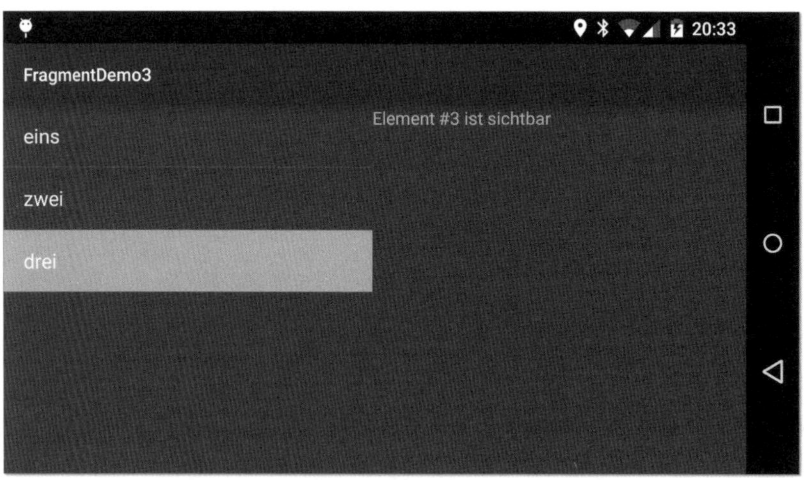

Abbildung 4.10 Die App »FragmentDemo3« im Quermodus

Die letzte Klasse, die ich Ihnen vorstellen möchte, ist `DetailsActivity`. Sie wird in der Methode `detailsAnzeigen()` des `AuswahlFragments` gestartet, wenn der Bildschirm kein Zweispalten-Layout ermöglicht. Dann muss die Detailansicht in einer eigenen Activity angezeigt werden. Der Ausdruck `getResources().getConfiguration().orientation == Configuration.ORIENTATION_LANDSCAPE` prüft, ob die Activity sich tatsächlich darstellen muss oder sich wieder mit `finish()` beenden kann. Dies ist der Fall, wenn Sie im Emulator oder auf einem echten Gerät durch Drehen in den Quermodus wechseln. Wie dies aussehen kann, ist in Abbildung 4.10 dargestellt.

4.4 Zusammenfassung

Sie haben in diesem Kapitel wichtige Bausteine von Apps kennengelernt und gesehen, wie diese mithilfe von Intents miteinander kommunizieren. Neben den für den Benutzer sichtbaren Activities kennt Android Broadcast Receiver, die auch dann auf Nachrichten reagieren können, wenn eine App gar nicht aktiv ist. Und mit Fragmenten stehen Ihnen nun Komponenten zur Verfügung, mit denen Sie Ihr Programm so strukturieren können, dass die Bedienoberfläche sowohl auf Smartphones als auch auf Tablets den vorhandenen Raum optimal ausnutzt.

Kapitel 5
Benutzeroberflächen

Die Bedienoberfläche ist das Aushängeschild einer App. Gerade auf mobilen Geräten ist es wichtig, dem Anwender die Nutzung eines Programms so einfach wie möglich zu machen. Dass dabei der Spaß nicht auf der Strecke bleiben muss, zeige ich Ihnen in diesem Kapitel.

Android stellt Ihnen eine ganze Reihe von Bedienelementen zur Verfügung, mit denen Sie die Benutzeroberfläche Ihrer App gestalten können. Diese Komponenten werden zur Laufzeit zu einem Objektbaum entfaltet. Anders als beispielsweise in Java Swing, wo Hierarchiebeziehungen zwischen Komponenten und Objekteigenschaften auf Quelltextebene modelliert werden müssen, nutzt Android hierfür XML.

5.1 Views und ViewGroups

Sie haben Layoutbeschreibungen schon in den vorangegangenen Kapiteln verwendet. Entsprechende Dateien werden in Unterverzeichnissen von *res* abgelegt. Die Namen dieser Unterverzeichnisse beginnen mit *layout*. Das folgende Beispiel *main.xml* ist Bestandteil des Projekts *WidgetDemo*, das Sie in den Begleitmaterialien zum Buch finden. *main.xml* ist recht einfach gehalten:

```
<?xml version="1.0" encoding="utf-8"?>
<LinearLayout xmlns:android="http://schemas.android.com/apk/res/android"
    android:orientation="vertical"
    android:layout_width="match_parent"
    android:layout_height="match_parent"
    android:padding="6dp"
    >

    <EditText
        android:id="@+id/textfield"
        android:layout_width="match_parent"
        android:layout_height="wrap_content"
        android:singleLine="true"
        android:hint="@string/hint"
    />
```

```
    <Button
        android:id="@+id/apply"
        android:layout_width="wrap_content"
        android:layout_height="wrap_content"
        android:text="@string/apply"
    />

    <FrameLayout
        android:id="@+id/frame"
        android:layout_width="wrap_content"
        android:layout_height="wrap_content"
    />
</LinearLayout>
```

Listing 5.1 »main.xml«

Schon auf den ersten Blick fällt auf, dass die vier Elemente `LinearLayout`, `FrameLayout`, `Button` und `EditText` einige gemeinsame Attribute haben. `android:layout_width` und `android:layout_height` sind überall vorhanden. `android:id` fehlt nur in `LinearLayout`. IDs werden benötigt, um sich innerhalb einer Klasse, zum Beispiel einer Activity, auf eine View oder ViewGroup beziehen zu können – vielleicht weil Sie die Farbe setzen oder einen Text ändern wollen. In meinem Beispiel ist dies für `LinearLayout` aber nicht nötig.

Zu jedem XML-Element gibt es ein Pendant in der Android-Klassenbibliothek. Instanzen dieser Klassen bilden zur Laufzeit einer App einen Objektbaum, der die Benutzeroberfläche repräsentiert. Die XML-Attribute werden hierbei auf Instanzvariablen abgebildet. Das System nimmt Ihnen die Arbeit des Entfaltens praktisch vollständig ab. Häufig ist nur die Ihnen bereits bekannte Anweisung `setContentView(...);` notwendig.

5.1.1 Views

Die Basisklasse aller Bedienelemente ist `android.view.View`. Die Benutzeroberfläche einer App besteht also aus einer oder mehreren Views oder aus von ihr abgeleiteten Klassen. Sie fasst die Eigenschaften und Methoden zusammen, die mindestens nötig sind, um an einer bestimmten Position ein rechteckiges Element mit vorgegebener Größe darzustellen. Beispielsweise wird `onDraw()` aufgerufen, wenn sich die Komponente zeichnen soll. Views sind also für ihr Rendering selbst verantwortlich. Ebenso kümmern sie sich um die Bearbeitung von Tastatur-, Touch- und Trackball-Ereignissen.

Eigenschaften von Views

Wenn die Benutzeroberfläche in einer XML-Datei deklariert und erst zur Laufzeit zu einem Objektbaum entfaltet wird, muss es einer App möglich sein, Referenzen auf spezifische Komponenten zu ermitteln. Dies ist beispielsweise nötig, um auf Benutzeraktionen zu reagieren. Denken Sie an das Anklicken einer Schaltfläche oder an unmittelbare Reaktionen auf Eingaben in ein Textfeld. Activities enthalten hierfür die Methode `findViewById()`. Der ihr übergebene Wert entspricht üblicherweise einer Konstante aus `R.id`. Diese wiederum bezieht ihre Informationen aus den Attributen `android:id` der XML-Dateien. Das Eingabefeld meines Beispiels ist über seine ID `textfield` erreichbar. Die Klasse `WidgetDemo`, die Sie gleich kennenlernen werden, greift mit der Anweisung

```
final EditText e = (EditText) findViewById(R.id.textfield);
```

auf sie zu. Zusätzlich zu diesen IDs können Sie Views ein *Tag* zuweisen. Tags werden nicht für die Identifizierung von Views verwendet, sondern dienen als eine Art Speicher für Zusatzinformationen. Anstatt solche Daten in einer gesonderten Struktur abzulegen, können Sie diese (oder gegebenenfalls eine Referenz auf sie) direkt in der View ablegen. In Kapitel 3, »Von der Idee zur Veröffentlichung«, nutzt die Methode `getView()` der Klasse `TierkreiszeichenAdapter` Tags, um Referenzen auf `convertViews` zu speichern.

> **Hinweis**
>
> Views bilden Hierarchien ab. Koordinaten werden deshalb stets relativ zur Elternkomponente angegeben, nicht als absolute Werte.

Views sind Rechtecke. Ihre Positionen werden durch ihre linken oberen Ecken bestimmt. Die Werte entsprechen Pixeln. Sie können sie mit `getLeft()` und `getTop()` abfragen. Die Größe einer View ergibt sich aus den Dimensionen Breite und Höhe. Tatsächlich gehören sogar zwei solcher Paare zu einer View. Das erste Paar gibt an, wie groß innerhalb ihres Elternobjekts die View sein möchte. Die beiden Dimensionen lassen sich mit `getMeasuredWidth()` und `getMeasuredHeight()` abfragen.

Das zweite Paar gibt die tatsächliche Größe einer View auf dem Bildschirm an, und zwar nach dem Layoutvorgang, aber vor dem Zeichnen. Diese Werte werden von den beiden Methoden `getWidth()` und `getHeight()` geliefert. Die beiden Paare können, müssen aber nicht unterschiedlich sein. Die Größe einer View wird auch durch das sogenannte *Padding* beeinflusst. Diese Pixelwerte geben an, wie weit der Inhalt einer View von ihrem oberen, unteren, linken und rechten Ende entfernt sein soll. Das Padding können Sie mit der Methode `setPadding()` setzen und mit `getPaddingLeft()`, `getPaddingTop()`, `getPaddingRight()` und `getPaddingBottom()` abfragen. Das Konzept von Rändern wird übrigens in den sogenannten *ViewGroups* umgesetzt. Diese stelle ich Ihnen im folgenden Abschnitt ausführlich vor.

Komponenten programmatisch erzeugen

Die App *WidgetDemo*, die Sie in Abbildung 5.1 sehen, besteht im Wesentlichen aus einem Eingabefeld und einer Schaltfläche. Geben Sie den voll qualifizierten Klassennamen eines Bedienelements (zum Beispiel `android.widget.AnalogClock`, `android.widget.RatingBar` oder `android.widget.DatePicker`) ein, und klicken Sie anschließend auf ÜBERNEHMEN. Das Programm instanziiert das entsprechende Objekt und fügt es in den Komponentenbaum ein, der aus der XML-Datei *main.xml* entfaltet wurde. Wie dies funktioniert, ist in Listing 5.2 zu sehen:

```
package com.thomaskuenneth.widgetdemo;

import android.app.Activity;
import android.content.Context;
import android.os.Bundle;
import android.util.Log;
import android.view.View;
import android.view.View.OnClickListener;
import android.view.ViewGroup.LayoutParams;
import android.widget.Button;
import android.widget.EditText;
import android.widget.FrameLayout;

public class WidgetDemo extends Activity {

    private static final String TAG = WidgetDemo.class.getSimpleName();

    @Override
    public void onCreate(Bundle savedInstanceState) {
        super.onCreate(savedInstanceState);
        setContentView(R.layout.main);

        final LayoutParams params = new LayoutParams(LayoutParams.MATCH_PARENT,
                LayoutParams.WRAP_CONTENT);
        // Referenzen auf Views ermitteln
        final FrameLayout f = (FrameLayout) findViewById(R.id.frame);
        final EditText e = (EditText) findViewById(R.id.textfield);
        final Button b = (Button) findViewById(R.id.apply);
        // auf Anklicken des Buttons reagieren
        b.setOnClickListener(new OnClickListener() {
```

```
            @Override
            public void onClick(View v) {
                // eingegebenen Text auslesen
                String name = e.getText().toString();
                try {
                    // ein Objekt instanziieren
                    Class c = Class.forName(name);
                    Object o = c.getDeclaredConstructor(Context.class)
                            .newInstance(WidgetDemo.this);
                    // Leitet die Klasse von View ab?
                    if (o instanceof View) {
                        // alte Views löschen u. neue hinzufügen
                        f.removeAllViews();
                        f.addView((View) o, params);
                        f.forceLayout();
                    }
                } catch (Throwable tr) {
                    Log.e(TAG, "Fehler beim Instanziieren von " + name, tr);
                }
            }
        });
    }
}
```

Listing 5.2 »WidgetDemo.java«

Wie üblich zeigt der Aufruf von `setContentView()` die Benutzeroberfläche an. Mit `findViewById()` ermitteln wir Referenzen auf Objekte, die wir im weiteren Programmverlauf noch benötigen, zum Beispiel, um für die Schaltfläche ÜBERNEHMEN einen `OnClickListener` zu registrieren. Vielleicht fragen Sie sich, was es mit der View namens `FrameLayout` auf sich hat. Nach dem Start der App ist von ihr zunächst nichts zu sehen. `FrameLayout` ist ein Kind der Klasse `android.view.ViewGroup`. Solche Container nehmen weitere Bedienelemente auf. Zunächst wird mit der Anweisung

```
FrameLayout f = (FrameLayout) findViewById(R.id.frame);
```

eine Referenz auf die Komponente ermittelt. Anschließend können Sie mit `addView()` Views (oder ViewGroups) hinzufügen und mit `removeAllViews()` entfernen. Auf diese Weise ist das Mischen von deklarativ und programmatisch erstellten Oberflächen problemlos möglich. Ist Ihnen aufgefallen, dass bei `addView()` ein Objekt des Typs `android.view.ViewGroup.LayoutParams` übergeben wurde? Wie auch bei per XML deklarierten Oberflächen müssen Sie beim Hinzufügen einer View bestimmte Werte zwingend angeben, nämlich Breite und Höhe. Dies geschieht mit `LayoutParams`-Objekten.

Abbildung 5.1 Die App »WidgetDemo«

Der Aufruf der Methode `forceLayout()` erzwingt das erneute Anordnen der Bedienelemente. Dies ist für das korrekte Anzeigen der hinzugefügten Komponente nötig.

Auf Benutzeraktionen reagieren

Die Idee, mithilfe von sogenannten *Listenern* auf Benutzeraktionen zu reagieren, wird in vielen Klassenbibliotheken umgesetzt. Bedienelemente bieten an, Referenzen von Objekten, die entweder bestimmte Interfaces implementieren oder von bestimmten Basisklassen ableiten, bei sich zu registrieren. Tritt ein festgelegtes Ereignis ein oder löst der Benutzer eine bestimmte Aktion aus, ruft die Komponente eine Methode der ihr übergebenen Objekte auf. Welche Listener ein Bedienelement anbieten, entnehmen Sie bitte Googles Entwicklerdokumentation. Der in Listing 5.3 gezeigte `OnClickListener` steht zum Beispiel auch bei Ankreuzfeldern (`android.widget.CheckBox`) zur Verfügung.

```
Button b = (Button) findViewById(R.id.apply);
b.setOnClickListener(new OnClickListener() {
    @Override
    public void onClick(View v) {
        ...
    }
}
```


Listing 5.3 Auf das Anklicken einer Schaltfläche reagieren

Bei der Wahl des Listeners müssen Sie allerdings genau überlegen, was Sie in Ihrer App erreichen möchten. Hierzu ein Beispiel. Das in Abbildung 5.2 gezeigte Programm *ListenerDemo* gibt in einem Textfeld den Status einer `CheckBox` aus. Das Anklicken einer Schaltfläche kehrt ihn um. Sie finden die fertige App in den Begleitmaterialien zum Buch. Wie in Listing 5.4 zu sehen ist, registriert die Klasse einen *OnClickListener*, der die Meldung beim Anklicken der `CheckBox` mit folgender Anweisung aktualisiert:

```
textview.setText(Boolean.toString(checkbox.isChecked()));
```

Die Schaltfläche STATUS UMKEHREN kehrt den aktuellen Zustand des Ankreuzfeldes mit diesem Quelltextfragment um:

```
checkbox.setChecked(!checkbox.isChecked());
```

Bitte probieren Sie die App im Emulator oder auf einem realen Gerät aus. Testen Sie dabei die Funktion der Schaltfläche und des Ankreuzfeldes.

```
package com.thomaskuenneth.listenerdemo;

import android.app.Activity;
import android.os.Bundle;
import android.view.View;
import android.view.View.OnClickListener;
import android.widget.Button;
import android.widget.CheckBox;
import android.widget.TextView;

public class ListenerDemo extends Activity {

    @Override
    public void onCreate(Bundle savedInstanceState) {
        super.onCreate(savedInstanceState);
        // Oberfläche anzeigen
        setContentView(R.layout.main);
```

```
        // Referenzen ermitteln
        final TextView textview = (TextView) findViewById(R.id.textview);
        final CheckBox checkbox = (CheckBox) findViewById(R.id.checkbox);
        // OnClickListener für CheckBox registrieren
        checkbox.setOnClickListener(new OnClickListener() {

            @Override
            public void onClick(View v) {
                textview.setText(Boolean.toString(checkbox.isChecked()));
            }
        });
        final Button status = (Button) findViewById(R.id.status);
        // OnClickListener für Button registrieren
        status.setOnClickListener(new OnClickListener() {

            @Override
            public void onClick(View v) {
                checkbox.setChecked(!checkbox.isChecked());
            }
        });
    }
}
```

Listing 5.4 »ListenerDemo.java«

Beim Anklicken der CheckBox wird die Meldung korrekt aktualisiert. STATUS UMKEHREN hingegen setzt zwar das Ankreuzfeld richtig (aus *angekreuzt* wird *nicht angekreuzt* und umgekehrt), allerdings ändert sich die Meldung des Textfeldes nicht. Sie zeigt einen anderen Wert an, als die CheckBox tatsächlich hat. Eine schnelle – allerdings unschöne – Umgehung dieses Problems wäre, die Anweisung

```
textview.setText(Boolean.toString(checkbox.isChecked()));
```

in den Listener der Schaltfläche zu kopieren. Lassen Sie uns stattdessen überlegen, was der Grund des Fehlverhaltens ist. Den Status mit der Methode setChecked() zu setzen ist ganz sicher das richtige Vorgehen. Vielleicht ist aber der OnClickListener die falsche Wahl, denn er reagiert »nur« auf das Anklicken bzw. Antippen der Komponente. Dies geschieht beim Setzen durch Code aber nicht. Deshalb gibt es einen OnCheckedChangeListener. Er reagiert auf Statuswechsel. Warum dieser erfolgt, ist Android beim Aufrufen des Listeners »egal«. Um dies auszuprobieren, entfernen Sie die Anweisung checkbox.setOnClickListener(...) und fügen stattdessen den folgenden Ausdruck ein:

```
checkbox.setOnCheckedChangeListener(new CompoundButton
        .OnCheckedChangeListener() {
    @Override
    public void onCheckedChanged(CompoundButton buttonView,
            boolean isChecked) {
                textview.setText(
                  Boolean.toString(checkbox.isChecked()));
    }
});
```

Listing 5.5 Auf das Setzen bzw. Entfernen von Häkchen reagieren

Abbildung 5.2 Die App »ListenerDemo«

Damit Android Studio keine Fehler meldet, müssen Sie die Klasse `android.widget.CompoundButton` importieren. Nun verhält sich die App wie erwartet. Das Anklicken der Schaltfläche führt zur Aktualisierung des Textfeldes, weil aufgrund der Zustandsänderung der `OnCheckedChangeListener` aufgerufen wird.

Im folgenden Abschnitt stelle ich Ihnen die sogenannten *ViewGroups* ausführlicher vor. Ähnlich wie beispielsweise Java Swing ordnet Android Bedienelemente auf Grundlage von Regeln an, die in *Layouts* implementiert wurden. Diese Klassen leiten von `android.view.ViewGroup` ab.

5.1.2 Positionierung von Bedienelementen mit ViewGroups

ViewGroups sind Container, können also weitere Views und ViewGroups enthalten. In Ihren Apps verwenden Sie normalerweise nicht diese Basisklasse, sondern abgeleitete Implementierungen wie die Ihnen bereits bekannten Klassen `LinearLayout` oder das (sehr einfache) `FrameLayout`.

»FrameLayout« und »LinearLayout«

In der App *WidgetDemo* dieses Kapitels habe ich in der zugehörigen Layoutdatei ein `FrameLayout` definiert, um eine zur Laufzeit erzeugte Komponente in den Objektbaum einhängen zu können. Das ist auch der Haupteinsatzbereich dieser Klasse. FrameLayouts enthalten normalerweise ein Element, wenngleich sowohl programmatisch mittels `addView()` als auch in der Layoutdatei mehrere Views hinzugefügt werden können. Seine Größe entspricht dem größten Kindelement. Dessen Position wird mit `gravity` kontrolliert. Um dies auszuprobieren, sehen Sie sich bitte die Layoutdatei *framelayout_demo.xml* an:

```
<?xml version="1.0" encoding="utf-8"?>
<FrameLayout
    xmlns:android="http://schemas.android.com/apk/res/android"
    android:layout_width="match_parent"
    android:layout_height="match_parent"
    android:background="@android:color/darker_gray"
    >

    <View
        android:layout_width="40dp"
        android:layout_height="40dp"
        android:layout_gravity="top|left"
        android:background="#ffff00"
        />

    <TextView
        android:layout_width="wrap_content"
        android:layout_height="wrap_content"
        android:textColor="@android:color/black"
        android:background="@android:color/white"
```

```
        android:text="@string/hello"
        android:layout_gravity="center"
        />
</FrameLayout>
```

Listing 5.6 »framelayout_demo.xml«

Die Kinder werden in der Reihenfolge gezeichnet, in der sie hinzugefügt wurden. Die `TextView` erscheint also am weitesten vorn. Der Wert `center` ihres Attributs `android:layout_gravity` zentriert sie. Die mittlere Komponente, eine `View`, erscheint als solides gelbes Rechteck, weil ich mit dem Ausdruck `android:background="#ffff00"` die Hintergrundfarbe auf Gelb gesetzt habe. Dem Hashzeichen folgen drei hexadezimale Zahlen, die die Rot-, Grün- und Blauanteile der zu verwendenden Farbe repräsentieren.

`android:layout_gravity="top|left"` sorgt dafür, dass das Element in der linken oberen Ecke des `FrameLayout` gezeichnet wird. Die Größe der View habe ich als sogenannte *Density-independent Pixels* angegeben. Die Einheit `dp` abstrahiert von der Pixeldichte des verwendeten Bildschirms. Auf diese Weise passen sich Ihre Apps besser an unterschiedliche Anzeigen an. Ausführliche Informationen hierzu finden Sie in Abschnitt 5.2.2, »Bitmaps und Pixeldichte«.

Abbildung 5.3 Die entfaltete Layoutdatei »framelayout_demo.xml«

Abbildung 5.3 zeigt die entfaltete Layoutdatei. Um sie selbst auszuprobieren, verwenden Sie am besten das Projekt *LeeresProjekt*, das Sie (wie auch die Datei *framelayout_demo.xml*) in den Begleitmaterialien finden. Denken Sie daran, die Layoutdatei nach *res/layout* zu kopieren und in `onCreate()` den Text `R.layout.activity_main` durch `R.layout.framelayout_demo` zu ersetzen. Außerdem muss in der Datei *strings.xml* die folgende Zeile vorhanden sein:

```
<string name="hello">Hallo!</string>
```

`LinearLayout` ist wahrscheinlich das am häufigsten verwendete Layout. Seine Funktionsweise ist leicht nachvollziehbar, und es lässt sich flexibel einsetzen. Es ordnet seine Kinder neben- oder untereinander an. Sie können deren Ausrichtung mit der Ihnen bereits bekannten `gravity` kontrollieren. Die in Abbildung 5.4 dargestellte Datei *linearlayout_demo.xml* zeigt im entfalteten Zustand zwei Schaltflächen und ein Eingabefeld. Sie finden die Datei ebenfalls in den Begleitmaterialien.

Abbildung 5.4 Die entfaltete Layoutdatei »linearlayout_demo.xml«

```
<?xml version="1.0" encoding="utf-8"?>
<LinearLayout
    xmlns:android="http://schemas.android.com/apk/res/android"
    android:orientation="vertical"
```

```
    android:layout_width="match_parent"
    android:layout_height="match_parent"
    android:padding="8dp"
    >

    <EditText
        android:layout_width="match_parent"
        android:layout_height="wrap_content"
        android:layout_weight="1.0"
        />

    <LinearLayout
        android:orientation="horizontal"
        android:layout_width="match_parent"
        android:layout_height="wrap_content"
        android:gravity="right"
        >

        <Button
            android:text="OK"
            android:layout_width="wrap_content"
            android:layout_height="wrap_content"
            />

        <Button
            android:text="Abbruch"
            android:layout_width="wrap_content"
            android:layout_height="wrap_content"
            />
    </LinearLayout>
</LinearLayout>
```

Listing 5.7 »linearlayout_demo.xml«

Mit dem Attribut android:orientation steuern Sie, ob Kindelemente spaltenweise (horizontal) oder zeilenweise (vertical) angeordnet werden. Der Ausdruck android:gravity="right" führt dazu, dass die beiden Schaltflächen des Beispiels gegen den rechten Rand hin ausgerichtet werden.

Freien Bildschirmplatz können Sie mit dem Attribut android:layout_weight verteilen. Das funktioniert folgendermaßen: Zunächst ermittelt Android, wie hoch oder breit die Kinder sein möchten. Anschließend wird noch vorhandener Raum entsprechend der im Attribut layout_weight angegebenen Gewichtung verteilt. Soll beispielsweise das Eingabefeld zwei Drittel der Bildschirmhöhe einnehmen, setzen Sie dessen `weight` auf `0.7` und das Attribut `android:layout_weight` des `LinearLayout` der Schaltflächen auf `0.3`. Die Summe aller Gewichtungen muss standardmäßig `1.0` ergeben. Dieser Wert kann bei Bedarf durch Setzen des Attributs `android:weightSum` geändert werden.

Dump View Hierarchy und »RelativeLayout«

Wie Sie gesehen haben, können Sie durch das Schachteln von LinearLayouts mit geringem Aufwand die Benutzeroberfläche Ihrer App gestalten. Allerdings belegt jede View und jede ViewGroup Speicher. Zudem ist das Entfalten von komplexen Komponentengeflechten aufwendig, verbraucht also Rechenleistung. Auch wenn moderne Smartphones und Tablets eine beachtliche Leistungsfähigkeit erreicht haben, ist effiziente Programmierung weiterhin sehr wichtig. Das Android SDK enthält den *Android Device Monitor*. Sie starten ihn aus Android Studio mit TOOLS • ANDROID • ANDROID DEVICE MONITOR. Dieses mächtige Werkzeug, das Sie in Abbildung 5.5 sehen, enthält unter anderem die Funktion *Dump View Hierarchy*. Damit können Sie den Komponentenbaum einer App live inspizieren. Es verdeutlicht, aus wie vielen Objekten das doch recht einfach anmutende `LinearLayout`-Beispiel besteht.

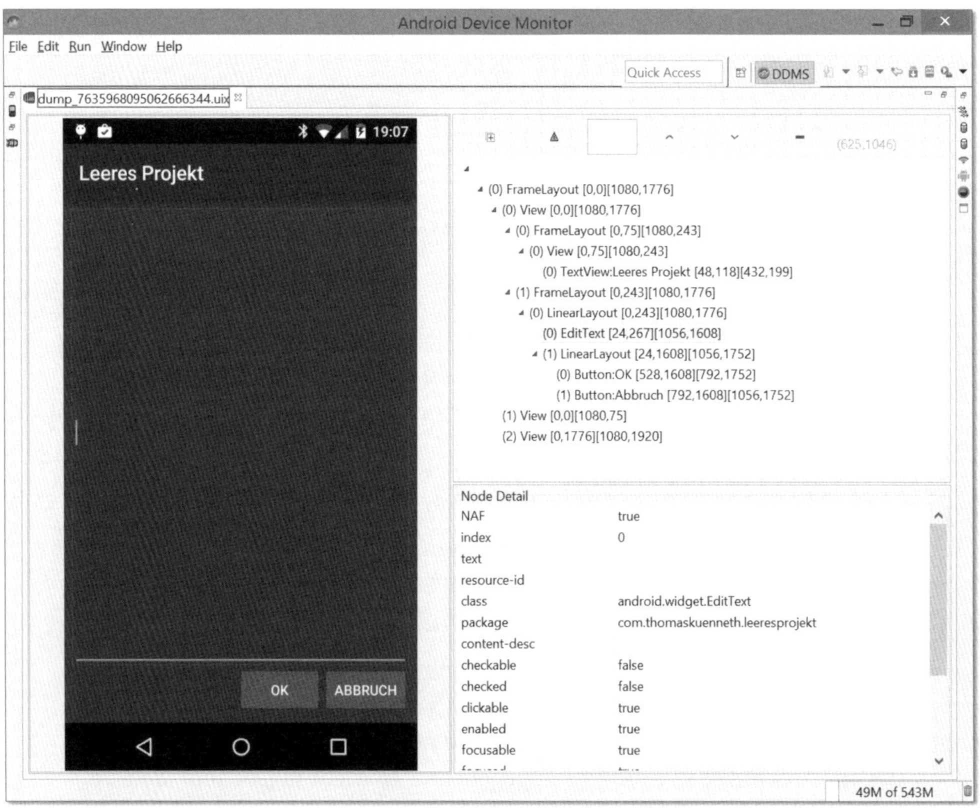

Abbildung 5.5 Dump View Hierarchy im Android Device Monitor

Im Folgenden zeige ich Ihnen, wie Sie mit weniger Komponenten dasselbe Ergebnis erzielen. Das `RelativeLayout` kann nicht nur nebeneinanderliegende Schaltflächen ohne zusätzlichen Container anordnen. Die vollständige Benutzeroberfläche des Beispiels aus dem vorherigen Abschnitt ist damit intuitiv und effizient umsetzbar. Sie finden die Datei *relativelayout_demo.xml* in den Begleitmaterialien.

```
<?xml version="1.0" encoding="utf-8"?>
<RelativeLayout
    xmlns:android="http://schemas.android.com/apk/res/android"
    android:layout_width="match_parent"
    android:layout_height="match_parent"
    android:padding="8dp"
    >

    <Button
        android:id="@+id/button_cancel"
        android:layout_alignParentRight="true"
        android:layout_alignParentBottom="true"
        android:text="Abbruch"
        android:layout_width="wrap_content"
        android:layout_height="wrap_content"
        />

    <Button
        android:id="@+id/button_ok"
        android:layout_toLeftOf="@id/button_cancel"
        android:layout_alignTop="@id/button_cancel"
        android:text="OK"
        android:layout_width="wrap_content"
        android:layout_height="wrap_content"
        />

    <EditText
        android:layout_above="@id/button_ok"
        android:layout_width="match_parent"
        android:layout_height="match_parent"
        />
</RelativeLayout>
```

Listing 5.8 »relativelayout_demo.xml«

Die Grundidee von `RelativeLayout` ist, die Positionen von Komponenten in Abhängigkeit zu anderen Elementen zu beschreiben. Beispielsweise sorgt `android:layout_` `toLeftOf="@id/button_cancel"` dafür, dass die Schaltfläche OK links neben ABBRUCH platziert wird. Ähnliches gilt für `android:layout_above="@id/button_ok"`. Dieser Ausdruck positioniert das Eingabefeld über den beiden Schaltflächen.

Vielleicht fragen Sie sich, warum ich die Benutzeroberfläche sozusagen von unten nach oben beschreibe. Wäre es nicht einfacher, mit dem `EditText` zu beginnen und im Anschluss daran die beiden Buttons zu definieren? Grundsätzlich ist dies möglich, allerdings kann Android dann nicht ohne Weiteres berechnen, wie hoch das Eingabefeld werden darf. Oftmals müssen Sie etwas tüfteln, bis Sie das gewünschte Ergebnis mit `RelativeLayout` erreichen. Die geringere Anzahl von Objekten zur Laufzeit ist diese Mühe meiner Meinung nach in jedem Fall wert.

[»] **Hinweis**

In den Dateien *linearlayout_demo.xml* und *relativelayout_demo.xml* habe ich die Beschriftung der Schaltflächen OK und ABBRUCH »hart verdrahtet«. Das macht das Lesen im Listing etwas einfacher, ist aber für Ihre eigenen Projekte nicht empfehlenswert. Bitte beherzigen Sie von Anfang an den Grundsatz, jeden Text für die Benutzeroberfläche in die Datei *strings.xml* auszulagern.

5.2 Alternative Ressourcen

Wenn man sich die mittlerweile unüberschaubare Vielfalt an Android-Geräten vergegenwärtigt, mag man kaum glauben, dass es im Frühjahr 2009 gerade einmal zwei Modelle gab, die sich zudem (mit Ausnahme einer Tastatur) kaum unterschieden. Für Entwickler war das natürlich eine komfortable Situation. Es gab kaum Unwägbarkeiten, die die Lauffähigkeit der eigenen App gefährdeten. Das Drehen des Displays war beherrschbar.

5.2.1 Automatische Layout-Auswahl

Sowohl das *G1* als auch das *Magic* besaßen ein 3,2-Zoll-Display, das 320 × 480 Pixel auflöste. Drehte der Benutzer das Gerät oder öffnete er die Hardwaretastatur des G1, wechselte das Seitenverhältnis vom Hochkant- in das Querformat. Diese Funktionalität ist selbstverständlich auch in der aktuellen Android-Version noch enthalten. Schließlich profitieren auch Tablets von solchen Orientierungswechseln. Ihre Apps können mit *alternativen Ressourcen* darauf reagieren.

Auf das Drehen des Geräts reagieren

Die Kernidee ist, die Benutzeroberfläche in unterschiedlichen Ausprägungen zur Verfügung zu stellen. Hierzu ein Beispiel. Android beinhaltet das Bedienelement

DatePicker. Mit ihm lässt sich sehr schnell eine App bauen, die die Anzahl der Tage zwischen zwei Datumsangaben berechnet. Das Beispielprojekt *Datumsdifferenz* ist in Abbildung 5.6 dargestellt.

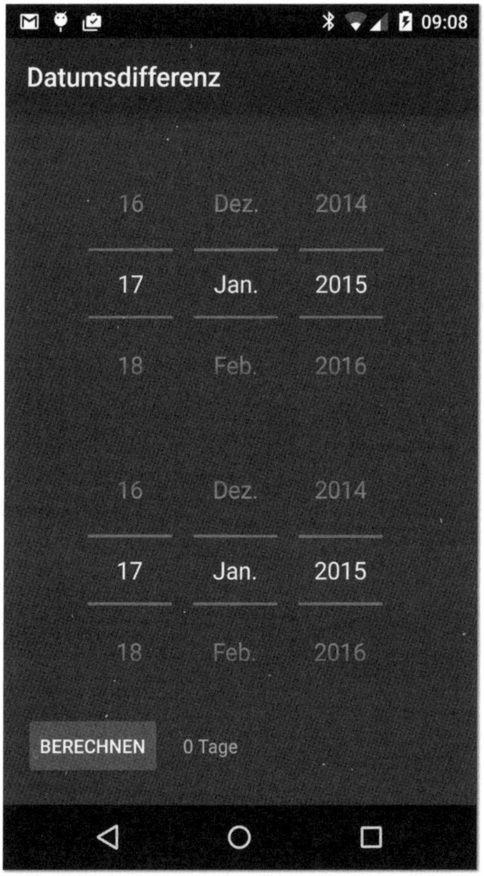

Abbildung 5.6 Die App »Datumsdifferenz«

Die Klasse Datumsdifferenz leitet von android.app.Activity ab. In onCreate() wird die Benutzeroberfläche geladen und angezeigt. Außerdem werden zwei Objekte des Typs java.util.Calendar instanziiert. Klickt der Anwender auf die Schaltfläche Berechnen, überträgt die Methode updateCalendarFromDatePicker() das Datum eines Pickers in das korrespondierende Objekt. Die Methode berechnen() ermittelt die Datumsdifferenz.

```
package com.thomaskuenneth.datumsdifferenz;

import java.util.Calendar;
import android.app.Activity;
import android.os.Bundle;
```

```
import android.view.View;
import android.view.View.OnClickListener;
import android.widget.Button;
import android.widget.DatePicker;
import android.widget.TextView;

public class Datumsdifferenz extends Activity {

   private Calendar cal1, cal2;
   private TextView tv;
   private DatePicker dp1, dp2;

   @Override
   public void onCreate(Bundle savedInstanceState) {
      super.onCreate(savedInstanceState);
      setContentView(R.layout.main);
      cal1 = Calendar.getInstance();
      cal2 = Calendar.getInstance();
      dp1 = (DatePicker) findViewById(R.id.date1);
      dp2 = (DatePicker) findViewById(R.id.date2);
      tv = (TextView) findViewById(R.id.textview_result);
      final Button b = (Button) findViewById(R.id.button_calc);
      b.setOnClickListener(new OnClickListener() {

         @Override
         public void onClick(View v) {
            berechnen();
         }
      });

      berechnen();
   }

   private void berechnen() {
      updateCalendarFromDatePicker(cal1, dp1);
      updateCalendarFromDatePicker(cal2, dp2);
      if (cal2.before(cal1)) {
         Calendar temp = cal1;
         cal1 = cal2;
         cal2 = temp;
      }
```

```
    int days = 0;
    while ((cal1.get(Calendar.YEAR) != cal2.get(Calendar.YEAR))
          || (cal1.get(Calendar.MONTH) != cal2.get(Calendar.MONTH))
          || (cal1.get(Calendar.DAY_OF_MONTH) != cal2
                .get(Calendar.DAY_OF_MONTH))) {
      days += 1;
      cal1.add(Calendar.DAY_OF_YEAR, 1);
    }
    tv.setText(getString(R.string.template, days));
  }

  private void updateCalendarFromDatePicker(Calendar cal, DatePicker dp) {
    cal.set(Calendar.YEAR, dp.getYear());
    cal.set(Calendar.MONTH, dp.getMonth());
    cal.set(Calendar.DAY_OF_MONTH, dp.getDayOfMonth());
  }
}
```

Listing 5.9 Die Klasse »Datumsdifferenz«

Das folgende Listing zeigt die Layoutdatei *main.xml*. Das Aussehen der Datumsauswahl ist konfigurierbar. Sie schalten mit `android:datePickerMode=` zwischen einer Kalenderblatt-Darstellung (`calendar`) und der Anzeige von Schaltflächen zum Blättern zwischen Tag, Monat und Jahr um (`spinner`). `android:calendarViewShown="false"` ist nötig, um in dieser Anzeigevariante den sonst erscheinenden Monatskalender auszublenden.

```
<?xml version="1.0" encoding="utf-8"?>
<LinearLayout xmlns:android="http://schemas.android.com/apk/res/android"
    android:orientation="vertical"
    android:layout_width="match_parent"
    android:layout_height="match_parent"
    android:gravity="center"
    >

    <DatePicker
        android:id="@+id/date1"
        android:layout_width="wrap_content"
        android:layout_height="wrap_content"
        android:datePickerMode="spinner"
        android:calendarViewShown="false"
        />
```

```
    <DatePicker
        android:id="@+id/date2"
        android:layout_width="wrap_content"
        android:layout_height="wrap_content"
        android:datePickerMode="spinner"
        android:calendarViewShown="false"
        />

    <RelativeLayout
        android:layout_width="match_parent"
        android:layout_height="wrap_content"
        >

        <Button
            android:id="@+id/button_calc"
            android:text="@string/calc"
            android:layout_width="wrap_content"
            android:layout_height="wrap_content"
            android:layout_marginStart="16dp"
            />

        <TextView
            android:id="@+id/textview_result"
            android:layout_width="wrap_content"
            android:layout_height="wrap_content"
            android:layout_toEndOf="@id/button_calc"
            android:layout_alignBaseline="@id/button_calc"
            android:layout_marginStart="16dp"
            />

    </RelativeLayout>
</LinearLayout>
```

Listing 5.10 Die Layoutdatei »main.xml«

Nach dem Start bringen Sie den Emulator in den Quermodus, indem Sie auf dem Ziffernblock Ihrer Tastatur [7] (alternativ [Strg]+[F11]) oder [9] ([Strg]+[F12]) drücken. Wie Sie in Abbildung 5.7 sehen, ist das Ergebnis mehr als unbefriedigend, da die Benutzeroberfläche nicht vollständig dargestellt wird.

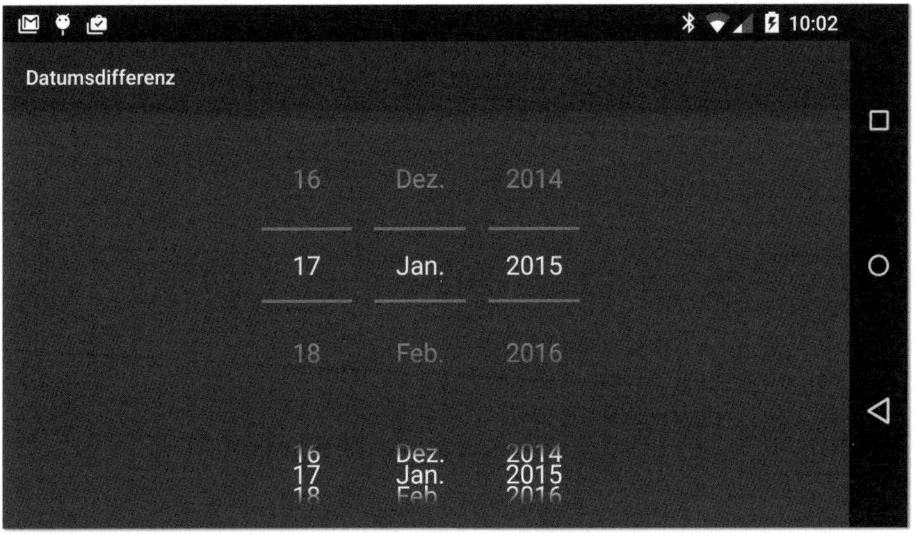

Abbildung 5.7 Die App »Datumsdifferenz« im Quermodus

Um dies zu korrigieren, legen Sie im Werkzeugfenster PROJECT unterhalb von *res* das Verzeichnis *layout-land* an. Es nimmt Layoutdateien auf, die angezeigt werden, wenn das Gerät in den *Landscape*-Modus gebracht wird. Erzeugen Sie in diesem Ordner eine Datei mit dem Namen *main.xml*, und übernehmen Sie die folgenden Zeilen. Ein Rechtsklick auf *res* öffnet ein Kontextmenü, das die beiden Befehle NEW • FILE und NEW • DIRECTORY enthält. Um sich Tipparbeit zu ersparen, können Sie den Inhalt von *main_land.xml* aus den Begleitmaterialien in die Datei *res/layout-land/main.xml* übernehmen.

```
<?xml version="1.0" encoding="utf-8"?>
<RelativeLayout xmlns:android="http://schemas.android.com/apk/res/android"
    android:layout_width="match_parent"
    android:layout_height="wrap_content"
    >

    <DatePicker
        android:id="@+id/date1"
        android:layout_width="wrap_content"
        android:layout_height="wrap_content"
        android:datePickerMode="spinner"
        android:calendarViewShown="false"
        android:layout_alignParentTop="true"
        android:layout_alignParentStart="true"
    />
```

```
    <DatePicker
        android:id="@+id/date2"
        android:layout_width="wrap_content"
        android:layout_height="wrap_content"
        android:calendarViewShown="false"
        android:datePickerMode="spinner"
        android:layout_marginStart="16dp"
        android:layout_alignParentTop="true"
        android:layout_toEndOf="@id/date1"
        />

    <Button
        android:id="@+id/button_calc"
        android:text="@string/calc"
        android:layout_width="wrap_content"
        android:layout_height="wrap_content"
        android:layout_alignParentStart="true"
        android:layout_below="@id/date2"
        />

    <TextView
        android:id="@+id/textview_result"
        android:layout_width="wrap_content"
        android:layout_height="wrap_content"
        android:layout_toEndOf="@id/button_calc"
        android:layout_alignBaseline="@id/button_calc"
        android:layout_marginStart="16dp"
        />

</RelativeLayout>
```

Listing 5.11 »main.xml« für den Landscape-Modus

Der Name der Layoutdatei ist für den Porträt- und Landschaftsmodus also gleich, beispielsweise *main.xml*. Dies ist nötig, weil er die Grundlage für eine Konstante in der automatisch generierten Klasse `R.layout` bildet. Diese wiederum verwenden Sie beispielsweise in `setContentView()`. Entscheidend ist, ob Sie die Layoutdatei unter *layout-land* oder *layout* ablegen. Layouts, die ausdrücklich für den Hochkantmodus entworfen wurden, deponieren Sie in *layout-port*. Android sucht im Ordner *layout*, wenn das angeforderte Layout in keinem der genannten Spezialverzeichnisse gefunden wird.

Übrigens kann die Komponente `DatePicker` Ihre App bei der Änderung des Datums über einen Callback informieren. Sehen Sie sich hierzu die Klasse `DatePickerDemo-`

Activity in Listing 5.12 an. Sie ist Bestandteil meines Beispielprojekts *DatePicker-Demo*. Beim Aufruf der DatePicker-Methode init() wird das Datum angegeben, das die Komponente initial anzeigen soll. Der letzte Parameter ist die Referenz auf ein Objekt, das das Interface OnDateChangedListener implementiert.

```
package com.thomaskuenneth.datepickerdemo;

import android.app.Activity;
import android.os.Bundle;
import android.widget.DatePicker;
import android.widget.DatePicker.OnDateChangedListener;
import org.json.JSONException;
import org.json.JSONObject;
import java.text.DateFormat;
import java.text.SimpleDateFormat;
import java.util.Calendar;
import java.util.Locale;

public class DatePickerDemoActivity extends Activity
                    implements OnDateChangedListener {

    Calendar cal;
    DateFormat df;
    DatePicker dp;

    @Override
    protected void onCreate(Bundle savedInstanceState) {
        super.onCreate(savedInstanceState);
        setContentView(R.layout.main);
        cal = Calendar.getInstance();
        cal.set(Calendar.MONTH, Calendar.AUGUST);
        cal.set(Calendar.DAY_OF_MONTH, 29);
        df = new SimpleDateFormat("yyyy-MM-dd", Locale.GERMANY);
        dp = (DatePicker) findViewById(R.id.dp);
        dp.init(cal.get(Calendar.YEAR), cal.get(Calendar.MONTH),
                cal.get(Calendar.DAY_OF_MONTH), this);
    }

    @Override
    public void onDateChanged(DatePicker view, int year, int monthOfYear,
                              int dayOfMonth) {
        cal.set(Calendar.YEAR, year);
        cal.set(Calendar.MONTH, monthOfYear);
```

```
            cal.set(Calendar.DAY_OF_MONTH, dayOfMonth);
            JSONObject object = new JSONObject();
            try {
                object.put("datum", df.format(cal.getTime()));
            } catch (JSONException e) {
                e.printStackTrace();
            }
            System.out.println(object);
        }
    }
```

Listing 5.12 Die Klasse »DatePickerDemoActivity«

Meine Beispielimplementierung packt das aktuelle Datum in eine JSON-Datenstruktur und gibt es auf der Konsole aus.

[»]

Hinweis

Bis Android 5.0.x (API-Level 21) wird die Methode `onDateChanged()` nicht aufgerufen, wenn sich die Komponente im Kalender-Modus (`android:datePickerMode="calendar"`) befindet. Mit Android 5.1 wurde der Fehler behoben. Im Spinner-Modus funktioniert der Callback hingegen einwandfrei.

Bildschirmgröße

Wie Sie bereits wissen, waren sich die ersten verfügbaren Android-Geräte sehr ähnlich. Das erste Mal mit *Donut*, später mit der Einführung von Tablets hielt die Unterstützung von unterschiedlichen Anzeigegrößen und physikalischen Auflösungen Einzug in die Plattform. Um diese Vielfalt für den Entwickler beherrschbar zu machen, ordnet Android jedes Gerät in Bezug auf seine Bildschirmdiagonale sowie die Anzahl der darstellbaren Pixel jeweils einer Kategorie zu. Bevor ich sie Ihnen vorstelle, möchte ich noch ein paar Begriffe erklären:

- Die *Bildschirmgröße* wird üblicherweise in Zoll angegeben. Sie beschreibt den Abstand von der linken unteren zur rechten oberen Ecke der Anzeige.
- Das *Seitenverhältnis* (engl. *Aspect Ratio*) entspricht dem Quotienten aus physikalischer Breite und Höhe. Android kennt in diesem Zusammenhang die beiden Resource-Bezeichner `long` und `notLong`. Ob ein Bildschirm lang oder nicht lang ist, hat übrigens nichts mit dessen Ausrichtung zu tun. WVGA (800 × 480 Pixel) und FWVGA (854 × 480 Pixel) sind lang, VGA (640 × 480 Pixel) hingegen nicht. Deshalb bleibt das Seitenverhältnis zur Laufzeit auch stets gleich.
- Die *Auflösung* gibt die Zahl der horizontal und vertikal ansprechbaren physikalischen Pixel an.

- Die *Pixeldichte* schließlich wird in Punkten pro Zoll angegeben. Dieser Wert ist letztlich ein Maß für die Größe eines Pixels. Er errechnet sich aus der Bildschirmgröße und der physikalischen Auflösung.

Android kennt vier Bildschirmgrößen oder besser gesagt Bildschirmkategorien: klein (ungefähr 2 bis 3,2 Zoll), normal (zwischen 3,2 und ca. 4 Zoll), groß (ungefähr 4 bis 7 Zoll) und sehr groß (alles ab 7 Zoll). Entsprechende Layouts werden in den Verzeichnissen *layout-small*, *layout-normal*, *layout-large* und *layout-xlarge* abgelegt. Um ein speziell für den Quermodus entwickeltes Layout für kleine Displays ablegen zu können, erzeugen Sie einfach den Ordner *layout-small-land* und legen es dort ab.

Allerdings hat sich gezeigt, dass diese grobe Einteilung nicht besonders gut geeignet ist, um Oberflächen für Tablets zu optimieren. Mit Android 3.2 wurde deshalb (nochmals) ein neuer Mechanismus eingeführt. Die Idee ist, nicht wie bisher üblich das Layout so anzupassen, dass es möglichst gut in eine der vier Bildschirmklassen passt. Stattdessen definiert die App, wie viel Platz sie in horizontaler oder vertikaler Richtung mindestens benötigt. Größenangaben beziehen sich dabei nicht auf den physikalischen Bildschirm, sondern auf den Bereich, der der Activity tatsächlich zur Verfügung steht. Die Action Bar (ich stelle sie Ihnen in Abschnitt 5.3.4 dieses Kapitels vor) wird hierbei der Anwendung zugerechnet. Sie reduziert deshalb den Platz, der einem Layout zur Verfügung steht.

Ob ein Layout für eine bestimmte Bildschirmkonfiguration verwendet wird, ergibt sich aus dem Namen des Verzeichnisses, in dem sich die XML-Datei befindet. Der Name beginnt mit *layout-*, gefolgt von einem der Suffixe aus Tabelle 5.1.

Bildschirmkonfiguration	Suffix für Dateinamen	Bedeutung
Kleinstmögliche Breite	*sw...dp*	Breite, die mindestens zur Verfügung stehen muss; das Drehen des Bildschirms hat keine Auswirkung.
Zur Verfügung stehende Breite	*w...dp*	Breite in geräteunabhängigen Punkten, die mindestens vorhanden sein muss, damit diese Ressource verwendet wird; dieser Qualifier bietet sich bei der Definition von Mehrspalten-Layouts an.
Zur Verfügung stehende Höhe	*h...dp*	Höhe in geräteunabhängigen Pixeln, die mindestens vorhanden sein muss, damit diese Ressource verwendet wird

Tabelle 5.1 Zuordnung von Bildschirmkonfigurationen zu Layoutdateien

Beispielsweise wird ein Layout, das Sie unter *res/layout-w200dp* abgelegt haben, immer dann verwendet, wenn einer Activity horizontal mindestens 200 geräteunabhängige Punkte für die Darstellung zur Verfügung stehen.

Werte für gängige Gerätegrößen sind:

- 320 dp für gängige Smartphones
- 480 dp für kleine Tablets
- 600 dp für 7-Zoll-Tablets
- 720 dp für 10-Zoll-Tablets

[+] **Tipp**

In Hinblick auf die Größe der *.apk*-Datei Ihrer App sollten Sie genau prüfen, in welchen Fällen Sie alternative Ressourcen benötigen. Legen Sie Standard-Layouts in *layout* ab, und nutzen Sie Spezialverzeichnisse nur im Bedarfsfall. In manchen Fällen reicht es aus, den Komponentenbaum einer Activity in eine `ScrollView` zu packen. Allerdings funktionieren einige Bedienelemente dann nicht mehr richtig, zum Beispiel die Datumsauswahl `DatePicker`. Testen Sie deshalb, ob sich die Oberfläche Ihres Programms wie gewünscht verhält.

Die Klasse `android.widget.ScrollView` leitet von dem Ihnen bereits bekannten `FrameLayout` ab, enthält also normalerweise ein Kind – in diesem Falle ist das Ihr eigentlicher Komponentenbaum. Wenn dieser vollständig angezeigt werden kann, tritt die `ScrollView` nicht weiter in Erscheinung. Auf Geräten mit kleinen Displays hingegen kann der Benutzer bequem zu den normalerweise nicht sichtbaren Elementen navigieren.

Damit Ihre App in Google Play von den passenden Geräten gefunden wird, müssen Sie in der Manifestdatei festlegen, welche Bildschirmkategorien Ihr Programm unterstützt. Leider gelten unterschiedliche Standardeinstellungen je nachdem, welche Werte Sie bei `android:targetSdkVersion` und `android:minSdkVersion` eingetragen haben. Deshalb empfehle ich Ihnen, alle passenden Bildschirme explizit aufzuzählen.

Hierzu ein Beispiel:

```
<manifest
  xmlns:android="http://schemas.android.com/apk/res/android">
  ...
  <supports-screens
    android:smallScreens="true"
    android:normalScreens="true"
    android:largeScreens="true"
    android:xlargeScreens="false" />
```

```
    ...
</manifest>
```

Listing 5.13 Unterstützung für verschiedene Bildschirmgrößen aktivieren

Mit dem seit Android 3.2 vorhandenen Attribut `android:requiresSmallestWidthDp` können Sie bei Bedarf die kleinstmögliche Breite in geräteunabhängigen Pixeln festlegen, die einer Activity zur Verfügung stehen muss. Ihre App wird dann nur auf Geräten zum Download angeboten, die diese Anforderung erfüllen. Die Attribute des Elements `<supports-screens />` steuern also, für welche Bildschirmgrößen bzw. -kategorien eine App geeignet ist.

Im folgenden Abschnitt zeige ich Ihnen, wie Android mit unterschiedlichen Pixeldichten umgeht und welche Auswirkungen dies für die Entwicklung hat.

5.2.2 Bitmaps und Pixeldichte

Beim Erzeugen eines Projekts legt Android Studio unter anderem die Verzeichnisse *drawable-mdpi*. *drawable-hdpi* und *drawable-xhdpi* an. Diese enthalten Grafiken (z. B. das Programm-Icon) in unterschiedlichen Pixeldichten. In Abhängigkeit von der Bildschirmkonfiguration des aktuellen Geräts lädt die Plattform zur Laufzeit einer App die gewünschte Datei aus dem Verzeichnis für mittlere (*-mdpi*), niedrige (*-ldpi*), hohe (*-hdpi*) oder sehr hohe (*xhdpi*) Dichte. Aus diesem Grund sind – wie auch bei Layouts – die eigentlichen Dateinamen stets gleich.

Automatische Skalierung von Bitmaps

Bitmaps, die im Verzeichnis *drawable* (also ohne Postfix) abgelegt werden, skaliert das System zur Laufzeit. Android geht in diesem Fall davon aus, dass solche Grafiken für eine mittlere Dichte vorgesehen waren. Eine solche Konvertierung unterbleibt für Dateien im Verzeichnis *drawable-nodpi*. Bildschirme mit niedriger Dichte stellen etwa 120 Punkte pro Zoll (engl. *dots per inch* – dpi) dar. Bei mittlerer Dichte sind dies ungefähr 160 dpi, was den beiden ersten Android-Geräten G1 und Magic entspricht. Smartphones oder Tablets mit hoher Pixeldichte lösen ca. 240 dpi auf, bei sehr hoher Dichte sind es sogar 320.

Vielleicht fragen Sie sich, warum Android diesen Aufwand treibt. Aus Sicht des Anwenders soll die Benutzeroberfläche gleich groß wirken, unabhängig von technischen Details wie der Pixeldichte. Deshalb werden – wie Sie gleich sehen werden – Größenangaben in Layouts nicht in klassischen Pixeln angegeben und zur Laufzeit entsprechend umgerechnet. Aber gerade Bitmaps verlieren bei jeder Skalierung an Qualität. Aus diesem Grund können Sie Grafiken in einer Form zur Verfügung stellen, die für bestimmte Pixeldichten optimiert ist.

Density-independent Pixels

Physikalische Pixel sind je nach Hardware unterschiedlich groß. Um das Erstellen von Layouts zu vereinfachen, kennt Android deshalb sogenannte *Density-independent Pixels*. Diese abstrakte Einheit basiert auf der Pixeldichte des Bildschirms in Relation zu 160 dpi. `160dp` entsprechen also immer einem Zoll. Die Formel zur Umrechnung ist sehr einfach:

pixels = dps × (density / 160);

Normalerweise müssen Sie solche Berechnungen in Ihrer App aber gar nicht durchführen. Wichtig ist eigentlich nur, in allen Layouts diese Einheit zu verwenden.

5.3 Vorgefertigte Bausteine für Oberflächen

Anwendungsspezifische Teile von Oberflächen setzen Sie aus Views und ViewGroups zusammen. Zu einer »richtigen« App gehören aber auch Dialoge, Einstellungsseiten und Menüs. Diese müssen Sie zum Glück nicht selbst entwickeln, sondern können auf Bausteine der Plattform zurückgreifen.

5.3.1 Nützliche Activities

Sie können die Activities Ihrer App von der Basisklasse `android.app.Activity` ableiten und mit der Anweisung `setContentView(R.layout.main);` eine aus der Datei *main.xml* entfaltete Oberfläche anzeigen. In vielen Fällen ist das aber gar nicht nötig. Android bringt nämlich eine Reihe von bereits abgeleiteten Activities mit.

Listendarstellungen mit der ListActivity

Ein häufig anzutreffendes Gestaltungsmuster in mobilen Apps ist eine listenartige Einstiegsseite, von der aus zu Details verzweigt wird, sobald der Anwender ein Element der Liste antippt. Wie Sie dies mit Android umsetzen können, demonstriere ich Ihnen mit der in Abbildung 5.8 dargestellten App *MiniContacts*. Das Programm zeigt eine Liste mit den Namen Ihrer Kontakte. Tippen Sie ein Listenelement an, um Details zu der Person anzuzeigen. Sie finden das Projekt *MiniContacts* in den Begleitmaterialien.

Die Klasse `android.app.ListActivity` stellt Ihnen eine `ListView` zur Verfügung. Diese View zeigt ihre Elemente als scrollbare vertikale Liste an. Sie bezieht die darzustellenden Informationen von Adaptern, die das Interface `android.widget.ListAdapter` implementieren. Der im Beispiel verwendete `SimpleCursorAdapter` greift hierzu auf Daten eines Cursors zu. Weiterführende Informationen zu Content Providern finden Sie in Kapitel 11, »Datenbanken«.

Abbildung 5.8 Die App »MiniContacts«

```
package com.thomaskuenneth.minicontacts;

import android.app.ListActivity;
import android.app.LoaderManager;
import android.content.Intent;
import android.content.CursorLoader;
import android.content.Loader;
import android.database.Cursor;
import android.net.Uri;
import android.os.Bundle;
import android.provider.ContactsContract;
```

```
import android.view.View;
import android.widget.ListView;
import android.widget.SimpleCursorAdapter;

public class MiniContacts extends ListActivity
        implements LoaderManager.LoaderCallbacks<Cursor> {

    private static final String[] PROJECTION =
            new String[] {ContactsContract.Data._ID,
                          ContactsContract.Data.LOOKUP_KEY,
                          ContactsContract.Data.DISPLAY_NAME};
    private static final String SELECTION = "((" +
            ContactsContract.Data.DISPLAY_NAME + " NOTNULL) AND (" +
            ContactsContract.Data.DISPLAY_NAME + " != '' ))";
    private SimpleCursorAdapter mAdapter;

    @Override
    protected void onCreate(Bundle savedInstanceState) {
        super.onCreate(savedInstanceState);

        // Welche Spalte wird in welcher View angezeigt?
        String[] fromColumns = {ContactsContract.Data.DISPLAY_NAME};
        int[] toViews = {android.R.id.text1};

        mAdapter = new SimpleCursorAdapter(this,
                android.R.layout.simple_list_item_1, null,
                fromColumns, toViews, 0);
        setListAdapter(mAdapter);

        // Loader vorbereiten. Entweder vorhandenen nutzen oder
        // einen neuen starten
        getLoaderManager().initLoader(0, null, this);
    }

    // wird aufgerufen, wenn ein neuer Loader erzeugt
    // werden muss
    public Loader<Cursor> onCreateLoader(int id, Bundle args) {
        return new CursorLoader(this, ContactsContract.Data.CONTENT_URI,
                PROJECTION, SELECTION, null, null);
    }

    // wird aufgerufen, wenn ein Loader mit dem Laden fertig ist
```

```
    public void onLoadFinished(Loader<Cursor> loader, Cursor data) {
        mAdapter.swapCursor(data);
    }

    // wird aufgerufen, wenn die Daten eines Loaders ungültig
    // geworden sind
    public void onLoaderReset(Loader<Cursor> loader) {
        mAdapter.swapCursor(null);
    }

    @Override
    public void onListItemClick(ListView l, View v, int position, long id) {
        Intent intent = new Intent(Intent.ACTION_VIEW);
        Cursor c = (Cursor) getListView().getItemAtPosition(position);
        Uri uri = ContactsContract.Contacts.getLookupUri(
                c.getLong(0), c.getString(1));
        intent.setData(uri);
        startActivity(intent);
    }
}
```

Listing 5.14 »MiniContacts.java«

Es hat sich bewährt, die Daten mithilfe von *Loadern* bereitzustellen. Diese laden die anzuzeigenden Informationen im Hintergrund und stellen sie nach Verfügbarkeit zum Anzeigen bereit. Hierzu implementiert *MiniContacts* das Interface `LoaderManager.LoaderCallbacks`. Der Aufruf `getLoaderManager().initLoader()` bereitet einen Loader vor. Hierbei wird vom System automatisch ein neuer Loader erzeugt oder ein bereits vorhandener wiederverwendet. Im ersten Fall wird die Methode `onCreateLoader()` aufgerufen. Unsere Implementierung instanziiert dann ein Objekt des Typs `android.content.CursorLoader` für den Zugriff auf die Kontaktdatenbank und gibt es zurück. `onLoadFinished()` wird aufgerufen, wenn das Laden der Daten abgeschlossen ist. `mAdapter.swapCursor(data);` stellt sie dem `CursorAdapter` zur Verfügung. Er reicht sie je nach Bedarf an die `ListView` weiter. Werden die Daten eines Loaders hingegen ungültig, ruft Android die Methode `onLoaderReset()` der App auf. In diesem Fall sorgt `mAdapter.swapCursor(null);` dafür, dass unser `SimpleCursorAdapter` und die `ListView` geleert werden.

Um auf das Antippen eines Listenelements zu reagieren, müssen Sie nur die Methode `onListItemClick()` überschreiben. Das Anzeigen von Kontaktdaten habe ich Ihnen schon einmal kurz gezeigt. Hierzu erzeugen Sie ein Intent mit der Aktion `ACTION_VIEW` und lösen es mit `startActivity()` aus. Der gewünschte Kontakt wird als `Uri` übermittelt.

Der Ausdruck

```
ContactsContract.Contacts.getLookupUri(c.getLong(0), c.getString(1))
```

greift auf Daten zu, die durch den `CursorAdapter` bereitgestellt werden. Ein `Cursor` beschreibt eine Ergebniszeile. Er ist spaltenweise organisiert. Welche Elemente er enthält, haben wir mit dem String-Array `PROJECTION` definiert.

[»]

Hinweis

Um die Kontaktdatenbank auslesen zu können, müssen Sie in der Manifestdatei mit einem `<uses-permission />`-Element die Berechtigung `android.permission.READ_CONTACTS` anfordern.

Programmeinstellungen mit der »PreferencesActivity«

Nahezu jede App lässt sich durch den Benutzer anpassen. Wie Android Sie beim Bau solcher Einstellungsseiten unterstützt, zeige ich Ihnen anhand des Programms *PreferencesDemo*. Die App besteht aus den drei Klassen `PreferencesDemoActivity` (die Hauptaktivität), `SettingsActivity` (siehe Abbildung 5.9) und `SettingsFragment`. Einstellungsseiten basieren auf Fragmenten. Sie leiten von `android.preference.PreferenceFragment` ab und laden üblicherweise ihre Benutzeroberfläche aus einer XML-Datei.

Die Hauptaktivität enthält nur die Schaltfläche EINSTELLUNGEN sowie ein Textfeld. Ein Klick auf den Button öffnet die Einstellungsseite. Diese bleibt aktiv, bis Sie sie mit ZURÜCK beenden. Nun gibt `PreferencesDemoActivity` die Einstellungen, die der Benutzer vorgenommen hat, in dem Textfeld aus. Der Quelltext der drei Klassen ist sehr kurz. Lassen Sie uns zunächst einen Blick auf das Einstellungsfragment werfen.

```
package com.thomaskuenneth.preferencesdemo;

import android.os.Bundle;
import android.preference.PreferenceFragment;

public class SettingsFragment extends PreferenceFragment {

    @Override
    public void onCreate(Bundle savedInstanceState) {
        super.onCreate(savedInstanceState);
        // Einstellungsseite aus XML-Datei laden
        addPreferencesFromResource(R.xml.preferences);
    }
}
```

Listing 5.15 »SettingsFragment.java«

Die Klasse `SettingsFragment` lädt nur in ihrer Methode `onCreate()` die Beschreibung der Einstellungen aus der XML-Datei *preferences.xml*. Diese muss sich in *res/xml* befinden.

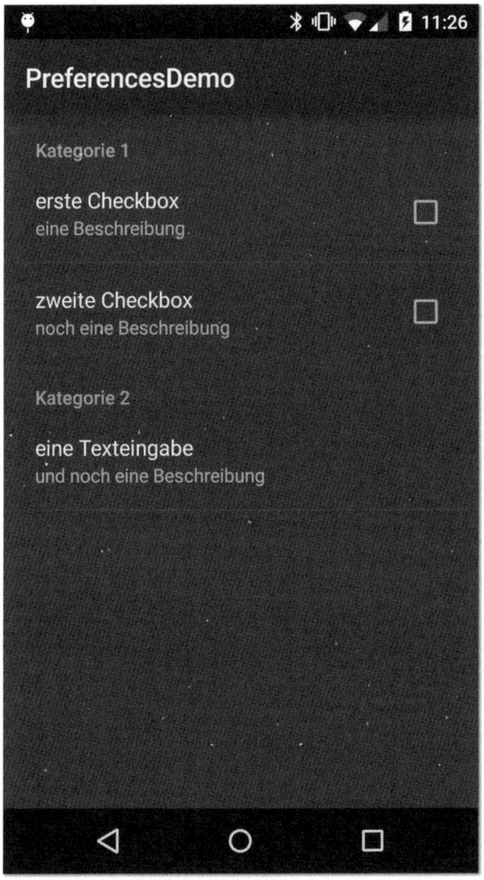

Abbildung 5.9 Die App »PreferencesDemo«

Jede Einstellungsseite hat das Wurzelelement `<PreferencesScreen />`. Mit dem Element `<PreferenceCategory />` können Sie Ihre Einstellungen in Rubriken oder Kategorien unterteilen. Neben den hier gezeigten `<EditTextPreference />` und `<CheckBoxPreference />` kennt Android zahlreiche weitere Elemente, die entweder direkt auf klassische Bedienelemente abgebildet werden oder beim Anklicken Dialoge öffnen. Dies ist auch bei `<EditTextPreference />` der Fall. Der Titel dieses Dialogs wird mit dem Attribut `android:dialogTitle` festgelegt. Die Attribute `android:title` und `android:summary` geben den angezeigten Text sowie eine Beschreibung an. `android:key` ist wichtig, um im Programm auf die Einstellungen zugreifen zu können. Die vollständige Fassung von *preferences.xml* ist im Folgenden zu sehen:

```
<?xml version="1.0" encoding="utf-8"?>
<PreferenceScreen
    xmlns:android="http://schemas.android.com/apk/res/android">
    <PreferenceCategory
        android:title="@string/cat1">
        <CheckBoxPreference
            android:key="checkbox_1"
            android:title="@string/title_cb1"
            android:summary="@string/summary_cb1" />
        <CheckBoxPreference
            android:key="checkbox_2"
            android:title="@string/title_cb2"
            android:summary="@string/summary_cb2" />
    </PreferenceCategory>
    <PreferenceCategory
        android:title="@string/cat2">
        <EditTextPreference
            android:key="edittext_1"
            android:title="@string/title_et1"
            android:summary="@string/summary_et1"
            android:dialogTitle="@string/dialog_title_et1" />
    </PreferenceCategory>
</PreferenceScreen>
```

Listing 5.16 »preferences.xml«

Die Klasse SettingsActivity nutzt den FragmentManager, um als einzigen Inhalt das Fragment SettingsFragment anzuzeigen:

```
package com.thomaskuenneth.preferencesdemo;

import android.app.Activity;
import android.os.Bundle;

public class SettingsActivity extends Activity {

    @Override
    protected void onCreate(Bundle savedInstanceState) {
        super.onCreate(savedInstanceState);
        // das Fragment anzeigen
        getFragmentManager().beginTransaction()
```

```
                .replace(android.R.id.content, new SettingsFragment())
                .commit();
    }
}
```

Listing 5.17 »SettingsActivity.java«

Die Hauptaktivität registriert einen `OnClickListener`, um beim Anklicken `SettingsActivity` zu starten. Nach deren Ende lesen wir die Einstellungen aus und zeigen sie in einem Textfeld an. Der vollständige Quelltext sieht so aus:

```
package com.thomaskuenneth.preferencesdemo;

import android.app.Activity;
import android.content.Intent;
import android.content.SharedPreferences;
import android.os.Bundle;
import android.preference.PreferenceManager;
import android.view.View;
import android.widget.Button;
import android.widget.TextView;

public class PreferencesDemoActivity extends Activity {

    private static final int RQ_SETTINGS = 1234;
    private TextView textview;

    @Override
    protected void onCreate(Bundle savedInstanceState) {
        super.onCreate(savedInstanceState);
        setContentView(R.layout.main);
        Button button = (Button) findViewById(R.id.button);
        button.setOnClickListener(new View.OnClickListener() {

            @Override
            public void onClick(View v) {
                Intent intent = new Intent(PreferencesDemoActivity.this,
                                           SettingsActivity.class);
                startActivityForResult(intent, RQ_SETTINGS);
            }
        });
        textview = (TextView) findViewById(R.id.textview);
        updateTextView();
    }
```

```
    @Override
    protected void onActivityResult(int requestCode,
                                    int resultCode, Intent data) {
        super.onActivityResult(requestCode, resultCode, data);
        if (RQ_SETTINGS == requestCode) {
            updateTextView();
        }
    }

    private void updateTextView() {
        SharedPreferences prefs = PreferenceManager
                .getDefaultSharedPreferences(this);
        boolean cb1 = prefs.getBoolean("checkbox_1", false);
        boolean cb2 = prefs.getBoolean("checkbox_2", false);
        String et1 = prefs.getString("edittext_1", "");
        textview.setText(getString(R.string.template,
                Boolean.toString(cb1), Boolean.toString(cb2), et1));
    }
}
```

Listing 5.18 »PreferencesDemoActivity.java«

Um auf die Einstellungen zuzugreifen, nutzen Sie die statische Methode getDefaultSharedPreferences() der Klasse android.preference.PreferenceManager. Einzelne Werte lesen Sie mit getBoolean() und getString() aus. Der jeweils als erster Parameter übergebene String entspricht dabei dem Wert, den Sie in dem Attribut android:key des korrespondierenden Elements in der XML-Datei mit den Einstellungen (zum Beispiel *preferences.xml*) angegeben haben. Der zweite Parameter wird von der get...()-Methode zurückgeliefert, wenn der angefragte Schlüssel nicht vorhanden ist. In diesem Fall wird er aber nicht angelegt.

Um auszuprobieren, welche Konsequenzen dies hat, deinstallieren Sie im Emulator die App *PreferencesDemo* und setzen anschließend die Standardwerte von cb1 und cb2 auf true. Wenn Sie das Programm erneut starten, werden diese in der erwarteten Weise im Textfeld ausgegeben. Ein Klick auf EINSTELLUNGEN zeigt aber, dass die Ankreuzfelder nicht aktualisiert wurden. Um dies zu erreichen, fügen Sie die folgenden Zeilen am Ende des Methodenrumpfes von updateTextView() ein:

```
SharedPreferences.Editor e = prefs.edit();
e.putBoolean("checkbox_1", cb1);
e.putBoolean("checkbox_2", cb2);
e.commit();
```

Listing 5.19 Einstellungen programmatisch speichern

Die Methode `commit()` sorgt dafür, dass Ihre Änderungen in den Einstellungsspeicher zurückgeschrieben werden.

5.3.2 Dialoge

Wenn der Benutzer ein `<EditTextPreference />`-Element (um genau zu sein: die daraus erzeugte GUI-Komponente) anklickt, öffnet sich ein kleines Fenster mit einer Überschrift, einem Eingabefeld sowie zwei Schaltflächen. Solche *modalen Dialoge* werden über der aktuellen Activity angezeigt. Sie erhalten den Fokus und nehmen alle Eingaben entgegen. Der Anwender wird also in seiner Tätigkeit unterbrochen. Dialoge sollten deshalb stets in enger Beziehung zu der gegenwärtigen Aktivität stehen. Beispiele sind Aufforderungen zur Eingabe von Benutzername und Passwort, Fortschrittsanzeigen oder Hinweise bzw. Fehlermeldungen.

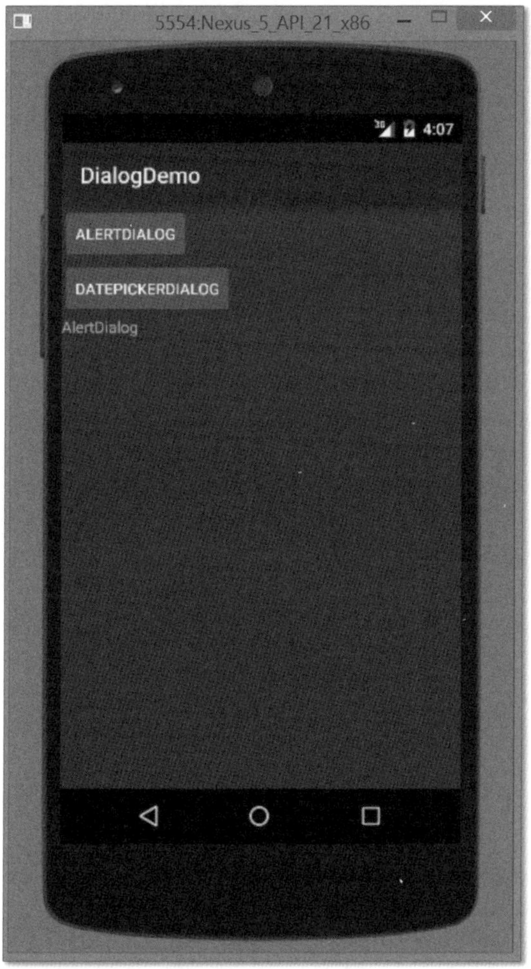

Abbildung 5.10 Die App »DialogDemo«

Anhand des Projekts *DialogDemo* zeige ich Ihnen, wie Sie Dialoge in eigenen Programmen einsetzen. Sie finden die in Abbildung 5.10 dargestellte App in den Begleitmaterialien. Die beiden Schaltflächen ALERTDIALOG und DATEPICKERDIALOG öffnen jeweils einen Dialog. Die Klasse `android.app.DatePickerDialog` ermöglicht dem Benutzer die Auswahl eines Datums. Android kombiniert hierzu die View `android.widget.DatePicker` mit zwei Buttons zum Übernehmen der Eingabe bzw. zum Abbrechen des Vorgangs. Damit das System das ausgewählte Datum an Ihre Activity übermitteln kann, registrieren Sie einen `OnDateSetListener`. Ein solches Objekt wird dem Konstruktor von `DatePickerDialog` übergeben. `android.app.AlertDialog` ist die Elternklasse von `DatePickerDialog`. Sie ist bestens geeignet, um Warn- oder Hinweisdialoge zu realisieren, denn sie ermöglicht Dialoge mit bis zu drei Schaltflächen, einer Überschrift und einer Nachricht.

In älteren Android-Versionen wurden Dialoge durch Aufruf der Activity-Methoden `onCreateDialog()`, `onPrepareDialog()` und `showDialog()` gebaut, vorbereitet und angezeigt. Mit der Einführung von Fragmenten hat Google diese Vorgehensweise allerdings für veraltet erklärt. Nun werden Dialoge in Fragmente eingebettet. Wie dies funktioniert, zeige ich Ihnen zunächst am Beispiel der Datumsauswahl. Sehen Sie sich hierzu die Klasse `DatePickerFragment` an, die von `android.app.DialogFragment` ableitet:

```
package com.thomaskuenneth.dialogdemo;

import android.app.Activity;
import android.app.DatePickerDialog;
import android.app.Dialog;
import android.app.DialogFragment;
import android.os.Bundle;
import java.util.Calendar;

public class DatePickerFragment extends DialogFragment {

    public static final String TAG = DatePickerFragment.class.getSimpleName();

    private DatePickerDialog.OnDateSetListener l;

    @Override
    public void onAttach(Activity activity) {
        super.onAttach(activity);
        if (activity instanceof DatePickerDialog.OnDateSetListener) {
            l = (DatePickerDialog.OnDateSetListener) activity;
        }
    }
```

```
    @Override
    public Dialog onCreateDialog(Bundle savedInstanceState) {
        // das aktuelle Datum als Voreinstellung nehmen
        final Calendar c = Calendar.getInstance();
        int year = c.get(Calendar.YEAR);
        int month = c.get(Calendar.MONTH);
        int day = c.get(Calendar.DAY_OF_MONTH);
        // einen DatePickerDialog erzeugen und zurückliefern
        return new DatePickerDialog(getActivity(), l, year, month, day);
    }
}
```

Listing 5.20 »DatePickerFragment.java«

Eine Methode mit dem Namen `onCreateDialog()` gibt es nach wie vor. In ihr bauen Sie Dialoge zusammen. Mein Beispiel erzeugt eine `DatePickerDialog`-Instanz und übergibt dem Konstruktor die Activity, in die das Fragment eingebettet wird, das aktuelle Datum sowie ein Objekt des Typs `DatePickerDialog.OnDateSetListener`. Die einzige Methode dieses Interfaces, `onDateSet()`, wird aufgerufen, wenn im Dialog ein Datum ausgewählt wird. Die zugehörige Variable wird in `onAttach()` gesetzt. Warum das so gemacht wird, erkläre ich Ihnen gleich. Dann sehen Sie auch, wofür die Konstante `TAG` benötigt wird. Sie wird ja in `DatePickerFragment` selbst nicht genutzt.

Zuvor sehen wir uns aber noch das zweite Fragment des Projekts *DialogDemo* an.

```
package com.thomaskuenneth.dialogdemo;

import android.app.Activity;
import android.app.AlertDialog;
import android.app.Dialog;
import android.app.DialogFragment;
import android.content.DialogInterface;
import android.os.Bundle;

public class AlertFragment extends DialogFragment {

    public static final String TAG = AlertFragment.class.getSimpleName();

    private DialogInterface.OnClickListener l;

    @Override
    public void onAttach(Activity activity) {
        super.onAttach(activity);
```

```
        if (activity instanceof DialogInterface.OnClickListener) {
            l = (DialogInterface.OnClickListener) activity;
        }
    }

    @Override
    public Dialog onCreateDialog(Bundle savedInstanceState) {
        // Builder instanziieren
        AlertDialog.Builder builder = new AlertDialog.Builder(getActivity());
        // Builder konfigurieren
        builder.setTitle(R.string.app_name);
        builder.setMessage(R.string.message);
        builder.setCancelable(false);
        builder.setPositiveButton(R.string.close, l);
        // AlertDialog erzeugen und zurückliefern
        return builder.create();
    }
}
```

Listing 5.21 »AlertFragment.java«

Auch die Klasse `AlertFragment` leitet von `android.app.DialogFragment` ab, definiert eine Konstante `TAG` und implementiert die Methoden `onAttach()` und `onCreateDialog()`. Der `AlertDialog` wird mithilfe eines Builders erzeugt. Dieser sieht unter anderem das Setzen des Titels sowie einer Nachricht bzw. eines Hinweistextes vor. Mit `builder.setPositiveButton()` legen Sie fest, was beim Anklicken der »positiven«, bestätigenden Schaltfläche passiert. Eine »negative« Schaltfläche entspräche dann VERWERFEN oder ABBRUCH. Die Referenz auf ein Objekt des Typs `DialogInterface.OnClickListener` wird, analog zur Implementierung in `DatePickerFragment`, in der Methode `onAttach()` gesetzt. Auch dieses Interface definiert genau eine Methode: `onClick()`. Lassen Sie mich Ihnen nun zeigen, wie die Fragmente in der App genutzt werden:

```
package com.thomaskuenneth.dialogdemo;

import android.app.Activity;
import android.app.DatePickerDialog;
import android.content.DialogInterface;
import android.os.Bundle;
import android.view.View;
import android.view.View.OnClickListener;
import android.widget.Button;
```

```
import android.widget.DatePicker;
import android.widget.TextView;

public class DialogDemo extends Activity
        implements DatePickerDialog.OnDateSetListener,
        DialogInterface.OnClickListener{

    private TextView textview;
    private DatePickerFragment datePickerFragment;
    private AlertFragment alertFragment;

    @Override
    public void onCreate(Bundle savedInstanceState) {
        super.onCreate(savedInstanceState);
        setContentView(R.layout.main);
        textview = (TextView) findViewById(R.id.textview);
        // DatePicker
        datePickerFragment = new DatePickerFragment();
        final Button buttonDatePicker =
                (Button) findViewById(R.id.button_datepicker);
        buttonDatePicker.setOnClickListener(new OnClickListener() {

            @Override
            public void onClick(View v) {
                datePickerFragment.show(getFragmentManager(),
                                        DatePickerFragment.TAG);
            }
        });
        // Alert
        alertFragment = new AlertFragment();
        final Button buttonAlert = (Button) findViewById(R.id.button_alert);
        buttonAlert.setOnClickListener(new OnClickListener() {

            @Override
            public void onClick(View v) {
                alertFragment.show(getFragmentManager(), AlertFragment.TAG);
            }
        });
    }

    @Override
    public void onDateSet(DatePicker view,
                          int year, int monthOfYear, int dayOfMonth) {
```

```
            textview.setText(getString(R.string.button_datepicker));
        }

        @Override
        public void onClick(DialogInterface dialog, int which) {
            textview.setText(getString(R.string.button_alert));
        }
    }
```

Listing 5.22 »DialogDemo.java«

Die Klasse `DialogDemo` leitet von `android.app.Activity` ab. Sie implementiert die beiden Interfaces `DatePickerDialog.OnDateSetListener` und `DialogInterface.OnClickListener`. In der Methode `onCreate()` wird wie üblich die Benutzeroberfläche geladen und angezeigt. Auch die beiden Fragmente `DatePickerFragment` und `AlertFragment` werden hier instanziiert. Ein Aufruf ihrer Methode `show()` zeigt sie an. Dies geschieht beim Anklicken der korrespondierenden Schaltfläche. Hierbei wird die Konstante `TAG` übergeben. Vielleicht fragen Sie sich nun, warum die Activity `DialogDemo` zwei Interfaces implementiert, wobei jeweils eines in der Fragment-Methode `onAttach()` mit `instanceof` geprüft wird. In beiden Fällen möchte das Fragment eine Information an die Activity weitergeben, in die es eingebettet ist. Google empfiehlt für diese Art der Kommunikation die Definition eines Interfaces. Bei `AlertDialog` und `DatePickerDialog` bietet es sich an, die bereits vorhandenen Interfaces zu nutzen. Wenn Sie eigene Fragmente entwerfen, sollten Sie hierfür ein passendes Interface definieren.

[+]

Tipp

Um Daten an ein bereits erzeugtes und in eine Activity eingebettetes Fragment zu übermitteln, definieren Sie ein Interface, das das Fragment implementiert. Die Activity ruft dann einfach die Methode dieses Interfaces auf und übergibt die Parameter. Sie ermitteln ein eingebettetes Fragment mit `getFragmentManager().findFragmentById()`. Liefert dieser Aufruf `null`, erzeugen Sie das Fragment mit `new ...Fragment()` und übergeben die gewünschten Daten mit `setArguments()`. Das Fragment greift mit `getArguments()` auf sie zu.

5.3.3 Menüs

Menüs präsentieren dem Benutzer Funktionen bzw. Aktionen, die er zu einem bestimmten Zeitpunkt ausführen kann. Klassische Desktop-Systeme kennen neben einer Menüleiste sogenannte Kontextmenüs, die geöffnet werden, wenn der Benutzer ein Objekt mit der rechten Maustaste anklickt.

Das Optionsmenü

Bis einschließlich Android 2 wurde das sogenannte *Optionsmenü* durch Drücken einer speziellen Hardwaretaste geöffnet. In neueren Versionen gewährt ein Symbol in der *Action Bar* Zugriff darauf. Das Optionsmenü ist prinzipiell mit einer klassischen Menüleiste vergleichbar, sollte aber weitaus weniger Elemente enthalten und nur solche Funktionen anbieten, die für die aktuelle Activity sinnvoll sind. Üblicherweise kann der Benutzer eine Einstellungsseite aufrufen oder sich Informationen über die App anzeigen lassen. Wenn eine Activity ein Optionsmenü anbieten möchte, muss sie die Methode `onCreateOptionsMenu()` überschreiben. Eine typische Implementierung ist in der Klasse `MenuDemoActivity` zu sehen. Sie finden das in Abbildung 5.11 dargestellte Projekt *MenuDemo* in den Begleitmaterialien.

```
package com.thomaskuenneth.menudemo;

import android.app.Activity;
import android.os.Bundle;
import android.view.Menu;
import android.view.MenuInflater;
import android.view.MenuItem;
import android.widget.TextView;

public class MenuDemoActivity extends Activity {

    private TextView tv;

    @Override
    public void onCreate(Bundle savedInstanceState) {
        super.onCreate(savedInstanceState);
        setContentView(R.layout.main);
        tv = (TextView) findViewById(R.id.textview);
    }

    @Override
    public boolean onCreateOptionsMenu(Menu menu) {
        MenuInflater inflater = getMenuInflater();
        inflater.inflate(R.menu.optionsmenu, menu);
        return super.onCreateOptionsMenu(menu);
    }

    @Override
    public boolean onOptionsItemSelected(MenuItem item) {
        switch (item.getItemId()) {
            case R.id.item1:
```

```
                tv.setText(item.getTitle());
                return true;
            case R.id.item2:
                tv.setText(item.getTitle());
                return true;
            default:
                return super.onOptionsItemSelected(item);
        }
    }

    @Override
    public boolean onPrepareOptionsMenu(Menu menu) {
        tv.setText(getString(R.string.app_name));
        return super.onPrepareOptionsMenu(menu);
    }
}
```

Listing 5.23 »MenuDemoActivity.java«

Der Code in der Methode `onCreateOptionsMenu()` entfaltet ein Menü, dessen Elemente in der Datei *optionsmenu.xml* definiert wurden. Sie wird unter *res/menu* abgelegt und hat den folgenden Aufbau:

```
<?xml version="1.0" encoding="utf-8"?>
<menu xmlns:android="http://schemas.android.com/apk/res/android">
    <item android:id="@+id/item1"
          android:title="@string/item1" />
    <item android:id="@+id/item2"
          android:title="@string/item2" />
</menu>
```

Listing 5.24 »optionsmenu.xml«

Elemente haben einen Titel. Er wird üblicherweise in *strings.xml* eingetragen und über `@string/...` referenziert. Damit Sie auf das Anklicken eines Menüeintrags reagieren können, sollten Sie jedem Element mit `android:id` eine ID zuweisen. Die auszuführenden Aktionen implementieren Sie in `onOptionsItemSelected()`. Die Methode liefert `true`, wenn Ihre Activity auf das Anklicken eines Menüelements reagiert hat. Andernfalls sollten Sie die Methode der Elternklasse aufrufen und deren Ergebnis zurückliefern. `onCreateOptionsMenu()` wird nur einmal aufgerufen. Das erzeugte Menü bleibt bis zur Zerstörung der Activity verfügbar. Wenn Sie Änderungen an Einträgen vornehmen möchten, können Sie die Methode `onPrepareOptionsMenu()` überschreiben. Android ruft sie jedes Mal vor dem Anzeigen des Optionsmenüs auf.

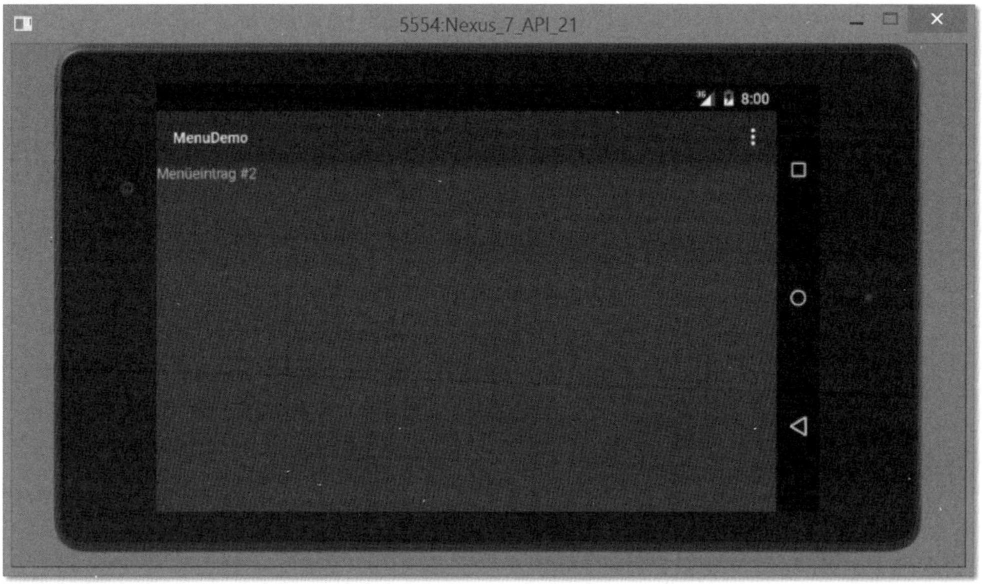

Abbildung 5.11 Die App »MenuDemo«

Tipp

Sie können die Methode `invalidateOptionsMenu()` aufrufen, um das Erzeugen des Menüs zu erzwingen.

Möchten Sie, dass wichtige Einträge ständig sichtbar sind, können Sie dies mit dem Attribut `android:showAsAction` steuern. Hierzu ein Beispiel. Es stellt ein Symbol in der Action Bar dar.

```
<item android:id="@+id/item3"
    android:title="@string/app_name"
    android:showAsAction="always"
    android:icon="@drawable/ic_launcher"
/>
```

Listing 5.25 Symbol in der Action Bar

Kontextmenüs

Android kennt das von Desktop-Systemen bekannte Konzept der Kontextmenüs. Anstelle der rechten Maustaste löst das lange Antippen (Tippen und Halten) eines Elements das Menü aus. Besonders gern werden `ListView`s mit Kontextmenüs versehen. Aber auch andere Bedienelemente können mit solchen situationsbezogenen Menüs verknüpft werden. Nutzen Sie die Activity-Methode `registerForContext-`

Menu(), um eine View mit einem Menü zu koppeln. Der Bau der Menüs verläuft analog zu Optionsmenüs (nur die Methodennamen sind natürlich andere): Sie brauchen nur onCreateContextMenu() und onContextItemSelected() zu überschreiben und in der Ihnen bereits bekannten Weise zu implementieren. Wie dies funktioniert, ist in der Klasse ContextMenuActivity zu sehen. Sie ist Bestandteil des Projekts *ContextMenuDemo*, das Sie in den Begleitmaterialien finden.

```
package com.thomaskuenneth.contextmenudemo;

import android.app.Activity;
import android.os.Bundle;
import android.view.ContextMenu;
import android.view.ContextMenu.ContextMenuInfo;
import android.view.MenuInflater;
import android.view.MenuItem;
import android.view.View;
import android.widget.Button;
import android.widget.TextView;

public class ContextMenuDemoActivity extends Activity {

    private Button button;
    private TextView tv;

    @Override
    public void onCreate(Bundle savedInstanceState) {
        super.onCreate(savedInstanceState);
        setContentView(R.layout.main);
        button = (Button) findViewById(R.id.button);
        registerForContextMenu(button);
        tv = (TextView) findViewById(R.id.textview);
    }

    @Override
    public void onCreateContextMenu(ContextMenu menu, View v,
                                    ContextMenuInfo menuInfo) {
        MenuInflater inflater = getMenuInflater();
        inflater.inflate(R.menu.optionsmenu, menu);
    }

    @Override
    public boolean onContextItemSelected(MenuItem item) {
```

```
        switch (item.getItemId()) {
            case R.id.item1:
                tv.setText(item.getTitle());
                return true;
            case R.id.item2:
                tv.setText(item.getTitle());
                return true;
            default:
                return super.onContextItemSelected(item);
        }
    }
}
```

Listing 5.26 »ContextMenuDemoActivity.java«

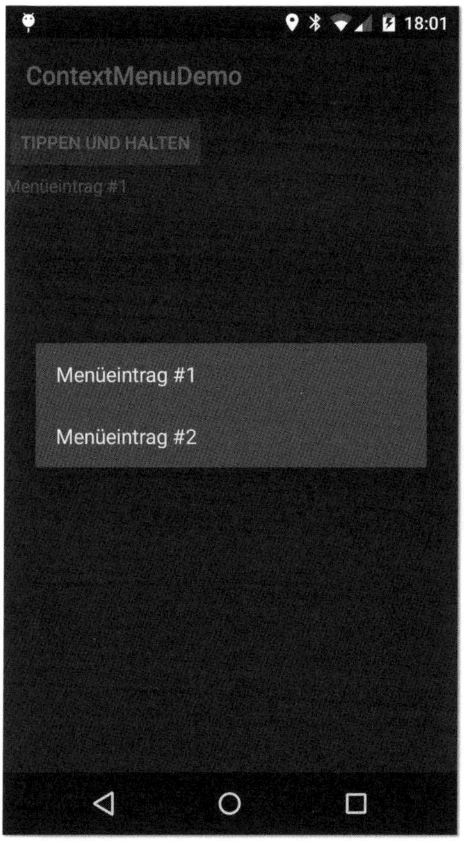

Abbildung 5.12 Die App »ContextMenuDemo«

In `onCreate()` wird auf gewohnte Weise die Benutzeroberfläche geladen und angezeigt, und durch Aufruf der Methode `registerForContextMenu()` wird die Schaltfläche

TIPPEN UND HALTEN mit dem Kontextmenü verbunden. Nach dem Start der App öffnen Sie das Menü, indem Sie den Button antippen und halten. Wenn Sie einen Menübefehl auswählen, erscheint dessen Name unterhalb der Schaltfläche. Die App mit geöffneten Kontextmenü ist in Abbildung 5.12 zu sehen.

5.3.4 Action Bar

Seit *Honeycomb* ersetzt die *Action Bar* die von frühen Android-Versionen bekannte Titelzeile am oberen Rand von Activities. Im Unterschied zu ihrem Vorgänger kann die Action Bar Funktionen übernehmen, die den Werkzeugleisten unter Windows, Mac OS X und Linux ähneln. Außerdem gewährt sie Zugang zu dem Optionsmenü, das ich Ihnen im vorangehenden Abschnitt vorgestellt habe.

Grundlegende Funktionen

Die Action Bar wird standardmäßig in allen Apps verwendet, deren Manifestdatei für mindestens eines der beiden Attribute `android:minSdkVersion` und `android:targetSdkVersion` den Wert 11 oder höher enthält. Mein Beispiel *ActionBarDemo1* zeigt, wie Sie ihre Funktionen nutzen. Die App ist in Abbildung 5.13 zu sehen. Sie finden das Projekt in den Begleitmaterialien. Bitte werfen Sie nun einen Blick auf die Klasse `ActionBarDemo1Activity`.

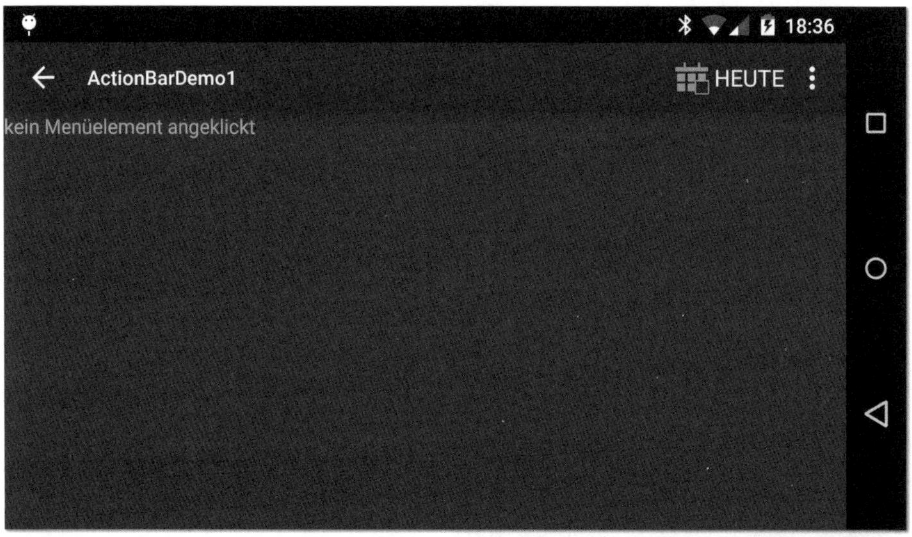

Abbildung 5.13 Die App »ActionBarDemo1«

```
package com.thomaskuenneth.actionbardemo1;

import android.app.Activity;
```

```
import android.os.Bundle;
import android.view.Menu;
import android.view.MenuInflater;
import android.view.MenuItem;
import android.widget.TextView;
import android.widget.Toast;

public class ActionBarDemo1Activity extends Activity {

    private TextView textview;

    @Override
    protected void onStart() {
        super.onStart();
        getActionBar().setDisplayHomeAsUpEnabled(true);
    }

    @Override
    public void onCreate(Bundle savedInstanceState) {
        super.onCreate(savedInstanceState);
        setContentView(R.layout.main);
        textview = (TextView) findViewById(R.id.textview);
    }

    @Override
    public boolean onCreateOptionsMenu(Menu menu) {
        MenuInflater inflater = getMenuInflater();
        inflater.inflate(R.menu.menu, menu);
        return super.onCreateOptionsMenu(menu);
    }

    @Override
    public boolean onOptionsItemSelected(MenuItem item) {
        textview.setText(item.getTitle());
        if (android.R.id.home == item.getItemId()) {
            Toast.makeText(this, R.string.app_name, Toast.LENGTH_SHORT).show();
        }
        return true;
    }
}
```

Listing 5.27 »ActionBarDemo1Activity.java«

Die Vorgehensweise zum Anzeigen eines Menüs kennen Sie bereits. Sie überschreiben die Methode `onCreateOptionsMenu()` und entfalten mithilfe eines `MenuInflator`s die gewünschte XML-Datei. In meinem Beispiel ist dies *menu.xml*. In `onOptionsItemSelected()` reagieren Sie auf das Antippen eines Menübefehls. Meine Trivialimplementierung übernimmt nur den Menütitel in ein Textfeld. Ist Ihnen aufgefallen, dass das Heute-Symbol ständig angezeigt wird? Ich habe es wie im vorherigen Abschnitt durch das Attribut `android:showAsAction` als sogenanntes *Action Item* definiert.

```
<item android:id="@+id/menu_today"
      android:icon="@android:drawable/ic_menu_today"
      android:title="@string/today"
      android:showAsAction="ifRoom|withText" />
```

Listing 5.28 Auszug aus »menu.xml«

Der Wert `ifRoom` legt fest, dass der Befehl in das Menü ausgelagert werden kann, wenn *nicht* genügend Platz im permanent sichtbaren Bereich der Action Bar zur Verfügung steht. Bei `always` unterbleibt dies. Durch das Entfernen von `withText` erscheint nur das Symbol ohne begleitende Beschriftung.

[»] **Hinweis**

Die Beschriftung eines Symbols wird auch bei vorhandenem `withText` weggelassen, wenn nicht genügend Platz zur Verfügung steht. Dies ist bei meiner Beispiel-App *ActionBarDemo1* im Porträtmodus der Fall. Wenn Sie den Emulator (oder ein reales Gerät) in den Quermodus bringen, erscheint die Beschriftung.

Statt eines *Action Items* kann die Action Bar auch Widgets enthalten. Dies ist praktisch, um beispielsweise ein Suchfeld im ständigen Zugriff zu haben. Solche *Action Views* werden mit dem Attribut `android:actionViewLayout` versehen. Dessen Wert referenziert eine Layout-Ressource. Alternativ kann mit `android:actionViewClass` der Klassenname des zu verwendenden Widgets festgelegt werden. Damit das Element in der Action Bar erscheint, müssen Sie das Ihnen bereits bekannte Attribut `android:showAsAction` setzen. Steht nicht genügend Platz zur Verfügung, erscheint das Element im normalen Menü. In diesem Fall verhält es sich allerdings wie ein normales Menüelement, zeigt also kein Widget an.

Aussehen und Navigation

Sie können in der Action Bar das Programmsymbol oder ein Logo anzeigen. Logos dürfen breiter sein, sollten »normalen« Symbolen aber in der Höhe entsprechen. Eine solche Ressource wird dem Attribut `android:logo` des Elements `<application />` der Manifestdatei zugewiesen. Ferner müssen Sie die beiden Methoden `setDisplayUseLogoEnabled()` und `setDisplayShowHomeEnabled()` der Action Bar mit `true` aufrufen.

Activities bieten hierfür die Methode getActionBar() an. Es bietet sich an, wie in meinem Beispiel die Methode onStart() zu überschreiben. Bitte denken Sie aber daran, mit super.onStart() die Implementierung der Elternklasse aufzurufen. Wenn Sie nur setDisplayShowHomeEnabled() aufrufen, erscheint das Programmsymbol Ihrer App in der Action Bar. In früheren Android-Versionen war es möglich, auf das Antippen des Logos bzw. des Programmsymbols in der Action Bar zu reagieren. Dies bot sich am, um schnell zur Eingangsseite einer App zu navigieren. Hierzu musste man nur setHomeButtonEnabled(true) aufrufen. Leider funktioniert dies nicht mehr. Das Icon in der Action Bar ist also funktionslos. Glücklicherweise hat Google eine weitere nützliche Funktion beibehalten. Für Apps mit tief verschachtelten Seiten oder festgelegten Activity-Folgen kann es sinnvoll sein, zur nächsthöheren Ebene zurückzugehen. Die Anweisung getActionBar().setDisplayHomeAsUpEnabled(true); versieht das Icon bzw. Logo mit einem kleinen Pfeil. Wie schon erwähnt, sollten Sie für einen solchen Aufruf die Methode onStart() überschreiben, weil onCreate() nicht zwingend bei jedem Eintritt in die Activity angesprungen wird. Um auf das Antippen des Pfeils zu reagieren, prüfen Sie in onOptionsItemSelected() einfach android.R.id.home == item.getItemId(). Um zur Einstiegsseite der App zurückzukehren, bietet sich folgendes Quelltextfragment an:

```
Intent intent = new Intent(this, StartActivity.class);
intent.addFlags(Intent.FLAG_ACTIVITY_CLEAR_TOP);
startActivity(intent);
```

Tauschen Sie StartActivity gegen den Namen der Activity aus, die die Einstiegsseite Ihrer App implementiert.

5.4 Zusammenfassung

Sie haben in diesem Kapitel viele Komponenten der Android-Klassenbibliothek kennengelernt, die für den Bau von Benutzeroberflächen wichtig sind. Sie gehen souverän mit Views und ViewGroups um, und können Bildschirmseiten gestalten, die sich auf unterschiedlichsten Anzeigegrößen »gut« anfühlen. Im nächsten Kapitel stelle ich Ihnen Bausteine von Apps vor, die im Gegensatz zu Bedienelementen im Verborgenen wirken.

Kapitel 6
Multitasking

Smartphones und Tablets sind Multitalente. Während Sie im Internet surfen, können Sie nebenbei Musik hören oder sich Videoclips ansehen. In diesem Kapitel zeige ich Ihnen, wie Sie Ihre Apps fit fürs Multitasking machen.

Die Zeiten, in denen ein Computer mehrere Programme nur *nacheinander* ausführen konnte, sind zum Glück schon sehr lange vorbei. Moderne Desktop-Systeme sind multitaskingfähig. Sie können also mehrere Anwendungen gleichzeitig ausführen. Wenn eine Maschine nur einen Mikroprozessor enthält, ist dies so natürlich eigentlich gar nicht möglich. Denn auch der Chip kann ja (normalerweise) nur ein Maschinenprogramm ausführen. Betriebssysteme greifen deshalb zu einem Trick. Sie führen ein Programm eine gewisse Zeit lang aus und ziehen dann die Kontrolle wieder an sich. Nun kommt eine andere Anwendung an die Reihe. Dieses Spiel wiederholt sich ständig. Auch wenn also nur stets ein Programm ausgeführt wird, entsteht für den Nutzer der Eindruck einer parallelen Abarbeitung.

Auch von Betriebssystemen für Smartphones erwartet man, dass sie Multitasking unterstützen. Aber warum eigentlich? Ihr kleiner Bildschirm macht die gleichzeitige Nutzung von mehreren Anwendungen (mit Benutzeroberfläche) praktisch unmöglich. Und ein eingehender Anruf unterbricht ohnehin die aktuelle Tätigkeit.

Sinnvolle Einsatzgebiete für eine parallele Abarbeitung von Aufgaben gibt es freilich viele. Denken Sie an das Abspielen von Audiotracks oder an das Herunterladen von Dateien.

Android ist multitaskingfähig. Das Fundament hierfür bildet der eingesetzte Betriebssystemkern. Linux bietet sogenanntes *präemptives Multitasking*. Das bedeutet, dass Prozesse, die zu viel Rechenzeit beanspruchen, nicht das ganze System ausbremsen können, da nach einer gewissen Zeit der Kern die Kontrolle wieder an sich zieht. Wie Sie bereits wissen, wird jede Android-App als eigener Linux-Prozess ausgeführt. Ein Fehler in der App kann die Funktion des Smartphones oder Tablets also nicht beeinträchtigen.

6.1 Threads

Auch innerhalb eines Programms kann die (quasi-)parallele Ausführung von Aufgaben sehr nützlich sein. Denken Sie an Spiele. Das Bewegen der Figur ist von Eingaben des Benutzers abhängig. Gegner oder bewegliche Hindernisse müssen aber »von allein« ihre Position ändern können. Ein anderes Beispiel: Nehmen Sie an, das Anklicken einer Schaltfläche löst eine komplizierte Berechnung aus, die mehrere Minuten in Anspruch nimmt. Natürlich erwartet der Benutzer, dass er das Programm währenddessen weiter bedienen oder zumindest die aktuelle Tätigkeit unterbrechen kann.

6.1.1 Threads in Java

Android fußt unter anderem auf Teilen von Apache Harmony und übernimmt damit nicht nur die Programmiersprache Java, sondern auch weite Teile der zugehörigen Klassenbibliothek. Java kennt mit sogenannten *Threads* ein Instrument zur Realisierung von *leichtgewichtigen Prozessen*. Mit solchen »Fäden« kann ein Java-Programm mehrere Tätigkeiten quasi-gleichzeitig abarbeiten.

Beteiligte Klassen und Interfaces

Die Klasse `java.lang.Thread` sowie das Interface `java.lang.Runnable` bilden die Grundlage für die Nutzung von Threads. Das Beispielprojekt *ThreadDemo1* zeigt, wie ein Thread erzeugt und gestartet wird. Hier sehen Sie die Klasse `ThreadDemo1Activity`:

```
package com.thomaskuenneth.threaddemo1;

import android.app.Activity;
import android.os.Bundle;
import android.util.Log;

public class ThreadDemo1Activity extends Activity {

    private static final String TAG =
            ThreadDemo1Activity.class.getSimpleName();

    @Override
    protected void onCreate(Bundle savedInstanceState) {
        super.onCreate(savedInstanceState);

        Runnable r = new Runnable() {
            @Override
            public void run() {
```

```
                Log.d(TAG, "run()-Methode wurde aufgerufen");
            }
        };
        Thread t = new Thread(r);
        t.start();
        Log.d(TAG, "Thread wurde gestartet");
    }
}
```


Listing 6.1 »ThreadDemo1Activity.java«

Alle Anweisungen, die in einem eigenen Thread abgearbeitet werden sollen, packen Sie in die Methode `run()` einer Klasse, die das Interface `Runnable` implementiert. Diese ist übrigens nicht der Thread. Er entsteht durch den Ausdruck `Thread t = new Thread(r);`. Mit `t.start();` beginnt seine Ausführung. Sie endet, wenn alle Anweisungen innerhalb des `run()`-Methodenrumpfes abgearbeitet wurden. Sie können den Status eines Threads übrigens mit `t.isAlive();` abfragen. Natürlich wird man für einige wenige Anweisungen, die zudem schnell abgearbeitet werden können (wie die Ausgabe in LOGCAT), keinen eigenen Thread starten. Sinnvoll ist sein Einsatz hingegen bei länger andauernden Berechnungen. Das folgende Quelltextfragment berechnet Fibonacci-Zahlen:

```
private Runnable fibRunner() {
    Runnable r = new Runnable() {

        @Override
        public void run() {
            int num = 20;
            int result = fib(num);
            Log.d(TAG, "fib(" + num + ") = " + result);
        }

        private int fib(int n) {
            switch (n) {
                case 0:
                    return 0;
                case 1:
                    return 1;
                default:
                    Thread.yield();
                    return fib(n - 1) + fib(n - 2);
            }
        }
```

```
    };
    return r;
}
```

Listing 6.2 Die Methode »fibRunner()«

Um es auszuprobieren, ändern Sie die Anweisung

```
Thread t = new Thread(r);
```

um in:

```
Thread t = new Thread(fibRunner());
```

Die Anweisung `Thread.yield();` gibt Rechenzeit an andere parallel laufende Threads ab. Es ist übliche Praxis, dies zumindest gelegentlich zu tun. Wie lange ein Thread mit dieser Methode anhält, ist aber nicht definiert. Deshalb ist sie ungeeignet, wenn Sie die Abarbeitung für eine bestimmte Dauer unterbrechen möchten. Denken Sie an Spiele, die Positionsänderungen von Gegnern oder beweglichen Hindernissen alle *n* Sekunden vorsehen. Hierfür bietet die Klasse `Thread` die Methode `sleep()`.

Wenn Sie das folgende Quelltextfragment mit der Anweisung

```
Thread t = new Thread(sleepTester());
```

starten, erscheint alle drei Sekunden eine Meldung in LOGCAT:

```
private Runnable sleepTester() {
    Runnable r = new Runnable() {
        @Override
        public void run() {
            while (true) {
                Log.d(TAG, "bewege Gegner");
                try {
                    Thread.sleep(3000);
                } catch (InterruptedException e) {
                    // Unterbrechungen ignorieren
                }
            }
        }
    };
    return r;
}
```

Listing 6.3 Die Methode »sleepTester()«

Ist Ihnen die Zeile `while (true) {` aufgefallen? Threads werden beendet, wenn alle Anweisungen in `run()` abgearbeitet wurden. Die Bedingung ist aber immer erfüllt. Auch der Schleifenrumpf enthält keine weiteren Abbruchgründe. Die Schleife wird also nie verlassen. Wie Sie richtig vorgehen, zeige ich Ihnen im folgenden Abschnitt.

[+]

Tipp

Sie können eine App in Android Studio beenden, indem Sie im Werkzeugfenster RUN das Symbol STOP (ein rotes Quadrat) anklicken.

Threads beenden

Die Klasse `Thread` beinhaltet die Methode `stop()`. Allerdings hat sich im Laufe der Zeit herausgestellt, dass ihre Verwendung aus unterschiedlichen Gründen unsicher ist. Sie soll deshalb nicht verwendet werden. Technisch Interessierte finden eine ausführliche Abhandlung des Problems im Artikel *Java Thread Primitive Deprecation*[1]. Zur Lösung des eigentlichen Problems, also des Stoppens von Threads, gibt es mehrere Ansätze. Diese haben spezifische Vor- und Nachteile. Beispielsweise ist es möglich, auf das Auslösen einer `InterruptedException` mit dem Verlassen Ihrer Thread-Schleife zu reagieren. Die Methode `interrupt()` der Klasse `Thread` löst eine solche Ausnahme aus.

Sie können die Schleife aber auch mit einer Abbruchbedingung versehen, die von außen gesteuert wird. In der Regel ist dies eine Instanzvariable des Typs `boolean`. Listing 6.4 zeigt ein Beispiel. Um es auszuprobieren, ändern Sie den Quelltext der Klasse `ThreadDemo1Activity` einfach entsprechend ab.

```
private volatile boolean keepRunning;
private Runnable r;
private Thread t;

@Override
public void onCreate(Bundle savedInstanceState) {
  super.onCreate(savedInstanceState);
  // Runnable-Objekt erzeugen
  r = new Runnable() {
    @Override
    public void run() {
      while (keepRunning) {
        Log.d(TAG, "bewege Gegner");
        try {
          // 3 Sekunden warten
```

1 *https://docs.oracle.com/javase/8/docs/technotes/guides/concurrency/threadPrimitiveDeprecation.html*

```
          Thread.sleep(3000);
        } catch (InterruptedException e) {
          // Exception ignorieren
        }
      }
    }
  };
}

@Override
protected void onStart() {
  super.onStart();
  // Thread erzeugen
  t = new Thread(r);
  keepRunning = true;
  // Thread starten
  t.start();
}
```

Listing 6.4 Beenden eines Threads durch eine Abbruchbedingung

[»] **Hinweis**

Das Schlüsselwort `volatile` bewirkt einen sogenannten *Cache Flush*. Dieser ist wichtig, weil das Java-Speichermodell sonst nicht gewährleistet, dass andere Threads den aktuellen Zustand der Variablen sehen. Das wiederum *könnte* dazu führen, dass der Thread sich niemals beendet, obwohl ein anderer die Variable `keepRunning` auf `false` gesetzt hat.

Ich habe das Erzeugen und Starten des Threads in die Methode `onStart()` ausgelagert. Sie wird nach `onCreate()` aufgerufen. Wenn Sie durch Drücken der Home-Taste die Activity beenden, erscheinen dennoch alle drei Sekunden Meldungen in LOGCAT. Das bloße Verlassen einer Activity führt normalerweise nicht zum Stopp von zusätzlich gestarteten Threads. Allerdings kann Android diese zum Beispiel bei Speichermangel jederzeit terminieren. Überschreiben Sie in Ihrer Activity nun die Methode `onPause()`:

```
@Override
protected void onPause() {
  super.onPause();
  keepRunning = false;
}
```

Listing 6.5 Beenden eines Threads beim Beenden einer Activity

Wenn Sie die App erneut starten und durch Drücken der Home-Taste schließen, unterbleiben weitere Meldungen in LOGCAT.

Hinweis

Das Beenden von Threads beim Verlassen einer Activity ist übrigens bewährte Praxis. Hintergrundaktivitäten werden unter Android mit sogenannten *Services* realisiert. Sie lernen diesen Grundbaustein im gleichnamigen Abschnitt 6.2 kennen. Threads können beim Bau von Services eingesetzt werden.

Threads bieten viele Möglichkeiten und geben dem Entwickler ein mächtiges Werkzeug an die Hand. Beispielsweise können Sie jedem Thread eine individuelle Priorität zuweisen und mehrere Threads zu Gruppen zusammenfassen. Allerdings erfordert insbesondere der Zugriff auf gemeinsame Ressourcen einiges an Disziplin (und die Kenntnis der Funktionsweise von `synchronized`). Wenn Sie in Ihrer App intensiven Gebrauch von Threads machen möchten, rate ich dringend zu entsprechender Sekundärliteratur. Bitte beachten Sie hierzu die Lektüreliste im Anhang dieses Buches.

6.1.2 Vom Umgang mit Threads in Android

Wenn Sie sich die Methoden der Klasse `Thread` angesehen haben, ist Ihnen vielleicht `getName()` aufgefallen. Jedem Thread kann ein Name zugewiesen werden. Die Anweisung `Log.d(TAG, Thread.currentThread().getName());` gibt den Namen des aktuellen Threads in LOGCAT aus. Sofern die App diese Anweisung nicht in einem anderen Thread ausführt, ist dies der sogenannte *Mainthread*.

Der Main- oder UI-Thread

Im *Mainthread* wird nicht nur Ihre Programmlogik ausgeführt, sondern beispielsweise auch das Zeichnen der Benutzeroberfläche. Aus diesem Grund wird er auch *UI-Thread* genannt. Welche Konsequenzen dies hat, möchte ich Ihnen anhand des Beispiels *UIThreadDemo* zeigen.

Nach dem Start der App aus Abbildung 6.1 können Sie nach Belieben Häkchen vor EINE CHECKBOX setzen und entfernen. Der aktuelle Status (TRUE oder FALSE) wird unterhalb des Ankreuzfeldes angezeigt. Die Schaltfläche BERECHNUNG STARTEN simuliert eine länger andauernde Tätigkeit.

Unmittelbar nach dem Anklicken geschieht etwas Unerwartetes. Die `CheckBox` reagiert nicht mehr auf Benutzereingaben. Erst nachdem die »Berechnung« abgeschlossen wurde, verhält sich die App wieder wie gewünscht.

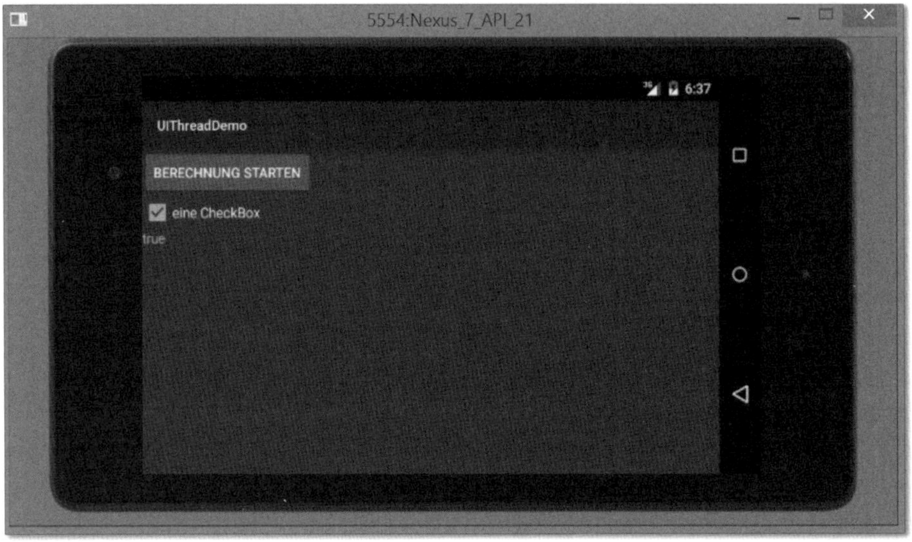

Abbildung 6.1 Die App »UIThreadDemo«

Der Grund für ihr scheinbar merkwürdiges Verhalten liegt in der Art meiner Simulation begründet. Der aktuelle Thread (also die App) wird ungefähr drei Sekunden lang schlafen geschickt. Dies ist im folgenden Listing zu sehen:

```
package com.thomaskuenneth.uithreaddemo;

import android.app.Activity;
import android.os.Bundle;
import android.view.View;
import android.view.View.OnClickListener;
import android.widget.Button;
import android.widget.CheckBox;
import android.widget.CompoundButton;
import android.widget.CompoundButton.OnCheckedChangeListener;
import android.widget.TextView;

public class UIThreadDemo extends Activity {

    public static final String TAG = UIThreadDemo.class.getSimpleName();

    @Override
    public void onCreate(Bundle savedInstanceState) {
        super.onCreate(savedInstanceState);
        setContentView(R.layout.main);
```

```
        final TextView textview = (TextView) findViewById(R.id.textview);
        final Button button = (Button) findViewById(R.id.button);
        button.setOnClickListener(new OnClickListener() {
            @Override
            public void onClick(View v) {
                textview.setText(UIThreadDemo.this.getString(R.string.begin));
                try {
                    Thread.sleep(3500);
                } catch (InterruptedException e) {
                Log.e(TAG, "sleep()", e);
                }
                textview.setText(UIThreadDemo.this.getString(R.string.end));
            }
        });
        final CheckBox checkbox = (CheckBox) findViewById(R.id.checkbox);
        checkbox.setOnCheckedChangeListener(new OnCheckedChangeListener() {
            @Override
            public void onCheckedChanged(CompoundButton buttonView,
                                         boolean isChecked) {
                textview.setText(Boolean.toString(isChecked));
            }
        });
        checkbox.setChecked(true);
    }
}
```


Listing 6.6 »UIThreadDemo.java«

Tauschen Sie nun das Quelltextfragment gegen die Endlosschleife

```
for (int i = 0; i < 1;);
```

aus, und starten Sie die App erneut. Anstelle der offensichtlicheren Variante `while (true);` habe ich die etwas verklausulierte Fassung gewählt, weil Android Studio andernfalls die Unerreichbarkeit der Anweisung

```
textview.setText(UIThreadDemo.this.getString(R.string.end));
```

moniert. Das Verhalten der App ist nahezu unverändert. Nach einer gewissen Zeit erscheint allerdings der unter Android-Entwicklern gefürchtete Dialog *Application not responding* (ANR)«.

Er ist in Abbildung 6.2 zu sehen. Mit ihm informiert das System den Benutzer, dass eine Anwendung nicht mehr reagiert, und bietet an, diese zu schließen oder weiter auf eine Reaktion zu warten.

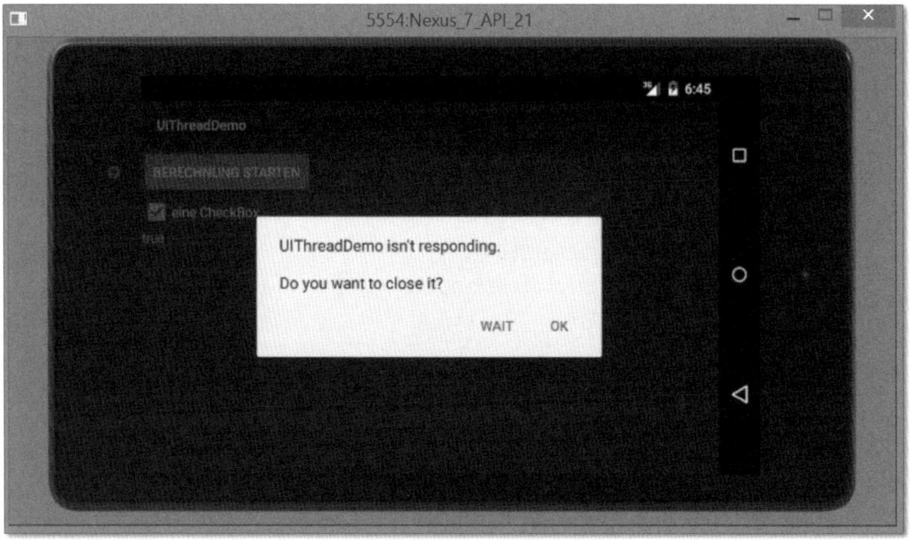

Abbildung 6.2 Die Frage, ob eine nicht reagierende App beendet werden soll

Wenn Sie schon Anwendungen mit Java Swing realisiert haben, ist Ihnen eine ganz ähnliche Problematik sehr wahrscheinlich vertraut. Das Pendant von Androids UI-Thread, der sogenannte *Event Dispatching Thread*, hat vielen Programmierern graue Haare beschert. Der Ruf von Swing-Anwendungen, schwerfällig zu reagieren, resultiert zu einem großen Teil aus dem nicht vorhandenen Wissen um den richtigen Einsatz von Multithreading, also der konsequenten Auslagerung von Aufgaben in Workerthreads.

Wie Java Swing ist auch der GUI-Teil von Android single-threaded. Das bedeutet: Der Mainthread ist für die Zustellung von allen Ereignissen an Widgets, aber auch für die Kommunikation Ihrer App mit den Bedienelementen zuständig. Was passiert, wenn der UI-Thread blockiert wird, können Sie mit meinem Beispiel *UIThreadDemo* sehr leicht nachvollziehen. Um das Problem zu lösen, lagern wir die lange dauernde Berechnung in einen eigenen Thread aus. Ersetzen Sie die ursprüngliche Fassung der Methode `onClick()` durch die folgende Implementierung:

```
@Override
public void onClick(View v) {
   Thread t = new Thread(new Runnable() {
      @Override
      public void run() {
         try {
            Thread.sleep(10000);
         } catch (InterruptedException e) {
            Log.e(TAG, "sleep()", e);
```

```
        }
      }
    });
    t.start();
}
```

Listing 6.7 Das Anklicken der Schaltfläche startet einen neuen Thread.

Testen Sie die App nun erneut. Sie verhält sich auch während der »Berechnung« normal.

Handler

Allerdings gibt die ursprüngliche Version der App aus Listing 6.6, *UIThreadDemo.java*, zu Beginn und am Ende der Berechnung einen Text aus. Dies tut die gerade eben vorgestellte Variante nicht mehr. Fügen Sie deshalb die folgenden beiden Zeilen vor bzw. nach dem `try-catch`-Block der Methode `onClick()` ein, starten Sie das Programm, und klicken Sie anschließend auf BERECHNUNG STARTEN.

```
textview.setText(UIThreadDemo.this.getString(R.string.begin));
textview.setText(UIThreadDemo.this.getString(R.string.end));
```

Die App stürzt ab, und Android zeigt dem Benutzer einen Hinweis, dass *UIThreadDemo* unerwartet beendet wurde. Die Ursache des Problems ist in LOGCAT nachzulesen. Das System hat eine `CalledFromWrongThreadException` ausgelöst. Deren Nachricht lautet: »Only the original thread that created a view hierarchy can touch its views.«

Bei dem »original thread« handelt es sich um den Main- bzw. UI-Thread. Es muss also eine Möglichkeit geben, Anweisungen explizit auf diesem auszuführen. Die folgende Implementierung von `onClick()` zeigt, wie Sie vorgehen:

```
@Override
public void onClick(View v) {
  final Handler h = new Handler();
  Thread t = new Thread(new Runnable() {
    @Override
    public void run() {
      try {
        h.post(new Runnable() {
          @Override
          public void run() {
            textview.setText(UIThreadDemo.this
                .getString(R.string.begin));
          }
        });
```

```
                Thread.sleep(10000);
                h.post(new Runnable() {
                    @Override
                    public void run() {
                        textview.setText(UIThreadDemo.this
                                .getString(R.string.end));
                    }
                });
            } catch (InterruptedException e) {
            }
        }
    });
    t.start();
}
```

Listing 6.8 Kommunikation mit dem UI-Thread

Als Erstes instanziieren Sie ein Objekt des Typs `android.os.Handler`. Mit ihm können Sie Nachrichten oder `Runnable`s an die Warteschlange eines Threads senden. Da beim Eintritt in `onClick()` nur der Mainthread aktiv ist, kommuniziert unser Handler mit dessen Warteschlange. Der eigentliche Nachrichtenversand erfolgt durch Aufruf der Methode `post()`. Sie müssen also nur die auszuführende Aktion (zum Beispiel `textview.setText(UIThreadDemo.this.getString(R.string.begin));`) in eine `Runnable`-Instanz packen und an `post()` übergeben.

[»]

Hinweis

Bitte denken Sie daran, die Klasse `android.os.Handler` zu importieren.

Android bietet einige weitere Möglichkeiten, um mit dem UI-Thread zu kommunizieren. Zum Beispiel bietet die Klasse `Activity` die Methode `runOnUiThread()` an. Auch ihr müssen Sie nur ein `Runnable` übergeben.

Dies kann folgendermaßen aussehen:

```
@Override
public void onClick(View v) {
    Thread t = new Thread(new Runnable() {
        @Override
        public void run() {
            try {
                Thread.sleep(10000);
            } catch (InterruptedException e) {
            }
            runOnUiThread(new Runnable() {
```

```
                @Override
                public void run() {
                    textview.setText(UIThreadDemo.this.getString(R.string.end)
);
                }
            });
        }
    });
    textview.setText(UIThreadDemo.this.getString(R.string.begin));
    t.start();
}
```

Listing 6.9 Verwendung der Methode »runOnUiThread()«

runOnUiThread() ist also äußerst nützlich, wenn Sie in einem Hintergrundthread die Benutzeroberfläche aktualisieren möchten.

6.2 Services

Activities sind für den Benutzer unmittelbar sichtbar. Er interagiert mit ihnen. Wenn Sie eine App starten, die Musik aus dem Internet streamt, möchten Sie vielleicht zunächst ein Genre wählen und sich dann einen Sender aussuchen. Sobald die Übertragung der Daten begonnen hat, verliert die Benutzeroberfläche bei so einer App an Bedeutung. Es liegt nahe, die Activity zu verlassen, um etwas anderes zu tun – eine E-Mail zu schreiben oder im Web zu surfen. Damit die Musik in so einem Fall nicht abbricht, muss das System eine Möglichkeit bieten, das Streamen im Hintergrund weiter auszuführen. *Services* sind Anwendungsbausteine, die ohne Benutzeroberfläche auskommen. Anders als beispielsweise Broadcast Receiver werden sie aber nicht nur beim Eintreten eines Ereignisses aktiviert. Auch sind Services – im Gegensatz zu den Broadcast Receivern – gerade für länger andauernde Tätigkeiten gedacht.

6.2.1 Gestartete Services

Der Bau von Activities und Broadcast Receivern folgt einem sehr ähnlichen Muster. Sie müssen Ihre Implementierungen von bestimmten Basisklassen ableiten und in der Manifestdatei der App registrieren. Auch Services entstehen auf diese Weise.

Ein einfaches Beispiel

Das Projekt *ServiceDemo1* stellt Ihnen einen sehr einfach gehaltenen Service vor. Sie finden es in den Begleitmaterialien. Die Klasse DemoService lauscht auf entgangene Anrufe und protokolliert deren Anzahl in LOGCAT. Sie nutzt hierfür die in Android eingebaute Anrufhistorie, das *Call Log*. Der Zugriff findet in getMissedCalls() statt. Ausführliche Informationen zu dieser Datenbank und ihrer Nutzung finden Sie in Kapitel 7, »Telefonieren und Surfen«.

Einfache Services leiten am besten von android.app.Service ab. Diese Klasse ist abstrakt. Insbesondere onBind() müssen Sie implementieren. Diese Methode liefert entweder null oder eine Instanz des Typs android.os.IBinder. Android unterscheidet zwischen gestarteten und gebundenen Services. Vereinfacht ausgedrückt stellen Letztere auf diese Weise eine Kommunikationsschnittstelle zur Verfügung. Als gestarteter Service tut DemoService dies nicht und liefert deshalb null. Denn in diesem ersten, einfachen Beispiel ist keine Kommunikation zwischen Aufrufer und Service erforderlich – es wird nur die Zahl der verpassten Anrufe ausgegeben.

Die Methoden onCreate() und onDestroy() repräsentieren Stationen im Lebenszyklus eines Services und werden vom System aufgerufen. Die im Folgenden abgedruckte Implementierung registriert bzw. entfernt einen sogenannten *Content Observer*. Stellt Android Änderungen an einer Datenbank fest, wird dessen Methode onChange() aufgerufen. Mein Beispiel ruft nur getMissedCalls() auf und gibt das Ergebnis in LOGCAT aus. Die *Anrufhistorie* speichert in einer Tabelle zeilenweise Informationen zu eingehenden, ausgehenden und verpassten Anrufen. Um die Zahl der entgangenen Anrufe zu ermitteln, prüfen wir den Inhalt der Spalte Calls.TYPE auf Calls.MISSED_TYPE.

```
package com.thomaskuenneth.servicedemo1;

import android.app.Service;
import android.content.Intent;
import android.database.ContentObserver;
import android.database.Cursor;
import android.os.Handler;
import android.os.IBinder;
import android.provider.CallLog;
import android.provider.CallLog.Calls;
import android.util.Log;

public class DemoService extends Service {

    private static final String TAG = DemoService.class.getSimpleName();

    private ContentObserver contentObserver;

    @Override
    public IBinder onBind(Intent intent) {
        Log.d(TAG, "onBind()");
```

```
        return null;
    }

    @Override
    public void onCreate() {
        Log.d(TAG, "onCreate()");
        // ContentObserver registrieren
        contentObserver = new ContentObserver(new Handler()) {

            @Override
            public void onChange(boolean selfChange) {
                // Zahl der verpassten Anrufe ausgeben
                int missedCalls = getMissedCalls();
                Log.d(TAG, missedCalls + " verpasste Anrufe");
            }
        };
        getContentResolver().registerContentObserver(
                CallLog.Calls.CONTENT_URI, false, contentObserver);
    }

    @Override
    public void onDestroy() {
        Log.d(TAG, "onDestroy()");
        getContentResolver().unregisterContentObserver(contentObserver);
        contentObserver = null;
    }

    private int getMissedCalls() {
        int missedCalls = 0;
        String[] projection = {Calls._ID};
        String selection = Calls.TYPE + " = ?";
        String[] selectionArgs = {Integer.toString(Calls.MISSED_TYPE)};
        Cursor c = getContentResolver().query(CallLog.Calls.CONTENT_URI,
                projection, selection, selectionArgs, null);
        if (c != null) {
            missedCalls = c.getCount();
            c.close();
        }
        return missedCalls;
    }
}
```

Listing 6.10 »DemoService.java«

Services werden in der Manifestdatei der App eingetragen. Die Manifestdatei des Projekts *ServiceDemo1* ist im Folgenden abgedruckt.

Das Element <uses-permission /> wird übrigens nicht für jeden Service benötigt. Es ist aber erforderlich, um auf die Anrufhistorie zuzugreifen.

```
<?xml version="1.0" encoding="utf-8"?>
<manifest xmlns:android="http://schemas.android.com/apk/res/android"
      package="com.thomaskuenneth.servicedemo1">
    <uses-permission android:name="android.permission.READ_CALL_LOG" />
    <application android:icon="@drawable/icon"
        android:label="@string/app_name">
        <activity android:name=".ServiceDemo1"
                  android:label="@string/app_name">
            <intent-filter>
                <action android:name="android.intent.action.MAIN" />
                <category android:name="android.intent.category.LAUNCHER" />
            </intent-filter>
        </activity>
        <service android:name=".DemoService"/>
    </application>
</manifest>
```

Listing 6.11 Die Manifestdatei des Projekts »ServiceDemo1«

Das Element <service /> enthält mindestens das Attribut android:name. Ihm wird – analog zu Activities – der Name der entsprechenden Klasse zugewiesen. android:label kann den Klartextnamen des Service enthalten. Er wird dem Benutzer angezeigt. Sofern Sie ihn nicht explizit setzen, »erbt« der Service das Label der App. Dies ist auch im Falle von android:icon so. Sie können für den Service ein eigenes Symbol vergeben, müssen das aber nicht tun. Auch hier wird gegebenenfalls das Icon der Anwendung übernommen.

Weitere Attribute steuern die Nutzbarkeit Ihres Service durch Ihre und fremde Apps. android:enabled regelt die grundsätzliche Verfügbarkeit. Der Standardwert ist true. Sie müssen das Attribut also üblicherweise nicht angeben. android:permission ermöglicht die Vergabe von Berechtigungen. Ein potenzieller Servicenutzer muss über die hier festgelegten Rechte verfügen. Wenn Sie dieses Attribut nicht setzen, greift das android:permission-Attribut des Elements <application />. Haben Sie keines der beiden Attribute gesetzt, ist der Zugriff auf den Service nicht durch eine Berechtigung geschützt.

[«]

Hinweis

Bitte beachten Sie den Unterschied zwischen den `android:permission`-Attributen und dem `<uses-permission />`-Element. Letzteres gibt an, welche Berechtigung eine App haben möchte. Im Falle von *ServiceDemo1* ist dies der Zugriff auf das *Call Log*.

Mit `android:exported` steuern Sie die Sichtbarkeit durch andere Apps. Mit dem Attribut `android:process` erzwingen Sie die Ausführung des Service in einem bestimmten Prozess. Es gelten dieselben Regeln wie bei Activities. Um einen Service gegen den Rest des Systems abzuschotten, setzen Sie `android:isolatedProcess` auf `true`. In diesem Fall läuft der Dienst in einem gesonderten, isolierten Prozess. Er hat keine eigenen Rechte. Die Kommunikation erfolgt ausschließlich über die Service-API.

Damit ist die Implementierung unseres sehr einfachen Service abgeschlossen. Um ihn zu starten, müssen Sie innerhalb einer Activity die Methode `startService()` aufrufen und ihr ein Intent übergeben, das die benötigte Komponente beschreibt. Dies ist im folgenden Listing *ServiceDemo1Activity.java* zu sehen. Die App hat keine Benutzeroberfläche und beendet sich sofort wieder. Ihr einziger Zweck ist es ja, den Service in Betrieb zu setzen.

```
package com.thomaskuenneth.servicedemo1;

import android.app.Activity;
import android.content.Intent;
import android.os.Bundle;

public class ServiceDemo1 extends Activity {

    @Override
    public void onCreate(Bundle savedInstanceState) {
        super.onCreate(savedInstanceState);
        Intent intent = new Intent(this, DemoService.class);
        startService(intent);
        finish();
    }
}
```

Listing 6.12 »ServiceDemo1Activity.java«

Um im Emulator einen verpassten Anruf zu simulieren, starten Sie die App. Anschließend müssen Sie eine `telnet`-Verbindung zu dem Emulator aufbauen. Je nach Betriebssystem Ihres Entwicklungsrechners können Sie das mit Bordmitteln tun (Linux und Mac OS X) oder erst nach dem Installieren von Zusatzsoftware. Unter Windows hat sich hierfür *PuTTY* bewährt. Als Host-Namen geben Sie `localhost` an. Der Port der

Emulator-Instanz ist üblicherweise `5554`. Android Studio zeigt den richtigen Wert im Werkzeugfenster ANDROID auf der Registerkarte ADB LOGS an. Um einen eingehenden Anruf zu initiieren, geben Sie bitte

```
gsm call 12345
```

ein. Sie brechen ihn mit dem folgenden Kommando ab:

```
gsm cancel 12345
```

Nach jedem verpassten Anruf erscheint eine entsprechende Ausgabe in LOGCAT. Übrigens gibt es eine weitere Möglichkeit, Telefoniefunktionen zu simulieren. Welche dies ist, zeige ich Ihnen im folgenden Kapitel.

Wie aber erreichen Services eine »echte« Hintergrundverarbeitung? Mein Beispiel führt ja nur eine Datenbankabfrage durch. Die hierfür benötigte Zeit ist vernachlässigbar. Da ich im ersten Abschnitt dieses Kapitels Java-Threads vorgestellt habe, liegt die Vermutung nahe, Services könnten von sich aus auf dieses Hilfsmittel zurückgreifen. Dem ist aber nicht so. Sie werden auf dem Mainthread ihrer App oder desjenigen Prozesses ausgeführt, der im Attribut `android:process` des `<service />`-Elements angegeben wird. Konsequenterweise müssen Sie als Entwickler rechenintensive oder lange andauernde Tätigkeiten selbstständig in eigene Threads auslagern. Services bilden »nur« einen Rahmen, um dem System mitzuteilen, dass eine App entweder etwas im Hintergrund ausführen will (selbst dann, wenn der Benutzer gar nicht mehr mit ihr interagiert) oder Teile ihrer Funktionalität anderen Programmen zur Verfügung stellen möchte.

Beenden von Services

Vielleicht fragen Sie sich, wie bzw. wann Services eigentlich beendet werden. Das ist davon abhängig, ob ein Service gestartet oder gebunden wurde (siehe den folgenden Abschnitt). Der Service `DemoService` wird von der Activity `ServiceDemo1Activity` durch Aufruf der Methode `startService()` gestartet. Sie könnte ihn mit `stopService()` beenden. Services selbst stehen die Methoden `stopSelf()` und `stopSelfResult()` zur Verfügung.

Benutzer können unter EINSTELLUNGEN • APPS • AKTIV (im Emulator und auf englischsprachigen Geräten via SETTINGS • APPS • RUNNING) durch Auswahl der App die nicht mehr benötigten Services stoppen. Die Einstellungsseite ist in Abbildung 6.3 zu sehen. Services, die mit `startService()` gestartet wurden, können prinzipiell unendlich lange laufen. Sie führen normalerweise genau eine Operation aus und liefern kein Ergebnis an den Aufrufer. Sie sollten sich beenden, nachdem die Aufgabe abgearbeitet wurde. Googles Dokumentation nennt das Hoch- oder Herunterladen von Dateien als Beispiel (wenngleich Android hierfür bereits einen sehr guten Mechanismus bereitstellt).

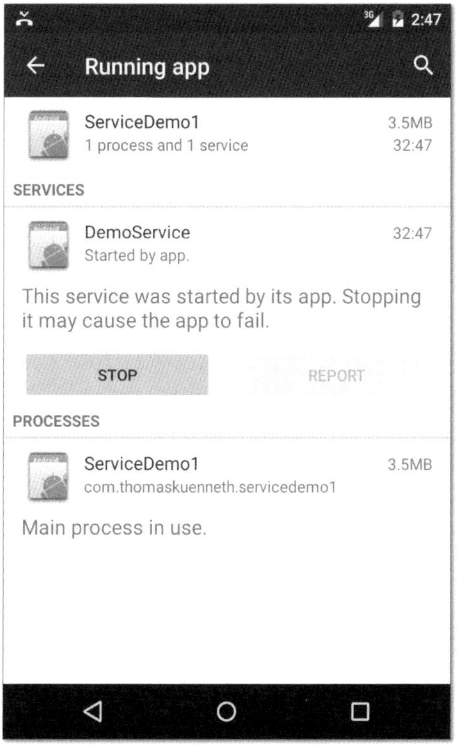

Abbildung 6.3 Seite zum Stoppen eines Service

Nach `startService()` ruft das System die Methode `onStartCommand()` auf. Sie können diese überschreiben, um das ihr übergebene `Intent` auszuwerten. Es könnte beispielsweise den Namen der zu übertragenden Datei enthalten. Der Rückgabewert von `onStartCommand()` legt fest, wie Android verfahren soll, wenn das System den Prozess beenden muss, der den Service hostet. Dies ist bei akutem Speichermangel der Fall. `START_NOT_STICKY` besagt, dass der Service nur im Falle von noch ausstehenden Intents neu gestartet werden soll. Bei `START_STICKY` startet Android den Service auf jeden Fall neu und ruft `onStartCommand()` auf. Sofern keine ausstehenden Intents vorhanden sind, wird aber nicht das letzte `Intent` erneut übergeben, sondern `null`. Anders ist es bei `START_REDELIVER_INTENT`: Hier erhält `onStartCommand()` immer das letzte `Intent`. Auf diese Weise kann der Service beispielsweise die Übertragung einer Datei fortsetzen. Die Standardimplementierung liefert `START_STICKY`.

6.2.2 Gebundene Services

Die zweite von Android unterstützte Service-Art wird *gebundener Service* genannt. Solche Dienste stellen eine Schnittstelle zur Verfügung, über die Servicenutzer mit ihnen kommunizieren. Diese »Clients« können Teil der App sein, zu der auch der Service gehört. Aber auch fremde Prozesse dürfen seine Funktionen ansprechen. Ein gebundener Service läuft, solange mindestens ein Client mit ihm verbunden ist. Danach wird er zerstört.

Wie Sie bereits wissen, muss jede von `android.app.Service` abgeleitete Klasse die Methode `onBind()` bereitstellen. Sie liefert ein Objekt, das das Interface `android.os.IBinder` implementiert. `IBinder` beschreibt ein abstraktes Protokoll für die Kommunikation mit remotefähigen Objekten. Diese wiederum bilden die Grundlage für den Aufruf von Funktionen über Prozessgrenzen hinweg, was in der Informatik *Remote Procedure Call* genannt wird.

Die Objekte eines Java-Programms unterliegen dem Zugriff und der Kontrolle einer virtuellen Maschine oder Laufzeitumgebung. Möchte ein Objekt eine Methode eines anderen Objekts desselben Programms aufrufen, ist dies problemlos möglich. Anders sieht es aus, wenn zwei Apps miteinander kommunizieren sollen. Denn sie werden standardmäßig in jeweils eigenen – streng abgeschotteten – Linux-Prozessen mit eigenem Adressraum ausgeführt.

[»]

Hinweis

Die Verteilung von App-Bausteinen auf Prozesse kann in begrenztem Umfang über `android:process`-Attribute in der Manifestdatei konfiguriert werden.

Es muss also einen Mechanismus geben, der die Information, welche Funktion ausgeführt werden soll, sowie die korrespondierenden Ein- und Ausgabeparameter in geeigneter Weise transportiert.

android.os.Binder

Glücklicherweise müssen Sie das Interface `IBinder` nicht implementieren, sondern können von der Klasse `android.os.Binder` ableiten. Das bietet sich an, wenn Ihr Service nur von der eigenen App und nur innerhalb desselben Prozesses angesprochen wird. Das Projekt *ServiceDemo2* zeigt, wie ein solcher lokaler Service aussehen kann.

Die Klasse `LocalService` finden Sie im folgenden Listing:

```
package com.thomaskuenneth.servicedemo2;

import android.app.Service;
import android.content.Intent;
import android.os.Binder;
import android.os.IBinder;

public class LocalService extends Service {
```

```
  private final IBinder mBinder = new LocalBinder();

  public class LocalBinder extends Binder {
    LocalService getService() {
      return LocalService.this;
    }
  }

  @Override
  public IBinder onBind(Intent intent) {
    return mBinder;
  }

  public int fakultaet(int n) {
    if (n <= 0) {
      return 1;
    }
    return n * fakultaet(n - 1);
  }
}
```


Listing 6.13 »LocalService.java«

Die Methode onBind() liefert eine Instanz des Typs LocalBinder. Diese Klasse leitet von android.os.Binder ab und enthält die *zusätzliche* Methode getService(). Diese liefert eine Referenz auf das LocalService-Objekt, dessen onBind()-Methode aufgerufen wurde. Die einzige weitere Methode von LocalService liefert die Fakultät der ihr übergebenen Zahl n. Um den Service aufzurufen, müssen Sie ihn in der Manifestdatei registrieren.

```
<?xml version="1.0" encoding="utf-8"?>
<manifest xmlns:android="http://schemas.android.com/apk/res/android"
      package="com.thomaskuenneth.servicedemo2">
    <application android:icon="@drawable/icon"
                 android:label="@string/app_name">
        <activity android:name=".ServiceDemo2Activity"
                  android:label="@string/app_name">
            <intent-filter>
                <action android:name="android.intent.action.MAIN" />
                <category android:name="android.intent.category.LAUNCHER" />
            </intent-filter>
        </activity>
        <service android:name=".LocalService"
```

```
                android:exported="false" />
    </application>
</manifest>
```

Listing 6.14 Die Manifestdatei des Projekts »ServiceDemo2«

Da der Service die Klasse `Binder` nutzt und deshalb nur innerhalb desselben Prozesses wie der Aufrufer verwendet werden kann, setzt er das Attribut `android:exported` auf `false`. Für andere Apps ist er damit »tabu«. Die Klasse `ServiceDemo2Activity` realisiert eine Activity mit Eingabezeile, Schaltfläche und Textfeld. Sie verbindet sich mit `LocalService` und ruft nach dem Anklicken der Schaltfläche BERECHNEN dessen Methode `fakultaet()` auf.

```
package com.thomaskuenneth.servicedemo2;

import android.app.Activity;
import android.content.ComponentName;
import android.content.Context;
import android.content.Intent;
import android.content.ServiceConnection;
import android.os.Bundle;
import android.os.IBinder;
import android.view.View;
import android.view.View.OnClickListener;
import android.widget.Button;
import android.widget.EditText;
import android.widget.TextView;

import com.thomaskuenneth.servicedemo2.LocalService.LocalBinder;

public class ServiceDemo2Activity extends Activity {

    private LocalService mService = null;

    // wird in onStart() und onStop() verwendet
    private ServiceConnection mConnection = new ServiceConnection() {

        @Override
        public void onServiceConnected(ComponentName name, IBinder service) {
            LocalBinder binder = (LocalBinder) service;
            mService = binder.getService();
        }

        @Override
        public void onServiceDisconnected(ComponentName name) {
```

```
            mService = null;
        }
    };

    @Override
    protected void onCreate(Bundle savedInstanceState) {
        super.onCreate(savedInstanceState);
        setContentView(R.layout.main);
        final TextView textview = (TextView) findViewById(R.id.textview);
        final EditText edittext = (EditText) findViewById(R.id.edittext);
        final Button button = (Button) findViewById(R.id.button);
        button.setOnClickListener(new OnClickListener() {
            @Override
            public void onClick(View v) {
                if (mService != null) {
                    // Service aufrufen und Fakultät berechnen lassen
                    int n = Integer.parseInt(edittext.getText().toString());
                    int fak = mService.fakultaet(n);
                    textview.setText(getString(R.string.template, n, fak));
                }
            }
        });
    }

    @Override
    protected void onStart() {
        super.onStart();
        Intent intent = new Intent(this, LocalService.class);
        bindService(intent, mConnection, Context.BIND_AUTO_CREATE);
    }

    @Override
    protected void onStop() {
        super.onStop();
        if (mService != null) {
            unbindService(mConnection);
            mService = null;
        }
    }
}
```

Listing 6.15 »ServiceDemo2Activity.java«

Um die Verbindung zu einem Service herzustellen, müssen Sie die Methode `bindService()` aufrufen. Dies geschieht in `onStart()`. Um `ServiceDemo2Activity` von `Local-`

Service zu trennen, nutze ich unbindService(). In beiden Fällen wird die Referenz auf ein ServiceConnection-Objekt übergeben. Dessen Callback-Methode onServiceConnected() weist den übergebenen IBinder nach einem Cast auf LocalBinder und nach Aufruf von dessen Methode getService() der ServiceDemo2Activity-Instanzvariable mService zu. Hierbei handelt es sich um den Rückgabewert von onBind() aus LocalService.

Die Klassen LocalService, LocalBinder und ServiceDemo2Activity werden auf diese Weise sehr eng miteinander verwoben. Insbesondere der Cast auf LocalBinder in der Methode onServiceConnected() mag irritieren. Woher soll die Activity wissen, dass tatsächlich eine geeignete IBinder-Implementierung übergeben wurde? Hierbei müssen Sie sich vergegenwärtigen, dass unser lokaler Service für die ausschließliche Nutzung durch die eigene App konzipiert wurde. Diese wiederum kennt die beteiligten Klassen. Der Vorteil ist ein sehr unkomplizierter Aufruf der eigentlichen Serviceoperation, also der Berechnung der Fakultät:

```
int n = Integer.parseInt(edittext.getText().toString());
int fak = mService.fakultaet(n);
```

Die Kommunikation mit einem Service über Prozessgrenzen hinweg kann auf zweierlei Weise erfolgen. Die meisten Freiheiten bietet die Nutzung von *AIDL*, der *Android Interface Definition Language*. Allerdings rät Google unter anderem aus Komplexitätsgründen von der direkten Nutzung von AIDL für den Bau von Services ab. Trotzdem möchte ich Ihnen ein paar grundlegende Informationen darüber geben. Objekte werden in primitive Einheiten zerlegt und vom Betriebssystem an den Zielprozess übermittelt. Um AIDL zu nutzen, müssen Sie die gewünschte Kommunikationsschnittstelle in einer *.aidl*-Datei ablegen. Die Werkzeuge des Android SDK erzeugen daraus eine abstrakte Klasse. Sie implementiert die von Ihnen definierten Methoden und kümmert sich um die Interprozesskommunikation. Weiterführende Informationen finden Sie im Dokument *Android Interface Definition Language (AIDL)*.[2]

android.os.Messenger

Auch die Klasse android.os.Messenger funktioniert über Prozessgrenzen hinweg. Die Idee ist, in einem Prozess einen Messenger zu instanziieren. Dieser referenziert einen Handler, dem Nachrichten übermittelt werden können. Das Messenger-Objekt wird dann einem anderen Prozess übergeben. Um zu demonstrieren, wie Sie dieses zugegebenermaßen nicht ganz leicht verständliche Konzept praktisch umsetzen können, habe ich die beiden Projekte *ServiceDemo3_Service* und *ServiceDemo3* in den Begleitmaterialien abgelegt.

2 *http://developer.android.com/guide/components/aidl.html*

ServiceDemo3_Service implementiert den eigentlichen Service, *ServiceDemo3* eine Nutzer-App. Diese ist ohne den Service natürlich nicht lauffähig. Lassen Sie uns zunächst einen Blick auf den Service werfen. `com.thomaskuenneth.servicedemo3_service.RemoteService` ist recht einfach aufgebaut. Die Klasse leitet von `android.app.Service` ab. Außer einer privaten Methode zur Berechnung der Fakultät implementiert sie nur `onBind()`. Die hier gelieferte Referenz auf eine `IBinder`-Instanz entsteht, wenn die Methode `getBinder()` eines `Messenger`-Objekts aufgerufen wird. Diesem Objekt wiederum wurde beim Erzeugen eine `IncomingHandler`-Instanz übergeben.


```
package com.thomaskuenneth.servicedemo3_service;

import android.app.Service;
import android.content.Intent;
import android.os.Handler;
import android.os.IBinder;
import android.os.Message;
import android.os.Messenger;
import android.os.RemoteException;
import android.util.Log;

public class RemoteService extends Service {

  public static final int MSG_FAKULTAET_IN = 1;
  public static final int MSG_FAKULTAET_OUT = 2;

  private static final String TAG = RemoteService.class.getSimpleName();

  private final Messenger mMessenger = new Messenger(new IncomingHandler());

  private class IncomingHandler extends Handler {

    @Override
    public void handleMessage(Message msg) {
      switch (msg.what) {
      case MSG_FAKULTAET_IN:
        Integer n = msg.arg1;
        Log.d(TAG, "Eingabe: " + n);
        int fak = fakultaet(n);
        Messenger m = msg.replyTo;
        Message msg2 = Message.obtain(null, MSG_FAKULTAET_OUT, n, fak);
        try {
```

```
          m.send(msg2);
        } catch (RemoteException e) {
          Log.e(TAG, "send()", e);
        }
        break;
      default:
        super.handleMessage(msg);
      }
    }
  }

  @Override
  public IBinder onBind(Intent intent) {
    return mMessenger.getBinder();
  }

  private int fakultaet(int n) {
    if (n <= 0) {
      return 1;
    }
    return n * fakultaet(n - 1);
  }
}
```

Listing 6.16 »RemoteService.java«

Die Klasse `IncomingHandler` enthält die eigentliche Kommunikation. Die Implementierung überschreibt die Methode `handleMessage()`. Ihr wird ein `Message`-Objekt übergeben, das eine eingehende Nachricht repräsentiert. Enthält dessen Instanzvariable `what` einen bestimmten Wert, wird die Fakultät der Zahl aus `arg1` berechnet. Das Ergebnis wird in Gestalt eines eigenen, neuen `Message`-Objekts an den Absender der gerade bearbeiteten Nachricht (`Messenger m = msg.replyTo;`) übertragen. Die Berechnung der Fakultät wird also in zwei Mitteilungen aufgeteilt. Die beiden `int`-Werte `MSG_FAKULTAET_IN` (Berechnung starten) und `MSG_FAKULTAET_OUT` (Ergebnis zurückliefern) müssen auch dem Servicenutzer bekannt sein.

Um einen Service aus einer fremden App heraus nutzen zu können, müssen Sie ihn exportieren. Dazu setzen Sie das Attribut `android:exported` auf `true`:

```
<?xml version="1.0" encoding="utf-8"?>
<manifest xmlns:android="http://schemas.android.com/apk/res/android"
    package="com.thomaskuenneth.servicedemo3_service">
    <application
        android:icon="@drawable/icon"
```

```
        android:label="@string/app_name"
        android:allowBackup="true">
        <service
            android:name=".RemoteService"
            android:exported="true" />
    </application>
</manifest>
```

Listing 6.17 Die Manifestdatei des Projekts »ServiceDemo3_Service«

Das Projekt *ServiceDemo3* nutzt den `RemoteService` aus *ServiceDemo3_Service*. In der Methode `onStart()` der Klasse `ServiceDemo3Activity` wird der Service gebunden. Dies geschieht durch einen Aufruf von `bindService()`. Wie Sie bereits wissen, wird hierfür ein `Intent` benötigt. Anders als bei lokalen Services können Sie dieses aber nicht einfach durch `new Intent(this, RemoteService.class)` instanziieren (hierbei entsteht ein sogenanntes *explizites Intent*). Bedenken Sie, dass die App die Klasse `RemoteService` gar nicht kennt.

In früheren Android-Versionen war es möglich, `bindService()` ein *implizites Intent* zu übergeben. Anstelle einer Klasse oder Komponente enthält dieses eine Aktion in Form einer Zeichenkette, zum Beispiel `"com.thomaskuenneth.servicedemo3_service.RemoteService"`. Das System ermittelt Anwendungsbausteine (also Activities, Services oder Broadcast Receiver), die mit dieser Aktion etwas anfangen können, indem es in den Manifestdateien nach sogenannten *Intent Filtern* sucht. Das `<service />`-Element im oben abgedruckten Listing hätte hierzu folgenden Code als Kind enthalten:

```
<intent-filter>
  <action
        android:name="com.thomaskuenneth.servicedemo3_service.RemoteService" /
>
</intent-filter>
```

Allerdings ist dies seit Android 5 nicht mehr erlaubt. Sie müssen `bindService()` ein explizites Intent übergeben. Andernfalls wird zur Laufzeit eine `IllegalArgumentException` (*Service Intent must be explicit*) ausgelöst. Um ein explizites Intent zu erzeugen, rufen Sie den parameterlosen Konstruktor von `android.content.Intent` auf. Anschließend setzen Sie mit `setComponent()` ein Objekt des Typs `android.content.ComponentName` als Komponente. Android kennt nun das Ziel des Intents, ohne alle Intent-Filter auf die passende Aktion untersuchen zu müssen. `ComponentName`-Instanzen lassen sich auf vielerlei Weise erzeugen. Um Bausteine fremder Apps zu benennen, für die wir ja keine *.class*-Referenzen nutzen können, bietet sich die Variante mit zwei String-Parametern an. Der erste Parameter ist der Paketname der App, die den Service enthält. Der zweite ist der voll qualifizierte Klassenname. Dies ist in der Methode onStart() des folgenden Listings zu sehen:

```
package com.thomaskuenneth.servicedemo3;

import android.app.Activity;
import android.content.ComponentName;
import android.content.Context;
import android.content.Intent;
import android.content.ServiceConnection;
import android.os.Bundle;
import android.os.Handler;
import android.os.IBinder;
import android.os.Message;
import android.os.Messenger;
import android.os.RemoteException;
import android.util.Log;
import android.view.View;
import android.view.View.OnClickListener;
import android.widget.Button;
import android.widget.EditText;
import android.widget.TextView;

public class ServiceDemo3Activity extends Activity {

  public static final int MSG_FAKULTAET_IN = 1;
  public static final int MSG_FAKULTAET_OUT = 2;

  private static final String TAG = ServiceDemo3Activity.class.getSimpleName();

  private Messenger mService = null;
  private TextView textview;

  private final Messenger mMessenger = new Messenger(new IncomingHandler());

  private class IncomingHandler extends Handler {
    @Override
    public void handleMessage(Message msg) {
      switch (msg.what) {
      case MSG_FAKULTAET_OUT:
        int n = msg.arg1;
        int fakultaet = msg.arg2;
```

```
        Log.d(TAG, "Fakultaet: " + fakultaet);
        textview.setText(getString(R.string.template, n, fakultaet));
        break;
      default:
        super.handleMessage(msg);
      }
    }
  }

  private ServiceConnection mConnection = new ServiceConnection() {
    public void onServiceConnected(ComponentName className, IBinder service) {
      mService = new Messenger(service);
    }

    public void onServiceDisconnected(ComponentName className) {
      mService = null;
    }
  };

  @Override
  protected void onCreate(Bundle savedInstanceState) {
    super.onCreate(savedInstanceState);
    setContentView(R.layout.main);
    textview = (TextView) findViewById(R.id.textview);
    final EditText edittext = (EditText) findViewById(R.id.edittext);
    final Button button = (Button) findViewById(R.id.button);
    button.setOnClickListener(new OnClickListener() {
      @Override
      public void onClick(View v) {
        if (mService != null) {
          int n = Integer.parseInt(edittext.getText().toString());
          Message msg = Message.obtain(null, MSG_FAKULTAET_IN, n, 0);
          msg.replyTo = mMessenger;
          try {
            mService.send(msg);
          } catch (RemoteException e) {
            Log.d(TAG, "send()", e);
          }
        }
      }
    });
  }
```

```
  @Override
  protected void onStart() {
    super.onStart();
    ComponentName c = new ComponentName(
                "com.thomaskuenneth.servicedemo3_service",
                "com.thomaskuenneth.servicedemo3_service.RemoteService");
    Intent i = new Intent();
    i.setComponent(c);
    if (!bindService(i, mConnection, Context.BIND_AUTO_CREATE)) {
      Log.d(TAG, "bindService() nicht erfolgreich");
      unbindService(mConnection);
      mService = null;
      finish();
    }
  }

  @Override
  protected void onStop() {
    super.onStop();
    if (mService != null) {
      unbindService(mConnection);
      mService = null;
    }
  }
}
```

Listing 6.18 »ServiceDemo3Activity.java«

bindService() erhält als zweiten Parameter die Referenz auf ein ServiceConnection-Objekt. Dieses implementiert die beiden Methoden onServiceConnected() und onServiceDisconnected(). Erstere erzeugt ein Objekt des Typs android.os.Messenger und weist es der Instanzvariable mService zu. Damit ist in allen Methoden der Activity der Zugriff auf den Service aus *ServiceDemo3_Service* möglich. onServiceDisconnected() setzt die Referenz auf null.

Damit der Service die Fakultät einer ihm übergebenen Zahl berechnet, sind nur wenige Zeilen Code nötig. Mit Message.obtain() wird eine neue Nachricht erzeugt und mit mService.send() verschickt. Die Klasse RemoteService möchte das Ergebnis ihrer Berechnung ebenfalls als Nachricht versenden. Damit das funktioniert, habe ich msg.replyTo auf mMessenger gesetzt. Diese Variable referenziert ebenfalls eine Messenger-Instanz. Sie enthält, wie Sie bereits wissen, einen Handler. Wie üblich wird dessen Methode handleMessage() überschrieben. Meine Implementierung (die private Klasse IncomingHandler) schreibt die Werte aus arg1 (Zahl, deren Fakultät berechnet werden sollte) und `arg2` (das Ergebnis) in ein Textfeld. Die App *ServiceDemo3* ist in Abbildung 6.4 zu sehen.

Abbildung 6.4 Die App »ServiceDemo3«

Die Erstellung von remotefähigen Services ist sicher eine nicht ganz einfache Aufgabe. Insofern sollten Sie sehr genau prüfen, ob Sie den Aufwand wirklich betreiben müssen oder ob auch ein lokaler Service ausreichend ist.

6.3 Job Scheduler

Services bilden einen konzeptionellen Rahmen für die Ausführung von vielen unterschiedlichen Hintergrundaktivitäten. Wie entkoppelt diese von der Benutzeroberfläche sind, hängt letztlich von der gewünschten Tätigkeit ab. Das Herunterladen von Dateien oder das Streamen von Audio ist vollständig im Hintergrund möglich. Bei Video kann zwar das Bereitstellen der Daten im Hintergrund erfolgen, aber das Anzeigen ist nur in Verbindung mit einer Activity bzw. einem Fragment sinnvoll.

In den bisher genannten Fällen war der Auslöser der Operation stets eine Aktion des Anwenders. Daneben gibt es aber eine ganze Reihe von Tätigkeiten, die nicht auf ausdrücklichen Befehl des Benutzers hin erfolgen. Denken Sie an das Synchronisieren einer lokalen Datenbank mit einem Server, das Indizieren von Dateien und Verzeichnissen, das Sichern von Statusinformationen, das Aktualisieren der Systemzeit oder das routinemäßige Ausführen von Wartungsarbeiten. All dies wirkt sich nicht unmittelbar auf den Anwender oder die Benutzung der App aus, ist in sich abgeschlossen und kann prinzipiell zu jeder beliebigen Zeit ausgeführt werden.

6.3.1 Jobs bauen und ausführen

Für solche *Jobs* hat Google mit Android 5 die Job-Scheduler-API eingeführt. Sie basiert auf Services und stellt Ihnen als Entwickler einen einfach handhabbaren Mechanismus zur Verfügung, um das Ausführen von Hintergrundaktionen vom Eintreten bestimmter Bedingungen abhängig zu machen. Wie Sie gleich sehen werden, können Sie einen Job so konfigurieren, dass er nur ausgeführt wird, wenn das Gerät an ein Ladekabel angeschlossen ist, es aktuell nicht verwendet wird oder mit einem nicht getakteten Netzwerk verbunden ist.

Natürlich lassen sich solche Bedingungen auch mit eigenem Code realisieren. Allerdings laufen die Tasks der Apps dann nicht koordiniert ab. Das kann dazu führen, dass energieintensive Aktionen unnötig oft ausgeführt werden. Eine zentrale Steuerung hingegen sorgt dafür, dass vor der Ausführung der anstehenden Jobs eine Funkverbindung auf- und nach Abschluss wieder abgebaut wird. Außerdem muss ein Job nicht erst gestartet werden, wenn das System weiß, dass die Rahmenbedingungen, die der Job für seine Abarbeitung braucht, ohnehin nicht erfüllt sind.

Die Job-Scheduler-API befreit Sie außerdem von der Eigenentwicklung einer ganzen Reihe weiterer nicht ganz einfach zu realisierender Mechanismen. Sie sorgt für einen automatischen Wiederanlauf, wenn die Aufgabe nicht erfolgreich abgeschlossen werden konnte. Sie bietet die regelmäßige Wiederholung eines Jobs an und kann einen automatischen Lauf nach einem Reboot sicherstellen. Auch Zustandsänderungen (wie das Verlassen eines Netzwerks) werden automatisch erkannt und verarbeitet. Das Erzeugen und Planen von Jobs ist in der App *JobSchedulerDemo1* zu sehen. Das folgende Listing zeigt die Hauptaktivität `JobSchedulerDemo1Activity`:

```
package com.thomaskuenneth.jobschedulerdemo1;

import android.app.Activity;
import android.app.job.JobInfo;
import android.app.job.JobScheduler;
import android.content.ComponentName;
import android.os.Bundle;
import java.util.List;
```

```
public class JobSchedulerDemo1Activity extends Activity {

    private static final int JOB_ID = 1234;

    @Override
    protected void onCreate(Bundle savedInstanceState) {
        super.onCreate(savedInstanceState);
        setContentView(R.layout.main);
        JobScheduler jobScheduler =
                (JobScheduler) getSystemService(JOB_SCHEDULER_SERVICE);
        // ausstehende Jobs anzeigen
        List<JobInfo> jobs = jobScheduler.getAllPendingJobs();
        StringBuilder sb = new StringBuilder();
        for (JobInfo info : jobs) {
            sb.append(info.toString() + "\n");
        }
        if (sb.length() == 0) {
            sb.append(getString(R.string.no_jobs));
        }

        // die Klasse des Jobs
        ComponentName serviceEndpoint =
                new ComponentName(this, JobSchedulerDemo1Service.class);
        JobInfo jobInfo = new JobInfo.Builder(JOB_ID, serviceEndpoint)
                // alle 10 Sekunden wiederholen
                .setPeriodic(10000)
                // nur wenn das Ladekabel angeschlossen ist
                .setRequiresCharging(true)
                .build();
        // die Ausführung planen
        jobScheduler.schedule(jobInfo);
    }
}
```

Listing 6.19 »JobSchedulerDemo1Activity.java«

Jobs werden mit Objekten des Typs `android.app.job.JobInfo` beschrieben. Sie erzeugen eine solche Instanz, indem Sie zunächst mit `new JobInfo.Builder(…)` einen Builder instanziieren und diesen über seine `set…()`-Methoden konfigurieren. Diese Aufrufe lassen sich verketten. Sie schließen die Konfiguration mit `build()` ab. Der Aufruf von `setRequiresCharging(true)` sorgt dafür, dass ein Job nur dann gestartet wird, wenn das Gerät an ein Ladekabel angeschlossen ist und lädt. `setPeriodic()` steuert, in welchen Abständen ein Job wiederholt ausgeführt wird. Android garantiert übrigens nicht, wann innerhalb dieses Intervalls die Ausführung beginnt, sondern nur, dass es höchstens einmal geschieht. Bedingungen wirken additiv. Es müssen demnach alle erfüllt sein, damit ein Job gestartet wird. Allerdings gibt es eine Ausnahme: wenn Sie `setOverrideDeadline()` aufrufen, erfolgt die Abarbeitung in jedem Fall.

Für die Verwaltung von Jobs ist die Klasse `android.app.job.JobScheduler` zuständig. Mit `getSystemService(JOB_SCHEDULER_SERVICE)` ermitteln Sie die Referenz auf ein zentrales Objekt. Anschließend können Sie mit `getAllPendingJobs()` alle ausstehenden Jobs ermitteln, mit `schedule()` einen Job planen oder mit `cancel()` und `cancelAll()` ausstehende Jobs abbrechen.

6.3.2 Jobs implementieren

Wir haben dem Konstruktor von `JobInfo.Builder(…)` ein `ComponentName`-Objekt übergeben. Die dort angegebene Klasse `JobSchedulerDemo1Service` enthält die Implementierung meines Beispiel-Jobs. Sie ist im folgenden Listing zu sehen:

```
package com.thomaskuenneth.jobschedulerdemo1;

import android.app.job.JobParameters;
import android.app.job.JobService;
import android.util.Log;

public class JobSchedulerDemo1Service extends JobService {

    private static final String TAG =
            JobSchedulerDemo1Service.class.getSimpleName();

    @Override
    public boolean onStartJob(final JobParameters params) {
        Log.d(TAG, "onStartJob()");
        Thread t = new Thread(new Runnable() {
            @Override
            public void run() {
                Log.d(TAG, "Job in Aktion");
                jobFinished(params, false);
            }
        });
        t.start();
        return true;
    }
```

```
    @Override
    public boolean onStopJob(JobParameters params) {
        Log.d(TAG, "onStopJob()");
        return false;
    }
}
```

Listing 6.20 »JobSchedulerDemo1Service.java«

Jobs leiten von der abstrakten Klasse `android.app.job.JobService` ab. Sie müssen die beiden Methoden `onStartJob()` und `onStopJob()` implementieren. Erstere enthält die Logik. Da der Aufruf auf dem Mainthread der Anwendung erfolgt, ist es wichtig, Ihre Aktionen in einen eigenen Thread zu verlagern. In diesem Fall liefern Sie als Rückgabewert `true`. Falls es für den Job nichts zu tun gibt, setzen Sie ihn auf `false`.

Die Methode `onStopJob()` wird aufgerufen, wenn die Rahmenbedingungen für die Ausführung nicht mehr erfüllt sind. In diesem Fall *müssen* Sie Ihre Arbeiten beenden, auch wenn der Job noch nicht vollständig abgearbeitet wurde. Der Rückgabewert steuert, ob er verworfen oder für eine neue Ausführung eingeplant wird. Durch Aufruf von `jobFinished()` teilen Sie Android mit, wenn die Arbeit Ihres Jobs beendet ist. Es ist unerheblich, in welchem Thread Sie die Methode aufrufen.

Die Klasse `android.app.job.JobService` erweitert einen ganz »normalen« Service. Aus diesem Grund müssen Sie Ihre Jobs in die Manifestdatei Ihrer App eintragen.

Das Manifest des Projekts *JobSchedulerDemo1* ist im folgenden Listing zu sehen:

```
<?xml version="1.0" encoding="utf-8"?>
<manifest xmlns:android="http://schemas.android.com/apk/res/android"
    package="com.thomaskuenneth.jobschedulerdemo1" >
    <application
        android:allowBackup="true"
        android:icon="@drawable/ic_launcher"
        android:label="@string/app_name">
        <activity
            android:name=".JobSchedulerDemo1Activity"
            android:label="@string/app_name" >
            <intent-filter>
                <action android:name="android.intent.action.MAIN" />
                <category android:name="android.intent.category.LAUNCHER" />
            </intent-filter>
        </activity>
        <service android:name=".JobSchedulerDemo1Service"
            android:permission="android.permission.BIND_JOB_SERVICE"/>
```

```
    </application>
</manifest>
```

Listing 6.21 Die Manifestdatei des Projekts »JobSchedulerDemo1«

Ist Ihnen die Zeile `android:permission="android.permission.BIND_JOB_SERVICE"` aufgefallen? Sie muss vorhanden sein. Andernfalls wird zur Laufzeit eine Ausnahme ausgelöst.

6.4 Zusammenfassung

Sie haben in diesem Kapitel weitere Anwendungsbausteine kennengelernt. Services strukturieren Android-Apps und können sogar programmübergreifend genutzt werden. Mit dem Job Scheduler hat Google in Android 5 eine sehr elegante Möglichkeit eingeführt, Hintergrundaktivitäten ressourcenschonend umzusetzen.

TEIL 3

Telefonfunktionen nutzen

Kapitel 7
Telefonieren und Surfen

In diesem Kapitel zeige ich Ihnen, wie Sie Anrufe tätigen, entgegennehmen und den Netzstatus ermitteln. Sie lernen ferner das Call Log kennen, betten die Browser-Komponente WebView in Ihre App ein und kommunizieren mit Webservices.

Vielleicht fragen Sie sich, warum Sie in Ihren Apps Anrufe tätigen sollten, obwohl das Android-System eine bedienfreundliche Wählfunktion beinhaltet. Dasselbe gilt für das *Call Log*, also die Historie getätigter, empfangener und entgangener Anrufe. Diese Informationen stehen ebenfalls in der App *Telefon* zur Verfügung. Die Kunst der Entwicklung mobiler Anwendungen besteht darin, Vorhandenes in neuem Kontext wiederzuverwenden und so für den Benutzer einen echten Mehrwert zu schaffen. Stellen Sie sich eine Aufgabenverwaltung vor. Sie haben als »To do« eingetragen, einen Termin mit Ihrem Steuerberater zu vereinbaren. Wenn Sie die Aufgabe antippen, bietet Ihnen die App an, eine E-Mail zu erstellen oder einen Anruf zu tätigen. Die technischen Grundlagen sind durch die Ihnen bereits bekannten Intents vorhanden. Ihnen als App-Entwickler kommt die keinesfalls immer einfache Aufgabe zu, diese Bausteine auf innovative, sinnvolle Weise zu verbinden.

7.1 Telefonieren

Um ein Telefonat zu beginnen, sind nur sehr wenige Zeilen Quelltext nötig. Auch das Entgegennehmen von Anrufen verursacht kaum Aufwand.

7.1.1 Anrufe tätigen und SMS versenden

Am einfachsten initiieren Sie ein Gespräch, indem Sie die zu wählende Nummer an die eingebaute Telefon-Anwendung übergeben, die in Abbildung 7.1 zu sehen ist. Der Aufruf funktioniert so:

```
Intent intent = new Intent(Intent.ACTION_DIAL, Uri.parse("tel:"
        + "+49 (999) 44 55 66"));
startActivity(intent);
```

Wie Sie bereits aus Kapitel 4, »Activities und Broadcast Receiver«, wissen, ist die Methode `startActivity()` in allen Klassen vorhanden, die von `android.content.Context` ableiten, also beispielsweise in Activities und Services. Da der Benutzer in dieser Aufrufvariante sieht, dass er einen Anruf tätigen wird, sind keine speziellen Berechtigungen erforderlich.

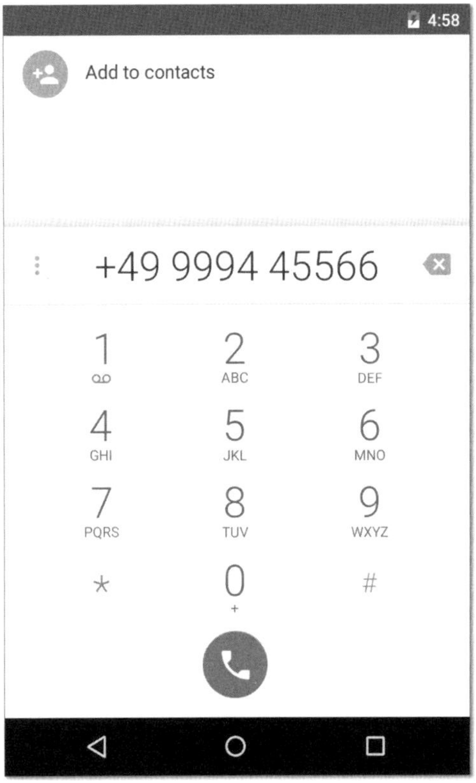

Abbildung 7.1 Die Telefon-App

Das Projekt *AnrufDemo* aus den Begleitmaterialien demonstriert, wie Sie das Quelltextfragment in eine Activity einbetten. Das folgende Listing zeigt die Klasse `AnrufDemoActivity`:

```
package com.thomaskuenneth.anrufdemo;

import android.app.Activity;
import android.content.Intent;
import android.net.Uri;
import android.os.Bundle;
import android.view.View;
import android.view.View.OnClickListener;
import android.widget.Button;
```

```
public class AnrufDemoActivity extends Activity {

    @Override
    public void onCreate(Bundle savedInstanceState) {
        super.onCreate(savedInstanceState);
        setContentView(R.layout.main);
        final Button buttonDialog = (Button) findViewById(R.id.dialog);
        buttonDialog.setOnClickListener(new OnClickListener() {

            @Override
            public void onClick(View v) {
                // Wähldialog anzeigen
                Intent intent =
                        new Intent(Intent.ACTION_DIAL,
                        Uri.parse("tel:" + "+49 (999) 44 55 66"));
                startActivity(intent);
            }
        });
        final Button buttonSofort = (Button) findViewById(R.id.sofort);
        buttonSofort.setOnClickListener(new OnClickListener() {

            @Override
            public void onClick(View v) {
                // sofort wählen
                Intent intent =
                        new Intent(Intent.ACTION_CALL,
                        Uri.parse("tel:" + "+46 (999) 44 55 66"));
                startActivity(intent);
            }
        });
    }
}
```

Listing 7.1 »AnrufDemoActivity.java«

Die App zeigt die beiden Schaltflächen WÄHLDIALOG und SOFORT WÄHLEN an. Klicken Sie auf Letztere, beginnt das Programm sofort zu wählen. Der Code unterscheidet sich dabei nur in der Aktion des Intents. Anstelle von `ACTION_DIAL` verwenden Sie `ACTION_CALL`. Wichtig ist hierbei aber, dass Sie in der Manifestdatei die Berechtigung `android.permission.CALL_PHONE` anfordern. Andernfalls wird die App beim Wählversuch mit einer Fehlermeldung beendet.

```
<?xml version="1.0" encoding="utf-8"?>
<manifest xmlns:android="http://schemas.android.com/apk/res/android"
    package="com.thomaskuenneth.anrufdemo">
  <uses-permission android:name="android.permission.CALL_PHONE" />
  <application android:icon="@drawable/icon"
  ...
```

Listing 7.2 Auszug aus der Manifestdatei des Projekts »AnrufDemo«

Auch das Reagieren auf eingehende Anrufe ist mit Android sehr einfach möglich. Wie Sie hierzu vorgehen, zeige ich Ihnen im folgenden Abschnitt. Vorher möchte ich Ihnen aber noch kurz erklären, wie Sie mithilfe eines Intents eine SMS versenden.

```
String telnr = "123-456-789";
Uri smsUri = Uri.parse("smsto:" + telnr);
Intent sendIntent = new Intent(Intent.ACTION_SENDTO, smsUri);
sendIntent.putExtra("sms_body", "Hier steht der Text der Nachricht...");
startActivity(sendIntent);
```

Listing 7.3 Mit einem Intent eine SMS versenden

Das Protokoll ist in diesem Fall `smsto:`. Unmittelbar darauf folgt die Nummer, an die die Kurznachricht geschickt werden soll. Als Aktion verwenden Sie `Intent.ACTION_SENDTO`. Auch das Vorbelegen des Nachrichtentextes ist möglich. Hierzu wird einfach mit `putExtra("sms_body", "...")` die gewünschte Mitteilung übergeben.

7.1.2 Auf eingehende Anrufe reagieren

Die Klasse `android.telephony.TelephonyManager` ermöglicht den Zugriff auf zahlreiche telefoniebezogene Statusinformationen des Geräts. Wie Sie diese auslesen, zeige ich Ihnen anhand des Beispielprojekts *TelephonyManagerDemo*. Die Hauptklasse `TelephonyManagerDemoActivity` ist im folgenden Listing zu sehen:

```
package com.thomaskuenneth.android;

import android.app.Activity;
import android.os.Bundle;
import android.provider.Settings;
import android.telephony.PhoneStateListener;
import android.telephony.TelephonyManager;
import android.util.Log;
import android.widget.TextView;
```

```
public class TelephonyManagerDemoActivity extends Activity {

    private static final String TAG =
            TelephonyManagerDemoActivity.class.getSimpleName();

    private TextView textview;
    private TelephonyManager mgr;
    private PhoneStateListener psl;

    @Override
    public void onCreate(Bundle savedInstanceState) {
        super.onCreate(savedInstanceState);
        setContentView(R.layout.main);
        textview = (TextView) findViewById(R.id.textview);

        mgr = (TelephonyManager) getSystemService(TELEPHONY_SERVICE);
        psl = new PhoneStateListener() {

            @Override
            public void onCallStateChanged(int state, String incomingNumber) {
                textview.setText(("Status: " + state + "\n") +
                        "Eingehende Rufnummer: " + incomingNumber + "\n");
            }

            @Override
            public void onMessageWaitingIndicatorChanged(boolean mwi) {
                textview.setText(Boolean.toString(mwi));
            }
        };
        mgr.listen(psl, PhoneStateListener.LISTEN_CALL_STATE);
       // mgr.listen(psl, PhoneStateListener.LISTEN_MESSAGE_WAITING_INDICATOR);

        Log.d(TAG, mgr.getDeviceId());
        Log.d(TAG, Settings.Secure.getString(getContentResolver(),
                Settings.Secure.ANDROID_ID));
        try {
            Log.d(TAG, "SKIP_FIRST_USE_HINTS: " +
                    Settings.Secure.getInt(getContentResolver(),
                    Settings.Secure.SKIP_FIRST_USE_HINTS));
        } catch (Settings.SettingNotFoundException e) {
            // Ausnahme ignorieren
        }
    }
```

```
    @Override
    protected void onDestroy() {
        super.onDestroy();
        mgr.listen(psl, PhoneStateListener.LISTEN_NONE);
    }
}
```

Listing 7.4 »TelephonyManagerDemoActivity.java«

In der Methode `onCreate()` wird nach dem Laden und Anzeigen der Benutzeroberfläche mit `getSystemService(TELEPHONY_SERVICE)` die Referenz auf ein Objekt des Typs `android.telephony.TelephonyManager` ermittelt. Sie verwenden dieses Objekt, um durch Aufruf der Methode `listen()` einen `PhoneStateListener` zu registrieren. Seine Methoden werden aufgerufen, wenn bestimmte telefoniebezogene Ereignisse eintreten. Worüber Android den Listener informieren soll, regelt der zweite Parameter der Methode `listen()`, beispielsweise `LISTEN_CALL_STATE`. Meine Beispielimplementierung der für diesen Fall zu überschreibenden Methode `onCallStateChanged()` fügt ihre Parameter zu einer Zeichenkette zusammen und gibt diese in einem Textfeld aus (siehe Listing 7.4). Die Variable `state` gibt Auskunft darüber, aus welchem Grund die Methode aufgerufen wurde:

- `CALL_STATE_RINGING`
  signalisiert einen eingehenden Anruf.
- `CALL_STATE_OFFHOOK`
  wird gemeldet, wenn der Benutzer das Gespräch angenommen hat.
- `CALL_STATE_IDLE`
  kennzeichnet das Ende eines Gesprächs.

Um die Benachrichtigung bei Statuswechseln des Telefons zu beenden, rufen Sie die Methode `listen()` mit `LISTEN_NONE` auf. In welcher Activity-Methode Sie dies tun, hängt vom Anwendungsfall ab. `onDestroy()` ist dafür gedacht, vor dem Zerstören einer Aktivität letzte Aufräumarbeiten zu erledigen.

Für das Auslesen des Telefonstatus ist die Berechtigung `android.permission.READ_PHONE_STATE` nötig.

```
<?xml version="1.0" encoding="utf-8"?>
<manifest xmlns:android="http://schemas.android.com/apk/res/android"
    package="com.thomaskuenneth.android">
  <uses-permission android:name="android.permission.READ_PHONE_STATE" />
  <application android:icon="@drawable/icon" android:label="@string/app_name">
  ...
```

Listing 7.5 Auszug aus der Manifestdatei des Projekts »TelephonyManagerDemo«

Wie Sie bereits aus dem vorangehenden Kapitel wissen, können Sie im Emulator Anrufe simulieren, indem Sie eine `telnet`-Verbindung zu ihm aufbauen und das Kommando `gsm call` absetzen. Die hierfür nötige Portnummer ist in der Titelzeile des Emulatorfensters zu sehen. In der Regel ist dies 5554. Es gibt aber noch eine komfortablere Variante, nämlich auf der in Abbildung 7.2 dargestellten Registerkarte EMULATOR CONTROL des Programms *Android Device Monitor*. Um dieses Tool zu starten, klicken Sie auf TOOLS • ANDROID • ANDROID DEVICE MONITOR. Geben Sie bei INCOMING NUMBER eine beliebige Telefonnummer ein, und klicken Sie dann auf CALL. Die Schaltfläche HANG UP beendet den simulierten Anruf.

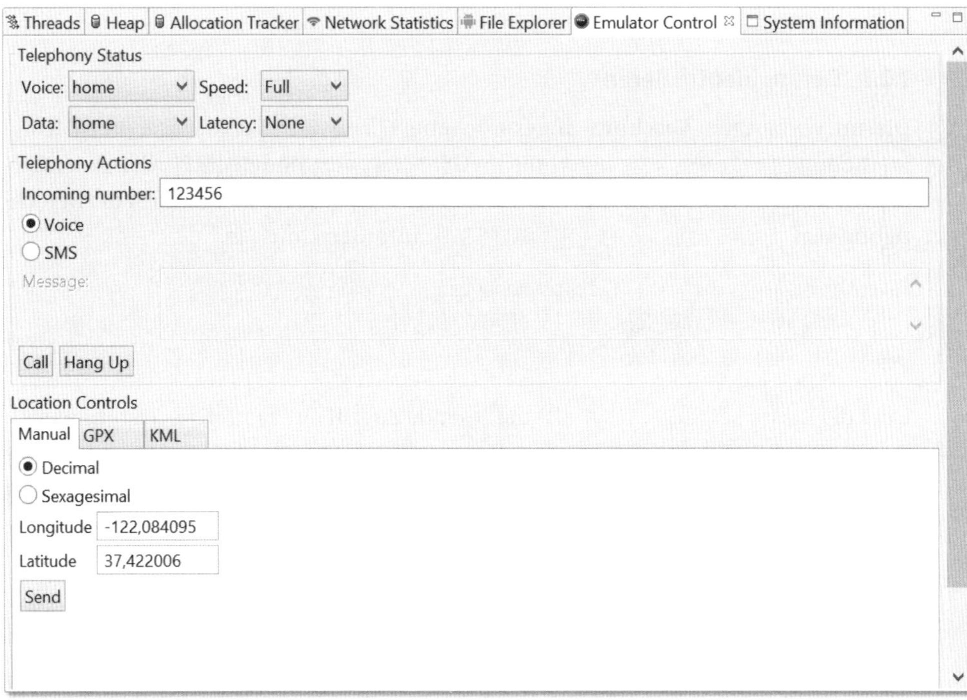

Abbildung 7.2 Die Registerkarte »Emulator Control« des Android Device Monitors

Möchten Sie informiert werden, wenn Sprachnachrichten vorliegen, übergeben Sie `LISTEN_MESSAGE_WAITING_INDICATOR` als zweiten Parameter an die Methode `listen()` und überschreiben die Methode `onMessageWaitingIndicatorChanged()` des ebenfalls übergebenen `PhoneStateListeners`.

Android-Geräte haben am liebsten immer Zugang zu Netzen. Die wichtigsten Informationen, beispielsweise die Art der Verbindung oder die Signalstärke, werden deshalb permanent in der Statusleiste angezeigt. Selbstverständlich lassen sie sich bequem durch eigene Apps ermitteln. Wie das geht, zeige ich Ihnen im folgenden Abschnitt.

7.2 Telefon- und Netzstatus

Grundsätzlich sollten Sie anstreben, mit Ihren Apps so wenig benutzerbezogene Daten zu verarbeiten und zu speichern wie möglich. Insbesondere das eindeutige Identifizieren eines Geräts über dessen 15-stellige IMEI-Nummer (das Kürzel bedeutet *International Mobile Equipment Identity*) müssen Sie Ihren Anwendern unbedingt mitteilen, um nicht in den Verdacht zu geraten, heimlich Daten zu sammeln. Natürlich kann es gute Gründe dafür geben, eine solche ID an einen Server zu übermitteln. Denken Sie an Sicherheitsfunktionen wie das ferngesteuerte Löschen des Smartphones nach einem Verlust oder Diebstahl.

7.2.1 Geräte identifizieren

Die im vorherigen Abschnitt angesprochene Klasse `TelephonyManager` enthält die Methode `getDeviceId()`. Sie liefert die im GSM-Netz verwendete IMEI oder aber MEID bzw. ESN als Pendant in CDMA-Netzen. Beachten Sie, dass Sie im Manifest die Berechtigung `android.permission.READ_PHONE_STATE` anfordern müssen.

```
TelephonyManager mgr = (TelephonyManager)
    getSystemService(Context.TELEPHONY_SERVICE);
Log.d(TAG, mgr.getDeviceId());
```

Über die Klasse `Settings.Secure` ist der lesende Zugriff auf zahlreiche Systemeinstellungen möglich. Sie enthält unter anderem `ANDROID_ID`, eine als Hex-String-kodierte 64-Bit-Zufallszahl. Sie wird beim erstmaligen Start des Systems erzeugt und später nicht mehr verändert (außer unter Umständen beim Zurücksetzen des Geräts auf die Werkseinstellungen).

```
Log.d(TAG, Settings.Secure.getString(getContentResolver(),
      Settings.Secure.ANDROID_ID));
```

Um `ANDROID_ID` auszulesen, sind keine besonderen Berechtigungen erforderlich. Dies gilt auch für `SKIP_FIRST_USE_HINTS`. Google hat diesen Wert mit Android 5 eingeführt. Apps, die bei ihrem ersten Start Hinweise zur Benutzung anzeigen möchten, sollten ihn abfragen. 1 bedeutet, der Anwender möchte keine Einführung angezeigt bekommen. Bei 0 können Sie Ihre Onboarding-Informationen hingegen darstellen. Bitte beachten Sie, dass der Wert nicht gesetzt sein muss. Sie können deshalb, wie in Listing 7.4 zu sehen ist, `SettingNotFoundException` fangen oder der Methode `getInt()` einen zusätzlichen Parameter übergeben, der den Standardwert repräsentiert.

7.2.2 Netzwerkinformationen anzeigen

Das folgende Beispielprojekt *ConnectivityManagerDemo* liest Basisinformationen über die aktuell vorhandenen Netzwerke aus. Es ist in Abbildung 7.3 dargestellt.

```
package com.thomaskuenneth.connectivitymanagerdemo;

import android.app.Activity;
import android.content.Context;
import android.net.ConnectivityManager;
import android.net.NetworkInfo;
import android.os.Bundle;
import android.widget.TextView;

public class ConnectivityManagerDemoActivity extends Activity {

   @Override
   protected void onCreate(Bundle savedInstanceState) {
      super.onCreate(savedInstanceState);
      setContentView(R.layout.main);
      TextView tv = (TextView) findViewById(R.id.textview);

      ConnectivityManager mgr = (ConnectivityManager)
               getSystemService(Context.CONNECTIVITY_SERVICE);
      NetworkInfo[] networks = mgr.getAllNetworkInfo();
      for (NetworkInfo n : networks) {
         tv.append(n.getTypeName() + " (" + n.getSubtypeName() + ")\n");
         tv.append("isAvailable(): " + n.isAvailable() + "\n");
         tv.append("isConnected(): " + n.isConnected() + "\n");
         tv.append("roaming ist " + (n.isRoaming() ? "ein" : "aus") + "\n\n");
      }
   }
}
```

Listing 7.6 »ConnectivityManagerDemoActivity.java«

Um das Beispielprojekt einsetzen zu können, müssen Sie in der Manifestdatei die Berechtigung android.permission.ACCESS_NETWORK_STATE anfordern:

```
<?xml version="1.0" encoding="utf-8"?>
<manifest xmlns:android="http://schemas.android.com/apk/res/android"
    package="com.thomaskuenneth.connectivitymanagerdemo" >
    <uses-permission android:name="android.permission.ACCESS_NETWORK_STATE" />
    <application
    ....
```

Listing 7.7 Auszug aus der Manifestdatei des Projekts »ConnectivityManagerDemo«

Im ersten Schritt ermitteln Sie die Referenz auf ein zentrales Objekt des Typs android.net.ConnectivityManager, indem Sie in Ihrer Activity die Methode get-

SystemService(Context.CONNECTIVITY_SERVICE) aufrufen. Anschließend iterieren Sie über das von getAllNetworkInfo() zurückgelieferte Feld.

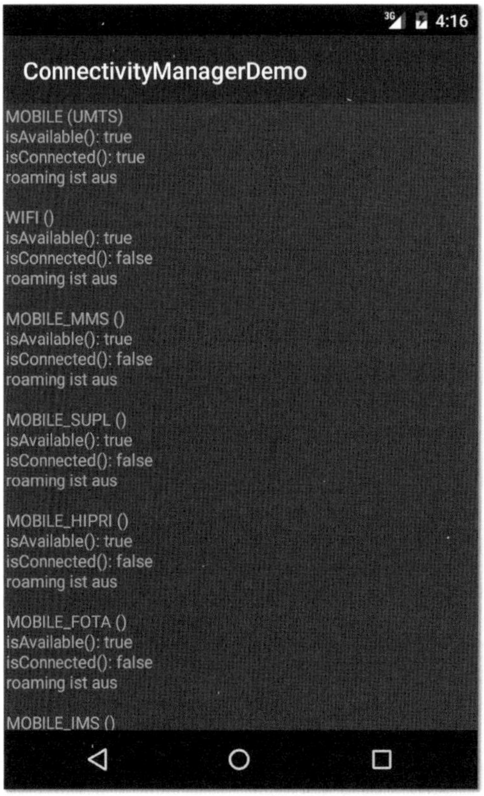

Abbildung 7.3 Die App »ConnectivityManagerDemo«

Wenn Sie Informationen zu einem bestimmten Netzwerktyp benötigen, können Sie anstelle von getAllNetworkInfo() die Methode getNetworkInfo() aufrufen. Die hierbei zu übergebenden Typ-Konstanten sind in der Klasse ConnectivityManager enthalten, beispielsweise TYPE_WIFI. isAvailable() liefert true, wenn die Verbindung zu einem Netzwerk grundsätzlich möglich ist. Allerdings können bestimmte Bedingungen einen Connect verhindern, zum Beispiel wenn sich der Benutzer nicht in seinem Heimatnetz befindet (dies kann mit isRoaming() abgefragt werden) und das Roaming ausgeschaltet hat. isConnected() prüft, ob eine Kommunikation über das Netzwerk möglich ist.

7.3 Das Call Log

Das *Call Log* speichert Informationen über getätigte und empfangene Anrufe. Es ist über den Menübefehl ANRUFLISTE (im Emulator heißt er CALL HISTORY) der App

Telefon erreichbar. Der Zugriff auf seine Daten ist für die verschiedensten Anwendungsfälle interessant. Statistik-Apps könnten beispielsweise das Anrufverhalten visualisieren. Mit einem Live Wallpaper ließen sich die am häufigsten kontaktierten Freunde und Bekannten als Tag Cloud darstellen. Oder denken Sie an ein Widget, das über entgangene Anrufe informiert. In Kapitel 8, »Widgets und Wallpapers«, greife ich diese Idee wieder auf.

7.3.1 Entgangene Anrufe ermitteln

Wie Sie auf die Anrufhistorie zugreifen, zeige ich Ihnen anhand des Projekts *CallLogDemo*. Die in Abbildung 7.4 dargestellte App zeigt eine Liste der entgangenen Anrufe an. Sie können einzelne Einträge antippen, um sie als »zur Kenntnis genommen« zu markieren. Kommt während der Laufzeit des Programms ein verpasster Anruf hinzu, wird die Liste automatisch aktualisiert.

Abbildung 7.4 Die App »CallLogDemo«

Im vorigen Kapitel habe ich die Methode `getMissedCalls()` implementiert. Sie liefert die Anzahl der verpassten Anrufe. Für die App in diesem Kapitel ist dies nicht mehr ausreichend. Jetzt möchten wir unter anderem die Rufnummer anzeigen. Aus diesem Grund gibt die »neue« Version einen sogenannten *Cursor* zurück. Sie baut eine Datenbankverbindung auf und ermittelt alle Daten, die der Bedingung `CallLog.Calls.TYPE = CallLog.Calls.MISSED_TYPE` genügen. Sie finden dies nicht direkt im Quelltext. Es ist nämlich bewährte Praxis, die der Variablen `selection` zugewiesene Anfrage mit Fragezeichen als Platzhalter zu versehen. Die zu substituierenden Werte stehen in `selectionArgs`. Beide werden der Abfragemethode `query()` übergeben. In `projection` legen wir fest, welche Spalten einer Datenbanktabelle wir erhalten möchten. In meinem Beispiel sind dies die Nummer des Anrufers, das Datum und die Uhrzeit des Telefonats, ein Statusflag, das anzeigt, ob der Eintrag neu ist, sowie eine eindeutige Kennung. Letztere brauchen wir später, um einen Eintrag zu aktualisieren.

```
private Cursor getMissedCalls(ContentResolver r) {
    String[] projection = {CallLog.Calls.NUMBER,
                           CallLog.Calls.DATE,
                           CallLog.Calls.NEW,
                           CallLog.Calls._ID};
    String selection = CallLog.Calls.TYPE + " = ?";
    String[] selectionArgs = {
            Integer.toString(CallLog.Calls.MISSED_TYPE)};
    return r.query(CallLog.Calls.CONTENT_URI,
                   projection, selection,
                   selectionArgs, null);
}
```

Listing 7.8 Die Methode »getMissedCalls()« der Klasse »CallLogDemoActivity«

`getMissedCalls()` benötigt die Referenz auf einen `ContentResolver`, wie sie beispielsweise die Methode `getContentResolver()` liefert. Sie ist in allen von `android.content.Context` abgeleiteten Klassen vorhanden. Damit `getMissedCalls()` funktioniert, muss die App in der Manifestdatei die Berechtigung `android.permission.READ_CALL_LOG` anfordern.

Lassen Sie uns nun einen Blick darauf werfen, wie die Liste der entgangenen Anrufe angezeigt wird. Sehen Sie sich hierzu den folgenden Ausschnitt aus der Hauptaktivität `CallLogDemoActivity` an:

```
@Override
protected void onCreate(Bundle savedInstanceState) {
    super.onCreate(savedInstanceState);
    cursorAdapter = new SimpleCursorAdapter(this,
            android.R.layout.simple_list_item_1,
            null,
```

```
        new String[]{CallLog.Calls.NUMBER}, new int[]{android.R.id.text1}, 0);
cursorAdapter.setViewBinder(new SimpleCursorAdapter.ViewBinder() {
    @Override
    public boolean setViewValue(View view, Cursor cursor, int columnIndex) {
        if (columnIndex == cursor.getColumnIndex(CallLog.Calls.NUMBER)) {
            String number = cursor.getString(columnIndex);
            int isNew =
                    cursor.getInt(cursor.getColumnIndex(CallLog.Calls.NEW));
            if (isNew != 0) {
                number += " (neu)";
            }
            ((TextView) view).setText(number);
            return true;
        }
        return false;
    }
});
setListAdapter(cursorAdapter);
getListView().setOnItemClickListener(
        new AdapterView.OnItemClickListener() {
    @Override
    public void onItemClick(AdapterView<?> parent,
                            View view, int position, long id) {
        Cursor c = (Cursor) cursorAdapter.getItem(position);
        if (c != null) {
            long callLogId = c.getLong(c.getColumnIndex(CallLog.Calls._ID));
            updateCallLogData(callLogId);
            updateAdapter();
        }
    }
});
...
```

Listing 7.9 Auszug aus der Methode »onCreate()« der Klasse »CallLogDemoActivity«

`CallLogDemoActivity` leitet von `android.app.ListActivity` ab. Deshalb wird in der Methode `onCreate()` als Erstes ein `ListAdapter` gesetzt. Dieser benötigt eine »Datenquelle«. Ich verwende hierfür einen `SimpleCursorAdapter`. Die von der Activity angezeigte Liste erhält ihre Einträge somit aus einem Cursor, der zunächst mit `null` vorbelegt ist. `android.R.layout.simple_list_item_1` wird vom System bereitgestellt und eignet sich prima für einzeilige Textelemente. Die Zuordnung von Spalten eines Cursors zu Views des Element-Layouts geschieht mit den beiden folgenden Array-Parametern. Um die Rufnummer anzuzeigen, mappen wir `CallLog.Calls.NUMBER` auf android.R.id.text1. Wie aber können wir den Text »(neu)« nach der Rufnummer ausgeben, wenn Android sich vollständig um die Aufbereitung der Listeneinträge kümmert?

Hierzu implementiert mein Beispiel das Interface SimpleCursorAdapter.ViewBinder und setzt dieses Objekt mit cursorAdapter.setViewBinder(). Die Idee ist, Cursorspalten an Views zu binden. Android ruft die Methode setViewValue() für jede Spalte auf. Der Rückgabewert true signalisiert dem System, dass ein neuer Wert gesetzt wurde. Auf diese Weise lassen sich Spalten bequem kombinieren. Übrigens liefert die Cursor-Methode getColumnIndex() den Index einer Tabellenspalte. Es ist bewährte Praxis, sie aufzurufen, auch wenn die Reihenfolge der Spalten »eigentlich« bekannt ist (sie ergibt sich aus dem Array projection in getMissedCalls()).

Im Anschluss daran registriert onCreate() einen OnItemClickListener. Seine Methode onItemClick() wird aufgerufen, wenn Sie ein Listenelement antippen. In diesem Fall ermittle ich mit getListView().getItemAtPosition() einen Cursor. Er repräsentiert den zugehörigen Eintrag in der Anrufhistorie. Seine eindeutige Kennung liefert der Ausdruck c.getLong(c.getColumnIndex(CallLog.Calls._ID)). Sie wird benötigt, um in der Methode updateCallLogData() den Status »neu« zu ändern. Dazu folgt gleich mehr. Vorher möchte ich aber noch eine offene Frage klären. Woher bekommt der SimpleCursorAdapter seine Daten? Beim Aufruf des Konstruktors hatte ich ja null übergeben.

```
private void updateAdapter() {
    final ContentResolver cr = getContentResolver();
    Thread t = new Thread(new Runnable() {
        @Override
        public void run() {
            final Cursor c = getMissedCalls(cr);
            runOnUiThread(new Runnable() {
                @Override
                public void run() {
                    cursorAdapter.changeCursor(c);
                }
            });
        }
    });
    t.start();
}
```

Listing 7.10 Die Methode »updateAdapter()« der Klasse »CallLogDemoActivity«

Die Methode updateAdapter() wird in onCreate() aufgerufen. Sie übergibt den von getMissedCalls() gelieferten Cursor an die Methode changeCursor() der abstrakten

Klasse CursorAdapter, von der SimpleCursorAdapter ableitet. Dies sorgt dafür, dass die Liste ihre Elemente (neu) einliest. Ein eventuell vorher gesetzter Cursor wird automatisch geschlossen. Vielleicht fragen Sie sich, warum an dieser Stelle ein neuer Thread gestartet wird. Die Verarbeitung von Datenbankabfragen kann je nach Komplexität einige Zeit in Anspruch nehmen. Solche »Langläufer« dürfen aber, wie Sie aus Kapitel 6, »Multitasking«, wissen, nicht auf dem Mainthread ausgeführt werden.

7.3.2 Änderungen vornehmen und erkennen

Die Daten des Call Logs können durch Apps nicht nur gelesen, sondern auch verändert werden. Sie können sich dies beispielsweise zunutze machen, um den Status Calls.NEW auf false zu setzen. Damit werden Anrufe nicht mehr als »neu« angezeigt. Dies funktioniert folgendermaßen:

```
private void updateCallLogData(long id) {
    ContentValues values = new ContentValues();
    values.put(CallLog.Calls.NEW, 0);
    String where = CallLog.Calls._ID + " = ?";
    String[] selectionArgs = {Long.toString(id)};
    getContentResolver().
            update(CallLog.Calls.CONTENT_URI,
            values, where, selectionArgs);
}
```

Listing 7.11 Die Methode »updateCallLogData()« der Klasse »CallLogDemoActivity«

Mit einem Objekt des Typs android.content.ContentValues legen Sie fest, welche Spalte einer Datenbanktabelle (zum Beispiel CallLog.Calls.NEW) einen neuen Wert erhalten soll und wie dieser lautet. Welche Zeilen aktualisiert werden, ergibt sich – analog zur Abfrage mit query() – aus einer Bedingung. In meinem Beispiel lautet sie CallLog.Calls._ID = ?. Das Fragezeichen als Platzhalter kennen Sie schon. Zur Laufzeit wird es durch den Methodenparameter id ersetzt. Wie Sie bereits wissen, wird die Methode updateCallLogData() von einem OnItemClickListener aufgerufen, den wir in onCreate() gesetzt haben. Da durch die Update-Anweisung Daten verändert werden, müssen Sie im Manifest die Berechtigung android.permission.WRITE_CALL_LOG anfordern.

Benachrichtigung bei Änderungen

Ich habe Ihnen bisher gezeigt, wie Sie entgangene Anrufe ermitteln können. Was aber geschieht, wenn sich Änderungen im Call Log ergeben, zum Beispiel weil Sie einen Anruf verpasst oder selbst ein Telefonat getätigt haben? Sowohl Apps im Vordergrund als auch Widgets sollten dann ihre Anzeigen entsprechend aktualisieren. Ein regelmäßiger Aufruf der Methode getMissedCalls() (Informatiker nennen das *Polling*) verbraucht unnötig Rechenzeit und damit Energie. Natürlich bietet Android hierfür eine elegante Lösung. ContentResolver bieten die Möglichkeit, sich bei Datenbankänderungen informieren zu lassen. Das funktioniert so:

```
contentObserver = new ContentObserver(new Handler()) {
    @Override
    public void onChange(boolean selfChange) {
        updateAdapter();
    }
};
getContentResolver().registerContentObserver(
        CallLog.Calls.CONTENT_URI,
        false, contentObserver);
```

Listing 7.12 Auszug aus der Methode »onCreate()« der Klasse »CallLogDemoActivity«

Zuerst wird ein Objekt des Typs ContentObserver erzeugt. Seine Methode onChange() wird immer dann aufgerufen, wenn sich Änderungen an einem Datenbestand ergeben. In welchem Thread die Abarbeitung erfolgt, ergibt sich aus dem Handler, den wir dem Konstruktor übergeben haben. In meinem Beispiel ist dies der Mainthread der Activity CallLogDemoActivity. Da wir in der Methode updateAdapter() für die eigentliche Datenbankabfrage einen neuen Thread starten, hat dies keine Auswirkungen auf die Reaktionszeit der Benutzeroberfläche. registerContentObserver() registriert den Content Observer. An dieser Stelle wird auch festgelegt, »was« überwacht werden soll. contentObserver ist eine Instanzvariable der Klasse CallLogDemoActivity. Dies ist nötig, weil wir beim Zerstören der Aktivität die Überwachung beenden möchten.

```
@Override
public void onDestroy() {
    super.onDestroy();
    getContentResolver().unregisterContentObserver(contentObserver);
    contentObserver = null;
}
```

Listing 7.13 Die Methode »onDestroy()« der Klasse »CallLogDemoActivity«

Sie haben in diesem Abschnitt nicht nur die Anrufhistorie von Android kennengelernt, sondern auch viel über die Nutzung von Datenbanken erfahren.

Im Folgenden wenden wir uns einem weiteren wichtigen Einsatzgebiet von Smartphones und Tablets zu, dem Anzeigen von Webseiten.

7.4 Webseiten mit »WebView« anzeigen

Für das Anzeigen von Webseiten in einer Anwendung gibt es unzählige Einsatzgebiete. Denken Sie an Lizenzvereinbarungen, Links zur Homepage eines Unternehmens oder Referenzen auf Wikipedia-Artikel. Möchten Sie ein bestehendes Webangebot durch eine Kalender- oder Kontakteintegration mit dem Smartphone oder Tablet aufwerten? Haben Sie bestehenden HTML5- und JavaScript-Code, den Sie zu einer vollwertigen App erweitern möchten? All dies ist mit Android sehr einfach realisierbar.

7.4.1 Einen einfachen Webbrowser programmieren

Mit den Intents hat Google seiner mobilen Plattform ein äußerst mächtiges und dennoch einfach zu handhabendes Werkzeug mit auf den Weg gegeben. Das Anzeigen einer Webseite ist mit drei Zeilen Quelltext erledigt:

```
// Webseite mit einem Intent anzeigen
Uri uri = Uri.parse("https://www.rheinwerk-verlag.de/");
Intent intent = new Intent(Intent.ACTION_VIEW, uri);
startActivity(intent);
```

Ihre App muss hierfür keine Berechtigungen anfordern, denn sie delegiert das Anzeigen ja »nur« an die Standardanwendung. Oft ist dies für die Darstellung einfacher, statischer Inhalte schon ausreichend. Allerdings ist auf diese Weise kaum Interaktion mit der Seite möglich. Ferner sieht der Benutzer, dass er Ihr Programm verlässt. Ist dies nicht gewünscht, können Sie mit praktisch genauso wenig Aufwand eine Browserkomponente integrieren. Das folgende Layout gehört zur Beispielanwendung *WebViewDemo1*. Es enthält als einzige sichtbare Komponente zur Laufzeit ein Objekt des Typs `android.webkit.WebView`. Sie nimmt vollständig die Breite und Höhe ein, die der Activity zur Verfügung stehen.

```
<RelativeLayout xmlns:android="http://schemas.android.com/apk/res/android"
    android:layout_width="match_parent"
    android:layout_height="match_parent">

    <WebView
        android:id="@+id/webview"
        android:layout_width="match_parent"
        android:layout_height="match_parent" />

</RelativeLayout>
```

Listing 7.14 Die Layoutdatei »main.xml« des Projekts »WebViewDemo1«

Das Laden und Anzeigen der Benutzeroberfläche erfolgt auf die Ihnen vertraute Weise. Die anzuzeigende Webadresse wird der Komponente im Anschluss daran durch Aufruf der Methode loadUrl() übergeben. Dies ist im folgenden Codefragment zu sehen. Schlägt das Laden der Seite fehl, wird übrigens keine Ausnahme ausgelöst.

```
@Override
protected void onCreate(Bundle savedInstanceState) {
    super.onCreate(savedInstanceState);
    setContentView(R.layout.main);
    WebView webview = (WebView) findViewById(R.id.webview);
    webview.loadUrl("https://www.rheinwerk-verlag.de/");
    ...
```

Listing 7.15 Auszug aus der Methode »onCreate()« des Projekts »WebViewDemo1«

[+] **Tipp**

Eine »beliebte« Fehlerquelle in diesem Zusammenhang ist die nicht vorhandene Berechtigung android.permission.INTERNET. Bitte denken Sie daran, sie in der Manifestdatei Ihrer App anzufordern.

Sie können mit der Methode loadData() eine HTML-Seite auch programmatisch erstellen und anzeigen lassen:

```
String html = "<html><body><p>Hallo Android</p></body></html>";
webview.loadData(html, "text/html", null);
```

Listing 7.16 Eine HTML-Seite mithilfe von Code erstellen

Der dritte Parameter gibt das *Encoding* an. base64 bedeutet, dass die Daten im ersten Parameter Base64[1]-kodiert sind. Alle anderen Werte einschließlich null (wie in meinem Beispiel) legen eine Kodierung entsprechend des URL-Encodings[2] fest. Reservierte Zeichen (wie Leerzeichen, Fragezeichen und Hash-Tag) müssen in ihrer %-Ersatzdarstellung (%20, %3F bzw. %23) erscheinen.

Das Erzeugen eines Base64-kodierten Strings ist mit der Klasse android.util.Base64 sehr einfach:

```
String base64 = Base64.encodeToString(html.getBytes(), Base64.DEFAULT);
webview.loadData(base64, "text/html", "base64");
```

Listing 7.17 HTML-Code Base64-kodiert anzeigen

1 *http://de.wikipedia.org/wiki/Base64*
2 *http://de.wikipedia.org/wiki/URL-Encoding*

Wie Sie gesehen haben, ist die rudimentäre Integration der Browserkomponente in eine App mit minimalen Aufwand verbunden. Allerdings sind die Interaktionsmöglichkeiten bislang genauso bescheiden wie beim Auslösen eines Intents. Selbstverständlich kann `WebView` aber viel mehr.

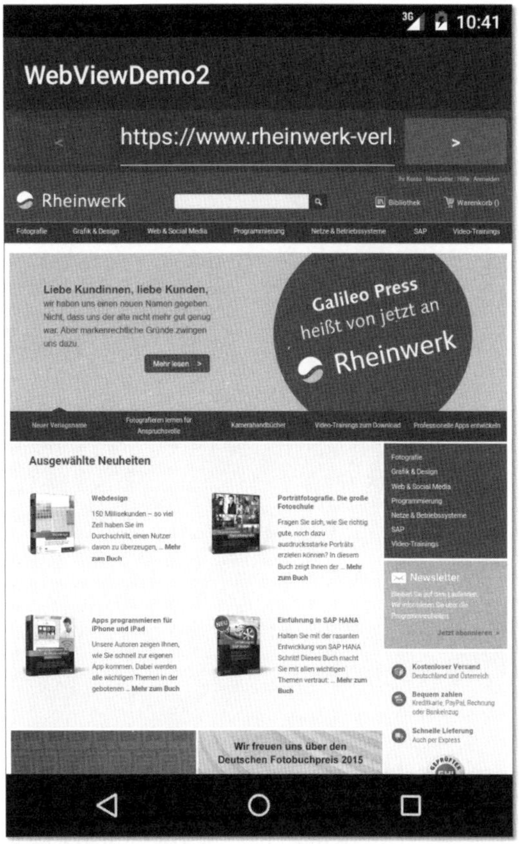

Abbildung 7.5 Die App »WebViewDemo2«

Anhand der Beispiel-App *WebViewDemo2* zeige ich Ihnen, wie Sie einen einfachen Browser mit Seitenverlauf programmieren. Er ist in Abbildung 7.5 zu sehen. Lassen Sie uns zunächst einen Blick auf die Layoutdatei des Projekts werfen. Sie definiert eine Navigationsleiste mit WEITER- und ZURÜCK-Buttons sowie ein Eingabefeld für die Webadresse. Darunter befindet sich die `WebView`-Komponente.

```
<LinearLayout xmlns:android="http://schemas.android.com/apk/res/android"
    android:layout_width="match_parent"
    android:layout_height="match_parent"
    android:orientation="vertical">
    <LinearLayout
        android:layout_width="match_parent"
```

```
        android:layout_height="wrap_content"
        android:orientation="horizontal">
        <Button
            android:id="@+id/prev"
            android:text="@string/prev"
            android:layout_width="wrap_content"
            android:layout_height="wrap_content" />
        <EditText
            android:id="@+id/edittext"
            android:inputType="textUri"
            android:imeOptions="actionGo"
            android:layout_width="0dp"
            android:layout_height="match_parent"
            android:layout_weight="1.0" />
        <Button
            android:id="@+id/next"
            android:text="@string/next"
            android:layout_width="wrap_content"
            android:layout_height="wrap_content" />
    </LinearLayout>
    <WebView
        android:id="@+id/webview"
        android:layout_width="match_parent"
        android:layout_height="0dp"
        android:layout_weight="1.0" />
</LinearLayout>
```

Listing 7.18 Die Layoutdatei »main.xml« des Projekts »WebViewDemo1«

Das Attribut `android:inputType` konfiguriert das Verhalten bei der Texteingabe. Der Wert `textUri` teilt dem System mit, dass vom Benutzer *Uniform Resource Identifier* eingegeben werden. Beispielsweise führt das Drücken der [↵]-Taste dann nicht zu einem Zeilenumbruch. `android:imeOptions` beeinflusst die »Action«-Schaltfläche der virtuellen Tastatur. `actionGo` besagt, dass der Benutzer das als Text eingegebene Ziel ansteuern möchte.

[»]

Hinweis

Unglücklicherweise werten nicht alle virtuellen Tastaturen `android:imeOptions` wie beschrieben aus. Ich rate Ihnen dennoch, den Wert zu setzen.

Die Klasse `WebViewDemo2Activity` lädt als Erstes die Layoutdatei *main.xml* und zeigt sie an. Anschließend werden für die beiden Schaltflächen < und > `OnClickListener` registriert. Sie leiten die jeweilige Aktion (im Seitenverlauf zurück- oder weiterblättern) an den WebView weiter. Dieser stellt hierfür die Methoden goBack() und goForward() zur Verfügung. Mit canGoBack() und canGoForward() lässt sich prüfen, ob dies aktuell möglich ist. Ich nutze dies in der Methode updateNavBar(), um die Buttons zu aktivieren bzw. zu deaktivieren. Übrigens wird diese Methode an nur zwei Stellen aufgerufen. Ich komme etwas später darauf zurück.

Um auf das Action-Kommando der (virtuellen) Tastatur reagieren zu können, wird für das Textfeld ein OnEditorActionListener gesetzt. Die einzige zu implementierende Methode onEditorAction() liefert true, wenn sie die Aktion konsumiert hat. Da ich den Code nur für die Eingabezeile nutze, muss ich die übergebenen Methodenparameter nicht prüfen. Grundsätzlich können Sie anhand der Werte von actionId und event erkennen, wer die Aktion ausgelöst hat. Meine Implementierung liest den eingegebenen Text aus und übergibt ihn an loadUrl().


```
package com.thomaskuenneth.webviewdemo2;

import android.app.Activity;
import android.os.Bundle;
import android.view.KeyEvent;
import android.view.View;
import android.webkit.WebView;
import android.webkit.WebViewClient;
import android.widget.Button;
import android.widget.EditText;
import android.widget.TextView;

public class WebViewDemo2Activity extends Activity {

    private Button prev, next;
    private EditText edittext;
    private WebView webview;

    @Override
    protected void onCreate(Bundle savedInstanceState) {
        super.onCreate(savedInstanceState);
        setContentView(R.layout.main);
        // Schaltfläche "Zurück"
        prev = (Button) findViewById(R.id.prev);
        prev.setOnClickListener(new View.OnClickListener() {
            @Override
            public void onClick(View v) {
                webview.goBack();
```

```
        }
    });
    // Schaltfläche "Weiter"
    next = (Button) findViewById(R.id.next);
    next.setOnClickListener(new View.OnClickListener() {
        @Override
        public void onClick(View v) {
            webview.goForward();
        }
    });
    // Eingabezeile
    edittext = (EditText) findViewById(R.id.edittext);
    edittext.setOnEditorActionListener(new TextView.OnEditorActionListener() {
        @Override
        public boolean onEditorAction(TextView v, int actionId, KeyEvent event) {
            webview.loadUrl(v.getText().toString());
            return true;
        }
    });
    // WebView
    webview = (WebView) findViewById(R.id.webview);
    webview.setWebViewClient(new WebViewClient() {
        @Override
        public boolean shouldOverrideUrlLoading(WebView view, String url) {
            view.loadUrl(url);
            return true;
        }

        @Override
        public void onPageFinished(WebView view, String url) {
            updateNavBar();
        }

        @Override
        public void onReceivedError(WebView view,
                int errorCode,
                String description,
                String failingUrl) {
            updateNavBar();
        }
    });
    webview.getSettings().setBuiltInZoomControls(true);
```

```
        webview.getSettings().setLoadWithOverviewMode(true);
        webview.getSettings().setUseWideViewPort(true);
        if (savedInstanceState != null) {
            webview.restoreState(savedInstanceState);
        } else {
            webview.loadUrl("https://www.rheinwerk-verlag.de/");
        }
    }

    @Override
    protected void onSaveInstanceState(Bundle outState) {
        webview.saveState(outState);
    }

    private void updateNavBar() {
        prev.setEnabled(webview.canGoBack());
        next.setEnabled(webview.canGoForward());
        edittext.setText(webview.getUrl());
    }
}
```

Listing 7.19 Die Klasse »WebViewDemo2Activity«

Um auf Ereignisse im Lebenszyklus eines `WebView`s zu reagieren, setzen Sie mit `setWebViewClient()` ein Objekt, das von der Klasse `android.webkit.WebViewClient` ableitet. Dessen Methode `shouldOverrideUrlLoading()` wird aufgerufen, wenn eine URL geladen werden soll (zum Beispiel, weil ein Link angeklickt wurde). Der Rückgabewert `true` zeigt an, dass sich die Implementierung selbst um die URL kümmern möchte. Bei `false` tut dies der `WebView`. Falls Sie nur Seitenaufrufe loggen möchten, könnten Sie die Methode überschreiben, aber `false` zurückliefern. Streng genommen ist meine Implementierung also unnötig, weil sie das in diesem Fall greifende Verhalten »nachbaut«.

Hinweis

Wenn für eine `WebView` kein `WebViewClient`-Objekt gesetzt wird, reicht die View die URL als Intent an das System weiter. Das Antippen eines Links würde die korrespondierende Seite deshalb im Standardbrowser anzeigen, nicht mehr in Ihrer eingebetteten Komponente.

Die Methode `onPageFinished()` wird aufgerufen, wenn das Laden einer Seite erfolgreich abgeschlossen wurde. `onReceivedError()` weist auf einen Fehler hin. In beiden Fällen aktualisiere ich die Navigationsleiste einschließlich des Eingabefelds. Deshalb muss bei loadUrl() meine Methode updateNavBar() nicht explizit aufgerufen werden. Damit haben Sie es fast geschafft. getSettings() liefert ein Objekt, über das Sie Ihre WebView konfigurieren können. Beispielsweise steuert setBuiltInZoomControls() die Zoom-Bedienelemente. Und mit setJavaScriptEnabled() können Sie JavaScript ein- und ausschalten. Diesem Thema widmen wir uns im nächsten Abschnitt.

Vorher aber noch ein Tipp: Um bei Orientierungswechseln des Geräts nicht den Seitenverlauf und die gegenwärtig angezeigte URL zu verlieren, sollten Sie in Ihrer Activity onSaveInstanceState() überschreiben und die WebView-Methode saveState() aufrufen. Das Wiederherstellen in onCreate() sieht dann folgendermaßen aus:

```
if (savedInstanceState != null) {
    webview.restoreState(savedInstanceState);
} else {
    webview.loadUrl("https://www.rheinwerk-verlag.de/");
}
```

Listing 7.20 Auszug aus der Methode »onCreate()« der Klasse »WebViewDemo2Activity«

Sofern das Bundle, das Ihrer Activity übergeben wurde, nicht null ist, rufen Sie die WebView-Methode restoreState() auf und übergeben es als einzigen Parameter.

7.4.2 JavaScript nutzen

In diesem Abschnitt zeige ich Ihnen anhand des Beispielprojekts *WebViewDemo3*, wie Sie *JavaScript*-Code in Ihrer Android-App nutzen. Dies ist in Abbildung 7.6 zu sehen. Die Komponente WebView bietet eine Reihe von Integrationsmöglichkeiten. Um sie zu nutzen, müssen Sie als Erstes mit getSettings().setJavaScriptEnabled(true) die JavaScript-Fähigkeit aktivieren. Bitte sehen Sie sich nun die folgende *.html*-Datei an. Sie definiert eine einfache Seite, die aus einem Label, einem Eingabefeld und einer Schaltfläche besteht. Klicken Sie diese an, wird die Funktion hello() aufgerufen. Sie löscht den Seiteninhalt und grüßt den Anwender. hello() wird in einem <script />-Tag definiert. Der Wert von dessen Attribut type folgt dabei dem RFC 4329, »*Scripting Media Types*«. Dort wird das im Netz noch häufig anzutreffende text/javascript als *obsolete* gekennzeichnet.

```
<!DOCTYPE html>
<html>
    <head>
        <title>Hello, World!</title>
    </head>
    <body>
    <h1>Hallo.</h1>
    <form>
```

```
        <label for="name">Bitte geben Sie Ihren Namen ein.</label>
        <input type="text" id="name" value="">
        <input type="button" value="Weiter" onclick="hello()">
    </form>
    <script type="application/javascript">
        function hello() {
            var input = document.getElementById("name");
            document.write("Hallo, " + input.value);
        }
    </script>
    </body>
</html>
```

Listing 7.21 Die Datei »test1.html« des Projekts »WebViewDemo3«

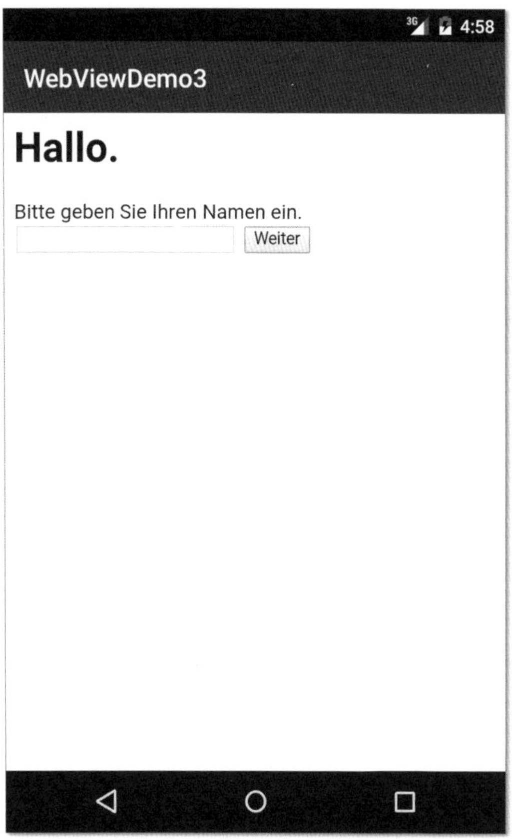

Abbildung 7.6 Die App »WebViewDemo3«

Vielleicht fragen Sie sich nun, wo *test1.html* gespeichert wird. Sie können Ihren Apps Dateien »beilegen«, indem Sie diese in das Verzeichnis *assets* kopieren. Dieser Ordner ist nicht automatisch vorhanden. Sie müssen ihn gegebenenfalls von Hand hinzufügen. Öffnen Sie hierzu das Werkzeugfenster PROJECT, und wechseln Sie in die gleichnamige Sicht PROJECT. Unter *src/main* finden Sie *java* und *res*. Klicken Sie *main* mit der rechten Maustaste an, und wählen Sie dann NEW • DIRECTORY. Geben Sie »assets« ein, und schließen Sie den Dialog mit OK.

[+] **Tipp**

Um eine *.html*-Datei in einem externen Browser anzuzeigen, klicken Sie den Eintrag mit der rechten Maustaste an und wählen aus dem Untermenü OPEN IN BROWSER den gewünschten Browser aus. Dieser muss natürlich auf Ihrem Entwicklungsrechner installiert sein. Auf diese Weise können Sie sehr bequem Ihren JavaScript-Code debuggen (alle modernen Browser haben mächtige Entwicklerwerkzeuge an Bord).

Lassen Sie uns nun einen Blick auf die Activity werfen, die die *.html*-Datei lädt und anzeigt. Sie ist sehr kurz. Die »üblichen Verdächtigen«, d. h. die Aufrufe der Methoden `setContentView()`, `getSettings()` und `setJavaScriptEnabled()`, kennen Sie bereits.

```
package com.thomaskuenneth.webviewdemo3;

import android.app.Activity;
import android.os.Bundle;
import android.webkit.WebView;

public class WebViewDemo3Activity extends Activity {

    @Override
    protected void onCreate(Bundle savedInstanceState) {
        super.onCreate(savedInstanceState);
        setContentView(R.layout.main);
        final WebView wv = (WebView) findViewById(R.id.webview);
        wv.getSettings().setJavaScriptEnabled(true);
        wv.loadUrl("file:///android_asset/test1.html");
    }
}
```

Listing 7.22 »WebViewDemo3Activity.java«

Interessant ist aber die URL, die wir `loadUrl()` mit auf den Weg geben. Dem Protokoll `file://` folgt der absolute Pfad */android_asset/test1.html*. Damit wird die Datei *test1.html* referenziert, die wir in das *assets*-Verzeichnis kopiert haben. Auch wenn der absolute Pfad dies suggeriert, ist der Ordner übrigens nicht global sichtbar.

Mit JavaScript-Code kommunizieren

Die *.html*-Seite erscheint zwar in einer Activity, führt sonst aber ein Eigenleben. Sie kommuniziert nicht mit dem Rest der App. Dabei wäre es doch praktisch, auf Funktionen des Wirtssystems zuzugreifen. Denken Sie an Texte in unterschiedlichen Sprachen oder an den Zugriff auf Kontakte und Kalender. JavaScript lässt sich über Interfaces problemlos mit nativem Code verbinden. Wie das geht, zeige ich Ihnen im Folgenden. Bitte werfen Sie als Erstes einen Blick auf die Klasse `WebAppInterface`. Sie definiert die beiden Methoden `getHeadline()` und `message()`. Beide Methoden sind mit `@JavascriptInterface` annotiert. Auf diese Weise kennzeichnen Sie Methoden, die in JavaScript zur Verfügung stehen sollen.

```
package com.thomaskuenneth.webviewdemo3;

import android.content.Context;
import android.webkit.JavascriptInterface;
import android.widget.Toast;

public class WebAppInterface {

    private Context mContext;

    public WebAppInterface(Context c) {
        mContext = c;
    }

    @JavascriptInterface
    public String getHeadline() {
        return mContext.getString(R.string.headline);
    }

    @JavascriptInterface
    public void message(String m) {
        Toast toast = Toast.makeText(mContext, m, Toast.LENGTH_LONG);
        toast.show();
    }
}
```

Listing 7.23 »WebAppInterface.java«

`getHeadline()` liefert einen String, der in der Datei *strings.xml* mit der ID `headline` definiert wurde. Der String kann in verschiedenen Sprachen vorliegen. Die Methode `message()` zeigt eine Nachricht in Form eines sogenannten *Toasts* an. Dies ist in Abbildung 7.7 zu sehen. Toasts bieten sich an, wenn Sie kurze Nachrichten darstellen möchten, die für den Anwender interessant, aber nicht zu wichtig sind. Ein Beispiel ist das erfolgreiche Speichern eines Datensatzes. Fehlermeldungen hingegen sollten Sie nicht auf solchen Infotäfelchen anzeigen.

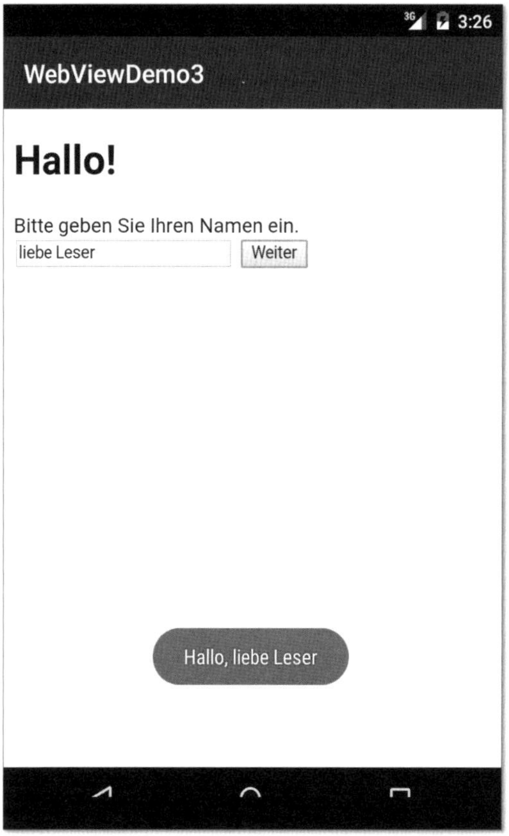

Abbildung 7.7 Die überarbeitete Version der App »WebViewDemo3«

Um ein Interface mit JavaScript zu verbinden, rufen Sie einfach die `WebView`-Methode `addJavascriptInterface()` auf und übergeben ihr das Objekt sowie einen (beliebigen) Namen, über den die Schnittstelle im JavaScript-Code referenziert wird:

```
wv.addJavascriptInterface(new WebAppInterface(this), "Android");
```

`this` bezieht sich auf die Activity, die die `WebView` enthält. Im Beispiel *WebViewDemo3* ist dies die Klasse `WebViewDemo3Activity`. Die im folgenden Listing abgedruckte Datei *test2.html* nutzt das Interface `Android`. Um dies auszuprobieren, müssen Sie nur die URL beim Aufruf der Methode `loadUrl()` entsprechend anpassen.

```
<!DOCTYPE html>
<html>
```

```
  <head>
      <title>Hello, World!</title>
  </head>
  <body>
      <h1 id="headline"> </h1>
      <form>
          <label for="name">Bitte geben Sie Ihren Namen ein.</label>
          <input type="text" id="name" value="">
          <input type="button" value="Weiter" onclick="hello()">
      </form>
      <script type="application/javascript">
          var headline = document.getElementById("headline");
          headline.innerText = Android.getHeadline();

          function hello() {
              var input = document.getElementById("name");
              Android.message("Hallo, " + input.value);
          }
      </script>
  </body>
</html>
```

Listing 7.24 »test2.html«

Ist Ihnen aufgefallen, dass die Überschrift (im Tag `<h1 />`) leer ist? Sie wird durch die Zuweisung `headline.innerText = Android.getHeadline();` gesetzt. `getHeadline()` ist hierbei eine der Methoden in `WebAppInterface`. Der Aufruf der zweiten Methode, `message()`, findet in der Funktion `hello()` statt. Übrigens müssen Sie Ihre selbst definierten Interfaces JavaScript-seitig nicht initialisieren. Sie stehen ohne weiteres Zutun automatisch zur Verfügung. Beachten Sie aber, dass das an JavaScript gebundene Objekt in einem anderen Thread ausgeführt wird als in dem, in dem es erzeugt wurde.

Hinweis

Das Bereitstellen von Funktionen via `addJavascriptInterface()` kann ein potenzielles Sicherheitsrisiko darstellen, wenn es einem Angreifer gelingt, in Ihre `WebView` Code einzuschleusen, der Ihre Schnittstelle missbräuchlich nutzt. Wichtig ist deshalb, dass Sie alle übergebenen Parameter sorgfältig prüfen. Idealerweise zeigt die `WebView` auch nur solche Webseiten an, die vollständig Ihrer Kontrolle unterliegen. Nutzen Sie für das Ansurfen beliebiger Ziele stattdessen den Standardbrowser. Feuern Sie hierzu ein mit `new Intent(Intent.ACTION_VIEW, uri)` erzeugtes Intent.

Sie haben mit der Komponente `WebView` ein mächtiges Werkzeug kennengelernt, um Webseiten in Ihre App zu integrieren. Wie Sie ganz gezielt Ressourcen herunterladen und wie Sie auf bereitgestellte Dienste zugreifen, sehen Sie im folgenden Abschnitt.

7.5 Webservices nutzen

Die Java-Standardklassenbibliothek kennt seit vielen Jahren `HttpURLConnection` sowie die von ihr abgeleitete `HttpsURLConnection`. Beide Klassen sind auch unter Android verfügbar. Sie gestatten mit wenig Aufwand den flexiblen Zugriff auf Ressourcen im World Wide Web. Mein Beispielprojekt *OpenWeatherMapWeather* zeigt Ihnen, wie Sie sie einsetzen, um das aktuelle Wetter in Ihrer Lieblingsstadt zu ermitteln. Die App ist in Abbildung 7.8 zu sehen.

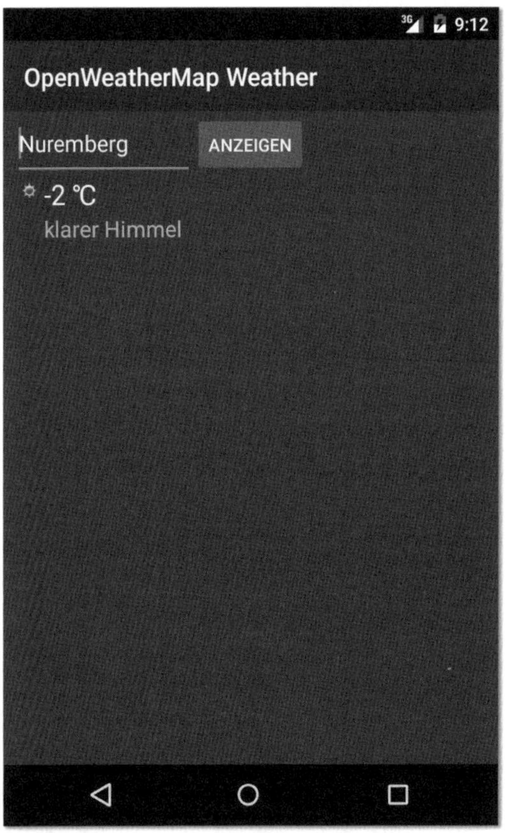

Abbildung 7.8 Die App »OpenWeatherMap Weather«

Sie greift auf den Dienst *OpenWeatherMap* zu. Dieser hat sich ganz dem Open-Source-Gedanken verschrieben. Alle Informationen stehen unter der Lizenz *Creative Commons Attribution-ShareAlike 2.0* (CC-BY-SA 2.0) zur Verfügung.

7.5.1 Auf Webinhalte zugreifen

Über eine leicht zu handhabende Webschnittstelle lassen sich neben aktuellen Wetterinformationen auch Vorhersagen und historische Daten abfragen. Der Uniform Resource Identifier (URI) *http://api.openweathermap.org/data/2.5/weather?q=Nuremberg,DE* liefert das gegenwärtige Wetter in Nürnberg als JSON-Datenstruktur. Diese ist im folgenden Listing zu sehen:

```
{
  "coord": {
    "lon": 11.07,
    "lat": 49.45
  },
  "sys": {
    "type": 3,
    "id": 96332,
    "message": 0.1883,
    "country": "DE",
    "sunrise": 1423291081,
    "sunset": 1423326100
  },
  "weather": [
    {
      "id": 800,
      "main": "Clear",
      "description": "Sky is Clear",
      "icon": "01d"
    }
  ],
  "base": "cmc stations",
  "main": {
    "temp": 271.09,
    "humidity": 70,
    "pressure": 1025.5,
    "temp_min": 270.95,
    "temp_max": 271.25
  },
  "wind": {
    "speed": 1.42,
    "deg": 45.5015
  },
  "clouds": {
    "all": 0
  },
```

```
  "dt": 1423301656,
  "id": 2861650,
  "name": "Nuremberg",
  "cod": 200
}
```

Listing 7.25 Wetterdaten als JSON-Datenstruktur

Neben den geografischen Koordinaten Breite (`lat`) und Länge (`lon`) der Stadt sind unter anderem die aktuelle Temperatur (`temp`), Höchst- und Tiefstwerte (`temp_max` bzw. `temp_min`) sowie Luftfeuchtigkeit (`humidity`) und Luftdruck (`pressure`) in der Datenstruktur enthalten. Die Temperatur wird in Kelvin angegeben. Um sie in Grad Celsius umzurechnen, müssen Sie 273,15 subtrahieren. Der Wert in Grad Fahrenheit lässt sich mit der Formel $9 \times (temp - 273.15) / 5 + 32$ berechnen.

Das Attribut `description` fasst die Wettersituation kompakt zusammen. Als Sprache wird standardmäßig Englisch verwendet. Dies lässt sich aber mit dem Parameter *lang=DE* im Uniform Resource Identifier beeinflussen. Er hat folgenden Aufbau:

http:// – Protokoll

api.openweathermap.org/data/ – Adresse

2.5/ – Version der Schnittstelle

weather – Was soll geliefert werden?

?q=Nuremberg,DE – gesuchte Stadt

&param=wert – optional, kann mehrfach vorkommen

Der erste Parameter wird wie in Webadressen üblich mit ? eingeleitet, alle weiteren sind durch ein & voneinander getrennt. Die *OpenWeatherMap*-Betreiber bitten App-Entwickler, ihren Dienst mit einem API-Schlüssel zu nutzen. Er wird als Parameter *APPID=...* übergeben. Hierzu ist eine kurze Registrierung erforderlich, bei der aber nur Benutzername, Passwort sowie eine E-Mail-Adresse abgefragt werden. Die gesuchte Stadt wird mit *q=<Stadt>,<Land>* übergeben. *<Land>* ist hierbei ein ISO-3166-Kürzel. Deutschland wird mit *DE* gekennzeichnet, Großbritannien mit *GB*. Der Suchstring für die Hauptstadt des Vereinigten Königreichs ist demnach *q=London,GB*. Anstelle von Städtenamen sind auch geografische Koordinaten möglich. Für Nürnberg lautet ein entsprechender Uniform Resource Identifier *http://api.openweathermap.org/data/2.5/weather?lon=11.07&lat=49.45*.

Die App *OpenWeatherMapWeather* fragt über ein Eingabefeld den Namen einer Stadt ab, baut einen geeigneten URI zusammen und ruft damit den Dienst *OpenWeatherMap* auf. Die Ergebnis-JSON-Struktur enthält fast alle Daten, die für das Anzeigen der Wetterinformationen erforderlich sind. Nur die Grafik, die das Wettergeschehen visualisiert, muss separat geladen werden. Die Steuerung übernimmt die Klasse MainActivity. Sie ist im folgenden Listing zu sehen:

```
package com.thomaskuenneth.openweathermapweather;

import android.app.Activity;
import android.graphics.Bitmap;
import android.os.Bundle;
import android.util.Log;
import android.view.View;
import android.view.View.OnClickListener;
import android.widget.Button;
import android.widget.EditText;
import android.widget.ImageView;
import android.widget.TextView;

public class MainActivity extends Activity {

    private static final String TAG = MainActivity.class.getSimpleName();

    private EditText city;
    private ImageView image;
    private TextView temperatur, beschreibung;

    @Override
    protected void onCreate(Bundle savedInstanceState) {
        super.onCreate(savedInstanceState);
        setContentView(R.layout.activity_main);
        city = (EditText) findViewById(R.id.city);
        image = (ImageView) findViewById(R.id.image);
        temperatur = (TextView) findViewById(R.id.temperatur);
        beschreibung = (TextView) findViewById(R.id.beschreibung);
        final Button button = (Button) findViewById(R.id.button);
        button.setOnClickListener(new OnClickListener() {
            @Override
            public void onClick(View v) {
                new Thread(new Runnable() {
                    public void run() {
                        try {
                            final WeatherData weather =
                                WeatherUtils.getWeather(city.getText().toString());
                            final Bitmap bitmapWeather =
                                WeatherUtils.getImage(weather);
```

```
                                runOnUiThread(new Runnable() {
                                    @Override
                                    public void run() {
                                        image.setImageBitmap(bitmapWeather);
                                        beschreibung.setText(weather.description);
                                        city.setText(weather.name);
                                        Double temp = weather.temp - 273.15;
                                        temperatur.setText(
                                            getString(R.string.temp_template,
                                            temp.intValue()));
                                    }
                                });
                            /* IOException, MalformedURLException, JSONException */
                            } catch (Exception e) {
                                Log.e(TAG, "getWeather()", e);
                            }
                        }
                    }).start();
                }
            });
        }
}
```

Listing 7.26 Die Klasse »MainActivity« des Projekts »OpenWeatherMapWeather«

Nach dem Laden und Anzeigen der Benutzeroberfläche wird ein `OnClickListener` registriert. Tippt der Anwender die Schaltfläche ANZEIGEN an, wird durch Aufruf der Methode `WeatherUtils.getWeather()` die Wetterinformation heruntergeladen und in einem Objekt des Typs `WeatherData` abgelegt. Wie diese Klasse aussieht, zeige ich Ihnen gleich. `WeatherUtils.getImage()` holt die kleine Wettergrafik vom Server. Hierzu wird der Wert des Attributs `icon` der JSON-Datenstruktur nach dem folgenden Muster zu einem Uniform Resource Identifier erweitert:

http://openweathermap.org/img/w/ + `icon` + *.png*

Beide Downloadoperationen laufen in einem gemeinsamen Hintergrundthread ab. Die Benutzeroberfläche bleibt auf diese Weise auch bei Problemen mit der Netzwerkverbindung bedienbar. Änderungen an Views müssen hingegen auf dem Mainthread erfolgen. Entsprechende `setText()`- bzw. `setImageBitmap()`-Aufrufe werden deshalb in einem `Runnable` gesammelt und an `runOnUiThread()` übergeben.

Die Klasse `WeatherData` ist ein bewusst einfach gehaltener Datencontainer. Sie enthält keinerlei Logik. Ihr einziger Zweck ist, alle für die App relevanten Wetterdaten in schnell zugreifbarer Form vorzuhalten. Sie wird durch die Methode `getWeather()` der Klasse `WeatherUtils` erzeugt und befüllt.

```
package com.thomaskuenneth.openweathermapweather;

public class WeatherData {

  public String name;
  public String description;
  public String icon;
  public Double temp;

  public WeatherData(String name, String description, String icon, Double temp) {
    this.name = name;
    this.description = description;
    this.icon = icon;
    this.temp = temp;
  }
}
```

Listing 7.27 Die Klasse »WeatherData«

Die im Folgenden abgedruckte Klasse `WeatherUtils` enthält drei statische Methoden. `getWeather()` liefert das Wetter in der als String übergebenen Stadt. `getFromServer()` lädt die zu einer Webadresse gehörenden Daten (in unserem Fall eine JSON-Struktur) als String herunter. `getImage()` schließlich sorgt dafür, dass die App ein schickes Wettersymbol anzeigen kann. Sie liefert ein Objekt des Typs `android.graphics.Bitmap`.

```
package com.thomaskuenneth.openweathermapweather;

import android.graphics.Bitmap;
import android.graphics.BitmapFactory;
import org.json.JSONArray;
import org.json.JSONException;
import org.json.JSONObject;
import java.io.BufferedReader;
import java.io.IOException;
import java.io.InputStreamReader;
import java.net.HttpURLConnection;
import java.net.URL;
import java.text.MessageFormat;

public class WeatherUtils {

    private static final String URL =
            "http://api.openweathermap.org/data/2.5/weather?q={0}&lang=de";
```

```
private static final String NAME = "name";
private static final String WEATHER = "weather";
private static final String DESCRIPTION = "description";
private static final String ICON = "icon";
private static final String MAIN = "main";
private static final String TEMP = "temp";

public static WeatherData getWeather(String city)
        throws JSONException,
        IOException /* MalformedURLException */ {
    String name = null;
    String description = null;
    String icon = null;
    Double temp = null;
    JSONObject jsonObject = new JSONObject(
            WeatherUtils.getFromServer(MessageFormat.format(URL, city)));
    if (jsonObject.has(NAME)) {
        name = jsonObject.getString(NAME);
    }
    if (jsonObject.has(WEATHER)) {
        JSONArray jsonArrayWeather = jsonObject.getJSONArray(WEATHER);
        if (jsonArrayWeather.length() > 0) {
            JSONObject jsonWeather = jsonArrayWeather.getJSONObject(0);
            if (jsonWeather.has(DESCRIPTION)) {
                description = jsonWeather.getString(DESCRIPTION);
            }
            if (jsonWeather.has(ICON)) {
                icon = jsonWeather.getString(ICON);
            }
        }
    }
    if (jsonObject.has(MAIN)) {
        JSONObject main = jsonObject.getJSONObject(MAIN);
        temp = main.getDouble(TEMP);
    }
    return new WeatherData(name, description, icon, temp);
}

public static String getFromServer(String url)
        throws IOException /* MalformedURLException */ {
    StringBuilder sb = new StringBuilder();
    URL _url = new URL(url);
    HttpURLConnection httpURLConnection = (HttpURLConnection) _url
```

```
                .openConnection();
        final int responseCode = httpURLConnection.getResponseCode();
        if (responseCode == HttpURLConnection.HTTP_OK) {
            InputStreamReader inputStreamReader = new InputStreamReader(
                    httpURLConnection.getInputStream());
            BufferedReader bufferedReader = new BufferedReader(
                    inputStreamReader);
            String line;
            while ((line = bufferedReader.readLine()) != null) {
                sb.append(line);
            }
            try {
                bufferedReader.close();
            } catch (IOException e) {
                // ein Fehler beim Schließen wird bewusst ignoriert
            }
        }
        httpURLConnection.disconnect();
        return sb.toString();
    }

    public static Bitmap getImage(WeatherData w)
        throws IOException /* MalformedURLException */ {
        URL req = new URL(
                "http://openweathermap.org/img/w/" + w.icon + ".png");
        HttpURLConnection c = (HttpURLConnection) req.openConnection();
        Bitmap bmp = BitmapFactory.decodeStream(c.getInputStream());
        c.disconnect();
        return bmp;
    }
}
```

Listing 7.28 Die Klasse »WeatherUtils«

Um Daten von einem Server zu laden, wird als Erstes ein Objekt des Typs `java.net.URL` erzeugt. Dessen Methode `openConnection()` liefert eine Instanz von `HttpURLConnection`, sofern die korrespondierende Webadresse eine geeignete Ressource referenziert. Vor einem Zugriff sollten Sie mit `getResponseCode()` das Ergebnis prüfen. Ist alles in Ordnung, liefert der Aufruf von `getInputStream()` einen Eingabestrom. Aus Effizienzgründen sollten Sie ihn mit weiteren gepufferten Strömen oder Readern kapseln. Wichtig ist, nach der Datenübertragung selbst geöffnete Kanäle zu schließen und mit `disconnect()` die Verbindung zu trennen. All dies ist in der Methode `getFromServer()` zu sehen. Oftmals müssen Sie eine Datenübertragung aber gar nicht selbst programmieren. Ein solches Beispiel zeigt getImage(). Sie ruft die Methode decodeStream() der Klasse android.graphics.BitmapFactory auf, um aus einer Grafik im Format *Portable Network Graphics* ein Objekt zu machen, das direkt in Android genutzt werden kann.

Lassen Sie uns noch einen Blick auf die Methode getWeather() werfen. Ihre Aufgabe ist, die Wetterdaten vom Server zu laden und anschließend ein WeatherData-Objekt zu füllen. Ersteres ist mithilfe der Methode getFromServer() schnell erledigt. Ihr Rückgabewert ist schon eine JSON-Datenstruktur, allerdings noch als String kodiert. Dieser wird mit new JSONObject(...) umgewandelt, sodass wir mit has(...) und get...() bequem Elemente suchen und auslesen können.

[»]

Hinweis

Um auf Webserver und Webservices zugreifen zu können, müssen Apps in ihrem Manifest die Berechtigung android.permission.INTERNET anfordern. Fehlt diese, wird zur Laufzeit eine SecurityException (Permission denied) ausgelöst.

Es kann sinnvoll sein, vor dem Zugriff auf das Netzwerk zu prüfen, ob eine Datenverbindung hergestellt werden kann. Fügen Sie die folgende Methode in Ihre App ein:

```
private boolean istNetzwerkVerfuegbar() {
    ConnectivityManager mgr =
        (ConnectivityManager) getSystemService(Context.CONNECTIVITY_SERVICE);
    NetworkInfo info = mgr.getActiveNetworkInfo();
    if (info != null && info.isConnected()) {
        return true;
    } else {
        return false;
    }
}
```

Listing 7.29 Netzwerkverfügbarkeit prüfen

So könnte ein Aufruf aussehen:

```
// Netzwerkverfügbarkeit prüfen
if (!istNetzwerkVerfuegbar()) {
    finish();
}
```

Allerdings erfordert eine solche Abfrage die Berechtigung ACCESS_NETWORK_STATE. Fehlt sie, wird zur Laufzeit eine SecurityException ausgelöst. Man muss also abwägen, ob man den Anwender eine weitere Berechtigung »abnicken« lässt oder ob man beim Fehlschlagen des Verbindungsaufbaus in der dann angezeigten Fehlermeldung auf das mögliche Problem hinweist. Hierbei ist zu beachten, dass die Nichtverfügbarkeit einer Datenverbindung nur einer von vielen möglichen Gründen ist.

7.5.2 Senden von Daten

In diesem Abschnitt zeige ich Ihnen, wie Sie vorgehen, wenn beim Aufruf eines Webservice Daten an den Server übermittelt werden müssen. Meine Beispiel-App *WebserviceDemo1* nutzt Googles Dienst zum Kürzen von Webadressen.[3] Ihm wird mittels HTTP-Post die zu kürzende URL als JSON-Datenstruktur übergeben. Auch die Antwort erfolgt in JSON-Notation. Sie beinhaltet das Original und die gekürzte URL. Die App ist in Abbildung 7.9 zu sehen.

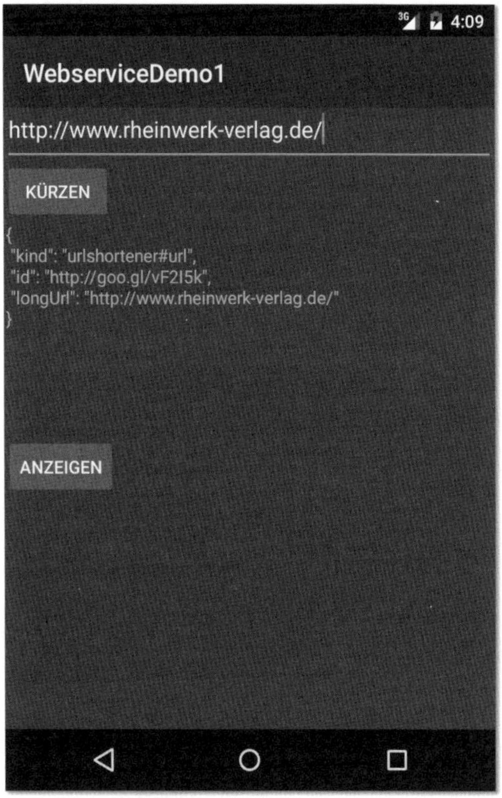

Abbildung 7.9 Die App »WebserviceDemo1«

Um sie auszuprobieren, geben Sie als Erstes eine Webadresse ein. Klicken Sie anschließend auf KÜRZEN. Mit ANZEIGEN öffnen Sie den Standardbrowser. Ihm wird die gekürzte URL übergeben.

3 *https://developers.google.com/url-shortener/*

[»]

Hinweis

Für die Nutzung des Service ist ein sogenannter *API Key* erforderlich. Um einen solchen Schlüssel zu generieren, legen Sie in der *Google Developers Console*[4] ein neues Projekt an, aktivieren unter APIs und Authentifizierung • APIs die URL Shortener API und erzeugen dann unter Zugangsdaten einen Schlüssel für Browseranwendungen. Das Eingabefeld für Referrer können Sie leer lassen.

Sehen Sie sich bitte die Klasse `WebserviceDemo1Activity` an. In der Methode namens `onCreate()` wird wie üblich die Benutzeroberfläche geladen und angezeigt. Ferner registriere ich zwei `OnClickListener`. Sie kümmern sich um das Kürzen der URL bzw. die Anzeige im Standardbrowser.

```
package com.thomaskuenneth.webservicedemo1;

import android.app.Activity;
import android.content.Intent;
import android.net.Uri;
import android.os.AsyncTask;
import android.os.Bundle;
import android.os.StrictMode;
import android.util.Log;
import android.view.View;
import android.widget.Button;
import android.widget.EditText;
import android.widget.TextView;
import org.json.JSONException;
import org.json.JSONObject;
import java.io.BufferedReader;
import java.io.IOException;
import java.io.InputStreamReader;
import java.net.HttpURLConnection;
import java.net.URL;
import java.nio.charset.Charset;
import java.util.regex.Matcher;
import java.util.regex.Pattern;

public class WebserviceDemo1Activity extends Activity {

    private static final String TAG =
 WebserviceDemo1Activity.class.getSimpleName();
    private static final String API_KEY = "<API-Schlüssel hier eintragen>";
```

4 *https://console.developers.google.com/*

```
private static final String URL
        = "https://www.googleapis.com/urlshortener/v1/url";
private static final Pattern PATTERN_CHARSET
        = Pattern.compile(".*charset\\s*=\\s*(.*)$");
private static final String ID = "id";

@Override
protected void onCreate(Bundle savedInstanceState) {
    super.onCreate(savedInstanceState);
    setContentView(R.layout.main);
    StrictMode.setThreadPolicy(StrictMode.ThreadPolicy.LAX);
    final EditText input = (EditText) findViewById(R.id.input);
    final TextView output = (TextView) findViewById(R.id.output);
    final Button shorten = (Button) findViewById(R.id.shorten);
    shorten.setOnClickListener(new View.OnClickListener() {
        @Override
        public void onClick(View v) {
            String url = input.getText().toString();
            String json = "{\"longUrl\": \"" + url + "\"}";
            new AsyncTask<String, Void, String>() {
                @Override
                protected String doInBackground(String... params) {
                    return shortenURL(params[0]);
                }

                @Override
                protected void onPostExecute(String result) {
                    output.setText(result);
                }
            }.execute(json);
        }
    });
    final Button show = (Button) findViewById(R.id.show);
    show.setOnClickListener(new View.OnClickListener() {
        @Override
        public void onClick(View v) {
            String json = output.getText().toString();
            try {
                JSONObject o = new JSONObject(json);
                if (o.has(ID)) {
                    String url = o.getString(ID);
                    Uri uri = Uri.parse(url);
                    Intent intent = new Intent(Intent.ACTION_VIEW, uri);
                    startActivity(intent);
```

```
                }
            } catch (JSONException e) {
                Log.e(TAG, "onClick()", e);
            }
        }
    });
}

private String shortenURL(String json) {
    StringBuilder sb = new StringBuilder();
    HttpURLConnection httpURLConnection = null;
    try {
        URL url = new URL(URL + "?key=" + API_KEY);
        httpURLConnection = (HttpURLConnection) url.openConnection();
        // Verbindung konfigurieren
        httpURLConnection.setDoOutput(true);
        httpURLConnection.setRequestMethod("POST");
        byte[] data = json.getBytes();
        httpURLConnection.setRequestProperty("Content-Type",
                "application/json; charset="
                        + Charset.defaultCharset().name());
        // war früher für den Aufruf des Service erforderlich
        // httpURLConnection.setRequestProperty("apikey", API_KEY);
        httpURLConnection.setFixedLengthStreamingMode(data.length);
        // Daten senden
        httpURLConnection.getOutputStream().write(data);
        httpURLConnection.getOutputStream().flush();
        String contentType = httpURLConnection.getContentType();
        String charSet = "ISO-8859-1";
        if (contentType != null) {
            Matcher m = PATTERN_CHARSET.matcher(contentType);
            if (m.matches()) {
                charSet = m.group(1);
            }
        }
        int responseCode = httpURLConnection.getResponseCode();
        if (responseCode == HttpURLConnection.HTTP_OK) {
            InputStreamReader inputStreamReader = new InputStreamReader(
                    httpURLConnection.getInputStream(), charSet);
            BufferedReader bufferedReader = new BufferedReader(
                    inputStreamReader);
            int i;
            while ((i = bufferedReader.read()) != -1) {
                sb.append((char) i);
```

```
                }
                try {
                    bufferedReader.close();
                } catch (IOException e) {
                    // ein Fehler beim Schließen wird bewusst ignoriert
                }
            }else {
                Log.d(TAG, "responseCode: " + responseCode);
            }
        } catch (Throwable tr) { // MalformedURLException, IOException,
            // NullPointerException,
            // UnsupportedEncodingException
            Log.e(TAG, "Fehler beim Zugriff auf " + URL, tr);
        } finally {
            if (httpURLConnection != null) {
                httpURLConnection.disconnect();
            }
        }
        return sb.toString();
    }
}
```

Listing 7.30 Die Klasse »WebserviceDemo1Activity«

Die eigentliche Arbeit übernimmt hier die kombinierte Lese- und Schreibmethode `shortenURL()`. Bevor die Ergebnisstruktur gelesen werden kann, muss die Post-Methode vorbereitet werden (`setDoOutput()` und `setRequestMethod("POST")`). Dabei werden auch die HTTP-Header-Felder *Content-Type* und *Content-Length* gesetzt. Die Methode `setFixedLengthStreamingMode()` sollten Sie stets benutzen, wenn die Größe des zu sendenden Datenstroms bekannt ist. Das Senden der Daten ist mit zwei Methodenaufrufen erledigt. Bei größeren Strukturen lohnt das Kapseln in einen gepufferten Strom.

```
httpURLConnection.getOutputStream().write(data);
httpURLConnection.getOutputStream().flush();
```

Ist Ihnen aufgefallen, dass ich vor dem Lesen der Ergebnisdaten die Methode `getContentType()` aufrufe und, sofern sie nicht `null` liefert, daraus die Zeichensatzkodierung des Servers ermittle? Dies war im vorangehenden Beispiel aus Gründen der Vereinfachung noch nicht enthalten. Auch sehr viele Beispiele im Internet verzichten darauf. Unter bestimmten Umständen kann das Weglassen aber zu falschen Daten führen. Der von `URLConnection.getInputStream()` gelieferte `InputStream` operiert gemäß der Spezifikation auf (vorzeichenlosen) Bytes, also in einem Bereich zwischen 0 und 255. Je nachdem, ob ein Server US-ASCII, UTF-8 oder UTF-16 verwendet, entstehen für denselben Text unterschiedliche Bytefolgen. Um diese erfolgreich »rekonstruieren« zu können, muss die Zeichensatzkodierung des Senders also bekannt sein. Dass das Problem oft unbemerkt bleibt, liegt daran, dass sich einige Kodierungen zumindest in Teilen sehr ähnlich sind.

Aus Performance-Gründen dürfen Netzwerkzugriffe nicht auf dem Hauptthread der Anwendung ausgeführt werden. Dieser wird, wie Sie bereits wissen, für die Behandlung der Benutzeroberfläche verwendet. Langsame oder gar abreißende Verbindungen können dazu führen, dass Activities nicht mehr reagieren. Android unterbindet entsprechende Versuche und löst eine `NetworkOnMainThreadException` aus. Glücklicherweise lassen sich Netzwerkzugriffe mit sehr wenig Aufwand in einen eigenen Thread auslagern. Man muss nur von der Klasse `AsyncTask` ableiten und die beiden Methoden `doInBackground()` und `onPostExecute()` überschreiben.

7.6 Zusammenfassung

Sie haben in diesem Kapitel viel über die Nutzung der Telefoniefunktionen unter Android erfahren und das Call Log kennengelernt. Diese Anrufhistorie protokolliert alle ein- und ausgehenden Telefonate. Ich habe Ihnen gezeigt, wie Sie auf ihren Datenbestand zugreifen und wie Sie damit nützliche Apps entwickeln können. Die Integration von Webseiten und Webservices ermöglicht spannende Mashups. Sie sind nun mit der Komponente `WebView` vertraut und können `HttpURLConnection` genauso sicher nutzen wie JSON-Datenstrukturen.

Kapitel 8
Widgets und Wallpapers

Mit Widgets und Wallpapers können Sie den Startbildschirm Ihres Android-Geräts individuell gestalten. Wie Sie solche Komponenten selbst entwickeln, zeige ich Ihnen in diesem Kapitel.

Der Startbildschirm ist die Steuerzentrale aller Android-Geräte. Er bietet Zugriff auf den Programmstarter, mit dem Sie sowohl mitgelieferte als auch nachträglich installierte Apps öffnen. Außerdem können Sie Systemeinstellungen ändern und Programme verwalten. Der Hintergrund dieser »Home«-Anwendung zeigt entweder ein frei änderbares Bild (*Wallpaper*) oder beliebig komplexe Animationen. Solche *Live Wallpapers* haben mit Android 2.1 (API-Level 7) Einzug in das System gehalten.

Außerdem können Sie *Widgets* (ich verwende gelegentlich das Synonym »Appwidget«) auf dem Hintergrund ablegen. Hierbei handelt es sich um kleine, in ihrer Größe veränderbare Info- oder Steuertäfelchen, die neben dem aktuellen Wetter, dem Füllstand des Akkus oder der Signalstärke der Drahtlosnetzwerke zum Beispiel Bedienelemente für Hintergrundprozesse enthalten. Als Benutzer können Sie auf diese Weise ein anderes Lied oder Album auswählen, ohne in die Mediaplayer-App wechseln zu müssen.

8.1 Widgets

Entwickler können schon seit der Android-Version 1.5 (Cupcake) Widgets für den Home-Bildschirm erstellen. Entsprechend riesig ist die Auswahl in Google Play. Dennoch möchte ich Sie ermutigen, Ihre eigenen Infotäfelchen zu programmieren. Denn Appwidgets nutzen zahlreiche Konzepte, die ich in den vorangegangenen Kapiteln vorgestellt habe. Sie sind also eine prima Spielwiese, um das Erlernte auszuprobieren. Außerdem können Sie in der Benutzeroberfläche Ihre Kreativität ausleben.

8.1.1 Beteiligte Klassen und Dateien

Appwidgets sind schnell geschrieben. Es handelt sich im Prinzip um normale Apps, die aber bestimmte Klassen implementieren und bestimmte Dateien enthalten müssen. Welche dies sind, demonstriere ich Ihnen anhand der App *Entgangene Anrufe*.

Sie finden das korrespondierende Projekt *Missed Calls Widget* in den Begleitmaterialien. Das in Abbildung 8.1 dargestellte Widget zeigt die Anzahl der Anrufe an, die von der Gegenseite beendet wurden, bevor Sie das Gespräch angenommen haben. Wird es angetippt, öffnet sich das *Call Log*.

Ausführliche Informationen zur Anrufhistorie von Android finden Sie in Kapitel 7, »Telefonieren und Surfen«. Dort zeige ich Ihnen auch, wie Sie Telefonate im Emulator simulieren können.

Abbildung 8.1 Das Widget »Entgangene Anrufe«

Einträge in der Manifestdatei

Die Basisklasse für die Implementierung Ihrer eigenen Widgets ist üblicherweise `android.appwidget.AppWidgetProvider`. Diese wiederum erbt von `android.content.BroadcastReceiver`. Android kommuniziert mit Appwidgets, indem das System ihnen Intents sendet. Diese werden durch die `onReceive()`-Implementierung von `AppWidgetProvider` ausgewertet. Sie müssen nur wenige Methoden überschreiben, um auf die Ereignisse zu reagieren. Da Widgets indirekt von `BroadcastReceiver` ableiten, fügen Sie der Manifestdatei Ihres Projekts entsprechende `<receiver />`-Elemente hinzu. Listing 8.1 zeigt das Manifest des Projekts *Missed Calls Widget*:

```
<?xml version="1.0" encoding="utf-8"?>
<manifest xmlns:android="http://schemas.android.com/apk/res/android"
    package="com.thomaskuenneth.missedcalls">
    <uses-permission android:name="android.permission.READ_CALL_LOG" />
    <application
        android:icon="@drawable/icon"
        android:label="@string/app_name"
        android:allowBackup="true">
        <receiver
            android:name=".MissedCallsWidget"
            android:label="@string/app_name">
            <intent-filter>
                <action android:name="android.appwidget.action.APPWIDGET_UPDATE" />
            </intent-filter>
            <intent-filter>
                <action android:name="com.thomaskuenneth.missedcalls.MISSED_CALLS" />
            </intent-filter>
            <meta-data
                android:name="android.appwidget.provider"
                android:resource="@xml/missedcallswidget_info" />
        </receiver>
        <service android:name="MissedCallsService" />
        <!-- Activity für die Konfiguration des Widgets -->
        <activity
            android:name=".MissedCallsConfigActivity"
            android:label="@string/config">
            <intent-filter>
               <action android:name="android.appwidget.action.APPWIDGET_CONFIGURE" />
            </intent-filter>
        </activity>
    </application>
</manifest>
```

Listing 8.1 Die Manifestdatei des Projekts »Missed Calls Widget«

Das Attribut android:name verweist wie gewohnt auf die implementierende Klasse. Ein Intent-Filter sorgt dafür, dass Aktionen vom Typ android.appwidget.action.APPWIDGET_UPDATE an den Receiver übermittelt werden. com.thomaskuenneth.missedcalls.MISSED_CALLS ist projektspezifisch, kommt also nur im *Missed Calls Widget* vor. Diese Aktion wird von der Klasse MissedCallsService verschickt. Wie Sie bereits wissen, werden Services im Tag <service /> der Manifestdatei eingetragen. Weitere Informationen zu der Klasse MissedCallsService finden Sie im folgenden Abschnitt.

Die beiden Attribute des Elements `<meta-data />` müssen bei jeder `<receiver />`-Definition für Widgets angegeben werden. Der Wert von `android:name` bleibt stets gleich und lautet `android.appwidget.provider`. Hingegen verweist `android:resource` auf eine unter *res/xml* abgelegte Konfigurationsdatei. Sie enthält zusätzliche Informationen zu einem Widget. Da diese in erster Linie die Benutzeroberfläche betreffen, stelle ich sie Ihnen im entsprechenden Abschnitt ausführlicher vor. Dort zeige ich Ihnen auch, wie Sie Widgets mit einer Einstellungsseite ausrüsten.

MissedCallsService

Die Klasse `MissedCallsService` stellt einen Service zur Verfügung, der durch das Appwidget `MissedCallsWidget` mit `startService()` gestartet und mit `stopService()` beendet wird. Seine statische Methode `getMissedCalls()` liefert die Anzahl der entgangenen Anrufe. Diese lassen sich sehr bequem der Ihnen bereits bekannten Anrufhistorie entnehmen.

```
package com.thomaskuenneth.missedcalls;

import android.app.Service;
import android.content.Context;
import android.content.Intent;
import android.database.ContentObserver;
import android.database.Cursor;
import android.os.Handler;
import android.os.IBinder;
import android.provider.CallLog;
import android.provider.CallLog.Calls;
import android.util.Log;

public class MissedCallsService extends Service {

    public static final String ACTION_MISSED_CALL =
                         "com.thomaskuenneth.missedcalls.MISSED_CALLS";
    public static final String EXTRA_MISSED_CALL = "MISSED_CALLS";
    private static final String TAG = MissedCallsService.class.getSimpleName();

    private ContentObserver contentObserver;
    private int lastMissedCalls;

    @Override
    public IBinder onBind(Intent intent) {
        Log.d(TAG, "onBind()");
```

```
        // Service wird nicht mit bindService() gebunden
        return null;
    }

    @Override
    public void onCreate() {
        Log.d(TAG, "onCreate()");
        lastMissedCalls = -1;
        contentObserver = new ContentObserver(new Handler()) {
            @Override
            public void onChange(boolean selfChange) {
                int missedCalls = getMissedCalls(MissedCallsService.this);
                Log.d(TAG, "onChange() - " + missedCalls + " entgangene Anrufe");
                if (missedCalls != lastMissedCalls) {
                    lastMissedCalls = missedCalls;
                    // Intent erstellen und senden
                    Intent i = new Intent(ACTION_MISSED_CALL);
                    i.putExtra(EXTRA_MISSED_CALL, missedCalls);
                    sendBroadcast(i);
                }
            }
        };
        getContentResolver().registerContentObserver(CallLog.Calls.CONTENT_URI,
                false, contentObserver);
    }

    @Override
    public void onDestroy() {
        Log.d(TAG, "onDestroy()");
        getContentResolver().unregisterContentObserver(contentObserver);
        contentObserver = null;
        lastMissedCalls = -1;
    }

    public static int getMissedCalls(Context context) {
        int missedCalls = -1;
        String[] projection = {Calls._ID};
        String selection = Calls.TYPE + " = ?";
        String[] selectionArgs = {Integer.toString(Calls.MISSED_TYPE)};
        Cursor c = context.getContentResolver().query(
                CallLog.Calls.CONTENT_URI, projection, selection,
                selectionArgs, null);
        if (c != null) {
```

```
            missedCalls = c.getCount();
            c.close();
        }
        Log.d(TAG, "getMissedCalls() - " + missedCalls + " entgangene Anrufe");
        return missedCalls;
    }
}
```

Listing 8.2 Die Klasse »MissedCallsService«

`MissedCallsService` registriert durch Aufruf der Methode `registerContentObserver()` einen `ContentObserver`, der bei Änderungen an der Anrufhistorie – in diesem Fall wird seine Methode `onChange()` aufgerufen – mit `sendBroadcast()` ein *Broadcast Intent* feuert. Die Aktion des Intents ist `com.thomaskuenneth.missedcalls.MISSED_CALLS`. Sie finden sie in der Manifestdatei im Element `<intent-filter />` des Widget Receivers. Auf diese Weise informieren wir das Appwidget über die Änderung. Wird der Service nicht mehr benötigt, muss der `ContentObserver` durch Aufruf von `unregisterContentObserver()` entfernt werden. Dies geschieht in der Methode `onDestroy()`.

[»] **Hinweis**

Android beendet Services bei Speichermangel automatisch. Auch Anwender haben die Möglichkeit, sie zu stoppen. In solchen Fällen kann das Widget natürlich nicht mehr über neue entgangene Anrufe informieren. Sie können `MissedCallsService` aber zum Beispiel durch Aufruf der Methode `startForeground()` vor dem Entfernen bei knappem Speicher schützen.

MissedCallsWidget

Die Klasse `MissedCallsWidget` repräsentiert das eigentliche Widget und leitet deshalb von `AppWidgetProvider` ab. Sie ist im folgenden Listing zu sehen. Sie sollten die Methoden `onEnabled()` und `onDisabled()` überschreiben, um beim Aktivieren der ersten bzw. Deaktivieren der letzten Widget-Instanz bestimmte Tätigkeiten auszuführen. Anwender können Appwidgets nämlich mehrfach auf dem Home-Bildschirm ablegen. In meiner Implementierung starte (`startService()`) bzw. beende (`stopService()`) ich den Service `MissedCallsService`. Auch das Anlegen oder Löschen von eventuell vorhandenen temporären Datenbanken könnte dort stattfinden.

```
package com.thomaskuenneth.missedcalls;

import android.app.PendingIntent;
import android.appwidget.AppWidgetManager;
import android.appwidget.AppWidgetProvider;
```

```
import android.content.ComponentName;
import android.content.Context;
import android.content.Intent;
import android.content.SharedPreferences;
import android.provider.CallLog;
import android.util.Log;
import android.widget.RemoteViews;

public class MissedCallsWidget extends AppWidgetProvider {

    public static final String BACKGROUND_COLOR = "BC_";
    public static final int COLOR_SEMI_TRANSPARENT = 0x80000000;
    public static final String MCW = "MissedCallsWidget";

    private static final String TAG = MissedCallsWidget.class.getSimpleName();

    @Override
    public void onEnabled(Context context) {
        Log.d(TAG, "onEnabled()");
        super.onEnabled(context);
        Intent service = new Intent(context, MissedCallsService.class);
        context.startService(service);
    }

    @Override
    public void onDisabled(Context context) {
        Log.d(TAG, "onDisabled()");
        super.onDisabled(context);
        Intent service = new Intent(context, MissedCallsService.class);
        context.stopService(service);
    }

    @Override
    public void onReceive(Context context, Intent intent) {
        Log.d(TAG, "onReceive()");
        super.onReceive(context, intent);
        if (MissedCallsService.ACTION_MISSED_CALL
                .equals(intent.getAction())) {
            int missedCalls = intent.getIntExtra(
                    MissedCallsService.EXTRA_MISSED_CALL, -1);
            if (missedCalls != -1) {
                AppWidgetManager m = AppWidgetManager.getInstance(context);
```

8

```
            int[] appWidgetIds = m.getAppWidgetIds(new ComponentName(context,
                        getClass()));
            updateWidgets(context, m, appWidgetIds, missedCalls);
        }
    }
}

@Override
public void onUpdate(Context context, AppWidgetManager appWidgetManager,
                     int[] appWidgetIds) {
    updateWidgets(context, appWidgetManager, appWidgetIds,
            MissedCallsService.getMissedCalls(context));
}

@Override
public void onRestored(Context context, int[] oldWidgetIds, int[] newWidgetIds) {
    super.onRestored(context, oldWidgetIds, newWidgetIds);
    SharedPreferences prefs =
                    context.getSharedPreferences(MCW, Context.MODE_PRIVATE);
    SharedPreferences.Editor e = prefs.edit();
    for (int i = 0; i < oldWidgetIds.length; i++) {
        int color = prefs.getInt(BACKGROUND_COLOR +
                        Integer.toString(oldWidgetIds[i]),
                        COLOR_SEMI_TRANSPARENT);
        e.putInt(BACKGROUND_COLOR + Integer.toString(newWidgetIds[i]), color);
    }
    e.apply();
}

private void updateWidgets(Context context,
                           AppWidgetManager appWidgetManager, int[] appWidgetIds,
                           int missedCalls) {
    SharedPreferences prefs =
            context.getSharedPreferences(MCW, Context.MODE_PRIVATE);
    for (int id : appWidgetIds) {
        int color = prefs.getInt(BACKGROUND_COLOR +
                        Integer.toString(id), COLOR_SEMI_TRANSPARENT);
        // Layoutdatei entfalten
        final RemoteViews updateViews = new RemoteViews(
                context.getPackageName(), R.layout.missedcallswidget_layout);
        // Farbe setzen
        updateViews.setInt(R.id.background, "setBackgroundColor", color);
        // Zahl entgangener Anrufe ausgeben
```

```
            updateViews.setTextViewText(R.id.missedcallswidget_count,
                    Integer.toString(missedCalls));
            // auf Antippen reagieren
            Intent intent = new Intent(Intent.ACTION_VIEW,
                    CallLog.Calls.CONTENT_URI);
            intent.setType(CallLog.Calls.CONTENT_TYPE);
            PendingIntent pendingIntent = PendingIntent.getActivity(context, 0,
                    intent, PendingIntent.FLAG_UPDATE_CURRENT);
            updateViews.setOnClickPendingIntent(R.id.widget_id, pendingIntent);
            appWidgetManager.updateAppWidget(id, updateViews);
        }
    }
}
```


Listing 8.3 Die Klasse »MissedCallsWidget«

Da `AppWidgetProvider` eingehende Intents schon an Callback-Methoden wie `onEnabled()` oder `onDisabled()` delegiert, müssen Sie in Ihren Widgets `onReceive()` meistens nicht überschreiben. `MissedCallsWidget` tut dies, weil der Service `MissedCallsService` nach Änderungen an der Anrufhistorie die Aktion `ACTION_MISSED_CALL` als Broadcast Intent verschickt. Auf dieses muss das Widget aber reagieren, um die übertragene Anzahl entgangener Anrufe anzeigen zu können. Aus diesem Grund wurde im `<receiver />`-Element der Manifestdatei ein entsprechender Intent-Filter definiert. Denken Sie daran, mit `super.onReceive()` die Implementierung der Elternklasse aufzurufen.

Wenn die Benutzeroberfläche eines Widgets aktualisiert werden muss, ruft das System die Methode `onUpdate()` auf. Ausführliche Informationen zu ihr finden Sie im folgenden Abschnitt. Ich habe die eigentliche Implementierung in eine private Methode `updateWidgets()` ausgelagert und dabei mit einem zusätzlichen Parameter `missedCalls` versehen. Wird `updateWidgets()` nämlich aus `onUpdate()` heraus aufgerufen, muss das Widget die Zahl der entgangenen Anrufe vorher mithilfe der Methode `getMissedCalls()` aus `MissedCallsService` ermitteln. Im Rahmen der Verarbeitung von `MissedCallsService.ACTION_MISSED_CALL` (also in der Methode `onReceive()`) ist dies hingegen nicht nötig, weil das Intent die Anzahl der entgangenen Anrufe schon mitbringt. Allerdings müssen in diesem Fall alle Instanzen des Widgets »von Hand« aktualisiert werden, weil die Basisklasse `AppWidgetProvider` die von mir definierte Aktion `MissedCallsService.ACTION_MISSED_CALL` natürlich nicht kennt.

Glücklicherweise unterstützt uns Android in diesem Punkt. `android.appwidget.AppWidgetManager` liefert Informationen über installierte Appwidget-Provider und ermöglicht Statusänderungen von Widgets. Um darauf zuzugreifen, müssen Sie eine Instanz dieser Klasse ermitteln. Dies geschieht mit `AppWidgetManager.getInstance()`. Anschließend erhalten Sie durch Aufruf der Methode getAppWidgetIds() alle Instanzen eines Widgets. Da ich die Aktualisierung der Benutzeroberfläche in eine eigene Methode ausgelagert habe, können wir diese bequem mit updateWidgets() anspringen.

Die Methode onRestored() wird vom System aufgerufen, wenn Widgets aus einem Backup wiederhergestellt wurden. Ich komme später darauf zurück.

8.1.2 Die Benutzeroberfläche

Die Benutzeroberfläche von Widgets wird wie gewohnt in Layoutdateien definiert und zur Laufzeit zu einem Objektbaum entfaltet. Allerdings stehen nicht alle Views und ViewGroups zur Verfügung. Eingesetzt werden können zum Beispiel FrameLayout, LinearLayout und RelativeLayout sowie AnalogClock, Button, Chronometer, ImageButton, ImageView, ProgressBar und TextView. MissedCallsWidget entfaltet die folgende Layoutdatei *missedcallswidget_layout.xml*:

```
<?xml version="1.0" encoding="utf-8"?>
<FrameLayout xmlns:android="http://schemas.android.com/apk/res/android"
    android:id="@+id/widget_id"
    android:layout_width="match_parent"
    android:layout_height="match_parent"
    android:padding="@dimen/widget_margin">
    <RelativeLayout
        android:id="@+id/background"
        android:layout_width="match_parent"
        android:layout_height="match_parent"
        android:background="#80000000">
        <ImageView
            android:id="@+id/missedcallswidget_image"
            android:src="@drawable/telefon"
            android:layout_width="wrap_content"
            android:layout_height="wrap_content"
            android:layout_alignParentStart="true"
            android:layout_marginStart="4dp"
            android:layout_centerVertical="true" />
        <TextView
            android:id="@+id/missedcallswidget_count"
            android:layout_alignParentEnd="true"
            android:layout_width="wrap_content"
            android:layout_height="wrap_content"
            android:layout_marginEnd="2dp"
            android:layout_centerVertical="true"
```

```
            style="@style/Text.VeryBig" />
    </RelativeLayout>
</FrameLayout>
```

Listing 8.4 Die Datei »missedcallswidget_layout.xml«

Die Layoutdatei enthält nur wenige Elemente. Sicher ist Ihnen aufgefallen, dass ein `<RelativeLayout />` ein `<ImageView />` sowie ein `<TextView />` positioniert. Vielleicht fragen Sie sich aber, warum ich das Ganze noch in ein `<FrameLayout />` verpacke, das zudem ein Attribut mit merkwürdigem Inhalt hat:


```
android:padding="@dimen/widget_margin"
```

Für frühere Android-Versionen sahen Googles Richtlinien vor, dass Widgets an allen Seiten freie Bereiche haben mussten. Seit Android 4 fügt die Plattform diese selbst hinzu, Widgets müssen sich darum also nicht mehr kümmern. Würde ein Appwidget ihn dennoch setzen, wäre der ihm zur Verfügung stehende Platz geringer als nötig. Damit Ihre App unter allen Android-Versionen läuft, wird der freie Bereich nicht fest in der Layoutdatei eingetragen, sondern als versionsabhängige Ressource in der Datei *dimens.xml* definiert.

```
<?xml version="1.0" encoding="utf-8"?>
<resources>
    <dimen name="AppWidget_1Cell">72dp</dimen>
    <dimen name="widget_margin">8dp</dimen>
</resources>
```

Listing 8.5 Die Datei »dimens.xml in res/values«

Die Dimension `widget_margin` hat den Wert `8dp`. Wird dieser in einer Layoutdatei verwendet, entsteht um das Widget ein jeweils 8 *Density-independent Pixel* (dp) großer Bereich. Dieses Verhalten soll auf älteren Android-Versionen greifen. Aus diesem Grund wird die Datei unter *res/values* abgelegt.

```
<?xml version="1.0" encoding="utf-8"?>
<resources>
    <dimen name="AppWidget_1Cell">40dp</dimen>
    <dimen name="widget_margin">0dp</dimen>
</resources>
```

Listing 8.6 Die Datei »dimens.xml in res/values-v14«

Für Android-Versionen ab 4.0 darf ein Widget keinen eigenen freien Bereich mehr belegen. Deshalb wird in der Datei *dimens.xml* für `widget_margin` der Wert `0dp` eingetragen. Diese Version wird unter *res/values-v14* abgelegt.

onUpdate()

Wie Sie bereits wissen, wird die Methode onUpdate() aufgerufen, wenn die Benutzeroberfläche eines Widgets aktualisiert werden muss. Dies geschieht das erste Mal nach dem Hinzufügen zum Home-Bildschirm. Eine Ausnahme bilden Appwidgets mit Einstellungsseite. In solchen Fällen unterbleibt gemäß Dokumentation der Aufruf von onUpdate(). Die Konfigurationsactivity muss den ersten Aufruf selbst herbeiführen. Wie dies funktioniert, zeige ich Ihnen etwas später. Alle weiteren Aufrufe von onUpdate() erfolgen nach einer Zeitspanne, die Sie festlegen müssen. Informationen hierzu finden Sie im folgenden Abschnitt.

Wenn ein Widget Ereignisse verarbeitet, die durch den Benutzer ausgelöst werden, müssen diese innerhalb von onUpdate() registriert werden. Dies kann zum Beispiel durch Aufruf der Methode setOnClickPendingIntent() geschehen. Hierzu ein Beispiel. Der Code aus Listing 8.7 öffnet die Anrufhistorie, wenn Sie das Appwidget anklicken.

```
Intent intent = new Intent(Intent.ACTION_VIEW,
        CallLog.Calls.CONTENT_URI);
intent.setType(CallLog.Calls.CONTENT_TYPE);
PendingIntent pendingIntent = PendingIntent.getActivity(context, 0,
        intent, PendingIntent.FLAG_UPDATE_CURRENT);
updateViews.setOnClickPendingIntent(R.id.widget_id, pendingIntent);
```

Listing 8.7 Beim Anklicken des Widgets die Anrufhistorie öffnen

Um die Benutzeroberfläche aus einer Layoutdatei zu entfalten, instanziieren Sie ein Objekt des Typs RemoteViews. Der Zugriff auf Attribute einer View erfolgt dann über dieses »Wurzel-Objekt«. Beispielsweise setzen Sie den Text einer TextView mittels setTextViewText(). Anders als bei normalen Layoutgeflechten können Sie nicht direkt mit findViewById() Kindelemente ermitteln. Stattdessen übergeben Sie die ID der View als Parameter an setTextViewText(). Noch komplizierter wird es, wenn Sie Werte setzen möchten, für die es in RemoteViews keine Methode gibt. Ein Beispiel hierfür ist die Hintergrundfarbe. Dann rufen Sie eine Methode auf, die den gewünschten Datentyp (zum Beispiel setInt()) setzt, und übergeben den Namen derjenigen Methode als String, die diesen Wert erhalten soll, wie etwa "setBackgroundColor". Android führt dann mittels Reflection den eigentlichen Aufruf durch.

```
// Layoutdatei entfalten
final RemoteViews updateViews = new RemoteViews(
        context.getPackageName(),
        R.layout.missedcallswidget_layout);
// Farbe setzen
updateViews.setInt(R.id.background, "setBackgroundColor", color);
```

```
// Zahl entgangener Anrufe ausgeben
updateViews.setTextViewText(R.id.missedcallswidget_count,
        Integer.toString(missedCalls));
```

Listing 8.8 Die Benutzeroberfläche eines Widgets laden, füllen und anzeigen

Richtlinien zur Gestaltung von Widgets hat Google im Dokument *App Widget Design Guidelines* zusammengefasst.[1]

Widget-Konfiguration

In der Konfigurationsdatei eines Widgets tragen Sie dessen minimale Größe ein und legen das initiale Layout fest. Die Konfigurationsdatei wird unter *res/xml* abgelegt. *Missed Calls Widget* verwendet die Datei *missedcallswidget_info.xml*.

```
<?xml version="1.0" encoding="utf-8"?>
<appwidget-provider xmlns:android="http://schemas.android.com/apk/res/android"
    android:minWidth="@dimen/AppWidget_1Cell"
    android:minHeight="@dimen/AppWidget_1Cell"
    android:updatePeriodMillis="1800000"
    android:initialLayout="@layout/widget_initial_layout"
    android:previewImage="@drawable/preview"
    android:configure=
"com.thomaskuenneth.missedcalls.MissedCallsConfigActivity"
/>
```

Listing 8.9 Die Datei »missedcallswidget_info.xml«

Das Pflichtattribut `android:initialLayout` verweist auf ein Layout, das so lange angezeigt wird, bis es beispielsweise in `onUpdate()` ersetzt wird. Sie sollten es so einfach wie möglich gestalten. Hierzu ein Beispiel. Es zeigt nur den Text »Daten werden geladen« an.

```
<?xml version="1.0" encoding="utf-8"?>
<TextView
     xmlns:android="http://schemas.android.com/apk/res/android"
   android:text="@string/loading_data"
   android:layout_width="match_parent"
   android:layout_height="match_parent"
   android:gravity="center"
   style="@style/Text.Big" />
```

Listing 8.10 Die Datei »widget_initial_layout.xml«

1 *http://developer.android.com/guide/practices/ui_guidelines/widget_design.html*

Die Werte `android:minWidth` und `android:minHeight` in der Datei *missedcallswidget_info.xml* legen fest, wie viel Platz ein Widget auf dem Home-Bildschirm mindestens einnehmen möchte. Sie werden in *Density-independent Pixels* angegeben. Die insgesamt zur Verfügung stehende Fläche wird in eine bestimmte Anzahl von Zeilen und Spalten unterteilt. Jede so entstandene Zelle hat eine festgelegte Größe. Entsprechend seiner minimalen Breite und Höhe belegt ein Widget also eine bestimmte Anzahl von Zellen. Bei der Konzeption Ihres Widgets überlegen Sie sich, wie viele solcher Zellen es breit und hoch sein soll.

Beispielsweise sind 1 × 1 und 4 × 1 übliche Größen. Um die daraus resultierenden Werte für `android:minWidth` und `android:minHeight` zu berechnen, wurde in frühen Android-Versionen die Formel `(Anzahl der Zellen * 74) – 2` verwendet. Eine Zelle war demzufolge `72dp` breit oder hoch, vier Zellen entsprachen `294dp`. Dies hat Google mit Android 4 geändert. Die seitdem gültige Formel lautet `(70 * Anzahl der Zellen) - 30`. Um diese Versionsabhängigkeit aufzulösen, verwenden wir wie schon bei dem leeren Bereich an den Rändern eines Appwidgets die Ihnen bereits bekannte Datei *dimens.xml*.

Das Attribut `android:updatePeriodMillis` gibt an, wie oft Android von einem `AppWidgetProvider` eine Aktualisierung anfordern soll. Hierzu wird, wie Sie bereits wissen, die Methode `onUpdate()` aufgerufen. Generell sollte ein Appwidget so selten wie möglich aktualisiert werden. Die Häufigkeit hängt natürlich von der Art des Widgets ab. Werte unter 30 Minuten werden vom System ignoriert.

Einstellungsseiten

Das optionale Attribut `android:configure` enthält den vollqualifizierten Klassennamen einer Activity, die gestartet wird, wenn der Benutzer dem Home-Bildschirm ein Widget hinzufügt. Sie sollte eine Einstellungsseite anzeigen. Diese Activity wird in der Manifestdatei eingetragen. Wichtig ist, sie mit einem *Intent-Filter* für die Aktion `android.appwidget.action.APPWIDGET_CONFIGURE` zu versehen:

```
<intent-filter>
    <action android:name="android.appwidget.action.APPWIDGET_CONFIGURE" />
</intent-filter>
```

Listing 8.11 Intent-Filter für Widget-KonfigurationsActivities

Das folgende Listing zeigt die Klasse `MissedCallsConfigActivity`. Die Activity ist in Abbildung 8.2 zu sehen.

Klickt der Anwender auf eine der Schaltflächen, erscheint der Hintergrund des hinzugefügten Widgets in der ausgewählten Farbe. Ein Druck auf die Zurück-Taste bricht den Vorgang ab.

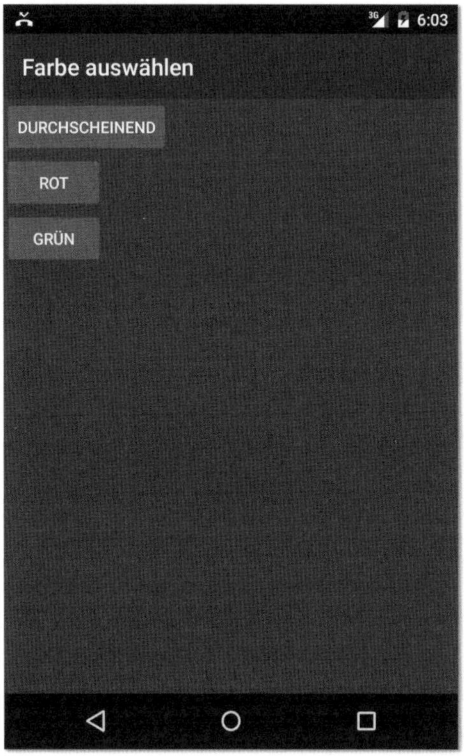

Abbildung 8.2 Die Einstellungsseite von »Missed Calls Widget«

Für die drei Buttons ROT, GRÜN und DURCHSCHEINEND wird derselbe `OnClickListener` gesetzt. Er ermittelt zunächst die ID des Appwidgets, für das die Einstellungen vorgenommen werden sollen. Anschließend wird die ausgewählte Farbe in den *Shared Preferences* gespeichert. Da es von einem Widget beliebig viele Instanzen geben kann, wird die ID ein Teil des Zugriffsschlüssels. Zuletzt sorgt ein Aufruf der Methode `partiallyUpdateAppWidget()` dafür, dass sich die veränderten Views des Widgets aktualisieren.

```
package com.thomaskuenneth.missedcalls;

import android.app.Activity;
import android.appwidget.AppWidgetManager;
import android.content.Intent;
import android.content.SharedPreferences;
import android.graphics.Color;
import android.os.Bundle;
import android.view.View;
import android.widget.RemoteViews;
```

```
public class MissedCallsConfigActivity extends Activity {

    @Override
    protected void onCreate(Bundle savedInstanceState) {
        super.onCreate(savedInstanceState);
        setContentView(R.layout.config);
        View.OnClickListener l = new View.OnClickListener() {
            @Override
            public void onClick(View v) {
                // Welche Farbe?
                int color = MissedCallsWidget.COLOR_SEMI_TRANSPARENT;
                switch (v.getId()) {
                    case R.id.red:
                        color = Color.RED;
                        break;
                    case R.id.green:
                        color = Color.GREEN;
                        break;
                }
                // ID des Widgets ermitteln
                Intent intent = getIntent();
                Bundle extras = intent.getExtras();
                if (extras != null) {
                    int mAppWidgetId = extras.getInt(
                            AppWidgetManager.EXTRA_APPWIDGET_ID,
                            AppWidgetManager.INVALID_APPWIDGET_ID);
                    if (mAppWidgetId != AppWidgetManager.INVALID_APPWIDGET_ID) {
                        // ausgewählte Farbe speichern
                        SharedPreferences prefs =
                                    getSharedPreferences(MissedCallsWidget.MCW,
                                                    MODE_PRIVATE);
                        SharedPreferences.Editor e = prefs.edit();
                        e.putInt(MissedCallsWidget.BACKGROUND_COLOR +
                                Integer.toString(mAppWidgetId), color);
                        e.apply();
                        // Farbe setzen
                        RemoteViews views = new RemoteViews(getPackageName(),
                                R.layout.missedcallswidget_layout);
                        views.setInt(R.id.background, "setBackgroundColor", color);
                        AppWidgetManager appWidgetManager =
                                        AppWidgetManager.getInstance(
                                        MissedCallsConfigActivity.this);
```

```
                appWidgetManager.partiallyUpdateAppWidget(mAppWidgetId,
                                                          views);
                // Änderungen übernehmen
                Intent resultValue = new Intent();
                resultValue.putExtra(AppWidgetManager.EXTRA_APPWIDGET_ID,
                                     mAppWidgetId);
                setResult(RESULT_OK, resultValue);
            }
        }
        // Activity beenden
        finish();
    }
};
findViewById(R.id.transparent).setOnClickListener(l);
findViewById(R.id.red).setOnClickListener(l);
findViewById(R.id.green).setOnClickListener(l);
// standardmäßig die Einstellungen nicht übernehmen
setResult(RESULT_CANCELED);
  }
}
```

Listing 8.12 Die Klasse »MissedCallsConfigActivity«

Die Activity sollte als Ergebnis RESULT_OK zurückgeben, wenn der Benutzer Einstellungen vorgenommen hat und diese auch übernehmen möchte. Drückt er hingegen auf die ZURÜCK-Taste, sollten Sie stattdessen RESULT_CANCELED liefern. Damit das funktioniert, erzeugen Sie ein Intent und setzen in dessen Extras den Wert des Schlüssels AppWidgetManager.EXTRA_APPWIDGET_ID auf die ID des Widgets.

Wie Sie gesehen haben, bietet es sich an, Appwidget-bezogene Einstellungen in den *Shared Preferences* abzulegen. Es liegt nahe, die ID eines Widgets als Teil des Zugriffsschlüssels zu verwenden. Bitte beachten Sie jedoch, dass sich IDs nach der Wiederherstellung aus einem Backup ändern können. Deshalb sollten Sie in Ihrer AppWidgetProvider-Implementierung die Methode onRestored() überschreiben und die Einstellungen »umkopieren«. Das geht bequem in einer Schleife:

```
SharedPreferences prefs = context.getSharedPreferences(MCW, Context.MODE_
PRIVATE);
SharedPreferences.Editor e = prefs.edit();
for (int i = 0; i < oldWidgetIds.length; i++) {
    int color = prefs.getInt(BACKGROUND_COLOR +
                             Integer.toString(oldWidgetIds[i]),
                             COLOR_SEMI_TRANSPARENT);
    e.putInt(BACKGROUND_COLOR + Integer.toString(newWidgetIds[i]), color);
```

```
}
e.apply();
```

Listing 8.13 Einstellungen nach einer Rücksicherung verfügbar machen

8.1.3 Vorschau-Bilder

Mit dem optionalen Attribut `android:previewImage` in der Appwidget-Konfigurationsdatei können Sie eine Grafik festlegen, die Androids Widget-Auswahl anstelle eines Icons anzeigt. In meinem Beispiel bedeutet `@drawable/preview`, dass hierfür die Datei *preview.png* verwendet werden soll. Wie schon bei den Programm-Icons landet die Standardversion der Grafik in *res/drawable*. Versionen für unterschiedliche Pixeldichten können Sie zusätzlich in den Ihnen bereits bekannten Verzeichnissen (beispielsweise *drawable-hdpi* oder *drawable-ldpi*) ablegen. Für das Erstellen von Vorschaugrafiken steht im Android-Emulator die App *Widget Preview* zur Verfügung. Sie ist in Abbildung 8.3 zu sehen.

Abbildung 8.3 Die App »Widget Preview«

Nach dem Auswählen des Appwidgets, für das Sie eine Vorschaugrafik erstellen möchten, legen Sie die Datei durch Anklicken von TAKE SNAPSHOT im Verzeichnis *Download* des externen Speichermediums ab. Von dort aus kopieren Sie es in der

Sicht File Explorer des *Android Device Monitors* mit Pull a file from the device aus dem Verzeichnis */storage/sdcard/Download* auf Ihren Entwicklungsrechner. Die Auswahl eines Widgets mit Vorschaugrafik ist in Abbildung 8.4 zu sehen.

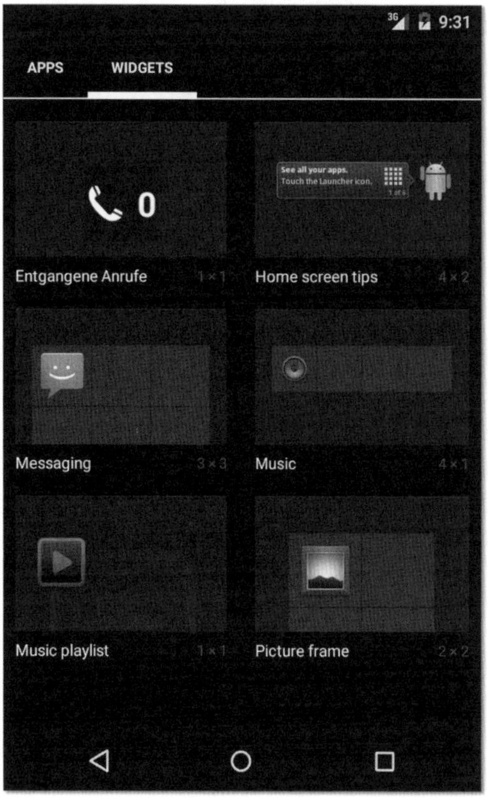

Abbildung 8.4 Die Appwidget-Auswahl im Android Emulator

Widgets sind ein spannendes und vielseitig einsetzbares Werkzeug. Sicher haben Sie großartige Ideen. Ich freue mich sehr darauf, Ihre Apps auszuprobieren.

8.2 Wallpaper

Android-Anwender können ihr System durch statische und animierte Hintergründe individualisieren. Das Austauschen dieser Grafiken ist auch durch eigene Apps möglich. Wie Sie hierzu vorgehen, zeige ich Ihnen anhand des Projekts *WallpaperDemo*.

8.2.1 Die Wallpaper-API

Mit der Methode `WallpaperManager.getInstance()` ermitteln Sie ein Objekt des Typs `android.app.WallpaperManager`. Es wird verwendet, um den aktuellen Hintergrund zu ermitteln, die bevorzugte Größe zu erfragen und natürlich um ein neues Wallpaper zu setzen.

```
package com.thomaskuenneth.wallpaperdemo;

import android.app.Activity;
import android.app.WallpaperManager;
import android.content.Intent;
import android.graphics.Bitmap;
import android.graphics.Bitmap.Config;
import android.graphics.Canvas;
import android.graphics.Color;
import android.graphics.Paint;
import android.graphics.Paint.Align;
import android.os.Bundle;
import android.util.Log;
import java.io.IOException;

public class WallpaperDemo extends Activity {

    private static final String TAG = WallpaperDemo.class.getSimpleName();

    @Override
    public void onCreate(Bundle savedInstanceState) {
        super.onCreate(savedInstanceState);
        Intent intent = getIntent();
        if ((intent == null)
                || (!Intent.ACTION_SET_WALLPAPER.equals(intent.getAction()))) {
            Intent target = new Intent(Intent.ACTION_SET_WALLPAPER);
            startActivity(Intent.createChooser(target,
                    getString(R.string.choose)));
        } else {
            WallpaperManager m = WallpaperManager.getInstance(this);
            int w = m.getDesiredMinimumWidth();
            int h = m.getDesiredMinimumHeight();
            Bitmap bm = Bitmap.createBitmap(w, h, Config.RGB_565);
            Canvas c = new Canvas(bm);
            Paint paint = new Paint();
            paint.setTextAlign(Align.CENTER);
            paint.setColor(Color.WHITE);
            c.drawRect(0, 0, w - 1, h - 1, paint);
            paint.setColor(Color.BLUE);
            c.drawLine(0, 0, w - 1, h - 1, paint);
```

```
            c.drawLine(0, h - 1, w - 1, 0, paint);
            paint.setColor(Color.BLACK);
            c.drawText(getString(R.string.hello), w / 2, h / 2, paint);
            try {
                m.setBitmap(bm);
            } catch (IOException e) {
                Log.e(TAG, "Fehler bei setBitmap()", e);
            }
        }
        finish();
    }
}
```


Listing 8.14 Die Klasse »WallpaperDemo«

Das Ändern des Hintergrunds ist aus Activities, Services und Broadcast Receivern heraus möglich. In Letzteren können Sie innerhalb der Methode `onReceive()` Wallpapers setzen. Damit lässt sich beispielsweise nach jedem Start des Systems ein Wechsel des Motivs herbeiführen. Ihr Receiver muss hierzu auf `Intent.ACTION_BOOT_COMPLETED` reagieren. Dafür benötigen Sie die Berechtigung `android.permission.RECEIVE_BOOT_COMPLETED`.

Nachdem Sie mit `getInstance()` die Referenz auf ein `WallpaperManager`-Objekt ermittelt haben, können Sie mit `setBitmap()` ein Objekt des Typs `android.graphics.Bitmap` als neuen Hintergrund setzen. Hierfür ist die Berechtigung `android.permission.SET_WALLPAPER` erforderlich. Sie erzeugen die Bitmap mit der Methode `Bitmap.createBitmap()`. Die passende Breite und Höhe erfragen Sie mit `getDesiredMinimumWidth()` und `getDesiredMinimumHeight()` beim `WallpaperManager`.

Das eigentliche Zeichnen erledigt die Klasse `android.graphics.Canvas`. Sie stellt eine Reihe von Grafikoperationen (wie zum Beispiel `drawLine()` für das Ziehen von Linien oder `drawText()` für das Anzeigen von Schrift) zur Verfügung. Mein Beispiel demonstriert dies und zeichnet zwei sich kreuzende blaue Linien auf weißem Grund. Zusätzlich wird in schwarzer Schrift der Text »Hallo Android!« ausgegeben. Zeichenattribute werden über Objekte des Typs `android.graphics.Paint` gesteuert. Beispielsweise beeinflussen Sie mit `setTextAlign()` und `setTextSize()` die Ausrichtung und Größe eines Textes. `setColor()` ändert die Zeichenfarbe. Wie Sie sehen, ist es mit wenig Aufwand möglich, einfache Grafiken mit der Klasse `Canvas` zu zeichnen.

Möchten Sie »nur« eine fertige Grafik anzeigen, gelingt dies sehr einfach mit der `WallpaperManager`-Methode `setResource()`. Die Grafik sollte zu der Größe und Pixeldichte des aktuellen Geräts passen. Sie erreichen dies, indem Sie entsprechend angepasste Dateien in den bekannten Verzeichnissen (beispielsweise *drawable-hdpi*, *drawable-ldpi*, *drawable-mdpi* und *drawable-xhdpi*) ablegen.

```
try {
   m.setResource(R.drawable.icon);
} catch (IOException e) {
   Log.e(TAG, "Fehler bei setResource()", e);
}
```

8.2.2 Hintergründe auswählen

Es gibt zwei recht ähnliche Vorgehensweisen, um einen Hintergrund auszuwählen. Die erste besteht darin, ein Intent mit der Action `ACTION_SET_WALLPAPER` zu erzeugen und es an `startActivity()` zu übergeben:

```
Intent i = new Intent(Intent.ACTION_SET_WALLPAPER);
startActivity(i);
```

Hierdurch wird der in Abbildung 8.5 gezeigte Auswahldialog von Android gestartet. Mit ihm bestimmt der Benutzer die App zum Festlegen eines neuen Hintergrunds. Allerdings erscheint dieser Dialog nur, sofern noch keine Standard-Activity für die gewünschte Aktion (`ACTION_SET_WALLPAPER`) festgelegt wurde. In diesem Fall wird das Intent nämlich sofort an diese bevorzugte Aktivität übermittelt.

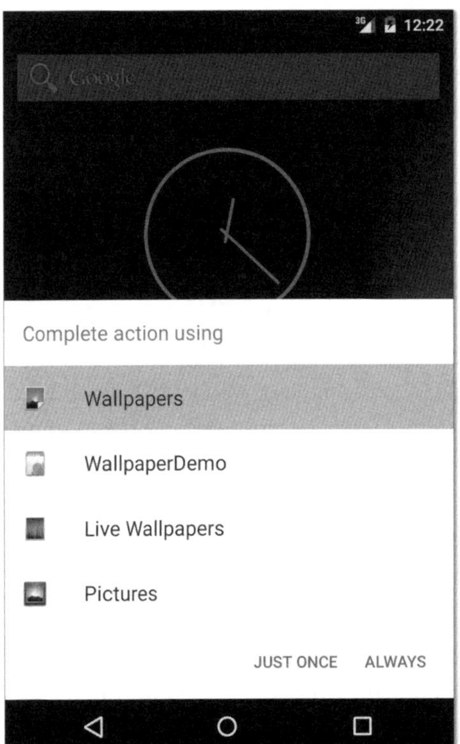

Abbildung 8.5 Rückfrage, mit welcher App Hintergründe ausgewählt werden sollen

Sie können das Festlegen einer Standard-Activity durch den Benutzer aber verhindern. Kapseln Sie hierzu das eigentliche Intent in ein `ACTION_CHOOSER`-Intent. Auf diese Weise ist auch das Setzen einer Überschrift möglich. Dies ist in Abbildung 8.6 zu sehen. Das korrespondierende Quelltextfragment sieht folgendermaßen aus (es ist in meiner Beispielklasse `WallpaperDemo` enthalten):

```
Intent target = new Intent(Intent.ACTION_SET_WALLPAPER);
startActivity(Intent.createChooser(target,
   "Hintergrund auswählen mit..."));
```


Sicher fragen Sie sich, warum Sie den Benutzer daran hindern sollten, für bestimmte Intents eine Standard-Activity festzulegen. Denn es gibt viele Situationen, in denen der Anwender gerne mit seiner Lieblings-App arbeiten möchte. Denken Sie an das Versenden einer E-Mail. In solchen Fällen sollten Sie nicht mit `Intent.createChooser()` arbeiten. Anders verhält es sich aber, wenn der Anwender *erwartet*, sich entscheiden zu dürfen. Das ist der Fall, wenn er beispielsweise ein Foto aufgenommen hat und es an Freunde weitergeben möchte. Dies kann mittels E-Mail, MMS, Flickr oder beliebigen anderen Diensten geschehen. Hier wäre der Aufruf einer Standard-Activity ohne Rückfrage wahrscheinlich nicht im Sinne des Benutzers.

Abbildung 8.6 Action-Chooser

Sicher ist Ihnen aufgefallen, dass die App *WallpaperDemo* aus Abschnitt 8.2.1, »Die Wallpaper-API«, in den beiden Auswahldialogen angezeigt wurde. Dies ist der Fall, weil in ihrer Manifestdatei das `<activity />`-Element einen Intent-Filter für die Aktion `android.intent.action.SET_WALLPAPER` enthält. Das sieht folgendermaßen aus:

```
<intent-filter>
  <action android:name="android.intent.action.SET_WALLPAPER" />
  <category android:name="android.intent.category.DEFAULT" />
</intent-filter>
```

Listing 8.15 Setzen eines Intent-Filters in der Manifestdatei

Solche Activities sollten mit `getIntent()` prüfen, ob ihnen beim Start ein Intent übergeben wurde. Ist dies der Fall, kann dessen Action mit `getAction()` ermittelt werden. Handelt es sich um `ACTION_SET_WALLPAPER`, können Sie programmatisch einen Hintergrund erstellen und mit `setBitmap()` setzen. Abbildung 8.7 zeigt das Wallpaper der App *WallpaperDemo*.

Abbildung 8.7 Der Hintergrund der App »WallpaperDemo«

Sie haben gesehen, dass es mit sehr wenig Aufwand möglich ist, Hintergründe programmatisch zu erstellen. Mit Live Wallpaper bietet Android sogar noch faszinierendere Möglichkeiten. Diese möchte ich Ihnen im folgenden Abschnitt vorstellen.

8.3 Live Wallpaper

Im Gegensatz zu klassischen Hintergründen sind Live Wallpaper animiert. Außerdem kann der Benutzer mit ihnen interagieren und Einstellungen vornehmen. Wie all dies funktioniert, zeige ich Ihnen anhand der Beispiel-App *UhrzeitLiveWallpaper*.

8.3.1 Live Wallpaper auswählen

Live Wallpaper werden analog zu normalen Hintergründen in einem Dialog ausgewählt. Er ist in Abbildung 8.8 zu sehen. Um neuen Android-Nutzern, denen dieses Vorgehen nicht vertraut ist, zu helfen, rate ich Ihnen, Ihrer App eine kleine Activity hinzuzufügen, die über den Programmstarter erreichbar ist. Ihr einziger Zweck ist, die systemeigene Live-Wallpaper-Auswahl aufzurufen. Zahlreiche exzellente Produkte haben in Google Play schlechte Bewertungen erhalten, weil den Nutzern nicht klar war, wie sie den animierten Hintergrund aktivieren. Dem lässt sich so elegant vorbeugen. Natürlich sollten Sie die Benutzeroberfläche dieser Hilfsactivity so ansprechend wie möglich gestalten. Erklären Sie dem Anwender auch, warum er die Schaltfläche anklicken soll und was dies bewirkt.

Was Sie programmtechnisch tun müssen, zeigt das folgende Listing. Erzeugen Sie ein Intent mit der Aktion `WallpaperManager.ACTION_LIVE_WALLPAPER_CHOOSER`, und rufen Sie dann `startActivity()` auf. Danach können Sie die Aktivität mit `finish()` beenden.

```
package com.thomaskuenneth.uhrzeitlivewallpaper;

import android.app.Activity;
import android.app.WallpaperManager;
import android.content.Intent;
import android.os.Bundle;
import android.view.View;
import android.widget.Button;

public class UhrzeitLiveWallpaperActivity extends Activity {

    @Override
    public void onCreate(Bundle savedInstanceState) {
        super.onCreate(savedInstanceState);
        setContentView(R.layout.main);
```

```
        Button b = (Button) findViewById(R.id.button);
        b.setOnClickListener(new View.OnClickListener() {
            @Override
            public void onClick(View v) {
                Intent intent = new Intent();
                intent.setAction(
                        WallpaperManager.ACTION_LIVE_WALLPAPER_CHOOSER);
                startActivity(intent);
                finish();
            }
        });
    }
}
```

Listing 8.16 Die Klasse »UhrzeitLiveWallpaperActivity«

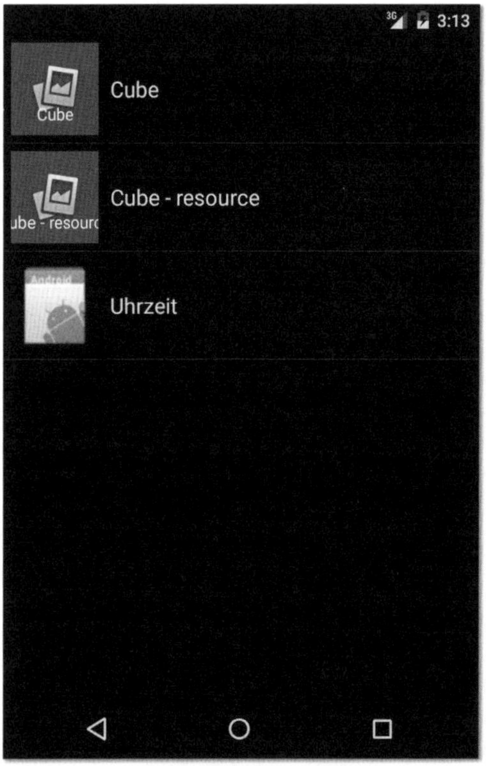

Abbildung 8.8 Live-Wallpaper-Auswahl

Die Informationen für den Hintergründe-Auswahldialog werden in einer XML-Datei eingetragen. Sie wird in der Manifestdatei der App referenziert. Ihr Dateiname ist im Prinzip beliebig. Mit `android:thumbnail` können Sie eine Vorschaugrafik hinterlegen.

`android:description` enthält eine Beschreibung. `android:settingsActivity` kann den voll qualifizierten Klassennamen einer Konfigurationsseite enthalten. Ist dieses Attribut nicht gesetzt, kann der Benutzer für das Live Wallpaper keine Einstellungen vornehmen.

```
<?xml version="1.0" encoding="utf-8"?>
<wallpaper xmlns:android="http://schemas.android.com/apk/res/android"
android:settingsActivity=
"com.thomaskuenneth.uhrzeitlivewallpaper.UhrzeitLiveWallpaperPreferences"
    android:description="@string/description"
    android:thumbnail="@drawable/icon"
/>
```

Listing 8.17 Die Datei »wallpaper_uhrzeit.xml«

Live Wallpaper werden als Services implementiert. Sie registrieren Ihre animierten Hintergründe deshalb mit einem `<service />`-Element in der Manifestdatei Ihrer App. Damit Android weiß, dass es sich um ein Live Wallpaper handelt, setzen Sie einen Intent-Filter für die Aktion `android.service.wallpaper.WallpaperService`. Wichtig ist auch, die Berechtigung `android.permission.BIND_WALLPAPER` anzufordern.

```
<?xml version="1.0" encoding="utf-8"?>
<manifest xmlns:android="http://schemas.android.com/apk/res/android"
    package="com.thomaskuenneth.uhrzeitlivewallpaper">
    <uses-feature android:name="android.software.live_wallpaper" />
    <application
        android:icon="@drawable/icon"
        android:label="@string/app_name"
        android:allowBackup="true">
        <activity
            android:name=".UhrzeitLiveWallpaperActivity"
            android:label="@string/app_name">
            <intent-filter>
                <action android:name="android.intent.action.MAIN" />
                <category android:name="android.intent.category.LAUNCHER" />
            </intent-filter>
        </activity>
        <activity
            android:label="@string/preferences_title"
            android:name=".UhrzeitLiveWallpaperPreferences"
            android:exported="true" />
        <service
            android:label="@string/wallpaper_name"
            android:name=".UhrzeitLiveWallpaperService"
```

```
            android:permission="android.permission.BIND_WALLPAPER">
            <intent-filter>
                <action android:name=
"android.service.wallpaper.WallpaperService" />
            </intent-filter>
            <meta-data
                android:name="android.service.wallpaper"
                android:resource="@xml/wallpaper_uhrzeit" />
        </service>
    </application>
</manifest>
```

Listing 8.18 Die Manifestdatei des Projekts »UhrzeitLiveWallpaper«

Das Element <meta-data /> verweist auf die Konfigurationsdatei, die weitere Informationen zu einem Live Wallpaper enthält. Ich habe sie Ihnen bereits vorgestellt. Sie wird im Verzeichnis *res/xml* abgelegt.

[+]

Tipp

Google Play nutzt das Manifest-Element <uses-feature />, um Apps nur für Geräte anzubieten, die eine bestimmte Funktion anbieten. Aus diesem Grund sollten Sie für Ihre Live Wallpaper stets die Zeile <uses-feature android:name="android.software.live_wallpaper" /> einfügen. Sie stellt sicher, dass Programme, die animierte Hintergründe enthalten, nur auf hierfür geeigneten Tablets und Smartphones zu sehen sind.

Mein Beispiel-Manifest enthält zwei Einträge für Activities. Das erste <activity />-Element sorgt dafür, dass die Klasse UhrzeitLiveWallpaperActivity über den Appstarter aufgerufen werden kann. Hierzu definiert die Activity einen Intent-Filter für die Aktion android.intent.action.MAIN und die Kategorie android.intent.category.LAUNCHER. Bei dieser Aktivität handelt es sich um die von mir angesprochene Hilfe für neue Android-Anwender. Für die Funktion des Live Wallpapers an sich ist sie nicht erforderlich. Das zweite <activity />-Element bezieht sich auf die Einstellungsseite. Auf diese gehe ich im weiteren Verlauf noch ausführlicher ein. Animierte Hintergründe können eine Konfigurationsactivity enthalten, müssen das aber nicht. Beachten Sie bitte das Attribut android:exported. Es muss auf true gesetzt werden, damit andere Prozesse die Aktivität sehen und starten können.

8.3.2 »WallpaperService« und »Engine«

Wie Sie aus Kapitel 6, »Multitasking«, wissen, verweist das Attribut android:name des <service />-Elements auf eine Klasse, die einen Service – in unserem Fall das Live

Wallpaper – implementiert. Die Android-Klassenbibliothek beinhaltet android.service.wallpaper.WallpaperService. Von dieser abstrakten Basisklasse leiten Ihre animierten Hintergründe ab. Auch UhrzeitLiveWallpaperService tut dies. Abbildung 8.9 zeigt eine Vorschau des Live Wallpapers sowie die beiden Schaltflächen HINTERGRUND FESTLEGEN und EINSTELLUNGEN. Letztere ist natürlich nur vorhanden, wenn der animierte Hintergrund eine Konfigurationsseite anbietet. Mein Beispiel gibt die aktuelle Uhrzeit in zwei Farben und Schriftgrößen aus. Die Position des Textes kann durch Antippen eines freien (schwarzen) Bereichs festgelegt werden. Die Farben für Stunden und Minuten wechseln nach einer Zeitspanne, die der Benutzer wählen kann.

Abbildung 8.9 Vorschau des Uhrzeit-Live-Wallpapers

Die von android.service.wallpaper.WallpaperService abgeleitete Klasse selbst tut sehr wenig. Da die Methode onCreateEngine() abstrakt ist, müssen ihre Kinder diese implementieren. Sie liefert die Instanz einer Klasse, die von WallpaperService.Engine erbt. Hier findet die eigentliche Arbeit statt. Bevor ich ausführlicher darauf eingehe, möchte ich Ihnen nochmals vergegenwärtigen, dass Services an sich keine Nebenläufigkeit zur Verfügung stellen. Wie Sie aus Kapitel 6, »Multitasking«, wissen, laufen auch Services normalerweise im Mainthread einer App. Deshalb gelten meine dortigen Hinweise zum Laufzeitverhalten auch für Live Wallpaper. Das bedeutet: Zeichenoperationen werden auf dem UI-Thread ausgeführt, aufwendige Berechnungen jedoch in individuell gestarteten Threads.

Um Farben und Uhrzeit regelmäßig aktualisieren zu können, nutzt `UhrzeitLiveWallpaperService` einen Handler. Dessen Methode `postDelayed()` ermöglicht Ihnen die einmalige Ausführung einer `Runnable`-Instanz nach einer festgelegten Zeit in Millisekunden. Diese wiederum ruft als einzige Operation die Methode `draw()` auf. Sicherlich fragen Sie sich, wie auf diese Weise eine Animation erfolgen kann. Nachdem sich unser Live Wallpaper das erste Mal gezeichnet hat, ruft es `postDelayed()` auf und initiiert damit einen erneuten Zeichenvorgang. Nach der vom Benutzer eingestellten Zeit beginnt der Vorgang von Neuem. Das `Runnable`-Objekt wird in der Instanzvariable `runnable` gehalten.

Aus Performancegründen dürfen sich animierte Hintergründe nur neu zeichnen, wenn sie sichtbar sind. Die Beispielimplementierung von `Engine` beinhaltet hierzu die `boolean`-Variable `visible`. Sie wird in der Methode `onVisibilityChanged()` gesetzt. Beim nächsten Zeichenvorgang prüfen wir, ob das Live Wallpaper noch angezeigt werden soll. In diesem Fall wird mit `postDelayed()` ein neuer Animationslauf gestartet. Die Handler-Methode `removeCallbacks()` beendet ausstehende Aufrufe des `Runnables`.

```
package com.thomaskuenneth.uhrzeitlivewallpaper;

import android.content.SharedPreferences;
import android.graphics.Canvas;
import android.graphics.Color;
import android.graphics.Paint;
import android.graphics.Paint.Align;
import android.os.Handler;
import android.preference.PreferenceManager;
import android.service.wallpaper.WallpaperService;
import android.view.MotionEvent;
import android.view.SurfaceHolder;
import java.util.Calendar;

public class UhrzeitLiveWallpaperService extends WallpaperService {

    private final Handler handler = new Handler();

    @Override
    public Engine onCreateEngine() {
        return new UhrzeitLiveWallpaperEngine();
```

```
}

private class UhrzeitLiveWallpaperEngine extends Engine {

    private final Paint paint;
    private final Runnable runnable;
    private final Calendar cal;

    private int color;
    private float x, y;
    private boolean visible;

    UhrzeitLiveWallpaperEngine() {
        paint = new Paint();
        runnable = new Runnable() {
            public void run() {
                draw();
            }
        };
        cal = Calendar.getInstance();
    }

    @Override
    public void onCreate(SurfaceHolder surfaceHolder) {
        super.onCreate(surfaceHolder);
        setTouchEventsEnabled(true);
    }

    @Override
    public void onDestroy() {
        super.onDestroy();
        handler.removeCallbacks(runnable);
    }

    @Override
    public void onVisibilityChanged(boolean v) {
        visible = v;
        if (v) {
            draw();
        } else {
            handler.removeCallbacks(runnable);
        }
    }
```

```
@Override
public void onSurfaceChanged(SurfaceHolder holder, int format,
                             int width, int height) {
    super.onSurfaceChanged(holder, format, width, height);
    color = Color.WHITE;
    x = width / 2.0f;
    y = height / 2.0f;
    draw();
}

@Override
public void onSurfaceDestroyed(SurfaceHolder holder) {
    super.onSurfaceDestroyed(holder);
    visible = false;
    handler.removeCallbacks(runnable);
}

@Override
public void onTouchEvent(MotionEvent event) {
    super.onTouchEvent(event);
    if (event.getAction() == MotionEvent.ACTION_UP) {
        x = event.getX();
        y = event.getY();
        draw();
    }
}

void draw() {
    final SurfaceHolder holder = getSurfaceHolder();
    Canvas c = null;
    try {
        c = holder.lockCanvas();
        if (c != null) {
            int w = c.getWidth();
            int h = c.getHeight();
            paint.setColor(Color.BLACK);
            c.drawRect(0, 0, w - 1, h - 1, paint);
            cal.setTimeInMillis(System.currentTimeMillis());
            paint.setColor(color);
            paint.setTextSize(h / 10);
            paint.setTextAlign(Align.RIGHT);
            c.drawText(String.format("%tH", cal), x, y, paint);
            color = getNextColor(color);
            paint.setColor(color);
```

```
                paint.setTextSize(h / 13);
                paint.setTextAlign(Align.LEFT);
                c.drawText(String.format("%tM", cal), x, y, paint);
                color = getNextColor(color);
            }
        } finally {
            if (c != null)
                holder.unlockCanvasAndPost(c);
        }
        handler.removeCallbacks(runnable);
        if (visible) {
            SharedPreferences prefs =
                    PreferenceManager.getDefaultSharedPreferences(
                                    UhrzeitLiveWallpaperService.this);
            String s = prefs.getString("refresh", "3000");
            handler.postDelayed(runnable, Integer.parseInt(s));
        }
    }

    private int getNextColor(int color) {
        if (color == Color.WHITE) {
            return Color.BLUE;
        } else if (color == Color.BLUE) {
            return Color.RED;
        } else if (color == Color.RED) {
            return Color.GREEN;
        } else {
            return Color.WHITE;
        }
    }
  }
}
```


Listing 8.19 »UhrzeitLiveWallpaperService.java«

Mit `setTouchEventsEnabled(true)` können Live Wallpaper auf das Antippen des Bildschirms reagieren. Treten *Touch Events* ein, ruft Android die Methode `onTouchEvent()` auf. Die Implementierung in `UhrzeitLiveWallpaperService` ist sehr einfach gehalten. Sie speichert die x- und y-Koordinaten des Ereignisses in zwei Instanzvariablen und ruft dann die Methode `draw()` auf, die die Uhrzeit entsprechend positioniert.

Das Zeichnen erfolgt mit Objekten des Typs `android.graphics.Canvas`. Zunächst ermitteln Sie mit `getSurfaceHolder()` eine Instanz der Klasse `android.view.Surface-`

Holder. Anschließend liefert holder.lockCanvas() Ihr virtuelles Zeichenbrett. Wichtig ist, das Erzeugen der Grafik mit holder.unlockCanvasAndPost() zu beenden.

8.3.3 Einstellungsseiten

Mit Einstellungsseiten für Live Wallpaper können Anwender das Verhalten eines animierten Hintergrunds an ihre Bedürfnisse anzupassen. In meinem Beispiel lässt sich festlegen, wie schnell sich die Farben der Uhrzeit ändern. Dies ist in Abbildung 8.10 zu sehen.

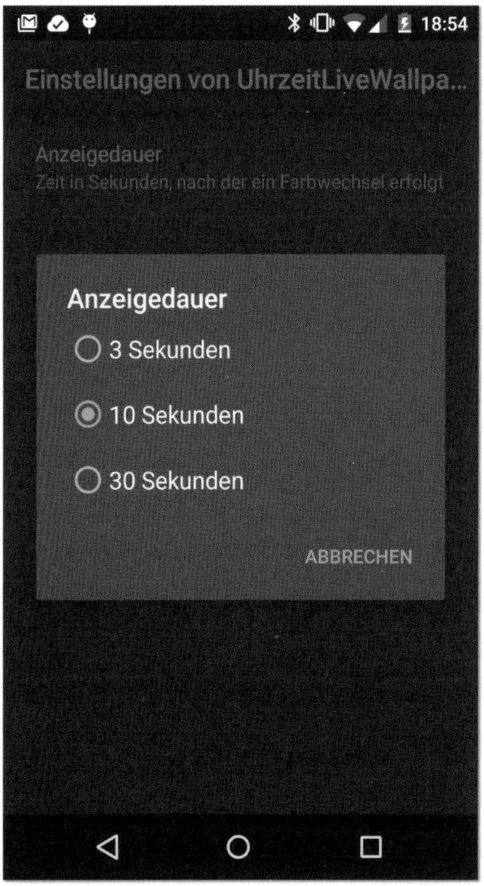

Abbildung 8.10 Die Einstellungsseite des Uhrzeit-Live-Wallpapers

Hierzu leiten wir von der Ihnen bereits bekannten Klasse PreferenceActivity ab. In onCreate() wird mithilfe des *FragmentManagers* eine SettingsFragment-Instanz angezeigt. Diese lädt nur mit addPreferencesFromResource() die Beschreibung der darzustellenden Optionen. Die Datei *preferences.xml* befindet sich im Verzeichnis *xml*.

```
package com.thomaskuenneth.uhrzeitlivewallpaper;

import android.os.Bundle;
import android.preference.PreferenceActivity;
import android.preference.PreferenceFragment;

public class UhrzeitLiveWallpaperPreferences extends PreferenceActivity {

    @Override
    protected void onCreate(Bundle savedInstanceState) {
        super.onCreate(savedInstanceState);
        getFragmentManager().beginTransaction()
                .replace(android.R.id.content, new SettingsFragment())
                .commit();
    }

    public static class SettingsFragment extends PreferenceFragment {
        @Override
        public void onCreate(Bundle savedInstanceState) {
            super.onCreate(savedInstanceState);
            addPreferencesFromResource(R.xml.preferences);
        }
    }
}
```

Listing 8.20 Die Klasse »UhrzeitLiveWallpaperPreferences«

Die Anzeigedauer ist in drei Stufen wählbar: 3 Sekunden, 10 Sekunden und 30 Sekunden. Die Werte für das korrespondierende <ListPreference />-Element befinden sich in der Datei *values/arrays.xml*. Sie enthält zwei <string-array />-Tags, die über die Attribute android:entries und android:entryValues referenziert werden.

```
<?xml version="1.0" encoding="utf-8"?>
<PreferenceScreen xmlns:android="http://schemas.android.com/apk/res/android"
    android:title="@string/preferences_title"
    android:key="uhrzeitlivewallpaper">
    <ListPreference
        android:key="refresh"
        android:title="@string/refresh_title"
        android:summary="@string/refresh_summary"
        android:entries="@array/refresh_names"
```

```
        android:entryValues="@array/refresh_values" />
</PreferenceScreen>
```

Listing 8.21 Die Datei »preferences.xml«

`android:key="refresh"` definiert den Schlüssel, unter dem der ausgewählte Wert in den *Shared Preferences* abgelegt wird.

```
<?xml version="1.0" encoding="utf-8"?>
<resources>
    <string-array name="refresh_names">
        <item>"3 Sekunden"</item>
        <item>"10 Sekunden"</item>
        <item>"30 Sekunden"</item>
    </string-array>
    <string-array name="refresh_values">
        <item>3000</item>
        <item>10000</item>
        <item>30000</item>
    </string-array>
</resources>
```

Listing 8.22 Die Datei »arrays.xml«

[»]

Hinweis

Mit dem Attribut `android:theme="@android:style/Theme.WallpaperSettings"` des `<activity />`-Elements der Manifestdatei teilen Sie der Plattform mit, dass Ihre Einstellungsseite wie alle Activities zum Konfigurieren von Hintergründen aussehen soll. Allerdings hat die Activity dann das nicht mehr zeitgemäße Aussehen von Android 2.x. Ich rate Ihnen deshalb, kein Theme zu verwenden.

8.4 Zusammenfassung

Smartphones und Tablets gehören zum täglichen Leben einfach dazu. Anwender möchten ihre Geräte individualisieren. Widgets und Wallpaper sind eine tolle Möglichkeit, dies zu tun. In diesem Kapitel habe ich Ihnen gezeigt, wie leicht sich eigene Ideen verwirklichen lassen.

Kapitel 9
Sensoren und GPS

Android-Geräte enthalten zahlreiche Sensoren. Diese lassen sich mit geringem Aufwand in eigenen Apps nutzen. Wie das funktioniert, zeige ich Ihnen in diesem Kapitel.

Moderne Mobiltelefone schalten ihre Anzeige ab, sobald man sie in Richtung des Kopfes bewegt. Die Darstellung auf dem Bildschirm passt sich der Ausrichtung des Geräts an. Spiele reagieren auf Bewegungsänderungen. Karten-Apps erkennen automatisch den gegenwärtigen Standort. Und Restaurant- oder Kneipenführer beschreiben nicht nur den kürzesten Weg zur angesagten Döner-Bude, sondern präsentieren die Meinungen anderer Kunden und bieten Alternativen an. Dies und noch viel mehr ist möglich, weil die Android-Plattform eine beeindruckende Sensorenphalanx beinhaltet, die von allen Apps genutzt werden kann.

9.1 Sensoren

Android stellt seine Sensoren über eine Instanz der Klasse `SensorManager` zur Verfügung. Wie Sie diese verwenden, zeige ich Ihnen anhand des Projekts *SensorDemo1*. Die gleichnamige App ist in Abbildung 9.1 zu sehen. Sie ermittelt alle zur Verfügung stehenden Sensoren und gibt deren Namen, Hersteller und Version aus. Außerdem verbindet sich das Programm mit dem Helligkeitssensor des Geräts und zeigt die gemessenen Werte an.

Die Sensoren lassen sich grob in drei Kategorien unterteilen:

- **Bewegungssensoren** messen Beschleunigungs- und Drehungskräfte entlang dreier Achsen. Zu dieser Kategorie gehören Accelerometer, Gyroskop und Gravitationsmesser.
- **Umweltsensoren** erfassen verschiedene Parameter der Umwelt, beispielsweise die Umgebungstemperatur, den Luftdruck, Feuchtigkeit und Helligkeit. Zu dieser Kategorie gehören Barometer, Photometer und Termometer.
- **Positionssensoren** ermitteln die Position beziehungsweise die Lage eines Geräts im Raum. Diese Kategorie beinhaltet Orientierungssensoren sowie Magnetometer.

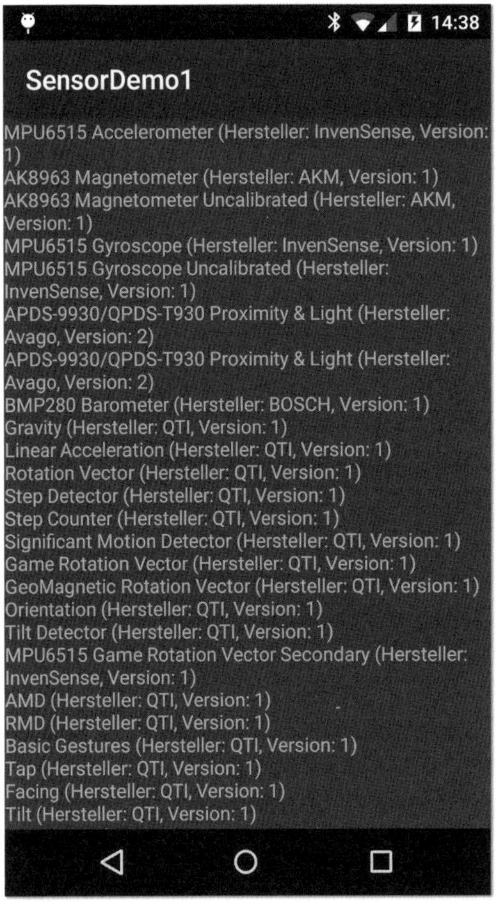

Abbildung 9.1 Die App »SensorDemo1« auf einem Nexus 5

9.1.1 Die Klasse »SensorManager«

Als Erstes wird mit `getSystemService(SENSOR_SERVICE)` die Referenz auf ein Objekt des Typs `android.hardware.SensorManager` ermittelt. Diese Methode ist in allen der von `android.content.Context` abgeleiteten Klassen vorhanden, beispielsweise in `android.app.Activity` und `android.app.Service`. Anschließend können Sie mit `getSensorList()` herausfinden, welche Sensoren in Ihrer App zur Verfügung stehen.

```
package com.thomaskuenneth.sensordemo1;

import android.app.Activity;
import android.hardware.Sensor;
import android.hardware.SensorEvent;
import android.hardware.SensorEventListener;
import android.hardware.SensorManager;
```

```
import android.os.Bundle;
import android.widget.TextView;
import android.util.Log;
import java.util.HashMap;
import java.util.List;

public class SensorDemo1Activity extends Activity {
    private static final String TAG =
            SensorDemo1Activity.class.getSimpleName();

    private TextView textview;

    private SensorManager manager;
    private Sensor sensor;
    private SensorEventListener listener;

    private HashMap<String, Boolean> hm;

    @Override
    public void onCreate(Bundle savedInstanceState) {
        super.onCreate(savedInstanceState);
        hm = new HashMap<>();
        setContentView(R.layout.main);
        textview = (TextView) findViewById(R.id.textview);
        // Liste der vorhandenen Sensoren ausgeben
        manager = (SensorManager) getSystemService(SENSOR_SERVICE);
        List<Sensor> sensors = manager.getSensorList(Sensor.TYPE_ALL);
        for (Sensor s : sensors) {
            textview.append(getString(R.string.template,
                                s.getName(), s.getVendor(), s.getVersion()));
        }
        // Helligkeitssensor ermitteln
        sensor = manager.getDefaultSensor(Sensor.TYPE_LIGHT);
        if (sensor != null) {
            listener = new SensorEventListener() {
                @Override
                public void onAccuracyChanged(Sensor sensor, int accuracy) {
                    Log.d(TAG, "onAccuracyChanged(): " + accuracy);
                }

                @Override
                public void onSensorChanged(SensorEvent event) {
                    if (event.values.length > 0) {
                        float light = event.values[0];
```

```
                    String text = Float.toString(light);
                    if ((SensorManager.LIGHT_SUNLIGHT <= light)
                            && (light <= SensorManager.LIGHT_SUNLIGHT_MAX)) {
                        text = getString(R.string.sunny);
                    }
                    // jeden Wert nur einmal ausgeben
                    if (!hm.containsKey(text)) {
                        hm.put(text, Boolean.TRUE);
                        text += "\n";
                        textview.append(text);
                    }
                }
            }
        };
        // Listener registrieren
        manager.registerListener(listener, sensor,
                SensorManager.SENSOR_DELAY_NORMAL);
    } else {
        textview.append(getString(R.string.no_seonsor));
    }
}

@Override
protected void onDestroy() {
    super.onDestroy();
    // Listener entfernen
    if (sensor != null) {
        manager.unregisterListener(listener);
    }
}
}
```

Listing 9.1 Die Klasse »SensorDemo1Activity«

Beim Aufruf von getSensorList() können Sie anstelle von TYPE_ALL die übrigen mit TYPE_ beginnenden Konstanten der Klasse Sensor nutzen, um nach einer bestimmten Art Ausschau zu halten. Beispielsweise begrenzt TYPE_LIGHT die Trefferliste auf Helligkeitssensoren. TYPE_STEP_DETECTOR liefert Schrittdetektoren. Solche Sensoren melden sich, wenn der Nutzer einen Fuß mit genügend »Schwung« auf den Boden stellt, also einen Schritt macht.

Wenn Sie die Art des gewünschten Sensors schon kennen, ist es meist einfacher, anstelle von getSensorList() die Methode getDefaultSensor() aufzurufen. Allerdings weist die Android-Dokumentation darauf hin, dass diese Methode unter Umständen einen Sensor liefert, der gefilterte oder gemittelte Werte produziert. Möchten Sie dies zum Beispiel aus Genauigkeitsgründen nicht, verwenden Sie getSensorList(). Neben ihren Namen und Herstellern liefern Sensoren eine ganze Menge an Informationen, beispielsweise zu ihrem Stromverbrauch (getPower()), ihrem Wertebereich (getMaximumRange()) und ihrer Genauigkeit (getResolution()).

Mit den beiden Methoden registerListener() und unregisterListener() der Klasse SensorManager können Sie sich über Sensor-Ereignisse informieren lassen sowie entsprechende Benachrichtigungen wieder deaktivieren. registerListener() erwartet ein Objekt des Typs android.hardware.SensorEventListener, den Sensor, sowie die Häufigkeit, mit der Wertänderungen übermittelt werden sollen. Sie können einen vordefinierten Wert, zum Beispiel SensorManager.SENSOR_DELAY_NORMAL, oder die Zeitspanne in Mikrosekunden übergeben. Android garantiert allerdings nicht die Einhaltung dieses Werts. Sensorereignisse können also häufiger oder seltener zugestellt werden. Die Activity-Methodenpaare onCreate() und onDestroy() bzw. onStart() und onPause()bieten sich an, um SensorEventListener zu registrieren bzw. zu entfernen.

SensorEventListener-Objekte implementieren die Methoden onAccuracyChanged() und onSensorChanged(). Erstere wird aufgerufen, wenn sich die Genauigkeit eines Sensors geändert hat. Wie wichtig diese Information ist, hängt von der Art des verwendeten Messfühlers ab. Sollte es beispielsweise Probleme beim Ermitteln der Herzfrequenz geben, weil der Sensor kalibriert werden muss (SENSOR_STATUS_UNRELIABLE) oder weil er keinen Körperkontakt hat (SENSOR_STATUS_NO_CONTACT), dann sollte Ihre App auf jeden Fall einen entsprechenden Hinweis anzeigen. Ist hingegen die Genauigkeit des Barometers nicht mehr hoch (SENSOR_STATUS_ACCURACY_HIGH), sondern nur noch durchschnittlich (SENSOR_STATUS_ACCURACY_MEDIUM), ist vielleicht keine diesbezügliche Aktion erforderlich.

Die Methode onSensorChanged() wird aufgerufen, wenn neue Sensordaten vorliegen. Die App *SensorDemo1* nutzt den Helligkeitssensor eines Geräts und gibt je nach Helligkeit den gemessenen Wert oder den Text *sonnig* aus. Die Klasse SensorManager enthält zahlreiche Konstanten, die sich auf die vorhandenen Ereignistypen beziehen. Auf diese Weise können Sie, wie im Beispiel zu sehen ist, das Ergebnis der Helligkeitsmessung auswerten, ohne selbst in entsprechenden Tabellen nachschlagen zu müssen.

Welche Werte in dem SensorEvent-Objekt übermittelt werden und wie Sie diese interpretieren, hängt vom verwendeten Sensor ab. Beispielsweise liefert der Umgebungstemperatursensor (TYPE_AMBIENT_TEMPERATURE) in values[0] die Raumtemperatur in Grad Celsius. Luftdruckmesser (Sensor.TYPE_PRESSURE) tragen dort hingegen den atmosphärischen Druck in Millibar ein.

Welche Sensoren ein Android-Gerät oder der Emulator tatsächlich zur Verfügung stellt, können Sie erst zur Laufzeit Ihrer App prüfen. Selbstverständlich sollten Sie nicht einfach Ihre Activity beenden, wenn ein benötigter Sensor nicht zur Verfügung steht, sondern einen entsprechenden Hinweis ausgeben. Mithilfe des Elements

<uses-feature> der Manifestdatei können Sie die Sichtbarkeit in *Google Play* auf geeignete Geräte einschränken. Hierzu ein Beispiel:

```
<uses-feature android:name="android.hardware.sensor.barometer"
   android:required="true" />
```

Apps, deren Manifest ein solches Element enthält, werden in *Google Play* nur auf Geräten angezeigt, in die ein Barometer eingebaut ist. Beachten Sie hierbei aber, dass diese Filterung nicht die Installation verhindert, sofern die App auf anderem Wege auf das Gerät gelangt ist. Deshalb ist es wichtig, vor der Nutzung eines Sensors seine Verfügbarkeit wie weiter oben gezeigt zu prüfen.

9.1.2 Sensoren simulieren

Leider kann der Emulator nur recht wenige Sensoren simulieren. Wenn Sie eine App entwickeln, die beispielsweise den Beschleunigungsmesser oder – wie *SensorDemo1* – den Helligkeitssensor benötigt, sind Sie deshalb auf ein echtes Gerät angewiesen. Glücklicherweise hat sich die Android-Community dieses Problems angenommen. Das Open-Source-Projekt *Sensor Simulator* gaukelt Programmen, die im Emulator ausgeführt werden, das Vorhandensein zahlreicher Sensortypen vor.

Sie können das Installationsarchiv von der Seite *Downloads* des Projekts *openintents* herunterladen.[1] Zum Zeitpunkt der Drucklegung dieses Buches entsprach die aktuelle Version *sensorsimulator-2.0-rc1.zip*. Entpacken Sie das Archiv in einem beliebigen Ordner. Das Ergebnis ist in Abbildung 9.2 zu sehen.

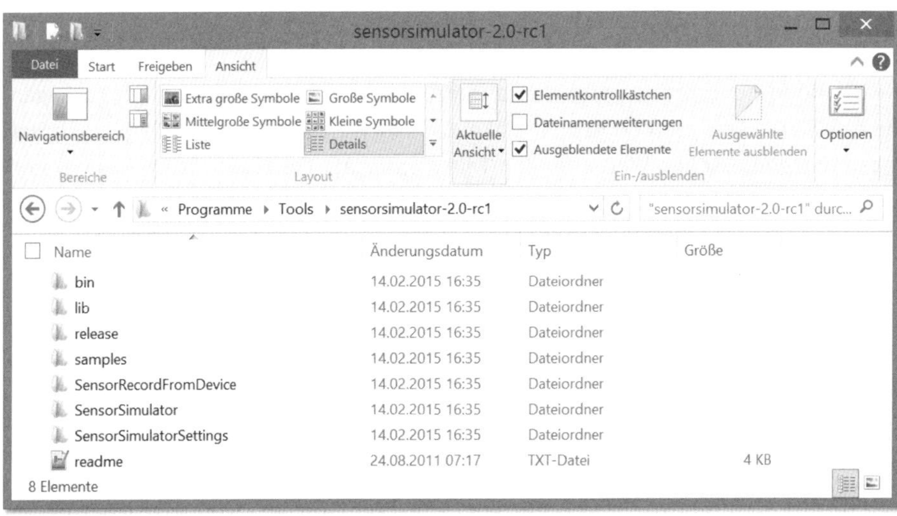

Abbildung 9.2 Inhalt des Sensor-Simulator-Archivs

1 *http://code.google.com/p/openintents/wiki/SensorSimulator*

Starten Sie nun den Sensor Simulator mit einem Doppelklick auf *bin/sensorsimulator-2.0-rc1.jar*. Falls dies nicht funktioniert, können Sie in der Eingabeaufforderung bzw. Shell zunächst in den Unterordner *bin* des Basisverzeichnisses wechseln und folgenden Befehl eingeben:

```
java -jar sensorsimulator-2.0-rc1.jar
```

Nun müssen Sie die App *SensorSimulatorSettings* in dem Emulator installieren, den Sie auch für das Testen Ihres Programms nutzen. Hierfür verwenden Sie die *Android Debug Bridge*. Achten Sie darauf, ihn vor der Ausführung der folgenden Anweisung zu starten. Wenn Sie die Verzeichnisse des Android SDKs dem Systempfad hinzugefügt haben, wie ich es in Kapitel 1, »Android – eine offene, mobile Plattform«, beschrieben habe, können Sie direkt in Android Studio im Werkzeugfenster TERMINAL das Kommando `adb install SensorSimulatorSettings-2.0-rc1.apk` eingeben. Damit das klappt, müssen Sie sich im Ordner *bin* des Sensor-Simulator-Basisverzeichnisses befinden. Eine erfolgreiche Installation erkennen Sie an der Konsolenausgabe `Success`. Starten Sie nun die App *Sensor Simulator*. Sie ist in Abbildung 9.3 zu sehen.

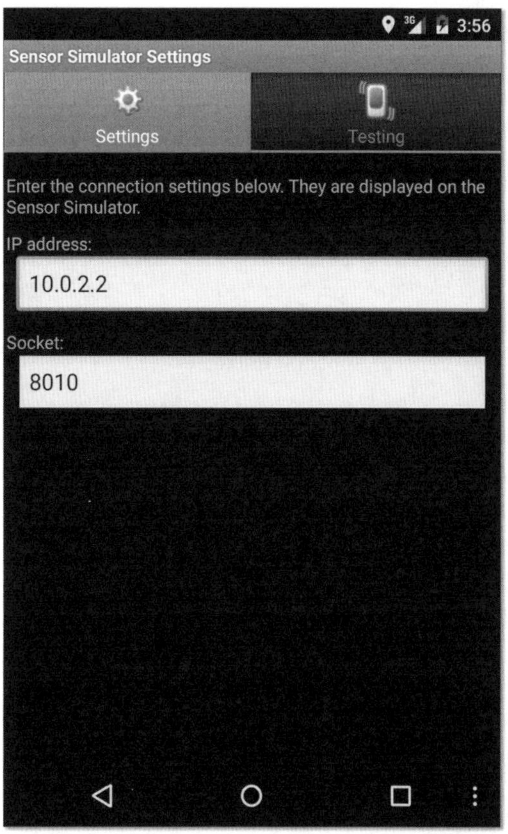

Abbildung 9.3 Die App »Sensor Simulator«

Auf der Registerkarte SETTINGS können Sie die IP-Adresse Ihres Entwicklungsrechners (sowie das zu verwendende Socket) eintippen. Erstere können Sie im linken Bereich des Hauptfensters der PC-Anwendung *SensorSimulator* ablesen, das Sie in Abbildung 9.4 sehen. Ist dies geschehen, verbinden Sie die PC-Anwendung mit dem Emulator, indem Sie auf die Registerkarte TESTING der Android-App wechseln und CONNECT anklicken.

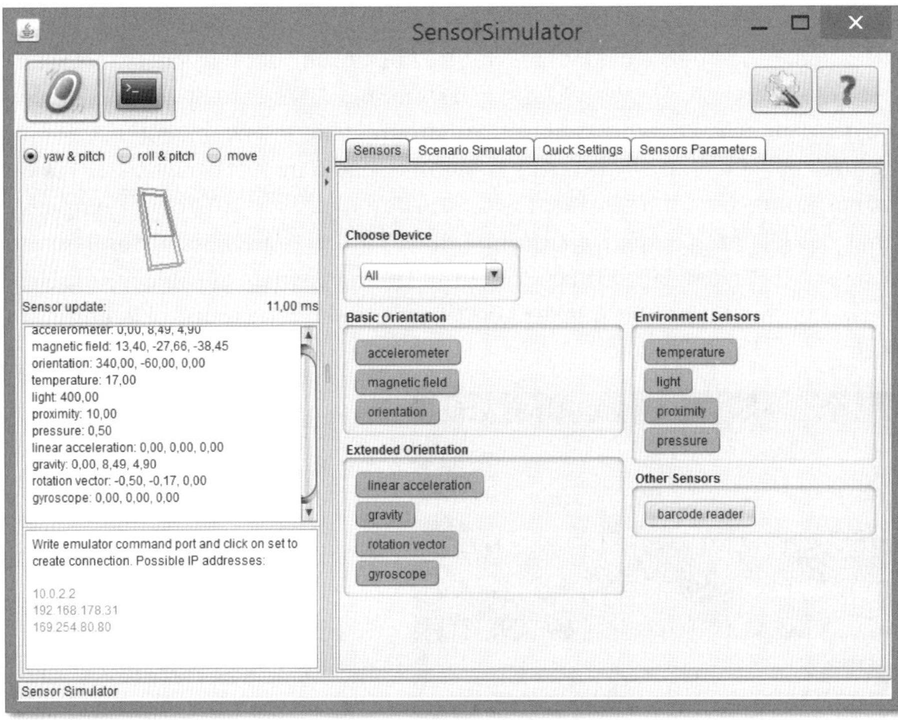

Abbildung 9.4 Das Hauptfenster der PC-Anwendung »SensorSimulator«

Welche Sensoren aktiv sind, kontrollieren Sie auf der Registerkarte SENSORS des *SensorSimulator*-Hauptfensters. Ihre Werte stellen Sie auf der Registerkarte SENSOR PARAMETERS ein. Falls Sie auf diese Weise einen Helligkeitssensor konfiguriert und danach die App *SensorDemo1* gestartet haben, sind Sie sicher verwundert, dass das Programm weiterhin *Kein Helligkeitssensor vorhanden* ausgibt. Sie müssen die App geringfügig modifizieren, sodass sie die simulierten Sensoren verwendet. Wie Sie das machen, zeige ich Ihnen im Folgenden.

Das Projekt *SensorDemo2* gibt die durch den Umgebungstemperatursensor ermittelten Werte auf dem Bildschirm aus. Sofern kein geeigneter Messfühler vorhanden ist, beendet sich die App nach einer entsprechenden Meldung in LOGCAT. Die Klasse `SensorDemo2Activity` registriert einen `SensorEventListener` und schreibt in dessen Methode `onSensorChanged()` das Messergebnis in ein Textfeld. Dies geschieht, solange die Activity aktiv ist. Beim Beenden entfernt sie den Listener. Wenn Sie die App im Emulator starten, erscheint im LOGCAT erwartungsgemäß die Meldung *kein Temperatursensor vorhanden*.

```
package com.thomaskuenneth.sensordemo2;

import android.app.Activity;
import android.hardware.Sensor;
import android.hardware.SensorEvent;
import android.hardware.SensorEventListener;
import android.hardware.SensorManager;
import android.os.Bundle;
import android.util.Log;
import android.widget.TextView;

public class SensorDemo2Activity extends Activity {
    private static final String TAG =
 SensorDemo2Activity.class.getSimpleName();

    private TextView textview;
    private SensorManager manager;
    private Sensor sensor;
    private SensorEventListener listener;

    @Override
    public void onCreate(Bundle savedInstanceState) {
        super.onCreate(savedInstanceState);
        setContentView(R.layout.main);
        textview = (TextView) findViewById(R.id.textview);
        manager = (SensorManager) getSystemService(SENSOR_SERVICE);
        sensor = manager.getDefaultSensor(Sensor.TYPE_AMBIENT_TEMPERATURE);
        if (sensor != null) {
            listener = new SensorEventListener() {
                @Override
                public void onAccuracyChanged(Sensor sensor, int accuracy) {
                    Log.d(TAG, "onAccuracyChanged(): " + accuracy);
                }

                @Override
                public void onSensorChanged(SensorEvent event) {
                    if (event.values.length > 0) {
                        float light = event.values[0];
                        String text = Float.toString(light);
```

```
                        textview.setText(text);
                    }
                }
            };
            manager.registerListener(listener, sensor,
                    SensorManager.SENSOR_DELAY_NORMAL);
        } else {
            Log.d(TAG, "kein Temperatursensor vorhanden");
            finish();
        }
    }

    @Override
    protected void onDestroy() {
        super.onDestroy();
        if (sensor != null) {
            manager.unregisterListener(listener);
        }
    }
}
```

Listing 9.2 Die Klasse »SensorDemo2Activity«

Fügen Sie dem Projekt *SensorDemo2* das Archiv *sensorsimulator-lib-2.0-rc1.jar* hinzu. Sie finden es im Unterordner *lib* des Sensor-Simulator-Basisverzeichnisses. Wechseln Sie hierzu im Android-Studio-Werkzeugfenster PROJECT in die Sicht PROJECT. Klicken Sie die Projektwurzel mit der rechten Maustaste an, und wählen Sie anschließend NEW • DIRECTORY. Geben Sie *libs* ein, und schließen Sie den Dialog NEW DIRECTORY mit OK. Jetzt müssen Sie die Datei *sensorsimulator-lib-2.0-rc1.jar* in dieses Verzeichnis kopieren. Am einfachsten geht dies mit Drag & Drop aus einem Verzeichnisfenster Ihres Betriebssystems direkt auf den *libs*-Eintrag in PROJECT. Wichtig ist hierbei, die Taste [Strg] bzw. [Ctrl] gedrückt zu halten. Tun Sie dies nicht, möchte Android Studio die Datei *verschieben*.

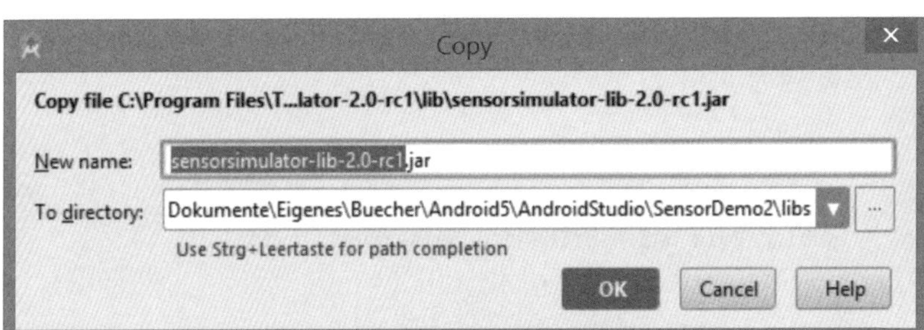

Abbildung 9.5 Der Kopieren-Dialog von Android Studio

Haben Sie alles richtig gemacht, erscheint der Dialog COPY aus Abbildung 9.5. Schließen Sie ihn mit OK.

Das *.jar*-Archiv erscheint als einziger Eintrag des *libs*-Knotens. Klicken Sie es mit der rechten Maustaste an, und wählen Sie ADD AS LIBRARY. Es erscheint der Dialog CREATE LIBRARY. Wählen Sie nun, wie in Abbildung 9.6 zu sehen, das Modul APP aus, und klicken Sie dann auf OK.

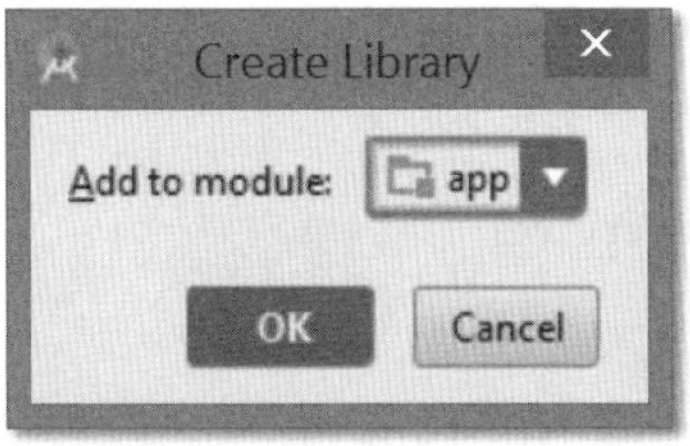

Abbildung 9.6 Der Dialog »Create Library«

Nun müssen Sie an der Klasse `SensorDemo2Activity` noch die im Folgenden fett gesetzten Änderungen vornehmen. Hierbei werden einige `import`-Anweisungen ausgetauscht bzw. hinzugefügt, der Typ der Instanzvariable `manager` auf `SensorManagerSimulator` geändert sowie die Methode `connectSimulator()` aufgerufen. Da der Sensor Simulator den mit API-Level 14 eingeführten Sensortyp `TYPE_AMBIENT_TEMPERATURE` noch nicht kennt, verwenden wir den von Google als veraltet gekennzeichneten `TYPE_TEMPERATURE`.

```
package com.thomaskuenneth.sensordemo2;

import android.app.Activity;
import android.hardware.SensorManager;
import android.os.Bundle;
import android.os.StrictMode;
import android.util.Log;
import android.widget.TextView;
import org.openintents.sensorsimulator.hardware.Sensor;
import org.openintents.sensorsimulator.hardware.SensorEvent;
import org.openintents.sensorsimulator.hardware.SensorEventListener;
import org.openintents.sensorsimulator.hardware.SensorManagerSimulator;

public class SensorDemo2Activity extends Activity {
    private static final String TAG =
            SensorDemo2Activity.class.getSimpleName();

    private TextView textview;
```

```
private SensorManagerSimulator manager;
private Sensor sensor;
private SensorEventListener listener;

@Override
public void onCreate(Bundle savedInstanceState) {
    super.onCreate(savedInstanceState);
    StrictMode.setThreadPolicy(StrictMode.ThreadPolicy.LAX);
    setContentView(R.layout.main);
    textview = (TextView) findViewById(R.id.textview);
    manager = SensorManagerSimulator.getSystemService(
            this, SENSOR_SERVICE);
    manager.connectSimulator();
    sensor = manager.getDefaultSensor(Sensor.TYPE_TEMPERATURE);
    if (sensor != null) {
        listener = new SensorEventListener() {
            @Override
            public void onAccuracyChanged(Sensor sensor, int accuracy) {
                Log.d(TAG, "onAccuracyChanged(): " + accuracy);
            }

            @Override
            public void onSensorChanged(SensorEvent event) {
                if (event.values.length > 0) {
                    float light = event.values[0];
                    String text = Float.toString(light);
                    textview.setText(text);
                }
            }
        };
        manager.registerListener(listener, sensor,
                SensorManager.SENSOR_DELAY_NORMAL);
    } else {
        Log.d(TAG, "kein Temperatursensor vorhanden");
        finish();
    }
}

@Override
protected void onDestroy() {
    super.onDestroy();
```

```
        if (sensor != null) {
            manager.unregisterListener(listener);
        }
    }
}
```

Listing 9.3 »SensorDemo2Activity.java« (geänderte Version)

Haben Sie alle Änderungen übernommen und die App neu gestartet, können Sie im Sensor-Simulator-Hauptfenster Temperaturwerte eintragen. Diese werden nach kurzer Verzögerung von *SensorDemo2* angezeigt.

[«]

Hinweis

Da die in *SensorDemo2* integrierte Android-Compagnon-Bibliothek des Sensor Simulators mit dem PC-Teil über das Netzwerk kommuniziert, müssen Sie in der Manifestdatei die Berechtigung `android.permission.INTERNET` anfordern. Android lässt eigentlich keine Netzwerkkommunikation auf dem Mainthread zu. Deshalb ist die Anweisung `StrictMode.setThreadPolicy(StrictMode.ThreadPolicy.LAX)` in der Methode `onCreate()` nötig. Sie sorgt dafür, dass das System die App nicht mit einer Ausnahme beendet.

Vielleicht fragen Sie sich, ob das Ergebnis die Änderungen am Quellcode Ihrer App und die damit verbundene Mühe lohnt. Sofern keine echte Hardware für den Test zur Verfügung steht, rate ich Ihnen in jedem Fall dazu, den Sensor Simulator zu nutzen. Eine Simulation ist besser als gar kein Test. Außerdem sind die notwendigen Modifikationen auf wenige Stellen beschränkt. Den Aufruf der Methode `connectSimulator()` müssen Sie nicht auskommentieren, wenn Sie ihn in eine `if`-Abfrage mit `instanceof` kapseln. Ob Sie die Klassen aus dem Paket `org.openintents.sensorsimulator.hardware` oder `android.hardware` nutzen, können Sie bequem mit einer Klassenvariable (`private static final boolean SIMULATION = ...`) steuern. Damit bekommen Sie auch die unschöne Lockerung der Thread-Politik in den Griff.

Hybride Simulation mit dem »SdkController«

Steht Ihnen echte Hardware mit den benötigten Messfühlern zur Verfügung, können Sie diese für den Test der Sensorfunktionen Ihrer App nutzen. Es gibt sogar die Möglichkeit, Messdaten des Geräts in den Emulator zu injizieren. Das Android SDK enthält hierzu im Unterordner *tools/apps* des Installationsverzeichnisses die App *SdkController*. Zum Zeitpunkt der Drucklegung dieses Buches lag sie noch als Eclipse-Projekt vor. Sie müssen das Projekt deshalb mit IMPORT PROJECT auf dem Willkommensbildschirm von Android Studio importieren.

Falls Gradle fehlende Abhängigkeiten bemerkt, können Sie diese automatisch beheben lassen (dabei werden die benötigten Pakete nachgeladen). Alternativ ändern Sie in der Datei *build.gradle* des Moduls *app* die Versionsnummer von `buildToolsVersion` und die API-Levels von `compileSdkVersion` und `targetSdkVersion`, sodass sie zu den auf Ihrem Entwicklungsrechner vorhandenen Komponenten passen.

Anschließend müssen Sie das Projekt synchronisieren. Installieren und starten Sie die App nun auf Ihrer echten Android-Hardware. Sie ist in Abbildung 9.7 zu sehen.

Abbildung 9.7 Die App »SdkController«

Geben Sie im Werkzeugfenster TERMINAL die mit `adb forward tcp:...` beginnende Anweisung ein, wie sie auf Ihrer Hardware angezeigt wird, und starten Sie danach den Emulator. Dies geht bequem über TOOLS • ANDROID • AVD MANAGER. Anschließend können Sie eine App auswählen, die auf echte Sensoren zugreift, beispielsweise *SensorDemo1*.

9.2 GPS und ortsbezogene Dienste

Einer der Gründe für die große Beliebtheit von Smartphones und Tablets ist deren Fähigkeit, den aktuellen Standort zu ermitteln. Wer in einer fremden Stadt schon einmal schnellstmöglich den Bahnhof erreichen oder einen Geldautomaten finden musste, der möchte den Komfort, auf entsprechende Apps zurückgreifen zu können, sicherlich nicht mehr missen. Dabei sind die Einsatzgebiete dieser Technik noch lange nicht vollständig ausgelotet.

Haben Sie Lust bekommen, sich damit zu beschäftigen? In diesem Abschnitt zeige ich Ihnen, wie Sie die aktuelle Position ermitteln und auf einer Karte anzeigen lassen können. Android bietet komfortable und einfach zu nutzende Programmierschnittstellen an. Lassen Sie Ihrer Kreativität freien Lauf.

9.2.1 Den aktuellen Standort ermitteln

Die Klasse `LocationDemo1Activity` des Projekts *LocationDemo1* ermittelt in der Methode `onCreate()` durch Aufruf von `getSystemService(LOCATION_SERVICE)` eine Instanz des Typs `android.location.LocationManager`. Dieses Objekt ermöglicht den Zugriff auf alle ortsbezogenen Funktionen des Systems. Sie können beispielsweise mit `requestLocationUpdates()` einen Listener registrieren, um unterrichtet zu werden, sobald sich der Standort des Geräts ändert. Dies ist im folgenden Listing zu sehen:

```
package com.thomaskuenneth.locationdemo1;

import java.util.List;
import android.app.Activity;
import android.location.Criteria;
import android.location.Location;
import android.location.LocationListener;
import android.location.LocationManager;
import android.location.LocationProvider;
import android.os.Bundle;
import android.util.Log;
import android.widget.TextView;

public class LocationDemo1Activity extends Activity {
  private static final String TAG =
 LocationDemo1Activity.class.getSimpleName();

  private TextView textview;
  private LocationManager manager;
```

```
private LocationListener listener;
private String provider;

@Override
public void onCreate(Bundle savedInstanceState) {
  super.onCreate(savedInstanceState);
  setContentView(R.layout.main);
  textview = (TextView) findViewById(R.id.textview);
  // LocationManager-Instanz ermitteln
  manager = (LocationManager) getSystemService(LOCATION_SERVICE);
  // Liste mit den Namen aller Provider erfragen
  List<String> providers = manager.getAllProviders();
  for (String name : providers) {
    LocationProvider lp = manager.getProvider(name);
    Log.d(TAG,
        lp.getName() + " --- isProviderEnabled(): "
                 + manager.isProviderEnabled(name));
    Log.d(TAG, "requiresCell(): " + lp.requiresCell());
    Log.d(TAG, "requiresNetwork(): " + lp.requiresNetwork());
    Log.d(TAG, "requiresSatellite(): " + lp.requiresSatellite());
  }
  // Provider mit grober Auflösung
  // und niedrigem Energieverbrauch
  Criteria criteria = new Criteria();
  criteria.setAccuracy(Criteria.ACCURACY_COARSE);
  criteria.setPowerRequirement(Criteria.POWER_LOW);
  provider = manager.getBestProvider(criteria, true);
  Log.d(TAG, provider);
  // LocationListener-Objekt erzeugen
  listener = new LocationListener() {
    @Override
    public void onStatusChanged(String provider, int status,
        Bundle extras) {
      Log.d(TAG, "onStatusChanged()");
    }

    @Override
    public void onProviderEnabled(String provider) {
      Log.d(TAG, "onProviderEnabled()");
    }

    @Override
    public void onProviderDisabled(String provider) {
```

```
        Log.d(TAG, "onProviderDisabled()");
      }

      @Override
      public void onLocationChanged(Location location) {
        Log.d(TAG, "onLocationChanged()");
        if (location != null) {
          String s = "Breite: " + location.getLatitude()
              + "\nLänge: " + location.getLongitude();
          textview.setText(s);
        }
      }
    };
  }

  @Override
  protected void onStart() {
    super.onStart();
    Log.d(TAG, "onStart()");
    manager.requestLocationUpdates(provider, 3000, 0, listener);
  }

  @Override
  protected void onPause() {
    super.onPause();
    Log.d(TAG, "onPause()");
    manager.removeUpdates(listener);
  }
}
```

Listing 9.4 Die Klasse »LocationDemo1Activity«

Positionsdaten werden durch *Location Provider* zur Verfügung gestellt. Um zu ermitteln, welche dieser Datenlieferanten vorhanden sind, können Sie die `LocationManager`-Methode `getAllProviders()` aufrufen. Sie liefert eine Liste mit den Namen der grundsätzlich verfügbaren Provider. Einen solchen Namen übergeben Sie an `getProvider()`. Damit erhalten Sie eine Instanz des Typs `android.location.LocationProvider`. Die Klasse bietet einige Auskunftsmethoden an. `isProviderEnabled()` zeigt beispielsweise an, ob der Anwender den korrespondierenden Provider auf der Einstellungsseite STANDORT ein- oder ausgeschaltet hat. Außerdem können Sie ermitteln, ob die Standortbestimmung mit einem Satelliten, einem Sendemasten oder einem Netzwerk erfolgt.

Vielleicht fragen Sie sich, warum es mehrere Location Provider gibt. Sie können den Standort eines Geräts auf unterschiedliche Weise ermitteln. Die Nutzung des *Global Positioning Systems* (*GPS*) liefert recht genaue Positionen, funktioniert aber nur im Freien zuverlässig und benötigt vergleichsweise viel Strom. Eine andere Möglichkeit besteht darin, Informationen von Sendemasten oder WIFI-Zugangspunkten auszuwerten. Das klappt natürlich nur, wenn das Tablet oder Smartphone in ein Netz eingebucht ist. Jede Variante hat also spezifische Vor- und Nachteile. Android bietet deshalb mit getBestProvider() die Möglichkeit, anhand von bestimmten Kriterien den am besten geeigneten Location Provider zu suchen.

Mein Beispiel ermittelt den Namen eines Providers, der die Position nach Möglichkeit nur grob auflöst und mit einem niedrigen Energieverbrauch auskommt. Hierzu wird ein Objekt des Typs android.location.Criteria erzeugt und durch Aufrufe von setAccuracy() und setPowerRequirement() konfiguriert. Falls Android keinen Provider findet, der den Kriterien entspricht, wird der am wenigsten abweichende geliefert. Mit dem Namen können Sie wie gewohnt die LocationManager-Methode getProvider() aufrufen. Mein Beispiel tut dies nicht, weil der Name direkt an requestLocationUpdates() übergeben werden kann.

Es gibt zwei Möglichkeiten, den aktuellen Standort zu ermitteln. Die Methode getLastKnownLocation() des Location Managers liefert die letzte bekannte Position, die ein Location Provider ermittelt hat. Diese kann – muss aber nicht – dem aktuellen Aufenthaltsort entsprechen. Insofern bietet sich diese Methode vor allem an, um dem Anwender einen ersten Hinweis darauf zu geben, wo er sich befindet (oder zuletzt befunden hat). Beachten Sie aber, dass getLastKnownLocation() auch null liefern kann. Die zweite Variante besteht darin, einen LocationListener zu registrieren. Dieser wird bei Positionsänderungen aufgerufen. Die hierfür zuständige Methode requestLocationUpdates() steht in zahlreichen Ausprägungen zur Verfügung. Beispielsweise können Sie steuern, wie viel Zeit mindestens zwischen zwei Aufrufen der Callback-Methode onLocationChanged() liegen sollte.

[»]

Hinweis

Je nachdem, welche bzw. welchen Location Provider Sie verwenden möchten, müssen Sie in der Manifestdatei Ihrer App die Berechtigungen android.permission.ACCESS_COARSE_LOCATION (Netzwerk) oder android.permission.ACCESS_FINE_LOCATION (GPS) anfordern.

Wenn Sie das Projekt *LocationDemo1* im Emulator ausprobieren, sehen Sie in LOGCAT unter Umständen die Meldung *Emulator without GPU emulation detected*. Auch der Bildschirm bleibt zunächst leer. Sie können dennoch Positionswechsel simulieren, indem Sie eine telnet-Verbindung zum Emulator aufbauen und das Kommando geo fix <Länge> <Breite> senden. Komfortabler ist die Eingabe allerdings über die in

Abbildung 9.8 gezeigte Registerkarte EMULATOR CONTROL des *Android Device Monitors* möglich.

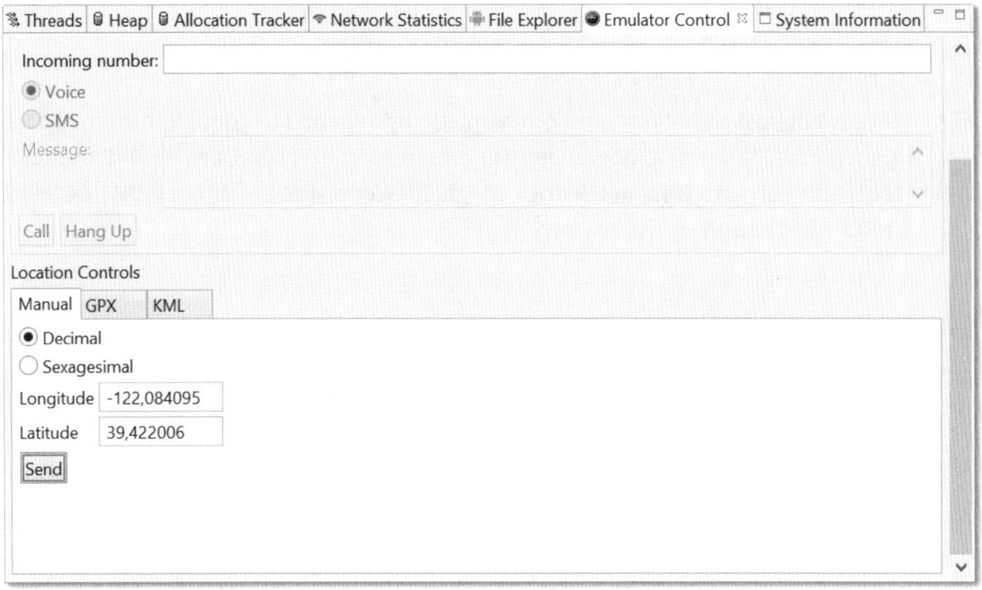

Abbildung 9.8 GPS-Koordinaten im Android Device Monitor eingeben

`getLastKnownLocation()` und `onLocationChanged()` liefern Instanzen der Klasse `android.location.Location`. Sie repräsentieren geografische Positionen (angegeben durch Länge und Breite) zu einem bestimmten Zeitpunkt. Informationen über Höhe, Geschwindigkeit und Richtung können zusätzlich vorhanden sein. Die Erde wird in 360 Längen- und 180 Breitengrade unterteilt. Da Letztere vom Äquator aus gezählt werden, liegen die beiden Pole bei 90° Nord bzw. Süd. Der Nullmeridian teilt die Längengrade in westlicher und östlicher Richtung.

Innerhalb eines `Location`-Objekts werden Länge und Breite als `double` gespeichert. Die textuelle Darstellung hängt von der gewünschten Genauigkeit ab. Aus diesem Grund können Sie mit der Methode `convert()` eine Zeichenkette in eine Fließkommazahl umwandeln. Auch die andere Richtung ist möglich. Hierzu ein Beispiel: Die ungefähre geografische Position von Nürnberg ist 49° 27' Nord und 11° 5' Ost. Grad und Minuten werden durch einen Doppelpunkt getrennt und dann als Zeichenkette an `convert()` übergeben:

```
Location locNuernberg = new Location(LocationManager.GPS_PROVIDER);
double latitude = Location.convert("49:27");
locNuernberg.setLatitude(latitude);
double longitude = Location.convert("11:5");
```

```
locNuernberg.setLongitude(longitude);
Log.d(TAG, "latitude: " + locNuernberg.getLatitude());
Log.d(TAG, "longitude: " + locNuernberg.getLongitude());
```

Listing 9.5 Umwandlung von String-Werten in »double«-Werte

Soll aus einem `double`-Wert eine Zeichenkette bestehend aus Grad, Minuten und Sekunden erzeugt werden, übergeben Sie diesen an `convert()`. Der zweite Parameter steuert die Formatierung des Strings. Mögliche Werte sind `Location.FORMAT_DEGREES`, `FORMAT_MINUTES` und `FORMAT_SECONDS`.

9.2.2 Positionen in einer Karte anzeigen

In diesem Abschnitt zeige ich Ihnen, wie Sie den aktuellen Standort auf einer *Google Maps*-Karte visualisieren können. Hierfür ist die Bibliothek *Google Play Services* erforderlich. Sie gestattet den Zugriff auf eine ganze Reihe von Google-Diensten, unter anderem *Drive*, *Fit* und *Wallet*. Für Sie als Entwickler hat die Nutzung dieser Komponente den Vorteil, dass neue Funktionen auch Besitzern älterer Geräte zugutekommen. Auf der anderen Seite sind die *Google Play Services* recht umfangreich, benötigen also vergleichsweise viel Speicherplatz. Unglücklicherweise ist eine Nutzung von Googles Kartenmaterial ohne diese Bibliothek nur noch mit erheblichem Aufwand möglich.

Damit eine App Google Maps nutzen kann, muss sie einen Schlüssel übermitteln. Sie erhalten ihn, indem Sie sich unter *https://console.developers.google.com/* anmelden. Klicken Sie auf PROJEKT ERSTELLEN, geben Sie einen Projektnamen ein, und schließen Sie das Formular mit einem Klick auf ERSTELLEN. Als Nächstes weisen Sie dem Projekt unter APIS UND AUTHENTIFIZIERUNG die API GOOGLE MAPS ANDROID API V2 zu. Jetzt müssen Sie nur noch unter ZUGANGSDATEN einen neuen Schlüssel für den öffentlichen API-Zugriff erstellen. Klicken Sie hierzu die gleichnamige Schaltfläche an, und wählen Sie danach ANDROID-SCHLÜSSEL.

Der Maps-API-Schlüssel ist an das Zertifikat gebunden, mit dem Sie Ihre Apps signieren. Sie müssen deshalb den SHA1-Fingerabdruck des Zertifikats, gefolgt von einem Strichpunkt und einem Paketnamen, eintragen. Öffnen Sie dazu in Android Studio das Werkzeugfenster TERMINAL, und wechseln Sie in den Unterordner *.android* Ihres Heimatverzeichnisses. Geben Sie anschließend das folgende Kommando in einer Zeile ein. Es ermittelt den Fingerabdruck für das Debug-Zertifikat, das während der Entwicklung verwendet wird. `-storepass` und `-keypass` nennen die Passwörter für den Keystore und den Schlüssel.

```
keytool -list -alias androiddebugkey -keystore debug.keystore -storepass
android -keypass android
```

Tragen Sie nun die durch Doppelpunkt getrennten Hexadezimalwerte in das Eingabefeld auf der Webseite ein, gefolgt von `;com.thomaskuenneth.locationdemo2`. Bei dem Paketnamen handelt es sich um den Inhalt des Attributs `package` im `<manifest />`-Element einer Manifestdatei. Klicken Sie auf ERSTELLEN, um den API-Schlüssel zu generieren. Kopieren Sie ihn in eine beliebige Textdatei, oder speichern Sie die HTML-Seite auf Ihrem Rechner.

Hinweis

Um einen Schlüssel für den produktiven Einsatz zu generieren, wechseln Sie stattdessen in das Verzeichnis mit dem Schlüsselbund aus Abschnitt 3.3.1, »Die App vorbereiten«. Das einzugebende Kommando weicht ebenfalls leicht ab. Ersetzen Sie bei der Eingabe die Werte nach `-alias` und `-keystore` entsprechend Ihrer Eingaben beim Anlegen des Schlüsselbunds:

```
keytool -list -alias thomas -keystore Android-Keyring
```

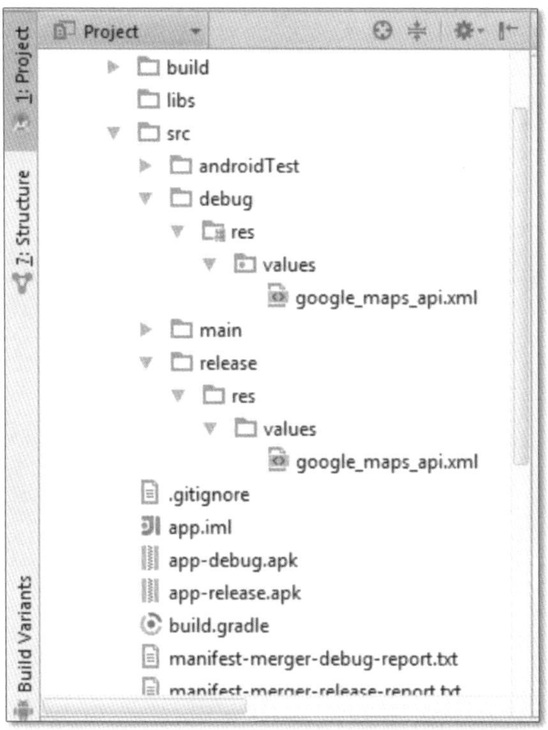

Abbildung 9.9 Zwei Varianten der Datei »google_maps_api.xml«

Bitte legen Sie in Android Studio ein neues Projekt an, und nennen Sie es *LocationDemo2*. Tragen Sie `com.thomaskuenneth.locationdemo2` als PACKAGE NAME ein, und wählen Sie auf der Auswahlseite für Activities den Eintrag GOOGLE MAPS ACTIVITY. Der

Activity Name sollte `LocationDemo2Activity` lauten, der Name für die Layoutdatei `main`. Nachdem Sie den Projektassistenten geschlossen haben, öffnen Sie bitte die Datei *google_maps_api.xml*. Sie befindet sich unter *values*. Hierbei müssen Sie allerdings aufpassen, dass Sie die richtige Variante erwischen. Es gibt nämlich eine für die Entwicklung sowie eine Version für den Release-Build. Beide sind in Abbildung 9.9 zu sehen. Wechseln Sie im Werkzeugfenster Project in die Sicht Project, und navigieren Sie zu dem gewünschten Knoten.

Ersetzen Sie den Wert des `<string />`-Elements mit dem Namen `google_maps_key` (`YOUR_KEY_HERE`) durch Ihren API-Schlüssel, und starten Sie danach die App. Unter *debug* tragen Sie den Schlüssel ein, den Sie mit dem Fingerabdruck aus der Datei *debug.keystore* verbunden haben. Der *release*-Zweig enthält den API-Key, der zu Ihrem eigenen (Produktions-)Zertifikat passt. Möglicherweise erscheint nun eine Activity, die Sie zum Herunterladen der Google Play Services auffordert. Sie ist in Abbildung 9.10 zu sehen. Wenn Sie auf Get Google Play Services klicken, wird *LocationDemo2* unter Umständen mit einer Ausnahme beendet.

Abbildung 9.10 Aufforderung zum Herunterladen der Google Play Services

Der Grund für die Exception ist, dass im Emulator keine *Play Store*-App installiert ist. Das von der Activity gefeuerte Intent zum Starten von Google Play läuft somit ins Leere. Um das Problem zu beheben, müssen Sie den Emulator mit einem Systemabbild betreiben, das die Google-APIs beinhaltet. Dies ist in Abbildung 9.11 zu sehen. Auf echter Hardware funktioniert das Nachladen der Bibliothek natürlich wie erwartet.

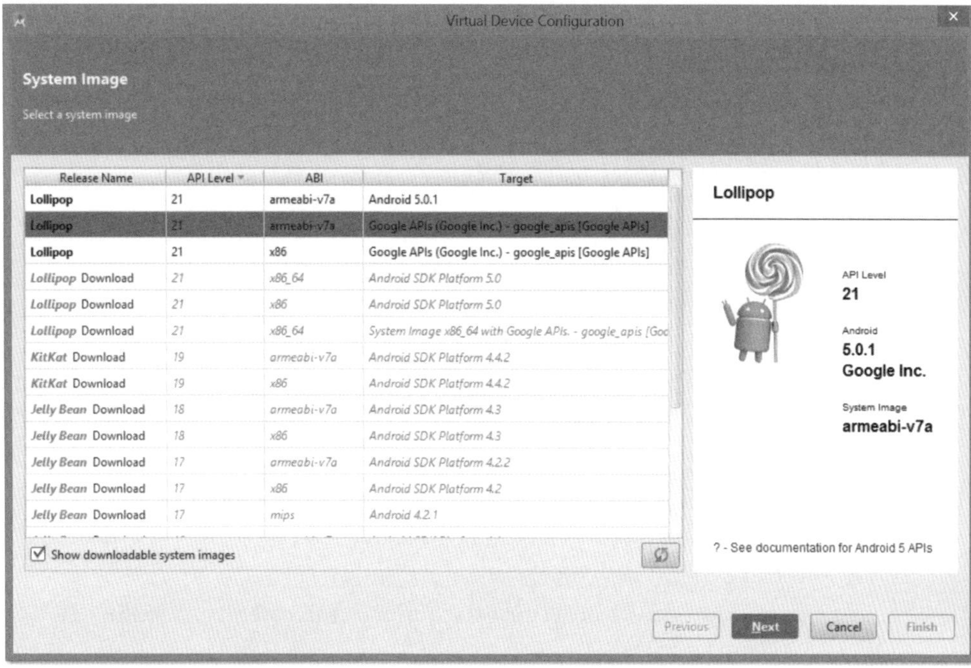

Abbildung 9.11 Auswahl eines Systemabbilds mit Google-APIs

Nach dieser Umstellung lässt sich die Anwendung problemlos starten. Sie ist in Abbildung 9.12 dargestellt. Bevor ich Ihnen zeige, wie Sie bestimmte geografische Koordinaten »ansteuern«, werfen wir einen Blick auf die vom Projektassistenten generierte Manifestdatei. Auffällig sind die vielen angeforderten Berechtigungen. `INTERNET`, `ACCESS_NETWORK_STATE`, `WRITE_EXTERNAL_STORAGE` und `READ_GSERVICES` sind obligatorisch. Nur `ACCESS_COARSE_LOCATION` und `ACCESS_FINE_LOCATION` können im Prinzip entfallen. Allerdings sind die letzten beiden, wie Sie aus den vorangehenden Abschnitten wissen, für die Standortbestimmung erforderlich.

```
<?xml version="1.0" encoding="utf-8"?>
<manifest xmlns:android="http://schemas.android.com/apk/res/android"
    package="com.thomaskuenneth.locationdemo2" >
    <uses-permission android:name="android.permission.INTERNET" />
    <uses-permission android:name="android.permission.ACCESS_NETWORK_STATE" />
    <uses-permission android:name="android.permission.WRITE_EXTERNAL_STORAGE" />
    <uses-permission
```

```
android:name="com.google.android.providers.gsf.permission.READ_GSERVICES" />
    <!--
 The ACCESS_COARSE/FINE_LOCATION permissions are not required to use
         Google Maps Android API v2, but are recommended.
    -->
    <uses-permission android:name="android.permission.ACCESS_COARSE_LOCATION" />
    <uses-permission android:name="android.permission.ACCESS_FINE_LOCATION" />
    <application
        android:allowBackup="true"
        android:icon="@drawable/ic_launcher"
        android:label="@string/app_name"
        android:theme="@style/AppTheme" >
        <meta-data
            android:name="com.google.android.gms.version"
            android:value="@integer/google_play_services_version" />
        <meta-data
            android:name="com.google.android.maps.v2.API_KEY"
            android:value="@string/google_maps_key" />
        <activity
            android:name=".LocationDemo2Activity"
            android:label="@string/title_activity_location_demo2" >
            <intent-filter>
                <action android:name="android.intent.action.MAIN" />
                <category android:name="android.intent.category.LAUNCHER" />
            </intent-filter>
        </activity>
    </application>
</manifest>
```

Listing 9.6 Die Manifestdatei des Projekts »LocationDemo2«

Ist Ihnen das Attribut `android:name="com.google.android.maps.v2.API_KEY"` in einem der beiden `<meta-data />`-Elemente aufgefallen? Auf diesem Weg wird *Google Play Services* der für die Kommunikation mit Google Maps erforderliche API-Schlüssel übermittelt. Er befindet sich in einem `<string />`-Tag mit dem Attribut `name="google_maps_key"` in der Datei *google_maps_api.xml*. Diese liegt, wie Sie gerade gesehen haben, in zwei Ausprägungen vor.

Die vom Projektassistenten bereitgestellte Implementierung der Karten-Activity zeigt in der Nähe von Afrika eine Markierung mit dem Label *Marker*. Um stattdessen den letzten bekannten Standort »anzusteuern«, genügen ein paar Zeilen Quelltext (siehe Listing 9.7).

Abbildung 9.12 Die App »LocationDemo2«

Erzeugen Sie ein Objekt des Typs `com.google.android.gms.maps.model.LatLng`, und übergeben Sie es an die Methode `position()` einer Instanz von `com.google.android.gms.maps.model.MarkerOptions`. Breite und Länge erfragen Sie mit `getLatitude()` und `getLongitude()`. Die Methode `addMarker()` fügt der Karte das `MarkerOptions`-Objekt hinzu.

```
MarkerOptions options = new MarkerOptions();
LocationManager m = (LocationManager) getSystemService(LOCATION_SERVICE);
Location loc = m.getLastKnownLocation(LocationManager.PASSIVE_PROVIDER);
if (loc != null) {
    options.position(new LatLng(loc.getLatitude(), loc.getLongitude()));
    options.icon(BitmapDescriptorFactory.defaultMarker(
                                        BitmapDescriptorFactory.HUE_BLUE));
    mMap.addMarker(options);
}
```

Listing 9.7 Eine blaue Markierung am letzten bekannten Standort anzeigen

Die Klasse `com.google.android.gms.maps.model.BitmapDescriptorFactory` ist Ihnen beim Generieren von Markierungssymbolen behilflich. Mit `defaultMarker()` erzeugen Sie eine Standardmarkierung. In meinem Beispiel ist sie blau eingefärbt. `fromResource()` nutzt `Drawables` als Marker. Probieren Sie doch einmal die folgende Anweisung aus:

```
options.icon(BitmapDescriptorFactory.fromResource(R.drawable.ic_launcher));
```

Sie können Karten in weiten Grenzen konfigurieren. Beispielsweise blendet `mMap.getUiSettings().setZoomControlsEnabled(true)` Bedienelemente ein, mit denen Sie in die Karte hinein- und herauszoomen. Dies ist in Abbildung 9.13 zu sehen. Das von `getUiSettings()` gelieferte Objekt bietet eine ganze Reihe weiterer Einstellungsmöglichkeiten. `setCompassEnabled()` zeigt den Kompass an oder verbirgt ihn. `setMapToolbarEnabled()` steuert die Sichtbarkeit einer kontextabhängigen Werkzeugleiste.

Abbildung 9.13 Kartenansicht mit Zoom-Controls und eigenem Marker

Mit ihr kann zum Beispiel der aktuelle Kartenausschnitt in der *Google Maps*-App dargestellt werden. Die Toolbar erscheint üblicherweise erst nach dem Antippen des

Markersymbols. `setMyLocationButtonEnabled()` schließlich stellt einen Button dar, mit dem man die aktuelle Position ansteuert. Damit dieser zu sehen ist, müssen Sie zusätzlich mit `mMap.setMyLocationEnabled(true)` die Schicht »My location« auf der Karte einblenden.

Die Sicht auf eine Karte wird mit der *Kamera* festgelegt. Diese blickt von »schräg oben« auf eine flache Ebene. Dabei können folgende Parameter verändert werden:

1. **Ziel (position):** Das Zentrum der Karte in geografischer Länge und Breite
2. **Zoom:** Hiermit wird der Maßstab festgelegt. Mit steigendem Zoomfaktor werden mehr Details sichtbar. Bei einem Zoomlevel 0 entspricht die Welt in der Breite ca. 256 geräteunabhängigen Pixeln. Bei 1 sind dies in etwa 512 dp. Daraus ergibt sich die Formel 256×2^n dp.
3. **Orientierung (bearing):** Hiermit legen Sie fest, um wie viel Grad im Uhrzeigersinn die Karte gegenüber nördlicher Richtung gedreht werden soll.
4. **Blickwinkel (tilt):** Der Blickwinkel steuert die Kameraposition auf einem gedachten Kreisbogen direkt über dem Zentrum der Karte und der Erdoberfläche.

Kameraänderungen erfolgen mit einem `com.google.android.gms.maps.CameraUpdate`-Objekt. Sie instanziieren es nicht direkt, sondern nutzen die Klasse `CameraUpdateFactory` im selben Paket. Beispielsweise liefern Ihnen die beiden Aufrufe `CameraUpdateFactory.zoomIn()` und `CameraUpdateFactory.zoomOut()` `CameraUpdate`-Instanzen, die den Zoomfaktor um 1.0 vergrößern oder verkleinern, alle anderen Parameter aber unangetastet lassen. Mit `newLatLng()` ändern Sie die Position der Kamera. Auch hier bleiben alle anderen Einstellungen erhalten. `newCameraPosition()` ändert auch Blickwinkel, Zoomlevel und Orientierung. Um ein `CameraUpdate`-Objekt auf eine Karte anzuwenden, rufen Sie entweder die Methode `moveCamera()` oder `animateCamera()` der Karten-Instanz auf. Erstere springt unmittelbar zu der neuen Position.

```
LatLng berlin = new
        LatLng(Location.convert("52:31:12"),Location.convert("13:24:36"));
CameraUpdate cu1 = CameraUpdateFactory.newLatLng(berlin);
mMap.moveCamera(cu1);
```

Listing 9.8 Kameraposition unmittelbar verändern

Dies wirkt für den Anwender möglicherweise sehr abrupt. Es ist deshalb besser, mit `animateCamera()` eine Kamerafahrt zu initiieren:

```
LatLng nuernberg = new
        LatLng(Location.convert("49:27:20"),Location.convert("11:04:43"));
CameraUpdate cu3 = CameraUpdateFactory.newLatLng(nuernberg);
mMap.animateCamera(cu3, 150000, null);
```

Listing 9.9 Eine Kamerafahrt

Der dritte Parameter der Methode `animateCamera()` ist die Referenz auf ein Callback-Objekt des Typs `com.google.android.gms.maps.GoogleMap.CancelableCallback`. Seine beiden Methoden `onFinish()` und `onCancel()` werden aufgerufen, wenn die Animation erfolgreich beendet oder abgebrochen wurde. Um die Kamerafahrt vorzeitig zu beenden, rufen Sie `stopAnimation()` auf.

9.3 Zusammenfassung

Wie Sie gesehen haben, ist Google Maps eine faszinierende Spielwiese. Karten lassen sich hervorragend mit den Standortfunktionen von Android kombinieren. Auch die beeindruckende Sensorenphalanx wartet nur darauf, auf kreative Weise integriert zu werden. Wie wäre es, den dargestellten Ort durch bestimmte Bewegungen des Geräts zu verändern? Ich bin sehr gespannt, zu welchen innovativen Anwendungen Sie die vorhandenen Bausteine kombinieren.

TEIL 4

Dateien und Datenbanken

Kapitel 10
Dateien lesen, schreiben und drucken

Das Lesen und Schreiben von Dateien gehört seit jeher zu den Grundfunktionen vieler Apps. Wie dies unter Android funktioniert, zeige ich Ihnen in diesem Kapitel. Außerdem erfahren Sie, wie einfach Sie die Inhalte Ihrer Anwendung zu Papier bringen können.

Um Informationen längerfristig zu speichern, können Sie entweder Datenbanken oder klassische Dateien verwenden. Welche Variante Sie wählen, hängt von zahlreichen Faktoren ab. Termine und Kontakte sind sehr strukturierte Daten. Das heißt, jeder »Datensatz« hat denselben Aufbau. Deshalb lassen sich solche Informationen sehr gut in relationalen Datenbanken ablegen. Musikstücke oder Videoclips hingegen haben eine weniger offensichtliche Struktur. Sie fühlen sich in herkömmlichen Dateien wohler. Auch die Frage der Weitergabe spielt eine wichtige Rolle. Noch immer haben zahlreiche Android-Geräte einen Steckplatz für Speicherkarten. Informationen, die auf einem solchen Medium abgelegt wurden, lassen sich sehr leicht transportieren und in einem anderen Smartphone oder Tablet weiterverwenden. Haben Sie beispielsweise mit der eingebauten Kamera einen tollen Schnappschuss gemacht, können Sie durch einfaches Entnehmen der Speicherkarte vom Fotolabor einen Abzug anfertigen lassen.

10.1 Grundlegende Dateioperationen

Android erbt die Datei- und Verzeichnisoperationen von Java. Das Lesen und Schreiben von Dateien basiert also in weiten Teilen auf den Klassen und Interfaces das Pakets `java.io`. Wie Sie diese einsetzen, möchte ich Ihnen anhand der App *FileDemo1* demonstrieren. Sie sehen sie später in Abbildung 10.1. Das Programm besteht aus einem Eingabefeld sowie aus den drei Schaltflächen LADEN, SPEICHERN und LEEREN. Mit ihnen wird der eingegebene Text gespeichert, geladen bzw. gelöscht. Sie finden das vollständige Projekt *FileDemo1* in den Begleitmaterialien.

10.1.1 Dateien lesen und schreiben

Die für die beiden Schaltflächen LADEN und SPEICHERN registrierten `OnClickListener` rufen in ihren Implementierungen von `onClick()` die privaten Methoden `load()`

bzw. save() auf. Letztere erhält als einzigen Parameter die zu speichernde Zeichenkette. Der Dateiname ist in der Konstanten FILENAME abgelegt.

```
package com.thomaskuenneth.filedemo1;

import android.app.Activity;
import android.os.Bundle;
import android.util.Log;
import android.view.View;
import android.view.View.OnClickListener;
import android.widget.Button;
import android.widget.EditText;
import java.io.BufferedReader;
import java.io.File;
import java.io.FileInputStream;
import java.io.FileOutputStream;
import java.io.IOException;
import java.io.InputStreamReader;
import java.io.OutputStreamWriter;

public class FileDemo1Activity extends Activity {
    private static final String TAG = FileDemo1Activity.class.getSimpleName();
    private static final String FILENAME = TAG + ".txt";

    @Override
    public void onCreate(Bundle savedInstanceState) {
        super.onCreate(savedInstanceState);
        setContentView(R.layout.main);
        // das Eingabefeld
        final EditText edit = (EditText) findViewById(R.id.edit);
        // Leeren
        final Button bClear = (Button) findViewById(R.id.clear);
        bClear.setOnClickListener(new OnClickListener() {
            @Override
            public void onClick(View v) {
                edit.setText("");
            }
        });
        // Laden
        final Button bLoad = (Button) findViewById(R.id.load);
        bLoad.setOnClickListener(new OnClickListener() {
            @Override
            public void onClick(View v) {
                edit.setText(load());
```

```
            }
        });
        // Speichern
        final Button bSave = (Button) findViewById(R.id.save);
        bSave.setOnClickListener(new OnClickListener() {
            @Override
            public void onClick(View v) {
                save(edit.getText().toString());
            }
        });
        // Ablageort der Dateien ermitteln und ausgeben
        File f = getFilesDir();
        Log.d(TAG, "getFilesDir(): " + f.getAbsolutePath());
    }

    private String load() {
        StringBuilder sb = new StringBuilder();
        FileInputStream fis = null;
        InputStreamReader isr = null;
        BufferedReader br = null;
        try {
            // kann FileNotFoundException auslösen; diese erbt aber von IOException
            fis = openFileInput(FILENAME);
            isr = new InputStreamReader(fis);
            br = new BufferedReader(isr);
            String s;
            // Datei zeilenweise lesen
            while ((s = br.readLine()) != null) {
                // gegebenenfalls Zeilenumbruch hinzufügen
                if (sb.length() > 0) {
                    sb.append('\n');
                }
                sb.append(s);
            }
        } catch (IOException t) {
            Log.e(TAG, "load()", t);
        } finally {
            if (br != null) {
                try {
                    br.close();
                } catch (IOException e) {
                    Log.e(TAG, "br.close()", e);
                }
            }
```

```
            if (isr != null) {
                try {
                    isr.close();
                } catch (IOException e) {
                    Log.e(TAG, "isr.close()", e);
                }
            }
            if (fis != null) {
                try {
                    fis.close();
                } catch (IOException e) {
                    Log.e(TAG, "fis.close()", e);
                }
            }
        }
        return sb.toString();
    }

    private void save(String s) {
        FileOutputStream fos = null;
        OutputStreamWriter osw = null;
        try {
            // kann FileNotFoundException auslösen; diese erbt aber von IOException
            fos = openFileOutput(FILENAME, MODE_PRIVATE);
            osw = new OutputStreamWriter(fos);
            osw.write(s);
        } catch (IOException t) {
            Log.e(TAG, "save()", t);
        } finally {
            if (osw != null) {
                try {
                    osw.close();
                } catch (IOException e) {
                    Log.e(TAG, "osw.close()", e);
                }
            }
            if (fos != null) {
                try {
                    fos.close();
                } catch (IOException e) {
                    Log.e(TAG, "fos.close()", e);
                }
            }
```

```
        }
    }
}
```

Listing 10.1 Die Klasse »FileDemo1Activity«

Unter Java werden Daten in Ströme (Streams) geschrieben oder aus ihnen gelesen. Android stellt die beiden Methoden `openFileOutput()` und `openFileInput()` zur Verfügung, um Ströme für das Lesen oder Schreiben von Dateien zu öffnen. `openFileOutput()` benötigt zwei Parameter. Neben dem Namen der zu schreibenden Datei geben Sie an, ob nur die eigene App auf sie zugreifen darf oder ob auch Dritte lesen und schreiben dürfen.

Mögliche Werte sind `MODE_PRIVATE` (nur die eigene App sowie Apps mit derselben User-ID erhalten Zugriff), `MODE_WORLD_READABLE` und `MODE_WORLD_WRITEABLE` (jeder darf lesend bzw. schreibend zugreifen). Die beiden letztgenannten Konstanten gelten seit API-Level 17 (Android 4.2) als veraltet und sollen nicht weiter verwendet werden. Google gibt als Grund an, dass es ein potenzielles Sicherheitsrisiko darstellt, wenn beliebige Apps auf eine Datei oder auf ein Verzeichnis zugreifen.

Existiert die Datei noch nicht, wird sie angelegt. Ist sie bereits vorhanden, geht der alte Inhalt verloren, sofern Sie nicht den Modus `MODE_APPEND` wählen. In diesem Fall »wächst« die Datei.

`openFileOutput()` liefert eine Instanz der Klasse `java.io.FileOutputStream`. Diese bietet einige `write()`-Methoden an, die allerdings auf Bytes operieren. Java setzt bei Zeichenketten auf Unicode; einzelne Zeichen werden in jeweils einem `char` abgelegt. Eine Umwandlung in Bytes ist mit `getBytes()` der Klasse `String` zwar prinzipiell möglich, allerdings kann es bei einer späteren Rückumwandlung Probleme geben, wenn der gespeicherte Block nicht in einem Stück eingelesen werden kann. Aus diesem Grund verlässt sich `FileDemo1Activity` hier auf die Klasse `OutputStreamWriter`. Sie enthält eine Implementierung von `write()`, die Strings richtig verarbeitet.

Sicherlich fragen Sie sich, in welchem Verzeichnis die durch `openFileOutput()` erzeugte Datei abgelegt wird. Denn ihr Name (*FileDemo1Activity.txt*) enthält keine Pfadangaben. Die Methode `getFilesDir()` der Klasse `android.content.Context` liefert die gewünschte Information. Sie können in der Sicht FILE EXPLORER des *Android Device Monitors* das Android-Dateisystem inspizieren.

[+]

Tipp

Das Fangen der Ausnahme `IOException` beim Schließen eines Stroms wird leider viel zu oft unterlassen – was soll da schon passieren? Ich rate Ihnen, diese wenigen zusätzlichen Zeilen Quelltext keinesfalls wegzulassen. Sie machen Ihre App damit ein kleines Stück robuster.

Die private Methode `load()` lädt einen zuvor gespeicherten Text. Analog zu `openFileOutput()` liefert auch `openFileInput()` einen Strom, allerdings eine Instanz von `FileInputStream`. Da die `read()`-Methoden dieser Klasse keine `Strings` kennen, greife ich auf `java.io.InputStreamReader` und `java.io.BufferedReader` als Hüllen zurück. `load()` liest die Datei zeilenweise ein. Die einzelnen Teile werden durch Zeilenumbrüche miteinander verbunden und in einem `StringBuilder` gespeichert. Erst am Ende der Methode wird mit `toString()` ein String erzeugt.

Abbildung 10.1 Die App »FileDemo1«

Da Android die Datei- und Verzeichnisfunktionen von Java erbt, ist es sehr einfach, beispielsweise die Länge einer Datei zu ermitteln oder sie zu löschen.

Wie dies funktioniert, zeige ich Ihnen anhand der App *FileDemo2*. Die korrespondierende Klasse `FileDemo2Activity` ist im folgenden Listing zu sehen:

```
package com.thomaskuenneth.filedemo2;

import android.app.Activity;
```

```
import android.os.Bundle;
import android.util.Log;
import java.io.File;
import java.io.FileOutputStream;
import java.io.IOException;

public class FileDemo2Activity extends Activity {
    private static final String TAG = FileDemo2Activity.class.getSimpleName();

    @Override
    public void onCreate(Bundle savedInstanceState) {
        super.onCreate(savedInstanceState);
        // 10 Dateien mit unterschiedlicher Länge anlegen
        for (int i = 1; i <= 10; i++) {
            FileOutputStream fos = null;
            String name = null;
            try {
                // ergibt Datei_1, Datei_2, ...
                name = "Datei_" + Integer.toString(i);
                fos = openFileOutput(name, MODE_PRIVATE);
                // ein Feld der Länge i mit dem Wert i füllen
                byte[] bytes = new byte[i];
                for (int j = 0; j < bytes.length; j++) {
                    bytes[j] = (byte) i;
                }
                fos.write(bytes);
            } catch (IOException t) {
                Log.e(TAG, name, t);
            } finally {
                if (fos != null) {
                    try {
                        fos.close();
                    } catch (IOException e) {
                        Log.e(TAG, "close()", e);
                    }
                }
            }
        }
        // Dateien ermitteln
        String[] files = fileList();
        // Verzeichnis ermitteln
        File dir = getFilesDir();
        for (String name : files) {
```

```
            File f = new File(dir, name);
            // Länge in Bytes ermitteln
            Log.d(TAG, "Länge von " + name + " in Byte: " + f.length());
            // Datei löschen
            Log.d(TAG, "Löschen " + (!f.delete() ? "nicht " : "")
                    + "erfolgreich");
        }
    }
}
```

Listing 10.2 Die Klasse »FileDemo2Activity«

In der Methode onCreate() lege ich zunächst zehn Dateien an. Ihr Name besteht aus dem Präfix *Datei_* und einer Zahl zwischen 1 und 10. Diese gibt auch die Länge in Bytes an. *Datei_7* ist also 7 Bytes groß. Die zu speichernden Daten werden in einem byte-Feld gesammelt. Alle Elemente haben den gleichen Inhalt, nämlich eine Zahl, die der Länge des Feldes und damit der Datei entspricht. Das Feld wird durch Aufruf der FileOutputStream-Methode write() geschrieben.

Wie Sie bereits wissen, können Sie mit getFilesDir() den Pfad des Verzeichnisses erfragen, in dem die mit openFileOutput() erzeugten Dateien abgelegt werden. Deren Namen erfahren Sie mit fileList(). Aus diesen beiden Informationen lässt sich ein java.io.File-Objekt bauen, um beispielsweise die Länge einer Datei zu ermitteln (length()) oder sie zu löschen. Der Rückgabewert von delete() signalisiert, ob das Löschen erfolgreich war.

Abbildung 10.2 zeigt die Ausgaben von *FileDemo2* in LOGCAT.

Abbildung 10.2 Die Ausgaben der App »FileDemo2« in »logcat«

[«]

Hinweis

Dateien und Verzeichnisse einer App, die mit `openFileOutput()` bzw. `getDir()` erzeugt wurden, liegen unterhalb eines anwendungsspezifischen Basisverzeichnisses. Im Rahmen der Deinstallation werden sie gelöscht.

Sofern eine App nur wenige Dateien erzeugt, ist das Ablegen in verschiedenen Verzeichnissen nicht nötig. Spielen Dateien jedoch eine zentrale Rolle, kann es sich lohnen, sie in unterschiedlichen Ordnern zu speichern. Wie dies funktioniert, zeige ich Ihnen im Folgenden.

10.1.2 Mit Verzeichnissen arbeiten

`android.content.Context` enthält die Methode `getDir()`. Sie erwartet als ersten Parameter den Namen eines Verzeichnisses. Sofern dieses noch nicht existiert, wird es automatisch erzeugt. Das zweite Argument steuert, wer darauf zugreifen darf. Sie kennen diesen Parameter schon aus dem vorherigen Abschnitt. Da der Zugriff durch Dritte nicht mehr erlaubt ist, übergeben Sie bitte stets `MODE_PRIVATE`.

Die App *FileDemo3* demonstriert, wie Sie `getDir()` verwenden. Die im folgenden Listing abgedruckte Klasse `FileDemo3Activity` erzeugt die beiden Dateien *A* und *B* im Standardverzeichnis der App. Wie Sie bereits wissen, können Sie dessen Pfad mittels `getFilesDir()` ermitteln. Außerdem werden die beiden Ordner *audio* und *video* angelegt. Beide erhalten jeweils zwei Dateien, *C* und *D* bzw. *E* und *F*.

```
package com.thomaskuenneth.filedemo3;

import android.app.Activity;
import android.os.Bundle;
import android.util.Log;
import java.io.File;
import java.io.FileNotFoundException;
import java.io.FileOutputStream;
import java.io.IOException;

public class FileDemo3Activity extends Activity {
    private static final String TAG = FileDemo3Activity.class.getSimpleName();

    @Override
    public void onCreate(Bundle savedInstanceState) {
        super.onCreate(savedInstanceState);
        // zwei leere Dateien erzeugen
        createFile(getFilesDir(), "A");
```

```
        createFile(getFilesDir(), "B");
        // ein Verzeichnis erstellen
        File dirAudio = getDir("audio", MODE_PRIVATE);
        // zwei leere Dateien erzeugen
        createFile(dirAudio, "C");
        createFile(dirAudio, "D");
        // ein Verzeichnis erstellen
        File dirVideo = getDir("video", MODE_PRIVATE);
        // zwei leere Dateien erzeugen
        createFile(dirVideo, "E");
        createFile(dirVideo, "F");
    }

    private void createFile(File dir, String name) {
        FileOutputStream fos = null;
        try {
            File file = new File(dir, name);
            Log.d(TAG, file.getAbsolutePath());
            // Datei anlegen
            fos = new FileOutputStream(file);
        } catch (FileNotFoundException e) {
            Log.e(TAG, "openFileOutput()", e);
        } finally {
            // Datei schließen
            if (fos != null) {
                try {
                    fos.close();
                } catch (IOException e) {
                    Log.e(TAG, "close()", e);
                }
            }
        }
    }
}
```

Listing 10.3 Die Klasse »FileDemo3Activity«

Die von Android aufgebaute Verzeichnisstruktur nach dem Start von *FileDemo3* ist in Abbildung 10.3 zu sehen.

Sie können sie in der Sicht FILE EXPLORER des *Android Device Monitors* überprüfen. Die korrespondierenden Pfade werden in LOGCAT ausgegeben.

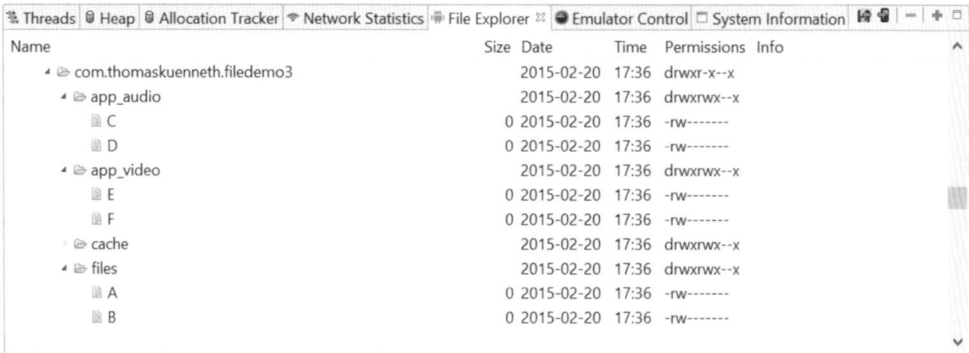

Abbildung 10.3 Von »FileDemo3« erzeugte Dateien und Verzeichnisse

Die Ordner *audio* und *video* werden nicht innerhalb desselben Verzeichnisses (*files*) erzeugt, in dem auch *A* und *B* liegen. Sie finden die Verzeichnisse stattdessen eine Ebene weiter oben, also in *com.thomaskuenneth.filedemo3*. Bitte beachten Sie in beiden Fällen das automatisch hinzugefügte Präfix *app_*. Hierbei handelt es sich allerdings um ein Android-internes Detail, das auf Ihre Programmierung keinen Einfluss hat.

Meine private Methode `createFile()` nutzt übrigens nicht die aus dem vorherigen Abschnitt bekannte Methode `openFileOutput()`, weil dieser kein Verzeichnisname (bzw. kein Pfad) übergeben werden kann. Stattdessen wird direkt ein `FileOutputStream`-Objekt erzeugt. Hierzu verwende ich eine Instanz der Klasse `java.io.File`, der ein Verzeichnis sowie der Dateiname übergeben werden.

Temporäre Dateien und Caches

Es ist häufig nötig, temporäre Dateien zu erzeugen. Denken Sie an eine App, die Newsfeeds anzeigt. Um die Nachrichten darstellen zu können, muss die korrespondierende Datei zuerst von einem Server geladen werden. Sobald sie geparst wurde, wird sie jedoch nicht mehr benötigt.

Solche kurzlebigen Dateien sollten nicht im Applikationsverzeichnis abgelegt werden. Java bietet in der Klasse `java.io.File` die statische Methode `createTempFile()`. Sie erleichtert das Erzeugen von temporären Dateien und wird gern in der folgenden Weise eingesetzt:

```
File file = null;
try {
   file = File.createTempFile("Datei_", ".txt");
} catch (IOException e) {
   Log.e(TAG, " createTempFile()", e);
```

```
} finally {
   if (file != null) {
      Log.d(TAG, file.getAbsolutePath());
   }
}
```

Listing 10.4 Erzeugen einer temporären Datei

Zwischen dem mindestens 3 Zeichen langen Präfix (in meinem Beispiel ist dies `Datei_`) und dem Suffix `.txt` (es kann `null` sein; in diesem Fall wird `.tmp` verwendet) fügt das System einen automatisch erzeugten Teil (eine zufällige ganze Zahl) ein. In welchem Verzeichnis die Datei angelegt wird, ergibt sich aus einem dritten Parameter, den die hier verwendete Zwei-Parameter-Variante auf `null` setzt. Dies führt dazu, dass die Java-System-Property `java.io.tmpdir` ausgewertet wird. Deren Wert können Sie mit der Anweisung

```
Log.d(TAG, System.getProperty("java.io.tmpdir"));
```

in LOGCAT ausgeben. Wenn Sie sich nicht auf die System Property verlassen möchten, übergeben Sie als dritten Parameter von `createTempFile()` einfach das Ergebnis des Aufrufs `getCacheDir()` (ebenfalls in der Klasse `Context` enthalten).

```
Log.d(TAG, getCacheDir().getAbsolutePath());
File file2 = null;
try {
   file2 = File.createTempFile("Datei_", ".txt", getCacheDir());
} catch (IOException e) {
   Log.e(TAG, " createTempFile()", e);
} finally {
   if (file2 != null) {
      Log.d(TAG, file2.getAbsolutePath());
   }
}
```

Listing 10.5 Eine temporäre Datei im Cache-Verzeichnis der App anlegen

[+]

Tipp

Grundsätzlich kann das System Verzeichnisse für temporäre Dateien bei Bedarf (zum Beispiel bei Speichermangel) selbstständig leeren. Allerdings sollten Sie als Entwickler sorgsam mit unter Umständen knappen Ressourcen umgehen und deshalb nicht mehr benötigte Dateien möglichst sofort wieder löschen.

10.2 Externe Speichermedien

Android unterstützt zusätzlich zum internen Speicher ein »externes« Medium, auf dem alle Apps gleichberechtigt Daten ablegen können. Es kann sich hierbei um austauschbare Medien (beispielsweise SD-Karten) oder um fest eingebauten Speicher handeln. Da Wechselmedien (und damit die auf ihnen abgelegten Informationen) nicht permanent vorhanden sein müssen, sollten Sie vor Lese- oder Schreibzugriffen stets die Verfügbarkeit prüfen.

10.2.1 Mit SD-Cards arbeiten

Hierfür gibt es die Klasse `android.os.Environment`. Mit ihr erfragen Sie wichtige Pfade und prüfen den Status eines externen Mediums. Beispielsweise liefert Ihnen `isExternalStorageRemovable()` den Wert `true`, wenn der Anwender das Medium physikalisch entnehmen kann. `false` signalisiert, dass es fest eingebaut wurde. Mit `getExternalStorageState()` prüfen Sie seine aktuelle Verfügbarkeit. Die Konstanten `Environment.MEDIA_MOUNTED` und `Environment.MEDIA_MOUNTED_READ_ONLY` lassen sich gut in `switch-case`-Konstrukten einsetzen. Wie das geht, zeige ich Ihnen in der Klasse `ExternalStorageDemoActivity` des Projekts *ExternalStorageDemo*.

```
package com.thomaskuenneth.externalstoragedemo;

import android.app.Activity;
import android.graphics.Bitmap;
import android.graphics.Bitmap.CompressFormat;
import android.graphics.Bitmap.Config;
import android.graphics.Canvas;
import android.graphics.Color;
import android.graphics.Paint;
import android.graphics.Paint.Align;
import android.os.Bundle;
import android.os.Environment;
import android.util.Log;
import java.io.File;
import java.io.FileNotFoundException;
import java.io.FileOutputStream;
import java.io.IOException;
import java.io.OutputStream;

public class ExternalStorageDemoActivity extends Activity {
    private static final String TAG =
 ExternalStorageDemoActivity.class.getSimpleName();
```

```
@Override
public void onCreate(Bundle savedInstanceState) {
    super.onCreate(savedInstanceState);
    // kann externes Medium entfernt werden?
    Log.d(TAG, "Medium kann"
            + (Environment.isExternalStorageRemovable() ? "" : " nicht")
            + " entfernt werden");
    // Status abfragen
    final String state = Environment.getExternalStorageState();
    final boolean canRead;
    final boolean canWrite;
    switch (state) {
        case Environment.MEDIA_MOUNTED:
            // Lesen und Schreiben möglich
            canRead = true;
            canWrite = true;
            break;
        case Environment.MEDIA_MOUNTED_READ_ONLY:
            // Lesen möglich, Schreiben nicht möglich
            canRead = true;
            canWrite = false;
            break;
        default:
            // Lesen und Schreiben nicht möglich
            canRead = false;
            canWrite = false;
    }
    Log.d(TAG, "Lesen ist" + (canRead ? "" : " nicht") + " möglich");
    Log.d(TAG, "Schreiben ist" + (canWrite ? "" : " nicht") + " möglich");
    // Wurzelverzeichnis des externen Mediums
    File dirBase = Environment.getExternalStorageDirectory();
    Log.d(TAG, "getExternalStorageDirectory(): " + dirBase.getAbsolutePath());
    // App-spezifischen Pfad hinzufügen
    File dirAppBase = new File(dirBase.getAbsolutePath() + File.separator
            + "Android" + File.separator + "data" + File.separator
            + getClass().getPackage().getName() + File.separator + "files");
    // gegebenenfalls Verzeichnisse anlegen
    if (!dirAppBase.mkdirs()) {
        Log.d(TAG, "alle Unterverzeichnisse von "
                + dirAppBase.getAbsolutePath() + " schon vorhanden");
    }
    // App-spezifisches Basisverzeichnis erfragen
    Log.d(TAG, "getExternalFilesDir(null): "
```

```
            + getExternalFilesDir(null).getAbsolutePath());
    // App-spezifisches Verzeichnis für Bilder erfragen
    Log.d(TAG, "getExternalFilesDir(Environment.DIRECTORY_PICTURES): "
            + getExternalFilesDir(Environment
            .DIRECTORY_PICTURES).getAbsolutePath());
    // Pfad auf öffentliches Verzeichnis für Bilder
    File dirPublicPictures = Environment
            .getExternalStoragePublicDirectory(Environment.DIRECTORY_PICTURES);
    // gegebenenfalls Verzeichnisse anlegen
    if (!dirPublicPictures.mkdirs()) {
        Log.d(TAG, "alle Unterverzeichnisse von " +
                + dirPublicPictures.getAbsolutePath() + " schon vorhanden");
    }
    // Grafik erzeugen und speichern
    FileOutputStream fos = null;
    try {
        File file = new File(dirPublicPictures, "grafik.png");
        fos = new FileOutputStream(file);
        saveBitmap(fos);
    } catch (FileNotFoundException e) {
        Log.e(TAG, "new FileOutputStream()", e);
    } finally {
        if (fos != null) {
            try {
                fos.close();
            } catch (IOException e) {
                Log.e(TAG, "close()", e);
            }
        }
    }
}

private void saveBitmap(OutputStream out) {
    // Grafik erzeugen
    int w = 100;
    int h = 100;
    Bitmap bm = Bitmap.createBitmap(w, h, Config.RGB_565);
    Canvas c = new Canvas(bm);
    Paint paint = new Paint();
    paint.setTextAlign(Align.CENTER);
    paint.setColor(Color.WHITE);
    c.drawRect(0, 0, w - 1, h - 1, paint);
    paint.setColor(Color.BLUE);
```

```
            c.drawLine(0, 0, w - 1, h - 1, paint);
            c.drawLine(0, h - 1, w - 1, 0, paint);
            paint.setColor(Color.BLACK);
            c.drawText("Hallo Android!", w / 2, h / 2, paint);
            // und speichern
            bm.compress(CompressFormat.PNG, 100, out);
        }
    }
```

Listing 10.6 Die Klasse »ExternalStorageDemoActivity«

Mit `Environment.getExternalStorageDirectory()` können Sie den Zugriffspfad auf das Basisverzeichnis eines externen Mediums ermitteln. Anwendungsspezifische Unterverzeichnisse folgen dem Muster */Android/data/<Paketname>/files*. Der Wert von *<Paketname>* entspricht dem Ausdruck `getClass().getPackage().getName()`. Ein nach diesem Schema angelegtes Verzeichnis wird vom System zu einer App gerechnet und ab Froyo (Android-Version 2.2) bei ihrer Deinstallation mit seinem gesamten Inhalt gelöscht. Sie können dies überprüfen, indem Sie im Werkzeugfenster TERMINAL das Kommando `adb uninstall com.thomaskuenneth.externalstoragedemo` eingeben und sich danach im *Android Device Monitor* die Verzeichnisstruktur ansehen.

[+]

Tipp

`File.separator` liefert das Trennsymbol zwischen zwei Bestandteilen eines Pfads. Zwar ist es prinzipiell auch möglich, stattdessen den Slash (/) zu verwenden. Unter Java-Entwicklern ist das Verwenden der Konstante in `java.io.File` aber bewährte Praxis. Vor dem Zugriff auf ein Verzeichnis sollten Sie außerdem durch Aufrufen der Methode `mkdirs()` des entsprechenden `File`-Objekts sicherstellen, dass alle Unterverzeichnisses des Pfads vorhanden sind.

Sie müssen den Zugriffspfad auf das anwendungsspezifische Verzeichnis nicht von Hand zusammensetzen. Bequemer ist die Nutzung der Methode `getExternalFilesDir()` aus der Klasse `Context`. Sie erhält als Parameter eine Zeichenkette, die die Art der abzulegenden Dateien repräsentiert. Dateien gleichen Typs sollten nämlich im selben Unterordner gespeichert werden. Beispielsweise liefert `getExternalFilesDir(Environment.DIRECTORY_PICTURES)` den Pfad *.../files/Pictures*. `null` kennzeichnet das Basisverzeichnis selbst.

Wenn Dateien auch nach der Deinstallation einer App erhalten bleiben sollen, können Sie mit der Methode `getExternalStoragePublicDirectory()` den Pfad auf einen gemeinsam genutzten Ordner ermitteln und Ihre Daten dort ablegen. Als Parameter übergeben Sie auch hier den gewünschten Typ, zum Beispiel `Environment.DIRECTORY_RINGTONES`. Wie bereits erwähnt, sollten Sie die Methode `mkdirs()` der zurückgelieferten `File`-Instanz aufrufen, um sicherzustellen, dass gegebenenfalls fehlende Verzeichnisse angelegt werden. Andernfalls riskieren Sie, dass zur Laufzeit Ihrer App Exceptions ausgelöst werden.

Meine Methode `saveBitmap()` erzeugt ein Objekt des Typs `Bitmap`, das aus zwei sich kreuzenden Linien und einem Text besteht. Die 100 Pixel breite und 100 Pixel hohe Grafik wird durch den Aufruf von `compress()` als *.png*-Grafik in einen `OutputStream` geschrieben. Der zweite Parameter gibt die gewünschte Qualität an. 0 bedeutet »auf kleine Dateigröße hin komprimieren«. 100 entspricht maximaler Qualität. Bei verlustfreien Formaten wie PNG spielt der Wert keine Rolle.

Hinweis [«]

Apps, die auf das externe Medium schreibend zugreifen möchten, müssen in ihrer Manifestdatei die Berechtigung `android.permission.WRITE_EXTERNAL_STORAGE` anfordern. Seit API-Level 19 ist dies nicht mehr nötig, sofern ausschließlich auf anwendungsspezifische Verzeichnisse zugegriffen wird, wie sie Aufrufe von `getExternalFilesDir(String)` und `getExternalCacheDir()` liefern.

Für den lesenden Zugriff auf externe Medien ist die Berechtigung `READ_EXTERNAL_STORAGE` erforderlich, sofern der Zugriff nicht ausschließlich auf eigene, private Verzeichnisse erfolgt. Sie gilt implizit als erteilt, wenn eine App `WRITE_EXTERNAL_STORAGE` anfordert.

10.2.2 Installationsort von Apps

Schon seit der Android-Version 2.2 können Programme auf externen Speichermedien installiert werden. Praktisch ist in diesem Zusammenhang, dass Apps später zwischen dem Gerätespeicher und einer SD-Karte hin- und hergeschoben werden können. Die Einstellungsseite ist in Abbildung 10.4 zu sehen.

Apps können in ihrer Manifestdatei den von ihnen bevorzugten Installationsort eintragen. Hierzu weisen Sie dem Attribut `android:installLocation` des Elements `<manifest />` einen der drei Werte `internalOnly`, `preferExternal` oder `auto` zu. `internalOnly` bedeutet, dass eine App nicht auf einem externen Medium installiert werden darf. Dies ist auch das Standardverhalten, wenn das Attribut `android:installLocation` nicht vorhanden ist. Mit `preferExternal` signalisiert eine App, dass sie am liebsten auf einer SD-Karte installiert werden möchte. Ob das System diesem Wunsch nachkommt, hängt unter anderem davon ab, ob das Medium verfügbar und genug Speicherplatz vorhanden ist. `auto` überlässt Android die Entscheidung. In diesem Fall landet die App zunächst im internen Speicher, sofern er nicht zu voll ist. Dann nämlich wählt das System das externe Medium.

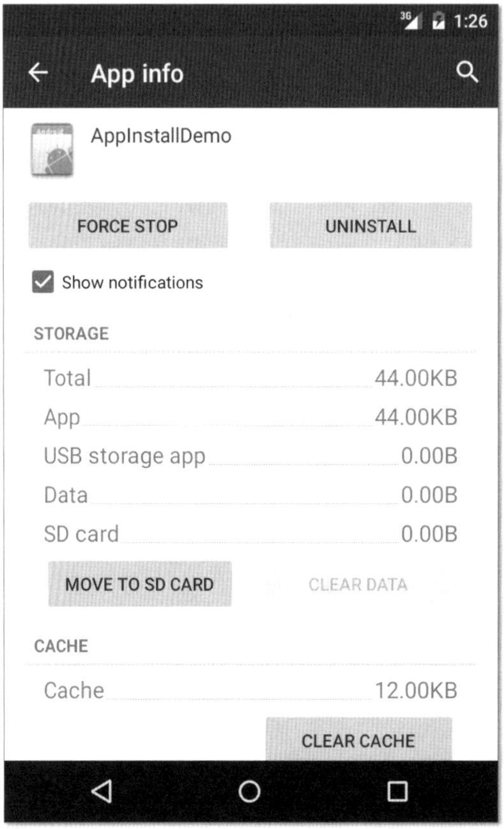

Abbildung 10.4 Eine App auf die SD-Karte verschieben

[»]

Hinweis

Bei der Installation auf einem externen Medium packt Android die *.apk*-Datei in einen verschlüsselten Container, der mit dem Gerät verknüpft ist. Wird eine SD-Karte mit Apps in ein anderes Gerät gesteckt, können die Programme auf diesem Gerät *nicht* benutzt werden.

Vielleicht fragen Sie sich, warum Sie die Installation auf einer SD-Karte unterbinden sollten. Wenn der Benutzer das Medium zum Beispiel über die Systemeinstellungen auswirft, werden alle aktuell laufenden Programme, die darauf installiert wurden, sofort beendet. Das Smartphone oder Tablet »vergisst« diese Apps, bis die Speicherkarte wieder eingelegt wird und für das System verfügbar ist.

Dies hat insbesondere Auswirkungen auf Widgets und Live Wallpapers. Sie werden vom Home-Bildschirm entfernt und müssen vom Benutzer manchmal manuell gesetzt bzw. hinzugefügt werden. Ein Neustart des Geräts stellt sie üblicherweise automatisch wieder her. Services werden gestoppt und nicht automatisch neu gestartet. Google empfiehlt deshalb, Apps, die solche Bausteine beinhalten, nicht für eine Installation auf externen Medien vorzusehen.

Wiederverfügbarkeit abfragen

Wenn Apps, die auf einer SD-Karte installiert wurden, wieder verfügbar sind, verschickt Android ein *Broadcast Intent* mit der Aktion `android.intent.action.EXTERNAL_APPLICATIONS_AVAILABLE`. Um darauf zu reagieren, muss Ihre Klasse von `android.content.BroadcastReceiver` ableiten und die Methode `onReceive()` implementieren. Eine Liste mit den Paketen, die wieder zur Verfügung stehen, kann mit `getStringArrayExtra(Intent.EXTRA_CHANGED_PACKAGE_LIST)` abgefragt werden. Die folgende Klasse `ExternalApplicationsAvailableReceiver` ist Bestandteil meines Beispielprojekts *AppInstallDemo*.


```
package com.thomaskuenneth.appinstalldemo;

import android.content.BroadcastReceiver;
import android.content.Context;
import android.content.Intent;
import android.util.Log;

public class ExternalApplicationsAvailableReceiver extends BroadcastReceiver {
  private static final String TAG =
                 ExternalApplicationsAvailableReceiver.class.getSimpleName();

  @Override
  public void onReceive(Context context, Intent intent) {
    if (intent != null) {
      if (Intent.ACTION_EXTERNAL_APPLICATIONS_AVAILABLE.equals(
                  intent.getAction())) {
        String[] packages = intent
            .getStringArrayExtra(Intent.EXTRA_CHANGED_PACKAGE_LIST);
        for (String pkg : packages) {
          Log.d(TAG, pkg);
        }
      }
    }
  }
}
```

Listing 10.7 Die Klasse »ExternalApplicationsAvailableReceiver«

Damit `ExternalApplicationsAvailableReceiver` bei der Wiederverfügbarkeit von Apps aufgerufen wird, muss in der Manifestdatei von *AppInstallDemo* ein entsprechendes `<receiver />`-Element vorhanden sein:

```
<?xml version="1.0" encoding="utf-8"?>
<manifest xmlns:android="http://schemas.android.com/apk/res/android"
    package="com.thomaskuenneth.appinstalldemo"
    android:installLocation="auto">
    <application
        android:icon="@drawable/ic_launcher"
        android:label="@string/app_name"
        android:allowBackup="true">
        <activity
            android:name=".AppInstallDemoActivity"
            android:label="@string/app_name" >
            <intent-filter>
                <action android:name="android.intent.action.MAIN" />
                <category android:name="android.intent.category.LAUNCHER" />
            </intent-filter>
        </activity>
    <receiver android:name=".ExternalApplicationsAvailableReceiver"
          android:exported="true"
          android:enabled="true">
      <intent-filter>
          <action android:name
                  ="android.intent.action.EXTERNAL_APPLICATIONS_AVAILABLE" />
      </intent-filter>
    </receiver>
    </application>
</manifest>
```

Listing 10.8 Die Manifestdatei des Projekts »AppInstallDemo«

Um die App *AppInstallDemo* ausprobieren zu können, sollten Sie ein beliebiges anderes Programm mit dem Attribut `android:installLocation="preferExternal"` versehen und anschließend neu installieren. Nun können Sie über die Systemeinstellungen (EINSTELLUNGEN • SPEICHER) die SD-Karte auswerfen. Nach einem erneuten Einhängen wird der Paketname der anderen App in LOGCAT ausgegeben.

[»]

Hinweis

Sofern der Receiver zu einer App gehört, die auf einem externen Medium installiert ist, wird er bei Wiederverfügbarkeit *nicht* aufgerufen.

Schon mit Android 2.2 (API-Level 8) hat Google Cloud-basierte Backups eingeführt. Anwendungen können wichtige Daten sichern und bei Bedarf wiederherstellen – zum Beispiel nach dem Rücksetzen des Geräts in den Auslieferungszustand. Auch wenn der Benutzer sein Smartphone gegen ein moderneres Modell austauscht, werden Dokumente und Einstellungen automatisch auf sein neues Gerät übertragen. Daten müssen also nicht mühselig von Hand rekonstruiert werden.

Im folgenden Abschnitt zeige ich Ihnen, wie leicht Sie Ihre Apps um diese äußerst praktische Funktion erweitern.

10.3 Sichern und wiederherstellen

Der Prozess des Sicherns und Wiederherstellens ist für den Benutzer völlig transparent und hat keine Auswirkungen auf die Funktionalität oder Bedienbarkeit Ihrer App. Während eines Backups fragt der sogenannte *Backup Manager* Ihr Programm nach zu sichernden Daten und übergibt diese einem *Backup Transport*, der die Daten an den Speicherort transferiert.

Das Wiederherstellen verläuft analog, nur in umgekehrter Richtung. Der Backup Manager erhält vom Backup Transport »von irgendwoher« Daten und übergibt diese Ihrer App, die dann für die eigentliche Wiederherstellung auf dem Gerät sorgt.

Apps können die Wiederherstellung von Daten auch manuell anfordern, allerdings ist dies normalerweise nicht nötig. Denn Android führt automatisch eine Wiederherstellung durch, wenn ein Programm installiert wird, für das mit dem aktuellen Benutzer verbundene Backupdaten vorliegen.

Die Hauptanwendungsfälle für eine Wiederherstellung sind das Rücksetzen eines Geräts durch den Anwender sowie der Kauf eines neuen Geräts und das anschließende Wiederinstallieren von Apps.

[«]

Hinweis

Sie sollten den hier vorgestellten Sicherungsmechanismus nicht für die Synchronisierung von Daten zwischen mehreren Geräten verwenden – dafür wurde er nicht entwickelt. Er ersetzt auch nicht die »klassischen« Techniken zum Speichern von Informationen, die Ablage in Dateien oder Datenbanken.

Ob eine App am zentralen Sicherungs- und Wiederherstellungsprozess teilnehmen möchte, steuert sie über das Attribut `android:allowBackup` des `<application />`-Elements in der Manifestdatei. Fehlt eine solche Angabe, nimmt Android als Standardwert `true`.

10.3.1 Beteiligte Komponenten

Der *Backup Transport* ist eine clientseitige Komponente des Backup-Frameworks, die durch Gerätehersteller oder Netzanbieter angepasst werden darf. Er kann sich also von Modell zu Modell unterscheiden. Welcher Backup Transport auf einem Gerät vorhanden ist, ist für Apps aber unwichtig. Denn die Backup-Manager-APIs schotten sie von der konkreten Implementierung ab. Programme kommunizieren ausschließlich über wohldefinierte Schnittstellen mit dem *Backup Manager*.

[+] **Tipp**

Der Backup-Dienst ist nicht zwingend auf jedem Android-Gerät verfügbar, selbst wenn die neueste Plattform-Version darauf installiert ist. Sie können sich also nicht darauf verlassen, dass Aufrufe der im Folgenden vorgestellten APIs tatsächlich zu einer Sicherung von Daten führen. Auch die Rücksicherung ist nicht garantiert. Wenn Sie Ihre App in Google Play entsprechend bewerben, sollten Sie gegebenenfalls auf diesen Umstand hinweisen.

Wie Sie gleich sehen werden, haben nur Backup Manager und Backup Transport Zugriff auf zu sichernde Daten, nicht aber andere Apps. Allerdings garantiert Android nicht für die Sicherheit der Daten während des Backups, der Aufbewahrung oder der Wiederherstellung. Insofern sollten Sie sehr genau abwägen, ob Sie auch sensible Daten wie Benutzernamen oder Passwörter auf diese Weise sichern.

Android Backup Service

Vielleicht fragen Sie sich nun, wo Sicherungsdaten eigentlich abgelegt werden, zumal ich geschrieben habe, dass auf verschiedenen Geräten unterschiedliche Backup Transports zum Einsatz kommen können. Google bietet den *Android Backup Service* an, der sehr wahrscheinlich auf den meisten Modellen zur Verfügung steht. Er speichert Daten in einer nicht näher spezifizierten »Cloud«.

Um diesen Backup Transport durch Ihre App nutzen zu können, müssen Sie diese unter *https://developer.android.com/google/backup/signup.html* registrieren.

Hierzu geben Sie auf der in Abbildung 10.5 dargestellten Webseite den Paketnamen Ihres Programms (beispielsweise `com.thomaskuenneth.backupdemo1`) ein und stimmen den Nutzungsbedingungen zu.

Nach einem Klick auf REGISTER WITH ANDROID BACKUP SERVICE erhalten Sie auf der Folgeseite einen sogenannten Android Backup Service Key. Dieser ist in Abbildung 10.6 zu sehen.

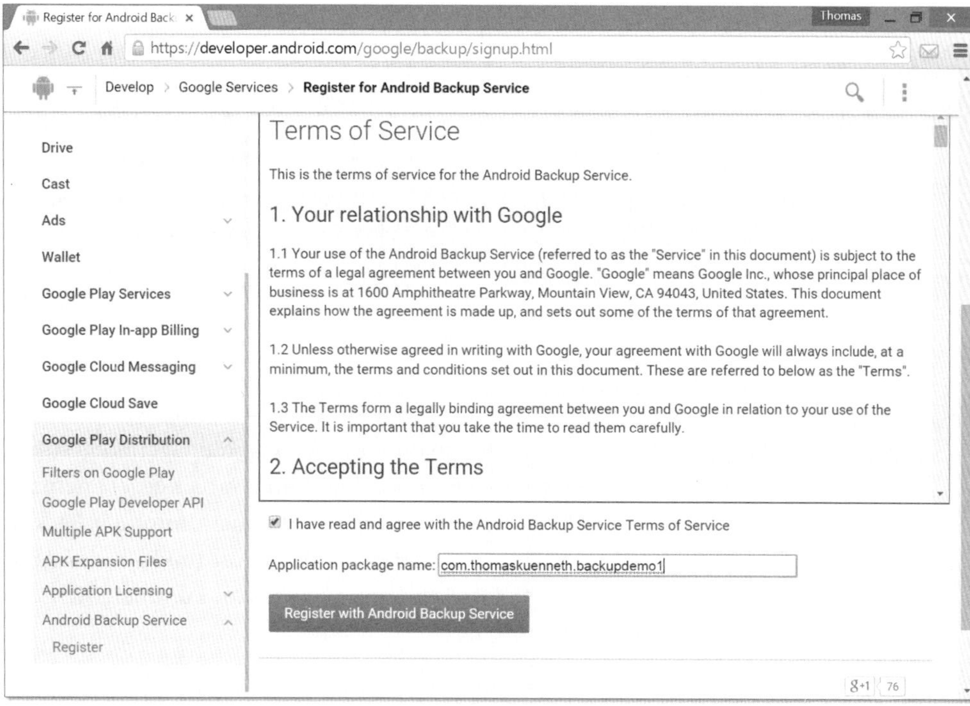

Abbildung 10.5 Registrierungsseite des Android Backup Service

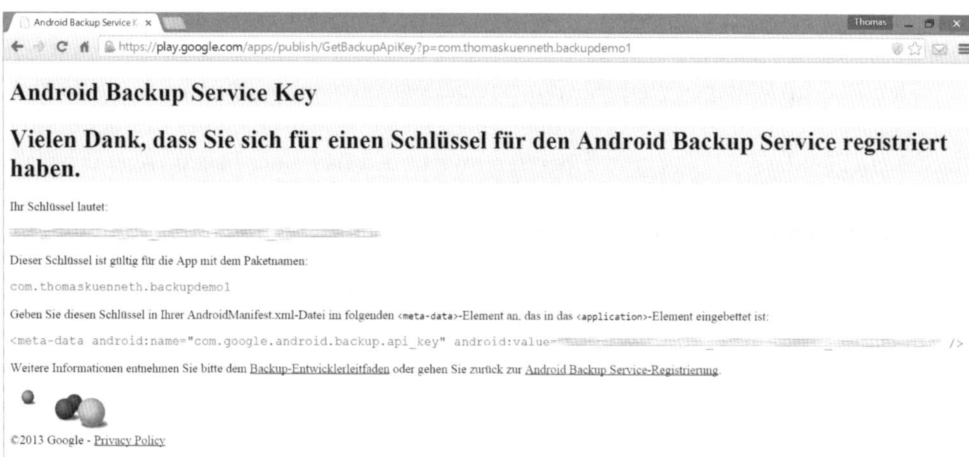

Abbildung 10.6 Webseite mit dem generierten Android Backup Service Key

Der *Android Backup Service Key* wird in der Manifestdatei Ihrer App als `<meta-data />`-Element mit den beiden Attributen `android:name="com.google.android.backup.api_key"` und `android:value="..."` innerhalb von `<application />` eingetragen. Schlüssel sind an den Paketnamen Ihrer App gebunden. Deshalb müssen Sie für jedes Programm, das Googles Android Backup Service nutzen möchte, einen eigenen berechnen lassen.

[»]

Hinweis

Auch Anbieter anderer Backup-Dienste können gegebenenfalls eine Registrierung verlangen. Wie Sie Ihr Programm dort registrieren, ist der entsprechenden Dokumentation zu entnehmen. Derzeit ist mir allerdings kein alternativer Anbieter eines Backup-Dienstes bekannt.

Backup Agent

Um Daten sichern und wiederherstellen zu können, muss Ihre App einen *Backup Agent* zur Verfügung stellen. Dieser wird später vom Backup Manager aufgerufen. Ihre Implementierung liefert die zu speichernden Daten und erhält gegebenenfalls die wiederherzustellenden. Mithilfe des Backup Transports übernimmt der Backup Manager die vollständige Datenübertragung an den Speicherort (im Falle des Android Backup Service in die Cloud). Ihr Backup Agent wiederum kümmert sich um Schreib- und Leseoperationen auf dem Gerät.

Backup Agents werden im Attribut `android:backupAgent` des `<application />`-Elements der Manifestdatei eingetragen. Entsprechende Klassen leiten entweder direkt von `android.app.backup.BackupAgent` oder von `android.app.backup.BackupAgentHelper` ab.

`BackupAgent` bildet die zentrale Schnittstelle für die Kommunikation Ihrer App mit dem Backup Manager. Wenn Sie unmittelbar von ihr ableiten, müssen Sie die Methoden `onBackup()` und `onRestore()` überschreiben. Oftmals ist das aber gar nicht nötig. Denn die Klasse `BackupAgentHelper` vereinfacht den Bau eines Backup Agents erheblich. Wie Sie gleich sehen werden, nutzt Ihr Programm in diesem Fall ein oder mehrere Hilfsobjekte, die ganz bestimmte Arten von Daten sichern und wiederherstellen können.

10.3.2 Benutzereinstellungen sichern

Wenn Sie Benutzereinstellungen oder eigene Dateien sichern möchten, leiten Sie am besten von `BackupAgentHelper` ab. Android kennt die beiden Implementierungen `SharedPreferencesBackupHelper` und `FileBackupHelper`. Wie Sie Erstere einsetzen, zeige ich Ihnen anhand des Beispiels *BackupDemo1*.

Nach dem Start der App sehen Sie die Benutzeroberfläche aus Abbildung 10.7. Sie können eine Zahl eingeben sowie das Häkchen eines Ankreuzfeldes nach Belieben setzen und wieder entfernen.

Abbildung 10.7 Die App »BackupDemo1«

Beim Verlassen der Activity wird der aktuelle Zustand der Bedienelemente als Benutzereinstellung in den *Shared Preferences* gespeichert. Hierzu habe ich die Methode `onPause()` überschrieben. Beim (erneuten) Start werden sie wieder ausgelesen. Falls keine gespeicherten Werte vorhanden sind, liefern die aufgerufenen Methoden `getString()` und `getBoolean()` die als zweiten Parameter übergebenen Standardwerte. Dies geschieht in der Methode `onResume()`. Meine Implementierung greift nur auf die beiden Instanzvariablen `edittext` und `checkbox` zu. Diese werden wie üblich in der Methode `onCreate()` initialisiert.

Um dem *Backup Manager* mitzuteilen, dass sich sichernswerte Daten geändert haben, erzeuge ich mit `new BackupManager(this)` ein Objekt des Typs `BackupManager`. Der Aufruf von dessen Methode `dataChanged()` fordert ihn auf, bei passender Gelegenheit eine Sicherung anzustoßen. Ob und wann dies geschieht, ist nicht garantiert.

Sie müssen sich übrigens keine Sorgen über zu häufige Aufrufe machen. Android fasst Backup-Anfragen sinnvoll zusammen. Aber woher weiß der Backup Manager eigentlich, welche Daten gesichert werden sollen?

```
package com.thomaskuenneth.backupdemo1;

import android.app.Activity;
import android.app.backup.BackupManager;
import android.content.SharedPreferences;
import android.content.SharedPreferences.Editor;
import android.os.Bundle;
import android.widget.CheckBox;
import android.widget.EditText;

public class BackupDemo1Activity extends Activity {

    public static final String
            NAME = BackupDemo1Activity.class.getSimpleName();

    private static final String EDITTEXT = "edittext";
    private static final String CHECKBOX = "checkbox";

    private SharedPreferences prefs;

    private EditText edittext;
    private CheckBox checkbox;

    @Override
    public void onCreate(Bundle savedInstanceState) {
        super.onCreate(savedInstanceState);
        setContentView(R.layout.main);
        edittext = (EditText) findViewById(R.id.edittext);
        checkbox = (CheckBox) findViewById(R.id.checkbox);
    }

    @Override
    protected void onPause() {
        super.onPause();
        Editor editor = prefs.edit();
        editor.putString(EDITTEXT, edittext.getText().toString());
        editor.putBoolean(CHECKBOX, checkbox.isChecked());
        editor.apply();
        BackupManager bm = new BackupManager(this);
        bm.dataChanged();
    }
```

```
    @Override
    protected void onResume() {
        super.onResume();
        prefs = getSharedPreferences(NAME, MODE_MULTI_PROCESS);
        edittext.setText(prefs.getString(EDITTEXT, ""));
        checkbox.setChecked(prefs.getBoolean(CHECKBOX, false));
    }
}
```

Listing 10.9 Die Klasse »BackupDemo1Activity«

Wie Sie bereits wissen, werden Backup Agents in der Manifestdatei eingetragen. Im Falle von *BackupDemo1* sieht diese folgendermaßen aus:


```
<?xml version="1.0" encoding="utf-8"?>
<manifest xmlns:android="http://schemas.android.com/apk/res/android"
    package="com.thomaskuenneth.backupdemo1">
    <application
        android:icon="@drawable/ic_launcher"
        android:label="@string/app_name"
        android:backupAgent=".MyBackupAgent"
        android:allowBackup="true">
        <activity
            android:name=".BackupDemo1Activity"
            android:label="@string/app_name">
            <intent-filter>
                <action android:name="android.intent.action.MAIN" />
                <category android:name="android.intent.category.LAUNCHER" />
            </intent-filter>
        </activity>
        <meta-data
            android:name="com.google.android.backup.api_key"
            android:value="..." />
    </application>
</manifest>
```

Listing 10.10 Die Manifestdatei des Projekts »BackupDemo1«

Das Attribut `android:backupAgent` verweist auf eine Java-Klasse, die den zu verwendenden Backup Agent implementiert. `MyBackupAgent` ist wenig spektakulär und besteht aus nur wenigen Zeilen Quelltext.

```
package com.thomaskuenneth.backupdemo1;

import android.app.backup.BackupAgentHelper;
```

```
import android.app.backup.BackupHelper;
import android.app.backup.SharedPreferencesBackupHelper;
import android.util.Log;

public class MyBackupAgent extends BackupAgentHelper {

    private static final String TAG = MyBackupAgent.class.getSimpleName();

    @Override
    public void onCreate() {
        BackupHelper h = new SharedPreferencesBackupHelper(this,
                BackupDemo1Activity.NAME);
        addHelper(TAG, h);
        Log.d(TAG, "BackupHelper registriert");
    }
}
```

Listing 10.11 Die Klasse »MyBackupAgent« des Projekts »BackupDemo1«

MyBackupAgent ist ein vollständiger Backup Agent. Wenn der Backup Manager dessen Methoden onBackup() oder onRestore() aufruft, delegiert BackupAgentHelper die Arbeit an sogenannte *Backup Helper*. Diese werden durch das Interface android.app.backup.BackupHelper beschrieben. Es wird unter anderem von der Klasse SharedPreferencesBackupHelper implementiert. Sie kann Benutzereinstellungen sichern und wiederherstellen. Beim Instanziieren des SharedPreferencesBackupHelper wird der Name einer oder mehrerer solcher Dateien übergeben. Um Ihrer BackupAgentHelper-Implementierung einen Helper hinzuzufügen, müssen Sie nur in onCreate() die gewünschten Helper instanziieren und anschließend die Methode addHelper() aufrufen.

[»]

Hinweis

Für jede Datenart wird genau ein Backup Helper benötigt. Selbst wenn Ihre App also mehrere Shared Preferences verwendet, brauchen Sie also trotzdem nur einen SharedPreferencesBackupHelper.

Den Backup Agent testen

Das Sichern und Wiederherstellen von Anwendungsdaten können Sie mit dem Emulator oder echter Hardware testen.

Als Erstes installieren Sie die Anwendung, beispielsweise *BackupDemo1*. Stellen Sie nun sicher, dass die Backup-Funktionalität aktiviert ist. Dies ist direkt im Emulator bzw. dem physikalischen Gerät oder über die Kommandozeile möglich. Sie erreichen die in Abbildung 10.8 dargestellte Einstellungsseite über SETTINGS • BACKUP & RESET bzw. EINSTELLUNGEN • SICHERN & ZURÜCKSETZEN.

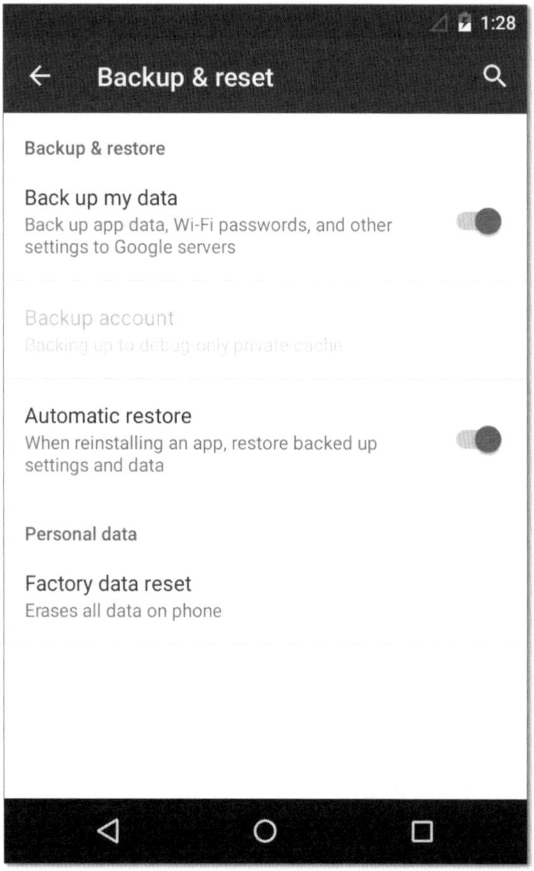

Abbildung 10.8 Backups von Anwendungsdaten ein- und ausschalten

Um die Sicherung über die Kommandozeile zu aktivieren, öffnen Sie das Werkzeugfenster TERMINAL. Mit der Anweisung `adb shell bmgr enabled` prüfen Sie den aktuellen Status. Das Kommando `adb shell bmgr enable true` (bzw. `false`) schaltet die Sicherung und Wiederherstellung ein (oder aus).

Hinweis

Damit Sie die Kommandos so wie in Abbildung 10.9 dargestellt eingeben können, müssen Sie die Verzeichnisse *tools* und *platform-tools* dem Standardsuchpfad Ihres Systems hinzufügen. Weitere Infos hierzu finden Sie in Kapitel 1, »Android – eine offene, mobile Plattform«.

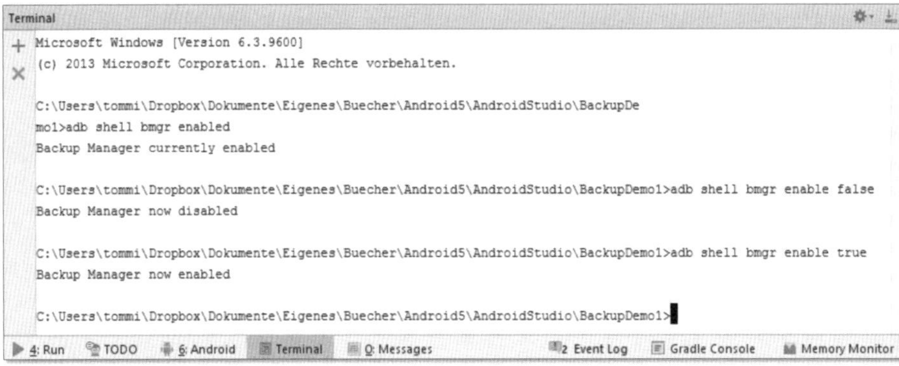

Abbildung 10.9 Mit dem Kommandozeilen-Tool »bmgr« arbeiten

Starten Sie nun *BackupDemo1*, tragen Sie in das Eingabefeld eine beliebige Zahl ein, und wechseln Sie danach mit ZURÜCK auf den Home-Screen. Wie Sie bereits wissen, wird in `onPause()` der Klasse `BackupDemo1Activity` die Methode `dataChanged()` aufgerufen und damit eine Sicherung zu einem nicht näher bestimmten Zeitpunkt angefordert. Alternativ können Sie mit

```
adb shell bmgr backup com.thomaskuenneth.backupdemo1
```

auf der Kommandozeile ein Backup anfordern.

```
adb shell bmgr run
```

schließlich startet das Backup. Auf diese Weise werden alle ausstehenden Sicherungsanforderungen abgearbeitet. Nun können Sie die Anwendung deinstallieren. Am schnellsten geschieht dies über die Kommandozeile:

```
adb uninstall com.thomaskuenneth.backupdemo1
```

Die Aktion war erfolgreich, wenn im Werkzeugfenster TERMINAL `Success` ausgegeben wird. Um den Wiederherstellungsprozess auszuprobieren, müssen Sie die App nur aus Android Studio heraus starten. Sie wird dann wie gewohnt auf dem Emulator bzw. physikalischen Gerät installiert. Dabei sollten die gespeicherten Daten automatisch rückgesichert werden. Falls dies nicht klappt, können Sie mit `adb shell bmgr restore com.thomaskuenneth.backupdemo1` die letzte Sicherung jederzeit auch manuell einspielen. In diesem Fall rate ich Ihnen aber, die App vorher zu verlassen (zum Beispiel durch Wechseln auf den Home Screen).

[+]

Tipp

Falls das Sichern oder Rücksichern nicht wie gewünscht funktioniert, können Sie mit dem Kommando `adb shell bmgr list agents` die verfügbaren Dienste ermitteln. Sofern auch ein lokaler Agent angezeigt wird, lohnt möglicherweise der Versuch, mit `adb shell bmgr agent` ... auf diesen umzuschalten.

Natürlich werden nicht alle sicherungsrelevanten Daten als Benutzereinstellungen abgelegt. Wie Sie komplette Dateien sowie beliebige Datenstrukturen in ein Backup aufnehmen können, zeige ich Ihnen im folgenden Abschnitt.

10.3.3 Eigene Dateien und Datenobjekte sichern

Wie Sie wissen, nutzt die Klasse `BackupAgentHelper` für das Sichern und Wiederherstellen Hilfsobjekte, die das Interface `android.app.backup.BackupHelper` implementieren. Die Implementierung durch `SharedPreferencesBackupHelper` haben Sie bereits kennengelernt. Eine weitere stellt die Plattform mit `FileBackupHelper` zur Verfügung. Anhand der App *BackupDemo2* zeige ich Ihnen, wie Sie diese Klasse nutzen.

Die Benutzeroberfläche des Programms ist in Abbildung 10.10 zu sehen.

Abbildung 10.10 Die App »BackupDemo2«

Nachdem Sie einen beliebigen Text eingegeben und die Schaltfläche SPEICHERN angeklickt haben, schreibt die App die Eingabe in eine Datei. Diese soll durch den Backup-Mechanismus gesichert werden.

Bitte sehen Sie sich nun den im Folgenden abgedruckten Quelltext der Klasse BackupDemo2Activity an. Auch hier wird ein Objekt des Typs BackupManager instanziiert und dessen Methode dataChanged() aufgerufen, wenn sich die zu sichernden Daten geändert haben. Das Schreiben und Lesen der Datei *BackupDemo2Activity.txt* findet in den Methoden load() und save() statt. Ich nutze hierfür ein Objekt des Typs RandomAccessFile.

```
package com.thomaskuenneth.backupdemo2;

import android.app.Activity;
import android.app.backup.BackupManager;
import android.os.Bundle;
import android.util.Log;
import android.view.View;
import android.view.View.OnClickListener;
import android.widget.Button;
import android.widget.EditText;
import java.io.File;
import java.io.IOException;
import java.io.RandomAccessFile;

public class BackupDemo2Activity extends Activity {
    private static final String TAG =
            BackupDemo2Activity.class.getSimpleName();

    // wird benötigt, um Zugriffe auf die Datei zu synchronisieren
    public static final Object[] LOCK = new Object[0];

    public static final String DATEINAME = "BackupDemo2Activity.txt";

    private EditText edittext;

    @Override
    public void onCreate(Bundle savedInstanceState) {
        super.onCreate(savedInstanceState);
        final BackupManager bm = new BackupManager(this);
        setContentView(R.layout.main);
        edittext = (EditText) findViewById(R.id.edittext);
        Button button = (Button) findViewById(R.id.button);
        button.setOnClickListener(new OnClickListener() {
            @Override
            public void onClick(View v) {
```

```
                save();
                bm.dataChanged();
            }
        });
    }

    @Override
    protected void onResume() {
        super.onResume();
        load();
    }

    private void save() {
        try {
            synchronized (BackupDemo2Activity.LOCK) {
                File dataFile = new File(getFilesDir(), DATEINAME);
                RandomAccessFile raFile = new RandomAccessFile(dataFile, "rw");
                raFile.writeUTF(edittext.getText().toString());
                raFile.close();
            }
        } catch (IOException e) {
            Log.e(TAG, "Fehler beim Schreiben der Datei " + DATEINAME);
        }
    }

    private void load() {
        try {
            synchronized (BackupDemo2Activity.LOCK) {
                File dataFile = new File(getFilesDir(), DATEINAME);
                RandomAccessFile raFile = new RandomAccessFile(dataFile, "r");
                String text = raFile.readUTF();
                edittext.setText(text);
                raFile.close();
            }
        } catch (IOException e) {
            Log.e(TAG, "Fehler beim Lesen der Datei " + DATEINAME);
        }
    }
}
```

Listing 10.12 Die Klasse »BackupDemo2Activity«

Sicher ist Ihnen aufgefallen, dass ich den Zugriff auf die Datei *BackupDemo2Activity.txt* beim Laden und Speichern in einen synchronized-Block gepackt habe. Warum dies notwendig ist, zeige ich Ihnen gleich.

[+] **Tipp**

Ein Feld der Länge 0 ist leichtgewichtiger als ein »normales« Objekt. Es eignet sich deshalb besonders gut als Lock.

Klassen, die von BackupAgentHelper ableiten, überschreiben die Methode onCreate(). Sie stammt übrigens aus BackupAgent, der Elternklasse von BackupAgentHelper. Deren Implementierung ist allerdings leer. In onCreate() werden, wie Sie wissen, die benötigten Hilfsklassen instanziiert und mittels addHelper() registriert. Meine Implementierung FileBackupAgent überschreibt zusätzlich die Methoden onBackup() und onRestore() von BackupAgent.

```
package com.thomaskuenneth.backupdemo2;

import android.app.backup.BackupAgentHelper;
import android.app.backup.BackupDataInput;
import android.app.backup.BackupDataOutput;
import android.app.backup.FileBackupHelper;
import android.os.ParcelFileDescriptor;
import java.io.IOException;

public class FileBackupAgent extends BackupAgentHelper {

    static final String BACKUP_KEY = FileBackupAgent.class.getSimpleName();

    @Override
    public void onCreate() {
        FileBackupHelper h = new FileBackupHelper(this,
                BackupDemo2Activity.DATEINAME);
        addHelper(BACKUP_KEY, h);
    }

    @Override
    public void onBackup(ParcelFileDescriptor oldState, BackupDataOutput data,
                         ParcelFileDescriptor newState) throws IOException {
        synchronized (BackupDemo2Activity.LOCK) {
            super.onBackup(oldState, data, newState);
        }
```

```
    }

    @Override
    public void onRestore(BackupDataInput data, int appVersionCode,
                          ParcelFileDescriptor newState) throws IOException {
        synchronized (BackupDemo2Activity.LOCK) {
            super.onRestore(data, appVersionCode, newState);
        }
    }
}
```

Listing 10.13 Die Klasse »FileBackupAgent«

Die `synchronized`-Anweisung gewährleistet, dass während der Sicherung bzw. Rücksicherung kein anderer Teil der App auf *BackupDemo2Activity.txt* zugreifen kann. Umgekehrt wird auch sichergestellt, dass die Methoden `onBackup()` und `onRestore()` nur fortfahren, wenn die Hauptaktivität die Datei nicht liest oder schreibt. Auf diese Weise wird das Sichern von »halb fertigen« Daten verhindert.

10.3.4 Von BackupAgent ableiten

Die Backup-Funktionalität von Android erlaubt also auch das Speichern und Wiederherstellen von physikalischen Dateien. Der Aufwand hierfür ist nur geringfügig größer als beim Sichern von Benutzereinstellungen.

Aber wie gehen Sie vor, wenn wichtige Informationen Ihrer App über mehrere Dateien verteilt sind? Statt diese einzeln mit dem *Android Backup Service* zu sichern, bietet es sich an, die relevanten Inhalte in einer Datenstruktur zu bündeln und diese dem Backup Manager zu übergeben.

Dies zeige ich Ihnen anhand des Programms *BackupDemo3*. Die App ist in Abbildung 10.11 zu sehen.

Wenn Sie die Schaltfläche ÜBERNEHMEN anklicken, werden in der Methode `onClick()` die Inhalte der beiden Eingabefelder `input1` und `input2` in ein Objekt des Typs `org.json.JSONObject` gepackt und mit `save()` lokal auf dem Gerät abgelegt. Anschließend fordert das Programm wie gewohnt mit `dataChanged()` ein Backup an und beendet sich danach mit `finish()`.

Beim Start der App wird zunächst aus der gespeicherten Datei ein JSON-Objekt erzeugt. Danach können die beiden Eingabefelder durch Aufruf von `getString()` wieder befüllt werden.

Abbildung 10.11 Die App »BackupDemo3«

```
package com.thomaskuenneth.backupdemo3;

import android.app.Activity;
import android.app.backup.BackupManager;
import android.os.Bundle;
import android.util.Log;
import android.view.View;
import android.view.View.OnClickListener;
import android.widget.Button;
import android.widget.EditText;
import org.json.JSONException;
import org.json.JSONObject;

public class BackupDemo3Activity extends Activity {
```

```
public static final Object[] LOCK = new Object[0];
public static final String INPUT1 = "input1";
public static final String INPUT2 = "input2";

private static final String TAG =
        BackupDemo3Activity.class.getSimpleName();

private EditText input1, input2;

@Override
public void onCreate(Bundle savedInstanceState) {
    super.onCreate(savedInstanceState);
    final BackupManager bm = new BackupManager(this);
    setContentView(R.layout.main);
    input1 = (EditText) findViewById(R.id.input1);
    input2 = (EditText) findViewById(R.id.input2);
    final Button save = (Button) findViewById(R.id.save);
    save.setOnClickListener(new OnClickListener() {

        @Override
        public void onClick(View v) {
            JSONObject object = new JSONObject();
            try {
                object.put(INPUT1, input1.getText().toString());
                object.put(INPUT2, input2.getText().toString());
                FileUtilities.save(BackupDemo3Activity.this, object);
                // Sicherung anfordern
                bm.dataChanged();
            } catch (JSONException e) {
                Log.e(TAG, "Problem mit der JSON API", e);
            }
            // Activity beenden
            finish();
        }
    });
    JSONObject object = FileUtilities.load(this);
    if (object != null) {
        try {
            input1.setText(object.getString(INPUT1));
            input2.setText(object.getString(INPUT2));
        } catch (JSONException e) {
```

```
                Log.e(TAG, "Problem mit der JSON API", e);
            }
        }
    }
}
```

Listing 10.14 Die Klasse »BackupDemo3Activity«

Die Implementierung der Methoden `load()` und `save()` habe ich in die Klasse `FileUtilities` ausgelagert. Ihr Quelltext ist im Folgenden zu sehen. Auch hier verhindert ein Lock Probleme durch konkurrierende Zugriffe. JSON-Daten sind ein- oder mehrzeilige Zeichenketten. Das Speichern reduziert sich deshalb auf das Ablegen in einer Datei. Neben `toString()` kennt die Klasse `JSONObject` eine Variante dieser Methode, der Sie die Anzahl der Leerzeichen je Schachtelungstiefe übergeben. Dies erleichtert die Fehlersuche. Die JSON-API bietet auch einen komfortablen Weg, um JSON-Objekte zu erzeugen. Wie Sie in der Methode `load()` sehen, brauchen Sie nur den Dateiinhalt in Form eines Strings an den Konstruktor zu übergeben.

```
package com.thomaskuenneth.backupdemo3;

import android.content.ContextWrapper;
import android.util.Log;
import org.json.JSONException;
import org.json.JSONObject;
import java.io.File;
import java.io.FileNotFoundException;
import java.io.IOException;
import java.io.RandomAccessFile;

public class FileUtilities {
    private static final String TAG = FileUtilities.class.getSimpleName();
    private static final String DATEINAME = TAG + ".json";

    public static File getFile(ContextWrapper cw) {
        return new File(cw.getFilesDir(), DATEINAME);
    }

    public static void save(ContextWrapper cw, JSONObject object) {
        try {
            synchronized (BackupDemo3Activity.LOCK) {
                File f = new File(cw.getFilesDir(), DATEINAME);
                RandomAccessFile raFile = new RandomAccessFile(f, "rw");
                raFile.writeUTF(object.toString());
```

```
                raFile.close();
            }
        } catch (IOException e) {
            Log.e(TAG, "Fehler beim Schreiben der Datei " + DATEINAME);
        }
    }

    public static JSONObject load(ContextWrapper cw) {
        JSONObject object = null;
        synchronized (BackupDemo3Activity.LOCK) {
            File dataFile = new File(cw.getFilesDir(), DATEINAME);
            RandomAccessFile raFile = null;
            try {
                raFile = new RandomAccessFile(dataFile, "r");
                String data = raFile.readUTF();
                object = new JSONObject(data);
            } catch (JSONException e) {
                Log.e(TAG, "Problem mit der JSON API", e);
            } catch (FileNotFoundException e) {
                Log.e(TAG, DATEINAME + " nicht gefunden", e);
            } catch (IOException e) {
                Log.e(TAG, "Fehler beim Lesen der Datei " + DATEINAME, e);
            } finally {
                try {
                    if (raFile != null) {
                        raFile.close();
                    }
                } catch (IOException e) {
                    Log.e(TAG, "close()", e);
                }
            }
        }
        return object;
    }
}
```

Listing 10.15 Die Klasse »FileUtilities«

Sicherlich sind Sie schon neugierig, wie eine eigene, von `BackupAgent` abgeleitete Implementierung aussieht und wie umfangreich sie ist. Bitte sehen Sie sich hierzu zunächst den Quelltext der Klasse `StructureBackupAgent` an. Denken Sie daran, dass es in diesem Beispiel nicht darum geht, die JSON-Datei zu sichern (die hierzu nötigen Mittel kennen Sie bereits), sondern die in ihr gespeicherten Daten. Eine sehr wichtige

Methode der Klasse BackupAgent ist onBackup(). Sie wird vom *Backup Manager* aufgerufen, wenn eine Sicherung durchgeführt werden soll. Wie Sie bereits wissen, geschieht dies »irgendwann«, nachdem Ihre App mit dataChanged() eine solche angefordert hat.

onBackup() erhält hierzu drei Parameter. oldState verweist auf den letzten Sicherungsstatus, der von Ihrem Programm geliefert wurde. Hierbei handelt es sich nicht um die in der Cloud liegenden Daten, sondern um eine lokale Repräsentation. Sie verwenden diese, um zu überprüfen, ob sich Daten seit dem letzten Backup geändert haben. Welche Informationen Sie im Sicherungsstatus ablegen, hängt letztlich von den Daten ab, die Ihre App verarbeitet. Wenn Sie Dateien sichern möchten, reicht oftmals deren Änderungsdatum (wie in meinem Beispiel), gegebenenfalls in Verbindung mit der Länge in Byte. Bei größeren Datenmengen kann es sich lohnen, anhand des Sicherungsstatus zwischen Voll- und Teil-Backups zu unterscheiden.

Mit dem zweiten Parameter, data, übergeben Sie Ihre Daten an den Backup Manager. Hierzu sage ich gleich mehr. newState schließlich wird verwendet, um den aktuellen Status der zu sichernden Daten zu speichern. Beim nächsten Aufruf von onBackup() wird newState als oldState übergeben. Beim Aufruf von onBackup() prüfen Sie also zunächst, ob sich Daten geändert haben. Hierzu vergleichen Sie den aktuellen Zustand mit dem aus oldState. Sofern es erforderlich ist, übergeben Sie nun Ihre Daten an den Backup Manager. Zuletzt aktualisieren Sie den Sicherungsstatus. Ich habe hierfür die Methode updateTimestamp() implementiert.

```
package com.thomaskuenneth.backupdemo3;

import android.app.backup.BackupAgent;
import android.app.backup.BackupDataInput;
import android.app.backup.BackupDataOutput;
import android.content.pm.PackageInfo;
import android.content.pm.PackageManager.NameNotFoundException;
import android.os.ParcelFileDescriptor;
import android.util.Log;
import org.json.JSONException;
import org.json.JSONObject;
import java.io.DataInputStream;
import java.io.DataOutputStream;
import java.io.File;
import java.io.FileInputStream;
import java.io.FileOutputStream;
import java.io.IOException;

public class StructureBackupAgent extends BackupAgent {
    private static final String TAG = StructureBackupAgent.class
```

```
        .getSimpleName();

private File mDataFile;

@Override
public void onCreate() {
    mDataFile = FileUtilities.getFile(this);
}

@Override
public void onBackup(ParcelFileDescriptor oldState, BackupDataOutput data,
                     ParcelFileDescriptor newState) throws IOException {
    // Änderungsdatum der lokalen Datei ermitteln
    long fileModified = mDataFile.lastModified();
    // Dateidatum während des letzten Backups ermitteln
    long stateModified = 0L;
    try {
        if (oldState != null) {
            FileInputStream instream = new FileInputStream(
                    oldState.getFileDescriptor());
            DataInputStream in = new DataInputStream(instream);
            try {
                stateModified = in.readLong();
            } catch (IOException e) {
                Log.e(TAG, "Fehler beim Lesen", e);
                // wir ignorieren diese Ausnahme und erzwingen damit ein
                // Backup
            }
        }
        if ((stateModified != fileModified) || (stateModified == 0l)) {
            // lokale Datei ist vorhanden und wurde geändert, also Backup
            // durchführen
            JSONObject object = FileUtilities.load(this);
            try {
                byte[] b1 = object.getString(BackupDemo3Activity.INPUT1)
                        .getBytes();
                int l1 = b1.length;
                byte[] b2 = object.getString(BackupDemo3Activity.INPUT2)
                        .getBytes();
                int l2 = b2.length;
                // Daten an Backup Manager senden
                data.writeEntityHeader(BackupDemo3Activity.INPUT1, l1);
                data.writeEntityData(b1, l1);
```

```
                data.writeEntityHeader(BackupDemo3Activity.INPUT2, l2);
                data.writeEntityData(b2, l2);
            } catch (JSONException e) {
                Log.e(TAG, "Problem mit der JSON API", e);
            }
        } else {
            Log.d(TAG, "keine Änderung an Datei");
            // Datei hat sich nicht geändert - kein Backup;
            // gegebenenfalls Aufräumaktionen durchführen
        }
    } catch (IOException e) {
        Log.e(TAG, "Problem beim Zugriff auf Dateien", e);
        // Google rät, trotzdem ein Backup zu machen; wurde hier nicht
        // ausprogrammiert
    } finally {
        updateTimestamp(newState);
    }
}

@Override
public void onRestore(BackupDataInput data, int appVersionCode,
                      ParcelFileDescriptor newState) throws IOException {
    Log.d(TAG, "App-Version, mit der Backup erstellt wurde: "
            + appVersionCode);
    Log.d(TAG, "Aktuelle Version der App: " + getVersionCode());
    JSONObject object = new JSONObject();
    while (data.readNextHeader()) {
        String key = data.getKey();
        int dataSize = data.getDataSize();
        // Backup-Datensatz lesen
        byte[] dataBuf = new byte[dataSize];
        data.readEntityData(dataBuf, 0, dataSize);
        String s = new String(dataBuf);
        // Ist uns der Schlüssel bekannt?
        try {
            if (BackupDemo3Activity.INPUT1.equals(key)) {
                object.put(BackupDemo3Activity.INPUT1, s);
            } else if (BackupDemo3Activity.INPUT2.equals(key)) {
                object.put(BackupDemo3Activity.INPUT2, s);
            }
        } catch (JSONException e) {
            Log.e(TAG, "Problem mit der JSON API", e);
        }
```

```
        }
        FileUtilities.save(this, object);
        updateTimestamp(newState);
    }

    private void updateTimestamp(ParcelFileDescriptor newState) {
        FileOutputStream outstream = new FileOutputStream(
                newState.getFileDescriptor());
        DataOutputStream out = new DataOutputStream(outstream);
        try {
            out.writeLong(mDataFile.lastModified());
        } catch (IOException e) {
            Log.e(TAG, "Fehler beim Schreiben des Zeitstempels", e);
        } finally {
            try {
                out.close();
                outstream.close();
            } catch (IOException e) {
                Log.e(TAG, "close()", e);
            }
        }
    }

    private int getVersionCode() {
        PackageInfo info;
        try {
            String name = getPackageName();
            info = getPackageManager().getPackageInfo(name, 0);
        } catch (NameNotFoundException nnfe) {
            info = null;
        }
        int versionCode = 0;
        if (info != null) {
            versionCode = info.versionCode;
        }
        return versionCode;
    }
}
```

Listing 10.16 Die Klasse »StructureBackupAgent«

Daten werden als sogenannte *Entitys* nach `BackupDataOutput` geschrieben. Eine *Entity* ist eine flache binäre Datenstruktur, die mit einem eindeutigen Schlüssel identifiziert wird. Die zu schreibenden Daten sind also Schlüssel-Wert-Paare. Um dem Backup-Datensatz Entitäten hinzuzufügen, rufen Sie zunächst `writeEntityHeader()` auf und übergeben einen eindeutigen Schlüssel für die Daten sowie deren Länge in Bytes. `writeEntityData()` übergibt die Daten an den Backup Manager. Diese Schritte müssen Sie für alle zu sichernden Datenbereiche durchführen. Auf wie viele Entitäten Sie Ihre Daten verteilen, ist Ihnen überlassen.

Während einer Wiederherstellung ruft der Backup Manager die Methode `onRestore()` auf und übergibt Ihrer App die zurückzusichernden Daten. Wie Sie bereits wissen, geschieht dies automatisch, wenn während der Installation entdeckt wird, dass gültige Backup-Daten vorhanden sind. Mit `requestRestore()` können Sie gegebenenfalls eine manuelle Wiederherstellung anfordern. Ob und wann diese tatsächlich durchgeführt wird, ist nicht vorhersagbar.

Auch `onRestore()` erhält drei Parameter: `data`, `appVersionCode` und `newState`. Eine Implementierung ruft üblicherweise so lange `readNextHeader()` auf, wie Daten vorliegen. Für jede gefundene Entität wird mit `getKey()` deren Schlüssel ermittelt. Diesen vergleichen Sie mit denen Ihrer App und speichern die auf diese Weise geladenen Daten lokal auf dem Gerät. Anhand des Parameters `appVersionCode` können Sie sehen, mit welcher Version Ihres Programms die wiederherzustellenden Daten geschrieben wurden. Meine Methode `getVersionCode()` ermittelt die aktuelle App-Version. Wie Sie wissen, wird diese im Attribut `versionCode` der Datei *build.gradle* des Moduls *app* hinterlegt. Durch Vergleich der beiden Werte lassen sich gegebenenfalls Teile von einer Wiederherstellung ausschließen.

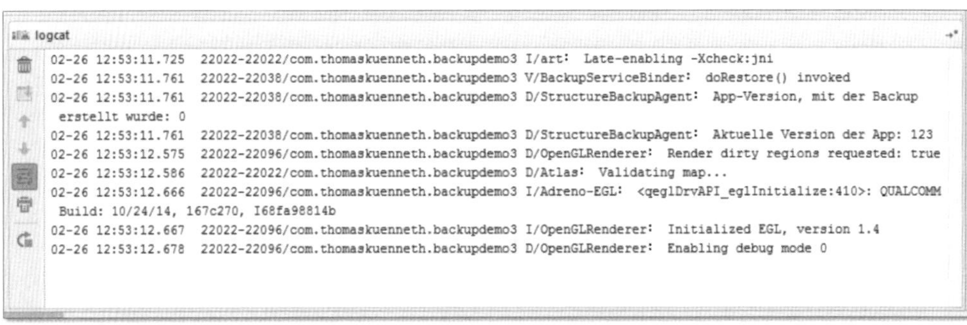

Abbildung 10.12 Ausgabe von Versionsnummern in »logcat«

In Abbildung 10.12 sehen Sie die Ausgabe von zwei unterschiedlichen Versionsnummern in LOGCAT. Hierzu habe ich nach dem Anklicken der Schaltfläche ÜBERNEHMEN mit dem Ihnen bereits bekannten Kommando `bmgr run` eine Sicherung durchgeführt und nach der Deinstallation der App ihre Versionsnummer auf `123` gesetzt. Anschließend habe ich das Programm erneut aus Android Studio heraus gestartet.

Die vollständige Implementierung eines eigenen Backup Agents ist sicherlich nicht trivial. Planen Sie vor der Umsetzung, wie Sie Versionsunterschiede Ihrer Daten erkennen und in welchem Format Sie Daten und Versionsinformationen ablegen möchten. Der Lohn der Mühe ist ein optimal an die Anforderungen Ihrer App angepasstes Backup-Format.

Im nächsten Abschnitt verlassen wir den großen Bereich Dateien und Verzeichnisse. Google hat mit Android 4.4 die Plattform um eine ausgefeilte Druckkomponente erweitert. Ich zeige Ihnen, wie Sie mit Ihren Programmen Texte und Grafiken zu Papier bringen.

10.4 Drucken

Wenn man sich vergegenwärtigt, wie lange es Android schon gibt, mag es verwunderlich erscheinen, dass die Plattform erst Ende Oktober 2013 mit API-Level 19 die Fähigkeit erhalten hat, Dokumente zu drucken. Apple hat sein Betriebssystem iOS schon viel früher (Ende 2010) damit ausgestattet. Aber klassische Smartphone-Anwendungen (Telefonie, SMS, Kalender und Kontakte) brauchen nichts zu Papier zu bringen. Und lange Zeit waren die Displays einfach zu klein, um Textdokumente oder Tabellenblätter zu bearbeiten. Warum hätte man sie also drucken sollen?

Ohne Frage hat der Tablet-Boom dazu beigetragen, die Grenzen der mobilen Betriebssysteme auszuloten. Die Anwender wollten plötzlich Tätigkeiten verrichten, für die früher ein PC nötig gewesen wäre. Die Anzeige eines durchschnittlich großen Tablets ist ausreichend, um Änderungen an einer Präsentation oder einem Geschäftsbrief vorzunehmen. Klar, dass man das Dokument nun auch ausdrucken möchte.

10.4.1 Druck-Grundlagen

Am Druckprozess sind drei Komponenten beteiligt:

1. Die *App* kennt die Daten, die der Anwender zu Papier bringen möchte.
2. Der *Print Manager* nimmt den Druckauftrag des Programms entgegen, zeigt einen Auswahl- und Konfigurationsdialog an und leitet die Daten an einen Print Service weiter.
3. Ein *Print Service* nimmt die Druckinformationen entgegen und überträgt sie mit einem geeigneten Protokoll zu einem Drucker. Print Services sind also im klassischen Sinne Druckertreiber. Sie werden üblicherweise von Geräteherstellern angeboten und können wie ganz normale Apps heruntergeladen, installiert und aktualisiert werden. Um ein bestimmtes Modell nutzen zu können, müssen Sie den passenden Print Service einrichten.

Auf den meisten Geräten mit mindestens Android 4.4 ist *Google Cloud Print* vorinstalliert. Dieser Print Service wurde nicht für ein bestimmtes Modell oder eine spezielle Geräteklasse entwickelt. Vielmehr registrieren Sie beliebig viele Drucker, auf die Sie an unterschiedlichen Orten Zugriff haben.

Bei einem Druckvorgang wählen Sie dann das gewünschte Gerät aus und erhalten Ihren Ausdruck an dem Ort, an dem Sie sich gerade befinden. Der Dienst hat seinen Ursprung im Unternehmensumfeld. Gerade in Firmen mit vielen Standorten kann es aufwendig sein, »überall« drucken zu können.

Wird ein Druckauftrag in die Google-Cloud-Print-Warteschlange eingestellt, werden die zu druckenden Dokumente über das Internet auf einen Google Server hochgeladen, aufbereitet und an den ausgewählten Drucker weitergereicht. Dieser muss ebenfalls über das Internet erreichbar sein.

Um auf diese Weise auch klassische Drucker ansprechen zu können, bietet Google für Desktop-Systeme den in Chrome integrierten *Google Cloud Print Connector* an.

[»]

Hinweis

Die Vorstellung, dass Dokumente während des Drucks auf »fremden« Servern liegen, mag für viele unangenehm sein. Deshalb soll noch einmal auf den Umstand hingewiesen werden, dass dies nicht *automatisch* bei Nutzung des Android Print Frameworks geschieht, sondern dann, wenn Google Cloud Print als Print Service Verwendung findet. Wie die Anbieter anderer Print Services, beispielsweise die Gerätehersteller, die Kommunikation realisieren, ist hoffentlich der jeweiligen Dokumentation zu entnehmen.

Lassen Sie uns nun anhand der App *DruckDemo1* einen ersten Blick darauf werfen, wie aus Sicht der Anwendung ein Druck ausgelöst wird. Das Programm erzeugt eine einfache HTML-Seite mit Grafik und übergibt sie an den Print Manager. Der daraufhin erscheinende Konfigurationsdialog ist in Abbildung 10.13 zu sehen.

Mit ihm kann der Benutzer die Zahl der Kopien sowie das Papierformat einstellen und den zu verwendenden Drucker auswählen. Auf meinem Gerät ist ALS PDF SPEICHERN voreingestellt.

Der Quelltext der Klasse `DruckDemo1Activity` ist im Folgenden dargestellt. Da eine HTML-Seite gedruckt werden soll, erzeuge ich als Erstes eine `WebView`-Instanz und setze dann mit `setWebViewClient()` ein geeignetes Callback-Objekt. Erst nach dem vollständigen Laden der Seite wird `onPageFinished()` aufgerufen. Deshalb finden dort alle weiteren Aktionen statt.

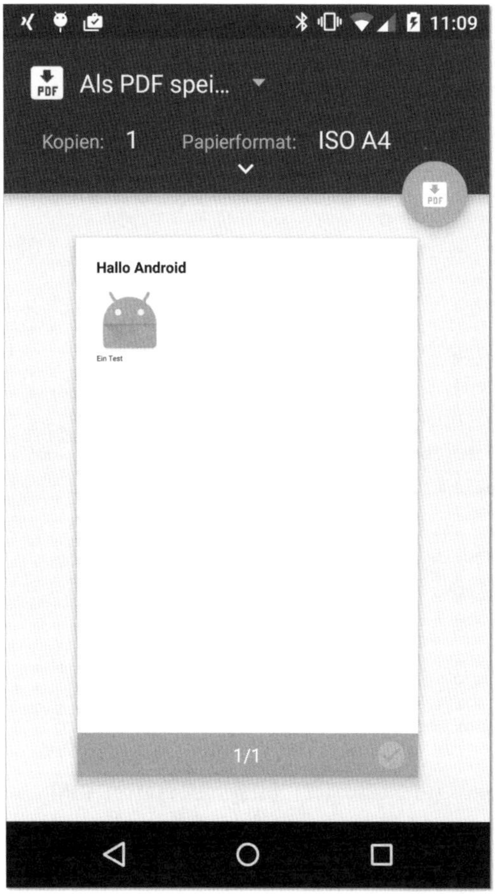

Abbildung 10.13 Druckerauswahl mit Seitenvorschau

Zunächst wird mit `getSystemService(PRINT_SERVICE)` eine `PrintManager`-Instanz ermittelt. Anschließend erstelle ich durch Aufruf der `WebView`-Methode `createPrintDocumentAdapter()` ein Objekt des Typs `PrintDocumentAdapter`. Es beschreibt das Dokument für den Druck. Sie werden seine Callback-Methoden später noch genauer kennenlernen. Schließlich wird ein Druckauftrag erstellt und abgeschickt. Einige Druckeigenschaften (wie Farbe, Ränder und Auflösung) lassen sich mit einem `PrintAttributes.Builder` konfigurieren. In meiner Implementierung belasse ich es bei den Standardeinstellungen.

```
package com.thomaskuenneth.druckdemo1;

import android.app.Activity;
import android.os.Bundle;
import android.print.PrintAttributes;
import android.print.PrintDocumentAdapter;
```

```
import android.print.PrintJob;
import android.print.PrintManager;
import android.util.Log;
import android.webkit.WebView;
import android.webkit.WebViewClient;

public class DruckDemo1Activity extends Activity {
    private static final String TAG = DruckDemo1Activity.class.getSimpleName();

    @Override
    protected void onCreate(Bundle savedInstanceState) {
        super.onCreate(savedInstanceState);
        // WebView für den Druck instanziieren
        final WebView webView = new WebView(this);
        webView.setWebViewClient(new WebViewClient() {

            public boolean shouldOverrideUrlLoading(WebView view, String url) {
                return false;
            }

            @Override
            public void onPageFinished(WebView view, String url) {
                // PrintManager-Instanz ermitteln
                PrintManager printManager = (PrintManager) getSystemService(PRINT_
SERVICE);
                // Der Adapter stellt den Dokumentinhalt bereit
                PrintDocumentAdapter printAdapter =
                        webView.createPrintDocumentAdapter("Dokumentname");
                // Druckauftrag erstellen und übergeben
                String jobName = getString(R.string.app_name) + " Dokument";
                PrintJob printJob = printManager.print(jobName, printAdapter,
                        new PrintAttributes.Builder().build());
                Log.d(TAG, printJob.getInfo().toString());
            }
        });
        String htmlDocument = "<html><body><h1>Hallo Android</h1>" +
                "<p><img src=\"ic_launcher.png\" /><br />Ein Test</p></body></html>";
        webView.loadDataWithBaseURL("file:///android_asset/", htmlDocument,
                                    "text/HTML", "UTF-8", null);
    }
}
```

Listing 10.17 Die Klasse »DruckDemo1Activity«

Die Nutzung des Android-Druckframeworks reduziert sich auf wenige Zeilen Quelltext, sofern Sie die Daten Ihrer Anwendung in HTML verpacken können. Dann profitieren Sie von der `WebView`-Methode `createPrintDocumentAdapter()`. Sie liefert einen fertigen `PrintDocumentAdapter`. Er enthält alle Informationen, die das System für den Druck eines Dokuments braucht. Wie Sie ihn selbst implementieren, zeige ich Ihnen im folgenden Abschnitt.

10.4.2 Eigene Dokumenttypen drucken

Das Projekt *DruckDemo2* generiert Dokumente, die je nach Einstellung der Seitenorientierung (Hochkant- bzw. Quermodus) aus einer oder zwei Seiten bestehen. Die erste Seite zeigt eine Sinus-, die zweite eine Cosinuskurve. In Abbildung 10.14 ist der Android-Druckdialog mit der Vorschau eines solchen Dokuments dargestellt. Lassen Sie uns einen kurzen Blick auf das folgende Listing werfen. Es zeigt die Hauptaktivität der App, die Klasse `DruckDemo2Activity`.


```
package com.thomaskuenneth.druckdemo2;

import android.app.Activity;
import android.os.Bundle;
import android.print.PrintManager;

public class DruckDemo2Activity extends Activity {

    @Override
    protected void onCreate(Bundle savedInstanceState) {
        super.onCreate(savedInstanceState);
        PrintManager printManager = (PrintManager) getSystemService(PRINT_SERVICE);
        String jobName = getString(R.string.app_name) + " Document";
        printManager.print(jobName, new DemoPrintDocumentAdapter(this), null);
    }
}
```

Listing 10.18 Die Klasse »DruckDemo2Activity«

Als Erstes wird wieder mit `getSystemService(PRINT_SERVICE)` eine `PrintManager`-Instanz ermittelt. Anschließend erzeugt `print()` einen Druckauftrag und übergibt ihn an das System. Alle Informationen, die Android für das Drucken des Dokuments benötigt, werden über die Methoden der Klasse `DemoPrintDocumentAdapter` abgefragt.

Wie Sie gleich sehen werden, ist PDF das Standardformat für das Drucken unter Android. Das bedeutet, dass Apps sauber paginierte PDF-Dokumente erzeugen und an das Druck-Framework übermitteln müssen. Das hört sich aber komplizierter an, als es ist. Denn glücklicherweise stellt die Plattform hierfür leicht einsatzbare Klassen zur Verfügung. Sie machen das Erstellen von PDFs fast schon zu einem Kinderspiel.

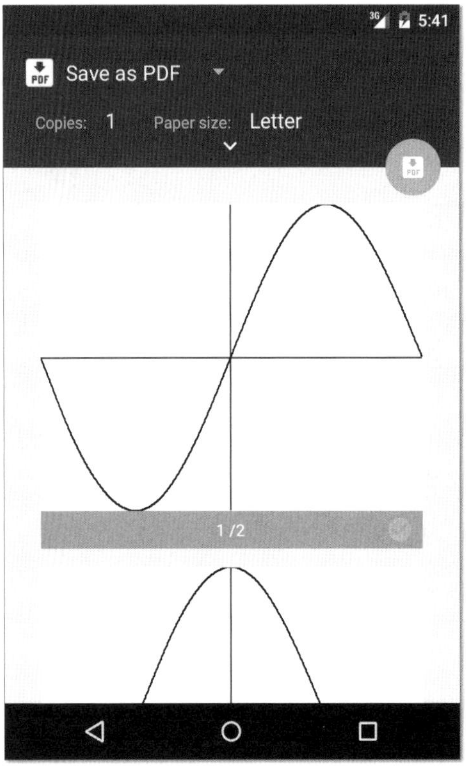

Abbildung 10.14 Vorschau eines von »DruckDemo2« generierten Dokuments

Bei dem Dokumenterstellungsprozess geht es darum, Inhalt und Struktur eines Dokuments (also das, was der Anwender Ihrer App zu Papier bringen möchte) so umzuformen, dass es in ein PDF gepackt und auf Seiten verteilt werden kann. Hierzu ein Beispiel: Nehmen Sie an, ein Text besteht aus 2.500 Wörtern. Wie viele davon auf eine Seite passen, hängt unter anderem vom eingestellten Papierformat und der Randgröße ab. Natürlich sind auch Schriftart und -größe wichtig, aber beide sind fester Bestandteil des Dokuments. Anders die erstgenannten Werte – sie können vom Anwender unmittelbar vor dem Druck vorgegeben werden.

Im Folgenden sehen Sie die Klasse `DemoPrintDocumentAdapter`. Sie leitet von `PrintDocumentAdapter` ab. Diese definiert die Callback-Methoden `onStart()`, `onFinish()`, `onLayout()` und `onWrite()`. Die ersten beiden können Sie überschreiben. Sie werden einmal zu Beginn bzw. am Ende des Druckprozesses aufgerufen. Es bietet sich an, sie für Initialisierungs- und Aufräumarbeiten zu nutzen. Die letzten zwei Callback-Methoden sind abstrakt und müssen deshalb implementiert werden. `onLayout()` wird immer nach Änderungen von Druckeinstellungen aufgerufen, die Auswirkungen auf die Ausgabe haben, beispielsweise Drucker, Papierart und Seitenorientierung. Die Aufgabe Ihrer App ist, das Layout der Seiten zu berechnen. Dabei müssen Sie die erwartete Seitenzahl zurückliefern. `onWrite()` schließlich rendert die zu druckenden Seiten in eine Datei. Diese Methode kann nach einem `onLayout()` ein- oder mehrmals aufgerufen werden.

Hinweis

Alle Adapter-Methoden werden auf dem Mainthread der App aufgerufen. Zeitintensive Berechnungen sowie das Nachladen von Daten sollten Sie deshalb auf jeden Fall in einen Hintergrundprozess auslagern.


```
package com.thomaskuenneth.druckdemo2;

import android.content.Context;
import android.graphics.Canvas;
import android.graphics.Color;
import android.graphics.Paint;
import android.graphics.pdf.PdfDocument;
import android.os.Bundle;
import android.os.CancellationSignal;
import android.os.ParcelFileDescriptor;
import android.print.PageRange;
import android.print.PrintAttributes;
import android.print.PrintDocumentAdapter;
import android.print.PrintDocumentInfo;
import android.print.pdf.PrintedPdfDocument;
import java.io.FileOutputStream;
import java.io.IOException;

public class DemoPrintDocumentAdapter extends PrintDocumentAdapter {

    private Context context;
    private PrintedPdfDocument pdf;
    private int numPages;

    public DemoPrintDocumentAdapter(Context context) {
        this.context = context;
    }

    @Override // muss implementiert werden
    public void onLayout(PrintAttributes oldAttributes,
                         PrintAttributes newAttributes,
```

```
                   CancellationSignal cancellationSignal,
                   LayoutResultCallback callback, Bundle extras) {
      // sofern vorhanden, altes freigeben
      disposePdf();
      // neues PDF-Dokument mit den gewünschten Attributen erzeugen
      pdf = new PrintedPdfDocument(context, newAttributes);
      // auf Abbruchwunsch reagieren
      if (cancellationSignal.isCanceled()) {
         callback.onLayoutCancelled();
         disposePdf();
         return;
      }
      // erwartete Seitenzahl berechnen
      numPages = computePageCount(newAttributes);
      if (numPages > 0) {
         // Informationen an das Print-Framework zurückliefern
         PrintDocumentInfo info = new PrintDocumentInfo
               .Builder("sin_cos.pdf")
               .setContentType(PrintDocumentInfo.CONTENT_TYPE_DOCUMENT)
               .setPageCount(numPages)
               .build();
         callback.onLayoutFinished(info, !newAttributes.equals(oldAttributes));
      } else {
         // einen Fehler melden
         callback.onLayoutFailed("Fehler beim Berechnen der Seitenzahl");
      }
   }

   @Override // muss implementiert werden
   public void onWrite(PageRange[] pages, ParcelFileDescriptor destination,
                  CancellationSignal cancellationSignal, WriteResultCallback
callback) {
      // über alle Seiten des Dokuments iterieren
      for (int i = 0; i < numPages; i++) {
         // Abbruch?
         if (cancellationSignal.isCanceled()) {
            callback.onWriteCancelled();
            disposePdf();
            return;
         }
         PdfDocument.Page page = pdf.startPage(i);
         drawPage(page);
         pdf.finishPage(page);
```

```
        }
        // PDF-Dokument schreiben
        try {
            pdf.writeTo(new FileOutputStream(
                    destination.getFileDescriptor()));
        } catch (IOException e) {
            callback.onWriteFailed(e.toString());
            return;
        }
        callback.onWriteFinished(pages);
    }

    @Override
    public void onFinish() {
        disposePdf();
    }

    private int computePageCount(PrintAttributes printAttributes) {
        return printAttributes.getMediaSize().isPortrait() ? 1 : 2;
    }

    // Einheiten entsprechen 1/72 Zoll
    private void drawPage(PdfDocument.Page page) {
        Canvas canvas = page.getCanvas();
        int nr = page.getInfo().getPageNumber();
        // Breite und Höhe
        int w = canvas.getWidth();
        int h = canvas.getHeight();
        // Mittelpunkt
        int cx = w / 2;
        int cy = h / 2;
        Paint paint = new Paint();
        paint.setStrokeWidth(3);
        paint.setColor(Color.BLUE);
        canvas.drawLine(cx, 0, cx, h - 1, paint);
        canvas.drawLine(0, cy, w - 1, cy, paint);
        paint.setColor(Color.BLACK);
        for (int i = 0; i < w; i++) {
            int y;
            if (nr == 0) {
                y = (int) (Math.sin(i * ((2 * Math.PI) / w)) * cy + cy);
            } else {
                y = (int) (Math.cos(i * ((2 * Math.PI) / w)) * cy + cy);
```

```
            }
            canvas.drawPoint(i, y, paint);
        }
    }

    private void disposePdf() {
        if (pdf != null) {
            pdf.close();
            pdf = null;
        }
    }
}
```

Listing 10.19 Die Klasse »DemoPrintDocumentAdapter«

Die Hauptaufgabe von `onLayout()` ist, das Layout des Dokuments an die aktuellen Druckeinstellungen anzupassen und dabei die erwartete Seitenzahl zu ermitteln. Meine Implementierung ruft hierfür die Methode `computePageCount()` auf. Diese führt natürlich keine echte Berechnung durch, sondern liefert je nach Seitenorientierung immer 1 oder 2. Das Ergebnis des Layoutvorgangs teilen Sie dem System mit, indem Sie eine der Methoden des `LayoutResultCallback`-Objekts aufrufen, das an `onLayout()` übergeben wurde. Dabei kann es drei Situationen geben:

- Der Vorgang war erfolgreich. In diesem Fall rufen Sie `onLayoutFinished()` auf und übergeben hierbei in einem Objekt des Typs `PrintDocumentInfo` die Seitenanzahl und den Typ des Dokuments. Ein Flag kennzeichnet, ob sich das Layout inhaltlich geändert hat. Es ist wichtig, diesen Wert sorgsam zu setzen, denn Android nutzt ihn für die Steuerung von `onWrite()`-Aufrufen.
- Es ist ein Fehler aufgetreten. Die Seitenzahl konnte nicht berechnet werden. In diesem Fall übergeben Sie eine Fehlermeldung an `onLayoutFailed()`.
- Der Druckvorgang soll abgebrochen werden. In diesem Fall müssen Sie `onLayoutCancelled()` aufrufen. Aufforderungen, den Druck abzubrechen, werden an `onLayout()` und `onWrite()` mit einem `CancellationSignal`-Objekt übergeben.

Ein Objekt des Typs `PrintedPdfDocument` repräsentiert das zu druckende Dokument während seiner Erstellung. Es wird in `onLayout()` auf Basis der aktuellen Druckparameter instanziiert und in `onWrite()` bestückt. Die Hauptaufgabe dieser Methode ist es, jede angeforderte Seite zu rendern und in eine Datei zu schreiben. Falls der Druckvorgang abgebrochen werden soll, rufen Sie die Methode `onWriteCancelled()` des übergebenen `WriteResultCallback`-Objekts auf. Haben Sie alle angeforderten Seiten erzeugt, schreiben Sie das Ergebnis mit `writeTo()` in eine Datei. Tritt hierbei ein Fehler auf, müssen Sie dies dem System mit `onWriteFailed()` mitteilen. Die Methode `onWriteFinished()` signalisiert einen erfolgreichen Rendering-Vorgang.

Hinweis

Um den Quelltext kurz zu halten, ignoriert meine Implementierung etwaige an `onWrite()` übergebene Seitenbereiche.

Ich habe den eigentlichen Seitenaufbau in die Methode `drawPage()` ausgelagert. Sie erhält ein `PdfDocument.Page`-Objekt, das die aktuell zu rendernde Seite repräsentiert. Das Zeichnen erfolgt auf ein ganz normales `Canvas`-Objekt. Sie erhalten es mit `getCanvas()`. Die Auflösung dieser Zeichenfläche entspricht 1/72 Zoll, was ein im Satzbereich lange bekannter Wert ist.

10.5 Zusammenfassung

Sie haben in diesem Kapitel sehr viel über Dateien und Verzeichnisse erfahren. Sie können die Daten Ihrer App privat halten oder durch das Speichern auf externen Medien mit anderen Programmen teilen. Das mit Android 4.4 eingeführte Druck-Framework erweitert die Einsatzmöglichkeiten der Plattform deutlich. Insbesondere die großen Bildschirme von Tablets machen Programme möglich, die lange Zeit den Desktops vorbehalten waren. Dank PDF steht einer qualitativ hochwertigen Ausgabe auf Papier nichts im Wege.

Kapitel 11
Datenbanken

Datenbanken eignen sich hervorragend, um viele gleichförmige Informationen abzuspeichern. Mit Content Providern können Sie anderen Programmen die Daten Ihrer App zur Verfügung stellen. Wie Sie beides kombinieren, zeige ich Ihnen in diesem Kapitel.

Oft folgen die Daten, die mit einem Programm verarbeitet werden, einer wohldefinierten Struktur. Kontakte beispielsweise enthalten fast immer einen Namen, eine Anschrift, eine oder mehrere Telefonnummern sowie ein Geburtsdatum. In einem Literaturverzeichnis erwarten Sie den Titel des Buches, den Namen des Verfassers und das Erscheinungsjahr. Und um Termine zu speichern, sollten Beginn und Ende eines Termins (jeweils mit Datum und Uhrzeit), der Ort und eine Beschreibung vorhanden sein. Meine drei Beispiele zeigen *Datensätze*. Ein Datensatz fasst *Datenfelder* zusammen. Name, Titel und Beschreibung sind solche Felder.

Wie oder wo Datensätze gespeichert werden, ist in erster Linie eine technische Frage. Indem Sie eine Karteikarte aus Papier beschriften und einsortieren, legen Sie einen Datensatz an. Programme können Sie in klassischen Dateien speichern. Wie das funktioniert, beschreibe ich in Kapitel 10, »Dateien lesen, schreiben und drucken«. Welche Struktur hierbei entsteht, bestimmt die schreibende Anwendung. Möchten andere Programme darauf zugreifen, müssen sie das Format dieser Datei kennen. Eine interessante Alternative ist deshalb, die Speicherung einem Datenbanksystem zu überlassen. Android bringt eine solche Komponente mit.

11.1 Erste Schritte mit SQLite

Sehr häufig werden Datensätze als Tabellen dargestellt. Die Spaltenüberschriften repräsentieren Datenfelder. Die Zeilen der Tabelle enthalten die eigentlichen Nutzdaten. Dies ist die zentrale Idee von *relationalen Datenbanksystemen*. Sie folgen dem *relationalen Modell*, das E.F. Codd 1970 erstmals vorgeschlagen hat. Dessen Grundlage bildet die *mathematische Relation*. Relationen bestehen aus einer Menge von *Tupeln*. Ein solches Tupel wiederum entspricht einer Zeile einer Tabelle. Welche Operationen auf eine Relation angewendet werden können, wird durch die *relationale Algebra* bestimmt.

Glücklicherweise tritt dieser stark mathematische Aspekt in den Hintergrund, denn mit relationalen Datenbanken hat sich auch die Datenbanksprache *SQL* (*Structured Query Language*) etabliert. Mit ihr ist es unter anderem möglich, Daten abzufragen, zu verwalten und zu verändern.

11.1.1 Einstieg in SQLite

Eine Software zur Eingabe, Verwaltung und Bearbeitung von in Datenbanken abgelegten Informationen wird traditionell *Datenbankmanagementsystem* genannt. Oft werden die Programme, die die eigentliche Speicherung und Wiedergewinnung übernehmen, auf einem eigenen *Datenbankserver* installiert. Ein Client verbindet sich über ein Netzwerk mit ihm, übermittelt SQL-Anweisungen und empfängt Ergebnisse (zum Beispiel von Suchanfragen).

Damit das klappt, müssen beide Maschinen entsprechend konfiguriert, gegebenenfalls Benutzerkonten angelegt oder abgeglichen und Zugriffsrechte vergeben werden. Für den Einsatz im Unternehmen ist dieser Aufwand zweifellos gerechtfertigt. Möchten Sie in einer Anwendung »einfach nur« Daten speichern und abfragen, sind andere Qualitäten wichtig. Hierzu gehören unter anderem:

- ein geringer Speicherverbrauch
- eine möglichst einfache Konfiguration
- eine schlanke Programmierschnittstelle

SQLite[1] erfüllt diese Anforderungen. Es handelt sich hierbei um eine in sich geschlossene, serverlose und ohne Konfigurationsaufwand nutzbare transaktionale SQL-Datenbankmaschine. Google hat diese sehr kompakte (nur wenige 100 KB große) In-Process-Bibliothek in Android integriert und stellt sie App-Entwicklern über einige leicht einsetzbare Klassen zur Verfügung. Wie Sie in den folgenden Abschnitten sehen werden, gelingt der Einstieg in die faszinierende Welt der Datenbanken ohne große Mühe. Dennoch möchte ich Ihnen einen Blick in das Literaturverzeichnis in Anhang A ans Herz legen, wenn Sie tiefer in die Materie einsteigen möchten.

Wie Sie bereits wissen, werden Nutzdaten (zum Beispiel der Name einer Person und ihr Alter) als Zeilen einer benannten Tabelle gespeichert. Auch deren Spaltenüberschriften haben Namen. Das ist nötig, um eine ganz bestimmte Spalte ansprechen zu können. Welche Werte sie aufnehmen kann, wird bei der Definition der Tabelle festgelegt. Auch Datenbanken selbst erhalten – Sie ahnen es sicher – einen Namen.

Nun fragen Sie sich bestimmt, wie Sie Datenbanken oder Tabellen anlegen und Inhalte einfügen, abfragen und verändern können. Vieles ist standardisiert über SQL möglich, anderes hängt vom verwendeten Datenbankmanagementsystem ab. Vor

1 *www.sqlite.org*

allem große Systeme kennen beispielsweise die Anweisung `CREATE DATABASE`, um eine neue Datenbank anzulegen. In SQLite entspricht eine Datenbank hingegen genau einer Datei. Deshalb müssen Sie eine Datei erzeugen, um mit einer neuen Datenbank zu arbeiten. Ein zusätzlicher Befehl ist nicht nötig.

Bevor ich Ihnen zeige, wie Sie in Ihren Programmen auf SQLite zugreifen, möchte ich Ihnen ein paar grundlegende SQL-Kenntnisse vermitteln. Falls Sie bereits mit SQL vertraut sind, können Sie diesen Abschnitt gefahrlos überspringen. Da man sich Dinge, die man selbst ausprobiert hat, am leichtesten merken kann, werden Sie diese Befehle auf der Kommandozeile eingeben. Wie Sie bereits wissen, können Sie die *Android Debug Bridge* verwenden, um mit einem gestarteten Emulator zu kommunizieren. Nachdem das virtuelle Gerät hochgefahren ist, öffnen Sie die Eingabeaufforderung bzw. ein Terminal-Fenster und geben `adb shell` ein.

Hinweis [«]

Damit das funktioniert, müssen Sie die Kommandozeilentools des Android SDK dem Standardsuchpfad hinzugefügt haben. Weitere Hinweise finden Sie in Abschnitt 1.3.1, »Android Studio und Android SDK installieren«.

Datenbanken und Tabellen anlegen

Nun können Sie SQLite aufrufen. Geben Sie hierzu `sqlite3 /data/local/tmp/test.db` ein, und drücken Sie die [↵]-Taste. */data/local/tmp/test.db* ist der vollständige Name der Datenbankdatei, mit der Sie arbeiten möchten. Da die Datei noch nicht existiert, legt das System sie für Sie an. Als Nächstes erzeugen Sie eine – zunächst leere – Tabelle. Hierfür ist `CREATE TABLE` zuständig. Geben Sie den folgenden Befehl in einer Zeile ein, und bestätigen Sie mit der [↵]-Taste:

```
CREATE TABLE testtabelle (age INTEGER, name VARCHAR(32));
```

Achten Sie dabei auf den Strichpunkt am Ende. Ihre Eingabe besteht aus den drei folgenden Bereichen:

1. der auszuführenden Operation (`CREATE TABLE`)
2. dem Namen der anzulegenden Tabelle
3. einer zwischen runde Klammern gesetzten Liste mit Spaltendefinitionen, deren Elemente durch ein Komma voneinander getrennt werden

Wie Sie bereits wissen, werden den Spalten einer Datenbanktabelle Namen und Datentypen zugewiesen. `testtabelle` besteht aus den beiden Spalten `age` und `name`. Der Name einer Person kann in diesem Fall bis zu 32 Zeichen enthalten. Das Alter wird als ganze Zahl angegeben.

Datensätze ablegen

Mit `INSERT INTO` fügen Sie einer Tabelle Datensätze hinzu:

```
INSERT INTO testtabelle (age, name) VALUES (44, 'Thomas');
```

Ihre Eingabe besteht aus fünf Bereichen:

1. der auszuführenden Operation (`INSERT INTO`)
2. dem Namen der zu befüllenden Tabelle
3. einer zwischen runde Klammern gesetzten Liste mit Spaltennamen, deren Elemente durch ein Komma voneinander getrennt werden
4. dem Schlüsselwort `VALUES`
5. einer zwischen runde Klammern gesetzten Liste mit Werten, deren Elemente durch ein Komma voneinander getrennt werden

Die erste geklammerte Liste gibt an, welche Spalten einer Tabelle mit Werten gefüllt werden sollen. Die zweite Liste enthält die abzulegenden Daten. Der SQL-Befehl `INSERT INTO` ist sehr mächtig. Beispielsweise können Sie unter bestimmten Umständen Spalten auslassen. Fügen Sie der Tabelle noch ein paar Zeilen hinzu. Diesmal lassen wir die zu befüllenden Spalten weg. Das ist möglich, wenn die Liste nach `VALUES` vollständig ist und die Werte in derselben Reihenfolge wie bei der Definition der Tabellen übergeben werden.

```
INSERT INTO testtabelle VALUES (47, 'Andy');
INSERT INTO testtabelle VALUES (76, 'Rüdel');
```

Daten abfragen

Mit der Anweisung

```
SELECT * FROM testtabelle;
```

können Sie sich die Tabelle ansehen. Die vollständige Sitzung mit allen bisher ausgeführten SQL-Anweisungen ist in Abbildung 11.1 zu sehen. Anstelle des Asterisks (*) können Sie eine durch Kommas getrennte Liste von Spaltennamen übergeben. Das Kommando

```
SELECT age, name FROM testtabelle;
```

liefert hier also dasselbe Ergebnis. Lassen Sie uns noch ein wenig mit SQL experimentieren.

Um die Anzahl der Zeilen von `testtabelle` zu zählen, verwenden Sie folgenden Befehl:

```
SELECT COUNT(*) FROM testtabelle;
```

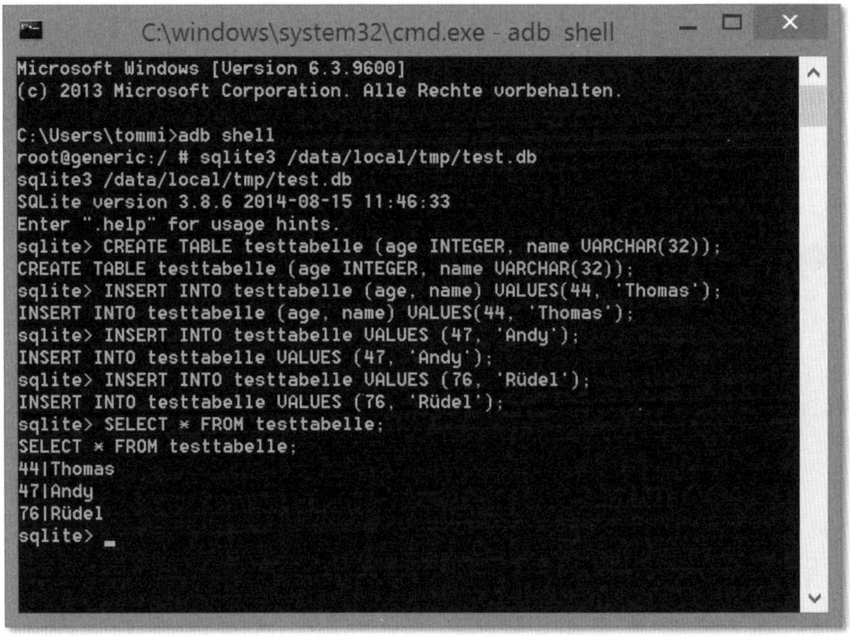

Abbildung 11.1 Eine sqlite3-Sitzung

Das Durchschnittsalter der gespeicherten Personen erfragen Sie mit folgender Anweisung:

```
SELECT AVG(age) FROM testtabelle;
```

Geben Sie zum Schluss noch folgendes Kommando ein:

```
SELECT age FROM testtabelle WHERE name IS 'Thomas';
```

Diese Anweisung liefert das Alter einer Person mit dem Namen Thomas. Falls mehrere solcher Datensätze existieren (was natürlich problemlos möglich ist), werden entsprechend viele Zahlen ausgegeben.

Tipp

In Bezug auf Schlüsselwörter (`CREATE`, `SELECT`, ...) unterscheidet SQL nicht zwischen Groß- und Kleinschreibung. Allein schon aus Gründen der Lesbarkeit sollten Sie aber der Konvention folgen, diese in Großbuchstaben zu notieren. Bezeichner, zum Beispiel Tabellen- und Spaltennamen, hingegen in Kleinbuchstaben.

Sie haben jetzt erste Erfahrungen mit der Datenbanksprache SQL gesammelt und interaktiv mit SQLite gearbeitet. Wie Sie in Ihren Apps auf Datenbanken zugreifen, zeige ich Ihnen im folgenden Abschnitt. Vorher beenden Sie noch SQLite mit `.exit` (achten Sie auf den führenden Punkt). `exit` (diesmal ohne Punkt) trennt die `adb`-Verbindung.

11.1.2 SQLite in Apps nutzen

In diesem Abschnitt stelle ich Ihnen die Beispiel-App *TKMoodley* vor. Ihre Benutzeroberfläche ist in Abbildung 11.2 zu sehen. Sie besteht aus vier Schaltflächen – drei Smileys sowie VERLAUF. Die (nicht ganz ernst gemeinte) Idee ist, durch Anklicken eines der drei Gesichter Ihre aktuelle Stimmung zu dokumentieren. Das Programm legt den Zeitpunkt des Klicks sowie den Smiley-Typ in einer Datenbanktabelle ab.

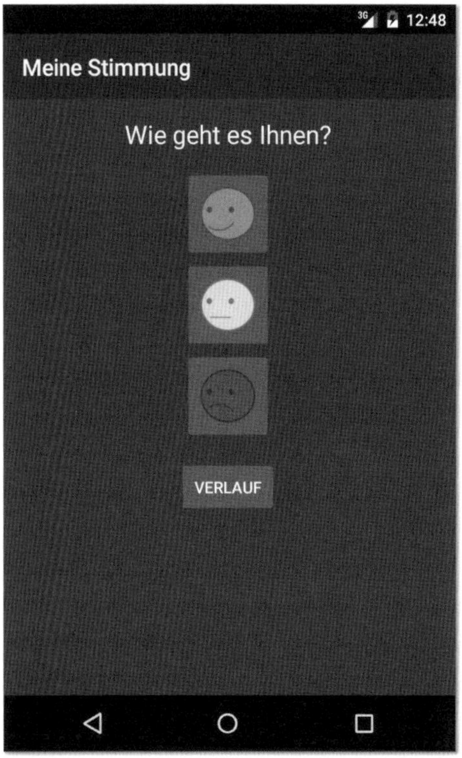

Abbildung 11.2 Die App »TKMoodley«

Sie finden die App in mehreren Versionen in den Begleitmaterialien. Fürs Erste beschäftigen wir uns mit *TKMoodley_v1*. Das Projekt besteht aus den zwei Klassen `TKMoodley` und `TKMoodleyOpenHandler`, den drei Smileys in jeweils drei Größen sowie den Android-üblichen Layout- und Konfigurationsdateien. Die Activity `TKMoodley` entfaltet ihre Benutzeroberfläche aus *main.xml*. Wenn Sie neugierig sind, können Sie einen kurzen Blick auf das Layout werfen.

Die Methode `onCreate()` der Klasse `TKMoodley` registriert für die vier Schaltflächen jeweils einen `OnClickListener`. Alle Smileys rufen `imageButtonClicked()` auf. Diese private Methode erzeugt einen neuen Eintrag in einer Datenbank (wie das funktioniert, erkläre ich gleich) und gibt die Meldung GESPEICHERT in einem kleinen Infofähnchen (einem sogenannten *Toast*) aus. Ein Klick auf VERLAUF bewirkt im Moment noch nichts, da wir den entsprechenden Code erst in Abschnitt 11.2.1, »Klickverlauf mit SELECT ermitteln«, einfügen werden.

```
package com.thomaskuenneth.tkmoodley_v1;

import android.app.Activity;
import android.os.Bundle;
import android.view.View;
import android.view.View.OnClickListener;
import android.widget.Button;
import android.widget.ImageButton;
import android.widget.Toast;

public class TKMoodley extends Activity {

    private TKMoodleyOpenHandler openHandler;

    @Override
    public void onCreate(Bundle savedInstanceState) {
        super.onCreate(savedInstanceState);
        setContentView(R.layout.main);
        final ImageButton buttonGut = (ImageButton) findViewById(R.id.gut);
        buttonGut.setOnClickListener(new OnClickListener() {
            @Override
            public void onClick(View v) {
                imageButtonClicked(TKMoodleyOpenHandler.MOOD_FINE);
            }
        });
        final ImageButton buttonOk = (ImageButton) findViewById(R.id.ok);
        buttonOk.setOnClickListener(new OnClickListener() {
            @Override
            public void onClick(View v) {
                imageButtonClicked(TKMoodleyOpenHandler.MOOD_OK);
            }
        });
        final ImageButton buttonSchlecht =
 (ImageButton) findViewById(R.id.schlecht);
        buttonSchlecht.setOnClickListener(new OnClickListener() {
            @Override
            public void onClick(View v) {
                imageButtonClicked(TKMoodleyOpenHandler.MOOD_BAD);
            }
        });
```

```
        final Button buttonAuswertung = (Button) findViewById(R.id.auswertung);
        buttonAuswertung.setOnClickListener(new OnClickListener() {
            @Override
            public void onClick(View v) {
                // hier muss noch was hin...
            }
        });
        openHandler = new TKMoodleyOpenHandler(this);
    }

    @Override
    protected void onPause() {
        super.onPause();
        openHandler.close();
    }

    private void imageButtonClicked(int mood) {
        openHandler.insert(mood, System.currentTimeMillis());
        Toast.makeText(this, R.string.saved, Toast.LENGTH_SHORT).show();
    }
}
```

Listing 11.1 Die Klasse »TKMoodley«

Die letzte Anweisung in `onCreate()`, nämlich `openHandler = new TKMoodleyOpenHandler(this);`, instanziiert ein Objekt des Typs `TKMoodleyOpenHandler` und weist es der Instanzvariablen `openHandler` zu. Auf diese wird in den Methoden `imageButtonClicked()` (Aufruf von `insert()`) und `onPause()` (Aufruf von `close()`) zugegriffen.

Damit ein Programm auf eine Datenbank zugreifen kann, muss diese unter anderem angelegt und geöffnet werden. Zu Android gehört die abstrakte Klasse `android.database.sqlite.SQLiteOpenHelper`. Sie vereinfacht die Kommunikation mit SQLite. Apps sollten deshalb eigene Datenbank-Hilfsklassen beinhalten, die von `SQLiteOpenHelper` ableiten und deren Methoden `onCreate()` und `onUpgrade()` implementieren.

Möchte eine App auf eine Datenbank zugreifen, prüft Android, ob diese schon existiert. Ist dies nicht der Fall, ruft das System `onCreate()` auf. In dieser Methode sollten mit `CREATE TABLE` alle Tabellen angelegt und gegebenenfalls mit Grunddaten versorgt werden. Um das Anlegen der Datenbank selbst müssen Sie sich nicht kümmern. `onUpgrade()` wird aufgerufen, wenn sich die Version einer Datenbank geändert hat. Diese Nummer übermitteln Sie bei der Instanziierung Ihrer `SQLiteOpenHelper`-Ableitung an das System. Benötigen Sie in einer Tabelle zusätzliche Spalten oder müssen Sie die komplette Struktur Ihrer Datenbank ändern, erhöhen Sie einfach die Versionsnummer um 1.

Tipp

Einfache Änderungen an der Tabellenstruktur sind mit `ALTER TABLE` möglich.

[+]

Die im Folgenden abgedruckte Beispielimplementierung löscht mit dem SQL-Befehl `DROP TABLE` die einzige Tabelle der Datenbank und ruft anschließend `onCreate()` auf. Dies hat natürlich zur Folge, dass vorhandene Datensätze verloren gehen. Wenn Sie Ihre App in Google Play anbieten oder auf andere Weise veröffentlichen, sollten Sie diese Datensätze stattdessen in geeigneter Weise »parken« und nach der Aktualisierung der Tabellenstruktur wieder einspielen.

```
package com.thomaskuenneth.tkmoodley_v1;

import android.content.ContentValues;
import android.content.Context;
import android.database.sqlite.SQLiteDatabase;
import android.database.sqlite.SQLiteException;
import android.database.sqlite.SQLiteOpenHelper;
import android.util.Log;

public class TKMoodleyOpenHandler extends SQLiteOpenHelper {
    private static final String TAG = TKMoodleyOpenHandler.class
            .getSimpleName();

    // Name und Version der Datenbank
    private static final String DATABASE_NAME = "tkmoodley.db";
    private static final int DATABASE_VERSION = 1;

    // Name und Attribute der Tabelle "mood"
    public static final String _ID = "_id";
    public static final String TABLE_NAME_MOOD = "mood";
    public static final String MOOD_TIME = "timeMillis";
    public static final String MOOD_MOOD = "mood";

    // Konstanten für die Stimmungen
    public static final int MOOD_FINE = 1;
    public static final int MOOD_OK = 2;
    public static final int MOOD_BAD = 3;

    // Tabelle mood anlegen
    private static final String TABLE_MOOD_CREATE = "CREATE TABLE "
            + TABLE_NAME_MOOD + " (" + _ID
            + " INTEGER PRIMARY KEY AUTOINCREMENT, " + MOOD_TIME + " INTEGER, "
            + MOOD_MOOD + " INTEGER);";
```

```
    // Tabelle mood löschen
    private static final String TABLE_MOOD_DROP = "DROP TABLE IF EXISTS "
            + TABLE_NAME_MOOD;

    TKMoodleyOpenHandler(Context context) {
        super(context, DATABASE_NAME, null, DATABASE_VERSION);
    }

    @Override
    public void onCreate(SQLiteDatabase db) {
        db.execSQL(TABLE_MOOD_CREATE);
    }

    @Override
    public void onUpgrade(SQLiteDatabase db, int oldVersion, int newVersion) {
        Log.w(TAG, "Upgrade der Datenbank von Version " + oldVersion + " zu "
                + newVersion + "; alle Daten werden gelöscht");
        db.execSQL(TABLE_MOOD_DROP);
        onCreate(db);
    }

    public void insert(int mood, long timeMillis) {
        long rowId = -1;
        try {
            // Datenbank öffnen
            SQLiteDatabase db = getWritableDatabase();
            Log.d(TAG, "Pfad: " + db.getPath());
            // die zu speichernden Werte
            ContentValues values = new ContentValues();
            values.put(MOOD_MOOD, mood);
            values.put(MOOD_TIME, timeMillis);
            // in die Tabelle mood einfügen
            rowId = db.insert(TABLE_NAME_MOOD, null, values);
        } catch (SQLiteException e) {
            Log.e(TAG, "insert()", e);
        } finally {
            Log.d(TAG, "insert(): rowId=" + rowId);
        }
    }
}
```

Listing 11.2 Die Klasse »TKMoodleyOpenHandler«

Die Methode `insert()` wird aus `TKMoodley` aufgerufen, wenn der Benutzer einen der drei Smileys angeklickt hat. Die Beispielimplementierung ermittelt zunächst mit `getWritableDatabase()` eine Instanz des Typs `SQLiteDatabase` und baut anschließend ein `ContentValues`-Objekt zusammen. Dieses erhält Informationen darüber, welchen Spalten welche Werte zugewiesen werden sollen.

Sehen Sie sich die Definition der Instanzvariable `TABLE_MOOD_CREATE` an. Sie enthält eine vollständige `CREATE TABLE`-Anweisung, mit der die Tabelle `mood` erstellt wird. Diese besteht aus den drei Spalten `_id`, `timeMillis` und `mood`. Die Spalte `_id` wird aufgrund des Schlüsselworts `AUTOINCREMENT` selbsttätig befüllt. Aus diesem Grund finden Sie in `insert()` nur zwei Aufrufe der Methode `put()`, nämlich einmal für `timeMillis` und einmal für `mood`.

Bitte starten Sie die App *TKMoodley*, und klicken Sie einige Male auf die drei Smileys. Öffnen Sie dann den *Android Device Monitor*, und navigieren Sie in dessen Sicht FILE EXPLORER, die Sie in Abbildung 11.3 sehen, zu dem Verzeichnis */data/data/com.thomaskuenneth.tkmoodley_v1/databases*. Dieses Verzeichnis enthält die Datei *tkmoodley.db*. Dies ist die Datenbank der App, einschließlich der Tabelle `mood` sowie der bislang erfolgten Klicks.

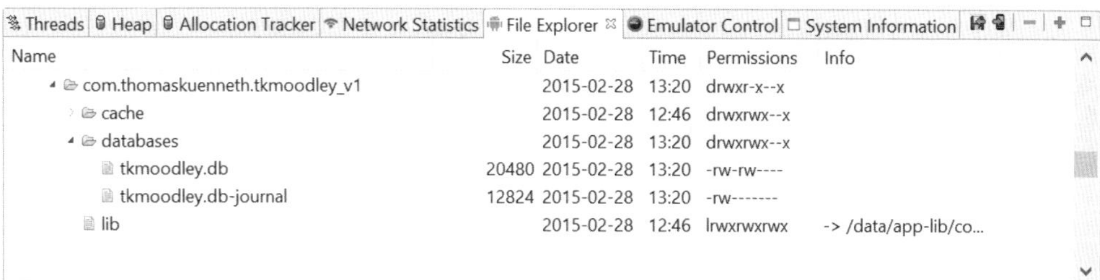

Abbildung 11.3 Die Sicht »File Explorer«

Es gibt Werkzeuge von Drittanbietern, die auf SQLite-Datenbankdateien arbeiten. Eines davon, *DB Browser for SQLite*, ist in Abbildung 11.4 zu sehen.

Mit diesem Programm können Sie sich nicht nur komfortabel Tabelleninhalte ansehen und diese verändern, sondern auch neue Datenbanken anlegen. Es ist Open Source und kann von der Projekt-Homepage unter *http://sqlitebrowser.org/* heruntergeladen werden. Falls Sie sich damit die *TKMoodley*-Datenbank ansehen möchten, können Sie *tkmoodley.db* mit PULL A FILE FROM THE DEVICE herunterladen.

Beenden Sie den Android Device Monitor wieder. Um sich den Inhalt der Datenbankdatei anzusehen, öffnen Sie in Android Studio das Werkzeugfenster TERMINAL und etablieren mit `adb shell` eine Verbindung zum Emulator.

Mit dem folgenden Kommando starten Sie SQLite im interaktiven Modus:

```
sqlite3 /data/data/com.thomaskuenneth.tkmoodley_v1/databases/tkmoodley.db
```

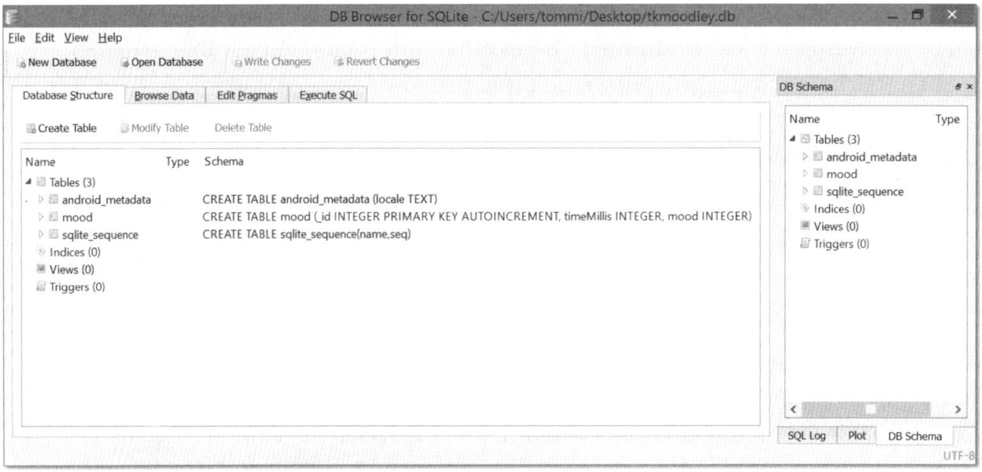

Abbildung 11.4 »DB Browser for SQLite«

Ermitteln Sie mit `SELECT COUNT` die Anzahl Ihrer Klicks, oder lassen Sie sich, wie in Abbildung 11.5 dargestellt, mit `SELECT *` die vollständige Tabelle `mood` anzeigen.

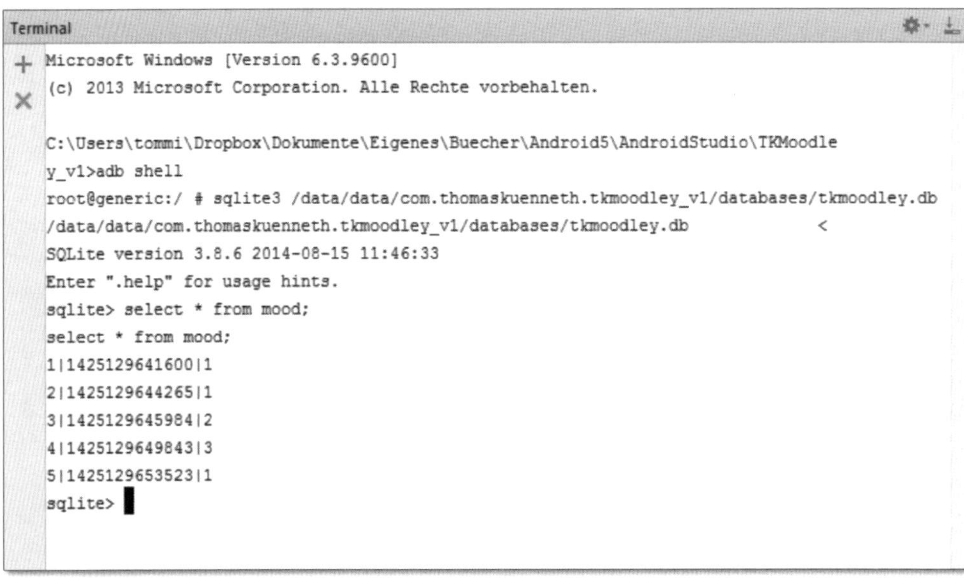

Abbildung 11.5 SQLite im interaktiven Modus

Das Erfassen von Stimmungen funktioniert schon tadellos. Im folgenden Abschnitt zeige ich Ihnen, wie Sie den Verlauf Ihrer Klicks anzeigen. Außerdem werden wir *TKMoodley* um die Möglichkeit erweitern, den Smiley-Typ nachträglich zu ändern und einen Eintrag komplett zu löschen.

11.2 Fortgeschrittene Operationen

Sie finden diese erweiterte Version als Projekt *TKMoodley_full* in den Begleitmaterialien. Ich habe den Paketnamen auf `com.thomaskuenneth.tkmoodley` geändert, sodass Sie die beiden Versionen parallel testen können. Wie Sie bereits wissen, werden die SQLite-Datenbanken im privaten Anwendungsverzeichnis abgelegt. Da der Paketname Bestandteil dessen Pfads ist, hat jede Variante der App ihre eigene Datenbank.

11.2.1 Klickverlauf mit SELECT ermitteln

TKMoodley zeigt den Klickverlauf in einer `ListActivity` an. Um diese starten zu können, tauscht `buttonAuswertung` die Implementierung der Methode `onClick()` des `OnClickListener` gegen folgendes Quelltextfragment aus:


```
public void onClick(View v) {
   Intent intent = new Intent(TKMoodley.this, History.class);
   startActivity(intent);
}
```

Listing 11.3 Den Verlauf öffnen

Damit das funktioniert, muss die Activity in der Manifestdatei eingetragen werden. Dazu fügen Sie das Element `<activity android:name=".History" />` als Kind von `<application />` hinzu.

Mit CursorAdaptern arbeiten

Wie Sie bereits wissen, beziehen List Activities und List Views die Daten, die sie anzeigen sollen, von Objekten, die das Interface `android.widget.ListAdapter` implementieren. Android enthält eine ganze Reihe von Adaptern, die Ihnen einen Großteil der sonst nötigen Implementierungsarbeit abnehmen. `android.widget.CursorAdapter` stellt die Daten eines Cursors zur Verfügung. Auch diese äußerst praktische Klasse haben Sie bereits verwendet.

Die Klasse `TKMoodleyAdapter` implementiert zwei Methoden: `newView()` wird vom System aufgerufen, wenn eine neue View benötigt wird. Dies ist zum Beispiel während der erstmaligen Befüllung einer Liste der Fall. Die Beispielimplementierung entfaltet die im Folgenden abgedruckte Layoutdatei *icon_text_text.xml*. Sie stellt zur Laufzeit ein Symbol sowie zwei Zeilen Text mit unterschiedlicher Größe dar.

```
<?xml version="1.0" encoding="utf-8"?>

<RelativeLayout xmlns:android="http://schemas.android.com/apk/res/android"
  android:layout_width="match_parent"
  android:layout_height="?android:attr/listPreferredItemHeight"
```

```
  android:padding="6dip">

  <ImageView android:id="@+id/icon"
    android:layout_alignParentStart="true"
    android:layout_alignParentTop="true"
    android:layout_marginEnd="6dip"
    android:layout_width="wrap_content"
    android:layout_height="match_parent" />

  <TextView android:id="@+id/text1"
    android:textAppearance="?android:attr/textAppearanceMedium"
    android:layout_marginTop="4dip"
    android:layout_toEndOf="@id/icon"
    android:layout_width="match_parent"
    android:layout_height="wrap_content" />

  <TextView android:id="@+id/text2"
    android:textAppearance="?android:attr/textAppearanceSmall"
    android:layout_below="@id/text1"
    android:layout_alignStart="@id/text1"
    android:layout_width="match_parent"
    android:layout_height="wrap_content" />

</RelativeLayout>
```

Listing 11.4 Die Datei »icon_text_text.xml«

Die zweite von `TKMoodleyAdapter` implementierte Methode, `bindView()`, überträgt konkrete Daten aus einem Cursor in eine bereits vorhandene View. Sie wird aufgerufen, wenn eine Liste befüllt wird oder wenn durch Scrollen verdeckte oder neue Bereiche sichtbar werden.

Das Vorgehen ist stets gleich:

- Auslesen eines Datenbankfeldes mit `cursor.getXYZ()`
- Ermitteln der View mit `findViewById()`
- Setzen des Wertes mit `view.setText()` oder Ähnlichem

Die Umsetzung dieser Schritte ist im folgenden Listing schön zu sehen:

```
package com.thomaskuenneth.tkmoodley;

import android.content.Context;
import android.database.Cursor;
import android.view.LayoutInflater;
```

```
import android.view.View;
import android.view.ViewGroup;
import android.widget.CursorAdapter;
import android.widget.ImageView;
import android.widget.TextView;
import java.text.DateFormat;
import java.text.SimpleDateFormat;
import java.util.Date;

public class TKMoodleyAdapter extends CursorAdapter {

    private final Date date;

    private static final DateFormat DF_DATE = SimpleDateFormat
            .getDateInstance(DateFormat.MEDIUM);
    private static final DateFormat DF_TIME = SimpleDateFormat
            .getTimeInstance(DateFormat.MEDIUM);

    private LayoutInflater inflator;

    public TKMoodleyAdapter(Context context) {
        super(context, null, 0);
        date = new Date();
        inflator = LayoutInflater.from(context);
    }

    @Override
    public void bindView(View view, Context context, Cursor cursor) {
        int ciMood = cursor.getColumnIndex(TKMoodleyOpenHandler.MOOD_MOOD);
        int ciTimeMillis = cursor.getColumnIndex(TKMoodleyOpenHandler.MOOD_TIME);
        ImageView image = (ImageView) view.findViewById(R.id.icon);
        int mood = cursor.getInt(ciMood);
        if (mood == TKMoodleyOpenHandler.MOOD_FINE) {
            image.setImageResource(R.drawable.smiley_gut);
        } else if (mood == TKMoodleyOpenHandler.MOOD_OK) {
            image.setImageResource(R.drawable.smiley_ok);
        } else {
            image.setImageResource(R.drawable.smiley_schlecht);
        }
        TextView textview1 = (TextView) view.findViewById(R.id.text1);
        TextView textview2 = (TextView) view.findViewById(R.id.text2);
        long timeMillis = cursor.getLong(ciTimeMillis);
        date.setTime(timeMillis);
        textview1.setText(DF_DATE.format(date));
        textview2.setText(DF_TIME.format(date));
```

```
    }

    @Override
    public View newView(Context context, Cursor cursor, ViewGroup parent) {
        return inflator.inflate(R.layout.icon_text_text, null);
    }
}
```

Listing 11.5 Die Klasse »TKMoodleyAdapter«

Wie Sie bereits wissen, speichert *TKMoodley* neben dem Smiley-Typ und dem Zeitpunkt der Erfassung eine eindeutige Kennung. Dieses `_id`-Feld wird vom System verwendet, um Tabellenzeilen auf Listenelementen abzubilden. Es muss vorhanden sein, wenn Sie `CursorAdapter` nutzen möchten. In welchem Zusammenhang dies geschieht, zeige ich Ihnen im folgenden Abschnitt.

Die Klasse »History«

Die Klasse `History` leitet von `android.app.ListActivity` ab. Wenn der Benutzer einen Listeneintrag antippt und hält, erscheint ein Kontextmenü. Es ist in Abbildung 11.6 zu sehen.

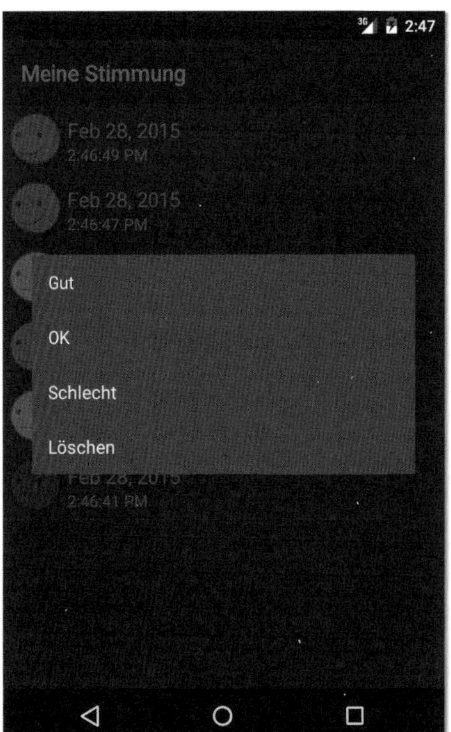

Abbildung 11.6 Das Kontextmenü der Activity »History«

Um solche Kontextmenüs in Ihren eigenen Apps zu realisieren, fügen Sie der Methode onCreate() die Anweisung registerForContextMenu(getListView()); hinzu. Außerdem müssen Sie die Methode onCreateContextMenu() überschreiben. Implementierungen folgen sehr oft dem im folgenden Listing gezeigten Muster:

```
package com.thomaskuenneth.tkmoodley;

import android.app.ListActivity;
import android.os.Bundle;
import android.view.ContextMenu;
import android.view.ContextMenu.ContextMenuInfo;
import android.view.MenuInflater;
import android.view.MenuItem;
import android.view.View;
import android.widget.AdapterView.AdapterContextMenuInfo;
import android.widget.CursorAdapter;

public class History extends ListActivity {

    private CursorAdapter ca;
    private TKMoodleyOpenHandler dbHandler;

    @Override
    protected void onCreate(Bundle savedInstanceState) {
        super.onCreate(savedInstanceState);
        registerForContextMenu(getListView());
        ca = new TKMoodleyAdapter(this);
        setListAdapter(ca);
        dbHandler = new TKMoodleyOpenHandler(this);
        updateList();
    }

    @Override
    protected void onDestroy() {
        super.onDestroy();
        dbHandler.close();
    }

    @Override
    public void onCreateContextMenu(ContextMenu menu, View v,
                                    ContextMenuInfo menuInfo) {
        super.onCreateContextMenu(menu, v, menuInfo);
        MenuInflater inflater = getMenuInflater();
```

```
        inflater.inflate(R.menu.context_menu, menu);
    }

    @Override
    public boolean onContextItemSelected(MenuItem item) {
        AdapterContextMenuInfo info = (AdapterContextMenuInfo) item
                .getMenuInfo();
        switch (item.getItemId()) {
            case R.id.menu_good:
                dbHandler.update(info.id, TKMoodleyOpenHandler.MOOD_FINE);
                updateList();
                return true;
            case R.id.menu_ok:
                dbHandler.update(info.id, TKMoodleyOpenHandler.MOOD_OK);
                updateList();
                return true;
            case R.id.menu_bad:
                dbHandler.update(info.id, TKMoodleyOpenHandler.MOOD_BAD);
                updateList();
                return true;
            case R.id.menu_delete:
                dbHandler.delete(info.id);
                updateList();
                return true;
            default:
                return super.onContextItemSelected(item);
        }
    }

    private void updateList() {
        // Cursor tauschen - der alte wird geschlossen
        ca.changeCursor(dbHandler.query());
    }
}
```

Listing 11.6 Die Klasse »History«

Als Erstes wird mit `super.onCreateContextMenu()` die Implementierung der Elternklasse aufgerufen. Das ist wichtig, falls diese dem Menü Elemente hinzufügen möchte. Danach wird mit `getMenuInflater()` ein Objekt des Typs `MenuInflater` ermittelt. Dessen Methode `inflate()` entfaltet eine XML-Datei und fügt deren Einträge dem Menü hinzu. Um auf das Auswählen eines Menübefehls zu reagieren, überschreiben Sie die Methode `onContextItemSelected()`. Üblicherweise werden in einem switch-case-Block alle Varianten sowie die gegebenenfalls auszuführenden Befehle aufgeführt. Ich komme später darauf zurück.

TKMoodley nutzt den Ihnen bereits bekannten TKMoodleyOpenHandler als Schnittstelle zu seiner Datenbank. Diese Klasse leitet von android.database.sqlite.SQLiteOpenHelper ab. Deren Methode getWritableDatabase() liefert ein Objekt des Typs SQLiteDatabase. Mit query() formulieren Sie Suchanfragen. Ergebnisse werden in Gestalt eines Cursors übertragen.

Das folgende Quelltextfragment liefert alle Zeilen der Tabelle mood in absteigender zeitlicher Reihenfolge. In der Listenansicht erscheinen neue Einträge also weiter oben.

```
public Cursor query() {
   SQLiteDatabase db = getWritableDatabase();
   return db.query(TABLE_NAME_MOOD,
      null, null, null,
      null, null,
      MOOD_TIME + " DESC");
}
```


Listing 11.7 Auszug aus »TKMoodleyOpenHandler.java«

Es wird in der Methode updateList() der Klasse History aufgerufen. Der neue Cursor wird mit changeCursor() einem CursorAdapter-Objekt (meine Klasse TKMoodleyAdapter) übergeben.

11.2.2 Daten mit UPDATE ändern und mit DELETE löschen

Die Methode onContextItemSelected() wird aufgerufen, wenn der Benutzer in der Activity History einen Befehl des Kontextmenüs auswählt. Dieses bietet an, einen neuen Smiley-Typ zu setzen oder den korrespondierenden Eintrag zu löschen. Die Aktualisierung eines Eintrags findet in der Methode update() der Klasse TKMoodleyOpenHandler statt. Sie erhält als Parameter dessen eindeutige Kennung sowie den neuen Smiley-Typ. Die ID wird aus einer Instanz des Typs AdapterContextMenuInfo gelesen, die durch Aufruf der Methode getMenuInfo() ermittelt wurde. Die private Methode updateList() der Klasse History sorgt nach Änderungen an der Datenbank für eine Aktualisierung des Cursors sowie der ListView.

Aktualisierung von Einträgen

Um einen oder mehrere Werte in einer Datenbank ändern zu können, müssen Sie ermitteln, welche dies sind. Die Änderung des Smiley-Typs bezieht sich immer auf genau eine Tabellenzeile, nämlich auf die Zeile, die zum Zeitpunkt der Kontextmenüauswahl aktiv ist. Deren ID wird, wie Sie gerade gesehen haben, von Android zur Verfügung gestellt. Welche Werte geändert werden sollen, übermitteln Sie dem System mit einem Objekt des Typs ContentValues. Dessen Methode put() wird der Name der zu ändernden Spalte sowie der neue Wert übergeben.

Nun können Sie die SQLiteOpenHelper-Methode update() aufrufen. Sie erwartet den Namen einer Tabelle, eine Bedingung, die die zu ändernden Zeilen festlegt, sowie das Objekt mit den neuen Werten. Die Änderungsbedingung wird in zwei Teilen übergeben. _ID + " = ?" legt das Suchkriterium fest. Das Fragezeichen wird aus der Wertemenge String[] { Long.toString(id) } substituiert.

```
public void update(long id, int smiley) {
   SQLiteDatabase db = getWritableDatabase();
   ContentValues values = new ContentValues();
   values.put(MOOD_MOOD, smiley);
   int numUpdated = db.update(TABLE_NAME_MOOD,
         values, _ID + " = ?", new String[] { Long.toString(id) });
   Log.d(TAG, "update(): id=" + id + " -> " + numUpdated);
}
```

Listing 11.8 Aktualisieren eines Eintrags

Löschen eines Eintrags

Auch der zu löschende Eintrag wird in Gestalt seiner ID von Android übermittelt. Deshalb ist die Vorgehensweise beim Löschen analog zur Aktualisierung eines Datensatzes. Die SQLiteOpenHelper-Methode delete() erwartet den Namen einer Tabelle sowie eine Bedingung, die die zu löschenden Zeilen festlegt. Die Löschbedingung wird wiederum in zwei Teilen übergeben. _ID + " = ?" legt das Suchkriterium fest. Das Fragezeichen wird analog zum Aktualisieren aus der Wertemenge String[] { Long.toString(id) } substituiert.

```
public void delete(long id) {
   SQLiteDatabase db = getWritableDatabase();
   int numDeleted = db.delete(TABLE_NAME_MOOD, _ID + " = ?",
         new String[] { Long.toString(id) });
   Log.d(TAG, "delete(): id=" + id + " -> " + numDeleted);
}
```

Listing 11.9 Löschen eines Eintrags

Android stellt eine Vielzahl von Funktionen zur Verfügung, um Dateien und Verzeichnisse zu lesen und zu schreiben. Üblicherweise werden diese im privaten Anwendungsverzeichnis abgelegt, sind also für andere Programme nicht erreichbar.

Ist ein Austausch mit fremden Apps gewünscht, können Sie Dateien auf einer SD-Karte bzw. einem externen Speichermedium ablegen. Potenzielle Nutzer Ihrer Dateien müssen aber deren Aufbau kennen. Deshalb bietet sich ein Datenaustausch auf Dateiebene in der Regel nur für Standardformate an. Ausführliche Informationen zum Umgang mit Dateien und Verzeichnissen finden Sie in Kapitel 10, »Dateien lesen, schreiben und drucken«.

Strukturierte Daten sind besonders gut für eine Ablage in SQLite-Datenbanken geeignet. Auf diese greifen Sie mit der standardisierten Datenbanksprache SQL zu. Eigentlich prädestiniert sie dies für einen Zugriff durch Drittanwendungen. Allerdings sind auch Datenbanken für fremde Apps »unsichtbar«. Wie Sie aus den vorangehenden Abschnitten dieses Kapitels wissen, werden sie in einer Datei im privaten Anwendungsverzeichnis gespeichert. Vielleicht fragen Sie sich nun, wie Sie unter Android solche tabellenartigen Daten über Anwendungsgrenzen hinweg austauschen können.

In Kapitel 7, »Telefonieren und Surfen«, habe ich Ihnen die Nutzung der systemweiten Anrufhistorie (Call Log) gezeigt. Mit der Methode `query()` einer `ContentResolver`-Instanz wurden alle entgangenen Anrufe ermittelt und in einer Liste abgelegt. Hierzu haben wir in einer Schleife einen `Cursor` zeilenweise weiterbewegt und auf einzelne Ergebnisspalten zugegriffen. Auch das Verändern von Werten mit der Methode `update()` wurde demonstriert.

Hinweis

[«]

`Cursor`, `query()` und `update()` klingen zwar nach SQL, gehören in diesem Fall aber zu einer weiteren Datenzugriffsschicht von Android. Sie ist Gegenstand der folgenden Abschnitte. Solche *Content Provider* stellen Informationen als Datensätze zur Verfügung. Alle interessierten Apps können mit einem *Content Resolver* auf sie zugreifen.

11.3 Vorhandene Content Provider nutzen

Neben dem Call Log enthält Android einige weitere interessante Content Provider. Wie Sie gleich sehen werden, erfolgen Zugriffe stets nach demselben Muster. Zuerst ermitteln Sie die Referenz auf ein Objekt des Typs `android.content.ContentResolver`. Üblicherweise geschieht dies durch Aufruf von `getContentResolver()`. Diese Methode ist in allen von `android.content.Context` abgeleiteten Klassen vorhanden. Anschließend nutzen Sie `query()`, `insert()`, `update()` und `delete()`, um Daten zu suchen, einzufügen, zu verändern und zu löschen.

11.3.1 Mit Content Resolver auf Wörterbücher zugreifen

Während der Texteingabe macht Android dem Benutzer Wortvorschläge. Das hierfür verwendete Wörterbuch ist als Content Provider realisiert. Es lässt sich deshalb sehr einfach um eigene Einträge erweitern. Nach dem Anlegen eines virtuellen Android-

Geräts ist dessen Benutzerwörterbuch leer. Sie können unter EINSTELLUNGEN • SPRACHE & EINGABE • MEIN WÖRTERBUCH (bzw. unter SETTINGS • LANGUAGE & INPUT • PERSONAL DICTIONARY auf englischsprachigen Modellen und im Emulator) Einträge hinzufügen. Die Seite ist in Abbildung 11.7 zu sehen.

Abbildung 11.7 Einstellungsseite für eigene Wörterbücher

Wie Sie auf das Wörterbuch zugreifen, zeigt die App *UserDictionaryDemo*. Nach dem Start werden alle Einträge des Benutzerwörterbuchs in LOGCAT ausgegeben. Anschließend fügt die App das Wort »Künneth« hinzu und zeigt die Liste abermals an. Zum Schluss wird der neue Eintrag wieder entfernt. Zur Kontrolle gibt das Programm die noch vorhandenen Elemente abermals aus. Die Bildschirmausgaben sehen Sie in Abbildung 11.8.

Die Klasse `ContentResolver` stellt Methoden zum Suchen, Hinzufügen, Verändern und Löschen von Daten zur Verfügung. Informationen werden von Content Providern in einer Tabelle abgelegt. Jede ihrer Zeilen entspricht einem Datensatz.

Abbildung 11.8 Die »logcat«-Ausgaben der App »UserDictionaryDemo«

Operationen können sich auf eine oder mehrere Zeilen oder aber eine bestimmte Anzahl von Spalten beziehen. Wo diese Tabelle gespeichert wird und in welchem Format dies geschieht, ist ein Implementierungsdetail des Providers und für den Nutzer der Daten unerheblich. Es kann sich also um eine SQLite-Datenbank, eine lokale Datei, einen Webservice oder um eine beliebige andere Datenquelle handeln. Der Konsument greift ausschließlich auf Methoden der Klasse `ContentResolver` zu.

Wie das geschieht, ist im folgenden Listing zu sehen. Alle Klassen, die von `android.content.Context` ableiten (insbesondere Activities und Services), stellen die Methode `getContentResolver()` zur Verfügung. Die Ausgabe der Benutzerwörterbuch-Einträge erfolgt in `listEntries()`. Sie ruft die `ContentResolver`-Methode `query()` auf. Diese liefert Zeilen einer Datentabelle, die einem vorgegebenen Suchmuster entsprechen. Über den ersten Parameter steuern Sie auf welche Tabelle zugegriffen wird und damit, welcher Content Provider diese Tabelle zur Verfügung stellt. Mit `Words.CONTENT_URI` adressieren Sie das Benutzerwörterbuch.

Mit dem zweiten Wert, `projection`, einem Feld von Strings, legen Sie fest, welche Spalten der Tabelle das Suchergebnis enthalten sollen. `null` teilt Android mit, dass Sie alle benötigen. Die Spalte `WORD` des Benutzerwörterbuchs enthält das Wort. `FREQUENCY` gibt dessen Häufigkeit in einem Bereich zwischen 1 (selten) und 255 (gängig) an. `APP_ID` kennzeichnet die App, die einen Eintrag hinzugefügt hat. `LOCALE` kennzeichnet, in welchem Land bzw. in welcher Sprache das Wort verwendet werden soll. `_ID` schließlich ist eine für jede Tabellenzeile eindeutige Kennung.

Die beiden Parameter, die auf `projection` folgen, können die Ergebnismenge einschränken, sofern sie nicht, wie in meinem Beispiel, auf `null` gesetzt werden. Etwas später zeige ich Ihnen, wie Sie diese verwenden. Der fünfte und letzte Parameter der Methode `query()` steuert die Sortierung des Ergebnisses. `null` nutzt die Standardreihenfolge des Content Providers.

```
package com.thomaskuenneth.userdictionarydemo;

import android.app.Activity;
import android.content.ContentResolver;
import android.content.ContentValues;
import android.database.Cursor;
import android.os.Bundle;
import android.provider.BaseColumns;
import android.provider.UserDictionary.Words;
import android.util.Log;
import java.util.Locale;

public class UserDictionaryDemo extends Activity {

    private static final String TAG = UserDictionaryDemo.class.getSimpleName();
    private static final String WORT = "Künneth";

    @Override
    public void onCreate(Bundle savedInstanceState) {
        super.onCreate(savedInstanceState);
        ContentResolver cr = getContentResolver();
        Log.d(TAG, "Erster Aufruf");
        listEntries(cr);
        // Eintrag hinzufügen
        ContentValues values = new ContentValues();
        values.put(Words.APP_ID, getApplication().getApplicationInfo().uid);
        values.put(Words.WORD, WORT);
        values.put(Words.FREQUENCY, 250);
        values.put(Words.LOCALE, Locale.GERMAN.toString());
        cr.insert(Words.CONTENT_URI, values);
        Log.d(TAG, "Zweiter Aufruf");
        listEntries(cr);
        // Wort löschen
        cr.delete(Words.CONTENT_URI, Words.WORD + " is ?",
                new String[]{WORT});
        Log.d(TAG, "Dritter Aufruf");
        listEntries(cr);
    }

    private void listEntries(ContentResolver cr) {
        String[] projection = {Words.WORD, Words.FREQUENCY, Words.APP_ID,
                Words.LOCALE, BaseColumns._ID};
        Cursor c = cr.query(Words.CONTENT_URI, projection, null, null, null);
        if (c != null) {
```

```
            while (c.moveToNext()) {
                String word = c.getString(0);
                int freq = c.getInt(1);
                int apid = c.getInt(2);
                String locale = c.getString(3);
                long _id = c.getLong(4);
                Log.d(TAG, word + " (freq=" + freq + ", apid=" + apid + ", locale="
                        + locale + ", _id=" + _id + ")");
            }
            c.close();
        }
    }
}
```

Listing 11.10 Die Klasse »UserDictionaryDemo«

`query()` liefert ein Objekt des Typs `android.database.Cursor` oder `null`. Um eine `NullPointerException` zu vermeiden, müssen Sie deshalb vor Zugriffen auf das Objekt prüfen, ob die Referenz `null` ist. Üblicherweise werden Datenbankcursor in einer Schleife durchlaufen. Cursor repräsentieren Ergebnistabellen, verweisen aber stets auf genau eine Zeile. Mit `moveToNext()` bewegen Sie sich zeilenweise vom Anfang zum Ende der Tabelle.

Wie viele Zeilen diese enthält, ist von den Suchparametern abhängig. Aus welchen Spalten sie besteht und in welcher Reihenfolge die Spalten angeordnet sind, können Sie mit dem zweiten `query()`-Parameter (`projection`) kontrollieren. Dies ist wichtig, wenn Sie mit `get...()` auf einzelne Spalten zugreifen. Die Klasse `Cursor` kennt übrigens eine Reihe von Hilfsmethoden, mit denen Sie zum Beispiel die Nummer einer bestimmten Spalte (`getColumnIndex()`) ermitteln können. Bitte denken Sie daran, den Cursor nach Gebrauch mit `close()` zu schließen. Dies ist wichtig, um nicht mehr benötigte Ressourcen freizugeben.

Einträge hinzufügen

Die Methode `insert()` fügt dem Datenbestand eines Content Providers einen neuen Datensatz hinzu. Dieser wird als Objekt des Typs `android.content.ContentValues` übergeben. Durch Aufruf von `put()` wird der Wert einer bestimmten Spalte gesetzt. Der Rückgabewert ist ein Objekt des Typs `Uri`. Es repräsentiert die neue Tabellenzeile.

[+]

Tipp

Die Klasse `android.provider.UserDictionary.Words` enthält die statische Methode `addWord()`. Auch sie ermöglicht es Ihnen, dem Benutzerwörterbuch Einträge hinzuzufügen.

Datensätze löschen

Für das Löschen von Datensätzen steht die Methode `delete()` zur Verfügung. Der erste Parameter legt wie gewohnt die Tabelle und damit den anzusprechenden Content Provider fest. Für das Benutzerwörterbuch ist dies `Words.CONTENT_URI`. Der zweite und der dritte Parameter bestimmen gemeinsam, welche Zeilen der Tabelle entfernt werden. In meinem Beispiel möchte ich alle Datensätze löschen, die das Wort »Künneth« enthalten. Der Wert der Spalte `Words.WORD` ist in so einem Fall »Künneth«. Diesen Sachverhalt formuliere ich als `Words.WORD + " is ?"`. Das Fragezeichen wird durch das erste (und einzige) Element des String-Feldes im dritten Parameter ersetzt. `WORT` ist eine private String-Konstante der Klasse `UserDictionaryDemo`. Der Rückgabewert von `delete()` gibt übrigens an, wie viele Zeilen gelöscht wurden.

[»] **Hinweis**

Um auf die Einträge des Benutzerwörterbuchs zugreifen zu können, muss Ihre App in der Manifestdatei die Berechtigung `android.permission.READ_USER_DICTIONARY` und gegebenenfalls `android.permission.WRITE_USER_DICTIONARY` anfordern.

Wie Sie gesehen haben, ist der Zugriff auf Daten, die ein Content Provider zur Verfügung stellt, mit sehr wenigen Zeilen Quelltext möglich. Einige der Methoden von `ContentResolver` erinnern an die Klasse `android.database.sqlite.SQLiteDatabase`. Wir haben diese verwendet, um Datensätze der App *TKMoodley* zu lesen, zu schreiben und zu modifizieren. Zwar unterscheiden sich die Methodensignaturen geringfügig; bestimmte Konzepte, wie die Übergabe von Werten in Instanzen des Typs `ContentValues`, sind aber gleich.

Tatsächlich lassen sich SQLite-Datenbanken sehr elegant als Content Provider wiederverwenden. Wie das funktioniert und warum es nützlich ist, erfahren Sie in Abschnitt 11.4, »Implementierung eines eigenen Content Providers«.

Zunächst möchte ich Ihnen aber noch einen weiteren in Android eingebauten Content Provider vorstellen.

11.3.2 Browser-Bookmarks

Android stellt sowohl Lesezeichen (Bookmarks) als auch URLs von besuchten Sites über einen Content Provider zur Verfügung. Wie Sie auf diesen zugreifen, zeigt die App *BookmarksDemo*. Nach dem Start legt das Programm ein neues Lesezeichen an und gibt dann alle Historieneinträge und Bookmarks als Liste in LOGCAT aus. Diese sehen Sie in Abbildung 11.9. Schließlich wird das von der App erzeugte Lesezeichen wieder entfernt.

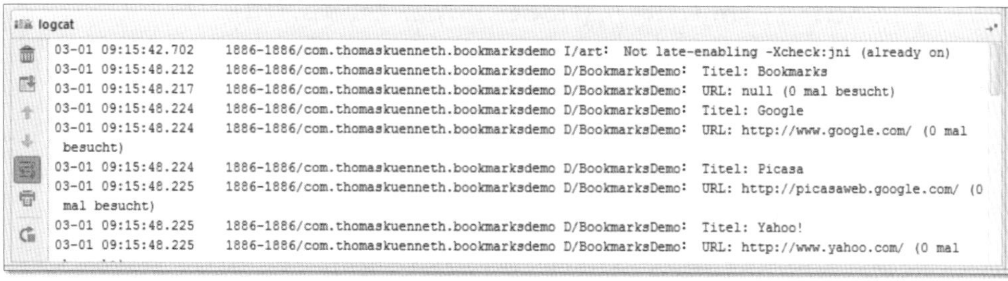

Abbildung 11.9 Ausgaben der App »BookmarksDemo«

Die Implementierung erfolgt analog zum Auslesen und Bearbeiten des Benutzerwörterbuchs. Zuerst müssen Sie mit `getContentResolver()` die Referenz auf ein Objekt des Typs `ContentResolver` ermitteln. Anschließend rufen Sie dessen Methode `query()` auf und iterieren mit `while (c.moveToNext())` über den gelieferten `Cursor`.

11

```
package com.thomaskuenneth.bookmarksdemo;

import android.app.Activity;
import android.content.ContentResolver;
import android.content.ContentValues;
import android.database.Cursor;
import android.os.Bundle;
import android.provider.Browser;
import android.util.Log;

public class BookmarksDemo extends Activity {
    private static final String TAG = BookmarksDemo.class.getSimpleName();
    private static final String RHEINWERK_VERLAG = "Rheinwerk Verlag";

    @Override
    public void onCreate(Bundle savedInstanceState) {
        super.onCreate(savedInstanceState);
        // Content Resolver ermitteln
        ContentResolver cr = getContentResolver();
        // ein Lesezeichen hinzufügen
        ContentValues values = new ContentValues();
        values.put(Browser.BookmarkColumns.TITLE, RHEINWERK_VERLAG);
        values.put(Browser.BookmarkColumns.BOOKMARK, 1);
        values.put(Browser.BookmarkColumns.URL,
                "https://www.rheinwerk-verlag.de/");
        values.put(Browser.BookmarkColumns.VISITS, 0);
        cr.insert(Browser.BOOKMARKS_URI, values);
        // Liste ausgeben
```

```
        String[] projection = {Browser.BookmarkColumns.TITLE,
                Browser.BookmarkColumns.BOOKMARK, Browser.BookmarkColumns.URL,
                Browser.BookmarkColumns.VISITS};
        Cursor c = cr
                .query(Browser.BOOKMARKS_URI, projection, null, null, null);
        if (c != null) {
            while (c.moveToNext()) {
                Log.d(TAG, "Titel: " + c.getString(0)
                        + (c.getInt(1) == 0 ? " (Historyeintrag)" : ""));
                Log.d(TAG, "URL: " + c.getString(2) + " (" + c.getInt(3)
                        + " mal besucht)");
            }
            // Ressourcen freigeben
            c.close();
        }
        // Lesezeichen löschen
        cr.delete(Browser.BOOKMARKS_URI, Browser.BookmarkColumns.TITLE
                + " is ?", new String[]{RHEINWERK_VERLAG});
    }
}
```

Listing 11.11 Die Klasse »BookmarksDemo«

Die Spalten der für Bookmarks und Historieneinträge gemeinsam genutzten Tabelle sind als Konstanten in der Klasse Browser.BookmarkColumns definiert. TITLE enthält den Namen eines Lesezeichens im Klartext, URL den eigentlichen Link. VISITS gibt die Anzahl der Seitenbesuche an. Hat BOOKMARK den Wert 1, wurde die Seite bereits als Lesezeichen gespeichert. 0 kennzeichnet, dass sie »nur« besucht wurde.

Um ein neues Lesezeichen hinzuzufügen, rufen Sie wie gewohnt die Methode insert() einer ContentResolver-Instanz auf. Das zu übergebende ContentValues-Objekt erhält vier Schlüssel-Wert-Paare:

- Browser.BookmarkColumns.TITLE speichert den Titel des Bookmarks.
- Browser.BookmarkColumns.BOOKMARK ist immer 1 (kennzeichnet den Eintrag als Lesezeichen).
- Browser.BookmarkColumns.URL entspricht der Webadresse (URL).
- Browser.BookmarkColumns.VISITS enthält die Zahl der Seitenbesuche und wird mit 0 vorbelegt.

Das neue Bookmark sehen Sie in Abbildung 11.10. Um es zu löschen, gehen Sie wie gewohnt vor. Die Klasse ContentResolver enthält für diesen Zweck die Methode delete(). Neben einem URI, der den zu verwendenden Content Provider festlegt, erwartet sie eine Auswahlbedingung sowie eine Liste mit einzusetzenden Werten. Fragezeichen innerhalb der Auswahlbedingung werden von links nach rechts durch die Elemente des dritten Parameters – ein Feld von Strings – ersetzt.

Abbildung 11.10 Bookmarks im Webbrowser

In meinem Beispiel lautet die Auswahlbedingung `Browser.BookmarkColumns.TITLE + " is ?"`. Sie löscht alle Lesezeichen, deren Klartextname dem Wert (»Rheinwerk Verlag«) entspricht, der der Methode `delete()` übergeben wurde.

Hinweis

Um Browser-Bookmarks auslesen zu können, müssen Sie in der Manifestdatei Ihrer App die Berechtigung `com.android.browser.permission.READ_HISTORY_BOOKMARKS` anfordern. Um der Tabelle neue Zeilen hinzuzufügen oder um bestehende Zeilen zu löschen, ist zusätzlich die Berechtigung `com.android.browser.permission.WRITE_HISTORY_BOOKMARKS` erforderlich.

Der im Listing nicht ausgewertete Rückgabewert von `delete()` gibt an, wie viele Zeilen gelöscht wurden. Die Klasse `Browser` enthält übrigens die statische Methode `saveBookmark()`, mit der Sie ebenfalls Lesezeichen anlegen können.

Die Auswahlbedingung meines Beispiels erinnert Sie vielleicht an SQL. Auch wenn Content Provider und Content Resolver eine zusätzliche Datenzugriffsschicht bilden, können Sie hier tatsächlich SQL-Syntax verwenden – nur das sonst übliche Schlüsselwort `WHERE` fehlt.

11.4 Implementierung eines eigenen Content Providers

In diesem Abschnitt zeige ich Ihnen, wie Sie einen eigenen Content Provider implementieren. Wie Sie bereits wissen, können beliebige Apps auf diesen zugreifen. Deshalb sind Content Provider ideal, um Daten zu »veröffentlichen«.

11.4.1 Anpassungen an der App »TKMoodley«

Zu Beginn dieses Kapitels haben wir das Stimmungsbarometer *TKMoodley* entwickelt, in dem der Benutzer einen von drei Smileys antippen kann. Die App legt daraufhin den ausgewählten Smiley sowie den Zeitpunkt der Erfassung in einer SQLite-Datenbank ab. Im Folgenden werden wir das Programm so umstellen, dass es nicht mehr direkt auf die SQLite-Datenbank, sondern auf einen von uns implementierten Content Provider zugreift.

Die Klasse »TKMoodley«

Die Activity `TKMoodley` greift in der Implementierung im Projekt *TKMoodley_full* an insgesamt drei Stellen auf ein Objekt des Typs `TKMoodleyOpenHandler` zu. Diese Klasse leitet von `android.database.sqlite.SQLiteOpenHelper` ab und bildet die Datenzugriffsschicht der App. Um das Programm auf die Verwendung eines Content Providers umzustellen, entfernen wir alle Referenzen auf `TKMoodleyOpenHandler` und rufen stattdessen die Ihnen bereits vertrauten Methoden von `ContentResolver` auf – in diesem Fall nur `insert()` in `imageButtonClicked()`. Das Projekt *TKMoodley_CP* enthält alle im Folgenden besprochenen Änderungen.

Wie Sie bereits wissen, erwartet `insert()` als ersten Parameter einen URI, der den zu nutzenden Content Provider referenziert. Welchen Wert die Konstante `CONTENT_URI` in diesem Fall hat, zeige ich Ihnen etwas später. Der zweite Parameter, ein Objekt des Typs `ContentValues`, enthält die einzufügenden Daten.

```
package com.thomaskuenneth.tkmoodley;

import android.app.Activity;
```

```
import android.content.ContentValues;
import android.content.Intent;
import android.os.Bundle;
import android.view.View;
import android.view.View.OnClickListener;
import android.widget.Button;
import android.widget.ImageButton;
import android.widget.Toast;

public class TKMoodley extends Activity {

    @Override
    public void onCreate(Bundle savedInstanceState) {
        super.onCreate(savedInstanceState);
        setContentView(R.layout.main);
        final ImageButton buttonGut = (ImageButton) findViewById(R.id.gut);
        buttonGut.setOnClickListener(new OnClickListener() {
            @Override
            public void onClick(View v) {
                imageButtonClicked(TKMoodleyOpenHandler.MOOD_FINE);
            }
        });
        final ImageButton buttonOk = (ImageButton) findViewById(R.id.ok);
        buttonOk.setOnClickListener(new OnClickListener() {
            @Override
            public void onClick(View v) {
                imageButtonClicked(TKMoodleyOpenHandler.MOOD_OK);
            }
        });
        final ImageButton buttonSchlecht = (ImageButton) findViewById(R.id.schlecht);
        buttonSchlecht.setOnClickListener(new OnClickListener() {
            @Override
            public void onClick(View v) {
                imageButtonClicked(TKMoodleyOpenHandler.MOOD_BAD);
            }
        });
        final Button buttonAuswertung = (Button) findViewById(R.id.auswertung);
        buttonAuswertung.setOnClickListener(new OnClickListener() {
            @Override
            public void onClick(View v) {
                Intent intent = new Intent(TKMoodley.this, History.class);
                startActivity(intent);
            }
```

```
        });
    }

    private void imageButtonClicked(int mood) {
        ContentValues values = new ContentValues();
        values.put(TKMoodleyOpenHandler.MOOD_MOOD, mood);
        values.put(TKMoodleyOpenHandler.MOOD_TIME, System.currentTimeMillis());
        getContentResolver().insert(TKMoodleyProvider.CONTENT_URI, values);
        Toast.makeText(this, R.string.saved, Toast.LENGTH_SHORT).show();
    }
}
```

Listing 11.12 Die auf Content Provider umgestellte Klasse »TKMoodley«

Die Activity `History` zeigt einen Verlauf der vom Benutzer erfassten Stimmungen an. Auch sie enthält Verweise auf die Klasse `TKMoodleyOpenHandler` und muss entsprechend angepasst werden, um einen Content Provider zu nutzen.

Die Klasse »History«

Historieneinträge erscheinen in einer Liste. Diese bezieht ihre Daten von einem `CursorAdapter`, den ein Objekt des Typs `android.database.Cursor` bestückt. Eine entsprechende Referenz wird in `updateList()` ermittelt. Der Benutzer kann den Smiley-Typ bereits erfasster Einträge ändern. Dies geschieht über ein Kontextmenü. Den Aufruf der korrespondierenden `ContentResolver`-Methode `update()` habe ich in eine eigene Methode gleichen Namens ausgelagert. Das Löschen findet unmittelbar in `onContextItemSelected()` statt. In beiden Fällen wird die Methode `withAppendedPath()` aufgerufen. Content Provider gestatten den Zugriff auf individuelle Datensätze, indem an den `CONTENT_URI` eine eindeutige Kennung angehängt wird. Aus diesem Grund müssen Sie hier auch kein Auswahlkriterium festlegen und an `update()` bzw. `delete()` übergeben.

```
package com.thomaskuenneth.tkmoodley;

import android.app.ListActivity;
import android.content.ContentValues;
import android.database.Cursor;
import android.net.Uri;
import android.os.Bundle;
import android.view.ContextMenu;
import android.view.ContextMenu.ContextMenuInfo;
import android.view.MenuInflater;
import android.view.MenuItem;
import android.view.View;
```

```
import android.widget.AdapterView.AdapterContextMenuInfo;
import android.widget.CursorAdapter;

public class History extends ListActivity {

    private CursorAdapter ca;

    @Override
    protected void onCreate(Bundle savedInstanceState) {
        super.onCreate(savedInstanceState);
        registerForContextMenu(getListView());
        ca = new TKMoodleyAdapter(this);
        setListAdapter(ca);
        updateList();
    }

    @Override
    public void onCreateContextMenu(ContextMenu menu, View v,
                                    ContextMenuInfo menuInfo) {
        super.onCreateContextMenu(menu, v, menuInfo);
        MenuInflater inflater = getMenuInflater();
        inflater.inflate(R.menu.context_menu, menu);
    }

    @Override
    public boolean onContextItemSelected(MenuItem item) {
        AdapterContextMenuInfo info = (AdapterContextMenuInfo) item
                .getMenuInfo();
        switch (item.getItemId()) {
            case R.id.menu_good:
                update(info.id, TKMoodleyOpenHandler.MOOD_FINE);
                updateList();
                return true;
            case R.id.menu_ok:
                update(info.id, TKMoodleyOpenHandler.MOOD_OK);
                updateList();
                return true;
            case R.id.menu_bad:
                update(info.id, TKMoodleyOpenHandler.MOOD_BAD);
                updateList();
                return true;
            case R.id.menu_delete:
                Uri uri = Uri.withAppendedPath(TKMoodleyProvider.CONTENT_URI,
```

```
                    Long.toString(info.id));
            getContentResolver().delete(uri, null, null);
            updateList();
            return true;
        default:
            return super.onContextItemSelected(item);
        }
    }

    private void update(long id, int mood) {
        Uri uri = Uri.withAppendedPath(TKMoodleyProvider.CONTENT_URI,
                Long.toString(id));
        ContentValues values = new ContentValues();
        values.put(TKMoodleyOpenHandler.MOOD_MOOD, mood);
        getContentResolver().update(uri, values, null, null);
    }

    private void updateList() {
        Cursor cursor = getContentResolver().query(TKMoodleyProvider.CONTENT_URI,
                null, null, null, TKMoodleyOpenHandler.MOOD_TIME + " DESC");
        ca.changeCursor(cursor);
    }
}
```

Listing 11.13 Die auf Content Provider umgestellte Klasse »History«

Damit haben wir alle notwendigen Anpassungen abgeschlossen, um über einen Content Provider auf die *TKMoodley*-Datenbank zuzugreifen. Wie dieser realisiert wird, zeige ich Ihnen nun.

11.4.2 Die Klasse »android.content.ContentProvider«

Content Provider leiten üblicherweise von `android.content.ContentProvider` ab. Diese Klasse ist abstrakt. Sie müssen deshalb mindestens die Methoden `onCreate()`, `query()`, `insert()`, `update()`, `delete()` und `getType()` implementieren. Außerdem sollten Sie bestimmte Konstanten definieren. Besonders wichtig ist `CONTENT_URI`. Wie Sie bereits wissen, wird dieser Verweis auf einen Content Provider an sehr viele Methoden der Klasse `ContentResolver` übergeben.

Tabellenmodell und URIs

Content Provider verwalten einen oder mehrere Datentypen. Die App *TKMoodley* kennt nur die Tabelle `mood`, in der Smiley-Typen und Erfassungszeitpunkte abgelegt werden. Die beiden Spalten dieser Tabelle bilden den Datentyp mood. Der in diesem Abschnitt entwickelte Content Provider kennt ausschließlich diesen.

Denkbar ist aber auch, dass ein Content Provider mehrere Datentypen verwaltet. Zum Beispiel könnte er zwischen Personen, Adressen und Telefonnummern unterscheiden. Auch eine Gliederung in Untertypen ist möglich. Ein Content Provider, der Fahrzeuge verwaltet, würde wahrscheinlich zwischen Land- und Wasserfahrzeugen unterscheiden. Vielleicht fragen Sie sich nun, wie beim Aufruf einer Methode aus ContentResolver der gewünschte Datentopf ausgewählt wird. Üblicherweise wird ja nur ein URI übergeben.

Der URI eines Content Providers besteht aus mehreren Teilen. Er beginnt mit dem Standard-Präfix content://, auf das die *Authority* folgt. Sie identifiziert einen Content Provider und sollte aus einem vollqualifizierten Klassennamen bestehen, der in Kleinbuchstaben umgewandelt wurde. Wie Sie später noch sehen werden, muss die Authority in der Manifestdatei eingetragen werden.

Der nun folgende *Pfad* kennzeichnet den von mir angesprochenen Datentyp. Sofern ein Content Provider nur einen Datentyp kennt, könnte er leer bleiben. Aus Gründen der Übersichtlichkeit rate ich Ihnen aber dazu, ihn trotzdem anzugeben. Hier bietet sich der Name der verwendeten Datenbanktabelle an. Im Falle von *TKMoodley* ist dies mood.

Um zwischen Untertypen zu unterscheiden, können Sie einen Pfad mit Slash (/) in mehrere Segmente teilen. URIs, die diesem Schema folgen, repräsentieren den gesamten Datenbestand eines Content Providers. Auch die Konstante CONTENT_URI hat dieses Format. Um einen ganz bestimmten Datensatz auszuwählen, wird dem URI noch eine eindeutige Kennung als Suffix hinzugefügt. Anwendung findet dies zum Beispiel in der Klasse History beim Verändern und Löschen von Einträgen.

Die Klasse »TKMoodleyProvider«

Praktisch alle Content Provider leiten von android.content.ContentProvider ab, so auch meine Klasse TKMoodleyProvider. Sie definiert die beiden öffentlichen Konstanten AUTHORITY und CONTENT_URI. Die Konstanten MOOD und MOOD_ID hingegen sind privat. Sie werden verwendet, um bei Zugriffen auf den Content Provider zwischen dem gesamten Bestand und einzelnen Datensätzen zu unterscheiden.

Auch die statische Variable uriMatcher wird in diesem Zusammenhang verwendet. Sie verweist auf ein Objekt des Typs android.content.UriMatcher. Ein solcher Baum verknüpft Authorities und URIs mit einem Code. Dieser wird zurückgeliefert, wenn die Methode match() mit einem entsprechenden URI aufgerufen wird.

```
package com.thomaskuenneth.tkmoodley;

import android.content.ContentProvider;
```

```
import android.content.ContentUris;
import android.content.ContentValues;
import android.content.UriMatcher;
import android.database.Cursor;
import android.database.SQLException;
import android.database.sqlite.SQLiteDatabase;
import android.database.sqlite.SQLiteQueryBuilder;
import android.net.Uri;
import android.text.TextUtils;

public class TKMoodleyProvider extends ContentProvider {

    public static final String AUTHORITY = TKMoodleyProvider.class.getName()
            .toLowerCase();

    public static final Uri CONTENT_URI = Uri.parse("content://" + AUTHORITY
            + "/" + TKMoodleyOpenHandler.TABLE_NAME_MOOD);

    private TKMoodleyOpenHandler dbHelper;

    private static final int MOOD = 1;
    private static final int MOOD_ID = 2;
    private static final UriMatcher uriMatcher;

    static {
        uriMatcher = new UriMatcher(UriMatcher.NO_MATCH);
        uriMatcher
                .addURI(AUTHORITY, TKMoodleyOpenHandler.TABLE_NAME_MOOD, MOOD);
        uriMatcher.addURI(AUTHORITY, TKMoodleyOpenHandler.TABLE_NAME_MOOD
                + "/#", MOOD_ID);
    }

    @Override
    public boolean onCreate() {
        dbHelper = new TKMoodleyOpenHandler(getContext());
        return true;
    }

    @Override
    public Cursor query(Uri uri, String[] projection, String selection,
                        String[] selectionArgs, String sortOrder) {
        SQLiteDatabase db = dbHelper.getWritableDatabase();
        SQLiteQueryBuilder sqlBuilder = new SQLiteQueryBuilder();
```

```
        sqlBuilder.setTables(TKMoodleyOpenHandler.TABLE_NAME_MOOD);
        // Ein bestimmer Eintrag?
        if (uriMatcher.match(uri) == MOOD_ID) {
            sqlBuilder.appendWhere(TKMoodleyOpenHandler._ID + " = "
                    + uri.getPathSegments().get(1));
        }
        if (sortOrder == null || "".equals(sortOrder)) {
            sortOrder = TKMoodleyOpenHandler.MOOD_TIME;
        }
        Cursor c = sqlBuilder.query(db, projection, selection, selectionArgs,
                null, null, sortOrder);
        // bei Änderungen benachrichtigen
        c.setNotificationUri(getContext().getContentResolver(), uri);
        return c;
    }

    @Override
    public int update(Uri uri, ContentValues values, String selection,
                      String[] selectionArgs) {
        SQLiteDatabase db = dbHelper.getWritableDatabase();
        int count;
        switch (uriMatcher.match(uri)) {
            case MOOD:
                count = db.update(TKMoodleyOpenHandler.TABLE_NAME_MOOD, values,
                        selection, selectionArgs);
                break;
            case MOOD_ID:
                count = db.update(
                        TKMoodleyOpenHandler.TABLE_NAME_MOOD,
                        values,
                        TKMoodleyOpenHandler._ID
                                + " = "
                                + uri.getPathSegments().get(1)
                                + (!TextUtils.isEmpty(selection) ? " AND ("
                                + selection + ')' : ""), selectionArgs);
                break;
            default:
                throw new IllegalArgumentException("Unknown URI " + uri);
        }
        getContext().getContentResolver().notifyChange(uri, null);
        return count;
    }
```

```
    @Override
    public int delete(Uri uri, String selection, String[] selectionArgs) {
        SQLiteDatabase db = dbHelper.getWritableDatabase();
        int count;
        switch (uriMatcher.match(uri)) {
            case MOOD:
                count = db.delete(TKMoodleyOpenHandler.TABLE_NAME_
MOOD, selection,
                        selectionArgs);
                break;
            case MOOD_ID:
                String id = uri.getPathSegments().get(1);
                count = db.delete(
                        TKMoodleyOpenHandler.TABLE_NAME_MOOD,
                        TKMoodleyOpenHandler._ID
                                + " = "
                                + id
                                + (!TextUtils.isEmpty(selection) ? " AND ("
                                + selection + ')' : ""), selectionArgs);
                break;
            default:
                throw new IllegalArgumentException("Unknown URI " + uri);
        }
        getContext().getContentResolver().notifyChange(uri, null);
        return count;
    }

    @Override
    public Uri insert(Uri uri, ContentValues values) {
        SQLiteDatabase db = dbHelper.getWritableDatabase();
        long rowID = db
                .insert(TKMoodleyOpenHandler.TABLE_NAME_MOOD, "", values);
        if (rowID > 0) {
            Uri result = ContentUris.withAppendedId(CONTENT_URI, rowID);
            getContext().getContentResolver().notifyChange(result, null);
            return result;
        }
        throw new SQLException("Failed to insert row into " + uri);
    }

    @Override
    public String getType(Uri uri) {
        switch (uriMatcher.match(uri)) {
```

```
            case MOOD:
                // alle Einträge
                return "vnd.android.cursor.dir/vnd." + AUTHORITY + "/"
                        + TKMoodleyOpenHandler.TABLE_NAME_MOOD;
            // einen bestimmten Eintrag
            case MOOD_ID:
                return "vnd.android.cursor.item/vnd." + AUTHORITY + "/"
                        + TKMoodleyOpenHandler.TABLE_NAME_MOOD;
            default:
                throw new IllegalArgumentException("Unsupported URI: " + uri);
        }
    }
}
```

Listing 11.14 Die Klasse »TKMoodleyProvider«

Die Methode `onCreate()` instanziiert ein Objekt des Typs `TKMoodleyOpenHandler` und weist es der Variablen `dbHelper` zu. Der Rückgabewert `true` signalisiert, dass die Initialisierung des Content Providers erfolgreich war. `getType()` liefert zu einem übergebenen URI einen MIME-Typ. Hierzu wird die Methode `match()` des durch `uriMatcher` referenzierten `UriMatcher` aufgerufen. Der Aufbau Ihrer eigenen Typen muss streng dem Schema folgen, das im Listing gezeigt ist.

Die Methode `insert()` ermittelt zunächst mit `getWritableDatabase()` eine Referenz auf ein SQLite-Datenbankobjekt und fügt diesem einen neuen Datensatz hinzu. Sofern dies erfolgreich war, muss `notifyChange()` aufgerufen werden. Dies stellt sicher, dass Interessierte bei Änderungen des Content Providers informiert werden.

Die Methode `query()` nutzt eine Instanz des Typs `SQLiteQueryBuilder`, anstatt direkt auf eine mit `getWritableDatabase()` ermittelte Datenbank zuzugreifen. Dies ist nötig, weil zusätzlich zu der in den beiden Parametern `selection` und `selectionArgs` übergebenen Auswahlbedingung eine Prüfung stattfinden muss, wenn nicht im gesamten Datenbestand, sondern nach einem Datensatz gesucht werden soll.

Die Methode `update()` prüft zunächst anhand des übergebenen URIs, ob sich Änderungen auf den gesamten Datenbestand oder nur auf einen bestimmten Datensatz beziehen sollen. In diesem Fall wird die Auswahlbedingung um ein entsprechendes Kriterium erweitert.

Auch bei Aktualisierungen müssen Interessierte durch `notifyChange()` informiert werden. Die Methode `delete()` schließlich prüft zunächst anhand des übergebenen URIs, ob sich Löschoperationen auf den gesamten Datenbestand oder nur auf einen bestimmten Datensatz beziehen sollen. In diesem Fall wird die Auswahlbedingung um ein entsprechendes Kriterium erweitert.

Damit ist die Implementierung des Content Providers abgeschlossen. Um ihn nutzen zu können, müssen Sie ihn in die Manifestdatei eintragen.

```
<?xml version="1.0" encoding="utf-8"?>
<manifest xmlns:android="http://schemas.android.com/apk/res/android"
    package="com.thomaskuenneth.tkmoodley">
    <application
        android:icon="@drawable/smiley_gut"
        android:label="@string/app_name"
        android:allowBackup="true">
        <activity
            android:name=".TKMoodley"
            android:label="@string/app_name">
            <intent-filter>
                <action android:name="android.intent.action.MAIN" />
                <category android:name="android.intent.category.LAUNCHER" />
            </intent-filter>
        </activity>
        <activity android:name=".History" />
        <provider
            android:exported="true"
            android:name=".TKMoodleyProvider"
            android:authorities=
"com.thomaskuenneth.tkmoodley.tkmoodleyprovider" />
    </application>
</manifest>
```

Listing 11.15 Die Manifestdatei des Projekts »TKMoodley_CP«

[»]

Hinweis

Die Methoden `insert()`, `query()`, `update()` und `delete()` der Klasse `TKMoodleyOpenHandler` sind mit der Nutzung des Content Providers überflüssig geworden und können entfernt werden.

Content Provider stellen tabellenartige Daten anwendungsübergreifend zur Verfügung. Die Schnittstelle wurde so konzipiert, dass sich vorhandene SQLite-Datenbanken mit minimalem Aufwand anbinden lassen. Aus welcher Quelle ein Content Provider seine Nutzdaten letztendlich bezieht, ist für den nutzenden Client vollkommen transparent. Deshalb können auch Webdienste oder RSS-Feeds als »Datentöpfe« dienen.

11.5 Zusammenfassung

Sie haben in diesem Kapitel relationale Datenbanktabellen verwendet, um strukturierte Daten zu speichern. Mit SQLite steht unter Android hierfür ein einfach zu handhabendes Werkzeug zur Verfügung. In Verbindung mit Content Providern können Sie die Inhalte Ihrer App jedermann zugänglich machen. Die Nutzung dieser Technologie orientiert sich an SQL. Allerdings sind Content Provider nicht auf klassische Datenbanken beschränkt, sondern können ihre Informationen aus Dateien oder Webservices beziehen.

TEIL 5

Organizer und Multimedia

Kapitel 12
Audio

Android bietet vielfältige Möglichkeiten, Audio aufzunehmen und wiederzugeben. Die Nutzung der entsprechenden Programmierschnittstellen zeige ich Ihnen anhand einer Diktiergerät-App.

In diesem Kapitel möchte ich Sie mit den beeindruckenden Audiofähigkeiten der Android-Plattform vertraut machen. Das System kann nicht nur die unterschiedlichsten Formate abspielen, sondern den Audiostrom auch mit akustischen Effekten versehen. Ein weiterer spannender Aspekt ist die Sprachsynthese, also die Umwandlung von geschriebener in gesprochene Sprache. Wie Sie mit Ihrer App Texte vorlesen lassen, zeige ich Ihnen am Ende dieses Kapitels.

12.1 Rasender Reporter – ein Diktiergerät als App

Diktiergeräte sind eine ausgesprochen praktische Erfindung – Aufnahmeknopf drücken und Mikrofon in Richtung der Tonquelle halten. Da sich an so einem Beispiel sehr schön zeigen lässt, wie Sie mit Android Audiosignale aufzeichnen und später wieder abspielen können, habe ich die App *RR* (die beiden Buchstaben stehen für »Rasender Reporter«) entwickelt. Sie finden das gleichnamige Projekt in den Begleitmaterialien.

12.1.1 Struktur der App

Nach dem ersten Start sehen Sie einen fast leeren Bildschirm. Am unteren Rand befindet sich die Schaltfläche AUFNEHMEN. Ein Klick startet bzw. stoppt die Aufnahme. Haben Sie auf diese Weise ein Signal gespeichert, erscheint die korrespondierende Datei in einer Liste. Sie sehen sie in Abbildung 12.1.

Um eine Aufnahme abzuspielen, klicken Sie einfach den entsprechenden Eintrag an. Sie können die Wiedergabe durch Anklicken von BEENDEN jederzeit abbrechen.

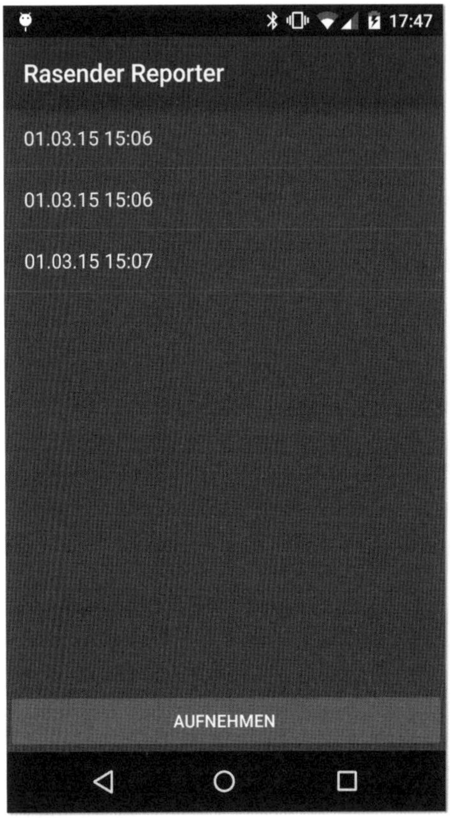

Abbildung 12.1 Die Benutzeroberfläche der App »RR«

Die App besteht aus der Activity `RR` sowie aus den beiden Hilfsklassen `RRFile` und `RRListAdapter`. `RR` stellt nicht nur die Benutzeroberfläche dar, sondern übernimmt auch das Aufnehmen und Abspielen. In ihr wird also die eigentliche Programmlogik implementiert. Ausführliche Informationen zu dieser Klasse finden Sie in Abschnitt 12.1.2, »Audio aufnehmen und abspielen«. `RRListAdapter` wird benötigt, um die aufgenommenen Audioschnipsel in einer Liste anzuzeigen. `RRFile` ist eine weitere technische Hilfsklasse, die ebenfalls die Ausgabe in der Liste vereinfacht.

Die Klasse »RRFile«

Die Klasse `RRFile` hält die Daten, die in der eben angesprochenen Liste angezeigt werden. Hierbei handelt es sich um die Namen der gespeicherten Dateien. Sie liegen als Objekte des Typs `RRFile` vor. Diese Klasse leitet von `java.io.File` ab und überschreibt deren Methode `toString()`. Der Name einer Datei ohne Erweiterung (wie Sie später noch sehen werden, lautet diese *.3gp*) wird als Zahl interpretiert und in ein `java.util.Date`-Objekt umgewandelt. Dieses Datum wiederum wird in Klartext als Ergebnis zurückgegeben.

```
package com.thomaskuenneth.rr;

import android.util.Log;
import java.io.File;
import java.text.DateFormat;
import java.util.Date;

public class RRFile extends File {
    private static final String TAG = RRFile.class.getSimpleName();
    private static final long serialVersionUID = -3905881279424216648L;

    public static final String EXT_3GP = ".3gp";

    public RRFile(File path, String name) {
        super(path, name);
    }

    @Override
    public String toString() {
        String result = getName().toLowerCase();
        result = result.substring(0, result.indexOf(EXT_3GP));
        try {
            Date d = new Date(Long.parseLong(result));
            result = DateFormat.getInstance().format(d);
        } catch (Throwable tr) {
            Log.e(TAG, "Fehler beim Umwandeln oder Formatieren", tr);
        }
        return result;
    }
}
```

Listing 12.1 Die Klasse »RRFile«

Vielleicht fragen Sie sich nun, warum das Überschreiben von `toString()` hilfreich sein sollte. Lassen Sie uns hierzu einen Blick auf `RRListAdapter` werfen. Diese Klasse leitet von `android.widget.ArrayAdapter` ab und speichert die Daten, die von einer `ListView` angezeigt werden, in einem zur Laufzeit veränderbaren Feld ab.

Die Klasse »RRListAdapter«

Das Aussehen eines Listenelements wird immer durch die Methode `getView()` bestimmt. Sie ist im Basisinterface `android.widget.Adapter` definiert. Die Implementierung in `ArrayAdapter` entfaltet eine Layoutdatei, die dem Konstruktor übergeben wurde. Meine Implementierung übergibt hier `android.R.layout.simple_list_item_1`.

Das Layout besteht üblicherweise aus einem einzigen Element – einer TextView. Der anzuzeigende Text ergibt sich aus dem Aufruf der Methode (Sie ahnen es sicher) toString() des mit dem Listenelement verknüpften Werts.

```
package com.thomaskuenneth.rr;

import android.content.Context;
import android.widget.ArrayAdapter;
import java.io.File;
import java.io.FilenameFilter;

public class RRListAdapter extends ArrayAdapter<File> {

    public RRListAdapter(Context context) {
        super(context, android.R.layout.simple_list_item_1);
        // vorhandene Dateien suchen und hinzufügen
        findAndAddFiles();
    }

    private void findAndAddFiles() {
        File dir = RR.getBaseDir();
        File[] files = dir.listFiles(new FilenameFilter() {
            @Override
            public boolean accept(File dir, String filename) {
                if (!filename.toLowerCase().endsWith(RRFile.EXT_3GP)) {
                    return false;
                }
                File f = new File(dir, filename);
                return f.canRead() && !f.isDirectory();
            }
        });
        if (files != null) {
            for (File f : files) {
                add(new RRFile(f.getParentFile(), f.getName()));
            }
        }
    }
}
```

Listing 12.2 Die Klasse »RRListAdapter«

Die private Methode findAndAddFiles() ermittelt durch den Aufruf von listFiles() alle Dateien, die in einem bestimmten Basisverzeichnis liegen. Dieses wird mit

RR.getBaseDir() ermittelt. Die Dateien (bzw. ihre korrespondierenden File-Objekte) werden mit add() einem internen Feld als RRFile-Instanzen hinzugefügt. Meine Klasse leitet von ArrayAdapter ab. Ist Ihnen die Nutzung von FilenameFilter aufgefallen? File-Objekte kennen die Methode listFiles(), um den Inhalt eines Verzeichnisses zu bestimmen. Sie können ihr einen Filter übergeben und mit dem Rückgabewert der Methode accept() kontrollieren, welche Elemente in das Ergebnis (File [ ]) übernommen werden. In meinem Fall bedeutet dies: alle lesbaren Dateien, jedoch keine Verzeichnisse.

12.1.2 Audio aufnehmen und abspielen

In diesem Abschnitt werden wir uns die Klasse RR näher ansehen. Diese Activity stellt die Benutzeroberfläche des Rasenden Reporters dar und kümmert sich um das Aufnehmen und Wiedergeben von Audiosignalen. RR kennt drei Zustände, die das enum MODE durch die Werte WAITING, RECORDING und PLAYING repräsentiert. Das Programm zeichnet also entweder auf, spielt ab oder wartet auf Aktionen des Benutzers.

Der aktuelle Zustand wird in der Instanzvariablen mode abgelegt und steuert sowohl die Beschriftung als auch das Verhalten der Schaltfläche am unteren Bildschirmrand. Was beim Anklicken passiert, können Sie in der if-Abfrage in der Methode onClick() des entsprechenden OnClickListener sehen. updateButtonText() setzt den Text des Buttons.

Außer der Methode onCreate() habe ich auch onPause() überschrieben. Sie wird immer aufgerufen, wenn die Arbeit mit einer Activity unterbrochen wird. In so einem Fall sollte die Wiedergabe oder die Aufnahme beendet werden.

Was die privaten Methoden releasePlayer() und releaseRecorder() tun, erkläre ich Ihnen etwas später.

```
package com.thomaskuenneth.rr;

import android.app.Activity;
import android.media.MediaPlayer;
import android.media.MediaPlayer.OnCompletionListener;
import android.media.MediaRecorder;
import android.os.Bundle;
import android.os.Environment;
import android.util.Log;
import android.view.View;
import android.view.View.OnClickListener;
import android.widget.AdapterView;
import android.widget.AdapterView.OnItemClickListener;
```

```
import android.widget.Button;
import android.widget.ListView;
import java.io.File;
import java.io.IOException;

public class RR extends Activity {
    private static final String TAG = RR.class.getSimpleName();

    // wird für die Schaltfläche benötigt
    private static enum MODE {
        WAITING, RECORDING, PLAYING
    }

    private MODE mode;

    // Bedienelemente der App
    private RRListAdapter listAdapter;
    private Button b;

    // Datei mit der aktuellen Aufnahme
    private File currentFile;

    private MediaPlayer player;
    private MediaRecorder recorder;

    @Override
    public void onCreate(Bundle savedInstanceState) {
        super.onCreate(savedInstanceState);
        setContentView(R.layout.main);
        // ListView initialisieren
        final ListView lv = (ListView) findViewById(R.id.listview);
        listAdapter = new RRListAdapter(this);
        lv.setAdapter(listAdapter);
        lv.setOnItemClickListener(new OnItemClickListener() {
            @Override
            public void onItemClick(AdapterView<?> parent, View view,
                                    int position, long id) {
                // Datei wiedergeben
                File f = listAdapter.getItem(position);
                playAudioFile(f.getAbsolutePath());
            }
        });
```

```
        // Schaltfläche Aufnehmen/Beenden initialisieren
        b = (Button) findViewById(R.id.button);
        b.setOnClickListener(new OnClickListener() {
            @Override
            public void onClick(View v) {
                if (mode == MODE.WAITING) {
                    currentFile = recordToFile();
                } else if (mode == MODE.RECORDING) {
                    // die Aufnahme stoppen
                    recorder.stop();
                    releaseRecorder();
                    listAdapter.add(currentFile);
                    currentFile = null;
                    mode = MODE.WAITING;
                    updateButtonText();
                } else if (mode == MODE.PLAYING) {
                    player.stop();
                    releasePlayer();
                    mode = MODE.WAITING;
                    updateButtonText();
                }
            }
        });
        currentFile = null;
        mode = MODE.WAITING;
        player = null;
        recorder = null;
        updateButtonText();
    }

    @Override
    protected void onPause() {
        super.onPause();
        releasePlayer();
        releaseRecorder();
    }

    private void updateButtonText() {
        b.setText(getString((mode != MODE.WAITING) ? R.string.finish
                : R.string.record));
    }

    private File recordToFile() {
```

```
        recorder = new MediaRecorder();
        recorder.setAudioSource(MediaRecorder.AudioSource.MIC);
        recorder.setOutputFormat(MediaRecorder.OutputFormat.THREE_GPP);
        recorder.setAudioEncoder(MediaRecorder.AudioEncoder.AMR_NB);
        File f = new RRFile(getBaseDir(), Long.toString(System
                .currentTimeMillis()) + RRFile.EXT_3GP);
        try {
            if (!f.createNewFile()) {
                Log.d(TAG, "Datei schon vorhanden");
            }
            recorder.setOutputFile(f.getAbsolutePath());
            recorder.prepare();
            recorder.start();
            mode = MODE.RECORDING;
            updateButtonText();
            return f;
        } catch (IOException e) {
            Log.e(TAG, "Konnte Aufnahme nicht starten", e);
        }
        return null;
    }

    private void releaseRecorder() {
        if (recorder != null) {
            // Recorder-Ressourcen freigeben
            recorder.release();
            recorder = null;
        }
    }

    private void playAudioFile(String filename) {
        player = new MediaPlayer();
        player.setOnCompletionListener(new OnCompletionListener() {
            public void onCompletion(MediaPlayer player) {
                releasePlayer();
                mode = MODE.WAITING;
                updateButtonText();
            }
        });
        try {
            player.setDataSource(filename);
            player.prepare();
```

```
            player.start();
            mode = MODE.PLAYING;
            updateButtonText();
        } catch (Exception thr) {
            // IllegalArgumentException, IllegalStateException, IOException
            Log.e(TAG, "konnte Audio nicht wiedergeben", thr);
        }
    }

    private void releasePlayer() {
        if (player != null) {
            // Player-Ressourcen freigeben
            player.release();
            player = null;
        }
    }

    public static File getBaseDir() {
        File dir = new File(Environment.getExternalStorageDirectory(), ".RR");
        // gegebenenfalls Verzeichnisse anlegen
        if (!dir.mkdirs()) {
            Log.d(TAG, "Verzeichnisse schon vorhanden");
        }
        return dir;
    }
}
```

Listing 12.3 Die Klasse »RR«

`getBaseDir()` liefert das Verzeichnis, in dem Aufnahmen abgelegt werden. Ich erzeuge auf dem externen Medium den Ordner *.RR*, damit die Audiodateien des Rasenden Reporters nicht automatisch in die Mediendatenbank übernommen werden. Wenn Sie eine Indizierung wünschen, entfernen Sie einfach den führenden Punkt des Verzeichnisnamens.

[+]

Tipp

Wie Sie aus Kapitel 10, »Dateien lesen, schreiben und drucken«, wissen, können Sie mit `Environment.getExternalStorageState()` den Status des externen Speichermediums abfragen. Um Ihre App möglichst robust zu machen, sollten Sie vor Zugriffen prüfen, ob Schreib- bzw. Lesevorgänge aktuell möglich sind.

Audiodateien wiedergeben

Das Anklicken eines Listenelements startet die Wiedergabe einer Audiodatei. Hierzu wird die private Methode `playAudioFile()` aufgerufen. Sie instanziiert zunächst ein Objekt des Typs `android.media.MediaPlayer` und weist es der Instanzvariablen `player` zu. Anschließend wird ein `OnCompletionListener` registriert. Der Aufruf von dessen Methode `onCompletion()` signalisiert das Ende eines Abspielvorgangs. In diesem Fall werden alle Ressourcen freigegeben, die durch das `MediaPlayer`-Objekt belegt werden.

Um eine Audiodatei wiederzugeben, müssen Sie zunächst die Quelle festlegen. Hierfür gibt es die Methode `setDataSource()`. Die Methode `prepare()` bereitet das Abspielen vor. Mit `start()` beginnt die Wiedergabe. Das Freigeben von Ressourcen habe ich in die Methode `releasePlayer()` ausgelagert. Auf diese Weise kann sehr leicht geprüft werden, ob überhaupt eine `MediaPlayer`-Instanz aktiv ist.

[+] **Tipp**

Sie können die hier beschriebene Vorgehensweise ohne Änderungen übernehmen, wenn Sie Musikdateien abspielen möchten. Alles, was Sie hierfür benötigen, ist in der Methode `playAudioFile()` zu finden.

Audiodateien aufzeichnen

Um eine Audiodatei aufzuzeichnen, müssen Sie als Erstes ein Objekt des Typs `android.media.MediaRecorder` instanziieren und anschließend durch Aufruf von dessen Methode `setAudioSource()` die Aufnahmequelle festlegen. Das Ausgabeformat setzen Sie mit `setOutputFormat()`. Die Methode `setAudioEncoder()` bestimmt den Codec, der verwendet werden soll. Nachdem Sie den Recorder konfiguriert haben, legen Sie einen Dateinamen fest und instanziieren ein entsprechendes `File`-Objekt. Sie müssen die korrespondierende Datei noch anlegen, und zwar indem Sie nun die Methode `createNewFile()` aufrufen. `prepare()` bereitet die Aufnahme vor. Nach dem Aufruf von `start()` beginnt sie.

Um eine Aufnahme zu beenden, müssen Sie die Methode `stop()` Ihrer `MediaRecorder`-Instanz aufrufen. Anschließend sollten Sie die nicht mehr benötigten Ressourcen freigeben. Ich habe hierzu die Methode `releaseRecorder()` implementiert. Sie prüft analog zur Methode `releasePlayer()`, ob überhaupt ein `MediaRecorder`-Objekt in Verwendung ist.

Die Klassen `MediaRecorder` und `MediaPlayer` ermöglichen Ihnen den unkomplizierten Einstieg in die faszinierende Welt der Audioverarbeitung. Wie Sie auf diesen Grundlagen aufbauen, zeige ich Ihnen im folgenden Abschnitt. Er beschäftigt sich mit Audioeffekten.

12.2 Effekte

Android bietet Ihnen zahlreiche Audioeffekte an. Wie Sie gleich sehen werden, lassen sich diese beliebig mischen und sowohl global als auch für einzelne Tonspuren zuschalten. Die Grundlage für meine Erläuterungen bildet die App *AudioEffekteDemo*.

12.2.1 Die Klasse »AudioEffekteDemo«

Nach dem Start des in Abbildung 12.2 gezeigten Programms spielen Sie einen kurzen Audioschnipsel ab, indem Sie die Schaltfläche START anklicken. Sie können die Wiedergabe mit STOP anhalten. Klicken Sie abermals auf START, um den Abspielvorgang fortzusetzen.

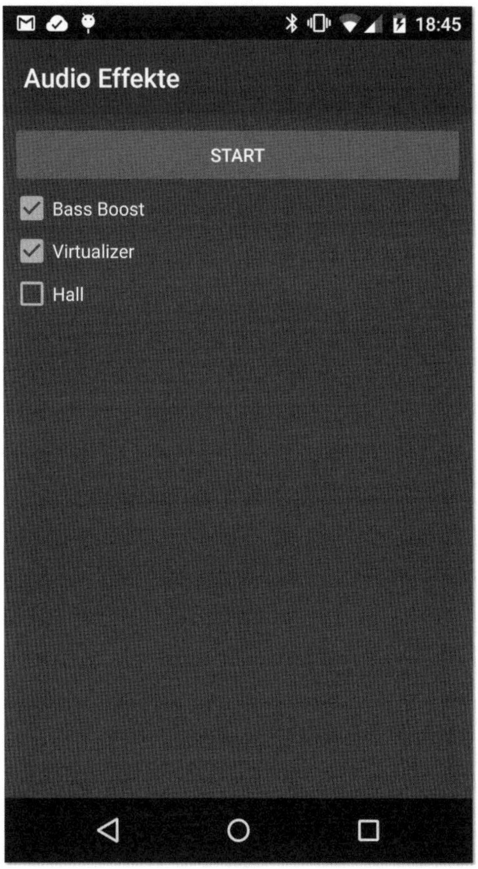

Abbildung 12.2 Die App »AudioEffekteDemo«

Die App demonstriert die drei Effekte BASS BOOST, Klangverbreiterung (VIRTUALIZER) und HALL. Außer diesen drei Effekten kennt Android unter anderem *Loudness*

Enhancer, *Equalizer* und *EnvironmentalReverb*. Sie können sie in beliebiger Kombination zuschalten. Allerdings lässt sich mit dem Beispielsample nur HALL vernünftig demonstrieren.

Um eine eigene MP3-Datei abzuspielen, kopieren Sie diese in das Verzeichnis *res/raw*. Dort befindet sich bereits *guten_tag.mp3*. Da aus dem Dateinamen eine Konstante (zum Beispiel `R.raw.guten_tag`) erzeugt wird, sollte dieser keine Leerzeichen enthalten und idealerweise nur aus Kleinbuchstaben, Ziffern und dem Unterstrich bestehen. Damit die App Ihre Datei abspielt, müssen Sie in der Zeile

```
mediaPlayer = MediaPlayer.create(this, R.raw.guten_tag);
```

die Konstante entsprechend ersetzen.

[»]

Hinweis

Im Verzeichnis *res/raw* abgelegte Dateien werden ohne Änderungen oder Konvertierungen in die Installationsdatei (*.apk*) einer App übernommen. Sie können über Konstanten in `R.raw` auf sie zugreifen. Allerdings hat die Größe solcher Dateien direkten Einfluss auf die Größe der Installationsdatei. Sie sollten dies trotz stetig schneller werdender Datenverbindungen berücksichtigen.

Die Klasse `AudioEffekteDemo` implementiert die drei Methoden `onCreate()`, `onDestroy()` und `updateButtonText()`. Letztere setzt die Beschriftung des einzigen Buttons. Ob aktuell eine Audiodatei abgespielt wird, ist in der Instanzvariablen `playing` hinterlegt. In der Methode `onCreate()` wird ein `MediaPlayer`-Objekt instanziiert und ein `OnCompletionListener` registriert. Das ist notwendig, um am Ende des Abspielvorgangs die Schaltfläche aktualisieren zu können. Die Freigabe des Players (`mediaPlayer.release()`) erfolgt aber erst, wenn die Activity zerstört wird. Dann ruft Android die Methode `onDestroy()` auf.

```
package com.thomaskuenneth.audioeffektedemo;

import android.app.Activity;
import android.media.MediaPlayer;
import android.media.MediaPlayer.OnCompletionListener;
import android.media.audiofx.AudioEffect;
import android.media.audiofx.BassBoost;
import android.media.audiofx.PresetReverb;
import android.media.audiofx.Virtualizer;
import android.os.Bundle;
import android.util.Log;
import android.view.View;
import android.view.View.OnClickListener;
```

```
import android.widget.Button;
import android.widget.CheckBox;
import android.widget.CompoundButton;
import android.widget.CompoundButton.OnCheckedChangeListener;

public class AudioEffekteDemo extends Activity {
    private static final String TAG = AudioEffekteDemo.class.getSimpleName();

    private MediaPlayer mediaPlayer;

    // Effekte
    private BassBoost bassBoost = null;
    private Virtualizer virtualizer = null;
    private PresetReverb reverb = null;

    private Button button;
    private boolean playing;

    @Override
    public void onCreate(Bundle savedInstanceState) {
        super.onCreate(savedInstanceState);
        setContentView(R.layout.main);
        // MediaPlayer instanziieren
        mediaPlayer = MediaPlayer.create(this, R.raw.guten_tag);
        mediaPlayer.setOnCompletionListener(new OnCompletionListener() {
            @Override
            public void onCompletion(MediaPlayer mp) {
                playing = false;
                updateButtonText();
            }
        });
        int sessionId = mediaPlayer.getAudioSessionId();
        // BassBoost instanziieren und an Audio Session binden
        bassBoost = new BassBoost(0, sessionId);
        Log.d(TAG, "getRoundedStrength(): " + bassBoost.getRoundedStrength());
        if (bassBoost.getStrengthSupported()) {
            bassBoost.setStrength((short) 1000);
        }
        // Checkbox schaltet BassBoost aus und ein
        final CheckBox cbBassBoost = (CheckBox) findViewById(R.id.cbBassBoost);
        cbBassBoost.setOnCheckedChangeListener(new OnCheckedChangeListener() {
            public void onCheckedChanged(CompoundButton buttonView,
                                         boolean isChecked) {
```

12

```
        int result = bassBoost.setEnabled(isChecked);
        if (result != AudioEffect.SUCCESS) {
            Log.e(TAG, "Bass Boost: setEnabled(" + isChecked + ") = "
                    + result);
        }
    }
});
cbBassBoost.setChecked(false);
// Virtualizer instanziieren und an Audio Session binden
virtualizer = new Virtualizer(0, sessionId);
virtualizer.setStrength((short) 1000);
// Checkbox schaltet Virtualizer aus und ein
final CheckBox cbVirtualizer = (CheckBox) findViewById(R.id.cbVirtualizer);
cbVirtualizer.setOnCheckedChangeListener(new OnCheckedChangeListener() {
    public void onCheckedChanged(CompoundButton buttonView,
                                 boolean isChecked) {
        int result = virtualizer.setEnabled(isChecked);
        if (result != AudioEffect.SUCCESS) {
            Log.e(TAG, "Virtualizer: setEnabled(" + isChecked + ") = "
                    + result);
        }
    }
});
cbVirtualizer.setChecked(false);
// Hall
reverb = new PresetReverb(0, 0);
int effectId = reverb.getId();
reverb.setPreset(PresetReverb.PRESET_PLATE);
mediaPlayer.attachAuxEffect(effectId);
mediaPlayer.setAuxEffectSendLevel(1f);
// Checkbox schaltet Hall aus und ein
final CheckBox cbReverb = (CheckBox) findViewById(R.id.cbReverb);
cbReverb.setOnCheckedChangeListener(new OnCheckedChangeListener() {
    public void onCheckedChanged(CompoundButton buttonView,
                                 boolean isChecked) {
        int result = reverb.setEnabled(isChecked);
        if (result != AudioEffect.SUCCESS) {
            Log.e(TAG, "PresetReverb: setEnabled(" + isChecked + ") = "
                    + result);
        }
    }
});
```

```
        cbReverb.setChecked(false);
        // Schaltfläche
        button = (Button) findViewById(R.id.button);
        button.setOnClickListener(new OnClickListener() {
            @Override
            public void onClick(View v) {
                if (playing) {
                    mediaPlayer.pause();
                } else {
                    mediaPlayer.start();
                }
                playing = !playing;
                updateButtonText();
            }
        });
        playing = false;
        updateButtonText();
    }

    @Override
    protected void onDestroy() {
        super.onDestroy();
        mediaPlayer.stop();
        if (bassBoost != null) {
            bassBoost.release();
        }
        if (virtualizer != null) {
            virtualizer.release();
        }
        if (reverb != null) {
            reverb.release();
        }
        mediaPlayer.release();
    }

    private void updateButtonText() {
        button.setText(getString(playing ? R.string.stop : R.string.start));
    }
}
```

Listing 12.4 Die Klasse »AudioEffekteDemo«

Die Audiosession-ID verknüpft Audioeffekte mit einem Audiostrom. Wie dies funktioniert, zeige ich Ihnen gleich. Jeder Effekt wird durch ein Ankreuzfeld aktiviert oder deaktiviert. Hierzu gibt es drei `OnCheckedChangeListener`.

12.2.2 Bass Boost und Virtualizer

Bass Boost verstärkt niedrige Frequenzen eines Audiostroms. `android.media.audiofx.BassBoost` erbt von `android.media.audiofx.AudioEffect`, der Basisklasse aller Audioeffekte. Diese implementiert Standardverhalten, zum Beispiel das Ein- oder Ausschalten eines Effekts mit `setEnabled()` sowie das Freigeben von Ressourcen mit `release()`. Vor dem Start eines Abspielvorgangs durch `mediaPlayer.start()` müssen alle gewünschten Effekte mit `setEnabled(true)` aktiviert werden.

Nach dem Erzeugen eines `BassBoost`-Objekts lässt sich dessen Intensität mit `setStrength()` in einem Bereich zwischen 0 und 1.000 einstellen. Beachten Sie, dass der tatsächlich gesetzte Wert vom übergebenen Wert abweichen kann, wenn die Implementierung keine entsprechend feine Abstufung unterstützt. Um das zu prüfen, rufen Sie anschließend `getRoundedStrength()` auf. Über die Auskunftsmethode `getStrengthSupported()` können Sie herausfinden, ob die `BassBoost`-Implementierung das Einstellen der Intensität grundsätzlich zulässt. Ist dies nicht der Fall (der Rückgabewert ist `false`), kennt sie nur eine Stufe. Jeder Aufruf von `setStrength()` rundet dann auf den korrespondierenden Wert.

Die meisten Audioeffekte können entweder dem systemweiten, gemixten Audiostrom oder »nur« einer bestimmten `MediaPlayer`-Instanz hinzugefügt werden. Dies wird über den zweiten Parameter (`audioSession`) des Effekt-Konstruktors gesteuert. 0 kennzeichnet den globalen Mix. Damit das klappt, muss eine App in ihrer Manifestdatei die Berechtigung `android.permission.MODIFY_AUDIO_SETTINGS` anfordern. Allerdings gilt dieses Vorgehen bei bestimmten Effekten (zum Beispiel Bass Boost und Virtualizer) mittlerweile als veraltet. Jeder andere Wert repräsentiert eine systemweit eindeutige AudioSession-ID. Sie können diese mit `mediaPlayer.getAudioSessionId()` ermitteln.

Der Effekt VIRTUALIZER verändert die räumliche Wirkung eines Audiosignals. Wie er sich im Detail auswirkt, hängt von der Anzahl der Eingabe- sowie der Art und Anzahl der Ausgabekanäle ab. Eine in Stereo aufgenommene *.mp3*-Datei klingt über einen Kopfhörer breiter, wenn der Virtualizer aktiviert ist.

12.2.3 Hall

Je nach räumlicher Umgebung wird Schall unterschiedlich oft und stark reflektiert. Große Konzertsäle haben selbstverständlich eine andere Akustik als beispielsweise Kathedralen oder kleine Zimmer. `android.media.audiofx.PresetReverb` implementiert einen solchen Effekt. Anders als die beiden bereits vorgestellten Klassen `Virtualizer` und `BassBoost` wird `PresetReverb` immer an den globalen Mixer (Audio-Session 0) gebunden. Damit das Ausgabesignal einer `MediaPlayer`-Instanz eingespeist werden kann, ermitteln Sie zunächst mit `reverb.getId()` die Effekt-ID des `PresetReverb`-Objekts und übergeben diese an die `MediaPlayer`-Methode `attachAuxEffect()`. Anschließend setzen Sie noch den `setAuxEffectSendLevel()` und legen damit die Intensität fest.

[«]

Hinweis

Unglücklicherweise scheinen einige Versionen des Emulators Probleme mit Audioeffekten zu haben. Dies äußert sich in LOGCAT-Meldungen wie `AudioFlinger could not create effect, status: -22`. In diesem Fall bleibt Ihnen leider nur übrig, die App auf echter Hardware auszuprobieren.

Soundeffekte verleihen Musik-Apps nicht nur den nötigen Pepp – sie sind schlicht ein Muss. Übrigens stellt Android einige weitere interessante Klassen im Bereich Audioverarbeitung zur Verfügung. Mit `android.media.audiofx.Visualizer` können Sie beispielsweise am Ausgabestrom lauschen, um diesen zu visualisieren. Denken Sie an Zeigerinstrumente früherer HiFi-Tage oder an opulente Farbspiele. Experimentieren Sie mit den Programmierschnittstellen, und bauen Sie Live Wallpapers oder Widgets.

12.3 Sprachsynthese

Schon seit Android 1.6 (Donut) enthält die Plattform die Sprachsynthesekomponente *Pico*. Diese kann Texte in Deutsch, Englisch, Italienisch, Französisch und Spanisch vorlesen. In diesem Abschnitt zeige ich Ihnen, wie Sie Ihre Apps um die Fähigkeit erweitern, mit dem Anwender zu sprechen. Wie praktisch das ist, wissen wir spätestens durch die Benutzung von Navigationshilfen. Aber die Einsatzmöglichkeiten sind weitaus vielschichtiger. Lassen Sie sich doch Ihre E-Mails vorlesen. Oder programmieren Sie eine App, die Ihnen auf Knopfdruck die aktuelle Uhrzeit ansagt.

12.3.1 Nutzung der Sprachsynthesekomponente vorbereiten

Welche Schritte notwendig sind, um geschriebene in gesprochene Sprache umzuwandeln, möchte ich Ihnen anhand der App *TextToSpeechDemo* zeigen. Bevor ich Sie mit der Implementierung vertraut mache, sollten Sie die App kurz starten. Die Benutzeroberfläche sehen Sie in Abbildung 12.3.

Abbildung 12.3 Die Benutzeroberfläche der App »TextToSpeechDemo«

Tippen Sie einen beliebigen Text in das Eingabefeld, und wählen Sie dann die gewünschte Sprache. Abbildung 12.4 zeigt, welche Sprachen Ihnen zur Verfügung stehen.

TEXT VORLESEN startet den Synthesevorgang und anschließend die Wiedergabe. Während der Text vorgelesen wird, ist die Schaltfläche nicht anwählbar.

Die Klasse `TextToSpeechDemo` leitet von `android.app.Activity` ab und implementiert unter anderem die üblichen Methoden `onCreate()` und `onDestroy()`.

Wenn Sie einen Blick auf das folgende Listing werfen, fällt Ihnen sicher auf, dass `onCreate()` nicht wie üblich die Benutzeroberfläche initialisiert und anzeigt. Stattdessen wird »nur« die Variable `tts` mit `null` belegt und mit `startActivityForResult()` eine neue Activity aufgerufen. `tts` zeigt auf ein Objekt des Typs `android.speech.tts.TextToSpeech`. Diese Klasse bildet die Zugriffsschicht auf die Sprachsynthesekomponente.

Die Methode `onDestroy()` gibt alle Ressourcen frei, die von der Syntheseeinheit reserviert wurden. Hierzu ruft sie deren Methode `shutdown()` auf.

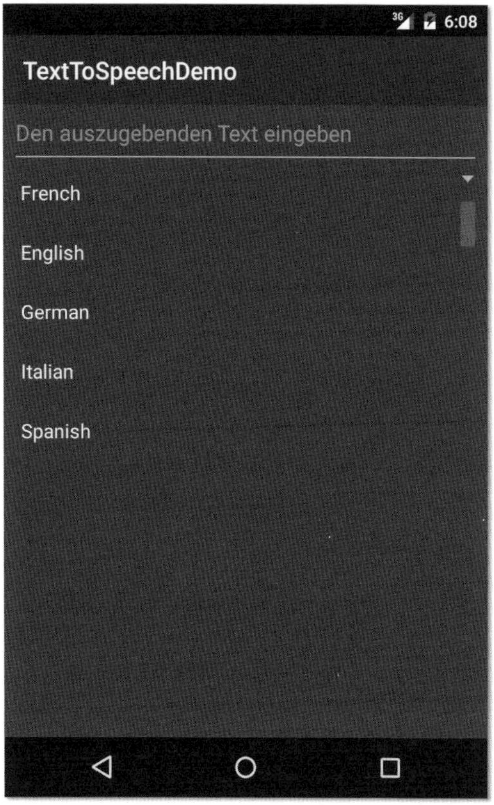

Abbildung 12.4 Sprache auswählen, in der vorgelesen werden soll

```
package com.thomaskuenneth.texttospeechdemo;

import android.app.Activity;
import android.content.Intent;
import android.os.Bundle;
import android.os.Environment;
import android.os.Handler;
import android.os.Looper;
import android.speech.tts.TextToSpeech;
import android.speech.tts.TextToSpeech.OnInitListener;
import android.speech.tts.UtteranceProgressListener;
import android.util.Log;
import android.view.View;
import android.view.View.OnClickListener;
import android.widget.ArrayAdapter;
import android.widget.Button;
import android.widget.EditText;
```

```
import android.widget.Spinner;
import java.io.File;
import java.util.Hashtable;
import java.util.Locale;

public class TextToSpeechDemo extends Activity implements OnInitListener {

    private static final int RQ_CHECK_TTS_DATA = 1;
    private static final String TAG = TextToSpeechDemo.class.getSimpleName();

    private final Hashtable<String, Locale> supportedLanguages = new Hashtable<>();

    private TextToSpeech tts;
    private String last_utterance_id;

    private EditText input;
    private Spinner spinner;
    private Button button;

    @Override
    public void onCreate(Bundle savedInstanceState) {
        super.onCreate(savedInstanceState);
        // die Sprachsynthesekomponente wurde
        // noch nicht initialisiert
        tts = null;
        // prüfen, ob Sprachpakete vorhanden sind
        Intent intent = new Intent();
        intent.setAction(TextToSpeech.Engine.ACTION_CHECK_TTS_DATA);
        startActivityForResult(intent, RQ_CHECK_TTS_DATA);
    }

    @Override
    protected void onDestroy() {
        super.onDestroy();
        // gegebenenfalls Ressourcen freigeben
        if (tts != null) {
            tts.shutdown();
        }
    }

    @Override
    protected void onActivityResult(int requestCode, int resultCode, Intent data) {
        super.onActivityResult(requestCode, resultCode, data);
```

```
        // Sind Sprachpakete vorhanden?
        if (requestCode == RQ_CHECK_TTS_DATA) {
            if (resultCode == TextToSpeech.Engine.CHECK_VOICE_DATA_PASS) {
                // Initialisierung der Sprachkomponente starten
                tts = new TextToSpeech(this, this);
            } else {
                // Installation der Sprachpakete vorbereiten
                Intent installIntent = new Intent();
                installIntent
                        .setAction(TextToSpeech.Engine.ACTION_INSTALL_TTS_DATA);
                startActivity(installIntent);
                // Activity beenden
                finish();
            }
        }
    }

    @Override
    public void onInit(int status) {
        if (status != TextToSpeech.SUCCESS) {
            // die Initialisierung war nicht erfolgreich
            finish();
        }
        // Activity initialisieren
        setContentView(R.layout.main);
        input = (EditText) findViewById(R.id.input);
        spinner = (Spinner) findViewById(R.id.locale);
        button = (Button) findViewById(R.id.button);
        button.setOnClickListener(new OnClickListener() {
            @Override
            public void onClick(View v) {
                String text = input.getText().toString();
                String key = (String) spinner.getSelectedItem();
                Locale loc = supportedLanguages.get(key);
                if (loc != null) {
                    button.setEnabled(false);
                    tts.setLanguage(loc);
                    last_utterance_id = Long.toString(System
                            .currentTimeMillis());
                    tts.speak(text, TextToSpeech.QUEUE_FLUSH,
                            null, last_utterance_id);
                    // in Datei schreiben
                    File file = new File(Environment
```

12

```
                    .getExternalStorageDirectory(), last_utterance_id
                    + ".wav");
                tts.synthesizeToFile(text, null, file, last_utterance_id);
            }
        }
});
tts.setOnUtteranceProgressListener(new UtteranceProgressListener() {

    @Override
    public void onStart(String utteranceId) {
        Log.d(TAG, "onStart(): " + utteranceId);
    }

    @Override
    public void onDone(final String utteranceId) {

        final Handler h = new Handler(Looper.getMainLooper());
        h.post(new Runnable() {
            @Override
            public void run() {
                if (utteranceId.equals(last_utterance_id)) {
                    button.setEnabled(true);
                }
            }
        });
    }

    @Override
    public void onError(String utteranceId) {
        Log.d(TAG, "onError(): " + utteranceId);
    }

});
// Liste der Sprachen ermitteln
String[] languages = Locale.getISOLanguages();
for (String lang : languages) {
    Locale loc = new Locale(lang);
    switch (tts.isLanguageAvailable(loc)) {
        case TextToSpeech.LANG_MISSING_DATA:
        case TextToSpeech.LANG_NOT_SUPPORTED:
            break;
        default:
```

```
                String key = loc.getDisplayLanguage();
                if (!supportedLanguages.containsKey(key)) {
                    supportedLanguages.put(key, loc);
                }
                break;
            }
        }
        ArrayAdapter<Object> adapter = new ArrayAdapter<>(this,
                android.R.layout.simple_spinner_item, supportedLanguages
                .keySet().toArray());
        adapter.setDropDownViewResource(android.R.layout.simple_spinner_dropdown_
item);
        spinner.setAdapter(adapter);
    }
}
```


Listing 12.5 Die Klasse »TextToSpeechDemo«

Installation prüfen

Die eigentliche Sprachsynthesesoftware ist zwar integraler Bestandteil der Android-Plattform, allerdings stand und steht es Geräteherstellern frei, aus Speicherplatzgründen die Sprachdaten nicht vorzuinstallieren. Deshalb ist es bewährte Praxis, einen Intent mit der Action `TextToSpeech.Engine.ACTION_CHECK_TTS_DATA` zu versenden, um deren Verfügbarkeit zu prüfen. Meldet das System, dass alles in Ordnung ist, kann das Text-to-Speech-Modul initialisiert werden. Andernfalls müssen Sie mit einem weiteren Intent den Download der fehlenden Daten initiieren.

Die Methode `onActivityResult()` erhält als zweiten Parameter einen `requestCode`. Dieser wird neben dem Intent an `startActivityForResult()` übergeben, kann von Ihnen also frei gewählt werden. Der `resultCode` gibt an, ob der Aufruf der Activity erfolgreich war. `TextToSpeech.Engine.CHECK_VOICE_DATA_PASS` bedeutet, dass alle benötigten Bestandteile vorhanden sind. Ist das der Fall, kann die Synthesesoftware initialisiert werden. Dies geschieht mit dem Ausdruck `tts = new TextToSpeech(this, this);`. Andernfalls sollten Sie die Installation der fehlenden Komponenten anstoßen. Mein Beispiel startet hierzu eine neue Activity und beendet die aktuelle mit `finish()`. Alternativ können Sie abermals `startActivityForResult()` aufrufen.

Das Interface »android.speech.tts.TextToSpeech.OnInitListener«

Das Sprachausgabemodul darf erst nach einer erfolgreichen Initialisierung verwendet werden. Aus diesem Grund wird dem Konstruktor der Klasse `TextToSpeech` als zweites Argument ein Objekt des Typs `android.speech.tts.TextToSpeech.OnInitLis-`

tener übergeben. Da die Activity TextToSpeechDemo dieses Interface implementiert, finden Sie an dieser Stelle ein this.

Meine Implementierung der Methode onInit() erledigt einige Aufgaben, die üblicherweise in onCreate() ausgeführt werden, beispielsweise das Anzeigen der Benutzeroberfläche mit setContentView(). Dies ist notwendig, weil unter anderem die Aufklappliste für die Sprachauswahl erst nach einer erfolgreichen Initialisierung der Synthesekomponente gefüllt werden kann. Da ich zu Beginn dieses Abschnitts die fünf Sprachen aufgezählt habe, die Pico derzeit unterstützt, fragen Sie sich vielleicht, warum ich diese nicht einfach »fest verdrahte«. Ganz einfach: Sollten irgendwann zusätzliche Sprachen hinzukommen, erkennt mein Programm diese automatisch.

[+] **Tipp**

Treffen Sie niemals Annahmen über die Beschaffenheit eines Systems, wenn es stattdessen Auskunftsfunktionen gibt.

Beispielsweise können Sie mit isLanguageAvailable() prüfen, ob eine bestimmte Sprache der Synthesekomponente zur Verfügung steht.

12.3.2 Texte vorlesen und Sprachausgaben speichern

Um einen Text vorlesen zu lassen, rufen Sie die Methode speak() eines TextToSpeech-Objekts auf. Ihr wird unter anderem ein Bundle übergeben, das Daten für die Anfrage enthält. Es kann auf null gesetzt werden. Die Utterance-ID ist eine eindeutige Kennung, mit der der vorzulesende Text identifiziert wird.

Ist Ihnen in der Implementierung der Methode onInit() der Aufruf der Methode setOnUtteranceProgressListener() aufgefallen? Die abstrakte Klasse UtteranceProgressListener enthält die Methoden onStart(), onDone() und onError(), die im Verlauf einer Sprachausgabe angesprungen werden können. Beispielsweise signalisiert der Aufruf von onDone(), dass eine Textausgabe vollständig durchgeführt wurde. Welche das war, können Sie anhand der Utterance-ID erkennen. Die Implementierung in der Klasse TextToSpeechDemo macht die Schaltfläche TEXT VORLESEN wieder anwählbar.

Wenn Sie in onDone() den Status von Bedienelementen verändern möchten, sollten Sie sicherstellen, dass Ihre Anweisungen auf dem UI-Thread ausgeführt werden. Instanziieren Sie hierzu mit

```
new Handler(Looper.getMainLooper())
```

ein Objekt des Typs android.os.Handler, und rufen Sie dessen post()-Methode auf. Ausführliche Informationen hierzu finden Sie in Kapitel 6, »Multitasking«.

Sie können `TextToSpeech`-Objekte nicht nur für die unmittelbare Ausgabe von Sprache verwenden. Die Klasse enthält die Methode `synthesizeToFile()`, die das akustische Signal als *.wav*-Datei auf dem externen Speichermedium ablegt. Die App muss hierfür die Berechtigung `android.permission.WRITE_EXTERNAL_STORAGE` anfordern. Um dies auszuprobieren, geben Sie nach dem Start von *TextToSpeechDemo* einen beliebigen Text ein und wählen die gewünschte Sprache. Klicken Sie anschließend auf TEXT VORLESEN. Sobald Android die Sprachausgabe beendet, erscheint die Datei, wie Sie in Abbildung 12.5 sehen können, in der Sicht FILE EXPLORER des *Android Device Monitors*.

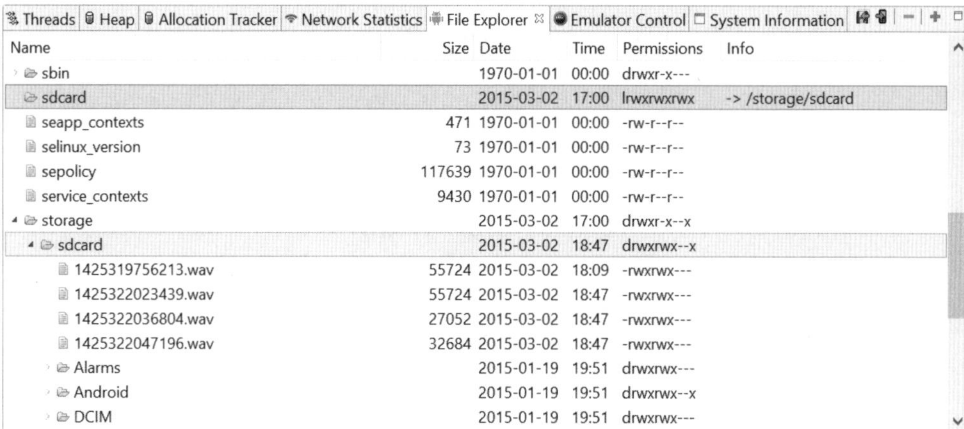

Abbildung 12.5 Mit »synthesizeToFile()« erzeugte Dateien

Im folgenden Abschnitt möchte ich Sie mit einigen weiteren äußerst spannenden Audiofunktionen von Android vertraut machen.

12.4 Weitere Audiofunktionen

Die Plattform kann nicht nur Sprache synthetisieren, sondern auch erkennen. Ihre App könnte also ausschließlich in gesprochener Sprache mit dem Anwender kommunizieren. Nutzer von entsprechend ausgerüsteten Navigationssystemen haben diese Form der Bedienung schnell schätzen gelernt. Aber auch in vielen anderen Bereichen ist Spracherkennung äußerst praktisch. Denken Sie an das automatische Wählen nach Nennung eines Kontakts oder die Steuerung des Telefons durch einfache mündliche Anweisungen. Im Folgenden zeige ich Ihnen daher, wie Sie die in Android integrierte Spracherkennungsfunktion in Ihren Apps nutzen. Außerdem lernen Sie eine sehr interessante Funktion der kabelgebundenen Headsets kennen, die vielen Android-Geräten beiliegen. Diese senden nämlich Tastendrücke, auf die Sie in Ihren Programmen reagieren können.

12.4.1 Spracherkennung

Die App *SpracherkennungsDemo* zeigt, wie einfach sich eine Spracherkennung in eigenen Programmen einsetzen lässt. Sie finden das gleichnamige Projekt in den Begleitmaterialien.

Um die Anwendung ausprobieren zu können, benötigen Sie allerdings ein entsprechend ausgerüstetes Android-Smartphone oder Tablet. Die virtuellen Geräte, die zum Zeitpunkt der Drucklegung dieses Buches vorhanden waren, stellten die benötigte Funktionalität nämlich nicht zur Verfügung, sodass ein Test im Emulator leider nicht möglich ist.

Nach dem Start begrüßt *SpracherkennungsDemo* den Benutzer mit einem Bildschirm, der bis auf die Schaltfläche SPRACHERKENNUNG STARTEN leer ist. Falls die benötigte Komponente nicht zur Verfügung steht, lautet die Beschriftung SPRACHERKENNUNG NICHT VERFÜGBAR. Der Button kann in diesem Fall nicht angeklickt werden.

Ein Klick auf die Schaltfläche startet die Spracheingabe, deren Benutzeroberfläche in Abbildung 12.6 dargestellt ist.

Abbildung 12.6 Der Aufnahmevorgang

Im Anschluss daran wird der Audiostrom analysiert und in geschriebene Sprache umgeformt. Sofern Sie Offline-Sprachpakete heruntergeladen und installiert haben, ist hierfür keine aktive Netzwerkverbindung erforderlich. Andernfalls müssen die Daten an einen Google-Server geschickt und dort ausgewertet werden.

Nach der Umwandlung zeigt die App die erkannten Worte an (siehe Abbildung 12.7).

Abbildung 12.7 Die App zeigt den erkannten Text an.

Verfügbarkeit prüfen

Die Klasse `SpracherkennungsDemo` leitet von `android.app.Activity` ab und überschreibt deren zwei Methoden `onCreate()` und `onActivityResult()`. Nachdem die Benutzeroberfläche gesetzt wurde, wird mit der Methode `queryIntentActivities()` der Klasse `PackageManager` eine Liste von Activities ermittelt, die das Intent `RecognizerIntent.ACTION_RECOGNIZE_SPEECH` verarbeiten können. Ist diese Liste leer, steht die Spracherkennung nicht zur Verfügung.

```
package com.thomaskuenneth.spracherkennungsdemo;

import android.app.Activity;
```

```
import android.content.Intent;
import android.content.pm.PackageManager;
import android.content.pm.ResolveInfo;
import android.os.Bundle;
import android.speech.RecognizerIntent;
import android.view.View;
import android.view.View.OnClickListener;
import android.widget.Button;
import android.widget.TextView;
import java.util.ArrayList;
import java.util.List;

public class SpracherkennungsDemo extends Activity {

    private static final int RQ_VOICE_RECOGNITION = 1;

    private TextView textview;

    @Override
    public void onCreate(Bundle savedInstanceState) {
        super.onCreate(savedInstanceState);
        // Benutzeroberfläche anzeigen
        setContentView(R.layout.main);
        Button button = (Button) findViewById(R.id.button);
        button.setOnClickListener(new OnClickListener() {
            @Override
            public void onClick(View v) {
                startVoiceRecognitionActivity();
            }
        });
        textview = (TextView) findViewById(R.id.textview);
        // Verfügbarkeit der Spracherkennung prüfen
        PackageManager pm = getPackageManager();
        List<ResolveInfo> activities = pm.queryIntentActivities(new Intent(
                RecognizerIntent.ACTION_RECOGNIZE_SPEECH), 0);
        if (activities.size() == 0) {
            button.setEnabled(false);
            button.setText(getString(R.string.not_present));
        }
    }
```

```
    @Override
    protected void onActivityResult(int requestCode,
            int resultCode, Intent data) {
        if (requestCode == RQ_VOICE_RECOGNITION && resultCode == RESULT_OK) {
            ArrayList<String> matches = data
                    .getStringArrayListExtra(RecognizerIntent.EXTRA_RESULTS);
            if (matches.size() > 0) {
                textview.setText(matches.get(0));
            }
        }
        super.onActivityResult(requestCode, resultCode, data);
    }

    private void startVoiceRecognitionActivity() {
        Intent intent = new Intent(RecognizerIntent.ACTION_RECOGNIZE_SPEECH);
        intent.putExtra(RecognizerIntent.EXTRA_LANGUAGE_MODEL,
                RecognizerIntent.LANGUAGE_MODEL_FREE_FORM);
        intent.putExtra(RecognizerIntent.EXTRA_PROMPT,
                getString(R.string.prompt));
        intent.putExtra(RecognizerIntent.EXTRA_LANGUAGE, "de-DE");
        intent.putExtra(RecognizerIntent.EXTRA_MAX_RESULTS, 1);
        startActivityForResult(intent, RQ_VOICE_RECOGNITION);
    }
}
```

Listing 12.6 Die Klasse »SpracherkennungsDemo«

Googles Suche-App enthält eine Activity, die auf das Intent `RecognizerIntent.ACTION_RECOGNIZE_SPEECH` reagiert. Grundsätzlich kann aber jedes andere Programm ebenfalls darauf reagieren. Es bleibt abzuwarten, ob sich Alternativen zu Googles Sprachsuche etablieren. Die Klasse `android.speech.RecognizerIntent` enthält zahlreiche weitere Konstanten, auf die ich gleich noch ausführlicher eingehen werde. Die Spracherkennung wird in der privaten Methode `startVoiceRecognitionActivity()` gestartet. Diese wird nach dem Anklicken der Schaltfläche SPRACHERKENNUNG STARTEN aufgerufen.

Spracherkennung starten

Wie Sie aus dem vorherigen Abschnitt wissen, wird die Spracherkennung durch eine (aus der Sicht Ihrer App beliebige) Activity ausgeführt, die das Intent `RecognizerIntent.ACTION_RECOGNIZE_SPEECH` verarbeiten kann. Da die Activity ein Ergebnis (nämlich die hoffentlich erkannten Wörter) an Sie übermitteln muss, starten Sie sie mit `startActivityForResult()`. Mit `putExtra()` können Sie deren Funktionsweise beeinflussen. Beispielsweise legen Sie mit RecognizerIntent.EXTRA_LANGUAGE die Sprache fest, zum Beispiel de-DE oder en-US. Anstatt den String hart zu kodieren, bietet es sich an, auf die Methode toLanguageTag() der Klasse Locale zugreifen: Locale.US.toLanguageTag().

Mit RecognizerIntent.EXTRA_MAX_RESULTS steuern Sie die maximale Anzahl an Ergebnissen. Besonders wichtig ist RecognizerIntent.EXTRA_LANGUAGE_MODEL. Hiermit charakterisieren Sie die bevorstehende Eingabe. LANGUAGE_MODEL_FREE_FORM bedeutet, dass der Anwender eher ganze Sätze formulieren wird. Denken Sie an einen Texteditor, mit dem Sie E-Mails oder Kurznachrichten erfassen. LANGUAGE_MODEL_WEB_SEARCH hingegen verwenden Sie bei Suchanfragen oder grammatikalisch unvollständigen Verb-Substantiv-Phrasen. Mit RecognizerIntent.EXTRA_PROMPT können Sie eine kurze Beschreibung festlegen, die während der Eingabe angezeigt wird.

Wenn die Spracherkennungs-Activity ihre Arbeit beendet hat, ruft Android die Methode onActivityResult() auf. Wie üblich müssen Sie zunächst die beiden Werte requestCode und resultCode prüfen. getStringArrayListExtra() ermittelt dann eine Liste mit Ergebnissen. Die Kombination von Sprachsynthese und Spracherkennung kann die Bedienung von mobilen Geräten enorm vereinfachen. Haben Sie Ideen? Ich freue mich schon auf Ihre Umsetzungen.

Sie haben in diesem Kapitel schon zahlreiche Facetten der Audioverarbeitung unter Android kennengelernt. Mit einem weiteren spannenden Beispiel möchte ich diesen Bereich beschließen.

12.4.2 Tastendrücke von Headsets verarbeiten

Viele Hersteller liefern ihre Geräte mit einem kabelgebundenen Headset aus. Üblicherweise wird dieses zur Steuerung des Musikabspielprogramms verwendet. Wie Sie gleich sehen werden, nutzt Android hierfür ein anwendungsübergreifendes Protokoll, sodass sich auch Ihre eigene Audio-App damit bedienen lässt. Wie das geht, zeige ich Ihnen anhand der Beispiel-App *AudioManagerDemo*.

Wird eine Taste am Headset gedrückt, versendet die Plattform ein Broadcast-Event mit der Action Intent.ACTION_MEDIA_BUTTON. Dies lässt sich mit dem Emulator derzeit nicht simulieren, sodass Sie für den Test leider echte Hardware benötigen. Nach dem Start der App sehen Sie einen leeren Bildschirm. Ausgaben finden in diesem Beispiel der Einfachheit halber ausschließlich in dem in Abbildung 12.8 gezeigten LOGCAT statt.

Sie können dies ausprobieren, indem Sie die Taste bzw. die Tasten Ihrer Fernbedienung lange oder kurz gedrückt halten.

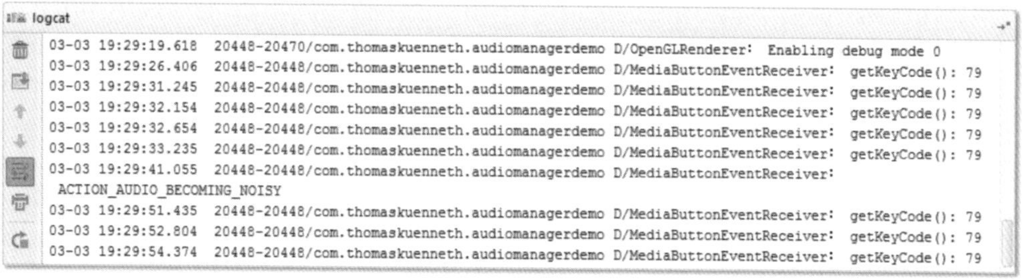

Abbildung 12.8 Ausgaben der App »AudioManagerDemo«

Die Klasse `AudioManagerDemoActivity` überschreibt nur die Methode `onCreate()`. Meine Implementierung instanziiert ein Objekt des Typs `MediaSession` und setzt durch Aufruf der Methode `setMediaButtonReceiver()` ein `PendingIntent`. Dieses startet einen Broadcast Receiver. Ich zeige Ihnen die Implementierung dieser Klasse etwas weiter unten.

12

```
package com.thomaskuenneth.audiomanagerdemo;

import android.app.Activity;
import android.app.PendingIntent;
import android.content.Intent;
import android.media.session.MediaSession;
import android.os.Bundle;

public class AudioManagerDemoActivity extends Activity {

    private static final String TAG =
 AudioManagerDemoActivity.class.getSimpleName();
    private static final int RQ_RECEIVER = 1234;

    @Override
    public void onCreate(Bundle savedInstanceState) {
        super.onCreate(savedInstanceState);
        MediaSession session = new MediaSession(this, TAG);
        Intent i = new Intent(this, MediaButtonEventReceiver.class);
        PendingIntent pi = PendingIntent.getBroadcast(this, RQ_RECEIVER,
                                   i, PendingIntent.FLAG_UPDATE_CURRENT);
        session.setMediaButtonReceiver(pi);
    }
}
```

Listing 12.7 Die Klasse »AudioManagerDemoActivity«

`MediaSession` ist eine zentrale Klasse für die Interaktion mit Lautstärkereglern und Buttons zur Steuerung der Wiedergabe. Üblicherweise hält eine App nur eine Session, allerdings können Sie bei Bedarf auch mehrere erzeugen. Um Kommandos zu empfangen, registrieren Sie entweder mit `setCallback()` ein Objekt des Typs `MediaSession.Callback` (in diesem Fall müssen Sie die Session mit `setActive()` aktivieren) oder Sie rufen wie in meinem Beispiel `setMediaButtonReceiver()` auf. Wichtig ist, Ihre Session nach Gebrauch mit `release()` freizugeben. Ein solcher Aufruf fehlt in meinem Code, weil die App auch nach Beenden der Activity über Tastendrücke informiert werden soll.

Wie Sie aus Kapitel 4, »Activities und Broadcast Receiver«, wissen, müssen Broadcast Receiver in der Manifestdatei eingetragen werden. Sie teilen der Plattform mit dem Kindelement `<intent-filter />` mit, auf welche Intents der Receiver reagieren möchte.

```
<?xml version="1.0" encoding="utf-8"?>
<manifest xmlns:android="http://schemas.android.com/apk/res/android"
    package="com.thomaskuenneth.audiomanagerdemo">
    <application
        android:icon="@drawable/icon"
        android:label="@string/app_name"
        android:allowBackup="true">
        <activity
            android:name=".AudioManagerDemoActivity"
            android:label="@string/app_name">
            <intent-filter>
                <action android:name="android.intent.action.MAIN" />
                <category android:name="android.intent.category.LAUNCHER" />
            </intent-filter>
        </activity>
        <receiver android:name=".MediaButtonEventReceiver">
            <intent-filter>
                <action android:name="android.intent.action.MEDIA_BUTTON" />
            </intent-filter>
            <intent-filter>
                <action android:name="android.media.AUDIO_BECOMING_NOISY" />
            </intent-filter>
        </receiver>
    </application>
</manifest>
```

Listing 12.8 Die Manifestdatei des Projekts »AudioManagerDemo«

```
}
```

Die Klasse MediaButtonEventReceiver leitet von android.content.BroadcastReceiver ab und implementiert die Methode onReceive(). Diese prüft zunächst, ob die Action des übermittelten Intents die gewünschte Intent. ACTION_MEDIA_BUTTON ist. Trifft dies zu, enthält das Intent zusätzlich ein Objekt des Typs android.view.KeyEvent.

```
package com.thomaskuenneth.audiomanagerdemo;

import android.content.BroadcastReceiver;
import android.content.Context;
import android.content.Intent;
import android.media.AudioManager;
import android.util.Log;
import android.view.KeyEvent;

public class MediaButtonEventReceiver extends BroadcastReceiver {

    private static final String TAG = MediaButtonEventReceiver.class
            .getSimpleName();

    @Override
    public void onReceive(Context context, Intent intent) {
        if (intent != null) {
            String action = intent.getAction();
            if (Intent.ACTION_MEDIA_BUTTON.equals(action)) {
                KeyEvent keyEvent = intent
                        .getParcelableExtra(Intent.EXTRA_KEY_EVENT);
                if (KeyEvent.ACTION_UP == keyEvent.getAction()) {
                    Log.d(TAG, "getKeyCode(): " + keyEvent.getKeyCode());
                }
                if (keyEvent.isLongPress()) {
                    Log.d(TAG, "laaange gedrückt");
                }
            } else if (AudioManager
                    .ACTION_AUDIO_BECOMING_NOISY
                    .equals(action)) {
                Log.d(TAG, "ACTION_AUDIO_BECOMING_NOISY");
            }
        }
    }
}
```

Listing 12.9 Die Klasse »MediaButtonEventReceiver«

Mit getKeyCode() können Sie den Code der auslösenden Taste erfragen. Selbst wenn ein Headset nur eine Taste hat, können Sie durch die Verwendung von isLongPress() zwei Funktionen auslösen (sofern das Gerät dies unterstützt).

Wenn Sie den Stecker des Headsets aus der Buchse ziehen (oder beispielsweise die Verbindung zu einem Bluetooth-Kopfhörer trennen), wird in LOGCAT die Meldung ACTION_AUDIO_BECOMING_NOISY ausgegeben. Android signalisiert interessierten Programmen auf diese Weise, dass der Audiostrom in Kürze über den Lautsprecher ausgegeben wird. In diesem Fall ist es möglicherweise eine gute Idee, die Wiedergabe zu pausieren. Um entsprechende Broadcast Events zu empfangen, tragen Sie in der Manifestdatei den gewünschten Receiver ein. Der Intent Filter lauscht auf die Aktion android.media.AUDIO_BECOMING_NOISY. Die Abfrage erfolgt in der Methode onReceive() der Klasse MediaButtonEventReceiver. Sie ist im vorangehenden Listing zu sehen.

12.5 Zusammenfassung

Kabelgebundene Headsets lassen sich also sehr einfach in eigene Apps integrieren. Versuchen Sie doch, den *Rasenden Reporter* entsprechend zu erweitern. Oder starten Sie nach einem Druck auf die Taste eine Spracherkennungssitzung. Android bietet unzählige Möglichkeiten. Nutzen Sie Ihre Kreativität, und kombinieren Sie die in diesem Kapitel angesprochenen Aspekte zu etwas ganz Neuem.

Kapitel 13
Fotos und Video

Die Fähigkeit, Fotos und Videos aufzunehmen, ist für moderne Smartphones und Tablets selbstverständlich. Wie Sie die Kamerahardware in Ihren eigenen Apps nutzen, zeige ich Ihnen in diesem Kapitel.

Die Zeiten, in denen die Kameras in Mobiltelefonen gerade einmal zu Spaßfotos taugten, sind glücklicherweise längst vorbei. Aktuelle Android-Geräte machen durchweg gute Bilder und Videos. Dabei sind die Möglichkeiten, die sich aus dem Einsatz der Kamerahardware ergeben, praktisch grenzenlos. Denken Sie an die Überlagerung von Live-Daten mit computergenerierten Grafiken oder Informationen aus dem Netz (*Augmented Reality*) oder an die Erkennung von Sehenswürdigkeiten mit Google Goggles.[1]

13.1 Vorhandene Activities nutzen

Wie Sie aus Kapitel 4, »Activities und Broadcast Receiver«, wissen, lassen sich mit Intents Komponenten unterschiedlicher Apps kombinieren. Die Nutzung vorhandener Bausteine hat für Sie als Entwickler den Vorteil, das Rad nicht neu erfinden zu müssen. Und der Anwender findet sich schneller zurecht, weil er die Bedienung einer wiederverwendeten Komponente bereits kennt.

13.1.1 Kamera-Activity starten

Wie leicht Sie die in Android eingebaute Kamera-App nutzen können, möchte ich Ihnen anhand des Programms *KameraDemo1* zeigen. Nach dem Start sehen Sie die Benutzeroberfläche aus Abbildung 13.1.

1 *www.google.com/mobile/goggles/*

Abbildung 13.1 Die Benutzeroberfläche von »KameraDemo1«

Klicken Sie auf FOTO AUFNEHMEN, um die Kamera-App im Still-Image-Modus zu betreiben. Diesen sehen Sie in Abbildung 13.2.

Abbildung 13.2 Die Kamera-App im Still-Image-Modus

Mit VIDEO AUFNEHMEN drehen Sie Filme. Zwischen diesem Videomodus, der in Abbildung 13.3 dargestellt ist, und dem Fotomodus kann der Anwender jederzeit umschalten.

Beachten Sie in diesem Zusammenhang, dass die Benutzeroberfläche auf unterschiedlichen Geräten zum Teil stark variiert.

Abbildung 13.3 Die Kamera-App im Videomodus

Die Klasse `KameraDemo1` leitet von `android.app.Activity` ab und überschreibt nur `onCreate()`. In dieser Methode wird die Benutzeroberfläche gesetzt. Das Starten der Kamera-App findet in zwei Implementierungen von `onClick()` statt. Wie Sie bereits wissen, werden Instanzen des Typs `android.view.View.OnClickListener` verwendet, um auf das Anklicken von Schaltflächen zu reagieren.

Die Klasse `android.provider.MediaStore` gestattet den Zugriff auf die Mediendatenbank von Android-Geräten. Für uns sind im Moment vor allem die beiden Konstanten `MediaStore.INTENT_ACTION_STILL_IMAGE_CAMERA` und `MediaStore.INTENT_ACTION_VIDEO_CAMERA` interessant. Sie werden nämlich als Actions für Intents verwendet, um die Kamera-App zu starten.

Ausführliche Informationen bezüglich der Verwendung von Intents finden Sie in Kapitel 4, »Activities und Broadcast Receiver«.

```
package com.thomaskuenneth.kamerademo1;

import android.app.Activity;
import android.content.Intent;
import android.os.Bundle;
import android.provider.MediaStore;
```

```
import android.view.View;
import android.view.View.OnClickListener;
import android.widget.Button;

public class KameraDemo1 extends Activity {

    @Override
    public void onCreate(Bundle savedInstanceState) {
        super.onCreate(savedInstanceState);
        // Benutzeroberfläche anzeigen
        setContentView(R.layout.main);
        Button foto = (Button) findViewById(R.id.foto);
        foto.setOnClickListener(new OnClickListener() {
            public void onClick(View v) {
                // Intent instanziieren
                Intent intent = new Intent(
                        MediaStore.INTENT_ACTION_STILL_IMAGE_CAMERA);
                // Activity starten
                startActivity(intent);
            }
        });
        Button video = (Button) findViewById(R.id.video);
        video.setOnClickListener(new OnClickListener() {
            public void onClick(View v) {
                Intent intent = new Intent(
                        MediaStore.INTENT_ACTION_VIDEO_CAMERA);
                startActivity(intent);
            }
        });
    }
}
```

Listing 13.1 Die Klasse »KameraDemo1«

Eine auf diese Weise gestartete Kamera-App meldet allerdings keine Informationen an den Aufrufer zurück. Deshalb eignen sich die Intents `MediaStore.INTENT_ACTION_STILL_IMAGE_CAMERA` und `MediaStore.INTENT_ACTION_VIDEO_CAMERA` vor allem für Fire-and-forget-Szenarien. Damit ist gemeint, dass Sie dem Anwender Ihrer App zwar den Komfort bieten, ein Foto oder Video aufzunehmen, die auf diese Weise entstandenen Dateien aber nicht unmittelbar integrieren oder weiterverarbeiten. Wie Sie dies bewerkstelligen, zeige ich Ihnen im Folgenden.

Hinweis

Sie können in den Einstellungen für virtuelle Geräte festlegen, ob Front- oder Rückkameras simuliert werden sollen. Dabei kann der Emulator auf vorhandene Webcams Ihres Entwicklungsrechners zugreifen oder stattdessen Animationen anzeigen. Im Vergleich zu frühen Versionen des Android SDK ist die Kamerasimulation etwas stabiler geworden. Ich rate Ihnen dennoch, bei Ihren Tests auf echte Hardware zurückzugreifen.

13.1.2 Aufgenommene Fotos weiterverarbeiten

Um Daten von der Kamera-App in Ihrem Programm zu verwenden, rufen Sie `startActivityForResult()` auf. Das daraufhin gesendete Intent enthält die Action `MediaStore.ACTION_IMAGE_CAPTURE`. Außerdem müssen Sie einen URI übergeben, der das aufgenommene Foto in der Mediendatenbank repräsentiert. Wie das funktioniert, zeigt das Projekt *KameraDemo2*. Nach dem Auslösen erscheinen die Buttons OK, ERNEUT AUFNEHMEN und ABBRECHEN. Dies ist in Abbildung 13.4 dargestellt.

Abbildung 13.4 Die Kamera-App nach dem Auslösen

Hinweis

Beachten Sie, dass die Ausgestaltung der Benutzeroberfläche zwischen den verschiedenen Herstellern und dem Emulator unter Umständen variiert.

Mit OK gelangen Sie zu *KameraDemo2* zurück. Dort wird das aufgenommene Foto angezeigt. Wie das aussehen kann, sehen Sie in Abbildung 13.5.

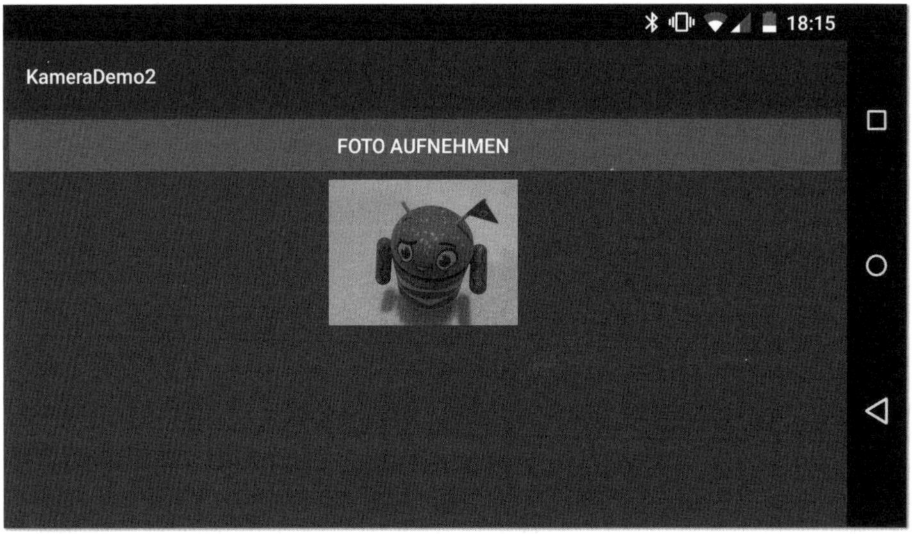

Abbildung 13.5 Das aufgenommene Foto in »KameraDemo2«

Die Klasse `KameraDemo2` leitet von `android.app.Activity` ab und überschreibt die beiden Methoden `onCreate()` und `onActivityResult()`. In `onCreate()` wird mit `setRequestedOrientation()` der Quermodus fest eingestellt und im Anschluss daran die Benutzeroberfläche angezeigt.

```
package com.thomaskuenneth.kamerademo2;

import android.app.Activity;
import android.content.ContentValues;
import android.content.Intent;
import android.content.pm.ActivityInfo;
import android.graphics.Bitmap;
import android.net.Uri;
import android.os.Bundle;
import android.provider.MediaStore;
import android.util.Log;
import android.view.View;
import android.widget.Button;
import android.widget.ImageView;
import java.io.IOException;

public class KameraDemo2 extends Activity {

    private static final String TITLE = "KameraDemo2";
    private static final String DESCRIPTION =
 "Ein mit der App KameraDemo2 aufgenommenes Foto";
```

```
private static final String TAG = KameraDemo2.class.getSimpleName();
private static final int IMAGE_CAPTURE = 1;

// Views
private ImageView imageView;

// über diese URI ist die Aufnahme erreichbar
private Uri imageUri;

@Override
public void onCreate(Bundle savedInstanceState) {
    super.onCreate(savedInstanceState);
    // Quermodus fest einstellen
    setRequestedOrientation(ActivityInfo.SCREEN_ORIENTATION_LANDSCAPE);
    // Benutzeroberfläche anzeigen
    setContentView(R.layout.main);
    imageView = (ImageView) findViewById(R.id.view);
    Button button = (Button) findViewById(R.id.shoot);
    button.setOnClickListener(new View.OnClickListener() {
        public void onClick(View v) {
            startCamera();
        }
    });
}

@Override
protected void onActivityResult(int requestCode, int resultCode, Intent data) {
    super.onActivityResult(requestCode, resultCode, data);
    if (requestCode == IMAGE_CAPTURE) {
        if (resultCode == RESULT_OK) {
            try {
                Bitmap b1 = MediaStore.Images.Media.getBitmap(
                        getContentResolver(), imageUri);
                // Größe des aufgenommenen Bildes
                float w1 = b1.getWidth();
                float h1 = b1.getHeight();
                // auf eine Höhe von 300 Pixel skalieren
                int h2 = 300;
                int w2 = (int) (w1 / h1 * (float) h2);
                Bitmap b2 = Bitmap.createScaledBitmap(b1, w2, h2, false);
                imageView.setImageBitmap(b2);
            } catch (IOException e) { // und FileNotFoundException
                Log.e(TAG, "setBitmap()", e);
            }
```

```
            } else {
                int rowsDeleted = getContentResolver().delete(imageUri, null,
                        null);
                Log.d(TAG, rowsDeleted + " rows deleted");
            }
        }
    }

    private void startCamera() {
        ContentValues values = new ContentValues();
        values.put(MediaStore.Images.Media.TITLE, TITLE);
        values.put(MediaStore.Images.Media.DESCRIPTION, DESCRIPTION);
        values.put(MediaStore.Images.Media.MIME_TYPE, "image/jpeg");
        imageUri = getContentResolver().insert(
                MediaStore.Images.Media.EXTERNAL_CONTENT_URI, values);
        Intent intent = new Intent(MediaStore.ACTION_IMAGE_CAPTURE);
        intent.putExtra(MediaStore.EXTRA_OUTPUT, imageUri);
        startActivityForResult(intent, IMAGE_CAPTURE);
    }
}
```

Listing 13.2 Die Klasse »KameraDemo2«

Klickt der Anwender auf die Schaltfläche FOTO AUFNEHMEN, wird die private Methode `startCamera()` aufgerufen. Diese erzeugt als Erstes mit `getContentResolver().insert()` einen neuen Eintrag in der systemweiten Mediendatenbank und feuert anschließend ein Intent mit der Action `MediaStore.ACTION_IMAGE_CAPTURE`. Der URI des angelegten Datensatzes wird dem Intent mit `putExtra()` übergeben.

Nach der Aufnahme wird die Methode `onActivityResult()` aufgerufen. Sie prüft zunächst den `requestCode`. Er muss dem bei `startActivityForResult()` übergebenen Wert entsprechen. Hat die Kamera-App als `resultCode` den Wert `RESULT_OK` gemeldet (der Benutzer hat ein Foto geschossen), ist alles in Ordnung und das Foto kann angezeigt werden. Andernfalls muss der Eintrag mit `delete()` wieder aus der Mediendatenbank entfernt werden, weil der Anwender die Aufnahme abgebrochen hat.

Die Methode `MediaStore.Images.Media.getBitmap()` ist äußerst praktisch, um ein Bild, das in der Mediendatenbank gespeichert wurde, als Bitmap zur Verfügung zu stellen. Sie können Objekte des Typs `android.graphics.Bitmap` nämlich sehr einfach mit einem `ImageView` darstellen. Rufen Sie einfach die Methode `setImageBitmap()` einer `android.widget.ImageView`-Instanz auf. Allerdings können die von der Kamera gelieferten Fotos zu groß sein. Um eine Ausnahme zur Laufzeit zu vermeiden, sollten Sie das Bild wie im Beispiel gezeigt skalieren.

Hinweis

Um das Programm kurz zu halten, habe ich auf eine Überprüfung der Höhe des aufgenommenen Bildes verzichtet. Selbstverständlich ist eine Skalierung unnötig, wenn diese kleiner als die skalierte Höhe ist.

Damit *KameraDemo2* nicht zur Laufzeit beendet wird, muss in der Manifestdatei des Projekts die Berechtigung `android.permission.WRITE_EXTERNAL_STORAGE` angefordert werden.

13.1.3 Mit der Galerie arbeiten

Die App *Galerie* (oder *Fotos*) zeigt alle Fotos und Videos der systemweiten Mediendatenbank an. Sie ist integraler Bestandteil der Plattform. Wie Sie sie in Ihre eigenen Programme integrieren, zeige ich Ihnen anhand des Projekts *GalleryDemo*. Unmittelbar nach dem Start ruft die App die Auswahlseite der Galerie auf, die Sie in Abbildung 13.6 sehen. Tippt der Benutzer ein Bild an, startet *GalleryDemo* abermals die Galerie. Diese zeigt die ausgewählte Datei in einer Art Detailansicht an, die in Abbildung 13.7 dargestellt ist.

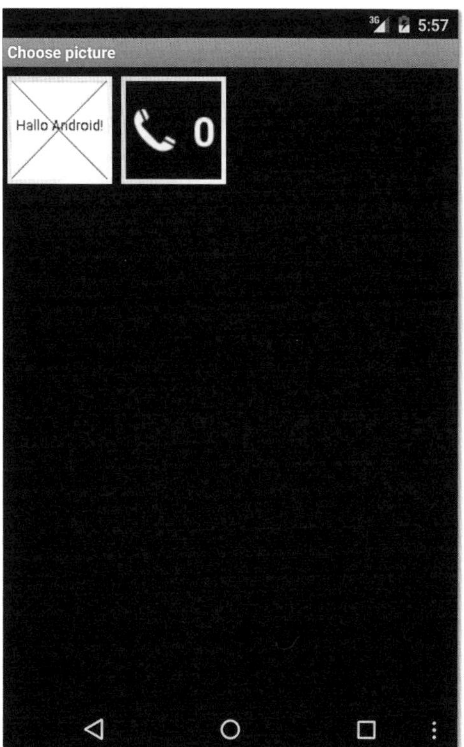

Abbildung 13.6 Die Auswahlseite der App »Galerie«

Die Klasse GalleryDemo ruft eine Auswahl auf, die alle Dateien im Bilderverzeichnis des externen Mediums anzeigt. Hierzu wird ein Intent mit der Aktion Intent.ACTION_PICK und dem Uniform Resource Identifier MediaStore.Images.Media.EXTERNAL_CONTENT_URI erzeugt und an startActivityForResult() übergeben. Nachdem der Benutzer ein Bild ausgewählt hat, wird es in einer Detailansicht dargestellt.

```
package com.thomaskuenneth.gallerydemo;

import android.app.Activity;
import android.content.Intent;
import android.net.Uri;
import android.os.Bundle;
import android.provider.MediaStore;

public class GalleryDemo extends Activity {

    private static final int RQ_GALLERY_PICK = 1;

    @Override
    public void onCreate(Bundle savedInstanceState) {
        super.onCreate(savedInstanceState);
        Intent intent = new Intent(Intent.ACTION_PICK,
                MediaStore.Images.Media.EXTERNAL_CONTENT_URI);
        startActivityForResult(intent, RQ_GALLERY_PICK);
    }

    @Override
    protected void onActivityResult(int requestCode, int resultCode, Intent data) {
        super.onActivityResult(requestCode, resultCode, data);
        if (requestCode == RQ_GALLERY_PICK) {
            if (resultCode == RESULT_OK) {
                if (data != null) {
                    Uri uri = data.getData();
                    Intent i2 = new Intent(Intent.ACTION_VIEW, uri);
                    startActivity(i2);
                }
            } else {
                finish();
            }
        }
    }
}
```

Listing 13.3 Die Klasse »GalleryDemo«

Der URI der Datei, die der Benutzer auf der Auswahlseite angeklickt hat, wird in den Extras eines Intents an `onActivityResult()` übermittelt. Er kann mit `getData()` abgefragt werden. Um keine Fehler zur Laufzeit zu riskieren, sollten Sie auf jeden Fall durch eine entsprechende `if`-Abfrage sicherstellen, dass nicht anstelle eines Intents `null` übergeben wurde.

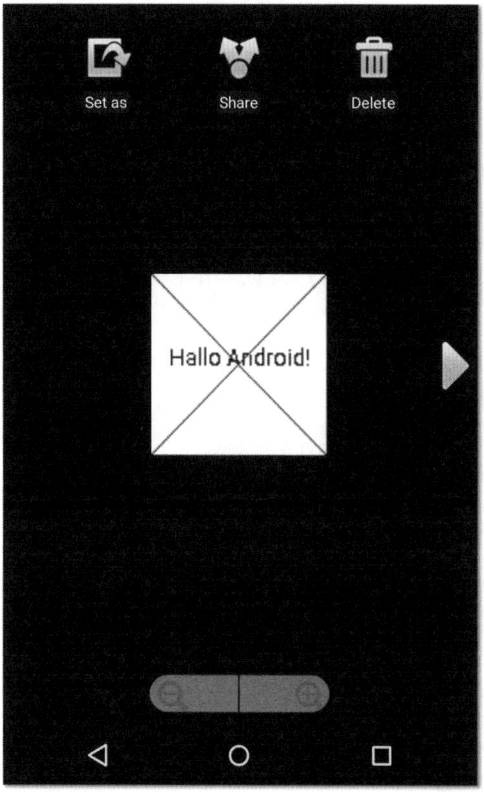

Abbildung 13.7 Anzeige einer Datei in der »Galerie«

Um ein Bild anzuzeigen, packen Sie einfach dessen URI in ein Intent mit der Action `Intent.ACTION_VIEW` und rufen anschließend `startActivity()` auf.

Hinweis

Das Aussehen der Galerie-App variiert auf diversen Android-Geräten und dem Emulator. Oft ist stattdessen *Fotos* installiert.

In meinen bisherigen Beispielen habe ich Ihnen gezeigt, wie Sie von Ihrem Programm aus Activities zum Aufnehmen von Fotos und Videos starten können. Im folgenden Abschnitt erweitern wir stattdessen die Kamera-App selbst. Diese bietet nämlich die Möglichkeit, eine Aufnahme an eine andere Activity weiterzuleiten.

13.1.4 Die Kamera-App erweitern

Die Idee ist, Fotos per Bluetooth, MMS oder E-Mail versenden oder auf eine Website wie Picasa oder Facebook hochladen zu können. Aber wer sagt denn, dass man Fotos »nur« verschicken kann? Wie wäre es mit einer App, die unterschiedliche Filter anbietet, um ein Foto beispielsweise in Graustufen umzuwandeln, zu schärfen oder weichzuzeichnen? Das Projekt *ShareViaDemo* zeigt Ihnen, wie Sie hierzu vorgehen.

Wenn Sie das Programm starten, tut sich scheinbar nichts. Ich habe nämlich keine Hauptaktivität implementiert. Deshalb erscheint die App nicht im Programmstarter. Rufen Sie die *Galerie* bzw. *Fotos* auf, wählen Sie ein Bild aus, und klicken Sie anschließend auf WEITERGEBEN bzw. TEILEN. Daraufhin öffnet sich ein Menü mit den möglichen »Empfängern«. Wie das im Emulator aussieht, ist in Abbildung 13.8 dargestellt. Echte Hardware zeigt das Ganze optisch reizvoller an, die Funktionalität bleibt aber gleich. Klicken Sie auf DEMO SENDER. Das von Ihnen ausgewählte Foto wird nun in Graustufen angezeigt.

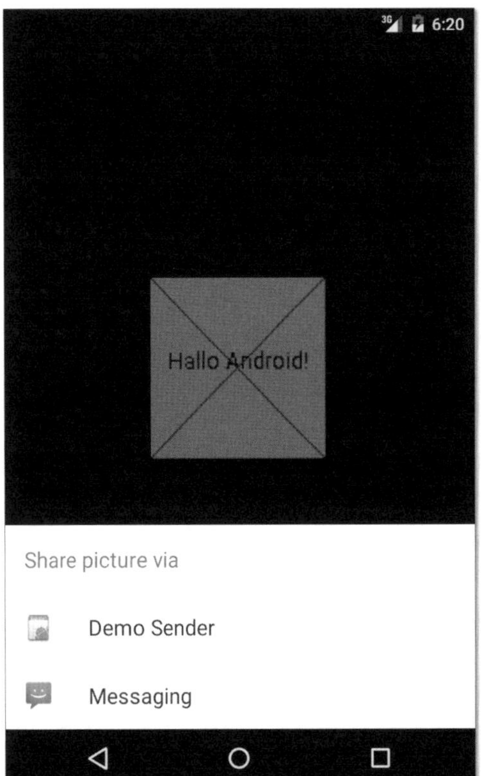

Abbildung 13.8 Das Menü »Weitergeben«

Die Activity `DemoSender` prüft in ihrer Methode `onCreate()` als Erstes, ob ihr ein Intent übergeben wurde und ob dieses die Action `Intent.ACTION_SEND` enthält. Ist dies nicht der Fall, beendet sie sich. Ansonsten wird die Benutzeroberfläche angezeigt, das als URI übergebene Bild geladen (hierfür verwende ich die Ihnen bereits bekannte Methode `MediaStore.Images.Media.getBitmap()`) und in Graustufen umgewandelt. Dies ist in Abbildung 13.9 zu sehen.

Hinweis

Leider führt der Aufruf der Methode `getBitmap()` bei großen Dateien gelegentlich zum `OutOfMemoryError`. Um den Speicherhaushalt der Laufzeitumgebung nicht ins Wanken zu bringen, können Sie Referenzen auf nicht mehr benötigte Bitmaps durch Zuweisen von `null` als ungültig markieren. Vorher sollten Sie aber auf jeden Fall die Methode `recycle()` aufrufen. Aus Gründen der leichteren Nachvollziehbarkeit habe ich in meinen Beispielen auf solche Maßnahmen verzichtet.

Abbildung 13.9 Die Benutzeroberfläche von »DemoSender«

Das Umwandeln in Graustufen findet in der privaten Methode `toGrayscale()` statt. Als Erstes ermittle ich die Breite und Höhe des Quellbildes und erzeuge anschließend ein Objekt des Typs `android.graphics.Bitmap`, das die Pixeldaten der Graustufenversion enthalten wird. Das `Canvas`-Objekt wird für den Kopiervorgang benötigt. Vereinfacht ausgedrückt »malt« `drawBitmap()` die alte Bitmap in die neue. Dass aus Farben Graustufen werden, ermöglicht die durch Aufruf von `setSaturation()` entsprechend konfigurierte `ColorMatrix`.

```
package com.thomaskuenneth.shareviademo;

import android.app.Activity;
import android.content.Intent;
import android.content.pm.PackageManager;
import android.content.pm.ResolveInfo;
import android.graphics.Bitmap;
import android.graphics.Canvas;
import android.graphics.ColorMatrix;
import android.graphics.ColorMatrixColorFilter;
import android.graphics.Paint;
import android.net.Uri;
import android.os.Bundle;
import android.os.Parcelable;
import android.provider.MediaStore;
import android.util.Log;
import android.view.View;
import android.view.View.OnClickListener;
import android.widget.Button;
import android.widget.ImageView;
import java.io.IOException;
import java.util.ArrayList;
import java.util.List;

public class DemoSender extends Activity {

    private static final String TAG = DemoSender.class.getSimpleName();

    @Override
    public void onCreate(Bundle state) {
        super.onCreate(state);
        // Wurde ein Intent übermittelt?
        Intent intent = getIntent();
        if (intent != null) {
            if (Intent.ACTION_SEND.equals(intent.getAction())) {
                // ja, dann Benutzeroberfläche anzeigen
                setContentView(R.layout.main);
                ImageView imageView = (ImageView) findViewById(R.id.image);
```

```
            // URI des Bildes
            final Uri imageUri = (Uri) intent.getExtras().get(
                    Intent.EXTRA_STREAM);
            // Button
            final Button button = (Button) findViewById(R.id.button);
            button.setOnClickListener(new OnClickListener() {
                @Override
                public void onClick(View v) {
                    share(imageUri);
                }
            });
            try {
                // Bitmap erzeugen
                Bitmap bm1 = MediaStore.Images.Media.getBitmap(
                        getContentResolver(), imageUri);
                // in Graustufen umwandeln
                Bitmap bm2 = toGrayscale(bm1);
                // und anzeigen
                imageView.setImageBitmap(bm2);
            } catch (IOException e) { // FileNotFoundException
                Log.e(TAG, e.getClass().getSimpleName(), e);
            }
        }
    } else {
        // nein, dann beenden
        finish();
    }
}

private Bitmap toGrayscale(Bitmap src) {
    // Breite und Höhe
    int width = src.getWidth();
    int height = src.getHeight();
    // neue Bitmap erzeugen
    Bitmap desti = Bitmap
            .createBitmap(width, height, Bitmap.Config.RGB_565);
    Canvas c = new Canvas(desti);
    Paint paint = new Paint();
    // Umwandlung in Graustufen
    ColorMatrix cm = new ColorMatrix();
    cm.setSaturation(0);
    ColorMatrixColorFilter f = new ColorMatrixColorFilter(cm);
    paint.setColorFilter(f);
```

```
        // mit Filter kopieren
        c.drawBitmap(src, 0, 0, paint);
        return desti;
    }

    private void share(Uri uri) {
        List<Intent> intentList = new ArrayList<>();
        // Activities suchen, die auf ACTION_SEND reagieren
        PackageManager pm = getPackageManager();
        Intent targetIntent = new Intent(Intent.ACTION_SEND);
        targetIntent.setType("image/?");
        List<ResolveInfo> activities =
                pm.queryIntentActivities(targetIntent, PackageManager.MATCH_
DEFAULT_ONLY);
        // Intents der Liste hinzufügen
        for (ResolveInfo info : activities) {
            String packageName = info.activityInfo.packageName;
            if ("com.thomaskuenneth.shareviademo".equals(packageName)) {
                // die eigene App ausblenden
                continue;
            }
            // das zu feuernde Intent bauen und hinzufügen
            Intent intent = new Intent(Intent.ACTION_SEND, uri);
            intent.setType("image/?");
            intent.setPackage(packageName);
            intentList.add(intent);
        }
        // Chooser aufrufen
        int size = intentList.size();
        if (size > 0) {
            Intent chooserIntent = Intent.createChooser(intentList.remove(
                    size - 1), getString(R.string.share_via));
            Parcelable[] p = new Parcelable[size - 1];
            chooserIntent.putExtra(Intent.EXTRA_INITIAL_INTENTS,
                                   intentList.toArray(p));
            startActivity(chooserIntent);
        }
        finish();
    }
}
```

Listing 13.4 Die Klasse »DemoSender«

Damit die Kamera- und Galerie-Apps die Klasse `DemoSender` als möglichen Empfänger von Bildern erkennen, muss in der Manifestdatei ein Intent-Filter für die Action `android.intent.action.SEND` konfiguriert werden. Dessen `<data />`-Element schränkt den MIME-Typ auf Bilder ein.

```
<?xml version="1.0" encoding="utf-8"?>
<manifest xmlns:android="http://schemas.android.com/apk/res/android"
    package="com.thomaskuenneth.shareviademo">
    <application
        android:icon="@drawable/icon"
        android:label="@string/app_name"
        android:allowBackup="true">
        <activity
            android:name=".DemoSender"
            android:label="@string/menu">
            <intent-filter>
                <action android:name="android.intent.action.SEND" />
                <category android:name="android.intent.category.DEFAULT" />
                <data android:mimeType="image/*" />
            </intent-filter>
        </activity>
    </application>
</manifest>
```

Listing 13.5 Die Manifestdatei des Projekts »ShareViaDemo«

Vielleicht fragen Sie sich, was nach dem Anwenden des Graustufenfilters und dem Anzeigen des Bildes passieren sollte. Die Benutzeroberfläche von *ShareViaDemo* enthält die Schaltfläche FERTIG. Wird sie angeklickt, sucht das Programm nach Activities, die die Action `Intent.ACTION_SEND` verarbeiten können, und zeigt sie in einer Liste an.

Es handelt sich hierbei – Sie erinnern sich sicher – genau um diejenige Action, die die Klasse `DemoSender` selbst verarbeitet. Mit der statischen Methode `createChooser()` der Klasse `android.content.Intent` wird in der privaten Methode `share()` ein Intent mit der Aktion `Intent.ACTION_SEND` erzeugt, das nach dem Aufruf von `startActivity()` eine Activity-Auswahl auf dem Bildschirm anzeigt. Sie kennen das bereits aus Kapitel 8, »Widgets und Wallpapers«. Allerdings gibt es eine kleine Besonderheit. Normalerweise würde nämlich auch *Demo Sender* in dieser Liste auftauchen. Da wir das Bild aber schon in Graustufen umgewandelt haben, ergibt ein erneuter Aufruf keinen Sinn.

Ich filtere deshalb *ShareViaDemo* aus. Hierzu ermittle ich mit der `PackageManager`-Methode `queryIntentActivities()` alle Activities, die auf `ACTION_SEND` reagieren. Falls der Paketname nicht dem meiner App entspricht, wird ein geeignetes Intent gebaut und einer Liste hinzugefügt. Diese übergebe ich in zwei Teilen an `createChooser()`. Ihr letztes Element (das ist für die richtige Darstellungsreihenfolge wichtig) wird als normaler Methodenparameter übergeben, der Rest via `putExtra(Intent.EXTRA_INITIAL_INTENTS, ...)`. Übrigens zeigt Android die Auswahl nicht an, wenn insgesamt nur eine passende Activity installiert ist.

Wenn die auf diese Weise gestartete Activity ihre Arbeit beendet hat, ist wieder der Aufrufer zu sehen. Bei der Konzeption Ihrer App sollten Sie gegebenenfalls eine Schaltfläche Beenden in Erwägung ziehen, die die Activity ohne das Anzeigen der Auswahlliste schließt. *ShareViaDemo* ruft einfach `finish()` auf.

[»] **Hinweis**

Natürlich *müssen* Sie Ihre App nicht nach getaner Arbeit aus dem Teilen-Menü entfernen. Bietet Ihr Programm beispielsweise viele Bildbearbeitungsfilter an, ist ein mehrfacher Aufruf sehr wohl sinnvoll.

13.2 Die eigene Kamera-App

Sie haben gesehen, dass Android eine ganze Reihe von Bausteinen zur Verfügung stellt, um Apps mit einer Aufnahmefunktion für Bilder und Videos auszustatten. Bislang haben wir hierfür Teile der mitgelieferten Kamera-App verwendet. Wie Sie diese nachbauen, zeige ich Ihnen in diesem Abschnitt. Schritt für Schritt lernen Sie anhand des Beispiels *KameraDemo3*, wie eine Live-Vorschau programmiert wird, wie Sie zwischen den unterschiedlichen Kameras eines Android-Geräts umschalten und wie die eigentliche Aufnahme funktioniert.

[»] **Hinweis**

Google stellt die Beispiel-App *Camera2 Basic* zur Verfügung. Sie können sie über den Android-Studio-Willkommensbildschirm mit Import an Android code sample importieren. Allerdings ist das Projekt recht komplex. Ich empfehle Ihnen deshalb, sich zunächst mein einfacher gehaltenes Beispiel anzusehen.

13.2.1 Kamera-Auswahl und Live-Vorschau

Wir beginnen mit der Live-Vorschau. Das Display soll also kontinuierlich anzeigen, was das Objektiv gerade erfasst. Die Benutzeroberfläche von *KameraDemo3* ist sehr einfach aufgebaut. Sie besteht aus einem `LinearLayout`, das eine View des Typs `android.view.SurfaceView` als einziges Kind enthält. Eine `SurfaceView` stellt einen dedizierten Zeichenbereich zur Verfügung, der zwar innerhalb einer View-Hierarchie angeordnet, aber von einem anderen Thread gezeichnet wird. Das hat den Vorteil, dass der Zeichen-Thread nicht auf die App warten muss, wenn diese mit anderen Aktionen beschäftigt ist.

```
<?xml version="1.0" encoding="utf-8"?>
<LinearLayout xmlns:android="http://schemas.android.com/apk/res/android"
    android:layout_width="match_parent"
    android:layout_height="match_parent"
    android:orientation="vertical">

    <SurfaceView
        android:id="@+id/view"
        android:layout_width="wrap_content"
        android:layout_height="wrap_content"
        android:layout_gravity="center" />
</LinearLayout>
```

Listing 13.6 Die Layoutdatei des Projekts »KameraDemo3«

Die Klasse »android.view.SurfaceView«

Der Zugriff auf die Oberfläche (engl. *Surface*) geschieht mithilfe von Instanzen des Typs `android.view.SurfaceHolder`. Diese Klasse enthält unter anderem die beiden Methoden `addCallback()` und `removeCallback()`. Mit ihnen registrieren oder entfernen Sie ein Objekt des Typs `SurfaceHolder.Callback`. Dessen Methoden werden bei Änderungen an der Oberfläche (zum Beispiel nach dem Setzen von Breite und Höhe) aufgerufen.

Die im Folgenden abgedruckte Klasse `KameraDemo3` leitet von `android.app.Activity` ab und überschreibt die drei Methoden `onCreate()`, `onPause()` und `onResume()`. In `onCreate()` wird wie üblich die Benutzeroberfläche aufgebaut. Außerdem ermittle ich mit `getSystemService(Context.CAMERA_SERVICE)` ein Objekt des Typs `CameraManager` und mit `getHolder()` einen `SurfaceHolder`. Letzterer wird in `onResume()` und `onPause()` verwendet, um mit `addCallback()` eine Instanz der Klasse `SurfaceHolder.Callback` zu registrieren bzw. mit `removeCallback()` zu entfernen. Dieses Objekt ist übrigens die Activity selbst. `KameraDemo3` implementiert nämlich das Interface `SurfaceHolder.Callback`. Schließlich wird in `onCreate()` nach einer geeigneten Kamera gesucht. Hierzu erfahren Sie später mehr.

```
package com.thomaskuenneth.kamerademo3;

import android.app.Activity;
import android.content.Context;
import android.hardware.camera2.CameraAccessException;
import android.hardware.camera2.CameraCaptureSession;
```

```
import android.hardware.camera2.CameraCharacteristics;
import android.hardware.camera2.CameraDevice;
import android.hardware.camera2.CameraManager;
import android.hardware.camera2.CaptureRequest;
import android.hardware.camera2.params.StreamConfigurationMap;
import android.os.Bundle;
import android.util.Log;
import android.util.Size;
import android.view.Surface;
import android.view.SurfaceHolder;
import android.view.SurfaceView;
import java.util.ArrayList;
import java.util.List;

public class KameraDemo3 extends Activity implements SurfaceHolder.Callback {

    private static final String TAG = KameraDemo3.class.getSimpleName();

    private CameraManager manager;
    private SurfaceHolder holder;
    private String cameraId;
    private CameraDevice camera;
    private CameraCaptureSession activeSession;

    @Override
    protected void onCreate(Bundle savedInstanceState) {
        super.onCreate(savedInstanceState);
        // Benutzeroberfläche anzeigen
        setContentView(R.layout.main);
        SurfaceView view = (SurfaceView) findViewById(R.id.view);
        holder = view.getHolder();
        // CameraManager-Instanz ermitteln
        manager = (CameraManager) getSystemService(Context.CAMERA_SERVICE);
        // Kamera suchen und auswählen
        cameraId = null;
        Size[] sizes = null;
        try {
            // vorhandene Kameras ermitteln und auswählen
            String[] ids = manager.getCameraIdList();
            for (String id : ids) {
                CameraCharacteristics cc = manager.getCameraCharacteristics(id);
                Log.d(TAG, id + ": " + cc.toString());
                if (cc.get(CameraCharacteristics.LENS_FACING) ==
```

```
                        CameraCharacteristics.LENS_FACING_BACK) {
                cameraId = id;
                StreamConfigurationMap configs = cc.get(
                        CameraCharacteristics.SCALER_STREAM_CONFIGURATION_MAP);
                sizes = configs.getOutputSizes(SurfaceHolder.class);
                break;
            }
        }
    } catch (CameraAccessException e) {
        Log.e(TAG, "getCameraIdList() oder getCameraCharacteristics()", e);
    }
    if ((cameraId == null) || (sizes == null)) {
        Log.d(TAG, "keine passende Kamera gefunden");
        finish();
    } else {
        final int width = sizes[0].getWidth();
        final int height = sizes[0].getHeight();
        holder.setFixedSize(width, height);
    }
}

@Override
protected void onPause() {
    super.onPause();
    if (camera != null) {
        if (activeSession != null) {
            activeSession.close();
            activeSession = null;
        }
        camera.close();
        camera = null;
    }
    holder.removeCallback(this);
    Log.d(TAG, "onPause()");
}

@Override
protected void onResume() {
    super.onResume();
    holder.addCallback(this);
    Log.d(TAG, "onResume()");
}
```

```
@Override
public void surfaceDestroyed(SurfaceHolder holder) {
    Log.d(TAG, "surfaceDestroyed()");
}

@Override
public void surfaceCreated(SurfaceHolder holder) {
    Log.d(TAG, "surfaceCreated()");
    openCamera();
}

@Override
public void surfaceChanged(SurfaceHolder holder, int format, int width,
                           int height) {
    Log.d(TAG, "surfaceChanged()");
}

private void openCamera() {
    try {
        manager.openCamera(cameraId, new CameraDevice.StateCallback() {
            @Override
            public void onOpened(CameraDevice camera) {
                Log.d(TAG, "onOpened()");
                KameraDemo3.this.camera = camera;
                createPreviewCaptureSession();
            }

            @Override
            public void onDisconnected(CameraDevice camera) {
                Log.d(TAG, "onDisconnected()");
            }

            @Override
            public void onError(CameraDevice camera, int error) {
                Log.d(TAG, "onError()");
            }
        }, null);
    } catch (CameraAccessException e) {
        Log.e(TAG, "openCamera()", e);
    }
}
```

```
    private void createPreviewCaptureSession() {
        List<Surface> outputs = new ArrayList<>();
        outputs.add(holder.getSurface());
        try {
            final CaptureRequest.Builder builder =
                        camera.createCaptureRequest(CameraDevice.TEMPLATE_PREVIEW);
            builder.addTarget(holder.getSurface());
            camera.createCaptureSession(
                    outputs, new CameraCaptureSession.StateCallback() {
                @Override
                public void onConfigured(CameraCaptureSession session) {
                    try {
                        session.setRepeatingRequest(builder.build(), null, null);
                        KameraDemo3.this.activeSession = session;
                    } catch (CameraAccessException e) {
                        Log.e(TAG, "capture()", e);
                    }
                }

                @Override
                public void onConfigureFailed(CameraCaptureSession session) {
                    Log.e(TAG, "onConfigureFailed()");
                }
            }, null);
        } catch (CameraAccessException e) {
            Log.e(TAG, "createPreviewCaptureSession()", e);
        }
    }
}
```

Listing 13.7 Die Klasse »KameraDemo3«

Das Interface `SurfaceHolder.Callback` definiert drei Methoden: `surfaceCreated()` wird unmittelbar nach dem Erzeugen der Oberfläche aufgerufen. `surfaceChanged()` informiert über strukturelle Änderungen. In meinem Beispiel rufe ich die Methode `setFixedSize()` auf, um die Größe des Surface einzustellen. `surfaceDestroyed()` kündigt die unmittelbar bevorstehende Zerstörung einer Oberfläche an.

[«]

Hinweis

Damit Ihre App auf die Kameras eines Android-Geräts zugreifen darf, müssen Sie in der Manifestdatei die Berechtigung `android.permission.CAMERA` anfordern.

Sicher fragen Sie sich, wann ich endlich etwas über Kameras schreibe. Bislang haben Sie zwar einiges über `SurfaceView` gelernt, aber das Ziel dieses Abschnitts ist doch die Implementierung einer Live-Vorschau, oder?

Kameras auswählen und verwenden

Der Zugriff auf eine Kamera erfolgt über Instanzen des Typs `CameraDevice`. In der Methode `onCreate()` wird mit `getCameraIdList()` eine Liste der zur Verfügung stehenden Kameras ermittelt. Die Methode `getCameraCharacteristics()` hilft Ihnen bei der Auswahl. Hierzu fragen Sie mit `get()` gewünschte Eigenschaften ab. Liefert beispielsweise `get(CameraCharacteristics.LENS_FACING)` den Wert `LENS_FACING_BACK`, haben Sie die Kamera an der Rückseite des Geräts gefunden.

Wichtig ist, als Nächstes mithilfe einer `StreamConfigurationMap` die möglichen Ausgabegrößen des Geräts zu ermitteln. `cc.get(CameraCharacteristics.SCALER_STREAM_CONFIGURATION_MAP)` liefert eine solche Map. Sie stellt die Methode `getOutputSizes()` zur Verfügung. Meine Implementierung übergibt »stur« das erste Element an `setFixedSize()`. Das muss vor dem Inbetriebnehmen der Kamera erfolgen.

Eigentlich müssen Sie nur die Methode `openCamera()` der Klasse `CameraManager` aufrufen. Allerdings ist eine ganze Reihe von Callback-Objekten beteiligt. Diese sehen wir uns etwas genauer an. Die abstrakte Klasse `CameraDevice.StateCallback` erfordert die Implementierung von drei Methoden. `onOpened()` wird aufgerufen, nachdem das Öffnen (Hochfahren) der Kamera abgeschlossen ist. Ich verwende sie, um die nachfolgenden Schritte der Kamerakonfiguration zu beginnen. Die Methode `onDisconnected()` signalisiert, dass die Kamera nicht mehr verfügbar ist. Es bietet sich an, in dieser Methode Aufräumarbeiten durchzuführen. `onError()` wird bei schwerwiegenden Fehlern aufgerufen.

Sie müssen zwei weitere Aktionen durchführen, damit eine Kamera verwendet werden kann. In meiner privaten Methode `createPreviewCaptureSession()` erzeuge ich zunächst ein Objekt des Typs `CaptureRequest.Builder`. Dieser Builder erhält mit `addTarget()` eine Referenz auf das Surface (die Oberfläche), die die Vorschau repräsentiert. Die Builder-Methode `build()` schließlich erzeugt ein `CaptureRequest`-Objekt. Es ist nötig, um den letzten Baustein, eine `CameraCaptureSession`, verwenden zu können.

Sie erzeugen eine `CameraCaptureSession`, indem Sie die Methode `createCaptureSession()` eines `CameraDevice`-Objekts aufrufen. Dabei wird ein – Sie ahnen es wahrscheinlich – Callback-Objekt übergeben. Die abstrakte Klasse `CameraCaptureSession.StateCallback` erwartet die Implementierung der beiden Methoden `onConfigured()` und `onConfigureFailed()`. Letztere wird aufgerufen, wenn die Session aufgrund eines Fehlers nicht genutzt werden kann. `onConfigured()` signalisiert, dass die Konfiguration der Session erfolgreich war und diese nun verwendet werden kann. In meiner Beispielimplementierung sorgt `session.setRepeatingRequest()` dafür, dass die Live-Vorschau aktiviert wird. Hierfür wird das `CaptureRequest`-Objekt benötigt.

Da sich mehrere Anwendungen eine Kamera teilen, ist es wichtig, beim Verlassen der App belegte Ressourcen wieder freizugeben. Dies geschieht in `onPause()` durch Aufruf von zwei `close()`-Methoden.

Tipp

[+]

Wenn Sie Ihre App nicht nur für den Eigengebrauch entwickeln, sondern über *Google Play* vertreiben möchten, ist es wichtig, in der Manifestdatei zu vermerken, dass Ihr Programm zwingend eine Kamera voraussetzt. Fügen Sie einfach die Zeile

<uses-feature android:name="android.hardware.camera" android:required="true" />

hinzu. Ihre App wird dann nur auf Geräten mit eingebauter Kamera zum Download angeboten. Dies bewahrt Anwender vor Frust und schützt Sie vor unnötigen schlechten Kommentaren.

Sicherlich fragen Sie sich, wie man eigentlich ein Foto aufnimmt. Eine Live-Vorschau ist zweifellos eine feine Sache, aber irgendwann möchte man schließlich den Auslöser drücken. Was Sie dazu tun müssen, zeige ich Ihnen im folgenden Abschnitt. Sie finden die hier besprochenen Erweiterungen fertig zum Ausprobieren im Projekt *KameraDemo3_full*.

13.2.2 Fotos aufnehmen

Wie Sie aus Kapitel 10, »Dateien lesen, schreiben und drucken«, wissen, ist die Berechtigung `android.permission.WRITE_EXTERNAL_STORAGE` nötig, um Dateien auf einem externen Medium ablegen zu können. Denken Sie daran, die Manifestdatei Ihrer App um einen entsprechenden Eintrag zu erweitern.

Um eine Aufnahme auszulösen, muss der Anwender in *KameraDemo3* nur die Live-Vorschau antippen. Dazu registrieren wir mit `setOnClickListener()` ein entsprechendes `OnClickListener`-Objekt.

```
view.setOnClickListener(new View.OnClickListener() {
    @Override
    public void onClick(View v) {
        createCaptureSession();
    }
});
```

Listing 13.8 Auf das Antippen der Live-Vorschau reagieren

Die neu hinzugekommene Methode createCaptureSession() sieht so aus:

```
private void createCaptureSession() {
    List<Surface> outputs = new ArrayList<>();
    Surface surface = imageReader.getSurface();
    outputs.add(surface);
    try {
        final CaptureRequest.Builder builder =
                camera.createCaptureRequest(CameraDevice.TEMPLATE_STILL_CAPTURE);
        builder.addTarget(surface);
        builder.set(CaptureRequest.CONTROL_AF_MODE,
                CaptureRequest.CONTROL_AF_MODE_CONTINUOUS_PICTURE);
        builder.set(CaptureRequest.CONTROL_AE_MODE,
                CaptureRequest.CONTROL_AE_MODE_ON_AUTO_FLASH);
        int rotation = getWindowManager().getDefaultDisplay().getRotation();
        builder.set(CaptureRequest.JPEG_ORIENTATION, ORIENTATIONS.get(rotation));
        camera.createCaptureSession(outputs,
                new CameraCaptureSession.StateCallback() {
            @Override
            public void onConfigured(CameraCaptureSession session) {
                try {
                    session.capture(builder.build(),
                            new CameraCaptureSession.CaptureCallback() {
                        @Override
                        public void onCaptureCompleted(CameraCaptureSession session,
                                                       CaptureRequest request,
                                                       TotalCaptureResult result) {
                            createPreviewCaptureSession();
                        }

                        @Override
                        public void onCaptureFailed(CameraCaptureSession session,
                                                    CaptureRequest request,
                                                    CaptureFailure failure) {
                            createPreviewCaptureSession();
                        }
                    }, null);
                    KameraDemo3.this.activeSession = session;
                } catch (CameraAccessException e) {
                    Log.e(TAG, "capture()", e);
                }
            }
```

```
            @Override
            public void onConfigureFailed(CameraCaptureSession session) {
                Log.e(TAG, "onConfigureFailed()");
            }
        }, null);
    } catch (CameraAccessException e) {
        Log.e(TAG, "createPreviewCaptureSession()", e);
    }
}
```

Listing 13.9 Die Methode »createCaptureSession()«

Wie in der Methode createPreviewCaptureSession() erzeugen wir durch den Aufruf von createCaptureRequest() ein Objekt des Typs CaptureRequest.Builder. Mit set(CaptureRequest.CONTROL_AF_MODE, ...) und set(CaptureRequest.CONTROL_AE_MODE, ...) werden grundlegende Aufnahmeparameter eingestellt. Wir schalten die Kamera auf kontinuierlichen Autofokus und nutzen den Blitz nur bei Bedarf. set(CaptureRequest.JPEG_ORIENTATION, ...) sorgt dafür, dass das gespeicherte Foto die richtige Lage hat. Die Konstante ORIENTATIONS wird folgendermaßen definiert:


```
private static final SparseIntArray ORIENTATIONS = new SparseIntArray();
static {
    ORIENTATIONS.append(Surface.ROTATION_0, 90);
    ORIENTATIONS.append(Surface.ROTATION_90, 0);
    ORIENTATIONS.append(Surface.ROTATION_180, 270);
    ORIENTATIONS.append(Surface.ROTATION_270, 180);
}
```

Listing 13.10 Ein Feld für die Umrechnung der Rotation

Die Methode createCaptureSession() erhält als zweiten Parameter wie gehabt ein CameraCaptureSession.StateCallback-Objekt. Dessen Methode onConfigured() startet mit capture() die Aufnahme. Dabei wird ein CameraCaptureSession.CaptureCallback-Objekt übergeben. Dessen Methode onCaptureCompleted() wird aufgerufen, wenn das Foto »im Kasten« ist. onCaptureFailed() signalisiert ein Problem. In beiden Fällen wird wieder die Live-Vorschau aktiviert. Damit sind wir eigentlich fertig. Eine entscheidende Komponente fehlt aber noch. Wie Sie wissen, müssen wir dem Builder mit addTarget() eine Oberfläche übergeben. Für die Aufnahme verwenden wir nicht den SurfaceHolder, sondern einen ImageReader. Er wird in der Methode onCreate() erzeugt.

```
imageReader = ImageReader.newInstance(width, height, ImageFormat.JPEG, 2);
imageReader.setOnImageAvailableListener(
        new ImageReader.OnImageAvailableListener() {
```

```
        @Override
        public void onImageAvailable(ImageReader reader) {
            Log.d(TAG, "setOnImageAvailableListener()");
            Image image = imageReader.acquireLatestImage();
            final Image.Plane[] planes = image.getPlanes();
            ByteBuffer buffer = planes[0].getBuffer();
            saveJPG(buffer);
            image.close();
        }
    }, null);
```

Listing 13.11 Einen ImageReader erzeugen

Die Variablen width und height entsprechen der Größe der Live-Vorschau. In einer »richtigen« Foto-App würden Sie unter Umständen andere Werte verwenden. Nachdem der ImageReader mit newInstance() erzeugt wurde, muss mit setOnImageAvailableListener() ein OnImageAvailableListener gesetzt werden. Dessen Methode onImageAvailable() ermittelt mit acquireLatestImage() das zuletzt aufgenommene Foto. Objekte des Typs android.media.Image können im Prinzip mehrere Farbebenen haben. Bei ImageReader-Objekten mit dem Format ImageFormat.JPEG liefert getPlanes() aber immer ein Feld der Länge 1.

Das Speichern der Bilddaten in eine Datei findet in meiner privaten Methode saveJPG() statt. Ihr wird als einziges Argument ein ByteBuffer übergeben. Diesen liefert die Methode getBuffer() des Objekts Image.Plane.

```
private void saveJPG(ByteBuffer data) {
    File f = new File(Environment.getExternalStoragePublicDirectory(
                Environment.DIRECTORY_PICTURES),
                TAG + "_
" + Long.toString(System.currentTimeMillis()) + ".jpg");
    Log.d(TAG, "Dateiname: " + f.getAbsolutePath());
    FileOutputStream fos = null;
    BufferedOutputStream bos = null;
    try {
        fos = new FileOutputStream(f);
        bos = new BufferedOutputStream(fos);
        while (data.hasRemaining()) {
            bos.write(data.get());
        }
    } catch (IOException e) {
        Log.e(TAG, "saveJPG()", e);
    } finally {
```

```
        if (bos != null) {
            try {
                bos.close();
            } catch (IOException e) {
                Log.e(TAG, "saveJPG()", e);
            }
        }
        if (fos != null) {
            try {
                fos.close();
            } catch (IOException e) {
                Log.e(TAG, "saveJPG()", e);
            }
        }
        // Bild in Mediendatenbank übernehmen
        MediaScannerConnection.scanFile(this,
                 new String[]{f.getAbsolutePath()}, null, null);
    }
}
```


Listing 13.12 Die Methode »saveJPG()«

`saveJPG()` speichert Fotos im gemeinsamen Verzeichnis für Bilder auf dem externen Medium. Dies geschieht byteweise, solange die `ByteBuffer`-Methode `hasRemaining()` den Wert `true` liefert. Dies ist dennoch effizient, da der Filterstrom `BufferedOutputStream` vor dem Schreiben genügend große Häppchen ansammelt. `MediaScannerConnection.scanFile()` fügt die Datei der systemweiten Mediendatenbank hinzu.

13.3 Videos drehen

In diesem Abschnitt zeige ich Ihnen am Beispiel des Projekts *KameraDemo4*, wie Sie Videoclips aufzeichnen können. Einige der hier beschriebenen Vorgehensweisen werden Ihnen sicher bekannt vorkommen. Sie haben sie gerade eben im Zusammenhang mit dem Bau einer eigenen Fotokamera-App kennengelernt.

13.3.1 Die App »KameraDemo4«

Grundsätzlich können Sie das in Abbildung 13.10 gezeigte Projekt *KameraDemo4* im Emulator ausprobieren. Allerdings ist dessen Unterstützung von Foto und Video nach wie vor alles andere als optimal. Wenn Ihnen ein Android-Gerät zur Verfügung steht, sollten Sie Ihre Experimente am besten mit echter Hardware durchführen.

Abbildung 13.10 Die App »KameraDemo4«

Um Videos mit Audioinformationen aufzeichnen zu können, müssen Apps die drei Berechtigungen android.permission.CAMERA, android.permission.RECORD_AUDIO sowie android.permission.WRITE_EXTERNAL_STORAGE anfordern. Diese werden wie gewohnt in der Manifestdatei eingetragen.

```
<?xml version="1.0" encoding="utf-8"?>
<manifest xmlns:android="http://schemas.android.com/apk/res/android"
    package="com.thomaskuenneth.kamerademo4">
    <uses-permission android:name="android.permission.RECORD_AUDIO" />
    <uses-permission android:name="android.permission.CAMERA" />
    <uses-permission android:name="android.permission.WRITE_EXTERNAL_STORAGE" />
    <uses-feature
        android:name="android.hardware.camera"
        android:required="true" />
    <application
        android:icon="@drawable/icon"
        android:label="@string/app_name"
        android:allowBackup="true">
        <activity
            android:name=".KameraDemo4"
            android:label="@string/app_name"
            android:screenOrientation="landscape">
            <intent-filter>
                <action android:name="android.intent.action.MAIN" />
                <category android:name="android.intent.category.LAUNCHER" />
            </intent-filter>
```

```
        </activity>
    </application>
</manifest>
```

Listing 13.13 Die Manifestdatei des Projekts »KameraDemo4«

Damit eine App nur auf geeignete Geräte heruntergeladen werden kann, sollten Sie zudem mit `<uses-feature android:name="android.hardware.camera" android:required="true" />` das Vorhandensein einer Kamera voraussetzen. Ist Ihnen im Element `<activity />` das Attribut `android:screenOrientation="landscape"` aufgefallen? Auf diese Weise starten Sie eine Aktivität im Quermodus.

Die Klasse `KameraDemo4` leitet von `android.app.Activity` ab. In `onCreate()` wird neben dem Erzeugen der Benutzeroberfläche aus der Layoutdatei *main.xml* und dem Suchen nach einer geeigneten Kamera ein Objekt des Typs `android.media.MediaRecorder` instanziiert und konfiguriert. Tippt der Benutzer das einzige Bedienelement (einen Button) an, wird die Aufnahme gestartet oder gestoppt. Der aktuelle Modus findet sich in der Instanzvariablen `recording`. Die private Methode `updateButton()` setzt den Text der Schaltfläche entsprechend. Aus Gründen der Einfachheit verzichtet dieses Beispiel auf eine Live-Vorschau. Die Klasse `MediaRecorder` bietet hierfür aber die Methode `setPreviewDisplay()`.

```
package com.thomaskuenneth.kamerademo4;

import android.app.Activity;
import android.content.Context;
import android.hardware.camera2.CameraAccessException;
import android.hardware.camera2.CameraCaptureSession;
import android.hardware.camera2.CameraCharacteristics;
import android.hardware.camera2.CameraDevice;
import android.hardware.camera2.CameraManager;
import android.hardware.camera2.CaptureRequest;
import android.hardware.camera2.params.StreamConfigurationMap;
import android.media.MediaRecorder;
import android.media.MediaScannerConnection;
import android.os.Bundle;
import android.os.Environment;
import android.util.Log;
import android.util.Size;
import android.view.Surface;
import android.view.View;
import android.widget.Button;
import java.io.File;
import java.io.IOException;
```

```
import java.util.ArrayList;
import java.util.List;

public class KameraDemo4 extends Activity {

    private static final String TAG = KameraDemo4.class.getSimpleName();

    private CameraManager manager;
    private String cameraId;
    private CameraDevice camera;
    private CameraCaptureSession activeSession;
    private MediaRecorder recorder;
    boolean recording;
    private Button button;

    @Override
    protected void onCreate(Bundle savedInstanceState) {
        super.onCreate(savedInstanceState);
        // Benutzeroberfläche anzeigen
        setContentView(R.layout.main);
        button = (Button) findViewById(R.id.button);
        button.setOnClickListener(new View.OnClickListener() {
            @Override
            public void onClick(View v) {
                if (!recording) {
                    recorder.start();
                    recording = true;
                } else {
                    stop();
                    finish();
                }
                updateButton();
            }
        });
        // CameraManager-Instanz ermitteln
        manager = (CameraManager) getSystemService(Context.CAMERA_SERVICE);
        // Kamera suchen und auswählen
        cameraId = null;
        Size[] sizes = null;
        try {
            // vorhandene Kameras ermitteln und auswählen
            String[] ids = manager.getCameraIdList();
            for (String id : ids) {
```

```
                CameraCharacteristics cc = manager.getCameraCharacteristics(id);
                Log.d(TAG, id + ": " + cc.toString());
                if (cc.get(CameraCharacteristics.LENS_FACING) ==
                                CameraCharacteristics.LENS_FACING_BACK) {
                    cameraId = id;
                    StreamConfigurationMap configs = cc.get(
                            CameraCharacteristics.SCALER_STREAM_CONFIGURATION_MAP);
                    sizes = configs.getOutputSizes(MediaRecorder.class);
                    break;
                }
            }
        } catch (CameraAccessException e) {
            Log.e(TAG, "getCameraIdList() oder getCameraCharacteristics()", e);
        }
        if ((cameraId == null) || (sizes == null)) {
            Log.d(TAG, "keine passende Kamera gefunden");
            finish();
        } else {
            final int width = sizes[0].getWidth();
            final int height = sizes[0].getHeight();
            recorder = new MediaRecorder();
            recorder.setVideoSource(MediaRecorder.VideoSource.SURFACE);
            recorder.setAudioSource(MediaRecorder.AudioSource.CAMCORDER);
            recorder.setOutputFormat(MediaRecorder.OutputFormat.MPEG_4);
            recorder.setVideoEncoder(MediaRecorder.VideoEncoder.H264);
            recorder.setAudioEncoder(MediaRecorder.AudioEncoder.AAC);
            recorder.setVideoSize(width, height);
            recorder.setOutputFile(getFilename());
            recording = false;
            updateButton();
            openCamera();
        }
    }

    @Override
    protected void onPause() {
        super.onPause();
        if (camera != null) {
            if (activeSession != null) {
                activeSession.close();
                activeSession = null;
            }
            camera.close();
            camera = null;
```

```
            stop();
            recorder.release();
        }
        Log.d(TAG, "onPause()");
    }

    @Override
    protected void onResume() {
        super.onResume();
        Log.d(TAG, "onResume()");
    }

    private void openCamera() {
        try {
            recorder.prepare();
        } catch (IOException e) {
            Log.e(TAG, "prepare()", e);
        }
        try {
            manager.openCamera(cameraId, new CameraDevice.StateCallback() {
                @Override
                public void onOpened(CameraDevice camera) {
                    Log.d(TAG, "onOpened()");
                    KameraDemo4.this.camera = camera;
                    createCaptureSession();
                }

                @Override
                public void onDisconnected(CameraDevice camera) {
                    Log.d(TAG, "onDisconnected()");
                }

                @Override
                public void onError(CameraDevice camera, int error) {
                    Log.d(TAG, "onError(): " + error);
                }
            }, null);
        } catch (CameraAccessException e) {
            Log.e(TAG, "openCamera()", e);
        }
    }

    private void createCaptureSession() {
        List<Surface> outputs = new ArrayList<>();
```

```
    final Surface surface = recorder.getSurface();
    outputs.add(surface);
    try {
        final CaptureRequest.Builder builder =
                camera.createCaptureRequest(CameraDevice.TEMPLATE_RECORD);
        builder.addTarget(surface);
        camera.createCaptureSession(outputs,
                new CameraCaptureSession.StateCallback() {
            @Override
            public void onConfigured(CameraCaptureSession session) {
                try {
                    session.setRepeatingRequest(builder.build(), null, null);
                    KameraDemo4.this.activeSession = session;
                } catch (CameraAccessException e) {
                    Log.e(TAG, "capture()", e);
                }
            }

            @Override
            public void onConfigureFailed(CameraCaptureSession session) {
                Log.e(TAG, "onConfigureFailed()");
            }
        }, null);
    } catch (CameraAccessException e) {
        Log.e(TAG, "createCaptureSession()", e);
    }
}

private String getFilename() {
    File f = new File(Environment.getExternalStoragePublicDirectory(
            Environment.DIRECTORY_MOVIES), "KameraDemo4.mpg");
    return f.getAbsolutePath();
}

private void updateButton() {
    button.setText(getString(recording ? R.string.end : R.string.start));
}

private void stop() {
    if (recording) {
        recorder.stop();
        recording = false;
    }
    MediaScannerConnection.scanFile(getApplicationContext(),
```

```
                new String[]{getFilename()}, null, null);
    }
}
```

Listing 13.14 Die Klasse »KameraDemo4«

Die Suche nach einer geeigneten Kamera erfolgt auf die Ihnen bereits vertraute Weise. getCameraIdList() liefert eine Liste von IDs. Anschließend wird für jedes Element dieser Liste mit getCameraCharacteristics() ein Objekt des Typs CameraCharacteristics ermittelt. Ein kleiner Unterschied findet sich beim Aufruf von getOutputSizes(). Hier wird als einziger Parameter MediaRecorder.class übergeben, um geeignete Dimensionen für die Ausgabe in einen MediaRecorder zu erhalten. Das Öffnen der Kamera geschieht in der privaten Methode openCamera(). Da wir nicht auf das Erzeugen eines Surface warten müssen, wird sie schon in onCreate() aufgerufen.

createCaptureSession() erzeugt mit createCaptureRequest(CameraDevice.TEMPLATE_RECORD) einen CaptureRequest.Builder und konfiguriert diesen für die Aufnahme von Videos. Die Oberfläche, die an addTarget() sowie an createCaptureSession() übergeben werden muss, kann mit getSurface() vom MediaRecorder ermittelt werden. setRepeatingRequest() startet die kontinuierliche Verarbeitung von CaptureRequests. Für die Aufnahme wird immer dieselbe Datei verwendet. Die App ermittelt den korrespondierenden Pfad in der privaten Methode getFilename().

Android verwendet für das Erzeugen von Fotos und Videos also dieselben Klassen. Was aufgenommen wird, ergibt sich im Wesentlichen aus der Konfiguration von CameraCaptureSessions und CaptureRequests.

13.3.2 »MediaRecorder« konfigurieren

Die Klasse MediaRecorder bietet zahlreiche Konfigurationsmöglichkeiten. Diese beeinflussen unter anderem die Qualität des Audio- und Videosignals, aber auch den Aufnahmeverlauf.

```
recorder.setVideoSource(MediaRecorder.VideoSource.SURFACE);
recorder.setAudioSource(MediaRecorder.AudioSource.CAMCORDER);
recorder.setOutputFormat(MediaRecorder.OutputFormat.MPEG_4);
recorder.setVideoEncoder(MediaRecorder.VideoEncoder.H264);
recorder.setAudioEncoder(MediaRecorder.AudioEncoder.AAC);
```

Listing 13.15 Auszug aus der Methode »onCreate()« der Klasse »KameraDemo4«

MediaRecorder.VideoSource.SURFACE sorgt dafür, dass die Videodatei aus einer Oberfläche befüllt wird. Hierzu wird in createCaptureSession() die Methode getSurface() aufgerufen. Sie können durch Aufruf der Methode setMaxDuration() die maximale

Länge einer Aufnahmesession in Millisekunden festlegen. Die Methode setMaxFile-Size() limitiert die erzeugte Datei auf eine bestimmte Größe in Byte. In beiden Fällen sollten Sie eine Instanz des Typs android.media.MediaRecorder.OnInfoListener registrieren. Dessen Methode onInfo() wird aufgerufen, wenn eine der eben genannten Bedingungen eintritt.

```
recorder.setMaxDuration(60000);
recorder.setOnInfoListener(new OnInfoListener() {
   @Override
   public void onInfo(MediaRecorder mr, int what, int extra) {
      // auszuführende Aktion...
   }
});
```

Listing 13.16 Auf das Erreichen einer Aufnahmedauer reagieren

Damit ein MediaRecorder wie gewünscht funktioniert, müssen Sie ein paar Dinge beachten. Beispielsweise spielt die Reihenfolge, in der Sie Konfigurationsmethoden aufrufen müssen, eine wichtige Rolle. Am besten orientieren Sie sich in diesem Zusammenhang an meinem Beispiel. Ferner sollten Sie sich vergegenwärtigen, dass solche Objekte einen Zustandsautomaten repräsentieren. Dieser ist in der Entwicklerdokumentation dargestellt. Sie dürfen die Methode start() erst nach prepare() aufrufen. stop() wiederum ist nur nach start() erlaubt. release() gibt nach der Benutzung nicht mehr benötigte Ressourcen frei.

13.4 Zusammenfassung

Android stellt Ihnen als Entwickler mächtige Werkzeuge zur Verfügung, um leistungsfähige und innovative Multimedia-Apps zu entwickeln. Leider limitiert der Emulator aufgrund seiner nach wie vor rudimentären Unterstützung der entsprechenden Hardwarekomponenten die Testmöglichkeiten. Auch die Entwicklerdokumentation lässt in einigen Fällen Fragen offen. Aus diesem Grund finden Sie in der Lektüreliste in Anhang A Hinweise auf geeignete Speziallliteratur.

Kapitel 14
Kontakte und Organizer

Mit Smartphone und Tablet haben Sie jederzeit Zugriff auf Ihre Termine und Kontakte. In diesem Kapitel zeige ich Ihnen, wie Sie diese wertvollen Datenquellen mit Ihren eigenen Apps »anzapfen«.

Die hohe Kunst der App-Entwicklung besteht in der kreativen Kombination von vorhandener Hard- und Software zu etwas Neuem. Denken Sie an Apps, die Sensordaten mit Audio- und Videosignalen kombinieren und mit zusätzlichen Informationen aus dem Netz anreichern (Stichwort *Augmented Reality*). Für Sie als Entwickler gilt deshalb: Je mehr Datentöpfe Ihnen zur Verfügung stehen, desto größer sind Ihre Kombinationsmöglichkeiten. Verglichen mit der Auswertung und Visualisierung von Ortsinformationen mag der Zugriff auf das Adressbuch oder den Kalender zunächst unspektakulär, vielleicht sogar langweilig wirken. Aber wäre es nicht toll, wenn Ihr Handy Sie bei einem eingehenden Anruf über anstehende Termine mit dem Gesprächspartner informieren oder an dessen Geburtstag erinnern würde? Oder stellen Sie sich eine App vor, die nach dem Anklicken der Notiz »Max Mustermann anrufen« eine Liste seiner Rufnummern einblendet und anbietet, automatisch zu wählen?

14.1 Kontakte

Android verteilt Kontaktdaten auf eine ganze Reihe von Tabellen, die Ihnen über Content Provider zur Verfügung stehen. Wie Sie diese Puzzleteile zusammensetzen müssen, ist in Googles Entwicklerdokumentationen leider nur recht oberflächlich beschrieben. Deshalb möchte ich Ihnen in den folgenden Abschnitten einige wichtige Zugriffstechniken vorstellen.

14.1.1 Eine einfache Kontaktliste ausgeben

Das Projekt *KontakteDemo1*, das Sie wie üblich in den Begleitmaterialien finden, gibt in LOGCAT eine Liste der im Adressbuch gespeicherten Kontakte aus. Es greift auf einen Content Provider zu, dessen URI in der Konstante `ContactsContract.Contacts.CONTENT_URI` definiert ist. Die Klasse `android.provider.ContactsContract` fungiert als Schnittstelle oder Vertrag zwischen Apps und dem Datenbestand.

Letzterer besteht aus drei Schichten, die sich in den Tabellen bzw. Klassen ContactsContract.Data, ContactsContract.RawContacts und ContactsContract.Contacts manifestieren. Data speichert beliebige persönliche Informationen wie Telefonnummer oder E-Mail-Adresse. RawContacts bündelt alle Informationen, die zu einer Person und einem Konto (zum Beispiel Twitter, Facebook oder Gmail) gehören. Contacts schließlich fasst einen RawContact (oder mehrere) zu einem Gesamtkontakt zusammen.

Wie Sie aus Kapitel 11, »Datenbanken«, wissen, erfolgt der Zugriff auf einen Content Provider über ein Objekt des Typs android.content.ContentResolver. Die Klasse KontakteDemo1 ruft dessen Methode query() auf und iteriert über den zurückgelieferten Cursor. Damit das auch funktioniert, muss in der Manifestdatei die Berechtigung android.permission.READ_CONTACTS angefordert werden.

```
package com.thomaskuenneth.kontaktedemo1;

import android.app.Activity;
import android.content.ContentResolver;
import android.database.Cursor;
import android.os.Bundle;
import android.provider.ContactsContract;
import android.util.Log;

public class KontakteDemo1 extends Activity {

    private static final String TAG = KontakteDemo1.class.getSimpleName();

    @Override
    public void onCreate(Bundle savedInstanceState) {
        super.onCreate(savedInstanceState);
        ContentResolver contentResolver = getContentResolver();
        // IDs und Namen aller sichtbaren Kontakte ermitteln
        String[] mainQueryProjection = {ContactsContract.Contacts._ID,
                ContactsContract.Contacts.DISPLAY_NAME};
        String mainQuerySelection = ContactsContract.Contacts.IN_VISIBLE_GROUP
                + " = ?";
        String[] mainQuerySelectionArgs = new String[]{"1"};
        Cursor mainQueryCursor = contentResolver.query(
                ContactsContract.Contacts.CONTENT_URI, mainQueryProjection,
                mainQuerySelection, mainQuerySelectionArgs, null);
        // Trefferliste abarbeiten ...
        if (mainQueryCursor != null) {
            while (mainQueryCursor.moveToNext()) {
                String contactId = mainQueryCursor.getString(0);
```

```
                String displayName = mainQueryCursor.getString(1);
                Log.d(TAG, "===> " + displayName + " (" + contactId + ")");
            }
            mainQueryCursor.close();
        }
    }
}
```

Listing 14.1 Die Klasse »KontakteDemo1«

Nach dem Start der App werden in LOGCAT die Namen und IDs aller Kontakte ausgegeben. Wie das aussehen kann, ist in Abbildung 14.1 dargestellt.

Abbildung 14.1 Ausgabe der App »KontakteDemo1«

Ist Ihnen aufgefallen, dass ich eine Auswahlbedingung definiert habe, die nur Einträge liefert, deren Tabellenspalte `IN_VISIBLE_GROUP` den Wert 1 enthält? Auf diese Weise erhalten Sie ausschließlich »richtige« Kontakte. Android merkt sich nämlich auch Absender von E-Mails. Diese würden ohne Verwendung der Bedingung ebenfalls geliefert, was in der Regel nicht wünschenswert ist. Im Emulator fällt dieses Verhalten sehr wahrscheinlich nicht auf, wohl aber auf echter Hardware.

`IN_VISIBLE_GROUP` wird in der Klasse `ContactsContract.Contacts` definiert. Viele weitere Konstanten sind dort nicht vorhanden. Interessante Informationen (wie etwa Geburtsdatum, E-Mail-Adresse oder Telefonnummer) müssen anderweitig ermittelt werden. Wie Sie hierzu vorgehen, zeige ich Ihnen anhand des Geburtsdatums.

14.1.2 Weitere Kontaktdaten ausgeben

Fügen Sie in der Klasse `KontakteDemo1` unterhalb der Zeile

```
Log.d(TAG, "===> " + displayName + " (" + contactId + ")");
```

die folgende Anweisung hinzu:

```
infosAuslesen(contentResolver, contactId);
```

Die Implementierung der neuen privaten Methode infosAuslesen() sehen Sie im folgenden Quelltextfragment. Sie finden die vollständige App als Projekt *KontakteDemo2* in den Begleitmaterialien.

```
private void infosAuslesen(ContentResolver contentResolver, String contactId) {
    String[] dataQueryProjection = new String[]{
            ContactsContract.CommonDataKinds.Event.TYPE,
            ContactsContract.CommonDataKinds.Event.START_DATE,
            ContactsContract.CommonDataKinds.Event.LABEL};
    String dataQuerySelection = ContactsContract.Data.CONTACT_ID
            + " = ? AND " + ContactsContract.Data.MIMETYPE + " = ?";
    String[] dataQuerySelectionArgs = new String[]{contactId,
            ContactsContract.CommonDataKinds.Event.CONTENT_ITEM_TYPE};
    Cursor dataQueryCursor = contentResolver.query(
            ContactsContract.Data.CONTENT_URI, dataQueryProjection,
            dataQuerySelection, dataQuerySelectionArgs, null);
    if (dataQueryCursor != null) {
        while (dataQueryCursor.moveToNext()) {
            int type = dataQueryCursor.getInt(0);
            String label = dataQueryCursor.getString(2);
            if (ContactsContract.CommonDataKinds.Event.TYPE_BIRTHDAY == type) {
                String stringBirthday = dataQueryCursor.getString(1);
                Log.d(TAG, "     birthday: " + stringBirthday);
            } else {
                String stringAnniversary = dataQueryCursor.getString(1);
                Log.d(TAG, "     event: " + stringAnniversary + " (type="
                        + type + ", label=" + label + ")");
                if (ContactsContract.CommonDataKinds
                        .Event.TYPE_ANNIVERSARY == type) {
                    Log.d(TAG, "     TYPE_ANNIVERSARY");
                } else if (ContactsContract.CommonDataKinds
                        .Event.TYPE_CUSTOM == type) {
                    Log.d(TAG, "     TYPE_CUSTOM");
                } else {
                    Log.d(TAG, "     TYPE_OTHER");
                }
            }
        }
        dataQueryCursor.close();
    }
}
```

Listing 14.2 Geburtstage und Jahrestage auslesen

Der Kern ist auch hier der Aufruf der Methode query(), wobei diesmal als URI ContactsContract.Data.CONTENT_URI übergeben wird. Diese Tabelle enthält beliebige Einzelinformationen, unter anderem Jahres- und Geburtstage. Die Zuordnung zu einem Kontakt geschieht über die Spalte CONTACT_ID. Da wir eine solche ID als Parameter übergeben haben, können wir sehr einfach eine entsprechende Auswahlbedingung (dataQuerySelection) formulieren. Mit dem Ausdruck nach AND wird die Treffermenge auf einen bestimmten MIME-Type eingeschränkt:

```
String dataQuerySelection = ContactsContract.Data.CONTACT_ID
      + " = ? AND " + ContactsContract.Data.MIMETYPE + " = ?";
```

Wir übergeben hierfür in der Variablen dataQuerySelectionArgs den Wert ContactsContract.CommonDataKinds.Event.CONTENT_ITEM_TYPE. Er kennzeichnet Ereignisse. Die Abfrage liefert entsprechend der Definition der Variablen dataQueryProjection die drei Spalten Event.TYPE (Ereignistyp), Event.START_DATE (Startdatum des Ereignisses) und Event.LABEL (eine Beschreibung).

Leider ist das Format des Startdatums derzeit nicht fest vorgegeben. Das folgende Quelltextfragment liefert meiner Erfahrung nach aber sehr oft das gewünschte Ergebnis. Die Methode getDateFromString1() parst den ihr übergebenen String als Datum im Format 19700829. Zwischen Jahr und Monat sowie zwischen Monat und Tag können beliebige Zeichen stehen.


```
/**
 * Datum im Format jjjjmmtt, also 19700829
 */
private static final SimpleDateFormat FORMAT_YYYYMMDD
        = new SimpleDateFormat("yyyyMMdd");

public static Date getDateFromString1(String string) {
    Date result = null;
    if (string != null) {
        Pattern p = Pattern.compile(
                "(\\d\\d\\d\\d).*(\\d\\d).*(\\d\\d)",
                Pattern.DOTALL);
        Matcher m = p.matcher(string.subSequence(0,
                string.length()));
        if (m.matches()) {
            String date = m.group(1) + m.group(2) + m.group(3);
            try {
                result = FORMAT_YYYYMMDD.parse(date);
            } catch (Throwable tr) {
                Log.e(TAG, "getDateFromString1()", tr);
            }
```

```
            }
        }
        return result;
    }
```

Listing 14.3 Datum von »String« nach »Date« umwandeln

[+] **Tipp**

Versuchen Sie als kleine Übung, die Methode getDateFromString1() an den richtigen Stellen aufzurufen. Damit Sie das zurückgelieferte Date-Objekt in lesbarer Form ausgeben können, sollten Sie ein weiteres SimpleDateFormat-Objekt erzeugen und dessen Methode format() aufrufen.

Haben Sie schon einmal versucht, im Emulator einem Kontakt ein Geburtsdatum oder einen Jahrestag zuzuweisen? Leider ist dies derzeit nicht möglich – zumindest, wenn Sie die Android-eigene Kontakte-App verwenden. Mit eigenen Programmen können Sie nämlich sehr wohl schreibend auf Kontaktdaten zugreifen. Wie das funktioniert, zeige ich Ihnen im folgenden Abschnitt.

14.1.3 Geburtstage hinzufügen und aktualisieren

Das Projekt *KontakteDemo3* sucht nach einem Kontakt, dessen angezeigter Name »Testperson« lautet. Wird ein solcher Datensatz gefunden, setzt das Programm den Geburtstag der Person auf das aktuelle Datum. War schon ein Eintrag vorhanden, wird das Geburtsjahr um 1 herabgesetzt – der Kontakt wird also mit jedem Programmstart ein Jahr älter.

Wenn Sie die App das erste Mal ausführen, wird in LOGCAT eine Meldung ausgegeben, dass die Testperson nicht gefunden wurde. Um dies zu korrigieren, legen Sie, wie in Abbildung 14.2 dargestellt, einen neuen Kontakt an.

Ist die Testperson vorhanden, ermittelt das Programm die ID dieses Datensatzes. Wie Sie bereits wissen, wird diese für eine Suche in der Tabelle Data benötigt. Wurde dort schon ein Geburtstag eingetragen, aktualisieren wir diesen. Andernfalls wird ein neuer Datensatz hinzugefügt.

Diese Vorgehensweise können Sie in der Methode updateOrInsertBirthday() einfach nachvollziehen. Ein Geburtstag wurde schon eingetragen, wenn es in der Tabelle Data eine Zeile gibt, deren Spalte CONTACT_ID der übergebenen Kontakt-ID entspricht, MIMETYPE den Wert Event.CONTENT_ITEM_TYPE und TYPE den Wert Event.TYPE_BIRTHDAY hat. In diesem Fall muss nur das aktuelle Geburtsdatum ausgelesen und das Jahr um 1 verringert werden. update() schreibt das geänderte Attribut zurück in die Tabelle.

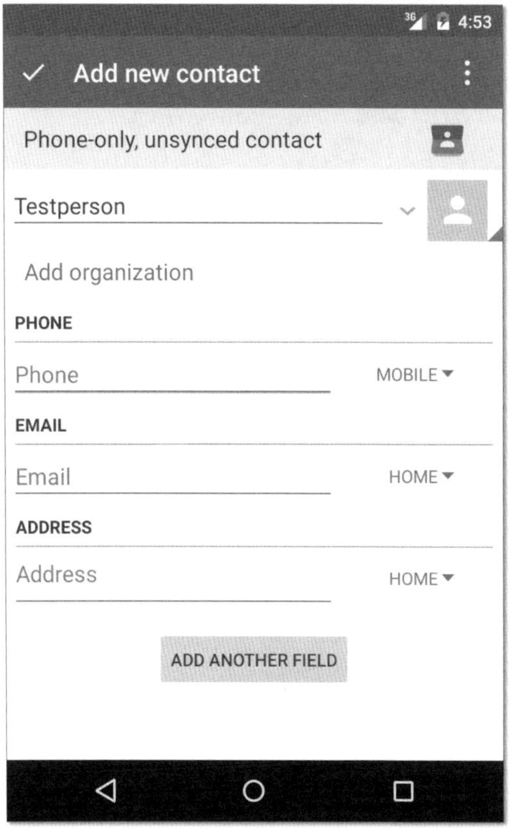

Abbildung 14.2 Einen Kontakt hinzufügen

```
package com.thomaskuenneth.kontaktedemo3;

import android.app.Activity;
import android.content.ContentResolver;
import android.content.ContentValues;
import android.database.Cursor;
import android.net.Uri;
import android.os.Bundle;
import android.provider.ContactsContract;
import android.provider.ContactsContract.RawContacts;
import android.util.Log;
import java.text.ParseException;
import java.text.SimpleDateFormat;
import java.util.Calendar;
import java.util.Date;
```

```
public class KontakteDemo3 extends Activity {

    private static final String TAG = KontakteDemo3.class.getSimpleName();
    private static final SimpleDateFormat DATE_FORMAT = new SimpleDateFormat(
            "yyyy-MM-dd");

    @Override
    public void onCreate(Bundle savedInstanceState) {
        super.onCreate(savedInstanceState);
        // Content Resolver
        ContentResolver contentResolver = getContentResolver();
        // nach "Testperson" suchen
        String[] mainQueryProjection = {ContactsContract.Contacts._ID};
        String mainQuerySelection = ContactsContract.Contacts.IN_VISIBLE_GROUP
                + " = ?" + " AND " + ContactsContract.Contacts.DISPLAY_NAME
                + " is ?";
        String[] mainQuerySelectionArgs = new String[]{"1", "Testperson"};
        Cursor mainQueryCursor = contentResolver.query(
                ContactsContract.Contacts.CONTENT_URI, mainQueryProjection,
                mainQuerySelection, mainQuerySelectionArgs, null);
        if (mainQueryCursor != null) {
            if (mainQueryCursor.moveToNext()) {
                String contactId = mainQueryCursor.getString(0);
                Log.d(TAG, "===> Testperson gefunden" + " (" + contactId + ")");
                updateOrInsertBirthday(contentResolver, contactId);
            } else {
                Log.d(TAG, "Testperson nicht gefunden");
            }
            mainQueryCursor.close();
        }
        // Activity beenden
        finish();
    }

    private void updateOrInsertBirthday(ContentResolver contentResolver,
                                        String contactId) {
        String[] dataQueryProjection = new String[]{
                ContactsContract.CommonDataKinds.Event._ID,
                ContactsContract.CommonDataKinds.Event.START_DATE};
        String dataQuerySelection = ContactsContract.Data.CONTACT_ID
                + " = ? AND " + ContactsContract.Data.MIMETYPE + " = ?"
                + " AND " + ContactsContract.CommonDataKinds.Event.TYPE
                + " = ?";
```

```
String[] dataQuerySelectionArgs = new String[]{
        contactId,
        ContactsContract.CommonDataKinds.Event.CONTENT_ITEM_TYPE,
        Integer.toString(ContactsContract.CommonDataKinds
                .Event.TYPE_BIRTHDAY)};
// Gibt es einen Geburtstag zu Kontakt #contactId?
Cursor dataQueryCursor = contentResolver.query(
        ContactsContract.Data.CONTENT_URI, dataQueryProjection,
        dataQuerySelection, dataQuerySelectionArgs, null);
if (dataQueryCursor != null) {
    if (dataQueryCursor.moveToNext()) {
        // ja, Eintrag gefunden
        String dataId = dataQueryCursor.getString(0);
        String date = dataQueryCursor.getString(1);
        Log.d(TAG, "Geburtstag (_id=" + dataId + "): " + date);
        // Jahr um 1 verringern
        try {
            Date d = DATE_FORMAT.parse(date);
            Calendar cal = Calendar.getInstance();
            cal.setTime(d);
            cal.add(Calendar.YEAR, -1);
            d = cal.getTime();
            date = DATE_FORMAT.format(d);
            Log.d(TAG, "neues Geburtsdatum: " + date);
            // Tabelle aktualisieren
            String updateWhere = ContactsContract.CommonDataKinds.Event._ID
                    + " = ?"
                    + " AND "
                    + ContactsContract.Data.MIMETYPE
                    + " = ?"
                    + " AND "
                    + ContactsContract.CommonDataKinds.Event.TYPE
                    + " = ?";
            String[] updateSelectionArgs = new String[]{
                    dataId,
                    ContactsContract.CommonDataKinds.Event.CONTENT_ITEM_TYPE,
                    Integer.toString(
                            ContactsContract.CommonDataKinds
                                    .Event.TYPE_BIRTHDAY)};
            ContentValues values = new ContentValues();
            values.put(
                    ContactsContract.CommonDataKinds.Event.START_DATE,
                    date);
```

```
            int numRows = contentResolver.update(
                    ContactsContract.Data.CONTENT_URI, values,
                    updateWhere, updateSelectionArgs);
            Log.d(TAG, "update() war "
                    + ((numRows == 0) ? "nicht " : "") + "erfolgreich");
        } catch (ParseException e) {
            Log.e(TAG, date, e);
        }
    } else {
        Log.d(TAG, "keinen Geburtstag gefunden");
        // Strings für die Suche nach RawContacts
        String[] rawProjection = new String[]{RawContacts._ID};
        String rawSelection = RawContacts.CONTACT_ID + " = ?";
        String[] rawSelectionArgs = new String[]{contactId};
        // Werte für Tabellenzeile vorbereiten
        ContentValues values = new ContentValues();
        values.put(ContactsContract.CommonDataKinds.Event.START_DATE,
                DATE_FORMAT.format(new Date()));
        values.put(
                ContactsContract.Data.MIMETYPE,
                ContactsContract.CommonDataKinds.Event.CONTENT_ITEM_TYPE);
        values.put(ContactsContract.CommonDataKinds.Event.TYPE,
                ContactsContract.CommonDataKinds.Event.TYPE_BIRTHDAY);
        // alle RawContacts befüllen
        Cursor c = contentResolver.query(RawContacts.CONTENT_URI,
                rawProjection, rawSelection, rawSelectionArgs, null);
        if (c != null) {
            while (c.moveToNext()) {
                String rawContactId = c.getString(0);
                values.put(
                        ContactsContract.CommonDataKinds.Event.RAW_CONTACT_ID,
                        rawContactId);
                Uri uri = contentResolver.insert(
                        ContactsContract.Data.CONTENT_URI, values);
                Log.d(TAG,
                "   ---> Hinzufügen des Geburtstags für RawContacts-Id "
                                + rawContactId
                                + " war"
                                + ((uri == null) ? " nicht erfolgreich"
                                : " erfolgreich"));

            }
```

```
                c.close();
            }
        }
        dataQueryCursor.close();
    }
  }
}
```

Listing 14.4 Die Klasse »KontakteDemo3«

Das Anlegen einer neuen Tabellenzeile folgt dem Schema, das Ihnen bereits aus Kapitel 11, »Datenbanken«, bekannt ist. Die Methode `insert()` erhält ein `ContentValues`-Objekt, das mit Spalte-Wert-Paaren gefüllt wurde. Zu beachten ist allerdings, dass Sie im Gegensatz zu einem Update in der Tabelle `RawContacts` nach einer Zeile suchen müssen, die in der Spalte `CONTACT_ID` die übergebene Kontakt-ID enthält. Den Inhalt der Spalte `RawContacts._ID` müssen Sie mit der Anweisung

```
values.put(ContactsContract.CommonDataKinds.Event.RAW_CONTACT_
ID, rawContactId);
```


in das `ContentValues`-Objekt übernehmen, sonst bricht `insert()` zur Laufzeit mit einer Ausnahme ab. Beachten Sie, dass Sie für das Ändern oder Hinzufügen von Kontaktdaten die Berechtigung `android.permission.WRITE_CONTACTS` in der Manifestdatei Ihrer App anfordern müssen.

Hinweis

Die Beziehungen zwischen den Tabellen der Kontaktdatenbank sind recht komplex. Deshalb sollten Sie Schreiboperationen sehr ausführlich im Emulator testen.

Machen Sie vor Experimenten auf echter Hardware auf jeden Fall ein Backup Ihrer Kontakte. Eine kleine Unachtsamkeit bei der Entwicklung kann sonst zu ernsthaften Problemen führen.

Derzeit können mit der Android-eigenen Kontakte-App im Emulator keine Geburtstage erfasst werden. Im Gegensatz zu früheren Versionen zeigt sie einen programmatisch (beispielsweise mit *KontakteDemo3*) hinzugefügten Geburtstag auch nicht mehr an.

In Abbildung 14.3 sehen Sie deshalb die Detailseite eines Kontakts auf echter Hardware.

Alle für den Zugriff auf Kontaktdaten benötigten Programmierschnittstellen sind aber zum Glück in der Plattform enthalten und deshalb auch im Emulator nutzbar.

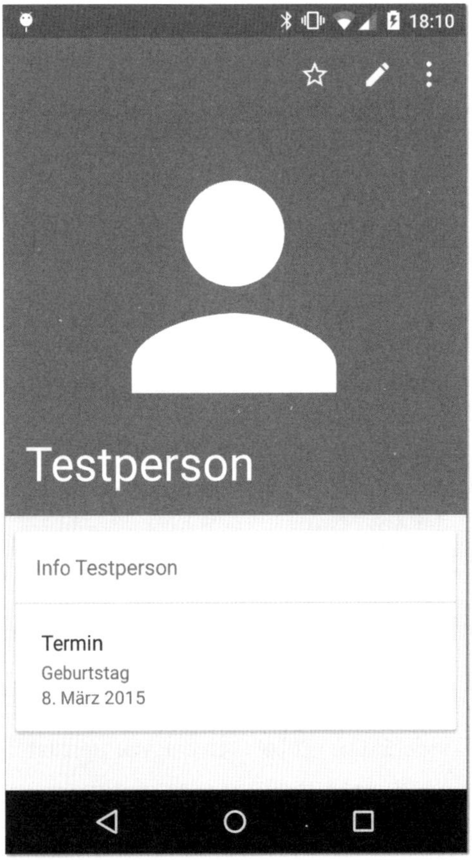

Abbildung 14.3 Die Kontakte-App zeigt den hinzugefügten Geburtstag an.

14.2 Auf Google-Konten zugreifen

Wie Sie bereits wissen, kennt Android eine ganze Reihe von Content Providern. Mit der Anrufhistorie und Kontakten haben wir uns schon ausführlich beschäftigt. Woher diese ihre Daten beziehen, ist für Sie als Entwickler zweitrangig, da Sie über eine einheitliche Schnittstelle (einen Content Resolver) auf die tabellenartigen Daten zugreifen. Etwaige Anmeldevorgänge, Passwortabfragen und Synchronisierungen werden automatisch abgewickelt.

Auch wenn dies schon sehr lange nicht mehr zwingend notwendig ist, haben viele Benutzer von Android-Geräten ein Google-Konto. Es bietet Zugriff auf zahlreiche Dienste, beispielsweise Gmail und Google Calendar. Nicht alle stehen unmittelbar über Content Provider zur Verfügung.

In diesem Abschnitt möchte ich Ihnen deshalb zeigen, wie Sie auf Google-Konten und damit verbundene Dienste zugreifen können.

14.2.1 Emulator konfigurieren

Neue Konten werden über SETTINGS • ACCOUNTS • ADD ACCOUNT (bzw. EINSTELLUNGEN • KONTEN • KONTO HINZUFÜGEN auf deutschsprachigen Geräten) eingerichtet.

Die Einstellungsseite eines Standard-Emulator-Images ist in Abbildung 14.4 dargestellt. Wie Sie sehen, können damit nur Exchange- und IMAP-Konten hinzugefügt werden.

Abbildung 14.4 Hinzufügen eines neuen Kontos

Um die nachfolgenden Beispiele ausprobieren zu können, müssen Sie ein virtuelles Gerät auf Grundlage der Google-APIs anlegen, oder ein bereits vorhandenes »umrüsten«. Laden Sie im *AVD Manager* für die gewünschte Plattform-Version das Paket *Google APIs* herunter.

Klicken Sie hierzu auf der in Abbildung 14.5 dargestellten Seite VERIFY CONFIGURATION auf CHANGE.

Sie sehen nun die Seite SELECT A SYSTEM IMAGE. Wählen Sie, wie in Abbildung 14.6 zu sehen, GOOGLE APIs, und klicken Sie dann auf OK.

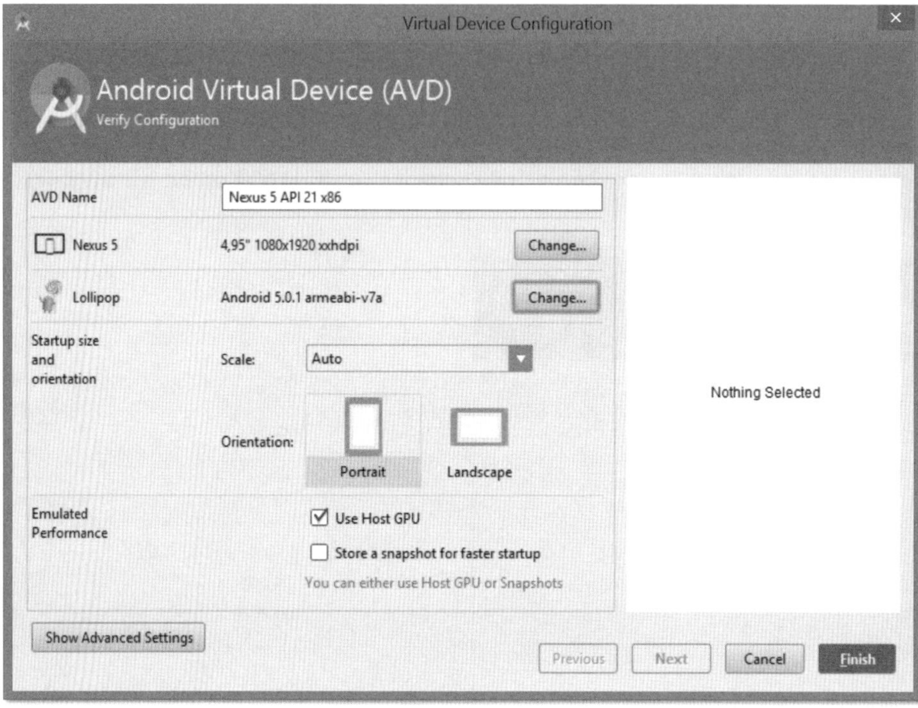

Abbildung 14.5 Die Seite »Verify Configuration«

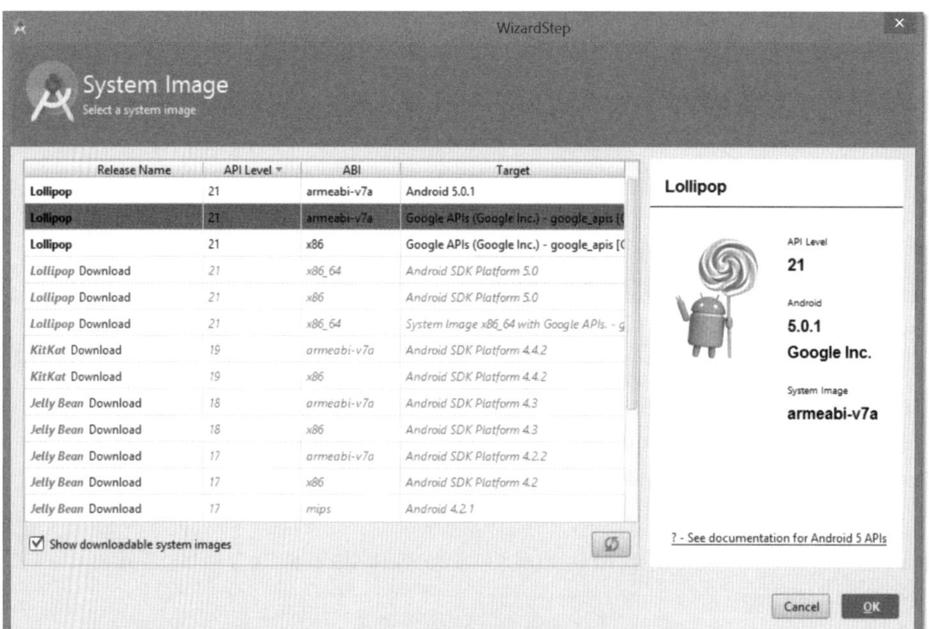

Abbildung 14.6 Die Seite »Select a system image«

Starten Sie den Emulator mit den Google-APIs, und öffnen Sie die Einstellungsseite ADD AN ACCOUNT. Wie Sie in Abbildung 14.7 sehen, ist die Option, ein Google-Konto hinzuzufügen, nun vorhanden. Bitte legen Sie noch kein solches Konto an, lassen Sie die Seite aber geöffnet.

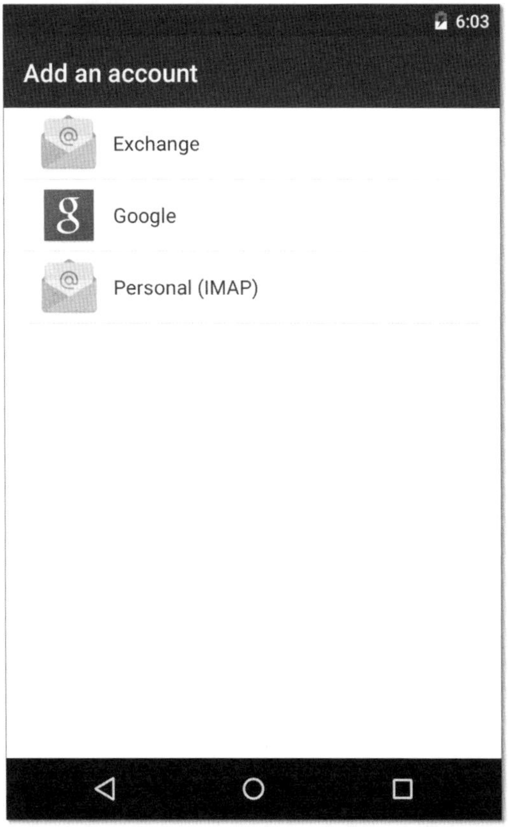

Abbildung 14.7 Die Einstellungsseite »Add an account«

Das Beispielprojekt *AccountDemo1* gibt einen ersten Einblick in den Zugriff auf Konten. Die gleichnamige Klasse `AccountDemo1` leitet von `android.app.Activity` ab. Sie überschreibt nur die Methode `onCreate()`. Nachdem mit `AccountManager.get(this);` ein Objekt des Typs `android.accounts.AccountManager` ermittelt wurde, gibt das Programm die Zahl der gefundenen Konten sowie ein paar Informationen zu ihnen in LOGCAT aus.

```
package com.thomaskuenneth.accountdemo1;

import android.accounts.Account;
import android.accounts.AccountManager;
import android.app.Activity;
```

```
import android.os.Bundle;
import android.util.Log;

public class AccountDemo1 extends Activity {

    private static final String TAG = AccountDemo1.class.getSimpleName();

    @Override
    public void onCreate(Bundle savedInstanceState) {
        super.onCreate(savedInstanceState);
        AccountManager am = AccountManager.get(this);
        Account[] accounts = am.getAccounts();
        Log.d(TAG, "Anzahl gefundener Konten: " + accounts.length);
        for (Account account : accounts) {
            Log.d(TAG, account.toString());
        }
        finish();
    }
}
```

Listing 14.5 Die Klasse »AccountDemo1«

Wenn Sie die App starten, werden keine Konten gefunden. Da sich die Activity mit `finish()` beendet, ist automatisch wieder die Einstellungsseite ADD AN ACCOUNT zu sehen. Klicken Sie nun auf GOOGLE. Daraufhin wird ein Assistent zum Hinzufügen eines Google-Kontos gestartet. Sie müssen, wie in Abbildung 14.8 zu sehen ist, auswählen, ob Sie ein neues Konto anlegen oder sich an einem bestehenden anmelden möchten. Ich empfehle Ihnen, die Anmeldedaten Ihres persönlichen Google-Kontos zu verwenden.

In diesem Fall müssen Sie Ihren Benutzernamen und Ihr Passwort eingeben. Nach dem Beenden des Assistenten gelangen Sie wieder zu der Hauptseite der Kontoeinstellungen. Dort wird Ihr frisch hinzugefügtes Google-Konto in einer Liste angezeigt. Starten Sie die App *AccountDemo1* erneut. In LOGCAT sollte Ihr Konto nun gemeldet werden. Wie Sie darauf zugreifen, zeige ich Ihnen im folgenden Abschnitt.

14.2.2 Aufgabenliste auslesen

Die Klasse `android.accounts.AccountManager`, mit der Sie im vorherigen Abschnitt schon kurz Bekanntschaft gemacht haben, bildet die Schnittstelle zu einem systemweiten Repository von Online-Konten, zum Beispiel Facebook, Twitter, Exchange oder Google.

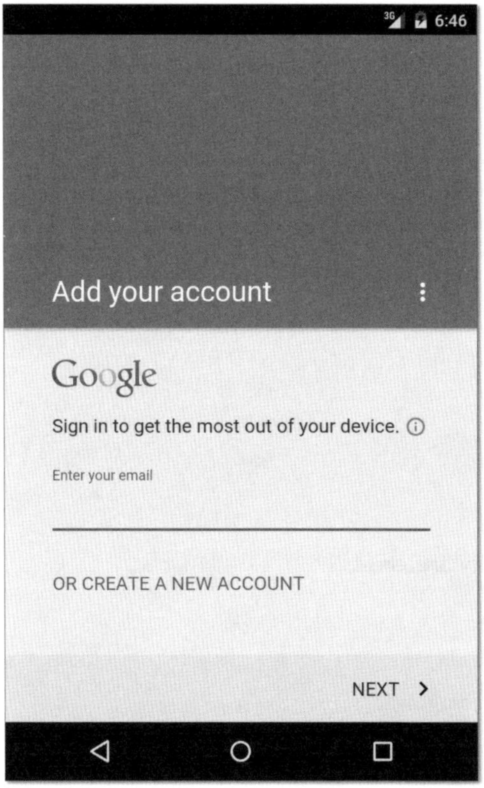

Abbildung 14.8 Anmeldung an einem Google-Konto

Der Vorteil für Sie als Entwickler ist, dass Sie sich nicht um das Abfragen von Benutzernamen oder Passwörtern kümmern müssen. Dies regelt Android für Sie. Möchte eine App auf ein bereits eingerichtetes Konto zugreifen, kann der Benutzer dies mit einem Klick zulassen oder ablehnen. `AccountManager` nutzt ein Plug-in-Konzept, um die unterschiedlichen Konto-Typen zu unterstützen. Solche Module können auch von Drittanbietern implementiert werden.

Wie Sie auf diese Weise auf ein Google-Konto zugreifen und eine Liste von Aufgaben anzeigen, die Sie in Gmail abgelegt haben, demonstriere ich Ihnen anhand des Projekts *AccountDemo2*.

Die Klasse `AccountDemo2` leitet von `android.app.Activity` ab und überschreibt wie üblich die Methode `onCreate()`. Sie implementiert ferner das Interface `android.accounts.AccountManagerCallback`. In `onCreate()` ermitteln wir als Erstes eine `AccountManager`-Instanz und holen mit `getAccountsByType()` ein Feld des Typs `android.accounts.Account`. Der Typ eines Kontos wird über eine Zeichenkette identifiziert, die für Google-Konten `com.google` lautet.

```
package com.thomaskuenneth.accountdemo2;

import android.accounts.Account;
import android.accounts.AccountManager;
import android.accounts.AccountManagerCallback;
import android.accounts.AccountManagerFuture;
import android.app.Activity;
import android.os.Bundle;
import android.os.StrictMode;
import android.util.Log;
import java.io.BufferedReader;
import java.io.IOException;
import java.io.InputStreamReader;
import java.net.HttpURLConnection;
import java.net.URL;

public class AccountDemo2 extends Activity implements
        AccountManagerCallback<Bundle> {

    // Konto-Typ
    private static final String TYPE = "com.google";
    // wird bei der Ermittlung des Auth Tokens benötigt
    private static final String AUTH_TOKEN_TYPE = "cl";

    // Schlüssel unter https://console.developers.google.com/ anlegen
    private static final String API_KEY = "<Ihr API-Schlüssel>";

    private static final String TAG = AccountDemo2.class.getSimpleName();

    @Override
    public void onCreate(Bundle savedInstanceState) {
        super.onCreate(savedInstanceState);
        StrictMode.setThreadPolicy(StrictMode.ThreadPolicy.LAX);
        AccountManager accountManager = AccountManager.get(this);
        Account[] accounts = accountManager.getAccountsByType(TYPE);
        if (accounts.length == 1) {
            Bundle options = new Bundle();
            accountManager.getAuthToken(accounts[0], AUTH_TOKEN_TYPE, options,
                    this, this, null);
        } else {
            finish();
```

```
        }
    }

    @Override
    public void run(AccountManagerFuture<Bundle> future) {
        Bundle result;
        try {
            result = future.getResult();
            String token = result.getString(AccountManager.KEY_AUTHTOKEN);
            String tasks = getFromServer(
             "https://www.googleapis.com/tasks/v1/lists/@default/tasks?pp=1&key="
             + API_KEY, token);
            Log.d(TAG, tasks);
        } catch (Exception e) { // OperationCanceledException,
                                // AuthenticatorException, IOException
            Log.e(TAG, "run()", e);
        }
    }

    private String getFromServer(String _url, String token) {
        StringBuilder sb = new StringBuilder();
        HttpURLConnection httpURLConnection = null;
        try {
            URL url = new URL(_url);
            httpURLConnection = (HttpURLConnection) url.openConnection();
            httpURLConnection.setRequestProperty("Authorization",
                                         "GoogleLogin auth=" + token);
            int responseCode = httpURLConnection.getResponseCode();
            if (responseCode == HttpURLConnection.HTTP_OK) {
                InputStreamReader inputStreamReader = new InputStreamReader(
                        httpURLConnection.getInputStream());
                BufferedReader bufferedReader = new BufferedReader(
                        inputStreamReader);
                int i;
                while ((i = bufferedReader.read()) != -1) {
                    sb.append((char) i);
                }
                try {
                    bufferedReader.close();
                } catch (IOException e) {
                    // ein Fehler beim Schließen wird bewusst ignoriert
                }
```

```
            } else {
                Log.d(TAG, "responseCode: " + responseCode);
            }
        } catch (IOException tr) {
            Log.e(TAG, "Fehler beim Zugriff auf " + _url, tr);
        } finally {
            if (httpURLConnection != null) {
                httpURLConnection.disconnect();
            }
        }
        return sb.toString();
    }
}
```

Listing 14.6 Die Klasse »AccountDemo2«

Wenn kein Konto vom gewünschten Typ eingerichtet wurde, sollten Sie den Anwender informieren und anschließend die Activity beenden oder ihn durch Aufruf der Methode `addAccount()` zum Anlegen eines neuen Kontos auffordern. Wurden mehrere Konten gefunden, bitten Sie den Benutzer, das gewünschte auszuwählen. Um die Klasse `AccountDemo2` übersichtlich zu halten, tut Sie dies nicht.

[»]

Hinweis

Sie haben mit der Anweisung `StrictMode.setThreadPolicy(StrictMode.ThreadPolicy.LAX)` schon Bekanntschaft gemacht. Eigentlich möchte Android nicht, dass Netzwerk-Operationen auf dem Mainthread stattfinden. Aus Gründen der Einfachheit verzichtet `AccountDemo2` auf die Auslagerung in einen eigenen Thread. In produktivem Code hat `setThreadPolicy()` aber eigentlich nichts zu suchen.

Wie Sie bereits wissen, verwaltet `AccountManager` zu jedem Online-Konto die *User Credentials*, also Benutzernamen und Passwort. Damit sich eine App bei einem Dienst anmelden und seine Funktionen nutzen kann, muss sie diese natürlich kennen. Deshalb ruft `AccountDemo2` die Methode `getAuthToken()` auf.

Viele Services unterstützen das Konzept von *Auth Tokens*. Damit ein Dienstaufruf authentifiziert ablaufen kann, ohne jedes Mal Benutzernamen und Passwort übertragen zu müssen, wird stattdessen das Auth Token transportiert. Es repräsentiert einen einmal angemeldeten Benutzer. Um es zu erzeugen, kann sehr wohl die Eingabe von User Credentials notwendig sein. Darum kümmert sich aber Android.

Der entsprechende Anmeldedialog ist in Abbildung 14.9 zu sehen. Ihre App muss also keinen eigenen zur Verfügung stellen.

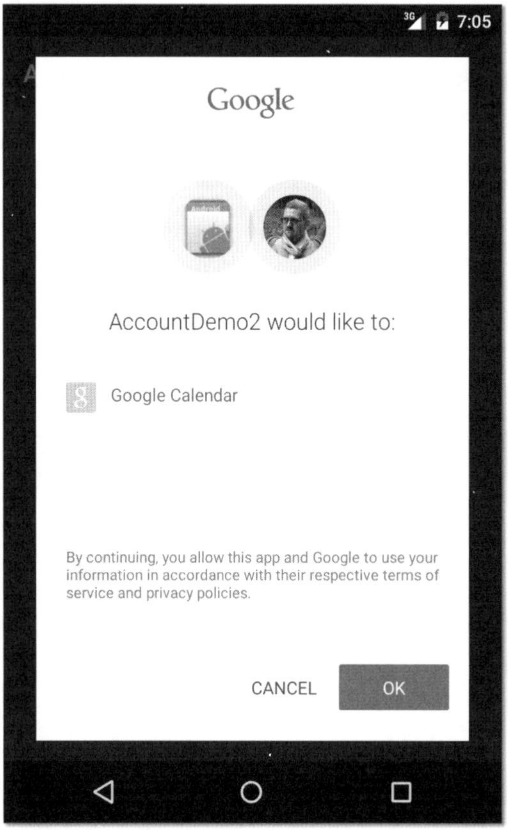

Abbildung 14.9 Abfrage, ob eine App auf ein Konto zugreifen darf

Die Bedeutung des Auth-Token-Typs ist vom verwendeten Kontotyp (beispielsweise `com.google`) abhängig, und Sie müssen ihn gegebenenfalls in der Entwicklerdokumentation des Dienstanbieters nachlesen. Im Fall eines Google-Kontos spezifiziert der Auth-Token-Typ den zu nutzenden Service. `cl` repräsentiert den Google Calendar.

Um das Ergebnis von `getAuthToken()` auszuwerten, rate ich Ihnen zur Nutzung von `AccountManagerCallback`. Dies mag auf den ersten Blick überraschen, da die Methode ja einen Rückgabewert hat. Bedenken Sie aber, dass dieser unter Umständen zunächst unvollständig sein kann, weil Android auf die Eingabe eines Passworts wartet. Bei der Verwendung eines Callbacks spielt die Frage nach dem Zeitpunkt der Fertigstellung keine Rolle.

In der Methode `run()` wird durch Aufruf von `getResult()` ein Objekt des Typs `android.os.Bundle` ermittelt. Das für die Kommunikation mit dem Server benötigte Auth Token erhalten wir mit `result.getString(AccountManager.KEY_AUTHTOKEN)`. Es wird neben der URL der herunterzuladenden Daten an die private Methode `getFromServer()` übergeben.

Beachten Sie das URL-Anhängsel `"&key=" + API_KEY`. Damit Ihre App auf *Google Tasks* zugreifen darf, müssen Sie auf der Seite *https://console.developers.google.com/* die Nutzung der API freischalten und einen Schlüssel für sie erzeugen. Abbildung 14.10 zeigt die Seite Aktivierte APIs der *Google Developers Console*.

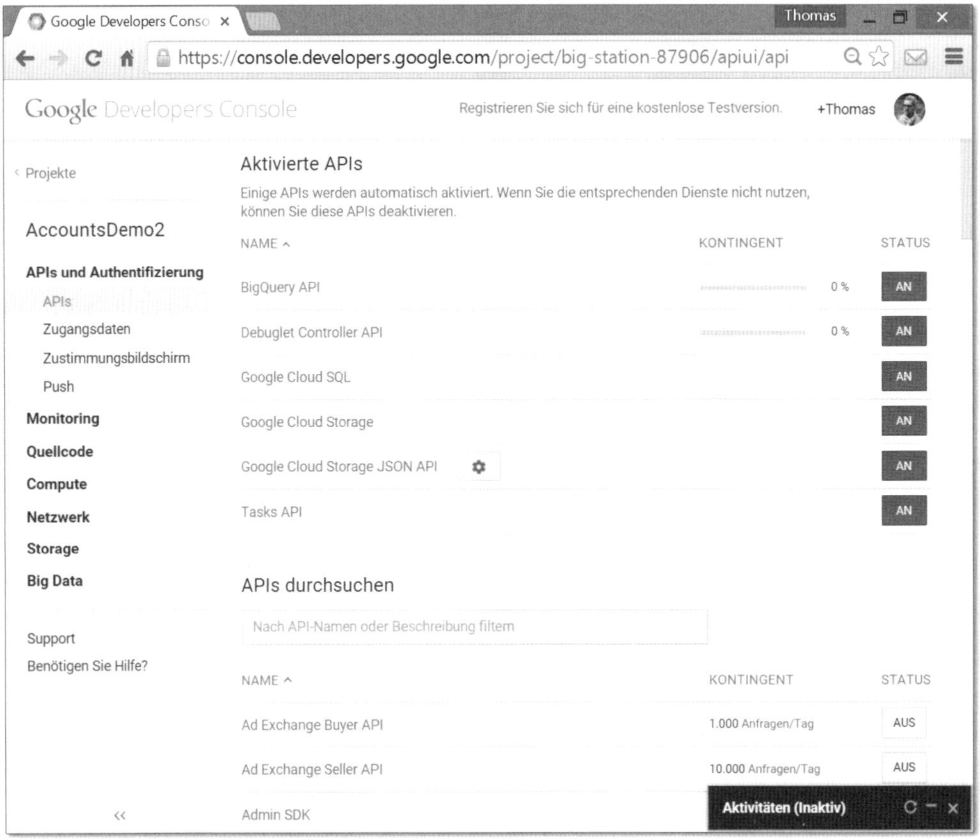

Abbildung 14.10 Die Google Developers Console

Sie können unter APIs und Authentifizierung • Zugangsdaten den benötigten Schlüssel generieren. Klicken Sie unterhalb von Öffentlicher API-Zugriff auf Neuen Schlüssel erstellen, und wählen Sie dann Browserschlüssel. Sie sehen daraufhin den in Abbildung 14.11 gezeigten Dialog Browserschlüssel erstellen und zugelassene Referrer konfigurieren. Klicken Sie, ohne eine Eingabe zu machen, auf Erstellen. Der erzeugte API-Schlüssel wird daraufhin angezeigt.

In der Methode `getFromServer()` in meiner Klasse `AccountDemo2` wird das Auth-Token einem `HttpURLConnection`-Objekt durch Aufruf der Methode `setRequestProperty()` übergeben. Beachten Sie, dass Sie die im Listing weiter oben gezeigte Laderoutine für einen produktiven Einsatz unter anderem durch eine ausgefeiltere Fehlerbehandlung absichern sollten. Für einfache Tests ist sie freilich ausreichend.

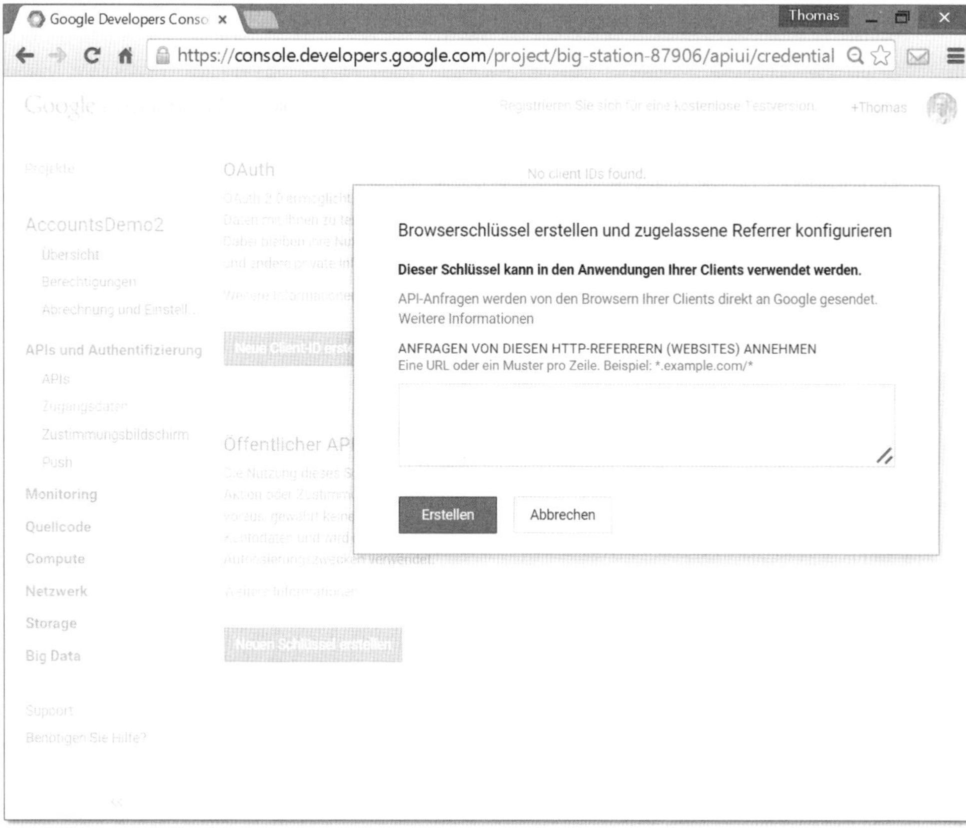

Abbildung 14.11 Der Dialog »Browserschlüssel erstellen ...«

Hinweis

Damit der Zugriff auf die Aufgabenliste wie hier beschrieben klappt, muss Ihre App die Berechtigungen `android.permission.GET_ACCOUNTS`, `android.permission.USE_CREDENTIALS` und `android.permission.INTERNET` anfordern.

14.3 Kalender und Termine

Vor *Ice Cream Sandwich* bot Android erstaunlich wenige öffentliche und dokumentierte Schnittstellen für Apps, um Termine auszulesen und zu bearbeiten. Glücklicherweise hat die Plattform seitdem deutlich dazugelernt. Leider ist aber der Emulator nach wie vor nur bedingt für den Test von kalenderbezogenen Apps geeignet, weil die mitgelieferte Kalender-Anwendung nur in Verbindung mit bestimmten Konten funktioniert. Ein entsprechender Hinweis ist in Abbildung 14.12 zu sehen.

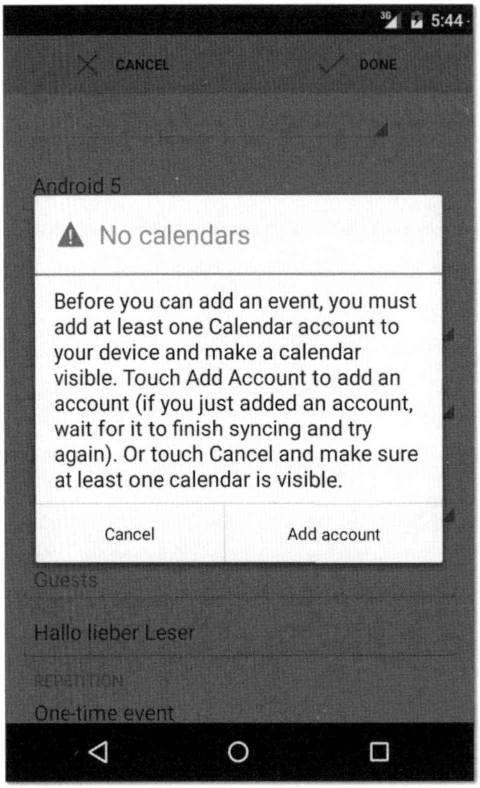

Abbildung 14.12 Hinweis auf eine fehlende Konto-Verknüpfung

Ein Klick auf ADD ACCOUNT öffnet den Assistenten zum Hinzufügen eines Kontos. Dieser bietet derzeit aber nur Exchange und IMAP an. Sie sollten die folgenden Beispiele deshalb mit echter Hardware nachvollziehen.

14.3.1 Termine anlegen und auslesen

Das Projekt *KalenderDemo1* demonstriert, wie Sie durch das Versenden eines Intents mit der Standard-Kalender-App einen Termin anlegen können.

Nach dem Start erscheint dessen Eingabeseite für Termine. Sie sehen sie in Abbildung 14.13.

Die Klasse `KalenderDemo1` leitet von `android.app.Activity` ab. In `onCreate()` werden zunächst zwei `java.util.Date`-Objekte mit dem Beginn und dem Ende des anzulegenden Termins initialisiert. Anschließend ruft die App die private Methode `createEntry()` auf. Diese erzeugt ein Intent mit der Action `Intent.ACTION_INSERT` und setzt mit `putExtra()` die Termin-Attribute *Beginn*, *Ende*, *Titel* und *Beschreibung*. `allDay` kennzeichnet einen Termin als ganztägig.

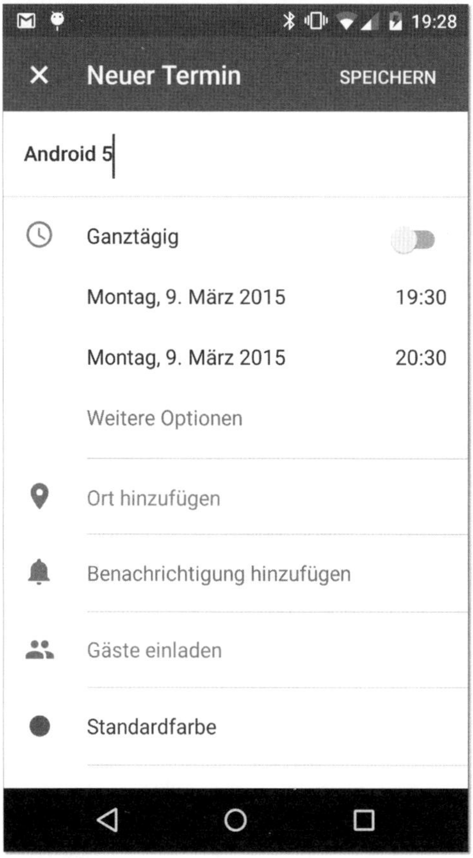

Abbildung 14.13 Eingabeseite für Termine

```
package com.thomaskuenneth.kalenderdemo1;

import android.app.Activity;
import android.content.ActivityNotFoundException;
import android.content.Intent;
import android.os.Bundle;
import android.provider.CalendarContract.Events;
import android.util.Log;
import java.util.Calendar;
import java.util.Date;

public class KalenderDemo1 extends Activity {

    private static final String TAG = KalenderDemo1.class.getSimpleName();
```

```
    @Override
    public void onCreate(Bundle savedInstanceState) {
        super.onCreate(savedInstanceState);
        // Beginn und Ende eines Termins
        Calendar cal = Calendar.getInstance();
        Date from = cal.getTime();
        cal.add(Calendar.HOUR_OF_DAY, 1);
        Date to = cal.getTime();
        // Termin anlegen
        createEntry("Android 5", "Hallo lieber Leser", from, to, false);
        finish();
    }

    private void createEntry(String title, String description, Date from,
                             Date to, boolean allDay) {
        Intent intent = new Intent(Intent.ACTION_INSERT, Events.CONTENT_URI);
        intent.putExtra(Events.TITLE, title);
        intent.putExtra(Events.DESCRIPTION, description);
        intent.putExtra(Events.DTSTART, from.getTime());
        intent.putExtra(Events.DTEND, to.getTime());
        intent.putExtra(Events.ALL_DAY, allDay);
        try {
            startActivity(intent);
        } catch (ActivityNotFoundException e) {
            Log.e(TAG, "keine passende Activity", e);
        }
    }
}
```

Listing 14.7 Die Klasse »KalenderDemo1«

Würden Sie Ihre App gern um eine Alarmfunktion erweitern? Wie Sie hierzu vorgehen, zeige ich Ihnen im folgenden Abschnitt.

14.3.2 Alarme verwalten

Schon mit Android 2.3 (Gingerbread) hat Google die Klasse `android.provider.AlarmClock` eingeführt. Sie enthält die Konstanten `ACTION_SET_ALARM`, `EXTRA_MESSAGE`, `EXTRA_HOUR` und `EXTRA_MINUTES`, mit denen Sie eine Activity zum Stellen eines Alarms starten können. Dies kann – muss aber nicht – der standardmäßig mitgelieferte Wecker sein. Den entsprechenden Aufruf sehen Sie im folgenden Quelltextfragment. Damit er funktioniert, müssen Sie in der Manifestdatei die Berechtigung `com.android.alarm.permission.SET_ALARM` anfordern.

```
// einen neuen Alarm setzen
Intent intent = new Intent(AlarmClock.ACTION_SET_ALARM);
intent.putExtra(AlarmClock.EXTRA_MESSAGE, "Hallo Android");
intent.putExtra(AlarmClock.EXTRA_HOUR, 20);
intent.putExtra(AlarmClock.EXTRA_MINUTES, 0);
intent.putExtra(AlarmClock.EXTRA_SKIP_UI, false);
startActivity(intent);
```

Listing 14.8 Einen Alarm setzen

In Honeycomb (Android 3.0) wurde die Konstante `EXTRA_SKIP_UI` hinzugefügt. Der Wert `true` signalisiert der App, die das Intent auswertet, dass sie keine Benutzeroberfläche darstellen, sondern das Ergebnis »nur« als Toast anzeigen und sich dann beenden soll. Bei `false` sind hingegen weitere Dialoge oder Rückfragen gestattet.

Wie Sie in Ihrer App auf die Action `ACTION_SET_ALARM` reagieren und somit einen eigenen Dialog zum Eingeben eines Alarms anzeigen können, demonstriere ich Ihnen anhand des Projekts *AlarmClockDemo1*. Nach dem Start sehen Sie den Auswahldialog aus Abbildung 14.14.

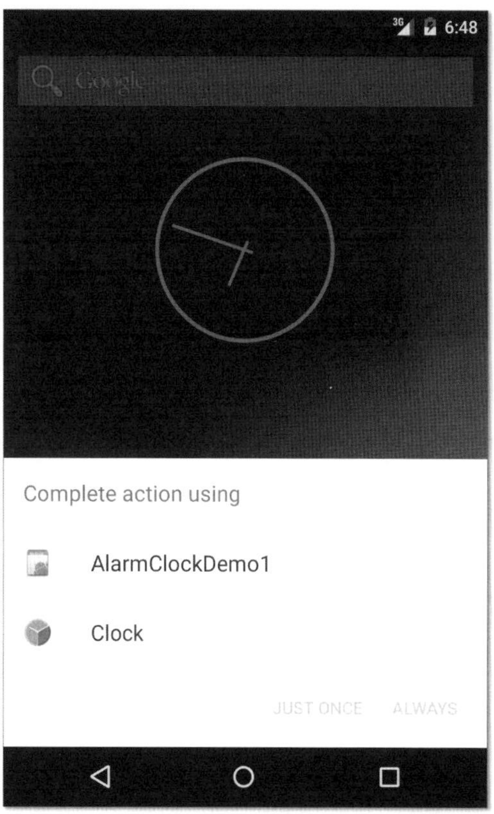

Abbildung 14.14 Dialog zum Auswählen eines Weckers

Mit einem Klick auf ALARMCLOCKDEMO1 werden drei Werte in LOGCAT ausgegeben. Dies sehen Sie in Abbildung 14.15. Anschließend beendet sich die App.

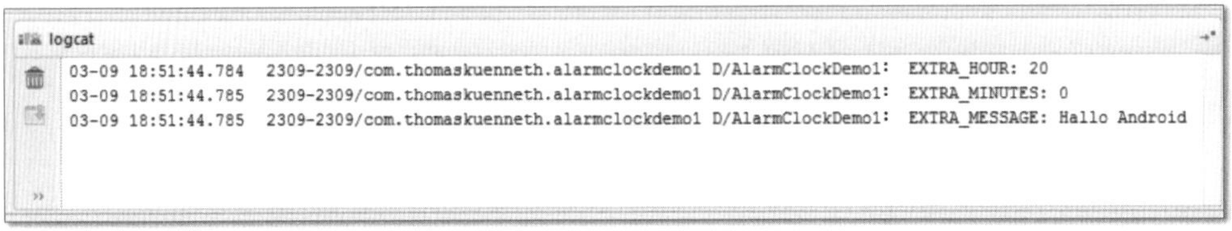

Abbildung 14.15 Ausgabe in »logcat«

Wie Sie aus Kapitel 4, »Activities und Broadcast Receiver«, wissen, können Activities gezielt auf Intents reagieren, wenn Sie in der Manifestdatei einen Intent-Filter für die gewünschte Action definieren. Im Folgenden sehen Sie die Manifestdatei der App *AlarmClockDemo1*. Die Activity-Klasse `AlarmClockDemo1` erhält einen Intent-Filter für die Action `AlarmClock.ACTION_SET_ALARM`.

```
<?xml version="1.0" encoding="utf-8"?>
<manifest xmlns:android="http://schemas.android.com/apk/res/android"
    package="com.thomaskuenneth.alarmclockdemo1">
    <uses-permission android:name="com.android.alarm.permission.SET_ALARM" />
    <application
        android:icon="@drawable/icon"
        android:label="@string/app_name"
        android:allowBackup="true">
        <activity
            android:name=".AlarmClockDemo1"
            android:label="@string/app_name">
            <intent-filter>
                <action android:name="android.intent.action.MAIN" />
                <category android:name="android.intent.category.LAUNCHER" />
            </intent-filter>
            <intent-filter>
                <action android:name="android.intent.action.SET_ALARM" />
                <category android:name="android.intent.category.DEFAULT" />
            </intent-filter>
        </activity>
    </application>
</manifest>
```

Listing 14.9 Die Manifestdatei des Projekts »AlarmClockDemo1«

Activities können mit `getIntent()` abfragen, welches Intent ihnen übermittelt wurde. Nach einer Prüfung auf `null` und einem Vergleich der gelieferten mit der erwarteten

Action werden etwaige zusätzlich übertragene Parameter ausgewertet. Dies geschieht üblicherweise in onCreate().

Die Klasse AlarmClockDemo1 prüft, ob sie ein Intent mit der Action AlarmClock.ACTION_SET_ALARM erhalten hat. Ist dies der Fall, wird die übergebene Uhrzeit (Stunden und Minuten) sowie ein Nachrichtentext mit getIntExtra() bzw. getStringExtra() ausgelesen. Beachten Sie, dass diese Felder nicht vollständig gefüllt sein müssen.

```
package com.thomaskuenneth.alarmclockdemo1;

import android.app.Activity;
import android.content.Intent;
import android.os.Bundle;
import android.provider.AlarmClock;
import android.util.Log;

public class AlarmClockDemo1 extends Activity {

  private static final String TAG = AlarmClockDemo1.class.getSimpleName();

  @Override
  public void onCreate(Bundle savedInstanceState) {
    super.onCreate(savedInstanceState);
    Intent i = getIntent();
    if ((i != null) && (AlarmClock.ACTION_SET_ALARM.equals(i.getAction()))) {
      Log.d(TAG,
          "EXTRA_HOUR: " + i.getIntExtra(AlarmClock.EXTRA_HOUR, -1));
      Log.d(TAG,
          "EXTRA_MINUTES: "
              + i.getIntExtra(AlarmClock.EXTRA_MINUTES, -1));
      Log.d(TAG,
          "EXTRA_MESSAGE: "
              + i.getStringExtra(AlarmClock.EXTRA_MESSAGE));
      // Alarm setzen
            // ... von Ihnen zu implementierende Programmlogik
      // beenden
      finish();
    } else {
      // einen neuen Alarm setzen
      Intent intent = new Intent(AlarmClock.ACTION_SET_ALARM);
      intent.putExtra(AlarmClock.EXTRA_MESSAGE, "Hallo Android");
      intent.putExtra(AlarmClock.EXTRA_HOUR, 20);
      intent.putExtra(AlarmClock.EXTRA_MINUTES, 0);
            intent.putExtra(AlarmClock.EXTRA_SKIP_UI, false);
```

```
            startActivity(intent);
        finish();
      }
    }
}
```

Listing 14.10 Die Klasse »AlarmClockDemo1«

Vielleicht fragen Sie sich, warum Sie einen eigenen Dialog zur Eingabe von Alarmen anzeigen sollten. Dies bietet sich in erster Linie für Apps an, die den eingebauten Wecker vollständig ersetzen sollen. In diesem Fall müssen Sie Weckzeiten und Nachrichten in einer eigenen Datenbank verwalten. Ausführliche Informationen zu SQLite-Datenbanken finden Sie in Kapitel 11, »Datenbanken«.

Auch das Setzen der Alarme selbst liegt dann in Ihrer Verantwortung. Die Klasse `android.app.AlarmManager` stellt die Methode `set()` zur Verfügung. Sie feuert zu einem bestimmten Zeitpunkt ein `PendingIntent`. Mit ihm können Sie weitere Aktionen auslösen, zum Beispiel einen Text ausgeben oder einen Sound abspielen. Hierbei handelt es sich allerdings um fortgeschrittene Themen, die an dieser Stelle nicht weiter behandelt werden können.

14.3.3 Die Klasse »CalendarContract«

Wie Sie in den vorangegangenen Kapiteln gesehen haben, spielen Content Provider eine äußerst wichtige Rolle in Android. Insofern liegt es nahe, dass die Plattform auch für Termine und Ereignisse auf dieses mächtige Instrument baut. Tatsächlich können Sie über einen Content Resolver Kalenderdaten ausgeben. Wie das funktioniert, zeigt die App *KalenderDemo2*. Leider ist auch dieses Programm derzeit nur auf echter Hardware lauffähig.

Die Klasse `KalenderDemo2` leitet von `android.app.Activity` ab. In der Methode `onCreate()` iteriert eine Schleife über einen von `query()` gelieferten Cursor. Die Spalten `_ID` und `TITLE` der gefundenen Tabellenzeilen werden in LOGCAT ausgegeben.

```
package com.thomaskuenneth.kalenderdemo2;

import android.app.Activity;
import android.database.Cursor;
import android.os.Bundle;
import android.provider.CalendarContract.Events;
import android.util.Log;

public class KalenderDemo2 extends Activity {
```

```
    private static final String TAG = KalenderDemo2.class.getSimpleName();

    @Override
    public void onCreate(Bundle savedInstanceState) {
        super.onCreate(savedInstanceState);
        Cursor c = getContentResolver().query(Events.CONTENT_URI, null, null,
                null, null);
        if (c != null) {
            int indexId = c.getColumnIndex(Events._ID);
            int indexTitle = c.getColumnIndex(Events.TITLE);
            while (c.moveToNext()) {
                Log.d(TAG, "_ID: " + c.getString(indexId));
                Log.d(TAG, "TITLE: " + c.getString(indexTitle));
            }
            c.close();
        }
    }
}
```

Listing 14.11 Die Klasse »KalenderDemo2«

Um auf den Kalender zugreifen zu können, müssen Sie in der Manifestdatei die Berechtigung `android.permission.READ_CALENDAR` anfordern. Für schreibende Zugriffe ist zusätzlich `android.permission.WRITE_CALENDAR` erforderlich.

14.4 Zusammenfassung

Android bietet mächtige Kalender- und Organizerfunktionen. Noch sind nicht alle Google-Dienste über Content Provider in die Plattform integriert. Glücklicherweise erlauben die Netzwerkfähigkeiten der Java-Standardklassenbibliothek den einfachen und komfortablen Zugriff auf beliebige Webservices. Ich bin schon sehr gespannt darauf, auf welche innovative Weise Sie die vorhandenen Puzzleteile zu etwas ganz Neuen zusammenfügen.

Kapitel 15
Android Wear

Android ist auf vielen Geräteklassen zu Hause. Voll im Trend sind Smartwatches. In diesem Kapitel zeige ich Ihnen, wie Sie mit Ihrer App Nachrichten an die schicken Begleiter senden und tolle Zifferblätter gestalten.

Armbanduhren sind seit vielen Generationen unsere ständigen Begleiter. Im Laufe der Jahre haben die Zeitmesser immer wieder nützliche Zusatzfunktionen erlernt. Denken Sie an die ersten Mini-Taschenrechner in Digitaluhren. Auch das Speichern von ein paar Telefonnummern oder Geburtstagen wurde irgendwann möglich. Vieles haben die Hersteller ausprobiert – das integrierte UKW-Radio gehört wahrscheinlich zu den eher exotischen Zusatzfunktionen. Und doch war lange Zeit die mangelnde Leistungsfähigkeit der verwendeten integrierten Schaltkreise der alles limitierende Faktor.

Seit einigen Jahren sind die Chipproduzenten in der Lage, leistungsfähige Universalrechner in Gehäuse der Größe einer Armbanduhr zu packen. Die ersten Generationen solcher *Smartwatches* haben zumeist versucht, die Kernfunktionen von Smartphones auf noch kleinerem Raum anzubieten. Wirklich durchsetzen konnten sie sich nicht. Ob dies daran lag, dass die Konsumenten nicht »mit ihrem Handgelenk telefonieren« wollten, oder daran, dass die Anzeigen solcher Uhren für eine Smartphone-ähnliche Bedienung einfach zu klein sind, ist letztlich Spekulation.

Tatsache ist, dass Hersteller wie Google und Apple ihre Smartwatches als Ergänzung zu Smartphone und Tablet vermarkten, nicht als Ersatz. In den folgenden Abschnitten stelle ich Ihnen *Android Wear* ausführlicher vor. Als Erstes werfen wir einen Blick auf dessen Bedienphilosophie. Anschließend zeige ich Ihnen, wie Sie mit Android Studio Erweiterungen für Googles Armbanduhren entwickeln.

15.1 Ein Rundgang durch Android Wear

Die Softwareentwicklung für Android-Wear-Gadgets unterscheidet sich deutlich von der App-Entwicklung für Tablets und Smartphones. Smartwatches haben andere Anwendungsgebiete. Daraus resultiert eine komplett andere Handhabung, verbunden mit einer neuen Bedienphilosophie. Um Apps entwickeln zu können, die sich nahtlos in ein Android-Wear-Gerät einfügen, müssen Sie die zugrunde liegenden Ideen und Konzepte verstehen.

15.1.1 Bedienphilosophie

Der *Kontextstrom* ist eine vertikal verlaufende Abfolge von *Karten*. Jede dieser Karten zeigt eine in sich geschlossene, nützliche oder aktuelle Information an. Der Benutzer navigiert durch Wischen nach oben oder unten von Karte zu Karte. Es wird immer *eine* Karte angezeigt. Apps erzeugen Karten und fügen sie dem Kontextstrom hinzu, wenn die korrespondierende Information am nützlichsten ist. Das kann einen zeitlichen Bezug haben, vom aktuellen Standort oder von beliebigen anderen Faktoren abhängig sein.

Hierzu ein paar Beispiele. Sie haben um 17 Uhr einen Termin und möchten sich 15 Minuten vorher daran erinnern lassen. Die Erinnerungskarte würde durch die zuständige App um 16:45 angezeigt. Sie haben in *Google Fit* als Tagesziel 15.000 Schritte eingetragen. Sobald Sie diesen Wert erreicht haben, möchten Sie sicher darauf aufmerksam gemacht (und entsprechend gelobt) werden. Schließlich: Es ist Sommer, die Temperatur erreicht 30 Grad. Eine Karte erscheint und rät Ihnen, Feierabend zu machen und das tolle Wetter zu genießen.

Anwender müssen also nicht viele unterschiedliche Programme starten und aktiv nach neuen Informationen suchen. Alles, was im Augenblick wichtig ist, wird automatisch Bestandteil des Kontextstroms.

Karten sind nicht nur einfache Benachrichtigungen. Sie können aus mehreren Teilen bestehen. Diese Folgeseiten werden durch Wischen von rechts nach links eingeblendet. Sie enthalten zusätzliche Informationen oder Schaltflächen zur Reaktion auf die Nachricht.

Wischt der Benutzer von links nach rechts, werden Karten verworfen: Sie verschwinden so lange aus dem Kontextstrom, bis die zugehörige App sie wieder anzeigt.

Sprachsuche und Homescreen

Ist eine bestimmte Information nicht im Kontextstrom enthalten, kann der Anwender durch Sprechen der Wörter »OK Google« oder durch Tippen auf den Hintergrund des Homescreens eine Sprachsuche starten. Sie können eine Liste der bekannten Befehle einblenden, indem Sie die Spracheingabekarte nach oben wischen.

Technisch betrachtet, repräsentiert jedes Sprachkommando einen spezifischen Intent-Typ. Wenn Ihre App auf ein solches Intent reagiert, kann der Benutzer Funktionen Ihres Programms mittels Sprache auslösen. Sofern sich mehrere Apps für ein Intent registrieren, entscheidet der Benutzer, welches Programm die Anfrage verarbeiten soll. Apps können auf die gleiche Weise auf ein Sprachkommando antworten wie auf das Antippen eines regulären Aktionsbuttons im Kontextstrom:

- Hinzufügen oder Aktualisieren einer Karte
- eine Fullscreen-App starten

Fullscreen-Apps erscheinen über dem Kontextstrom. Sie kommen zum Einsatz, wenn eine umfassendere Interaktion erforderlich ist, als mit »normalen« Karten sinnvoll realisiert werden kann. Wichtig bei ihrer Realisierung ist, sich an die grundlegenden Designprinzipien von Android Wear zu halten.

Sprachbefehle haben oft die Form »Timer erstellen für 30 Minuten«. Android Wear zeigt in so einem Fall zunächst eine Animation an, führt dann die Aktion aus und wechselt anschließend in den Kontextstrom. Solange die Animation nicht beendet wurde, kann die bevorstehende Aktion durch einfaches Tippen abgebrochen werden.

Der Homescreen repräsentiert den Standardzustand eines Android-Wear-Geräts. Er besteht aus einem Hintergrund, der entweder Inhalte anzeigt, die sich auf die erste Karte im Kontextstrom beziehen, oder ein individuelles Zifferblatt präsentiert. Außerdem stellt er Statusindikatoren dar, die Auskunft über den Zustand des Wearables geben, zum Beispiel die Verbindung zum Smartphone bzw. Tablet oder den Füllstand des Akkus. Je nach eingestelltem Zifferblatt können eine oder mehrere besonders wichtige Karten am unteren Anzeigerand hervorschauen. Dies ist in Abbildung 15.1 zu sehen.

Abbildung 15.1 Homescreen mit Zifferblatt und teilweise sichtbarer Karte

Sie können das anzuzeigende Zifferblatt auswählen, indem Sie lange auf den Hintergrund des Homescreens tippen.

Abbildung 15.2 zeigt die daraufhin erscheinende Auswahl. Ein kleines Zahnrad signalisiert, dass sich das Zifferblatt konfigurieren lässt. Wir werden später darauf zurückkommen.

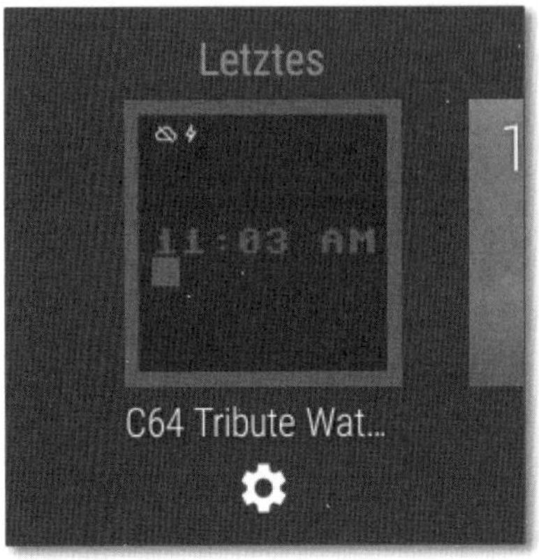

Abbildung 15.2 Zifferblattauswahl

Manche Geräte wechseln nach einer bestimmten Zeit in den sogenannten *Ambient Mode*. Er verbraucht wenig Energie, da üblicherweise der Bildschirm gedimmt wird und die Zifferblätter nur noch wenige Farben anzeigen und keine Animationen darstellen.

Der Ambient Mode wird verlassen, indem man einen Knopf an der Uhr drückt (sofern das Gerät einen solchen besitzt), die Uhr neigt (um die Zeit abzulesen) oder indem man das Zifferblatt antippt.

Wischt man den Homescreen nach unten, erscheint eine Datums- und Batterieanzeige. Weiteres Wischen schaltet die Uhr stumm (keine Vibrationen und keine Aktivierung der Hintergrundbeleuchtung) oder deaktiviert diesen Modus wieder.

Die Systemeinstellungen werden über die Befehlsliste der Sprachsuche oder gegebenenfalls einen Hardwarebutton aktiviert. Sie erlauben unter anderem den Neustart und das Herunterfahren des Geräts, die Änderung der Bildschirmhelligkeit sowie die Aktivierung des Flugzeugmodus.

15.1.2 Die Android Wear Companion-App

Android-Wear-Geräte sind nicht vollständig autark, sondern werden stets in Verbindung mit einem Smartphone oder Tablet betrieben. Auf diesem musste zum Zeitpunkt der Drucklegung dieses Buches als Systemsoftware Android 4.3 oder neuer installiert sein. Die Kommunikation zwischen Telefon und Wearable erfolgt über Bluetooth.

Das in Abbildung 15.3 gezeigte Programm *Android Wear* führt Sie durch den Pairing-Vorgang. Es wird auf *Google Play* zum Download angeboten.

Abbildung 15.3 Die App »Android Wear«

Sie brauchen die App nicht nur für die Einrichtung Ihrer Uhr, sondern auch, um beispielsweise die Standardprogramme für Sprachkommandos festzulegen oder um den Akku- und Speicherverbrauch zu ermitteln. Letzteres ist in Abbildung 15.4 zu sehen. Auch Zifferblätter können Sie auf diese Weise bequem vom Smartphone aus wechseln.

Im nächsten Abschnitt werden wir uns mit Benachrichtigungen beschäftigen. Ich zeige Ihnen, wie Sie die praktischen kleinen Infotäfelchen auf ein Android-Wear-Gerät bringen.

In diesem Zusammenhang richten wir auch den Emulator ein. Und Sie erfahren, wie Sie Ihr Smartphone oder Tablet mit ihm koppeln.

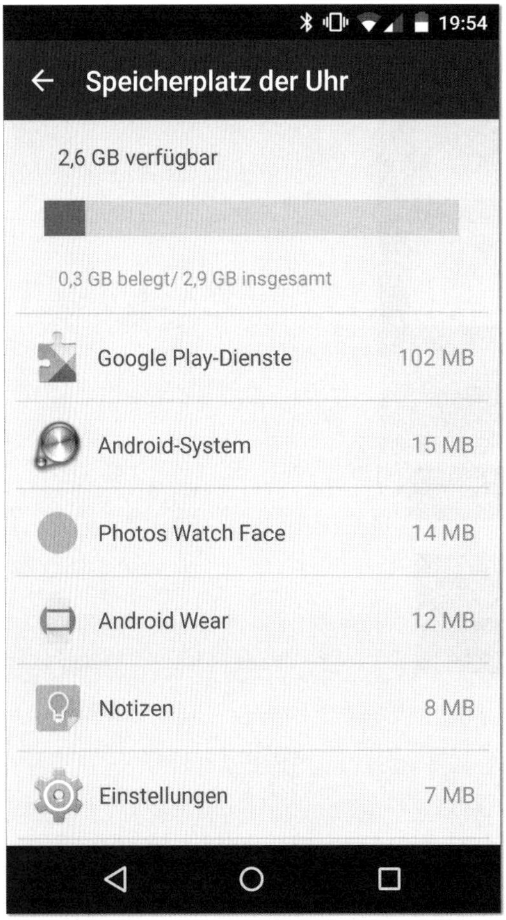

Abbildung 15.4 Speicherverbrauchsanzeige

15.2 Benachrichtigungen

Benachrichtigungen gehörten von Anfang an zu den wichtigsten Funktionen in Android. Google hat die kleinen Infohäppchen im Laufe der Jahre konsequent erweitert. Mit ihrer Fähigkeit, Aktionen auszulösen, passen sie ideal zu der Bedienphilosophie von Android Wear. Selbst Sprachantworten sind möglich.

15.2.1 Benachrichtigungen anzeigen

Mein Projekt *NotificationDemo* ist eine klassische Android-App für Smartphones und Tablets. Sie besteht wie alle bisherigen Beispiele in diesem Buch aus *einem* Modul. Ich betone diese Tatsache, weil Sie im weiteren Verlauf dieses Kapitels Programme erstellen werden, die neben dem »mobilen« Teil ein weiteres Modul besitzen, das explizit für Wearables vorhanden ist. Trotzdem reichert die in Abbildung 15.5 dargestellte App Benachrichtigungen mit speziellen Funktionen für Smartwatches an.

Ihre Benutzeroberfläche ist einfach gehalten. Sie besteht aus einer Schaltfläche, einem Eingabefeld und drei Ankreuzfeldern. Sie müssen einen Text eingeben, um Los! antippen zu können. Laufend steuert, ob Sie eine Benachrichtigung durch Wischen nach links oder rechts verwerfen können. Ist das Häkchen gesetzt, ist dies nicht möglich – das Infotäfelchen bleibt an seinem Platz. Das ist praktisch, um den Status von länger andauernden Tätigkeiten zu visualisieren. Beispielsweise nutzen Programme zum Abspielen von Musik oder Hörbüchern sie sehr gern. Allerdings werden solche Benachrichtigungen nicht an ein Wearable übermittelt.

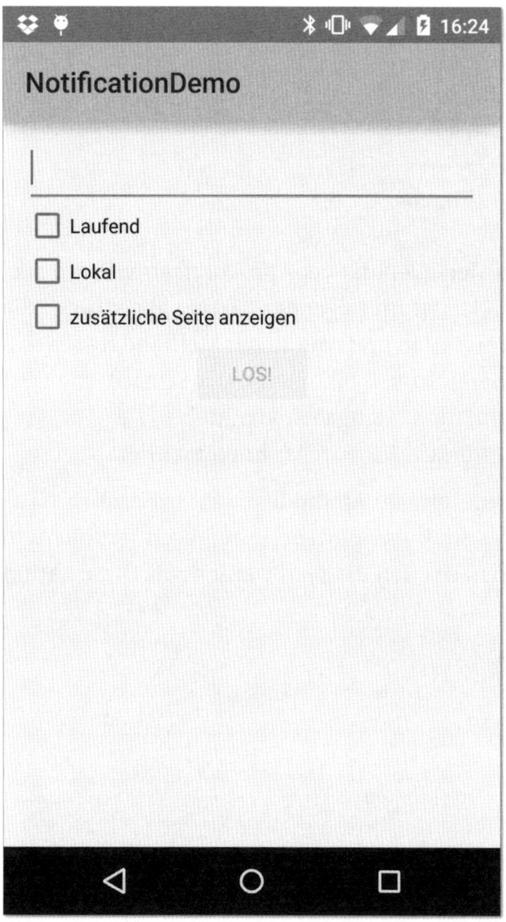

Abbildung 15.5 Die App »NotificationDemo«

Das gilt auch, wenn Sie Lokal mit einem Häkchen versehen. Sie sollten diese Funktion sehr bewusst einsetzen, denn wenn eine Benachrichtigung grundsätzlich sinnvoll ist, möchte der Anwender sie sehr wahrscheinlich auch auf seiner Smartwatch vorfinden. Das Mobilgerät befindet sich möglicherweise nicht immer in unmittelbarer Reichweite, die Uhr am Handgelenk aber schon.

ZUSÄTZLICHE SEITEN ANZEIGEN schließlich versieht die Benachrichtigung auf der Smartwatch mit einer zweiten Seite. Wie dies aussehen kann, ist in Abbildung 15.6 zu sehen. Übrigens zeigt Android Wear für einen kurzen Moment einen Indikator an, aus wie vielen Teilen eine Karte besteht und welche Seite gerade angezeigt wird. Da dieser schnell wieder ausgeblendet wird, ist er in der Abbildung nicht vorhanden.

Abbildung 15.6 Zwei Seiten einer Benachrichtigung

Sicherlich sind Sie schon neugierig, wie der Quelltext der App *NotificationDemo* aussieht. Die Klasse `NotificationDemoActivity` ist im folgenden Listing abgedruckt. Sie leitet wie gewohnt von `android.app.Activity` ab und baut in der Methode `onCreate()` die Benutzeroberfläche auf. Das Aktivieren bzw. Deaktivieren der Schaltfläche LOS! findet in `updateButton()` statt. Hierzu wird für das Eingabefeld mittels `addTextChangedListener()` ein Objekt gesetzt, das das Interface `TextWatcher` implementiert.

Bein Antippen der Schaltfläche wird die private Methode `createAndSendNotification()` aufgerufen. Sie erzeugt als Erstes ein `PendingIntent`. Es repräsentiert die Activity, die beim Antippen von AUF TELEFON ÖFFNEN aktiviert werden soll. Diese Aktion ist in Abbildung 15.7 zu sehen.

Abbildung 15.7 Die Aktion »Auf Telefon öffnen«

Anschließend wird ein Objekt des Typs `NotificationCompat.Builder` instanziiert. Es stellt zahlreiche `set...()`-Methoden zur Verfügung, um die Benachrichtigung zu konfigurieren. Sicher sind Ihnen `setLocalOnly()` und `setOngoing()` aufgefallen. Welche Werte zu setzen sind, ergibt sich aus dem Status der korrespondierenden Checkboxen. Mit setContentIntent() wird das gerade eben angesprochene PendingIntent gesetzt.

```
package com.thomaskuenneth.notificationdemo;

import android.app.Activity;
import android.app.Notification;
import android.app.PendingIntent;
import android.content.Intent;
import android.os.Bundle;
import android.support.v4.app.NotificationCompat;
import android.support.v4.app.NotificationManagerCompat;
import android.support.v4.app.RemoteInput;
import android.text.Editable;
import android.text.TextWatcher;
import android.view.View;
import android.widget.Button;
import android.widget.CheckBox;
import android.widget.EditText;

public class NotificationDemoActivity extends Activity {

    private static final int NOTIFICATION_ID = 42;

    // Schlüssel für den String, der im Intent übergeben wird
    private static final String EXTRA_VOICE_REPLY = "sprachantwort";

    private EditText edittext;
    private Button button;

    @Override
    protected void onCreate(Bundle savedInstanceState) {
        super.onCreate(savedInstanceState);
        // Benutzeroberfläche laden und anzeigen
        setContentView(R.layout.main);
        // Checkboxen
        final CheckBox local = (CheckBox) findViewById(R.id.local);
        final CheckBox ongoing = (CheckBox) findViewById(R.id.ongoing);
        final CheckBox page = (CheckBox) findViewById(R.id.page);
        // Eingabefeld
        edittext = (EditText) findViewById(R.id.edittext);
        edittext.addTextChangedListener(new TextWatcher() {
```

```
            @Override
            public void beforeTextChanged(CharSequence s,
                                          int start, int count, int after) {
            }

            @Override
            public void onTextChanged(CharSequence s,
                                      int start, int before, int count) {
            }

            @Override
            public void afterTextChanged(Editable s) {
                updateButton();
            }
        });
        // Schaltfläche "LOS!"
        button = (Button) findViewById(R.id.button);
        button.setOnClickListener(new View.OnClickListener() {
            @Override
            public void onClick(View v) {
                createAndSendNotification(
                        edittext.getText().toString(),
                        ongoing.isChecked(),
                        local.isChecked(),
                        page.isChecked());
            }
        });
        // Wurde ein Intent empfangen? Dann verarbeiten
        Intent intent = getIntent();
        if (intent != null) {
            CharSequence text = getMessageText(intent);
            if (text != null) {
                edittext.setText(text);
            }
        }
        // Status des Buttons aktualisieren
        updateButton();
    }

    private void createAndSendNotification(String txt,
                                           boolean ongoing,
                                           boolean local,
                                           boolean secondPage) {
```

```
    // wird für Reaktion auf die Nachricht benötigt
    PendingIntent reply = PendingIntent.getActivity(this, 0,
            new Intent(this, NotificationDemoActivity.class),
            PendingIntent.FLAG_UPDATE_CURRENT);
    // Builder für die Nachricht
    NotificationCompat.Builder notificationBuilder =
            new NotificationCompat.Builder(this)
            .setPriority(NotificationCompat.PRIORITY_HIGH)
            .setContentTitle(getString(R.string.app_name))
            .setContentText(txt)
            .setOngoing(ongoing)
            .setLocalOnly(local)
            .setWhen(System.currentTimeMillis())
            .setSmallIcon(R.mipmap.ic_launcher)
            .setContentIntent(reply);
    // mit dem Extender Wearable-Spezialitäten hinzufügen
    NotificationCompat.WearableExtender extender =
            new NotificationCompat.WearableExtender();
    // Der Nachricht eine zweite Seite hinzufügen?
    if (secondPage) {
        extender.addPage(createSecondPage(txt));
    }
    // Aktion für Sprachantwort hinzufügen
    extender.addAction(createVoiceReplyAction(reply));
    // Nachricht fertigstellen und anzeigen
    notificationBuilder.extend(extender);
    NotificationManagerCompat notificationManager =
            NotificationManagerCompat.from(
                    NotificationDemoActivity.this);
    notificationManager.notify(NOTIFICATION_ID,
                               notificationBuilder.build());
}

private Notification createSecondPage(String txt) {
    // einen großen, langen Text erzeugen
    StringBuilder sb = new StringBuilder();
    for (int i = 0; i < 20; i++) {
        if (sb.length() > 0) {
            sb.append(' ');
        }
        sb.append(txt);
    }
```

15

```
        NotificationCompat.BigTextStyle secondPageStyle =
                new NotificationCompat.BigTextStyle();
        secondPageStyle.setBigContentTitle(getString(R.string.page2))
                .bigText(sb.toString());
        return new NotificationCompat.Builder(this)
                .setStyle(secondPageStyle)
                .build();
    }

    private NotificationCompat.Action createVoiceReplyAction(
                                        PendingIntent pendingIntent) {
        String replyLabel = getString(R.string.reply);
        String[] choices = getResources().getStringArray(R.array.choices);
        RemoteInput remoteInput = new RemoteInput.Builder(EXTRA_VOICE_REPLY)
                .setLabel(replyLabel)
                .setChoices(choices)
                .build();
        return new NotificationCompat.Action.Builder(R.mipmap.ic_launcher,
                getString(R.string.app_name), pendingIntent)
                .addRemoteInput(remoteInput)
                .build();
    }

    private CharSequence getMessageText(Intent intent) {
        Bundle remoteInput = RemoteInput.getResultsFromIntent(intent);
        if (remoteInput != null) {
            return remoteInput.getCharSequence(EXTRA_VOICE_REPLY);
        }
        return null;
    }

    private void updateButton() {
        button.setEnabled(edittext.getText().length() > 0);
    }
}
```

Listing 15.1 Die Klasse »NotificationDemoActivity«

NotificationCompat.WearableExtender-Objekte werden verwendet, um einer Benachrichtigung Wearable-spezifische Erweiterungen hinzuzufügen. Beispielsweise können Sie mit addPage() zusätzliche Seiten anzeigen lassen. Dies ist in Abbildung 15.6 zu sehen. Die zweite Seite meiner Beispielnachricht wird in der privaten Methode createSecondPage() erzeugt und konfiguriert. Die Klasse NotificationCompat.Big-

`TextStyle` sorgt dafür, dass eine größere Schrift verwendet werden kann. `setBigContentTitle()` setzt den Titel der Seite. Ihr Inhalt wird der Methode `bigText()` übergeben.

Mit der `NotificationCompat.WearableExtender`-Methode `addAction()` können Sie eine Benachrichtigung dazu befähigen, auf Spracheingaben zu reagieren. Die entsprechende Aktion wird in meiner privaten Methode `createVoiceReplyAction()` erzeugt und konfiguriert. Ihr wird ein `PendingIntent` übergeben. Es legt fest, welche Activity die Sprachantwort erhalten soll.

Grundlage für die Spracheingabe ist ein Objekt des Typs `RemoteInput`. Es wird mit der Methode `build()` eines `RemoteInput.Builder`-Objekts erzeugt. Dem Builder kann mit `setChoices()` eine Liste von vorgefertigten Antworten übergeben werden. Der Benutzer kann entweder einen individuellen Text sprechen oder aus dieser Liste einen Eintrag auswählen. Die an der Sprachantwort beteiligten Seiten der Benachrichtigung sind in Abbildung 15.8 zu sehen. In meinem Beispiel sind die Texte in der Datei *res/choices.xml* gespeichert. Der Zugriff erfolgt mit `getResources().getStringArray()`.

Abbildung 15.8 Auf Benachrichtigungen mit Sprache antworten

Damit ist der Bau der Benachrichtigung fast abgeschlossen. Der fertig konfigurierte Extender wird unserer `NotificationCompat.Builder`-Instanz mit `extend()` übergeben. Anschließend müssen wir mit `NotificationManagerCompat.from()` die Referenz auf ein Objekt des Typs `NotificationManagerCompat` ermitteln und durch Aufruf der Methode `notify()` die Benachrichtigung versenden. Diese wird zuvor mittels `notificationBuilder.build()` erzeugt.

Was passiert eigentlich, wenn der Benutzer auf die Benachrichtigung mit einer Spracheingabe oder Auswahl aus der vorbereiteten Liste antwortet? Wie Sie wissen, können Activities mit `getIntent()` abfragen, ob ihnen ein Intent übergeben wurde. In meinem Beispiel rufe ich in so einem Fall die private Methode `getMessageText()` auf.

Sofern diese einen Wert ungleich `null` liefert, übertrage ich den Text in das Eingabefeld. `getMessageText()` ruft die `RemoteInput`-Methode `getResultsFromIntent()` auf und wertet das gelieferte Bundle aus. Hierzu greift sie mit `getCharSequence()` auf einen Eintrag zu, der über den Schlüssel `EXTRA_VOICE_REPLY` identifiziert wird. Diesen Schlüssel haben wir beim Erzeugen des `RemoteInput.Builder`-Objekts in der Methode `createVoiceReplyAction()` übergeben.

Damit ist das Erstellen und Versenden von Benachrichtigungen mit Smartwatch-spezifischen Erweiterungen abgeschlossen. Möglicherweise ist Ihnen beim Durcharbeiten dieses Abschnitts aufgefallen, dass ich häufig Klassen verwendet habe, die zu dem Paket `android.support.v4.app` gehören. Tatsächlich rät Google ausdrücklich dazu, für erweiterte Benachrichtigungen die Support-Bibliothek `com.android.support:support-v4` zu verwenden. Sie müssen hierzu mit dem *SDK Manager* das Paket *Android Support Repository* herunterladen und installieren. Außerdem ist es erforderlich, in der modulspezifischen *build.gradle*-Datei im Bereich `dependencies {` die Zeile

```
compile "com.android.support:support-v4:21.0.0+"
```

einzufügen. Die Versionsnummer muss zu dem bei `targetSdkVersion` eingetragenen Wert passen.

[+]

Tipp

Die *Support Library v4* macht neue Funktionen für ältere Android-Versionen verfügbar. Deshalb können Sie für den Wert `minSdkVersion` den API-Level 4 eintragen. Dabei müssen Sie aber genau darauf achten, wirklich nur Klassen aus dem Paket `android.support.v4` zu verwenden. Plattform-Klassen werden natürlich nicht portiert.

Sofern Sie im Besitz eines Android-Wear-Geräts sind, das mit Ihrem Smartphone oder Tablet gekoppelt ist, können Sie das Projekt *NotificationDemo* aus den Begleitmaterialien kopieren und direkt ausprobieren. Steht Ihnen keine Smartwatch zur Verfügung, können Sie immerhin auf den Emulator zugreifen. Wie Sie ihn einrichten und konfigurieren, zeige ich Ihnen im folgenden Abschnitt.

15.2.2 Android-Wear-Emulator einrichten

Öffnen Sie mit Tools • Android • AVD Manager den Dialog Android Virtual Device Manager, und klicken Sie auf Create Virtual Device. Sie sehen die in Abbildung 15.9 dargestellte Seite Select Hardware. In der Kategorie Wear fanden sich zum Zeitpunkt der Drucklegung die beiden Einträge Android Wear Square und Android Wear Round. Wählen Sie Android Wear Square, und klicken Sie dann auf Next.

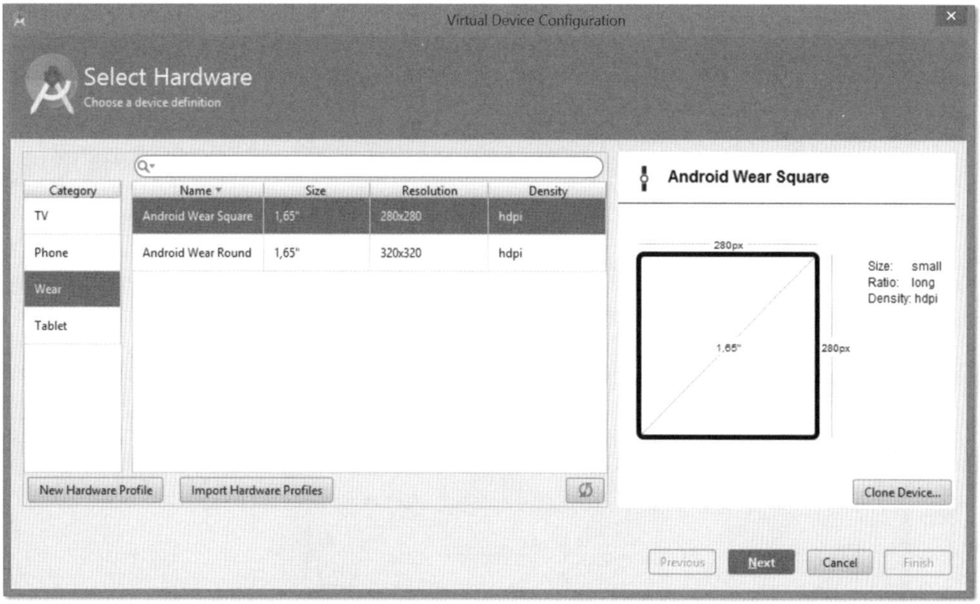

Abbildung 15.9 Die Seite »Select Hardware«

Auf der Seite System Image wählen Sie das Systemabbild aus, das vom Emulator ausgeführt werden soll. Entscheiden Sie sich für ein Release (zum Beispiel *Lollipop*) und eine Architektur (Intel oder ARM). Denken Sie bitte daran, dass Intel-Systemabbilder eine installierte Virtualisierungskomponente (*Intel Hardware Accelerated Execution Manager* oder *Kernel Based Virtual Machine*) benötigen. Klicken Sie gegebenenfalls auf Download, um ein oder mehrere Images herunterzuladen. Nachdem der Vorgang abgeschlossen wurde, markieren Sie das zu verwendende Abbild und klicken auf Next. Sie befinden sich nun auf der Seite Android Virtual Device (AVD). Sie ist in Abbildung 15.10 zu sehen.

Auf ihr können Sie das virtuelle Android-Gerät konfigurieren. Beispielsweise legen Sie mit Scale die Größe des Emulator-Fensters fest. Use Host GPU beschleunigt die Grafikausgabe. Mit Finish schließen Sie das Anlegen des neuen virtuellen Geräts ab. Sie sehen nun die in Abbildung 15.11 gezeigte Liste der von Ihnen angelegten AVDs.

Starten Sie den gewünschten Emulator, indem Sie seinen nach rechts weisenden grünen Pfeil (Launch this AVD in the emulator) anklicken. Das virtuelle Gerät fährt nun hoch und initialisiert sich. Dies kann insbesondere beim ersten Start eine geraume Zeit dauern. Wenn der Homescreen zu sehen ist, können Sie den Emulator mit Ihrem Smartphone oder Tablet koppeln. Hierfür muss es über USB an Ihrem Entwicklungsrechner angeschlossen sein.

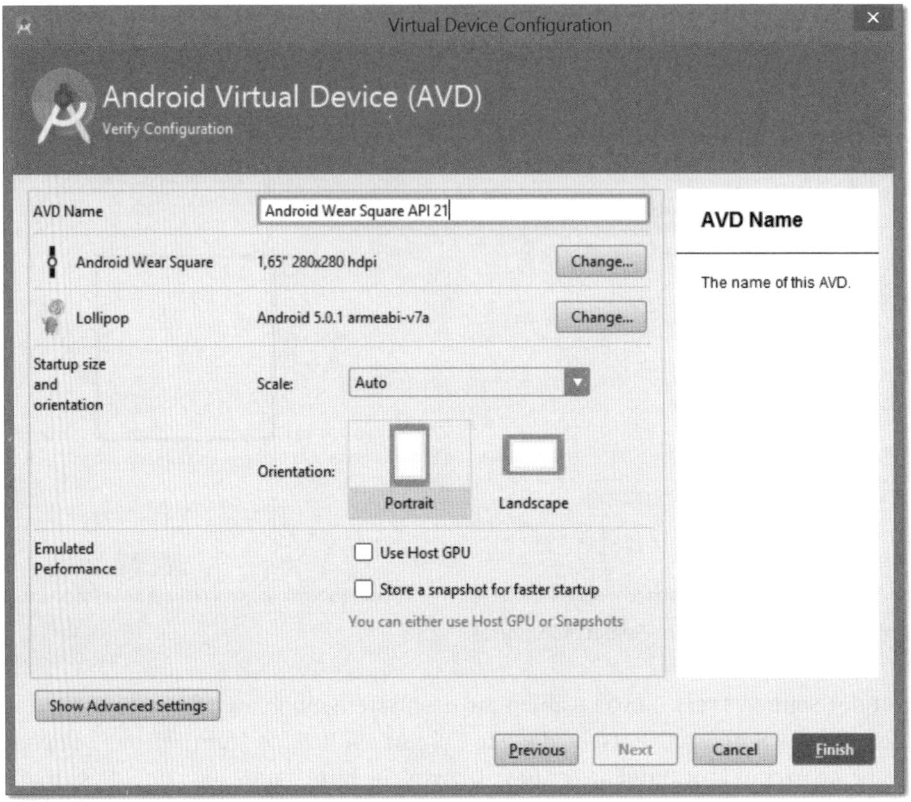

Abbildung 15.10 Die Seite »Android Virtual Device (AVD)«

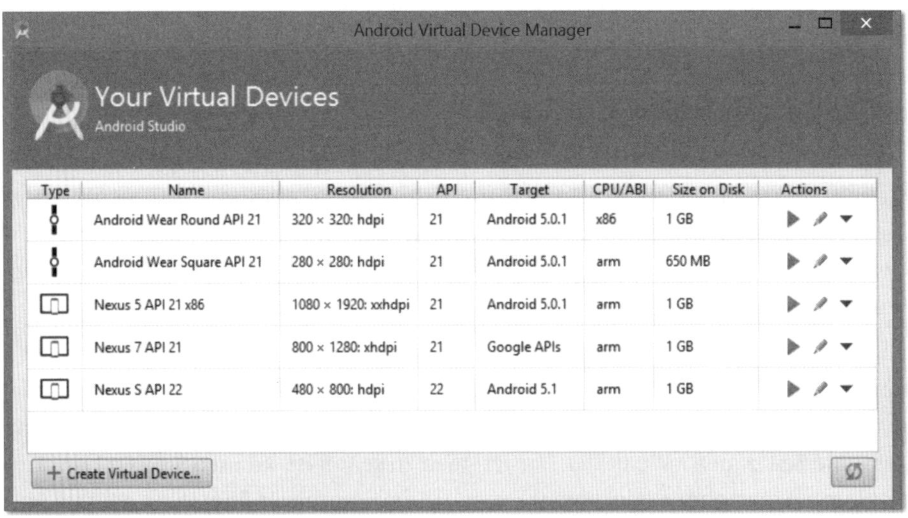

Abbildung 15.11 Liste der vorhandenen virtuellen Geräte

Geben Sie im Werkzeugfenster TERMINAL die folgende Anweisung ein:

```
adb -d forward tcp:5601 tcp:5601
```

Starten Sie anschließend die App *Android Wear*, und wählen Sie im Menü den Eintrag PAIRING MIT EINEM NEUEN WEARABLE. Sie sehen die Seite GERÄT AUSWÄHLEN aus Abbildung 15.12. Öffnen Sie erneut das Menü, und tippen Sie auf PAIRING MIT EMULATOR.

Abbildung 15.12 Das zu koppelnde Gerät auswählen

Wenn Sie nun die App *NotificationDemo* starten, erscheinen Benachrichtigungen auf Ihrem simulierten Wearable. Wie das aussehen kann, ist in Abbildung 15.13 dargestellt.

Im nächsten Abschnitt werfen wir einen Blick auf echte Wearable Apps. Wie Sie gleich sehen werden, erhalten Sie auf diese Weise nicht nur Zugriff auf hardwarenahe Funktionen einer Smartwatch, sondern können auch individuelle Benutzeroberflächen gestalten.

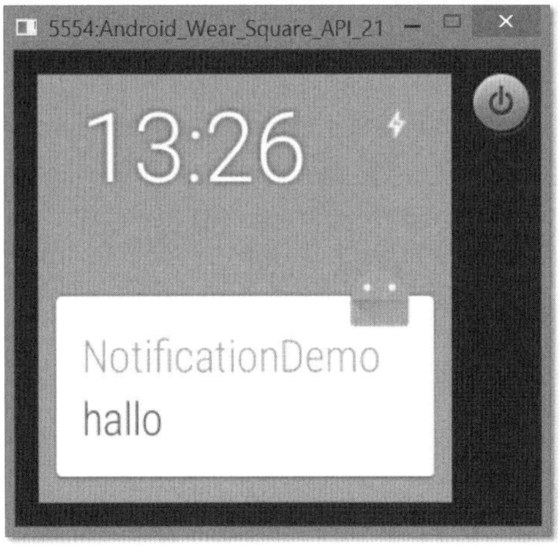

Abbildung 15.13 Eine Benachrichtigung im Emulator

15.3 Wearable Apps

Wearable Apps werden direkt auf einer Smartwatch ausgeführt. Grundsätzlich ähneln sie Apps für andere Android-Geräteklassen, unterscheiden sich aber deutlich in Design, Bedienung und Funktionalität. Beispielsweise werden Activities nach einer bestimmten Zeit beendet, und die Uhr wechselt in den Standby-Modus, wenn der Benutzer nicht mit der App interagiert. Nach dem Aufwachen wird der Homescreen angezeigt.

Auch bieten Wearable Apps nur einen Bruchteil der Funktionen eines typischen Smartphone- oder Tablet-Programms, sind dafür aber wesentlich kleiner und damit speichersparender. Sie können viele Klassen des Android-Frameworks nutzen. Die Pakete `android.webkit`, `android.print`, `android.appwidget` sowie einige weitere stehen aber nicht zur Verfügung.

Wearable Apps kommen nicht direkt auf Android-Wear-Geräte, sondern werden huckepack mit regulären Android-Programmen von Google Play heruntergeladen. Während der Installation auf einem Smartphone oder Tablet wandert die eingebettete Wearable App auf die Smartwatch. Während der Entwicklung ist aber eine direkte Installation auf dem Wearable möglich.

15.3.1 Projektstruktur

Der Android-Studio-Projektassistent macht Ihnen das Einrichten eines Hybdrid-Projekts für Smartphones und Wearables sehr einfach. Geben Sie auf der in Abbildung 15.14 dargestellten Seite NEW PROJECT einen Projekt- und Paketnamen ein, und klicken Sie anschließend auf NEXT.

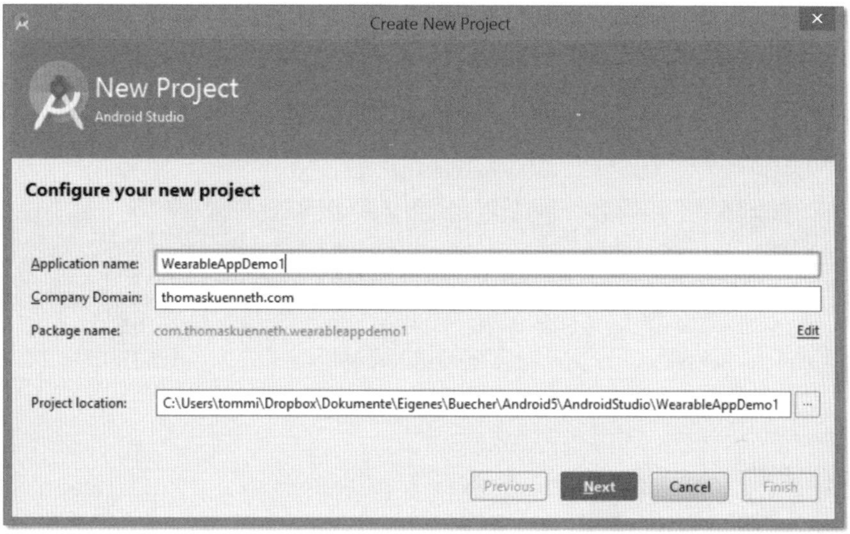

Abbildung 15.14 Die Seite »New Project«

Nun müssen Sie auswählen, auf welchen Geräteklassen Ihre App zur Verfügung stehen soll. Anders als bisher setzen Sie nicht nur ein Häkchen vor PHONE AND TABLET, sondern auch vor WEAR. In beiden Fällen sollten Sie als Zielplattform mindestens API-Level 21 (Lollipop) einstellen. NEXT bringt Sie zu der Seite ADD AN ACTIVITY TO MOBILE. Klicken Sie zuerst auf BLANK ACTIVITY, dann auf NEXT. Die nun erscheinende Seite CUSTOMIZE THE ACTIVITY können Sie ohne Änderungen mit NEXT verlassen. Sie sollte in etwa Abbildung 15.15 entsprechen.

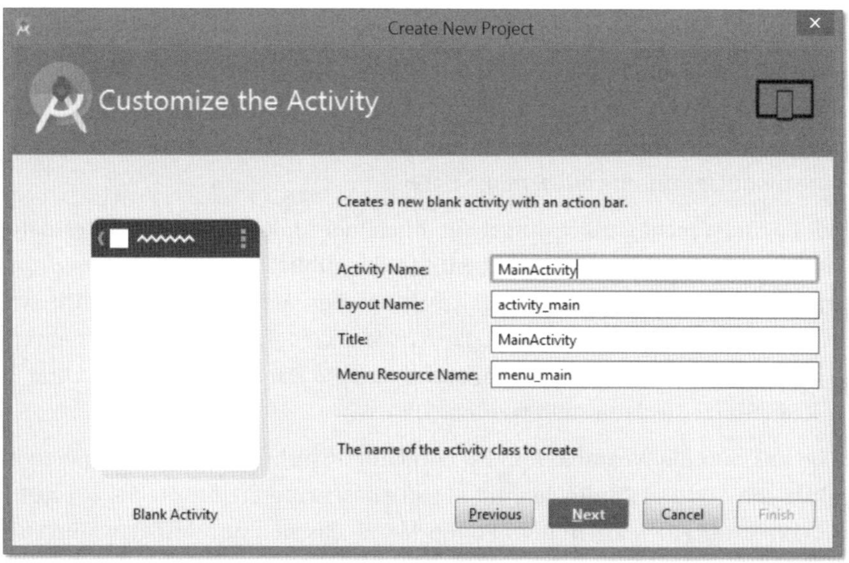

Abbildung 15.15 Die Seite »Customize the Activity«

Wählen Sie auf der Seite ADD AN ACTIVITY TO WEAR das Element BLANK WEAR ACTIVITY, und klicken Sie abermals auf NEXT. Sie haben es gleich geschafft. Sie sehen noch einmal die Seite CUSTOMIZE THE ACTIVITY, diesmal aber für die Activity für das Wearable. Bitte übernehmen Sie die Eingaben aus Abbildung 15.16, und schließen Sie danach den Assistenten mit FINISH.

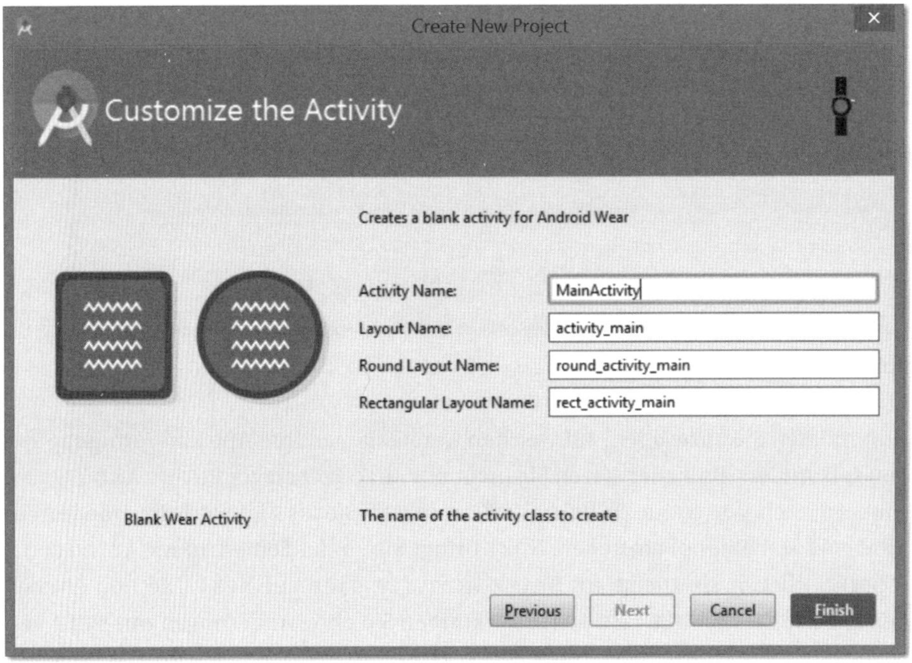

Abbildung 15.16 Seite zum Konfigurieren der Wear-Activity

Bitte werfen Sie nun einen Blick auf das Werkzeugfenster PROJECT. Es zeigt zwei *Module*: MOBILE und WEAR. Ersteres enthält alle Bestandteile, die Sie von einer normalen Android-App kennen. Hierzu gehören die Manifestdatei, das Verzeichnis *src* sowie eine modulspezifische *build.gradle*-Datei.

Das Modul *wear* ist recht ähnlich aufgebaut. Auch hier finden Sie eine Manifestdatei sowie *build.gradle*. Das Verzeichnis *res* enthält die »üblichen Verdächtigen« *drawable, layout, values* und *mipmap*. Der Quelltext der Activity befindet sich wie gewohnt unter *java*. Denken Sie daran, dass das Werkzeugfenster PROJECT mehrere Sichten kennt. Diese steuern, welche Verzeichnisse und Dateien sichtbar sind und in welcher Reihenfolge sie dargestellt werden.

Lassen Sie uns nun die Wearable App im Emulator ausführen. Klicken Sie hierzu in der Toolbar von Android Studio den mit MOBILE beschrifteten Button (SELECT RUN/DEBUG CONFIGURATION) an. In dem Popup-Menü, das sich nun öffnet, wählen Sie WEAR aus. Es ist in Abbildung 15.17 zu sehen.

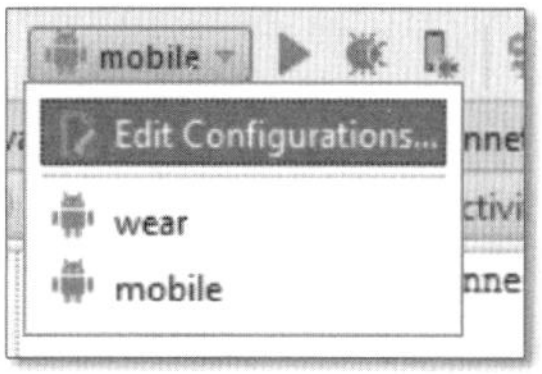

Abbildung 15.17 Konfiguration auswählen

Jetzt können Sie mit Run Wear die App starten. Hierzu klicken Sie im Dialog Choose Device auf Launch Emulator und wählen danach aus der Liste Android virtual device den von Ihnen angelegten Wearable-Emulator aus. Dies ist in Abbildung 15.18 dargestellt. Nachdem der Emulator hochgefahren ist, wird die App gestartet.

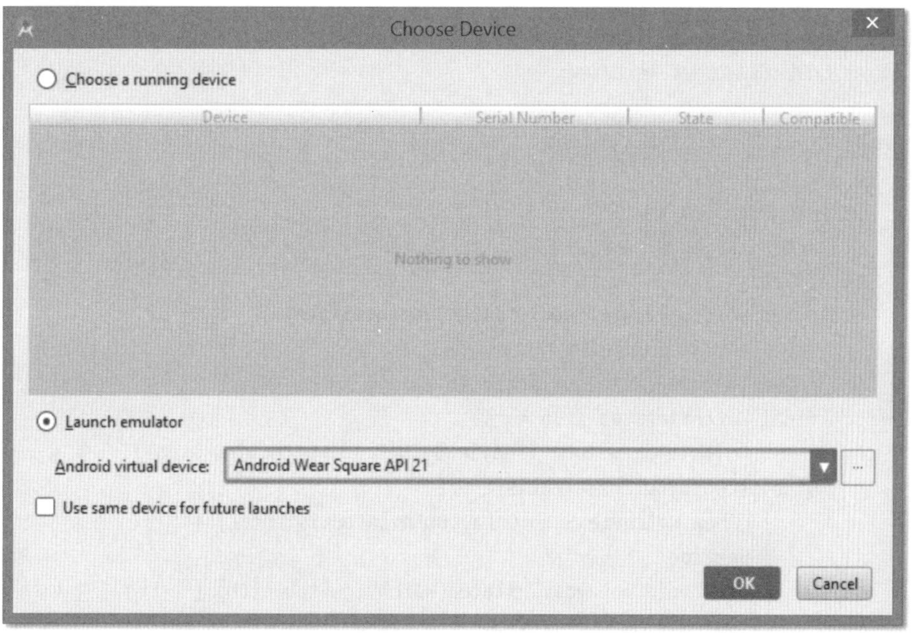

Abbildung 15.18 Der Dialog »Choose Device«

Im nächsten Abschnitt sehen wir uns die vom Projektassistenten erzeugten Quelltexte und Dateien etwas genauer an.

15.3.2 Anatomie einer rudimentären Wearable App

Bitte sehen Sie sich zunächst die ganz regulär von `android.app.Activity` abgeleitete Klasse `MainActivity` an. In der Methode `onCreate()` wird wie gewohnt mit `setContentView()` die Benutzeroberfläche geladen und angezeigt. Anschließend wird mit `findViewById(R.id.watch_view_stub)` die Referenz auf ein Objekt des Typs `WatchViewStub` ermittelt. Durch Aufruf von dessen Methode setOnLayoutInflatedListener() wird ein WatchViewStub.OnLayoutInflatedListener registriert.

Dieses Interface definiert die Methode onLayoutInflated(). Die Beispielimplementierung ist trivial. Mit stub.findViewById(R.id.text) wird die Referenz auf ein TextView-Objekt ermittelt, dann aber nicht weiter verwendet. An dieser Stelle könnten mit findViewById() weitere Bedienelemente ermittelt und für die Verwendung vorbereitet werden. Ein Beispiel hierfür ist das Setzen eines Listeners für Buttons oder Checkboxen.

```
package com.thomaskuenneth.wearableappdemo1;

import android.app.Activity;
import android.os.Bundle;
import android.support.wearable.view.WatchViewStub;
import android.widget.TextView;

public class MainActivity extends Activity {

    private TextView mTextView;

    @Override
    protected void onCreate(Bundle savedInstanceState) {
        super.onCreate(savedInstanceState);
        setContentView(R.layout.activity_main);
        final WatchViewStub stub =
                (WatchViewStub) findViewById(R.id.watch_view_stub);
        stub.setOnLayoutInflatedListener(
                new WatchViewStub.OnLayoutInflatedListener() {
            @Override
            public void onLayoutInflated(WatchViewStub stub) {
                mTextView = (TextView) stub.findViewById(R.id.text);
            }
        });
    }
}
```

Listing 15.2 Die vom Projektassistenten erzeugte Klasse »MainActivity«

WatchViewStub gehört nicht zum Android-Standard, sondern ist in der Support-Bibliothek *Wearable UI*[1] enthalten. Sie wird durch den Projektassistenten von Android Studio automatisch eingebunden. Sie finden die korrespondierende Zeile

1 *https://developer.android.com/reference/android/support/wearable/view/package-summary.html*

```
compile 'com.google.android.support:wearable:1.1.0'
```

im Block `dependencies {` der Datei *build.gradle* im Modul *wear*. Wearable UI stellt eine Reihe von Smartwatch-spezifischen Bedienelementen zur Verfügung. Unter anderem gibt es mit `DotsPageIndicator` eine Komponente, die den aus Punkten bestehenden Seitenindikator implementiert.

`WatchViewStub` wird verwendet, um unterschiedliche Layouts zu laden. Android Wear unterstützt Uhren mit runden und rechteckigen Anzeigen. Informationen, die in den Eckbereichen eines Rechtecks angezeigt werden, sind in runden Displays nicht oder nicht vollständig zu sehen. Aus diesem Grund kann es erforderlich sein, je nach Anzeigetyp die Bedienelemente unterschiedlich anzuordnen oder auch Ränder und Abstände zu variieren.

Das folgende Listing zeigt die mit `setContentView()` entfaltete Layoutdatei. Sie enthält nur eine Komponente, nämlich den von `android.widget.FrameLayout` abgeleiteten `WatchViewStub`. Die beiden Attribute `app:rectLayout` und `app:roundLayout` legen fest, welche Layoutdatei für rechteckige bzw. runde Displays verwendet werden soll.

```
<?xml version="1.0" encoding="utf-8"?>
<android.support.wearable.view.WatchViewStub
    xmlns:android="http://schemas.android.com/apk/res/android"
    xmlns:app="http://schemas.android.com/apk/res-auto"
    xmlns:tools="http://schemas.android.com/tools"
    android:id="@+id/watch_view_stub"
    android:layout_width="match_parent"
    android:layout_height="match_parent"
    app:rectLayout="@layout/rect_activity_main"
    app:roundLayout="@layout/round_activity_main"
    tools:context=".MainActivity"
    tools:deviceIds="wear">
</android.support.wearable.view.WatchViewStub>
```

Listing 15.3 Die vom Projektassistenten erzeugte Layoutdatei

Lassen Sie uns nun einen Blick auf das Layout für rechteckige Anzeigen werfen. Die vom Projektassistenten erzeugte Datei ist im folgenden Listing zu sehen:

```
<?xml version="1.0" encoding="utf-8"?>
<LinearLayout xmlns:android="http://schemas.android.com/apk/res/android"
    xmlns:tools="http://schemas.android.com/tools"
    android:layout_width="match_parent"
    android:layout_height="match_parent"
    android:orientation="vertical"
    tools:context=".MainActivity"
```

```
    tools:deviceIds="wear_square">
    <TextView android:id="@+id/text"
        android:layout_width="wrap_content"
        android:layout_height="wrap_content"
        android:text="@string/hello_square"
    />
</LinearLayout>
```

Listing 15.4 Layout für rechteckige Anzeigen

Das Layout enthält mehrere Attribute, die vom visuellen Designer in Android Studio ausgewertet werden, zum Beispiel `tools:context` und `tools:deviceIds`. Sie sind für die eigentliche Benutzeroberfläche unerheblich. Davon abgesehen werden nur Bedienelemente verwendet, die Sie auch von klassischen Android-Apps kennen.

Auch Wearable Apps enthalten eine Manifestdatei. Sie ist praktisch identisch mit Versionen für Smartphone- und Tablet-Apps. Nur das Element `<uses-feature>` weist darauf hin, dass die App auf einer Uhr laufen soll. Wie Sie wissen, wirkt `<uses-feature>` als Filter, mit dem bestimmte Hardwareeigenschaften vorausgesetzt werden können.

```
<?xml version="1.0" encoding="utf-8"?>
<manifest xmlns:android="http://schemas.android.com/apk/res/android"
    package="com.thomaskuenneth.wearableappdemo1" >
    <uses-feature android:name="android.hardware.type.watch" />
    <application
        android:allowBackup="true"
        android:icon="@mipmap/ic_launcher"
        android:label="@string/app_name"
        android:theme="@android:style/Theme.DeviceDefault" >
        <activity
            android:name=".MainActivity"
            android:label="@string/app_name" >
            <intent-filter>
                <action android:name="android.intent.action.MAIN" />
                <category android:name="android.intent.category.LAUNCHER" />
            </intent-filter>
        </activity>
    </application>
</manifest>
```

Listing 15.5 Vom Projektassistenten erzeugte Manifestdatei

> **Hinweis**
>
> Letztlich bilden die beiden Module *wear* und *mobile* eine Einheit, auch wenn sie auf unterschiedlichen Geräten (Smartphone bzw. Tablet und Smartwatch) ausgeführt werden. Aus diesem Grund müssen beide denselben *Package Name* verwenden. Der Android-Studio-Projektassistent erledigt dies automatisch. Beim Signieren der Module müssen Sie zudem dasselbe Zertifikat verwenden.

[«]

Auch im folgenden Abschnitt beschäftigen wir uns mit Wearable Apps. Ich zeige Ihnen, wie Sie individuelle Zifferblätter für Smartwatches gestalten.

15.4 Animierte Zifferblätter

Uhren waren schon immer ein Ausdruck von Individualität. Soll es ein Lederarmband sein, eines aus Metall oder aus peppig gestaltetem Kunststoff? Bevorzugen Sie eine schlichte Zeigeruhr, vielleicht mit Datumsanzeige, oder einen wuchtigen Chronographen? Android Wear trägt dem Wunsch Rechnung, persönliche Dinge dem eigenen Geschmack entsprechend zu gestalten. Hersteller bieten Armbänder in unterschiedlichen Farben und Formen an. Und mit Wearable Apps können Sie eigene Zifferblätter realisieren.

Wie das geht, zeige ich Ihnen anhand meines Open-Source-Projekts *C64 Tribute Watch Face*. Es realisiert ein Zifferblatt in den Farben und der Schrift des legendären Homecomputers Commodore C64. Die App zeigt die Uhrzeit und auf Wunsch das aktuelle Datum an. Als kleines Gimmick blinkt ein Cursor etwa dreimal pro Sekunde. Sie finden das vollständige Android-Studio-Projekt unter dem Namen *C64WatchFace* in den Begleitmaterialien zum Buch.

15.4.1 Aufbau von animierten Zifferblättern

Animierte Zifferblätter sind Wearable Apps. Deshalb bestehen solche Projekte aus zwei Modulen: *mobile* und *wear*. Das Zifferblatt selbst wird in *wear* implementiert, da es auf der Smartwatch ausgeführt wird. Das Modul *mobile* ist erforderlich, weil Wearable Apps über Google Play vertrieben werden und via Smartphone oder Tablet auf die Uhr gelangen. Es muss keine Activities enthalten. In diesem Fall erscheint die App nicht im Programmstarter. Damit sie ganz normal über die Einstellungen deinstalliert werden kann, muss eine gültige Manifestdatei vorhanden sein. Sie ist im folgenden Listing abgedruckt:

```
<manifest xmlns:android="http://schemas.android.com/apk/res/android"
    package="com.thomaskuenneth.c64watchface">
    <uses-permission
```

```
        android:name="com.google.android.permission.PROVIDE_BACKGROUND" />
    <uses-permission
        android:name="android.permission.WAKE_LOCK" />
    <application android:allowBackup="true"
        android:label="@string/app_name"
        android:icon="@drawable/ic_launcher">
    </application>
</manifest>
```

Listing 15.6 Manifestdatei des Projekts »C64 Tribute Watch«

Sofern im Manifest Ressourcen wie Strings oder Drawables referenziert werden, müssen sich diese in den gewohnten Verzeichnissen *res/values* und *res/drawable* befinden.

[»] **Hinweis**

Vielleicht fragen Sie sich, warum das Listing zwei <uses-permission>-Elemente enthält, obwohl das Modul *mobile* gar keine Klassen beinhaltet. Diese Berechtigungen werden vom animierten Zifferblatt angefordert. Wie Sie später noch sehen werden, sind sie auch im Manifest des Moduls *wear* enthalten. Berechtigungen für die Smartwatch müssen auch durch die Smartphone- oder Tablet-App angefordert werden.

In der modulspezifischen *build.gradle*-Datei werden Abhängigkeiten zu den *Google Play Services* und dem Modul *wear* definiert. Ferner ist hier die Versionsnummer der App sowie der mindestens nötige und bevorzugte API-Level zu finden. Während des Builds werden sie in das Manifest übernommen.

Die Datei ist im Folgenden zu sehen:

```
apply plugin: 'com.android.application'
android {
    compileSdkVersion 21
    buildToolsVersion "21.1.2"
    defaultConfig {
        applicationId "com.thomaskuenneth.c64watchface"
        minSdkVersion 19
        targetSdkVersion 21
        versionCode 2
        versionName "1.1"
    }
    buildTypes {
        release {
            minifyEnabled false
```

```
                proguardFiles getDefaultProguardFile('proguard-android.txt'),
                                                    'proguard-rules.pro'
            }
        }
}

dependencies {
    compile fileTree(dir: 'libs', include: ['*.jar'])
    wearApp project(':wear')
    compile 'com.google.android.gms:play-services:6.5.+'
}
```

Listing 15.7 Die Datei »build.gradle« des Moduls »mobile«

Das Modul *wear* enthält weitaus mehr interessante Artefakte. Ich werde sie Ihnen im Folgenden vorstellen.

Wie Sie bereits wissen, enthält die Wearable-Manifestdatei die vom Zifferblatt benötigten Berechtigungen. Mit `<uses-feature>` wird zudem der Hardwaretyp *Uhr* vorausgesetzt. Darüber hinaus werden ein Service und eine Activity definiert. Letztere dient zur Konfiguration des Zifferblatts. Sie muss nicht zwingend vorhanden sein. Damit Android Wear die Einstellungsseite darstellen kann, wird ein Intent-Filter definiert. Auf seine Aktion wird gegebenenfalls im `<service />`-Element Bezug genommen.

Zifferblätter werden als Service implementiert. Aufrufer müssen die Berechtigung `android.permission.BIND_WALLPAPER` besitzen. Android Wear und die Companion-App auf Smartphones oder Tablets zeigt in der Zifferblatt-Auswahl eine Vorschau. Für rechteckige und runde Displays können mit `<meta-data>`-Elementen unterschiedliche Grafiken gesetzt werden. `com.google.android.wearable.watchface.preview` muss vorhanden sein. `com.google.android.wearable.watchface.preview_circular` ist optional.

```
<manifest xmlns:android="http://schemas.android.com/apk/res/android"
    package="com.thomaskuenneth.c64watchface">
    <uses-feature android:name="android.hardware.type.watch" />
    <uses-permission
        android:name="com.google.android.permission.PROVIDE_BACKGROUND" />
    <uses-permission
        android:name="android.permission.WAKE_LOCK" />
    <application android:allowBackup="true"
        android:label="@string/app_name"
        android:icon="@drawable/preview"
        android:theme="@android:style/Theme.DeviceDefault">
        <service
            android:name=".C64WatchFaceService"
```

```
            android:label="@string/app_name"
            android:allowEmbedded="true"
            android:taskAffinity=""
            android:permission="android.permission.BIND_WALLPAPER" >
            <!-- wearable configuration activity -->
            <meta-data android:name=
         "com.google.android.wearable.watchface.wearableConfigurationAction"
                android:value=
                    "com.thomaskuenneth.c64watchface.CONFIG" />
            <meta-data
                android:name="android.service.wallpaper"
                android:resource="@xml/watch_face" />
            <meta-data
                android:name="com.google.android.wearable.watchface.preview"
                android:resource="@drawable/preview" />
            <meta-data
        android:name="com.google.android.wearable.watchface.preview_circular"
                android:resource="@drawable/preview_circular" />
            <intent-filter>
                <action
                android:name="android.service.wallpaper.WallpaperService" />
                <category android:name=
"com.google.android.wearable.watchface.category.WATCH_FACE" />
            </intent-filter>
        </service>
        <activity
            android:name=".C64WatchFaceWearableConfigActivity"
            android:label="@string/config_name">
            <intent-filter>
                <action
                    android:name="com.thomaskuenneth.c64watchface.CONFIG" />
                <category android:name=
"com.google.android.wearable.watchface.category.WEARABLE_CONFIGURATION" />
                <category android:name="android.intent.category.DEFAULT" />
            </intent-filter>
        </activity>
    </application>
</manifest>
```

Listing 15.8 Die Manifestdatei des Moduls »wear«

Das <meta-data>-Element android.service.wallpaper verweist auf eine XML-Datei. Sie hat immer den folgenden Inhalt:

```
<?xml version="1.0" encoding="UTF-8"?>
<wallpaper xmlns:android="http://schemas.android.com/apk/res/android" />
```

Listing 15.9 Die Datei »res/xml/watch_face.xml«

Auch der Service definiert einen Intent Filter. Er erwartet die Kategorie `com.google.android.wearable.watchface.category.WATCH_FACE` und die Aktion `android.service.wallpaper.WallpaperService`.

Implementierung eines Zifferblatt-Service

Zifferblätter leiten üblicherweise von der Klasse `CanvasWatchFaceService` ab. Sie überschreiben die Methode `onCreateEngine()` und liefern ein Objekt des Typs `CanvasWatchFaceService.Engine`. In dieser Klasse implementieren Sie die Methoden `onCreate()`, `onPropertiesChanged()`, `onTimeTick()`, `onAmbientModeChanged()`, `onDraw()` und `onVisibilityChanged()`. Mein Projekt implementiert zudem die Interfaces `DataApi.DataListener`, `GoogleApiClient.ConnectionCallbacks` und `GoogleApiClient.OnConnectionFailedListener`. Dies ist nötig, um Benutzereinstellungen lesen und schreiben zu können.

Zifferblätter können in zwei Modi betrieben werden, die das System steuert. Interagiert der Benutzer mit seiner Uhr, ist der Service selbst für seine Aktualisierung zuständig. Ich nutze hierfür einen Handler, dessen Methode `handleMessage()` in etwa dreimal pro Sekunde aufgerufen wird. Sie sorgt dafür, dass der (ansonsten funktionslose) Cursor auf dem Zifferblatt ein- oder ausgeschaltet wird und dass durch Aufrufen der Methode `invalidate()` ein Neuzeichnen erzwungen wird.

Die Steuerung erfolgt in der privaten Methode `updateTimer()`. Sie wird als letzte Anweisung in `onVisibilityChanged()` aufgerufen. Vorher wird je nach Sichtbarkeit ein Receiver registriert oder entfernt, der das Zifferblatt bei Wechseln der Zeitzone informiert. Das kann dazu genutzt werden, um die Bildschirmausgabe je nach Zeitzone zu verändern oder die aktuelle Zeitzone anzuzeigen.

`onCreate()` bereitet das Zifferblatt für die Benutzung vor. Zum Beispiel wird mit `Typeface.createFromAsset()` aus dem Verzeichnis *assets* ein Zeichensatz geladen, der die Schrift des legendären Heimcomputers C64 nachbildet. Außerdem werden mehrere `Paint`-Objekte erzeugt und in der privaten Methode `setupPaint()` konfiguriert. Der ihr übergebene `boolean`-Parameter steuert, ob die Commodore-typischen Farben oder nur Schwarz und Weiß verwendet werden. Googles Designrichtlinien legen nämlich fest, dass Zifferblätter im Ambient Mode nur schwarz-weiß dargestellt werden dürfen. Schließlich wird ein Objekt des Typs `WatchFaceStyle.Builder` erzeugt, um das Zifferblatt zu konfigurieren. `setCardPeekMode()` steuert die Sichtbarkeit der Karten des Kontextstroms. `setShowSystemUiTime(false)` blendet die Systemuhrzeit aus. `setStatusBarGravity()` legt fest, wo Statusindikatoren angezeigt werden sollen.

Die Methode onPropertiesChanged() wird aufgerufen, wenn das System die Eigenschaften des Gerätedisplays ermittelt. Diese betreffen den Ambient Mode sowie einen unter Umständen notwendigen Einbrennschutz. Sie können diese Werte für das Zeichnen des Zifferblatts verwenden. Mein Beispiel ruft nur die Implementierung der Elternklasse auf. Dies ist ausreichend, weil ich den Ambient Mode an anderer Stelle berücksichtige und die Zeichenroutine Maßnahmen gegen das Einbrennen trifft.

```
package com.thomaskuenneth.c64watchface;

import android.content.BroadcastReceiver;
import android.content.Context;
import android.content.Intent;
import android.content.IntentFilter;
import android.graphics.Canvas;
import android.graphics.Paint;
import android.graphics.Rect;
import android.graphics.Typeface;
import android.os.Bundle;
import android.os.Handler;
import android.os.Message;
import android.support.wearable.watchface.CanvasWatchFaceService;
import android.support.wearable.watchface.WatchFaceStyle;
import android.text.format.DateFormat;
import android.text.format.Time;
import android.util.Log;
import android.view.Gravity;
import android.view.SurfaceHolder;
import com.google.android.gms.common.ConnectionResult;
import com.google.android.gms.common.api.GoogleApiClient;
import com.google.android.gms.wearable.DataApi;
import com.google.android.gms.wearable.DataEvent;
import com.google.android.gms.wearable.DataEventBuffer;
import com.google.android.gms.wearable.DataItem;
import com.google.android.gms.wearable.DataMap;
import com.google.android.gms.wearable.DataMapItem;
import com.google.android.gms.wearable.Wearable;
import java.util.TimeZone;

public class C64WatchFaceService extends CanvasWatchFaceService {
```

```
private static final String TAG =
        C64WatchFaceService.class.getSimpleName();

@Override
public Engine onCreateEngine() {
    return new Engine();
}

private class Engine extends CanvasWatchFaceService.Engine
        implements DataApi.DataListener,
        GoogleApiClient.ConnectionCallbacks,
        GoogleApiClient.OnConnectionFailedListener {

    // diese Informationen werden für das Zeichnen verwendet
    private static final int INTERACTIVE_UPDATE_RATE_MS = 333;
    private static final int MSG_UPDATE_TIME = 0;
    private static final int LIGHT_BLUE = 0xff6C5EB5;
    private static final int BLUE = 0xff352879;
    private static final int BLACK = 0xff000000;
    private static final int WHITE = 0xffffffff;
    private float last;
    private boolean c64CursorVisible;
    private boolean seconds;
    private boolean dateVisible;

    // Timer für den interaktiven Modus
    final Handler mUpdateTimeHandler = new Handler() {
        @Override
        public void handleMessage(Message message) {
            switch (message.what) {
                case MSG_UPDATE_TIME:
                    c64CursorVisible = !c64CursorVisible;
                    invalidate();
                    if (shouldTimerBeRunning()) {
                        long timeMs = System.currentTimeMillis();
                        long delayMs = INTERACTIVE_UPDATE_RATE_MS
                                - (timeMs % INTERACTIVE_UPDATE_RATE_MS);
                        mUpdateTimeHandler.sendEmptyMessageDelayed(
                            MSG_UPDATE_TIME, delayMs);
                    }
                    break;
            }
```

```
        }
    };

    // wird für das Holen der Einstellungen verwendet
    ...

    final BroadcastReceiver mTimeZoneReceiver =
            new BroadcastReceiver() {w
        @Override
        public void onReceive(Context context, Intent intent) {
            mTime.clear(intent.getStringExtra("time-zone"));
            mTime.setToNow();
        }
    };
    boolean mRegisteredTimeZoneReceiver;
    Paint borderPaint;
    Paint backgroundPaint;
    Paint textPaint;
    Time mTime;

    @Override
    public void onCreate(SurfaceHolder holder) {
        super.onCreate(holder);
        seconds = false;
        dateVisible = false;
        mTime = new Time();
        mRegisteredTimeZoneReceiver = false;
        last = -1;
        textPaint = new Paint();
        Typeface typface = Typeface.createFromAsset(getAssets(),
                "C64_Pro_Mono-STYLE.ttf");
        textPaint.setTypeface(typface);
        borderPaint = new Paint();
        backgroundPaint = new Paint();
        setupPaint(false);
        // das Zifferblatt konfigurieren
        setWatchFaceStyle(
                new WatchFaceStyle.Builder(C64WatchFaceService.this)
                .setCardPeekMode(WatchFaceStyle.PEEK_MODE_SHORT)
                .setBackgroundVisibility(WatchFaceStyle
                        .BACKGROUND_VISIBILITY_INTERRUPTIVE)
                .setShowSystemUiTime(false)
                .setStatusBarGravity(Gravity.START | Gravity.TOP)
```

```
            .setHotwordIndicatorGravity(Gravity.CENTER_HORIZONTAL |
                                        Gravity.BOTTOM)
            .build());
    c64CursorVisible = false;
}

@Override
public void onPropertiesChanged(Bundle properties) {
    super.onPropertiesChanged(properties);
}

@Override
public void onTimeTick() {
    super.onTimeTick();
    invalidate();
}

@Override
public void onAmbientModeChanged(boolean inAmbientMode) {
    super.onAmbientModeChanged(inAmbientMode);
    setupPaint(inAmbientMode);
    onVisibilityChanged(isVisible());
    invalidate();
}

@Override
public void onDraw(Canvas canvas, Rect bounds) {
    mTime.setToNow();
    String strDate;
    if (dateVisible) {
        String strWeekday = mTime.format("%a");
        if (strWeekday.endsWith(".")) {
            strWeekday =
                strWeekday.substring(0, strWeekday.length() - 1);
        }
        strDate = strWeekday + " " + mTime.format("%d");
    } else {
        strDate = "";
    }
    String patternTime;
    if (DateFormat.is24HourFormat(getBaseContext())) {
        if (seconds) {
            patternTime = mTime.format("%H:%M:%S");
```

```
        } else {
            patternTime = mTime.format("%H:%M");
        }
    } else {
        if (seconds) {
            patternTime = mTime.format("%I:%M:%S %p");
        } else {
            patternTime = mTime.format("%I:%M %p");
        }
    }
    String strTime = mTime.format(patternTime);
    while (strDate.length() > strTime.length()) {
        strTime = strTime + " ";
    }
    int w = bounds.width();
    int h = bounds.height();
    int borderHeight = (int) (((float) h / 100f) * 5f);
    int borderWidth = (int) (((float) w / 100f) * 5f);
    canvas.drawPaint(borderPaint);
    Rect r = new Rect(borderWidth,
                      borderHeight, w - 1 - borderWidth,
                      h - borderHeight - 1);
    canvas.drawRect(r, backgroundPaint);
    if (last == -1) {
        int maxWidth = r.width();
        float size = 12f;
        last = size;
        while (true) {
            textPaint.setTextSize(size);
            float current = textPaint.measureText(strTime);
            if (current < maxWidth) {
                last = size;
                size += 4;
            } else {
                break;
            }
        }
        textPaint.setTextSize(last);
    }
    int x = (w - (int) textPaint.measureText(strTime)) / 2;
    int th = dateVisible ? 2 * (int) last : (int) last;
    int y = ((h - th) / 2) - (int) textPaint.ascent();
    canvas.drawText(strTime, x, y, textPaint);
```

```
    if (dateVisible) {
        y += last;
        canvas.drawText(strDate, x, y, textPaint);
    }
    if (!isInAmbientMode()) {
        y += last;
        String a = c64CursorVisible ? "\u2588" : " ";
        canvas.drawText(a, x, y, textPaint);
    }
}

@Override
public void onVisibilityChanged(boolean visible) {
    super.onVisibilityChanged(visible);
    if (visible) {
        mGoogleApiClient.connect();
        registerReceiver();
        mTime.clear(TimeZone.getDefault().getID());
        mTime.setToNow();
    } else {
        unregisterReceiver();
        if (mGoogleApiClient != null &&
            mGoogleApiClient.isConnected()) {
            Wearable.DataApi.removeListener(mGoogleApiClient, this);
            mGoogleApiClient.disconnect();
        }
    }
    updateTimer();
}

 // Laden und Speichern von Einstellungen
 ...

private void updateTimer() {
    mUpdateTimeHandler.removeMessages(MSG_UPDATE_TIME);
    if (shouldTimerBeRunning()) {
        mUpdateTimeHandler.sendEmptyMessage(MSG_UPDATE_TIME);
    }
}

private boolean shouldTimerBeRunning() {
    return isVisible() && !isInAmbientMode();
}
```

```
        private void registerReceiver() {
            if (mRegisteredTimeZoneReceiver) {
                return;
            }
            mRegisteredTimeZoneReceiver = true;
            IntentFilter filter =
                new IntentFilter(Intent.ACTION_TIMEZONE_CHANGED);
            C64WatchFaceService.this.registerReceiver(mTimeZoneReceiver,
                                                      filter);
        }

        private void unregisterReceiver() {
            if (!mRegisteredTimeZoneReceiver) {
                return;
            }
            mRegisteredTimeZoneReceiver = false;
            C64WatchFaceService.this.unregisterReceiver(mTimeZoneReceiver);
        }

        private void setupPaint(boolean inAmbientMode) {
            textPaint.setColor(inAmbientMode ? WHITE : LIGHT_BLUE);
            borderPaint.setColor(inAmbientMode ? BLACK : LIGHT_BLUE);
            backgroundPaint.setColor(inAmbientMode ? BLACK : BLUE);
            textPaint.setAntiAlias(!inAmbientMode);
        }
    }
}
```

Listing 15.10 Auszug aus der Klasse »C64WatchFaceService«

Die Methode `onTimeTick()` wird von Android Wear nur im Ambient Mode aufgerufen. Meine Implementierung sorgt durch Aufruf von `invalidate()` für das Neuzeichnen des Zifferblatts. `onAmbientModeChanged()` informiert über die Aktivierung bzw. Deaktivierung des Ambient Mode. Ich konfiguriere mit `setupPaint()` die von der Zeichenroutine verwendeten `Paint`-Objekte und löse danach ein Neuzeichnen aus.

Die eigentliche Zeichenroutine ist `onDraw()`. Sie ermittelt Datum und Uhrzeit, formatiert die Ausgabe den Benutzereinstellungen entsprechend, gibt die Texte aus, setzt Rahmen- und Hintergrundfarbe und lässt den für Homecomputer typischen Block-Cursor erscheinen oder verschwinden. Hierfür werden die Ihnen bereits vertrauten Zeichenbefehle verwendet.

15.4.2 Benutzereinstellungen

Um ein Zifferblatt über eine Einstellungsseite konfigurieren zu können, müssen Sie auf die *Wearable Data Layer API* zugreifen. Diese ist Bestandteil der *Google Play Services*. In der Datei *C64WatchFaceService.java* wird hierfür ein Objekt des Typs `GoogleApiClient` erzeugt.

```
GoogleApiClient mGoogleApiClient = new
        GoogleApiClient.Builder(C64WatchFaceService.this)
        .addConnectionCallbacks(this)
        .addOnConnectionFailedListener(this)
        .addApi(Wearable.API)
        .build();
```

Listing 15.11 Einen »GoogleApiClient« erzeugen

In der Methode `onVisibilityChanged()` wird je nach Sichtbarkeit eine Verbindung auf- (`connect()`) oder abgebaut (`disconnect()`). Callback-Methoden informieren Sie, sobald eine Verbindung aufgebaut wurde oder falls ein Fehler aufgetreten ist. Können Daten empfangen werden, wird die Methode `onDataChanged()` aufgerufen. Es findet also eine asynchrone Kommunikation statt. Hierfür müssen die Methoden der Interfaces `DataApi.DataListener`, `GoogleApiClient.ConnectionCallbacks` und `GoogleApiClient.OnConnectionFailedListener` implementiert werden.


```
@Override // DataApi.DataListener
public void onDataChanged(DataEventBuffer dataEvents) {
    try {
        for (DataEvent dataEvent : dataEvents) {
            if (dataEvent.getType() != DataEvent.TYPE_CHANGED) {
                continue;
            }
            DataItem dataItem = dataEvent.getDataItem();
            if (!dataItem.getUri().getPath().equals(
                    C64WatchFaceUtil.PATH_WITH_FEATURE)) {
                continue;
            }
            DataMapItem dataMapItem =
                        DataMapItem.fromDataItem(dataItem);
            DataMap config = dataMapItem.getDataMap();
            if (Log.isLoggable(TAG, Log.DEBUG)) {
                Log.d(TAG, "Config DataItem updated:" + config);
            }
            updateUiForConfigDataMap(config);
        }
```

```
        } finally {
            dataEvents.close();
        }
    }

    @Override  // GoogleApiClient.ConnectionCallbacks
    public void onConnected(Bundle connectionHint) {
        if (Log.isLoggable(TAG, Log.DEBUG)) {
            Log.d(TAG, "onConnected: " + connectionHint);
        }
        Wearable.DataApi.addListener(mGoogleApiClient, Engine.this);
        updateConfigDataItemAndUiOnStartup();
    }

    @Override  // GoogleApiClient.ConnectionCallbacks
    public void onConnectionSuspended(int cause) {
        if (Log.isLoggable(TAG, Log.DEBUG)) {
            Log.d(TAG, "onConnectionSuspended: " + cause);
        }
    }

    @Override  // GoogleApiClient.OnConnectionFailedListener
    public void onConnectionFailed(ConnectionResult result) {
        if (Log.isLoggable(TAG, Log.DEBUG)) {
            Log.d(TAG, "onConnectionFailed: " + result);
        }
    }
```

Listing 15.12 Callbacks für die Kommunikation via Google Play Services

Die Methode `updateConfigDataItemAndUiOnStartup()` liest einmal bei einem erfolgreichen Verbindungsaufbau alle Konfigurationsparameter ein. Dies geschieht in `onConnected()`.

```
private void updateConfigDataItemAndUiOnStartup() {
    C64WatchFaceUtil.fetchConfigDataMap(mGoogleApiClient,
            new C64WatchFaceUtil.FetchConfigDataMapCallback() {
                @Override
                public void onConfigDataMapFetched(
                        DataMap startupConfig) {
                    addBooleanKeyIfMissing(startupConfig,
                        C64WatchFaceUtil.KEY_SECONDS_VISIBLE,
                        false);
                    addBooleanKeyIfMissing(startupConfig,
```

```
                        C64WatchFaceUtil.KEY_DATE_VISIBLE,
                        false);
                    C64WatchFaceUtil.putConfigDataItem(
                        mGoogleApiClient, startupConfig);
                    updateUiForConfigDataMap(startupConfig);
                }
            }
    );
}
```

Listing 15.13 Die Methode »updateConfigDataItemAndUiOnStartup()«

Die Methode `updateUiForConfigDataMap()` wird aufgerufen, wenn sich ein Konfigurationsparameter geändert hat. In diesem Fall wird die zu dem Parameter gehörende Instanzvariable aktualisiert und mit `invalidate()` ein Neuzeichnen des Zifferblatts ausgelöst. `updateUiForConfigDataMap()` wird in `onDataChanged()` und `updateConfigDataItemAndUiOnStartup()` aufgerufen.

```
private void updateUiForConfigDataMap(final DataMap config) {
    boolean uiUpdated = false;
    for (String configKey : config.keySet()) {
        if (configKey.equals(
                C64WatchFaceUtil.KEY_SECONDS_VISIBLE)) {
            seconds = config.getBoolean(configKey);
            uiUpdated = true;
            continue;
        }
        if (configKey.equals(C64WatchFaceUtil.KEY_DATE_VISIBLE)) {
            dateVisible = config.getBoolean(configKey);
            uiUpdated = true;
            continue;
        }
    }
    if (uiUpdated) {
        last = -1;
        invalidate();
    }
}
```

Listing 15.14 Die Methode »updateUiForConfigDataMap()«

Die folgende Methode `addBooleanKeyIfMissing()` fügt einer `DataMap` einen Schlüssel hinzu, sofern dieser noch nicht vorhanden ist. Sie wird in der Methode `updateConfigDataItemAndUiOnStartup()` aufgerufen.

```
private void addBooleanKeyIfMissing(DataMap config,
                                    String key, boolean value) {
    if (!config.containsKey(key)) {
        config.putBoolean(key, value);
    }
}
```

Listing 15.15 Die Methode »addBooleanKeyIfMissing()«

In den Methoden, die ich Ihnen gerade eben gezeigt habe, wird Bezug auf die Klasse `C64WatchFaceUtil` genommen. Sie ist im folgenden Listing zu sehen. Die statische Methode `fetchConfigDataMap()` liest die aktuelle Konfiguration asynchron ein und reicht sie an den als Parameter übergebenen Callback weiter. `overwriteKeysInConfigDataMap()` überschreibt oder setzt die Schlüssel in der aktuellen Konfiguration.

```
package com.thomaskuenneth.c64watchface;

import android.net.Uri;
import android.util.Log;
import com.google.android.gms.common.api.GoogleApiClient;
import com.google.android.gms.common.api.ResultCallback;
import com.google.android.gms.wearable.DataApi;
import com.google.android.gms.wearable.DataItem;
import com.google.android.gms.wearable.DataMap;
import com.google.android.gms.wearable.DataMapItem;
import com.google.android.gms.wearable.NodeApi;
import com.google.android.gms.wearable.PutDataMapRequest;
import com.google.android.gms.wearable.Wearable;

public class C64WatchFaceUtil {

    private static final String TAG =
            C64WatchFaceUtil.class.getSimpleName();

    public static final String PATH_WITH_FEATURE = "/watch_face_config/C64";
    public static final String KEY_SECONDS_VISIBLE = "SECONDS";
    public static final String KEY_DATE_VISIBLE = "DATE";

    public interface FetchConfigDataMapCallback {
        void onConfigDataMapFetched(DataMap config);
    }
```

```
private C64WatchFaceUtil() { }

public static void overwriteKeysInConfigDataMap(
                        final GoogleApiClient googleApiClient,
                        final DataMap configKeysToOverwrite) {
    fetchConfigDataMap(googleApiClient,
            new FetchConfigDataMapCallback() {
                @Override
                public void onConfigDataMapFetched(
                                    DataMap currentConfig) {
                    DataMap overwrittenConfig = new DataMap();
                    overwrittenConfig.putAll(currentConfig);
                    overwrittenConfig.putAll(configKeysToOverwrite);
                    putConfigDataItem(googleApiClient,
                                    overwrittenConfig);
                }
            }
    );
}

public static void fetchConfigDataMap(final GoogleApiClient client,
                        final FetchConfigDataMapCallback callback) {
    Wearable.NodeApi.getLocalNode(client).setResultCallback(
            new ResultCallback<NodeApi.GetLocalNodeResult>() {
                @Override
                public void onResult(
                       NodeApi.GetLocalNodeResult getLocalNodeResult) {
                    String localNode =
                            getLocalNodeResult.getNode().getId();
                    Uri uri = new Uri.Builder()
                            .scheme("wear")
                            .path(PATH_WITH_FEATURE)
                            .authority(localNode)
                            .build();
                    Wearable.DataApi.getDataItem(client, uri)
                            .setResultCallback(
                                new DataItemResultCallback(callback));
                }
            }
    );
}
```

```
public static void putConfigDataItem(GoogleApiClient googleApiClient,
                                     DataMap newConfig) {
    PutDataMapRequest putDataMapRequest =
            PutDataMapRequest.create(PATH_WITH_FEATURE);
    DataMap configToPut = putDataMapRequest.getDataMap();
    configToPut.putAll(newConfig);
    Wearable.DataApi.putDataItem(googleApiClient,
            putDataMapRequest.asPutDataRequest())
            .setResultCallback(
                new ResultCallback<DataApi.DataItemResult>() {
                @Override
                public void onResult(
                        DataApi.DataItemResult dataItemResult) {
                    if (Log.isLoggable(TAG, Log.DEBUG)) {
                        Log.d(TAG, "putDataItem result status: " +
                                dataItemResult.getStatus());
                    }
                }
            });
}

private static class DataItemResultCallback
                implements ResultCallback<DataApi.DataItemResult> {

    private final FetchConfigDataMapCallback mCallback;

    public DataItemResultCallback(FetchConfigDataMapCallback callback) {
        mCallback = callback;
    }

    @Override
    public void onResult(DataApi.DataItemResult dataItemResult) {
        if (dataItemResult.getStatus().isSuccess()) {
            if (dataItemResult.getDataItem() != null) {
                DataItem configDataItem = dataItemResult.getDataItem();
                DataMapItem dataMapItem =
                    DataMapItem.fromDataItem(configDataItem);
                DataMap config = dataMapItem.getDataMap();
                mCallback.onConfigDataMapFetched(config);
            } else {
                mCallback.onConfigDataMapFetched(new DataMap());
            }
        }
```

```
        }
    }
}
```

Listing 15.16 Die Klasse »C64WatchFaceUtil«

In der Manifestdatei der Wearable App kann mit einem `<meta-data />`-Element eine Activity als Einstellungsseite definiert werden. Das Attribut `android:name` erhält stets den Wert `com.google.android.wearable.watchface.wearableConfigurationAction`. Dem Attribut `android:value` wird derselbe String zugewiesen, der im Intent-Filter des `<activity />`-Elements als `<action />` gesetzt wurde.

Die Klasse `C64WatchFaceWearableConfigActivity` nutzt die *Wearable Data Layer API*, um zwei Einstellungen an das animierte Zifferblatt zu übermitteln. Der Benutzer kann auswählen, ob die Uhrzeit einschließlich Sekunden angezeigt werden soll und ob in einer zweiten Zeile das Datum ausgegeben wird. Die Klasse ist hier zu sehen:

```
package com.thomaskuenneth.c64watchface;

import android.app.Activity;
import android.os.Bundle;
import android.util.Log;
import android.widget.CheckBox;
import android.widget.CompoundButton;
import com.google.android.gms.common.ConnectionResult;
import com.google.android.gms.common.api.GoogleApiClient;
import com.google.android.gms.wearable.DataMap;
import com.google.android.gms.wearable.Wearable;
import static com.google.android.gms.common.api.GoogleApiClient.*;

public class C64WatchFaceWearableConfigActivity extends Activity {

  private static final String TAG = "WearableCfgActivity";

  private GoogleApiClient mGoogleApiClient;
  private CheckBox checkboxSecondsVisible;
  private CheckBox checkboxDateVisible;

  @Override
  protected void onCreate(Bundle savedInstanceState) {
    super.onCreate(savedInstanceState);
    setContentView(R.layout.wearable_config);
    checkboxSecondsVisible = (CheckBox) findViewById(R.id.checkbox_econds);
    checkboxDateVisible = (CheckBox) findViewById(R.id.checkbox_date);
```

```
CompoundButton.OnCheckedChangeListener l =
        new CompoundButton.OnCheckedChangeListener() {
  @Override
  public void onCheckedChanged(CompoundButton buttonView,
                               boolean isChecked) {
    updateConfigDataItem(checkboxSecondsVisible.isChecked(),
                         checkboxDateVisible.isChecked());
  }
};
checkboxSecondsVisible.setOnCheckedChangeListener(l);
checkboxDateVisible.setOnCheckedChangeListener(l);
mGoogleApiClient = new Builder(this)
    .addConnectionCallbacks(new ConnectionCallbacks() {

      @Override
      public void onConnected(Bundle connectionHint) {
        if (Log.isLoggable(TAG, Log.DEBUG)) {
          Log.d(TAG, "onConnected: " + connectionHint);
        }
        C64WatchFaceUtil.fetchConfigDataMap(mGoogleApiClient,
            new C64WatchFaceUtil.FetchConfigDataMapCallback() {
              @Override
              public void onConfigDataMapFetched(
                                 DataMap startupConfig) {
                if (startupConfig.containsKey(
                        C64WatchFaceUtil.KEY_SECONDS_VISIBLE)) {
                  checkboxSecondsVisible.setChecked(
                      startupConfig.getBoolean(
                      C64WatchFaceUtil.KEY_SECONDS_VISIBLE));
                }
                if (startupConfig.containsKey(
                         C64WatchFaceUtil.KEY_DATE_VISIBLE)) {
                  checkboxDateVisible.setChecked(
                        startupConfig.getBoolean(
                        C64WatchFaceUtil.KEY_DATE_VISIBLE));
                }
              }
            }
        );
      }

      @Override
      public void onConnectionSuspended(int cause) {
        if (Log.isLoggable(TAG, Log.DEBUG)) {
```

```
              Log.d(TAG, "onConnectionSuspended: " + cause);
            }
          }
        })
        .addOnConnectionFailedListener(new OnConnectionFailedListener() {
          @Override
          public void onConnectionFailed(ConnectionResult result) {
            if (Log.isLoggable(TAG, Log.DEBUG)) {
              Log.d(TAG, "onConnectionFailed: " + result);
            }
          }
        })
        .addApi(Wearable.API)
        .build();
  }

  @Override
  protected void onStart() {
    super.onStart();
    mGoogleApiClient.connect();
  }

  @Override
  protected void onStop() {
    if (mGoogleApiClient != null && mGoogleApiClient.isConnected()) {
      mGoogleApiClient.disconnect();
    }
    super.onStop();
  }

  private void updateConfigDataItem(final boolean seconds,
                                    final boolean dateVisible) {
    DataMap configKeysToOverwrite = new DataMap();
    configKeysToOverwrite.putBoolean(C64WatchFaceUtil.KEY_SECONDS_VISIBLE,
        seconds);
    configKeysToOverwrite.putBoolean(C64WatchFaceUtil.KEY_DATE_VISIBLE,
        dateVisible);
    C64WatchFaceUtil.overwriteKeysInConfigDataMap(
            mGoogleApiClient, configKeysToOverwrite);
  }
}
```

Listing 15.17 Die Klasse »C64WatchFaceWearableConfigActivity«

In der Methode `onCreate()` wird wie üblich die Benutzeroberfläche geladen und angezeigt. Ein `OnCheckedChangeListener` sorgt dafür, dass beim Antippen der beiden Ankreuzfelder die Methode `updateConfigDataItem()` aufgerufen wird. Sie sorgt dafür, dass die beiden Status als `boolean`-Werte an das Zifferblatt weitergereicht werden. Die Verbindung wird in den Methoden `onStart()` und `onStop()` auf- bzw. abgebaut.

15.5 Zusammenfassung

Ohne Frage liegen Smartwatches und Wearables voll im Trend. Sie haben in diesem Kapitel die Bedienphilosophie von Android Wear kennengelernt und sich mit dem Bau von Wearable Apps und animierten Zifferblättern beschäftigt. Benachrichtigungen sind ideal, um den Wirkungsbereich Ihrer Smartphone- oder Tablet-App zu erweitern. Mit geringem Aufwand gelangen wichtige Informationen auch dann zum Benutzer, wenn das mobile Gerät nicht in unmittelbarer Reichweite ist. Ganz sicher haben Sie viele Ideen, wie Sie den Nutzen von Smartphone und Smartwatch noch weiter steigern können. Ich bin sehr auf Ihre Apps gespannt.

Anhang A
Literaturverzeichnis

Bartosch, Oliver/Throll, Marcus: *Einstieg in SQL*. 4. Auflage. Galileo Press, 2010.

Bates, Bert/Sierra, Kathy: *Java von Kopf bis Fuß*. 1. Auflage. O'Reilly, 2006.

Beighley, Lynn: *SQL von Kopf bis Fuß*. 1. Auflage. O'Reilly, 2008.

Kreibich, Jay A.: *Using SQLite*. 1. Auflage. O'Reilly, 2010.

Martin, Robert C.: *Clean Code. Refactoring, Patterns, Testen und Techniken für sauberen Code*. 1. Auflage. mitp, 2009.

Oechsle, Rainer: *Parallele und verteilte Anwendungen in Java*. 3., erweiterte Auflage. Hanser, 2011.

Tamm, Michael: *JUnit-Profiwissen: Effizientes Arbeiten mit der Standardbibliothek für automatische Tests in Java*. 1. Auflage. dpunkt.verlag, 2013

Ullenboom, Christian: *Java ist auch eine Insel: Insel 1: Das umfassende Handbuch*. 11. Auflage. Galileo Press, 2014.

Van Every, Shawn: *Pro Android Media: Developing Graphics, Music, Video, and Rich Media Apps for Smartphones and Tablets*. 1. Auflage. Apress, 2010.

Anhang B
Die Begleitmaterialien

Zu diesem Buch gehört eine Sammlung von über 70 Beispielen, die jeweils genau einen Aspekt der Android-Entwicklung beleuchten. Wenn Sie wissen möchten, wie man Anrufe initiiert, sehen Sie sich *AnrufDemo* an. Das Erstellen von animierten Hintergründen zeigt *UhrzeitLiveWallpaper*. Und *WebserviceDemo1* demonstriert die Nutzung von Webdiensten. Auf diese Weise konzentrieren Sie sich stets auf die Fragestellung, die Sie aktuell interessiert.

Sie können alle Projekte von der Seite *http://www.rheinwerk-verlag.de/3493* unter MATERIALIEN ZUM BUCH herunterladen. In welchem Verzeichnis Sie das Archiv *Android5Beispiele.zip* entpacken, spielt eigentlich keine Rolle. Es bietet sich aber an, den entstandenen Ordner *AndroidStudio* in Ihrem Heimatverzeichnis abzulegen. Auf diese Weise haben Sie leichten Zugriff auf alle Beispiele meines Buches. Um ein Projekt zu öffnen, klicken Sie in dem Willkommensbildschirm aus Abbildung B.1 auf OPEN AN EXISTING ANDROID STUDIO PROJECT und wählen in der daraufhin erscheinenden Ordnerauswahl das gewünschte Beispiel aus.

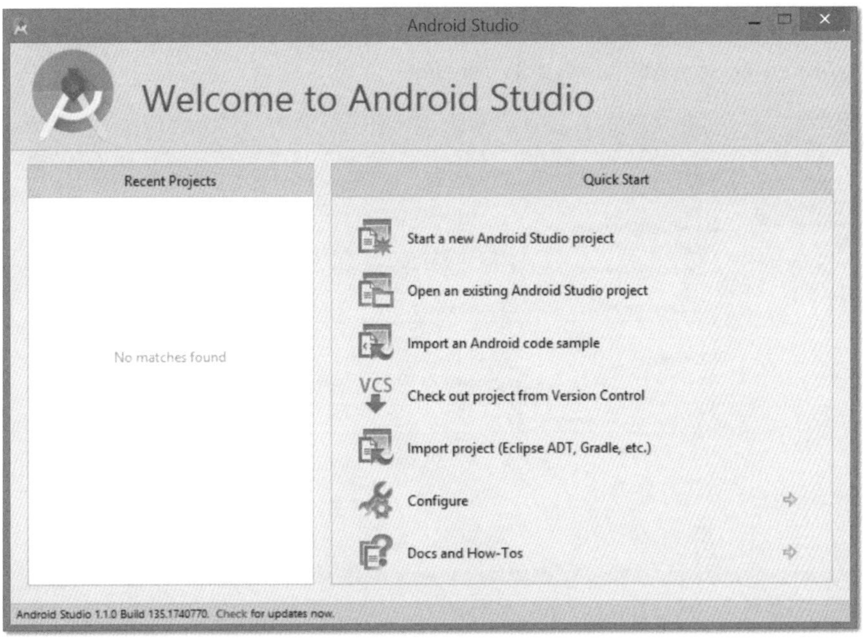

Abbildung B.1 Der Willkommensbildschirm

Haben Sie schon ein Projekt geöffnet (ist also das Hauptfenster der IDE zu sehen), erreichen Sie den Dialog über den Menübefehl FILE • OPEN.

Die von Android Studio erzeugten Projektstrukturen sind recht komplex und können an verschiedenen Stellen Abhängigkeiten zum zuletzt verwendeten Entwicklungsrechner enthalten, beispielsweise in Form von absoluten Pfaden. Projekte lassen sich deshalb unter Umständen erst übersetzen und starten, nachdem Sie ein paar einfache Handgriffe vorgenommen haben. Im Folgenden zeige ich Ihnen die am häufigsten auftretenden Probleme sowie ihre Behebung.

Erhalten Sie die in Abbildung B.2 dargestellte Meldung, dass sich ein Pfad nicht auf ein Android SDK bezieht, korrigiert Android Studio dies automatisch.

Abbildung B.2 Das Android SDK konnte nicht gefunden werden.

Sie können überprüfen, welche Version des Java Development Kits und des Android SDKs verwendet wird, indem Sie über FILE • PROJECT STRUCTURE den gleichnamigen Dialog öffnen. Er ist in Abbildung B.3 zu sehen.

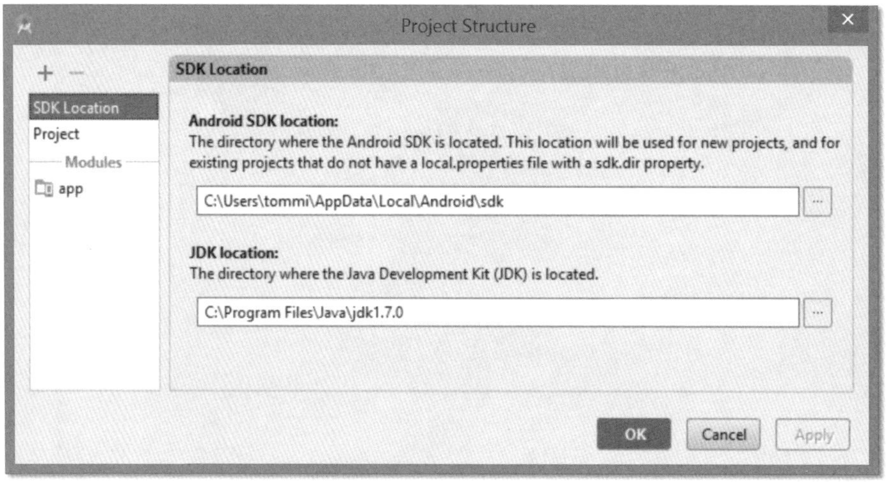

Abbildung B.3 Der Dialog »Project Structure«

Falls der Bau eines Projekts fehlschlägt, weil eine benötigte Komponente noch nicht mit dem SDK Manager heruntergeladen wurde oder nicht in der von dem Projekt benötigten Version vorliegt, können Sie mit einem Klick den Download starten. Dies ist in Abbildung B.4 dargestellt.

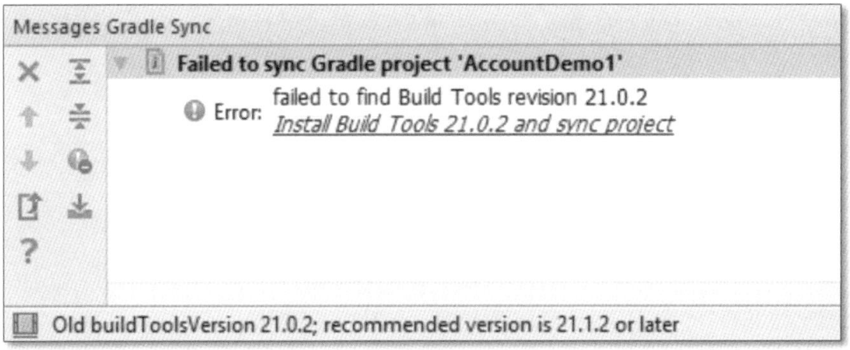

Abbildung B.4 Build Tools liegen nicht in der benötigten Version vor.

Scheinbar unerklärliche Probleme lassen sich überraschend oft beheben, indem Sie im Werkzeugfenster GRADLE die Funktion REFRESH ALL GRADLE PROJECTS auslösen. Dies ist in Abbildung B.5 zu sehen.

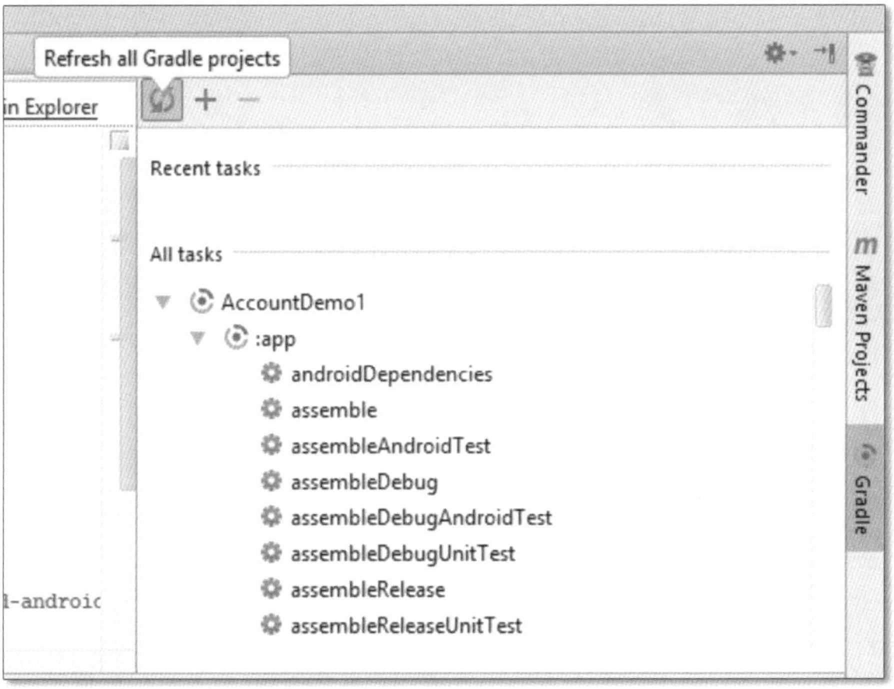

Abbildung B.5 Das Werkzeugfenster »Gradle«

[»]

Hinweis

Beim Anlegen eines neuen Projekts fügt Android Studio diesem automatisch eine Datei *.gitignore* hinzu. Sie enthält Dateien und Verzeichnisse, die nicht versioniert werden sollen. Ich habe mich bei der Bereitstellung der Begleitmaterialien an diesen Voreinstellungen orientiert. Falls Google die Datei überarbeitet, bemühe ich mich, dies zeitnah zu berücksichtigen.

Anhang C
Häufig benötigte Code-Bausteine

C.1 Manifestdatei

Rumpf

```
<?xml version="1.0" encoding="utf-8"?>
<manifest
      xmlns:android="http://schemas.android.com/apk/res/android"
      package="paket.name.der.app">
   <!-- angeforderte Berechtigungen -->
   <uses-permission android:name="..." />
   <application
      android:icon="@drawable/icon"
      android:label="@string/app_name"
      android:allowBackup="true">
   <activity
      android:name=".Name_der_Activity_Klasse"
      android:label="@string/app_name">
         <!-- Hauptaktivität kennzeichnen -->
         <intent-filter>
            <action
               android:name="android.intent.action.MAIN" />
            <category
               android:name="android.intent.category.LAUNCHER" />
         </intent-filter>
      </activity>
   </application>
</manifest>
```

Broadcast Receiver

```
<receiver
      android:name=".Name_der_Broadcast_Receiver_Klasse">
   <intent-filter>
      <action
         android:name="..." />
   </intent-filter>
</receiver>
```

Service

```
<service
   android:label="@string/..."
   android:name=".Name_der_Service_Klasse"
   <!-- ggf. Berechtigungen voraussetzen -->
   android:permission="...">
   <!-- ggf. Metadaten setzen -->
   <meta-data
      android:name="..."
      android:resource="@xml/..." />
</service>
```

Unterschiedliche Bildschirme unterstützen

```
<supports-screens
   android:smallScreens="..."
   android:normalScreens="..."
   android:largeScreens="..."
   android:xlargeScreens="..." />
```

Content Provider

```
<provider
   android:name=".Name_der_Content_Provider_Klasse"
   android:authorities="..." />
```

Benötigte Features

```
<uses-feature
   android:name="..."
   android:required="..." />
```

C.2 Berechtigungen

C.2.1 Hardware, Telefonie und Netzwerk

Anrufe tätigen

```
android.permission.CALL_PHONE
```

Telefonstatus auslesen

```
android.permission.READ_PHONE_STATE
```

Netzwerkstatus abrufen

```
android.permission.ACCESS_NETWORK_STATE
```

Zugriff auf Location Provider

```
android.permission.ACCESS_COARSE_LOCATION
android.permission.ACCESS_FINE_LOCATION
```

Auf externes Medium schreiben

```
android.permission.WRITE_EXTERNAL_STORAGE
```

Wallpaper setzen

```
android.permission.SET_WALLPAPER
```

Live Wallpaper setzen

```
android.permission.BIND_WALLPAPER
```

C.2.2 Internet

Zugriff auf Internet

```
android.permission.INTERNET
```

Auf Browser-Bookmarks und -Historie zugreifen

```
com.android.browser.permission.READ_HISTORY_BOOKMARKS
com.android.browser.permission.WRITE_HISTORY_BOOKMARKS
```

Auf Online-Konten zugreifen

```
android.permission.GET_ACCOUNTS
android.permission.USE_CREDENTIALS
```

C.2.3 Audio und Video

Audio-Einstellungen ändern

```
android.permission.MODIFY_AUDIO_SETTINGS
```

Audio aufnehmen

```
android.permission.RECORD_AUDIO
```

Auf Kamera zugreifen

```
android.permission.CAMERA
```

[»]

Hinweis

Wird diese Berechtigung angefordert, muss ein entsprechendes `<uses-feature />`-Element in der Manifestdatei vorhanden sein.

C.2.4 Kontakte und Kalender

Auf Kalender zugreifen

```
android.permission.READ_CALENDAR
android.permission.WRITE_CALENDAR
```

Alarm setzen

```
com.android.alarm.permission.SET_ALARM
```

Auf Kontakte zugreifen

```
android.permission.READ_CONTACTS
android.permission.WRITE_CONTACTS
```

Auf die Anrufhistorie zugreifen

```
android.permission.READ_CALL_LOG
android.permission.WRITE_CALL_LOG
```

Auf Benutzerwörterbuch zugreifen

```
android.permission.READ_USER_DICTIONARY
android.permission.WRITE_USER_DICTIONARY
```

Anhang D
Neuigkeiten in Android 5.1

D.1 Für Anwender

Im März 2015 hat Google die Android-Version 5.1 veröffentlicht. Sie unterstützt endlich einen zweiten Slot für SIM-Karten. Bisher mussten Gerätehersteller mühsam selbst für dessen Integration in die Plattform sorgen. Ebenfalls neu ist die Sprachübertragung in verbesserter Qualität (HD Voice), sofern das verwendete Mobiltelefon dies vorsieht. Auch Material Design wurde weiterentwickelt. Die Icons in den Quick Settings sind teilweise animiert. Dies trifft auch auf Symbole der mitgelieferten Uhr-App zu. Zudem sieht die Action Bar von Programmen, die das Theme *Material Theme* verwenden, geringfügig anders aus. Abbildung D.1 verdeutlicht den Unterschied.

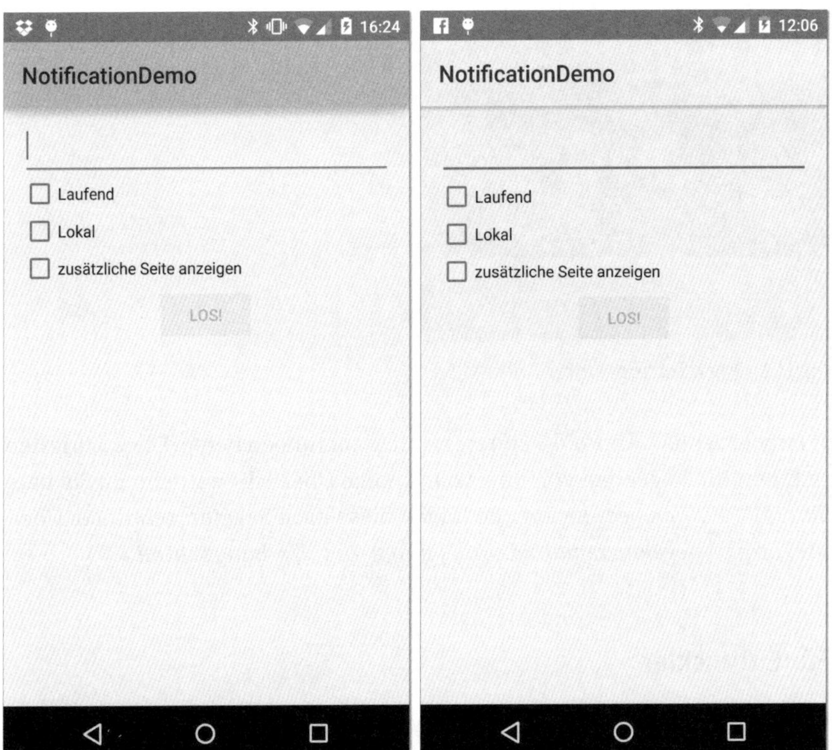

Abbildung D.1 Eine App unter Android 5.0 und unter Android 5.1

Ein verbesserter Geräteschutz bei Diebstahl, Stabilitätsverbesserungen sowie die in Abbildung D.2 dargestellte Verwaltung von Bluetooth- und WLAN-Geräten über die *Quick Settings* runden das Service-Release ab.

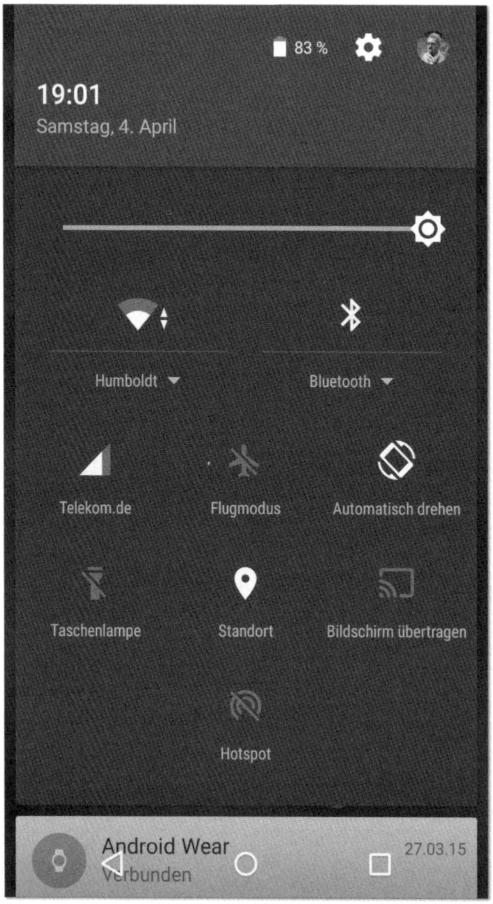

Abbildung D.2 Quick Settings unter Android 5.1

Auch für Entwickler hält Android 5.1 interessante Neuerungen bereit. Die wichtigsten stelle ich Ihnen im Folgenden vor. Eine vollständige Übersicht entnehmen Sie bitte dem *Android API Differences Report*. Sie finden diese nach Paketen geordnete Übersicht unter *https://developer.android.com/sdk/api_diff/22/changes.html*.

D.2 Für Entwickler

Der API-Level von Android 5.1 ist 22. Neben neuen Programmierschnittstellen, auf die ich etwas später eingehe, enthält dieses Release auch Änderungen an bestehenden APIs. Google hat einige Pakete und Klassen für veraltet erklärt.

Nicht mehr zu verwendende Klassen und Pakete

Dies betrifft insbesondere `org.apache.http` sowie dessen Unterpakete. Vor allem die Klasse `org.apache.http.impl.client.DefaultHttpClient` und ihr Pendant `android.net.http.AndroidHttpClient` wurden bis einschließlich Android 2.1 gerne verwendet, weil die schon damals existierende Alternative `HttpURLConnection` mehrere Probleme aufwies. Eine interessante Beschreibung in englischer Sprache finden Sie unter *http://android-developers.blogspot.de/2011/09/androids-http-clients.html*. Seitdem hat Google `HttpURLConnection` aber konsequent gepflegt und von Fehlern befreit. Google empfiehlt Entwicklern deshalb den zeitnahen Umstieg. Wie Sie diese Klasse einsetzen, zeige ich Ihnen in Kapitel 7, »Telefonieren und Surfen«.

Ebenfalls für veraltet erklärt wurde `android.util.FloatMath`. Diese Klasse enthält eine Reihe von mathematischen Funktionen, beispielsweise zur Berechnung der Quadratwurzel, von Sinus, Cosinus und der Potenz. Google gibt an, dass sie in Android-Versionen mit einem *Just in Time*-Compiler signifikant langsamer arbeitet als die Klasse `java.lang.Math`. Deshalb sollte diese verwendet werden. Offen bleibt, warum Google die Entwickler erst jetzt zum Umstieg bewegen möchte, zumal seit Android 5 die Übersetzung in Maschinensprache schon während der Installation der App erfolgt.

Schließlich sollten Sie die Klasse `android.text.format.Time` nicht weiter verwenden. Sie war als Alternative zu `java.util.Calendar` und `java.util.GregorianCalendar` gedacht. Ein `Time`-Objekt repräsentiert einen Zeitpunkt, der sekundengenau angegeben werden kann. `android.text.format.Time` ist nicht threadsicher und berücksichtigt keine Schaltsekunden. Zudem sind mehrere Probleme bekannt: Für die Berechnung werden derzeit 32-Bit-Integerzahlen verwendet. Deshalb können nur Werte zwischen 1902 und 2037 verlässlich dargestellt werden. Ferner führt der Aufruf von `switchTimezone()` zu einem falschen Datum, wenn der aktuelle Wert aufgrund eines Übergangs von der Sommer- zur Winterzeit gar nicht vorkommen kann. Schließlich funktionieren Parse- und Formatieroperationen nur mit dem ASCII-Zeichensatz zuverlässig. Google rät deshalb dazu, stattdessen die Klasse `java.util.GregorianCalendar` zu verwenden.

Neue Klassen und Pakete

Google hat mit Android 5.1 sogenannte *Carrier Services* eingeführt. Netzbetreiber können diese Dienste in ihren Apps einsetzen, um Wartungs- oder Provisionierungsaufgaben zu erledigen. Die Anwendungen können ganz regulär über *Google Play* vertrieben werden. Sie müssen allerdings mit einem speziellen Zertifikat signiert werden. Um dies zu prüfen, können Sie die Methode `hasCarrierPrivileges()` der Klasse `android.telephony.TelephonyManager` verwenden.

Die neue Klasse android.telephony.SubscriptionManager liefert Informationen über die aktive SIM-Karte sowie über das aktuelle Netzwerk. Sie können beispielsweise abfragen, ob Roaming aktiv ist. Gegebenenfalls könnte Ihre App dann Datenzugriffe einschränken oder ganz unterlassen. Mithilfe eines OnSubscriptionsChangedListeners übermittelt Android solche Statusänderungen automatisch. Hierfür ist die Berechtigung READ_PHONE_STATE erforderlich. Wie dies funktioniert, ist im folgenden Listing zu sehen. Sie finden die App *SubscriptionManagerDemo* in den Begleitmaterialien.

```
package com.thomaskuenneth.subscriptionmanagerdemo;

import android.app.Activity;
import android.os.Bundle;
import android.telephony.SubscriptionInfo;
import android.telephony.SubscriptionManager;
import android.util.Log;
import android.view.ViewGroup;
import android.widget.ImageView;
import android.widget.LinearLayout;
import java.util.List;

public class SubscriptionManagerDemoActivity extends Activity {

    private static final String TAG =
 SubscriptionManagerDemoActivity.class.getSimpleName();

    private SubscriptionManager m;
    private SubscriptionManager.OnSubscriptionsChangedListener l;

    private LinearLayout layout;

    @Override
    protected void onCreate(Bundle savedInstanceState) {
        super.onCreate(savedInstanceState);
        setContentView(R.layout.main);
        layout = (LinearLayout) findViewById(R.id.layout);

        m = SubscriptionManager.from(this);
        l = new SubscriptionManager.OnSubscriptionsChangedListener() {

            @Override
            public void onSubscriptionsChanged() {
                Log.d(TAG, "onSubscriptionsChanged()");
                output();
```

```
            }
        };
        output();
    }

    @Override
    protected void onPause() {
        m.removeOnSubscriptionsChangedListener(l);
        super.onPause();
    }

    @Override
    protected void onResume() {
        super.onResume();
        m.addOnSubscriptionsChangedListener(l);
    }

    private void output() {
        List<SubscriptionInfo> l = m.getActiveSubscriptionInfoList();
        layout.removeAllViews();
        if (l != null) {
            LinearLayout.LayoutParams params =
                new LinearLayout.LayoutParams(ViewGroup.LayoutParams.WRAP_CONTENT,
                                              ViewGroup.LayoutParams.WRAP_CONTENT);
            for (SubscriptionInfo i : l) {
                Log.d(TAG, "getCarrierName(): " + i.getCarrierName().toString());
                Log.d(TAG, "getDisplayName(): " + i.getDisplayName().toString());
                Log.d(TAG, "getDataRoaming(): " + i.getDataRoaming());
                ImageView imageview = new ImageView(this);
                imageview.setLayoutParams(params);
                imageview.setImageBitmap(i.createIconBitmap(this));
                layout.addView(imageview);
            }
        }
        layout.invalidate();
    }
}
```

Listing D.1 Die Klasse »SubscriptionManagerDemoActivity«

Der Aufruf der Methode `SubscriptionManager.from()` liefert ein Objekt des Typs `android.telephony.SubscriptionManager`. Anschließend können Sie mit `addOnSubscriptionsChangedListener()` einen `OnSubscriptionsChangedListener` registrieren oder mit removeOnSubscriptionsChangedListener() wieder entfernen. In meinem Beispiel geschieht dies in den Methoden onPause() und onResume(). getActiveSubscriptionInfoList() liefert eine Liste von SubscriptionInfo-Objekten. Hiermit können Sie unter anderem den Roaming-Status abfragen (getDataRoaming()) und mit createIconBitmap() ein Symbol erzeugen, das die SubscriptionInfo repräsentiert.

Index

D

E

H

I

P

T

U

V

W

X

Y

Z